唐墓壁画研究文集

陕西历史博物馆◎编

周天游◎主　编
申秦雁◎副主编

三　秦　出　版　社

主　　编：周天游
副 主 编：申秦雁
责任编辑：淡懿诚
责任校对：高　峰

列戟图　164×141cm　唐贞观五年(631)

1973年/陕西省三原县李寿墓/第四天井东壁

托果盘侍女图 176×92cm 唐咸亨四年(673)
1975年/陕西省富平县房陵公主墓/前室东壁

仕女图 175×131cm 唐上元二年(675)
1973年/陕西省富平县李凤墓

仕女图 146×123cm 唐上元二年(675)
1973年/陕西省富平县李凤墓/甬道东壁

架鹰戏犬图 169×133cm 唐神龙二年(706)
1971年/陕西省乾县懿德太子墓/第二过洞西壁

内侍图 140×167cm 唐神龙二年(706)
1971年/陕西省乾县懿德太子墓/第三过洞西壁

执扇宫女图 166×129cm 唐神龙二年(706)
1971年/陕西省乾县懿德太子墓/第三过洞西壁

宫女图175×116cm 唐神龙二年(706)
1971年/陕西省乾县懿德太子墓/前室南壁

狩猎出行图(一)
102×116 唐神龙二年
(706)
1971年/陕西省乾县章怀
太子墓/墓道东壁

狩猎出行图(二)
150×185 唐神龙二年
(706)
1971年/陕西省乾县章怀
太子墓/墓道东壁

狩猎出行图(三) 209×160 唐神龙二年(706)
1971年/陕西省乾县章怀太子墓/墓道东壁

狩猎出行图(四)
174×220 唐神龙二年(706)
1971年/陕西省乾县
章怀太子墓/墓道东壁

图一

图四

图五

马球图(一、四、五)
195×153(一)
225×156(四)
180×186(五)
唐神龙二年(706)
1971年/陕西省乾县
章怀太子墓/墓道西壁

客使图185×242cm 唐神龙二年(706)
1971年/陕西省乾县章怀太子墓/墓道东壁

仕女与侏儒图 168×102cm 唐神龙二年(706)
1971年/陕西省乾县章怀太子墓/前室南壁

宫女图 168×188cm 唐神龙二年(706)
1971年/陕西省乾县永泰公主墓/前室东壁

奏乐图 146×136cm 唐天宝四年(745)
1952年/西安市东郊苏思勖墓/墓室东壁

仕女图 148×66cm
唐天宝四年(745)
1952年/西安市东郊
苏思勖墓/墓道北壁

前　言

陕西是中国古代13个王朝建都之地，保存有极其丰富的文物古迹，数量达3.5万余处，有“中国考古之首都”的美誉；馆藏文物56万件（组），是世人公认的“天然历史博物馆”。陕西历史博物馆是中国第一座现代化的国家级博物馆，收藏文物37万件，其中唐墓壁画就有500余幅，居陕西和中国之首，在海内外享有盛誉。唐朝（618—907）是中国封建社会的黄金时代，也是当时世界上最文明、最富强的国家。强盛开放的时代孕育了蓬勃向上的民族精神和健康豪迈的雄伟气概，也铸就了唐墓壁画不朽的艺术魅力。唐墓壁画内容丰富，技巧高超，风格典雅，无论是象征等级的仪仗、列戟、建筑，还是反映贵族现实生活的狩猎、马球、乐舞、宫女等等，无一不栩栩如生、绚丽多彩，洋溢着对生命、对自然的肯定和热爱，闪耀着大唐文明浓重的人文主义光彩。美国前总统克林顿看后称赞：“唐墓壁画和兵马俑一样有价值。”意大利驻华大使PAOLO BRUNI称其是“中国的乌菲齐（VFFIZI）画廊”。随着发现的扩大和研究的深入，唐墓壁画一定会受到更多的关注和重视。

目 录

历史文化篇

艺术篇

保护修复篇

历史文化篇

陕西唐墓壁画研究综述

申秦雁　杨效俊

以壁画装饰墓葬在我国有着悠久的历史。唐代，伴随着厚葬之风的盛行，壁画装饰也达到前所未有的高峰。唐代墓葬多发现于西安地区，规模大、等级高的壁画墓也多集中在这一地区。因此，研究西安地区唐代壁画墓具有十分典型的意义。为了系统总结以往的发掘和研究，我们调查整理了陕西出土的唐代壁画墓(见陕西唐代壁画墓统计表)，并对以往的研究进行了初步梳理。相关的研究可以分为三部分：其一，以唐代墓葬壁画直接作为研究对象；其二，以唐代墓葬壁画作为其他研究的资料和工具；其三，为了更完整地获取唐墓壁画而进行的揭取、修复、保护方面的研究。本文着重介绍第一部分，第二与第三部分内容广泛，只介绍一、二，希望能对将来的研究有所帮助。

一、以唐代墓葬壁画为对象的研究

该领域的研究者从艺术、考古、历史、科学技术角度进行了方方面面的研究，为了论述的方便，本文的总结不再细分学科，只归纳出对问题的现有的观点。

1．唐墓壁画的性质

王仁波、何修龄、单暐在《陕西唐墓壁画之研究(上)》中提到多天井的唐墓象征重重院落的深宫大院或深宅大院，壁画用来装饰墓葬，反映了唐代社会生活[①]。

傅熹年在《唐代隧道型墓的形制构造和所反映的地上宫室》中认为“墓中的壁画，在高宗初期以前似无一定格局，到后期及武后、中宗、睿宗时，有多用壁画把墓内各部分表现为多进建筑和庭院，反映出以墓室象征生人宫室的意图。”[②]他还指出“把整个墓葬包括羡道、隧道、墓室视为一个整体，结合壁画，完整地表现地上宫室的基本形制，并配以侍从和仪仗，再现其生活环境的片段，则是唐墓的特点。”[③]

李星明在《唐墓壁画考识》中认为与石窟寺观宗教壁画不同，“唐墓壁画的文化依据是中国本土的阴阳五行宇宙观、祖先崇拜、神灵信仰和儒学礼教，它既有神幻色彩，又具有世俗性质，是一个相对独立的体系。”又是唐代陵墓艺术的一个有机成分，与地上、墓内的其他部分构成庞大而复杂的艺术综合体[④]。

2. 唐墓壁画的形式

(1)作者

关于这个问题并没有确凿的史料记载，考古资料仅见于懿德太子墓前室顶部西侧墨写的题记[⑤]。关于唐墓壁画的作者目前有以下几种意见：

黄苗子在《唐壁画琐谈》中认为“应是属于唐代将作监右校署的工匠们的作品（参见《唐书·百官志》）”[⑥]。持同样观点的还有王仁波、何修龄、单暐[⑦]。

Mary H. Fong 在《8 世纪早期的唐墓壁画》（T'ang Tomb Wall Painting of The Early Eighth Century）中认为唐墓壁画可能是由专门从事墓室壁画制作的工匠们绘制的。它们不可能由当时顶尖画家创作，但工匠们会受到著名画家的影响[⑧]。作者在后来的研究中仍坚持了这一观点[⑨]。唐昌东在《唐墓壁画的创作技巧和艺术成就》中也认为唐墓壁画多系出自民间画工高手[⑩]，并认为《狩猎出行图》是多名画工完成的[⑪]。作者在后来的研究中仍然坚持这一观点，在《唐墓壁画的制作工艺》中提出在着色阶段有主笔人与其他画工的配合[⑫]。

李星明在《唐墓壁画考识》中认为“在画工和士大夫艺术家在材料媒介和审美观念上尚未明确分化的唐代，文化档次和身份较高的画家参预某些墓室壁画的绘制是完全有可能的。”唐代画家按照身份分为民间画工、宫廷画师和“游卿相间”的士大夫画家三大类，三类的身份可能发生转化，皇室有可能派遣宫廷画师去绘制皇室成员的墓室壁画，或通过宫廷画师组织民间画工进行。懿德太子、永泰公主、章怀太子等皇室成员的墓葬表明了这一点。宫廷画师和民间画师的技艺并不是一刀切[⑬]。王世平在《唐墓壁画的社会意义》中认为唐墓壁画的画师组成来源不一和所代表的社会阶层、文化流派各异，除了具有艺术方面的多元化价值和意义外，也必然使壁画创作更增加自由程度[⑭]。

巫鸿在《中国绘画三千年》中对唐墓壁画的作者有更进一步地研究，尤其是对懿德太子墓和章怀太子墓壁画的作者。认为陕西乾县懿德太子李重润墓的风景壁画为研究李思训的绘画风格以及唐代初期的青绿山水提供了可靠的实物资料，多种证据说明该壁画和李思训必有联系[15]。“李思训曾直接参与和影响了这个墓葬(指懿德太子墓)的设计建造和装饰：第一，中正卿(李思训)的职责之一是为皇室成员安排葬礼，懿德太子重新安葬在当时具有非同寻常的政治意义，很难设想作为“中正卿”的李思训未参与这个活动。第二，墓葬前室屋顶上的一则题记称，一位名为扬𧺯陛的画家向懿德太子表示“愿得常供养”。有人曾认为这位画家即为张彦远《历代名画记》中的扬𧺯陛，是一位擅长画山水，取法“李将军”的画家[16]。“章怀太子的墓葬壁画可能是由一些更偏好自由风格的宫廷画师绘制的。……画家更有意识地创造视觉空间。”[17]

(2)材料

壁画是绘在墙壁上的画，壁面的制作直接关系到壁画绘制的效果，所以壁面的制作是非常关键的环节。考古工作者根据实地考察，较为科学地详细地作了总结。最早主持陕西唐墓壁画揭取工作的茹士安将咸阳底张湾工地的墓葬壁画地杖层结构分为三种：“第一种是在墓道和墓室的土墙上直接刷上一层不过一公厘左右的白灰水，壁画就画在这层白灰面上；第二种是在墓道和墓室的土墙上先敷一层厚约半公分左右的草泥土，然后再敷上一层厚约半公分左右的白灰皮，壁画就画在这一层白灰皮上；第三种和第二种情形相同，不过草泥土是敷在墓道和墓室的砖墙上。”[18]

王仁波、何修龄、单玮在《陕西唐墓壁画之研究》中认为唐墓壁画的墙面的处理是在土墙和砖墙上抹上麦草泥作地，待麦草泥稍干后即开始制作壁画。画面用白灰作成，先将白灰过筛，然后掺麻类纤维在水中浸泡，搅拌均匀后，将白灰泥抹在墙上。白灰泥里所含之物为未经过碱性处理的麻类纤维，厚0.2－1.5cm[19]。通过对懿德太子墓壁画所使用的颜料的光谱半定量分析，认为陕西省唐墓壁画所使用的颜料大部分是矿物颜料，并对土红色、石青、石绿、石黄、砒礵、银砒、紫色的化学成分作了分析。根据文献记载，认为这些颜料来自全国各地[20]。

申秦雁以陕西历史博物馆所藏的16座7世纪早期至8世纪中叶的壁画墓为主，将地杖层的构造归纳为两种：一种是在挖凿处理平整的土壁上或砖砌壁面上，先抹一层草拌泥，再在其上抹一层掺有植物纤维的白灰泥；另一种是在挖凿处理平整的土壁上或砖砌壁面上，涂抹一层掺有植物纤维的白灰层。并指出根据目前化验得知，所掺植物纤维有未经碱性处理的苎麻和棉花两种㉑。

楚启恩在《中国壁画史》中认为，从唐代永泰公主墓和章怀太子墓壁画的画壁所用材料来看，其在泥土中加进了细砂、胶泥、石灰，合成了一种混合性土料，此种土料牢固不裂，且能吸潮耐潮㉒。

张群喜在《唐墓壁画颜料的分析与研究》中通过1997年来对有代表性的两组唐墓壁画颜料的系统分析，得出红色、黄色、绿色、蓝色、黑色、紫色、灰色、金银的成分，通过比较认为唐墓壁画颜料与古代日本壁画颜料相似，而与敦煌壁画有差异。认为唐墓壁画地杖层材质都是白灰，其白色的白垩是地杖材料，而非绘画材料，胡粉也可能是调别的颜料所加。而敦煌壁画大量使用各种白色颜料。唐墓壁画所用颜料比较单纯，而敦煌壁画混合颜料使用较多，种类更多。唐墓壁画画面色调多使用暖色调，而敦煌壁画则以冷暗色调为主。唐墓壁画的颜料几乎都是矿物质，植物颜料可能有，但未分析出㉓。

(3)技法

关于唐墓壁画的制作工艺，王仁波、何修龄、单暐在《陕西唐墓壁画之研究》中将唐墓壁画的制作过程分为墙壁的处理、起稿、定稿和着色㉔。李西兴在《陕西唐代墓葬壁画》中将古代壁画绘制方法总结为“一朽、二落、三成”，即打底稿、落墨勾勒、上色㉕。唐昌东在《唐墓壁画的制作工艺》中将唐墓壁画的制作分为墙壁处理、画稿、落墨勾勒、着色和沥粉贴金几道工艺㉖。

杜晓帆在《壁画的临摹与再现——关于理念与技法的几点思考》一文中，对古今壁画临摹的方法、目的进行了归纳，指出唐墓壁画的临摹，主要记录的是壁画的图像和形式，随着科技考古和文物保护科学的发展，除了考古学、美术史以及文化史等方面的研究外，古代壁画的制作工艺以及制作材料等方面的研究越来越受到重视，因此，提出“用同素材、同技法对古代壁画进行临摹和再现”这一新理念㉗。

关于起稿方法的讨论也有不同的意见。

王仁波、何修龄、单暐在《陕西唐墓壁画之研究》中认为“在画面稍干未干时，画家开始起稿，用炭条在画面上勾勒。”㉘定稿墨线较浓。着色采用硬抹实开的方法，因类着色。建筑画用单线平涂，人物画的服饰、衣褶用晕染，图案用叠晕的方法㉙。唐昌东在《唐墓壁画的制作工艺》中认为“墓室壁画的画稿都是用‘朽子’(所谓朽子是用细柳条烧制而成),直接在壁面画稿”[30]。

申秦雁认为起稿时未见使用粉本但不排除使用画样,起稿时使用的工具有墨斗、长尺、天然石块、人工制粉饼、毛笔等。起稿线在整体布局中起着重要作用[31]。

Mary H. Fong《8 世纪早期的唐墓壁画》(T’ang Tomb Wall Painting of The Early Eighth Century)一文中从人物表现、图象学、绘画技巧三方面将唐墓壁画与通常被认为是唐画的传世品进行比较研究。在人物表现上:章怀太子《马球图》与韦堰《双骑图》比较,认为《马球图》缺乏内在的原创性,是韦堰作品的模仿之作。《狩猎出行图》与《虢国夫人游春图》、韩干的《二人二马图》相比,在出行队伍中人物的安排和起承转合上有相似性,但墓室壁画出自画匠之手,缺乏原创性,由此推测当时鞍马画科应该达到更高的水平。永泰公主墓的仕女图则体现了“传神”的社会艺术风尚。在唐墓壁画中有通过阴影或线条的运用使画面产生有深度的三维立体感,这些技巧也是受当时尉迟乙僧等名家的影响[32]。

艺术史通常认为“晕染”技法是从西域传入的,Mary H. Fong《从汉到唐中国绘画中的晕染技巧》(The Technique of ‘Chiaroscuro’ in Chinese Painting from Han Through T’ang),通过研究从汉到唐代的考古发现的绘画实例,得出结论,认为“晕染”技法源于中国本土。在章怀太子墓壁画(尤其是 711 年重新绘制的部分)采用了晕染技法。晕染技法源于本土,尉迟乙僧从西域带来的晕染技法只是激发了中土画家使用它的热情[33]。

申秦雁、周柏龄在《对懿德太子墓“宫女图”的一点看法》中分析位于懿德太子墓前室南壁东侧的宫女图,提出与以往有学者认为该图是一幅因封墓期限所迫而成的半成品不同的观点。认为造成该图宫女头部颜色消失的原因是雨水长期侵蚀的结果[34]。

(4)艺术成就

A. 画科

Mary H. Fong 在《从唐代画论对唐墓壁画进行再考察》中(T’ang Tomb Murals Reviewed in the Light of Tang Texts on Painting)提出研究唐墓壁画的另一个途径:对每个画科进行分门别类的考察。唐墓壁画中出现的题材门类在朱景玄的《唐朝名画录》(成书于 9 世纪 40 年代初期)和张彦远的《历代名画记》(著于 847 年)都有记载。但这两书的作者都只罗列了唐代画家的姓名和他们的艺术造诣,并没有对他们的作品进行仔细描述。因此,唐墓壁画为这两本书提供了重要参考。通过以上两本唐代的画论著作来考察唐墓壁画的各个画科,而得出对唐代绘画艺术成就的简要估计。分类考察肖像,仕女,贡职,动物(鞍马、水牛、狗、猞猁、骆驼),鸟类(鹰鹞、鹤、公鸡和珍禽),山水,建筑,研究的重点放在张彦远和朱景玄所评价的每个画科的特殊成就和在唐墓壁画发现的相关证据,同时也考虑了墓室壁画的风格特征。通过研究,得出结论:唐墓壁画反映的唐代绘画艺术成就远远高于以前根据零散的传世品作出的推断。从唐墓壁画可见,在周昉前几十年人物画已经长于描绘人物的外部形态和细微的内在精神,吴道子前一代的画师已经将鞍马画推向一个很高的水平。同时,唐墓壁画中的花鸟、山水、建筑画的成就为这些画科在北宋的成熟打下了基础,因此唐墓壁画在研究唐代绘画以及向北宋的发展变化中起着重要作用[35]。

李国珍在《穷羽毛之变态　夺花卉之芳妍——唐安公主墓的花鸟壁画》中分析了1989年发掘的唐安公主墓墓室西壁的花鸟画,认为该画采用传统工笔花鸟画技法,先以浓淡有致的墨色勾画出轮廓,然后敷彩晕染。认为可以代表当时花鸟画的成就,可能受边鸾画风的影响[36]。

戴俊英在《唐墓壁画人物造型之社会风尚》中分析初唐、盛唐、中晚唐三个阶段唐墓壁画中人物造型风格的变化。认为典型的唐代人物绘画风格是在前朝艺术的基础上发展形成的。追求丰壮人物造型,源于南朝萧梁大画家张僧繇。初唐的人物造型不再像南北朝那样超凡脱俗,而是富于人情味和亲切感。盛唐人物体态丰腴,甚至臃肿,盛唐墓室壁画中的仕女画体现了张萱的画派的影响。中唐墓室壁画中仕女大有周昉仕女画中丰颊厚体之态。晚唐杨玄略墓壁画中的侍女与文吏形象已趋清秀,不再风行丰腴健美的人物风格,似乎新的人物造型风尚已开始萌芽。作者认为每个阶段人物造型的变化与唐朝的社会生活、审美风尚有关[37]。

张建林在《唐墓壁画中的屏风画》中系统收集了陕西关中、山西太原附近、新疆吐鲁番阿斯塔那等地二十余座唐墓中屏风画的例子,通过总体观察和分析,得出以下几点认识:1. 结合文献对屏风画的题材进行分类:有鉴戒图、乐舞、花草、鸟虫、云鹤、山水等。2. 唐墓壁画屏风图的布局模拟现实生活,棺床象征卧榻,背后或周围绕以屏风画。3. 将12座关中地区的屏风壁画的布局和内容划分为三个阶段:第一阶段个例为668年王善贵墓和686年元师奖墓,为多扇连屏绕墓室一周；第二阶段仅710年节愍太子墓，为十扇连屏环绕棺床的西、南、北三面；第三阶段集中在天宝年间为位于墓室西壁的六扇连屏；第四阶段为784年至唐末，六连屏为主，新出现墓室西壁绘独幅屏风。伴随屏风画兴盛的是影作木构的衰落[38]。

徐涛在《吕村唐墓壁画与水墨山水的起源》中分析了1994年出土的位于富平吕村乡的唐高祖献陵的陪葬墓墓室西壁的六条屏山水画，认为该屏风以独立的山水为主题，其中水墨技法，"皴法"的出现，纵深构图表现等新技法的采用，和对早期山水画风格的继承，为探讨盛唐时期山水画的转变，提供了依据。吕村唐墓山水画有别于青绿山水，是水墨山水中迄今所见最早的作品[39]。

B. 风格

王仁波在《中国美术全集·绘画编·墓室壁画》的《隋唐时期的墓室壁画》中通过探讨唐代的绘画艺术源流，认为李寿、长乐公主墓的人物属于北齐画风，而郑仁泰、阿史那忠墓的人物保留了北周遗风，章怀、懿德墓墓道壁画则博采北周、北齐特点，融会贯通形成唐代新画风。唐墓壁画是以疏体画风为基础，融汇了密体派的画风，完成了从"曹衣出水"向"吴带当风"的过渡[40]。

李星明在《唐墓壁画考识》中将唐墓壁画绘画风格的变化分为三个大阶段。高祖至高宗为第一阶段，包括前后两个时期，前期是南北朝隋代风格的延续，后期则是初唐风格形成的过程，完成了南北朝风向唐风的转换。武周至玄宗为第二阶段，墓葬壁画发展到饱和程度，具备了唐风的经典意义，在此阶段内亦有前后相续的武周风格和盛唐风格。安史之乱以后为第三阶段，是由唐风向五代北宋风转变的演变时期[41]。

杨效俊在《影作木构间的树石——懿德太子墓与章怀太子墓壁画的比较研究》中通过布局与内容、表现手法方面的对比，认为两墓壁画存在较大差异，题材的差异反映了不同的等级，表现手法的差异则体现了对南北朝以来流行于皇室贵族高等级墓室壁画规则的遵守或违背。强大的皇室力量保证了懿德太子墓壁画的组织和完成，遵循墓室环境艺术的规则。章怀太子生前、死后身份的多变导致了墓室壁画的创作多一些自由，706年所绘壁画呈现出向社会流行艺术风尚和新风格靠拢的趋势。711年所绘壁画体现墓室壁画发展中屏风画取代影作木构的矛盾过程[42]。

3. 唐墓壁画的内容

(1)综合分类

王仁波在《中国美术全集·绘画编·墓室壁画》的《隋唐时期的墓室壁画》中总结了分布在陕西、山东、山西、宁夏、新疆、广东、湖北等地的隋唐时期的墓室壁画。将唐墓壁画的题材分为七类，分别为：仪仗、社会生活、狩猎、生产、建筑、星象、四神[43]。王仁波、何修龄、单暐在《陕西唐墓壁画之研究》中将唐墓壁画的题材分为四神、狩猎、仪仗、宫廷生活、礼宾、宗教、建筑、星象八类[44]。弱化了社会生活、生产，强调了宫廷生活、礼宾、宗教内容。

尹盛平主编的《唐墓壁画真品选粹》中将唐墓壁画的内容分为八个方面：四神、星象、宗教、建筑、仪卫、狩猎、生活、唐与四邻的友好往来[45]。李西兴在《陕西唐代墓葬壁画》中坚持了这个观点[46]。

(2)图象考释

A.个案

懿德太子墓

李求是在《谈章怀、懿德两墓的形制等问题》中认为懿德太子墓第一过洞相当于宫城门，第二过洞相当于宫门，第三过洞相当于殿门，第一过洞前的24竿列戟应属宫门外的列戟规定。第二天井戟应为殿门外所施戟。懿德太子墓墓内所绘侍女可能属于皇帝六尚宫官[47]。

王仁波在《唐懿德太子墓壁画题材分析》中对懿德太子墓壁画作了如下考证：一，描绘、介绍了壁画的分布位置与内容。二，通过墓道北壁的建筑图及东、西壁的城墙和阙楼对初唐——盛唐建筑的研究。三，认为墓道东西壁的仪仗图为太子大朝仪仗图。列戟数属于封建帝王一级，反映了“号墓为陵”的埋葬制度。四，考证出第三过洞内东、西壁小龛南侧两幅男侍像中服紫袍者为三品官，服红袍者为四、五品官，服绿袍者为六、七品官。过洞、甬道、墓室中的侍女图反映了太子内官各司其职的从八品的侍女。对过洞两壁的猎豹、鹰鹞的产地和用途也有考证[48]。

章怀太子墓

对章怀太子李贤墓壁画的考察集中在客使图上。尤其是对东壁从南向北第二人的国别争议较大。目前有高丽说、日本说、渤海国说。

李求是在《谈章怀、懿德两墓的形制等问题》中认为景云二年李贤以章怀太子身份与房妃合葬时，将前甬道以后的壁画重新绘制是为了使其符合太子的身份。考证出章怀墓前甬道东壁所绘持钥匙的男侍应为城门郎或其属下的门仆，并对章怀太子墓中壁画的题材进行考证，认为1．客使图的性质为谒陵吊唁的蕃国客使。2.狩猎出行图的布局与《金桥图》相似,均无伎乐。3.马球图是我国马球运动最早的记录[49]。

王仁波、何修龄、单玮在《陕西唐墓壁画之研究》中根据人物服饰与文献记载对照,研究出章怀太子墓礼宾图的人物身份。墓道东壁礼宾图:前三人为鸿胪寺官员,由北至南第一人为东罗马帝国使节,第二人为日本或高丽使节,第三人为东北少数民族使节。西壁:外国客使从南向北第一人为大食使节,第二人为吐蕃使节,第三人为高昌使节。第四、五、六人为唐代鸿胪寺官员[50]。王仁波在《从考古发现看唐代中日文化交流》中认为东壁礼宾图中第二个使节是日本使节的可能性更大[51]。

云翔在《唐章怀太子墓壁画客使图中"日本使节"质疑》中认为客使图中头戴羽毛冠的外国使者并非日本使者,而是古朝鲜人,因为从考古和文献资料考察,羽毛冠为古朝鲜人特殊的装饰,但还不能确定是高丽使者还是新罗使者[52]。

王维坤在《唐章怀太子墓壁画"客使图"辨析》中结合文献记载和国内、外的考古发现,对章怀太子墓墓道东西壁的客使图以前未曾论及和有争议的使者国籍问题再作探讨。作者认为"东客使图"的内容为中宗皇帝为雍王迁葬时,由"掌宾客及凶仪之事"的卿和负责管理"凡四方夷狄君长朝见者"的少卿所进行的"发哀临吊,则赞相焉"的宏大场面。依据服饰和笏板的形状分析,前三人为从三品和从四品上的卿和少卿。第四人为东罗马使者,第五人为新罗使者,第六人为来自东北少数民族地区的室韦族或靺鞨族使者,尤其后者的可能性较大。"西客使图"的性质与"东客使图"相同,前三人有可能为鸿胪寺卿掌管之下的典客署官员从七品下的典客令和从八品下典客丞。第四人可能为高昌使者,第五人可能为吐蕃使者,第六人可能为大食使者。二图的性质和《王会图》、《外国图》一样,具有记录万邦来朝,"阐扬徽烈"的意义[53]。

日本学者西谷正在《唐章怀太子李贤墓〈礼宾图〉的有关问题》中认为墓道西壁的《礼宾图》表现的是外国使节参加葬礼的情景,北侧三人可能是唐王朝鸿胪寺即礼宾院的官吏,南侧第二个头戴帽的人物从渤海国到唐王朝进贡的使节的可能性很大[54]。

楚启恩在《中国壁画史》中认为礼宾图的内容是唐朝官员引导各族来宾朝见太子的情形。但对人物未做具体考证[55]。

B.人物

20年代日本学者综合鸟毛立女屏风与吐鲁番出土的绘画，认为树下仕女图受印度影响。Mary H. Fong在《8世纪早期的唐墓壁画》(T'ang Tomb Wall Painting of The Early Eighth Century)中认为唐墓壁画中树下仕女图更可能受本土文化的影响，妇女与桃树的吉祥关系，而唐墓壁画中的树木还可能起分割画面单位的作用。而树下男子图象则是源于"竹林七贤"的构图方式[56]。

Patricia Eichenbaum Karetzky在《唐和唐以前绘画中的外国人形象》(Foreigners in Tang and Pre－Tang Painting)中系统整理和分析了唐和唐以前绘画中的外国人和外来物品的形象。作者认为李重润墓和李贤墓壁画中的相关形象表明了外来文化对唐代贵族生活深入广泛的影响力。李重润墓过洞两壁所绘的猎狗、鹰是从东亚、西亚等国来的供品，在狩猎中使用猞猁也是从波斯引进的，架鹰、鹞，驯猎豹、猞猁的侍者有中土也有西域人，狩猎是从西方引进的活动。李贤墓墓道两壁的狩猎出行图、马球图都是唐代贵族所喜爱的从西方传来的活动。墓道东壁的客使图是来参加皇室婚礼、葬礼的各国使者，其中头戴羽冠的来自古朝鲜。甬道两壁所绘的仕女有的穿胡服[57]。

杨亮《唐墓壁画妇女发型特征浅析》一文将壁画中妇女的发型分为早期的上梳发型，中期的平梳发型和晚期的下梳发型，配合人物造型由清秀向丰肥的变化，反映了唐王朝由盛及衰的历程[58]。

C. 制度

范淑英在《唐墓壁画〈仪卫图〉的内容和等级》中系统整理了唐墓壁画中出现的仪卫图像。将其分为三个等次，第一等次为身份特殊的太子、亲王；第二等次为太子、王及身份特殊的公主；第三等次为三品以上的品官。指出各等次在仪卫人数、车舆、列戟、戟架前仪卫的多寡和身份都有差别[59]。

D. 器物

齐东方在《唐墓壁画中的金银器图象》中认为富平县吕村乡双宝村的唐代房陵大长公主墓壁画中出现的壶、高足杯、盘等完整准确地再现出当时金银器的形制、用途和使用方法。结合考古实物，考证了壁画中的盘、带柄长颈壶、多曲长杯、高足杯、盝顶盖盒。其他贵族墓壁画中也有金银器的形象，与文献中贵族使用金银器的记载相符。墓室壁画中的金银器取材于社会上已经有的器形，为唐代金银器断代提供了重要依据。墓室壁画中的金银器形象与西方器物有密切的关系，其社会背景是唐朝和西方的交往和唐代社会的开放性[60]。

叶荣在《唐墓壁画与唐代绘画中的扇子》一文中结合文献考证了唐墓壁画

和唐代绘画中的扇子，分为仪仗用扇和生活用扇。李寿墓墓道西壁出行图中的有两名侍卫持长圆形大雉尾扇，懿德太子墓墓道西壁四名侍卫所持的圆形和长圆形雉尾扇。经考证，认为文献记载的仪仗用扇与壁画所绘的出入很大。壁画所绘的生活用扇多为无图案的团扇，也非写实描绘。并简要考证了持团扇者的身份[51]。

王昱东在《唐墓壁画中所见拂尘》中系统收集了唐墓壁画中拂尘的资料，拂尘在唐人生活中具有重要的地位，在壁画中出现频率很高。该文考证了拂尘拂上穗的颜色、安装方法，其材料有牦牛尾、马尾和棕榈。拂尘的用途有三，为卫生用具、清玩之具和乐舞用具[52]。

E. 建筑

顾铁符在《西安东郊唐墓壁画中的斗栱》中对 1955 年发现于西安市东郊经一路的开元十六年(728)薛莫及其妻史氏的合葬墓墓室中所绘的斗栱做了复原，并提出六点认识，推测画中的木构可能是仿照当时贵族阶级府第的做法画的[53]。

日本学者田中淡在《中国建筑史之研究》一书第四篇“中国壁画墓的建筑图和唐代初期的建筑样式”中的第三章“唐代壁画墓的建筑图”中，详细排比出 10 座唐代壁画墓中的建筑图，从屋顶、平面、轴部构造、屋檐、平座、栏杆、斗栱等建筑要素方面进行分析、比较，提出唐代初期建筑样式、技法的一些共同特征，认为和晚唐比较有相当大的差距，但是这些变化是从什么时候开始的，由于资料的限制，作出判断还是困难的。从屋檐和斗栱的技法来看，在 7 世纪中叶以后的不同是非常显著的，9 世纪中叶的佛光寺大殿，之后的辽代建筑等等，更正规的技术革新的萌芽的出现，是反映了建筑思潮的变化还是适合于初唐样式、盛唐样式这样的建筑史上的概念规定？要解释这些问题，还必须从其他方面加以考察[54]。

翟晓岚在《唐墓壁画中所见的建筑》中将唐墓壁画中的建筑图像分为建筑单体、整体布局、园林、局部和细部。建筑单体包括阙楼图和重楼图。整体布局里考证了李寿墓的宅院图和寺观图，园林也在一些画面中作为背景出现。建筑局部和细部包括廊、斗栱、平綦、藻井等[55]。

F. 宗教

邹规划、张晓阳、石墨在《长乐公主墓壁画〈瑞云车马送行图〉琐谈》中考证了 1986 年出土于陕西省礼泉县烟霞乡陵光村长乐公主墓墓道东西壁的《瑞云车马送行图》，认为车中长者为佛的化身，另一人为男装的长乐公主，拉车的为有佛教意义的神兽摩羯，画面寓意长乐公主死后，其灵魂乘坐马车，前往天堂。画面构图与《洛神赋图》相似[56]。文军在《佛教与世俗的结合—长乐公主墓壁画〈云中车马图〉初探》也对该图作了考证。作者认为该图依据净土经的思想绘制，绘制在墓道东西壁，代表东方和西方两个极乐世界。拉车的神兽名为“摩羯”，车内长者为观音的化身，构成佛教内容。旁边男装青年为长乐公主所转换的男身，车夫、马车为世俗内容。整个画面表现了世俗之人在观音菩萨的引领之下往生西方极乐世界的情景[57]。

4. 分期

宿白在《西安地区唐墓壁画的布局与内容》中整理了截止当时的24座唐墓壁画的资料，从布局和内容方面将唐墓壁画的演进顺序分为五个阶段，第一阶段仅贞观四年(630)李寿墓，壁画布局内容沿袭北朝、隋墓旧制。第二阶段唐代壁画特征开始出现，从653年的阿史那忠夫妇墓到675年的李凤墓。所谓唐代壁画特征为表示宅第门外的墓道壁画到表示宅第内室的墓室壁画前后连贯成一个长卷式的既和谐又简洁的整体，表示宅第门外的有仪卫、车、马、列戟等内容，墓道之后到墓室出现影作木构，表明是到宅院的过厅和宅院，其间配合侍从、女乐内容。通过与7－8世纪中亚片治肯特的同题材的侍从、乐舞壁画相比，说明西突厥溃散后，东西文化交流出现盛况。第三阶段从706年的懿德太子墓到729年的冯君衡墓，第三阶段是唐墓壁画特征的形成时期，分为等级不同的两组，在等级较低的第一组里影作木构扩展到墓道，人物姿态更生动，背景更丰富，墓主为太子、公主的等级高的第二组里保留了出行图，但增加了游乐题材。从壁画中的西方器物与游乐可见当时中西文化交流的频繁。第四阶段，从745年苏思勖墓到787年郯国大长公主墓，第二、三阶段形成的特征有了较大改变，影作木构开始减少，出现了屏风画、墓主人像、乐舞图。第五阶段从844年梁元翰墓到864年杨玄略墓，壁画更趋简化，墓室西壁都绘六扇屏风，云鹤入画与晚唐道教的盛行有关[58]。

王仁波、何修龄、单暐在《陕西唐墓壁画之研究》中根据题材的演变并参照艺术风格的变化，将唐墓壁画分为三期：第一期：唐高祖武德—唐中宗景龙年间(618—709)：题材突出地表现墓主生前的仪仗和狩猎场面，同时适当地安排了宫廷生活和日常家居生活的各种场面。第二期：唐睿宗景云—唐玄宗天宝年间(710—756)：突出表现墓主人生前的日常家内生活，狩猎出行、仪仗出行场面减少。与俑群中僮仆俑、园宅假山建筑模型的盛行是一致的。墓主人画像盛行受地面邸宅、宫殿主人画像的影响。第三期:至德—唐末(756—907):家居生活题材更盛行,出行更进一步削弱,与晚唐享乐风习相关。盛行六扇屏风[69]。与王仁波在《中国美术全集·绘画编·墓室壁画》的《隋唐时期的墓室壁画》依据壁画题材和艺术风格的演进将唐墓壁画分为三期的观点相似,只是《隋唐时期的墓室壁画》中的第一期是从隋—唐中宗景龙年间(589—709)[70]。

李西兴在《陕西唐代墓葬壁画》中依据布局和内容将唐墓壁画分为五个阶段,与宿白观点类似。第一阶段:以李寿墓为代表。第二阶段:以长乐公主墓为代表。第三阶段:以韦泂墓为代表。第四阶段:以苏思勖墓为代表。第五阶段:梁元翰墓、杨玄略墓,墓室均绘有6扇屏[71]。

齐东方、张静在《唐墓壁画与高松冢古坟壁画的比较研究》的第一部分"中国有关的墓葬壁画"中将唐墓壁画的内容、布局、构图、艺术特征和绘画技法的发展演变分为四个阶段。隋至初唐(581—649),代表性的有李寿、杨恭仁墓,题材源于十六国迄北朝壁画,日常生活以庭院为背景,布局上下分栏。唐高宗、武则天时期(650—704),影作木构建筑普遍,墓室宅院化,人物无背景。唐中宗至玄宗开元时期(705—742),这一阶段在过洞、甬道、墓室所绘人物,大都以象征式廊柱建筑为背景,墓室壁画生活气氛更浓厚,游乐场面增加。墓道壁画简化。唐玄宗天宝(742)以后,壁画绘于墓室,题材多为四神、侍者。出行、影作木构淘汰,流行屏风画,云鹤题材[72]。韩钊在《中国壁画墓和日本古代壁画墓的比较研究》中也持同样的观点[73]。

楚启恩在《中国壁画史》中从布局和题材变化将唐墓壁画分为三个阶段:第一阶段为初唐至盛唐,是唐代墓室壁画特征形成和发展时期,壁画采用单栏式,全墓壁画布局趋向一致,出现墓室宅院化特点。第二阶段为中唐时期,绘于墓道中的壁画逐渐少见,墓室壁画流行墓主人像和折扇式人物屏风画。第三阶段为晚唐时期,壁画越来越简化,屏风画的内容以云鹤、花鸟为主,人物形象少见[74]。

3. 比较研究

将唐墓壁画与其他墓葬壁画的比较研究,具有代表性的有:

日本学者上原和《关于章怀、懿德两太子唐墓壁画和高松冢古坟壁画》一文,通过对"唐墓壁画所见幞头形状和它的变迁"的详细论证,并与高松冢古坟壁画中的幞头进行比较,认为高松冢古坟壁画上的男子像和幞头是平头型巾子，向始于则天皇帝天授二年(691)的武家诸王样的高头巾子的过渡还不能完全看出来，从壁画上描绘的男子幞头的巾子型式来看，高松冢古坟的年代(图式性的)，应该不超过691年，至少，这是在壁画上，盛唐则天武后的样式还未出现的一个证据⑮。

齐东方、张静在《唐墓壁画与高松冢古坟壁画的比较研究》中将唐墓壁画与高松冢古坟壁画作了比较研究，认为高松冢古坟壁画与唐墓壁画在主题选择、布局、构图、人物特征、绘画风格上，都与唐墓壁画十分相似。认为高松冢古坟壁画直接源于唐墓壁画，区别在于长安样式传播后的改变。一、中国有关的墓葬壁画：列举了13类壁画题材和分布的位置，将唐墓壁画的发展分为四期。二、从四神图、人物图、星象图入手，比较唐墓壁画与高松冢古坟壁画。三、高松冢古坟壁画的渊源来自唐墓壁画，而与高句丽壁画区别较大。四、高松冢古坟壁画是日本与唐朝文化频繁交流的结果，更体现了东西文化的交流⑯。

韩钊在《中国唐墓壁画和日本古代壁画墓的比较研究》中将中日两国已发表的壁画墓资料进行系统整理、分类、比较研究。主要进行了以下方面的比较：1. 所葬地域有一致性。都在帝陵或天皇陵俯视下的司马道上。2. 墓主身份较高，唐墓壁画身份最高的是末帝李儇，最低的是朝议郎，日本壁画墓主推测为贵族。3. 制作的方法：唐墓壁画分为墙壁的处理、起稿、定稿、着色几步，而高松冢壁画没有墙壁处理这个过程，显然有一个起稿、定稿过程。日本壁画古坟依照唐墓壁画的制作原则绘制。4. 颜料的比较：都是矿物颜料，日本壁画颜料使用直接受中国影响。5. 画技相似。6. 内容在四神、人物、星象图上都很相似。7. 保护方法：唐墓壁画基本的是揭取保护，保护的重点是地杖层的加固和颜色保护，而日本壁画采用封闭性保护，解决壁画的变色褪色问题。日本装饰古坟的渊源来自中国汉魏壁画墓，壁画古坟与装饰古坟在制作技术、颜料使用上相距甚远，直接吸收唐墓壁画的因素，受其影响，而不是高句丽壁画影响。以长安为中心的唐墓壁画对周边地区和日本都产生了深远的影响⑰。

日本学者东潮在《北朝、隋唐和高句丽壁画——以四神图像和神怪图像为中心》中通过列举大量墓葬壁画资料，论述了4—8世纪高句丽、北朝、隋、唐壁画上出现的异人、胡人像所反映的国际性的交流关系以及所象征的辟邪观念。通过阐明北朝壁画的四神图像，乘驾龙虎神仙像，牵引青龙、白虎图像，墓主图像，屏风画的变迁过程，明确指出东魏茹茹公主墓壁画的四神图和宫廷仪仗图等等，成为初唐壁画的原形。隋唐壁画中的四神图像，7世纪中叶从墓室被表现在墓道。在比较隋唐和高句丽的四神壁画的基础上，论及到了龟虎古坟、高松冢古坟壁画四神图像的谱系关系[78]。

日本学者安田治树在《唐墓壁画与印度笈多王朝阿旃陀壁画的比较研究》中从内容、构图、人物表现、色彩、技法方面将唐墓壁画与印度笈多王朝阿旃陀壁画进行比较，认为唐代陵墓壁画看不出受阿旃陀壁画影响的地方，可能因为唐代绘画受长期以来汉魏传统和固有的绘画观念的影响太深，虽然接触印度绘画，但要接受它并改变自身却很难[79]。

4. 小结

从以上对唐墓壁画本身的研究看来，目前分门别类的研究已经卓有成效，但将唐墓壁画作为一个单独的对象进行研究，有其不足的地方。

微观上，壁画是墓室环境的一部分，探讨其与墓室结构、随葬品、墓上建筑的关系，才能对它有正确地认识。因此以后的研究应以个案研究为基础，解决这些问题。在有足够的积累后，再探讨各个墓例的关系，进行综合研究。而个案研究的基础是壁画墓考古报告，只有从考古实践中详尽地整理出已经发掘的壁画墓和待发掘的壁画墓的报告，才能推动整个研究的进展。

宏观上，壁画作为埋葬行为的一部分，有其社会、经济、政治、文化、技术和艺术的环境。有必要将壁画放入横向的社会环境中，将壁画与唐代社会、历史的其他方面的研究结合起来，从更广阔的视野去观察，也许有更新的结论。可以改变研究的思路，将壁画不作为一个结果，而作为一个社会的、经济的、技术的过程来考察，寻找其中体现的唐代复杂的社会关系和人类行为以及物质变化。当然，这样的研究仍然要以详尽的考古报告和个案的积累为基础，并且要将以往已经取得进展的各个方面结合起来，如将材料、技术分析与风格分析相结合，以求立体地把握。

二、以唐代墓葬壁画作为治唐史的史料和工具

这一部分的研究十分广泛，这里只选择有代表性的几个研究。

王仁波在《懿德太子墓所体现的唐代皇室埋葬制度》中将懿德太子墓的陪陵制、双室结构和线雕石椁、哀册、壁画和俑群中所反映的赠册、仪仗和内宫制

度结合起来进行研究，认为懿德太子墓与其他皇室墓葬有较大区别，其主要原因是埋葬时实施了“号墓为陵”的埋葬制度，是唐代政治斗争的产物[80]。

黄利平在《说唐墓壁画的史料价值》中认为唐墓壁画与文献史料的关系：相符或基本相符，补充了文献的不足，如衣食住行等生活资料，填补空白或证明史料错误。唐墓壁画作为史料虽然直观、生动，但较零散，需要系统综合、比较、整理[81]。

申秦雁在《唐代列戟制探析》中采用文献与考古资料相结合的方法，对唐代列戟制进行了研究。通过文献记载，探讨了列戟的范围和程序。指出帝王陵园、官府门前、私府门前的列戟数目和地点均有一定规定。分析了8座唐墓壁画中所绘的列戟图，认为墓中绘制列戟图是反映墓葬等级的一个重要因素。可能除了绘制列戟图，还随葬棨戟，墓葬中的列戟数是按照墓主死后官品绘制的。墓葬列戟图可分为三个阶段，反映了由复杂向简单转化的过程[82]。

申秦雁在《谈谈唐代帝王——兼谈章怀太子墓〈狩猎出行图〉》中结合文献与考古资料，分析了唐代帝王喜好狩猎活动的原因在于带有胡气的统治者对武艺、军备的重视和愉悦精神的需要。帝王狩猎的地点一般在皇家宫苑和野外山林，方式多样，借助鹰犬等动物。章怀太子墓墓道东壁《狩猎出行图》描绘了太子一行数十人外出狩猎的情景。作者认为第一排身着青衣，骑白马者为墓主李贤。图中前方两名、后方两名手执圆头棍状器具的当是左右清道卫。对图中的鹰犬、豹、猞猁也有考证[83]。

Saehyang P, Chung 在《隋唐长安城的东宫：设计复原》(The Sui - Tang Eastern Palace in Chang'an: Toword A Reconstruction of It's Plan)中结合考古与文献资料试图复原隋唐长安城东宫的形制，其中有“懿德太子墓与东宫的设计”一节(P24—31)，认为懿德太子墓各个部分配合其壁画反映了东宫的不同部位。墓道两壁壁画的前半部分可能代表崇明宫外面的空间，阙楼和城墙围起来的可能是崇明宫外的广场。……第一过洞南墙上所绘的城门对应重明门。过洞和天井代表东宫南门以北的各种建筑，第二和第三过洞分别代表宣明门和嘉德门。第一第二天井代表这些门前的庭院，第四过洞代表嘉德殿，第三天井代表殿前的大的庭院，东西壁画代表着停在那里的马车。第五过洞可能代表崇教殿。……前甬道可能代表崇教殿(懿德太子的起居处)，前后墓室代表丽正、光大、承恩三个寝殿中的两个。后甬道代表了它们之间的走廊。但懿德太子墓对后宫的反映可能不是十分对应和具体的[84]。

考古学研究有权奎山《试析南方发现的唐代壁画墓》,其中收集了9座唐代壁画墓,对其进行考古学的综合研究。分析了埋葬时间与墓主身份,墓葬形制的类型,壁画的布局与内容,随葬品的种类和内容,认为这些南方唐代壁画墓或多或少甚至有的墓大部分选择或使用本地区或当地唐墓流行的作法,它们是南方与中原北方文化结合的典型实例[85]。

三、揭取和保护

唐墓壁画的科学揭取始于50年代初。茹士安首先对此进行研究总结,将揭取方法归纳为两种:一、木箱套取法(用于无地杖层壁画),先在壁画四周挖成相当深的沟槽,根据壁画面积的大小和土质的坚松而决定沟槽的深度,以不易折断为原则,然后将预先作的尺寸相合的木箱套上去(木箱底衬以棉花和纸),再从上面及左右两侧深挖,超过木箱后向壁画背面横挖过去,直到两边挖通,将壁画与墙壁挖断为止,这时壁画即装进这个竖立的木箱中,将箱徐徐放下,使有壁画的一面向下,背面向上,在此背面加上木板,用夹棍绞绑后,再将箱挟起,向相反方向平放下去,使画面向上。二、胶布粘取法(用于有地杖层壁画),分为四步:清洗墙壁;使其干燥;蒙上粗布刷上桃胶溶液,将胶布贴在画面上;割取[86]。

单晧、王和平在《不同结构的唐墓壁画揭取方法综述》中提出,揭取壁画的方法主要有三种:揭取颜料层;揭取颜料和地杖层;无地杖壁画的揭取。并且规范了三种方法使用的场合,详细介绍了其实施步骤和操作要求[87]。

最近几年,人们针对传统揭取方法中存在的问题进行探索和改进,杨文宗在《略谈古代壁画揭取中的保护工作》中将其总结为四点:一、在揭取壁画时使用的粘接剂(团粉浆糊、桃胶)中加入一定量3%—5%麝香草酚溶液,就可防止胶液生霉。二、揭取壁画时试用无纺布或玻璃纤维布来代替棉花、纱布,也可达到消除壁画发生霉变的目的。三、选用工业用电热板来代替木炭火和红外灯光线作为烘烤用发热源,可以避免木炭火产生的有害气体及红外线灯光线对壁画的损害。四、采用喷雾器将胶液均匀喷涂在颜料上,避免异物与画面的直接接触[88]。

关于唐墓壁画的修复加固,50年代茹士安就对其方法作了简单介绍[89]。杨文宗在《古代壁画加固工艺》中对其程序方法作了详细介绍[90]。单晧、王和平在《不同结构的唐墓壁画揭取方法综述》中，针对壁画加固中常见的问题，在"补做地仗层的材料"和"防止壁画空洞处的地仗粘连"方面进行了探索性研究，提出了经实验证明效果较好的一些方法[91]。郭爱莲、单玮、杨文宗在《陕西长安南里王村出土壁画的微生物类群鉴定》中，对壁画画面发现的微生物进行了初步的分析鉴定，从而为更好地揭取和修复，提供了科学依据[92]。90年代以来对壁画的加固材料有一些研究，如日本学者肥冢隆保、沢田正昭在《塑像、壁画、遗址等的保护修复材料环氧乳胶SITE－FX》一文中，详细介绍了使用具有优异吸脱湿特性的环氧乳胶SITE－FX进行若干实验的结果[93]。罗黎在《唐代新城公主墓仕女图的修复》中对地仗层严重粉化的壁画修复与加固的方法和材料进行了研究和探讨，提出先用饱和氢氧化钙溶液渗透加固，再用聚乙烯醇缩丁醛渗透加固的方法[94]。

唐墓壁画的科学保护研究起步较晚，首先是对唐墓壁画所用颜料的科学分析，王仁波、何修龄、单玮在《陕西唐墓壁画之研究》中指出陕西省唐墓壁画所使用的颜料大部分是矿物颜料，公布了懿德太子墓壁画所用土红、石青、石绿、石黄、硃磦、银硃、紫色等颜料的分析结果以及白灰皮内所含纤维的外形、结构[95]。对造成壁画损坏因素的探讨，文物保护科学技术研究所《中国古代壁画保护的研究》指出了壁画损坏的物理因素和化学因素[96]，徐毓明《古代壁画构造及影响壁画保护诸因素的探讨》，将致使壁画破损的因素归纳为因构成壁画各部分材料的不稳定性而造成的破坏、潮湿对壁画的影响、温度的影响等13种，并指出了壁画的各种病变[97]。90年代初，由单玮负责的《唐墓壁画保护研究》课题小组对唐墓壁画颜色褪变进行模拟实验，指出导致壁画颜色褪变的原因有光照、硫化氧气体、臭氧、霉菌、降尘五个因素，并提出相应的解决方法，即壁画保护的环境问题[98]。杨文宗、谢伟在《降尘对彩绘文物颜色影响之探讨》中通过测量分析得出的数据，进一步阐明降尘是彩绘文物颜色褪变的主要因素之一[99]。1996年开始，陕西历史博物馆与日本奈良国立文化财研究所就唐墓壁画修复、保护等进行合作研究，系统地调查和分析了唐墓壁画的颜料，张群喜《唐墓壁画颜料的分析与研究》公布了这一成果，并将唐墓壁画所用颜料和敦煌壁画所用颜料、日本国壁画所用颜料进行了比较[100]。沢田正昭、杜晓帆、肥冢隆保的《古代壁画的分析和保护科学》对分析、研究古代壁画颜料的方法有进一步的探讨，提出"仅用自然科学的分析方法很难鉴定原始的颜料，要求综合性地结合从美术史、考古学的角度进行考察，或者画家从绘画技法方法进行研究”,为研究古代壁画颜料提出了新的思路[101]。佐藤昌宪《唐墓壁画有机材质的分析》介绍了使用非破坏分析方法——显微傅里叶变换红外分析法分析唐墓壁画地杖层的结果,认为壁画表面颜料层里附着有有机物,其吸收峰最接近动物性物质的胶谱,地杖层内混有微小的木材片、纤维、兽毛等[102]。关于壁画墓的保护,日本一般采取的是原地封闭式保护,陕西唐壁画墓一般采取的是揭取易地保护,张群喜在《唐墓壁画保护的环境问题研究与探讨》中指出,物理因素是唐墓壁画颜色褪变的主要因素,水分、颜料表面的土壤杂质及壁画存放过程中的降尘导致壁画颜色的脱落褪变。强调壁画保护必须重视环境保护,坚持“保护第一”原则[103]。

注释:

①王仁波、何修龄、单暐:《陕西唐墓壁画之研究(上)》,《文博》1984 年创刊号,第 42 页。

②傅熹年:《唐代隧道型墓的形制构造和所反映的地上宫室》,文物出版社编辑部编:《文物与考古论集》,文物出版社,1986 年,北京,第 322 页。

③傅熹年:《唐代隧道型墓的形制构造和所反映的地上宫室》,文物出版社编辑部编:《文物与考古论集》,文物出版社,1986 年,北京,第 330 页。

④李星明:《唐墓壁画考识》,《朵云》1994 年第 3 期,第 40 页。

⑤王仁波:《唐懿德太子墓壁画题材的分析》,《考古》1973 年第 6 期,第 381 页。

⑥黄苗子:《唐壁画琐谈》,《文物》1978 年第 6 期,第 72 页。

⑦王仁波、何修龄、单暐:《陕西唐墓壁画之研究(下)》,《文博》1984 年第 2 期,第 46 页。

⑧Mary H. Fong, “T’ang Tomb Wall Paintings of The Early Eighth Century”, Oriental Art, Vol. XXIV, number 2, Summer, 1978, P185.

⑨“Presumably, the murals are by craftsmen who specialized in tomb wall painting.” Mary H. Fong, “T’ang Tomb Murals Reviewed in The Light of Tang Texts on Painting”, Artibus Asiae, Vol. XLV, I, P36.

⑩唐昌东:《唐墓壁画的创作技巧和艺术成就》,《考古与文物》1985 年第 5 期,第 130 页。

⑪唐昌东:《唐墓壁画的创作技巧和艺术成就》,《考古与文物》1985 年第 5 期,第 134 页。

⑫唐昌东:《唐墓壁画的制作工艺》,《陕西历史博物馆馆刊》第三辑,西北大学出版社,1996 年,第 183 页。

⑬李星明:《唐墓壁画考识》,《朵云》1994 年第 3 期,第 55 页。

⑭王世平:《唐墓壁画的社会意义》,《陕西历史博物馆馆刊》第八辑,三秦出版社,2001 年,第 181 页。

⑮杨新、班宗华、聂崇正、高居翰、郎绍君、巫鸿:《中国绘画三千年》,中国外文出版社,1997 年,第 65 页。

⑯杨新、班宗华、聂崇正、高居翰、郎绍君、巫鸿:《中国绘画三千年》,中国外文出版社,1997 年,第 66 页。

⑰杨新、班宗华、聂崇正、高居翰、郎绍君、巫鸿:《中国绘画三千年》,中国外文出版社,1997 年,第 68 页。

⑱茹士安:《介绍我们处理古墓壁画的一些经验》,《文物参考资料》,1955 年第 5 期第 77 页。

⑲王仁波、何修龄、单暐:《陕西唐墓壁画之研究(上)》,《文博》1984年创刊号,第39－40页。

⑳王仁波、何修龄、单暐:《陕西唐墓壁画之研究(上)》,《文博》1984年创刊号,第39－42页。

㉑申秦雁:《唐墓壁画绘制方法研究》,《中日唐墓壁画修复保护成果发表会》,西安,陕西历史博物馆,2001年,第2－3页。

㉒楚启恩:《中国壁画史》,北京工艺美术出版社,2000年,第262页。

㉓张群喜:《唐墓壁画颜料的分析与研究》,《陕西历史博物馆馆刊》第八辑,三秦出版社,2001年,第182－187页。

㉔王仁波、何修龄、单暐:《陕西唐墓壁画之研究(上)》,《文博》1984年创刊号,第39页。

㉕李西兴:《陕西唐代墓葬壁画》,《陕西历史博物馆馆刊》第二辑,三秦出版社,1995年,第258－259页。

㉖唐昌东:《唐墓壁画的制作工艺》,《陕西历史博物馆馆刊》第三辑,西北大学出版社,1996年,第182页－184页。

㉗杜晓帆:《壁画的临摹与再现》,《中日唐墓壁画修复保护成果发表会》,西安,陕西历史博物馆,2001年7月,第37页。

㉘王仁波、何修龄、单暐:《陕西唐墓壁画之研究(上)》,《文博》1984年创刊号,第40页。

㉙王仁波、何修龄、单暐:《陕西唐墓壁画之研究(上)》,《文博》1984年创刊号,第39－40页。

㉚唐昌东:《唐墓壁画的制作工艺》,《陕西历史博物馆馆刊》第三辑,西北大学出版社,1996年,第182页。

㉛申秦雁:《唐墓壁画绘制方法研究》,《中日唐墓壁画修复保护成果发表会》,西安,陕西历史博物馆,2001年,第3－4页。

㉜Mary H. Fong, T'ang Tomb Wall Painting of The Early Eighth Century Oriental Art New Senes Vol. XXIV Number 2, Summer 1978, P185－193.

㉝Mary H. Fong, The Technique of 'Chiaroscuro' in Chinese Painting from Han Through T'ang, Artibus Asiae, Vol. XXX VIII, 2/3, P91－127.

㉞申秦雁、周柏龄:《对懿德太子墓"宫女图"的一点看法》,《陕西历史博物馆馆刊》第六辑,陕西人民教育出版社,1999年,第246－250页。

㉟Mary H. Fong, T'ang Tomb Murals Reviewed in The Light of Tang Texts on Painting Artibus Asiae Vol. XLV, P35－72.

㊱李国珍:《穷羽毛之变态　夺花卉之芳妍——唐安公主墓的花鸟壁画》,《陕西历史博物馆馆刊》第三辑,西北大学出版社,1996年,第188－189页。

㊲戴俊英:《唐墓壁画人物造型之社会风尚》,《陕西历史博物馆馆刊》第四辑,西北大学出版社,1997年,第253－258页。

㊳张建林:《唐墓壁画中的屏风画》,陕西省考古研究所编:《远望集——陕西省考古研究所华诞四十周年纪念文集》,陕西人民美术出版社,1998年,第720－729页。

㊴徐涛:《吕村唐墓壁画与水墨山水的起源》,《文博》,2001年第1期,第53－56页。

㊵王仁波:《隋唐时期的墓室壁画》,《中国美术全集·绘画编·墓室壁画》,1984年,第31页。

㊶李星明:《唐墓壁画考识》,《朵云》1994年第3期。

㊷杨效俊:《影作木构间的树石——懿德太子墓与章怀太子墓壁画的比较研究》,《陕西历史博物馆馆刊》

第六辑,陕西人民教育出版社,1999年,第253-261页。
㊸王仁波:《隋唐时期的墓室壁画》,《中国美术全集·绘画编·墓室壁画》,1984年,第21-22页。
㊹王仁波、何修龄、单玮:《陕西唐墓壁画之研究(上)》,《文博》1984年创刊号,第42页。
㊺陕西历史博物馆编,尹盛平主编:《唐墓壁画真品选粹》,陕西人民美术出版社,1991年。
㊻李西兴:《陕西唐代墓葬壁画》,《陕西历史博物馆馆刊》第二辑,三秦出版社,1995年,第261页。
㊼李求是:《谈章怀、懿德两墓的形制等问题》,《文物》1972年第7期,第46—48页。
㊽王仁波:《唐懿德太子墓壁画题材分析》,《考古》1973年第6期,第381—393页,及371页。
㊾李求是:《谈章怀、懿德两墓的形制等问题》,《文物》1972年第7期,第48—50页。
㊿王仁波、何修龄、单玮:《陕西唐墓壁画之研究(上)》,《文博》1984年创刊号,第48-50页。
51王仁波:《从考古发现看唐代中日文化交流》,《考古与文物》,1984年第3期,第104页。
52云翔:《唐章怀太子墓壁画客使图中"日本使节"质疑》,《考古》1984年第12期,第1141-1144页。
53王维坤:《唐章怀太子墓壁画"客使图"辨析》,《考古》1996年第1期,第65-74页。
54(日)西谷正著　马振智译:《唐章怀太子李贤墓〈礼宾图〉的有关问题》,《陕西历史博物馆馆刊》第四辑,西北大学出版社,1997年,第272-276页。
55楚启恩:《中国壁画史》,北京工艺美术出版社,2000年,第122-123页。
56Mary H.Fong, T'ang Tomb Wall Painting of The Early Eighth Century Oriental Art New Senes Vol.XXIV Number 2, Summer 1978, P190.
57Patricia Eichenbaum Karetzky, Foreigners in Tang and Pre-Tang Painting, Oriental Art, New Series Vol.XXX, Number 2, Summer 1984, P160-166.
58杨亮:《唐墓壁画妇女发型特征浅析》,《陕西历史博物馆馆刊》第七辑,三秦出版社,2000年,第255—259页。
59范淑英:《唐墓壁画〈仪卫图〉的内容和等级》,《陕西历史博物馆馆刊》第八辑,三秦出版社,2001年,第173—181页。
60齐东方:《唐墓壁画中的金银器图像》,《文博》1998年第6期,第66—69页。
61叶荣:《唐墓壁画与唐代绘画中的扇子》,《陕西历史博物馆馆刊》第八辑,三秦出版社,2000年,第250—254页。
62王昱东:《唐墓壁画中所见拂尘》,《文博》2000年第4期,第48—53页。
63顾铁符:《西安东郊唐墓壁画中斗栱》,《文物》1956年第11期,第44—45页。
64田中淡:《中国建筑的研究》,弘文堂,平城元年7月初版,第345页。
65翟晓岚:《唐墓壁画中所见的建筑》,《陕西历史博物馆馆刊》第五辑,西北大学出版社,1998年,第285-289页。
66邹规划、张晓阳、石墨:《长乐公主墓壁画〈瑞云车马送行图〉琐谈》,《陕西历史博物馆馆刊》第六辑,陕西人民教育出版社,1999年,第251-252页。
67文军:《佛教与世俗的结合——长乐公主墓壁画〈云中车马图〉初探》,《陕西历史博物馆馆刊》第八辑,三秦出版社,2001年,第166-172页。
68宿白:《西安地区唐墓壁画的布局与内容》,《考古学报》1982年第2期,第137—149页。
69王仁波、何修龄、单玮:《陕西唐墓壁画之研究(上)》,《文博》1984年创刊号,第42—52页。王仁波、何修龄、单玮:《陕西唐墓壁画之研究(下)》,《文博》1984年第2期,第44—47页。

⑩王仁波:《隋唐时期的墓室壁画》,《中国美术全集·绘画编·墓室壁画》,1984年,第22页。

⑪李西兴:《陕西唐代墓葬壁画》,《陕西历史博物馆馆刊》第二辑,三秦出版社,1995年,第259—261页。

⑫齐东方、张静:《唐墓壁画与高松冢古坟壁画的比较研究》,《唐研究》第一卷,1995年,第447—452页。

⑬韩钊:《中国唐墓壁画和日本古代壁画墓的比较研究》,《考古与文物》1999年第6期,第77页。

⑭楚启恩:《中国壁画史》,北京工艺美术出版社,2000年,第120页。

⑮上原和:《关于章怀、懿德两太子墓壁画和高松冢古坟壁画》,《古美术》624号,1973年9月,第89页。

⑯齐东方、张静:《唐墓壁画与高松冢古坟壁画的比较研究》,《唐研究》第一卷,1995年,第447—472页。

⑰韩钊:《中国唐壁画墓和日本古代壁画的比较研究》,《考古与文物》1999年第6期,第72—91页。

⑱东潮:《北朝、隋唐和高句丽壁画——以四神图像和畏兽图像为中心》,《国立历史民俗博物馆研究报告》第80集,"装饰古坟之诸问题",1999年3月发行,第261页。

⑲(日)安田治树:《唐墓壁画与印度笈多王朝阿旃陀壁画的比较研究》(摘要),《陕西历史博物馆馆刊》第八辑,三秦出版社,2001年,第188—189页。

⑳王仁波:《懿德太子墓所表现的唐代皇室埋葬制度》,《中国考古学会第一次年会论文集》,文物出版社,1979年,第400—406页。

㉑黄利平:《说唐墓壁画的史料价值》,《陕西历史博物馆馆刊》第三辑,西北大学出版社,1996年,第185—187页。

㉒申秦雁:《唐代列戟制探析》,《陕西历史博物馆馆刊》第一辑,三秦出版社,1994年,第60—66页。

㉓申秦雁:《谈谈唐代帝王的狩猎活动——兼谈章怀太子墓〈狩猎出行图〉》,《陕西历史博物馆馆刊》第五辑,西北大学出版社,1998年,第272—277页。

㉔Saehyang P, Chung, The Sui－Tang Eastern Palace in Chang'an: Toword A Reconstruction of It's Plan, Artibus Asiae, Vol. LVIII1/2, 1998, P5－31.

㉕权奎山:《试析南方发现的唐代壁画墓》,《北京大学百年国学文粹·考古卷》,北京大学出版社,1998年,第408—423页。

㉖茹士安:《介绍我们处理古墓壁画的一些经验》,《文物参考资料》1955年第5期,第77－78页。

㉗单玮、王和平:《不同结构的唐墓壁画揭取方法综述》,《中国第四届考古及文物保护化学学术交流会论文集》,1996年9月,重庆,第62—64页。

㉘杨文宗:《略谈古代壁画揭取中的保护工作》,《陕西历史博物馆馆刊》第四辑,西北大学出版社,1997年,第320－321页。

㉙茹士安:《介绍我们处理古墓壁画的一些经验》,《文物参考资料》1955年第5期,第78－79页。

㉚杨文宗:《古代壁画加固工艺》,《文博》1996年第1期。

㉛单玮、王和平:《不同结构的唐墓壁画揭取方法综述》,《中国第四届考古及文物保护化学学术交流会论文集》,1996年9月,重庆,第65—66页。

㉜郭爱莲、单玮、杨文宗:《陕西长安南里王村出土壁画的微生物类群鉴定》,《文物保护与考古科学》第9卷第1期,第39页。

㉝肥冢隆保、沢田正昭:《塑像、壁画、遗址等的保护修复材料环氧乳胶SITE－FX》,《中日唐墓壁画保护修复研究成果发表会》,西安,陕西历史博物馆,2001年7月。

⑭罗黎:《唐代新城公主墓仕女图的修复》,《中日唐墓壁画保护修复研究成果发表会》,西安,陕西历史博物馆,2001年7月。

⑮王仁波、何修龄、单暐:《陕西唐墓壁画之研究》,《文博》1994年创刊号,第39—40页。

⑯中国文物保护技术协会编:《文物保护技术》第五辑,1987年,第25—31页。

⑰徐毓明:《古代壁画构造及影响壁画保护诸因素的探讨》,《考古与文物》,1989年6期,第98—103页。

⑱陕西历史博物馆:《唐墓壁画保护研究》(内刊),1992年12月。

⑲杨文宗、谢伟:《降尘对彩绘文物颜色影响之探讨》,《陕西历史博物馆馆刊》第三辑,西北大学出版社,1996年,第244-247页,第109页。

⑳张群喜:《唐墓壁画颜料的分析与研究》,《陕西历史博物馆馆刊》第七辑,三秦出版社,2000年。

㉑沢田正昭、杜晓帆、肥冢隆保:《古代壁画的分析和保护科学》,《中日唐墓壁画修复保护成果发表会》,西安,陕西历史博物馆,2001年7月,第6页。

㉒佐藤昌宪:《唐墓壁画有机材质的分析》,《中日唐墓壁画修复保护成果发表会》,西安,陕西历史博物馆,2001年7月,第12页。

㉓张群喜:《唐墓壁画保护的环境问题研究与探讨》,《中日唐墓壁画保护修复研究成果发表会》,西安,陕西历史博物馆,2001年7月。

陕西唐代壁画墓统计表

序号	墓主名	官品	出土地点	埋葬年代	发掘年代	壁画简介	保存状况	出处
1	贺若厥	独孤罗之妻	咸阳市底张湾岳家村	武德四年(621)	1988年	第三、四、五、六过洞及甬道残存壁画，第三、四过洞东西壁均绘持戟武士，第五、六过洞绘持笏或持物文吏，甬道东西壁绘持物侍女。		負安志:《陕西长安县南里王村与咸阳飞机场出土大量隋唐珍贵文物》,《考古与文物》1993年第6期,第50页。
2	窦诞	尚襄阳公主 工部尚书、荆州刺史	咸阳渭城区底张乡韩家村	贞观二十二年(648)	1985年	墓道、墓室绘有青龙、白虎等壁画。		张在明主编:《中国文物地图集·陕西分册(下)》,西安地图出版社,1998年第364页。
3	李寿	司空[正一]淮安靖王	三原县陵前乡焦村生产队(献陵陪冢)	贞观四年(630)殁,贞观五年(631)葬。	1973年3月至8月	墓道上栏绘飞天,狩猎;下栏绘骑马出行;过洞,天井上栏绘农耕,牧养,杂役;下栏绘步行仪仗,列戟;过洞及甬道南壁绘重楼建筑;甬道上栏绘飞天,下栏绘内侍,侍女,寺院,道观;墓室西壁上栏绘马厩,草料库;北壁下栏绘庭院、乐舞等;南壁绘侍女二人。	陕西历史博物馆藏23幅	陕西省博物馆,文管会:《唐李寿墓发掘简报》,《文物》1974年第9期,第72—75页。
4	杨温		礼泉昭陵陪葬墓	贞观十四年(640)	1979年	墓内绘侍女。		陈志谦:《昭陵唐墓壁画》,《陕西历史博物馆馆刊》第一辑,三秦出版社,1994年。
5	李丽质	长乐公主[正一品]	礼泉县烟霞乡陵光村昭陵陪葬墓	贞观十七年(643)殁葬	1985年3月	墓道、天井东西壁、过洞均有壁画;甬道东西壁绘文吏进谒,捧物侍女;墓室残存上部影作木构,瑞禽及顶绘天象图。		昭陵博物馆:《唐昭陵长乐公主墓》,《文博》1988年第3期,第10—30页。
6	司马睿	太子左内率	西安市东郊灞桥区洪庆乡路家湾	贞观二十三年(649)殁葬	1985年3月	墓道,甬道及墓室涂白色壁面,红色彩绘建筑图案。		負安志,王学理:《唐司马睿墓清理简报》,《考古与文物》,1985年第1期,第44—49页。
7	段简璧	邳国夫人,唐太宗外甥女	礼泉县烟霞乡张家山村北昭陵陪葬墓	永徽二年(651)殁葬	1978年10月–1979年1月	过洞、天井残存较完整壁画17幅。	昭陵博物馆藏	昭陵博物馆:《唐昭陵段简璧墓清理简报》,《文博》1989年第6期第3—12页。

序号	墓主名	官品	出土地点	埋葬年代	发掘年代	壁画简介	保存状况	出处
8	韦尼子	昭容一品 唐太宗妃	昭陵陪葬墓	显庆元年(656)	1974年	墓道、天井、过洞、墓室均有白灰涂抹额痕迹,原绘有壁画。		昭陵博物馆　孙东位:《昭陵发现陪葬宫人墓》,《文物》,1987年第1期,第83—88页。
9	宫女	唐太宗后宫五品	礼泉县烟霞乡张家山村 昭陵陪葬墓	显庆二年(657)	1974年	墓壁均有白灰涂抹痕迹,有壁画残渣。		昭陵博物馆　孙东位:《昭陵发现陪葬宫人墓》,《文物》,1987年第1期,第88—91页。
10	张士贵	虢州刺史 右领军大将军虢国公	礼泉县烟霞乡马旗寨村 昭陵陪葬墓	显庆二年(657)	1972年	墓道残存壁画。		陕西省文管会、昭陵文管所:《陕西礼泉张士贵墓》,《考古》1978年3期。
11	执失奉节	常乐府果毅	长安县郭杜镇	显庆三年(658)葬	1957年	壁画几乎全部脱落,仅存墓室北壁一幅舞女图。		贺梓城:《唐墓壁画》,《文物》1959年第8期,第32页。
12	新城长公主	新城长公主,太宗二十一女	礼泉县烟霞乡东坪村 昭陵陪葬墓	龙朔三年(663)殁葬。	1993年1月~7月	墓道东西壁绘青龙、白虎,仪仗,墓道北壁绘楼阁;过洞绘内侍;第一天井东西壁绘列戟;第二过洞至甬道东西壁均绘侍女,墓室四壁绘影作木构,柱间绘女侍,墓室顶绘天象图。	陕西历史博物馆藏22幅	陕西省考古研究所、陕西省历史博物馆、昭陵博物馆:《唐昭陵新城长公主墓发掘简报》,《考古与文物》1997年3期,第3—37页。
13	郑仁泰	右武卫大将军[正三]、同安郡公[正二]	礼泉县烟霞乡马寨村 昭陵陪葬墓	龙朔三年(663)殁葬	1971年	墓道东、西壁绘仪卫,第五过洞残存女侍一人。其余壁画均不存。		陕西省博物馆、礼泉县文教局唐墓发掘组:《唐郑仁泰墓发掘简报》,《文物》1972年第7期,第33页。

序号	墓主名	官品	出土地点	埋葬年代	发掘年代	壁画简介	保存状况	出处
14	程知节（程咬金）	左领军大将军卢国公	礼泉县烟霞乡李家村 昭陵陪葬墓	麟德二年（665）	1986年	墓道两壁绘有持戟武士。		
15	李震	梓州刺史李勣之子	礼泉县烟霞乡西屯村 昭陵陪葬墓	麟德二年（665）	1976年			
16	韦贵妃	唐太宗妃	礼泉县烟霞乡陵光村 昭陵陪葬墓	乾封元年（666）		天井绘胡人备马图、小龛绘侍女。		陈志谦:《昭陵唐墓壁画》,《陕西历史博物馆馆刊》第一辑,三秦出版社,1994年,第114—119页。
17	李爽	银青光禄大夫守司刑太常伯[正三]	西安市雁塔区羊头镇村	总章元年（668）殁葬	1956年4月	残存25幅,较完整的16幅:墓道壁画多残,所见有仪卫及建筑图;甬道东西壁绘男女侍从;墓室残存影作木构,乐舞、侍从。	陕西历史博物馆藏5幅	陕西省文物管理委员会:《西安羊头镇李爽墓的发掘》,《文物》1959年第3期,第43—53页。
18	王善贵	縠州刺史	西安市未央路	总章元年（668）	1998年	墓室东、北、西三壁分别绘五扇屏风,三壁转角相连形成15扇连屏,每扇屏面绘一侍女。	陕西省考古研究所藏	
19	苏君	推测为三品以上	咸阳市顺陵西南隅	推测为668—713	1961－1962年	墓道绘青龙、白虎,鞍马侍卫;天井、过洞绘男侍、列戟、人物、鞍马;墓室顶绘天象图。		陕西省社会科学院考古研究所:《陕西咸阳唐苏君墓发掘》,《考古》1963年第9期,第493—498页,及485页。
20	李勣（徐懋功）	并州都督英国公	礼泉县烟霞乡西村昭陵陪葬墓	咸亨元年（670）	1971年	墓室残存乐舞图、六幅屏画。		昭陵博物馆:《唐昭陵李勣(徐懋功)墓清理简报》,《考古与文物》2000年第3期,第3—14页。

序号	墓主名	官品	出土地点	埋葬年代	发掘年代	壁画简介	保存状况	出处
21	燕妃	唐太宗妃越王李贞生母	礼泉县烟霞乡东坪村 昭陵陪葬墓	咸亨二年(671)		五天井以内绘侍女;墓室绘乐舞图、十二屏画。		陈志谦:《昭陵唐墓壁画》,《陕西历史博物馆馆刊》第一辑,三秦出版社,1994年,第114—119页。
22	李某	房陵大长公主,高祖第六女	富平县吕村乡双宝村,献陵陪葬墓	咸亨四年(637)殁葬	1975年	仅存27幅侍女图,分布于第三天井;前甬道;前室;后甬道,后室。	陕西历史博物馆藏22幅	安峥地:《唐房陵大长公主墓清理简报》,《文博》1990年第1期,第2—6页。
23	李凤	司徒(正一)	富平县吕村大队北吕生产队,献陵陪葬墓	上元二年(675)	1973年	墓道、天井、过洞、甬道、墓室绘建筑物图,甬道绘侍女图,第二过洞西壁牵驼图,墓室顶绘天象图。	陕西历史博物馆馆藏8幅	富平县文化馆、陕西省博物馆、文物管理委员会:《唐李凤墓发掘简报》,《考古》1977年第5期,第313—326页。
24	阿史那忠	右骁卫大将军、薛国公	礼泉县烟霞乡西周村	上元二年(675)	1972年	墓道绘青龙、白虎,车马、仪仗,过洞、天井绘内侍、列戟。		陕西省文物管理委员会、礼泉县昭陵文管所:《唐阿史那忠墓发掘简报》,《考古》1977年第2期,第132—138页,及80页。
25	李孟姜	临川郡长公主	礼泉县赵镇公社新村 昭陵陪葬墓	开耀二年(682)	1972年	原绘壁画,现已脱落。		陕西省文管会、昭陵文管所:《唐临川公主墓出土的墓志和诏书》,《文物》1977年第10期,第50—59页。
26	安元寿与夫人翟六娘	右威卫将军	礼泉县赵镇新寨村昭陵陪葬墓	安元寿光宅元年(684)葬,翟氏开元十五年(727)葬	1972年12月~1973年1月	壁画仅存10幅,第五过洞绘侍从;前甬道绘花饰图案、侍从。		昭陵博物馆:《唐安元寿夫妇墓发掘简报》,《文物》1988年第12期,第37—49页。

序号	墓主名	官品	出土地点	埋葬年代	发掘年代	壁画简介	保存状况	出　处
27	薛元超	光禄大夫	乾县乾陵乡杨家凹村　乾陵陪葬墓	垂拱元年(685)	1971年	甬道东壁绘持浆人物、持扇侍女;墓室绘人物。		乾陵博物馆　杨正兴:《唐薛元超墓的三幅壁画介绍》,《考古与文物》1983年第6期,第104—105页。
28	李谨行	左卫将军燕国公	乾县乾陵乡韩家堡村　乾陵陪葬墓	永徽年间(650—655)	1972年	墓道及墓室绘有壁画。		张在明主编:《中国文物地图集·陕西分册(下)》,西安地图出版社,1998,第470页。
29	元师奖	都督鄯州刺史河源道经略副使	宝鸡岐山县枣林村郑家村	垂拱二年(686)殁葬	1992年4月~5月	残存墓室壁画,甬道东西壁绘捧盘、执扇男侍及童子戏犬,墓室四壁均为屏风式壁画,顶部绘天象。		宝鸡市考古队:《岐山郑家村唐元师奖墓清理简报》,《考古与文物》1994年第3期,第48—55页。
30	李晦	右金吾大将军秋官尚书	高陵县马家湾乡马家湾村	永昌元年(689)殁葬	1995年11月~1996年1月	壁画被破坏严重,仅存墓道牵马图残片、第一天井列戟残片,侧墓室长袖舞女图等。		陕西省考古研究所:《陕西新出土唐墓壁画》,重庆出版社,1998年,第63—67页。
31	金乡县主李氏(滕王李元婴第三女)与其夫于隐	金乡县主[正二品],于隐,蜀州司法参军	西安市灞桥区新筑乡	于隐天授元年(690)葬,金乡县主开元十二年(724)葬	1991年8月	壁画大部分脱落,墓道至第一天井无存;第二天井、过洞东壁绘牵驼出行图;西壁绘残存男侍;第三天井东西壁各绘侍女二人;墓室四壁绘影作木构,柱间绘人物,仅存南壁捧物拢袖二女侍。		西安市文物管理委员会:《西安唐金乡县主墓清理简报》,《文物》1997年第1期,第1-19页。
32	韦仁约与妻王婉	监察御史	西安市洪庆镇田王村	韦仁约证圣元年(695)王婉万岁通天二年(697)		四壁绘有绘画。		《中国考古学年鉴》,1985年。

序号	墓主名	官品	出土地点	埋葬年代	发掘年代	壁画简介	保存状况	出　处
33	李则政	常州司法参军事	西安市洪庆镇田王村	圣历三年(700)	1956年	四壁绘有绘画。		
34	李重润	懿德太子	乾县乾陵乡韩家堡村	神龙二年(706)葬	1971年7月	保存较完整的40幅:墓道绘青龙、白虎,山林阙楼、仪仗;第一、二过洞东西壁绘架鹰、牵犬内侍;第三、四、五过洞东西壁均绘女侍;第一、二天井东西壁绘列戟、车驾;第三天井东西壁绘牛车与女侍;前后甬道两壁均绘女侍并间以花草树木;前室东西壁各绘两组捧物持烛女侍;后西壁各绘影作木构及两组捧物女侍,顶部绘天象。	陕西历史博物馆藏29幅	陕西省博物馆、乾县文教局唐墓发掘组:《唐懿德太子墓发掘简报》,《文物》1972年第7期,第26—31页。
35	李贤	章怀太子	乾县乾陵乡杨家洼村	神龙二年(706)迁葬,景云二年(711)与其妃房氏合葬	1971年7月～1972年1月	墓道东西壁各绘四组,东壁为青龙、狩猎出行图、客使图,西壁为白虎、马球图、客使图;各过洞分别绘列戟、内侍进谒、女侍等图;前甬道东西壁绘持乐器或持物女侍;前室东西壁绘影作木构,女侍间以树木禽鸟;后甬道东西壁绘女侍、花鸟;后室周壁绘影作木构、园林、女乐内侍、顶部绘天象。	陕西历史博物馆藏20幅	陕西省博物馆、乾县文教局唐墓发掘组:《唐章怀太子墓发掘简报》,《文物》1972年第7期,第13—19页。
36	李仙蕙	永泰公主与其夫武延基	乾县乾陵乡乾陵陪葬墓	神龙二年(706)葬	1960年8月～1962年4月	墓道东西壁从南向北依次为青龙、白虎、阙楼、仪卫、列戟;五个过洞壁画仅存第五过洞东壁一组,似为抬轿图;六个天井壁画大多脱落,从残片可见原为侍立人物;前甬道东西壁仅残存少量人物、花草、假山、顶部绘云鹤;前室周壁绘八组人物,南壁左右各一男侍,东、西、北壁各绘两组捧物侍女,顶部绘天象;后室残存六幅,均为男女侍从。	陕西历史博物馆藏5幅	陕西省文物管理委员会:《唐永泰公主墓发掘简报》,《文物》1964年第1期,第7—18页。

序号	墓主名	官品	出土地点	埋葬年代	发掘年代	壁画简介	保存状况	出　处
37	韦泂	卫尉卿并州大都督	长安县韦曲镇南里王村	景龙二年(708)葬	1959年	大多脱落。墓道东壁残存青龙、朱雀,西壁白虎、玄武;墓门上部绘楼阁,前室四壁绘花卉飞禽,花草树木;后甬道顶残存云鹤;后室绘影作木构,柱间绘男女侍从,残存六人。	陕西历史博物馆藏3幅	陕西省文物管理委员会:《长安县南里王村唐韦泂墓发掘记》,《文物》1959年第8期,第8—18页。
38	韦洵		长安县南里王村	景龙二年(708)	1987年	墓道及墓室绘有壁画。		负安志:《陕西长安县南里王村与咸阳飞机场出土大量隋唐珍贵文物》,《考古与文物》1993年第6期
39	韦泚		长安县南里王村	景龙二年(708)	1987年	墓道及墓室绘有壁画。		负安志:《陕西长安县南里王村与咸阳飞机场出土大量隋唐珍贵文物》,《考古与文物》1993年第6期
40	韦浩	赠扬州大都督武陵王	长安县韦曲镇南里王村	景龙二年(708)葬	1987年	从墓道至墓室依次为青龙、白虎、狩猎出行、侍臣、房屋、天象、高士及男女侍等。		陕西省考古研究所:《陕西新出土唐墓壁画》,重庆出版社,1998年,第68—99页。
41	卫南县主	韦玄贞第11女	长安县南里王村	景龙二年(708)	1987年	绘有壁画。		负安志:《陕西长安县南里王村与咸阳飞机场出土大量隋唐珍贵文物》,《考古与文物》1993年第6期
42	韦城县主	韦玄贞第9女	长安县南里王村	景龙二年(708)	1987年	墓道及墓室绘有壁画。		负安志:《陕西长安县南里王村与咸阳飞机场出土大量隋唐珍贵文物》,《考古与文物》1993年第6期
43	薛氏	万泉县主(太平长公主之次女)	咸阳市底张湾M4	景云元年(710)葬	1953年	墓道东西壁绘青龙、白虎;第一过洞门上绘楼阁,过洞东西壁绘侍者牵马;第一天井东西壁绘戟架、内侍;第二天井仅存西壁持笏男侍;第三天井残存武士像;甬道东西壁绘捧物、持笏、架鹰等男女侍者;前室西壁残存男女侍;后室西壁残存花鸟、北壁残存狮子。		王仁波、何修龄、单晔《陕西唐墓壁画之研究》(下),《文博》1984年第2期,第63页。

序号	墓主名	官品	出土地点	埋葬年代	发掘年代	壁画简介	保存状况	出处
44	李重俊	节愍太子，中宗第三子	富平县宫里乡南陵村，定陵陪葬墓	景云元年(710)葬	1995年5月～10月	墓道东西壁残存打马球图、步骑出行图、山石树木、列戟、仪卫，北壁过洞口上部绘楼阁；第一过洞东西壁各绘男侍；第二、三过洞东西壁绘女侍；第一、二天井左右各绘一男侍；第三天井东西壁各绘女侍；前甬道残存三组女侍，顶部绘瑞禽(凤、鹤、孔雀)；前室壁画大多脱落；后室西壁绘六扇侍女屏风，南北壁西侧原各有三扇屏风，南北壁东侧残存女侍，顶部绘天象。		陕西省考古研究所：《陕西新出土唐墓壁画》，重庆出版社，1998年，第101—163页。
45	契苾夫人	契苾何力之女	礼泉县烟霞乡隆庄村 昭陵陪葬墓	开元九年(721)葬	1973年	宫苑侍女图2幅。		陈志谦：《昭陵唐墓壁画》，《陕西历史博物馆馆刊》第一辑，三秦出版社，1994年，第114—119页。
46	李㧑	惠庄太子(睿宗之次子)行司徒兼益州大都督	蒲城县坡头乡梁家村，桥陵陪葬墓	开元十二年(724)殁葬	1995年10月～1996年5月	壁画多脱落，墓道东西壁残存车马骑从出行、草木山石等，北壁过洞口上部绘楼阁；第一过洞东西壁各绘一组六人的文吏持笏进谒图；第二过洞东西壁绘列戟；各天井北壁过洞口均绘有楼阁；第二过洞和甬道口外左右各绘一持笏男侍；甬道东西壁绘侏儒、侍从、树木等；墓室仅存顶部天象图。		陕西省考古研究所：《陕西新出土唐墓壁画》，重庆出版社，1998年，第164—184页。
47	薛莫与夫人史氏合葬	右骁卫大将军[正三]、雁门县公[从二]	西安市东郊经一路四号墓	薛莫开元十六年(728)葬，史氏开元十六年(728)葬	1955年4月	墓道两壁青龙、白虎，男、女侍奉人，白鹤；墓室壁绘影作木构，柱间原有人物，多脱落不清。顶绘天象。		陕西省文物管理委员会：《西安东郊唐墓清理记》，《文物参考资料》1956年第6期，第47—50页。
48	冯君衡	赠潘州史使[正四]	西安东郊高楼村"西高二机福M2"	开元十七年(729)葬	1954年	墓道壁画多已脱落，仅西壁残存人物图；天井绘花卉；墓室壁画多已脱落，仅东壁残存一幅彩绘马。		贺梓城：《唐墓壁画》，《文物》1959年第8期，第32页。

序号	墓主名	官品	出土地点	埋葬年代	发掘年代	壁画简介	保存状况	出　处
49	臧怀亮	左羽林大将军,赠上柱国,东莞郡开国公	三原县陵前乡三合村　献陵陪葬墓	开元十八年(730)	1984 年	墓道、甬道、墓室内绘有壁画		《泾渭稽古》创刊号,1993 年。
50	韦君夫人	昭武校尉左威卫韦悉达之母胡氏	长安县城东北韦曲南里王村	天宝元年(742)葬	1985 年 7 月 ~ 12 月	墓道残存青龙、白虎,武士;第一过洞、天井西壁绘侍者牵马、犊车、侍从,东壁绘侍者牵马、牵驼;第二过洞、天井东西壁均绘男侍,奔马,第三过洞、天井残存男、女侍;甬道隐约可见男侍;墓室不清楚,全毁。		王育龙:《西安南郊唐韦君夫人等墓葬清理简报》,《考古与文物》1989 年第 5 期,第 71—78 页。
51	李宪	让皇帝	蒲城县三合乡	天宝元年(742)下葬	2000 年 5 月发掘	墓道青龙、白虎,仪仗。第一过洞南门墙绘阙楼,第一天井东西壁绘侍女群。前后甬道两壁绘单线平列式侍女,捧扇、盒、马球杖、拂尘等物品侍立。甬道顶部绘流云,形式较自由。墓室顶部绘天象图,星体为白色石灰块拍堆而成。东壁南侧为五人乐队。北壁东侧为五名侍女;西侧为玄武。西壁未发现壁画。南壁墓门西侧为朱雀图像。		2000 年 6 月 2 日壁画研究中心前往发掘现场考察。当时墓室西壁、甬道壁画尚在清理中。
52	苏思勖	银青光禄大夫(从三),行内侍省内侍员外	西安市东郊经五路	天宝四年(745)殁葬	1959 年 2 月	甬道东西壁对称绘男、女侍、抬箱图 2 幅;墓室东壁绘乐舞图,西壁绘“树下老人”六扇屏风图,南壁绘朱雀,北壁绘玄武及男、女侍各一人,顶部绘天象。	陕西历史博物馆藏 25 幅	陕西考古所唐墓工作组:《西安东郊唐苏思勖墓清理简报》,《考古》1960 年第 1 期,第 30—36 页。
53	宋氏	内侍雷府君夫人	西安市东郊韩森寨	天宝四年(745)葬	1955 年	壁画大多脱落,墓室、甬道绘制壁画,墓室东壁北端残存吹笙乐人二,一舞女在龙纹地毯上起舞;西壁可看出一盘腿而坐的人物,头残。		张正岭:《西安韩森寨唐墓清理记》,《考古通讯》1957 年 5 期

序号	墓主名	官品	出土地点	埋葬年代	发掘年代	壁画简介	保存状况	出处
54	王芳媚	睿宗贤妃	蒲城县三合乡武家村	天宝四年(745)	1976年	墓道两壁绘有壁画		张在明主编:《中国文物地图集·陕西分册(下)》西安地图出版社1998,第525页
55			长安县韦曲南里王村	开元至天宝年间(713～756)	1987年7月	甬道东西壁各绘男、女侍六人,祥云;墓室南壁绘朱雀、祥云、男侍,北壁绘玄武、男女侍从,西壁绘表现妇人、侍从日常生活的六合屏风,每扇中绘一贵妇或坐或立,男女侍从,东壁绘男女侍,宴饮图,行乞图。	陕西历史博物馆藏	赵力光、王九刚:《长安县南里王村唐壁画墓》,《文博》1987年第4期,第3—9页,及19页。
56	张去奢	少府监[从三]	咸阳底张镇M4	天宝六年(747)	1953年	墓道残存青龙、白虎、鹤、捧物侍女;第一、二、四过洞东西壁绘男侍;第一天井东西壁绘拱手侍从;第二天井西壁残存草石图;第三天井东西壁绘列戟;第五天井东西壁残存侍者像。	陕西历史博物馆藏咸阳底张湾9幅	贺梓城:《唐墓壁画》,《文物》1959年第8期,第32页。
57	张去逸	太仆从卿[正三]	咸阳底张镇M3	天宝七年(748)葬	1953年	墓道绘青龙、白虎;甬道东壁残存武士、女侍;墓室西壁绘武士、侍女;东壁绘伎乐,其南侧残存男乐人、中部残存地毯、北侧上部残存男女乐人;北壁西侧残存持笏人物。		王仁波、何修龄、单暐:《陕西唐墓壁画之研究》(下),《文博》1984年第2期,第54页。
58	独孤夫妇	左骁卫将军兼羽林将军	高陵县奉区原上船村	天宝九年(750葬)	1990年	甬道两侧有壁画痕迹,图案无可辨析。		
59	张仲晖	朝仪郎,河南府士曹参军	泾阳县太平乡石刻村	天宝十二年(753)殁葬	1987年12月	壁画大多脱落,墓道残存奔驼图、行驼图、卧驼图;小龛内有壁画;墓室残存红、黄粗笔方格图案。		陕西省考古研究所、泾阳县文管会:《唐张仲晖墓发掘简报》,《考古与文物》1992年第1期,第30—31页。
60	高元珪	明威将军检校左威卫将军	西高一机福M5	天宝十五年(756)葬	1955年	墓道绘青龙、白虎;天井东西壁绘骑卫骑从;甬道两壁绘侍女;墓室东壁绘舞女,西壁绘花卉,北壁绘墓主人坐椅上像,旁有侍女。棺床南北壁绘朱雀、玄武。	陕西历史博物馆藏	贺梓城:《唐墓壁画》,《文物》1959年第8期,第32页。

序号	墓主名	官品	出土地点	埋葬年代	发掘年代	壁画简介	保存状况	出　处
61	清源县主	玄宗子寿王李瑁第6女	长安县大兆乡庞留井村	至德三年(758)葬	1957年	甬道与墓室四壁残留壁画。		陕西省文管会:《西安南郊庞留村的唐墓》,《文物参考资料》1958年10期。
62	高力士	大将军	蒲城县保南乡山西堡村泰陵陪葬墓	宝应元年(762)	1999年	墓内绘有壁画。	陕西省考古所藏	
63	韩氏	扬州大都督府司马吴贲之妻	西安市东郊洪庆村	永泰元年(765)葬	1957年	壁画大多脱落,甬道西壁残存侍从牵驼图,上部绘流云,从甬道东壁残存马蹄推测原为牵马图,墓室仅存西壁北部女侍、人物间影作木构。		中国科学院考古研究所:《西安郊区隋唐墓》,科学出版社,1966年。
64	唐安公主	唐安公主(德宗之女)	西安东郊王家坟	兴元元年(784)殁葬	1989年	甬道东西壁各绘男、女侍;墓室南壁西侧绘朱雀,北壁西侧绘玄武,东侧绘一组侍从,仅存二人下半身;东壁多残,可见一女立方垫上,另可见一男子双脚,应为乐舞图;西壁绘整幅花鸟图,有树木、花卉、禽鸟。		陈安利、马咏钟:《西安王家坟唐代唐安公主墓》,《文物》1991年第9期,第16—27页。
65	郯国大长公主	肃宗第四女	咸阳底张湾M32	贞元三年(787)葬	1953年	墓道东西壁绘青龙、白虎;第一过洞东西壁绘拱手男侍;第二过洞东西壁绘男侍;第一天井东西壁绘侍者牵马;第二天井东西壁绘女侍;墓室东壁绘伎乐残部,南壁仅存西侧莲座残部、朱雀。		王仁波、何修龄、单時:《陕西唐墓壁画之研究》(下),《文博》1984年第2期,第55页。
66	姚存古	上柱国知东都内侍省事	西安市东郊韩森寨自来水厂M1	大和九年(835)殁葬	1955年	墓道东西壁绘青龙、白虎;甬道东西壁绘侍者;过洞绘男侍;墓室东壁绘侍者,西壁绘花卉,南壁绘朱雀,北壁绘几座。		王仁波、何修龄、单時:《陕西唐墓壁画之研究》(下),《文博》1984年第2期,第54页。

序号	墓主名	官品	出土地点	埋葬年代	发掘年代	壁画简介	保存状况	出　处
67	李升荣	内侍省内侍伯	西安市西郊热电厂工地144号墓	会昌六年(846)	1990年	墓室四壁原绘有壁画,现已剥落殆尽。		西安市文管处:《西安西郊热电厂基建工地隋唐墓葬清理简报》,《考古与文物》1991年4期。
68	梁元翰	太中大夫桂管监军使行内侍省奚管局令	西安市东郊郭家滩	会昌四年(844)葬	1954年	墓室西壁绘六鹤屏风,南壁绘朱雀。		王仁波、何修龄、单暐:《陕西唐墓壁画之研究》(下),《文博》1984年第2期,第55页。
69	高克从	义昌军监军使	西安市东郊高楼村803工地M6	大中元年(847)葬	1954年	壁画大多脱落,甬道残存侍女;墓室西壁原绘六鹤屏风,仅存一幅,屏风中绘双鹤对鸣。		贺梓城:《唐墓壁画》,《文物》1959年第8期,第32页。
70	毛孟安	银青光禄大夫检校国子祭酒	西安西郊枣园	咸通十三年(872)葬	1999年	墓室绘有朱雀等图。		
71	德妃	唐懿宗妃	西安市席王乡草滩村		1975年	四壁绘有鹤、鹳等花鸟图。		张在明主编:《中国文物地图集·陕西分册(下)》西安地图出版社1998,第68页。
72	杨玄略	银青光禄大夫	西安西郊枣园绝缘厂M6	咸通五年(864)葬	1953年	墓道东西壁绘青龙、白虎;第一过洞绘男侍;第三过洞绘马及马夫;墓室西壁绘六鹤屏风,南壁绘朱雀,北、东壁绘侍者。		王仁波、何修龄、单暐:《陕西唐墓壁画之研究》(下),《文博》1984年第2期,第55页。
73	李儇	唐僖宗	乾县铁佛乡南陵村	文德元年(888)殁葬	1995年	壁画大多脱落,墓道东西壁残存青龙头部,西壁绘步卫、仪仗、侍从牵马;甬道封门两侧各绘一持戟门吏,东西两壁龛内绘兽面人身生肖图;墓室北壁残存文臣侍立图,东、西、南壁的八个壁龛内绘兽首人身生肖图,顶部绘天象图。		陕西省考古研究所:《陕西新出土唐墓壁画》,重庆出版社,1998年,第185—190页。

序号	墓主名	官品	出土地点	埋葬年代	发掘年代	壁画简介	保存状况	出处
74			陕棉十厂西仿一村	中晚唐	1996年	甬道和墓室壁面均有壁画,甬道两壁绘侍从、文吏,墓室东壁绘乐舞图、花卉图,北壁为玄武图和几案供果图,西壁应为五扇花草屏风图,南壁朱雀图。		陕西省考古研究所:《陕西新出土唐墓壁画》,重庆出版社,1998年,第174—184页。
75			富平县吕村乡唐墓献陵陪葬区	中唐	1994年	墓室西壁绘山水六扇屏风。	陕西省考古所藏	井增利、王小蒙:《富平县新发现的唐墓壁画》,《考古与文物》第7期。
76	206所唐墓		西安市长安县		1985年	墓道、墓室绘有青龙、白虎、武士、牵马图、牛车图、牵驼图、男侍、女侍图等。		《陕西配合基建考古主要收获》。
77	东曹村 M_{10}		西安市长安县大兆乡东曹村		1986年	墓室绘朱雀、玄武、侍女、花卉等。		《中国考古学年鉴》,1987年。
78	曹家堡唐墓		西安市西郊枣园		1985年	墓室南北壁绘有壁画。		张海云等:《西安市西郊曹家堡唐墓清理简报》,《考古与文物》1986年2期。
79	孙家山M2		扶风县南阳乡孙家山村		1992年	甬道和墓室绘有四神、侍女等壁画。		张在明主编:《中国文物地图集·陕西分册(下)》西安地图出版社1998,第314页。
80	三合唐墓	永康陵陪葬墓	三原县陵前乡三合村		1985年	墓室内有壁画。		张在明主编:《中国文物地图集·陕西分册(下)》西安地图出版社1998,第446页。
81	后堡唐墓		乾县姜村乡后堡村			墓道及过洞发现残存壁画。		张在明主编:《中国文物地图集·陕西分册(下)》西安地图出版社1998,第472页。

序号	墓主名	官品	出土地点	埋葬年代	发掘年代	壁画简介	保存状况	出处
82	南北村唐墓		乾县铁佛乡南北村			墓道及天井绘有壁画、墓室顶部绘日月、星辰等天象图。		张在明主编:《中国文物地图集·陕西分册(下)》西安地图出版社 1998,第 471—472 页。
83	白家堡唐墓		富平县留古乡白家堡村		1982 年调查	墓道绘有鸟兽等壁画。		张在明主编:《中国文物地图集·陕西分册(下)》西安地图出版社 1998,第 609 页。
84	西韦北唐墓		长安县韦曲镇西韦村		1988—1989 年	墓内绘有壁画。		张在明主编:《中国文物地图集·陕西分册(下)》西安地图出版社 1998,第 105 页。
85	西韦西北唐墓		长安县韦曲镇西韦村		1988 年	墓内绘朱雀、玄武等壁画。		张在明主编:《中国文物地图集·陕西分册(下)》西安地图出版社 1998,第 105 页。
86	顺陵	武则天母忠孝太后	咸阳底张乡陈家村			钻探得知墓道两侧绘有壁画。		张在明主编:《中国文物地图集·陕西分册(下)》西安地图出版社 1998,第 361 页。

西安地区唐墓壁画的布局和内容

宿 白

西安地区指今陕西省西安市及其附近诸县。在唐代,这里是京城所在和毗邻京城的京兆府雍州辖地。许多唐代皇室、贵戚、京畿大族的墓葬在这里;由于各种原因,不少外地流寓到京畿的人,死后也埋葬在这里;至于开国功臣、历朝的重要将相更以陪葬帝陵为荣。帝陵集中在今西安市附近的渭水北岸。因此,西安地区是唐代大墓集中的地点。

唐代较大的墓葬一般都绘有壁画,三品官以上的大墓的壁画,内容更丰富,技艺水平更高。西安地区多唐代大墓,所以研讨唐墓壁画,解放后西安地区的发现最为重要。但西安地区的唐代大墓和其他地点绘有壁画的唐墓有类似情况[①],墓中壁画全部完整被保存下来的极少,大多有不同程度的塌毁,甚至有的只残存一小部分。这样,本文重点研讨的项目——壁画的布局和内容,就遇到了困难,不得不使本文增加某些推测成分,这一点是事先应予说明的。另外不少大墓墓内安装了石门,有的还使用了石棺或石椁,这类石门和石葬具都施线雕[②],线雕内容与和它相应位置的壁画内容大体相似,因此在分析壁画内容时,个别地方也借用了这些线雕的资料。

本文所使用的资料,分别出于24座墓葬,其中20座的资料全部或大部已公开发表;另4座墓葬的资料,根据有关同志的文字记录和作者的参观记录。

24座墓葬都随葬了墓志,所以它们的壁画绘制时间都有接近的绝对年代可为凭据。现依年代顺序,将各墓壁画的大致内容按所在的位置列成文末附表。在检阅该表之前,需简单说明墓葬中描绘壁画方位的名称,因此请先注意一下下面的图一。

在附表中我们看到了4处壁画布局和内容有了较大变化的所在:

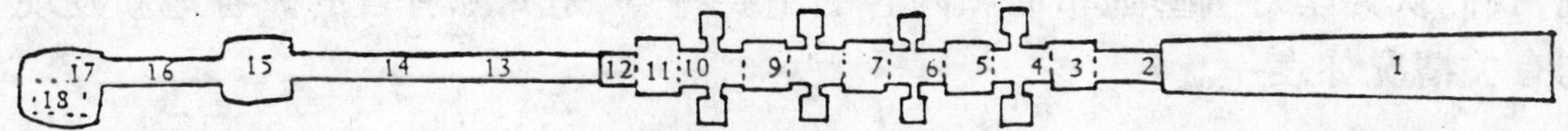

图一 墓内描绘壁画方位名称图

1. 墓道 2. 第二过洞 3. 第一天井 4. 第二过洞 5. 第二天井 6. 第三过洞 7. 第三天井 8. 第四过洞 9. 第四天井 10. 第五过洞 11. 第五天井 12. 第六过洞 13. 石门 14. 前甬道 15. 前室 16. 后甬道 17. 墓室 18. 石椁

序列号1、2之间，即631年李寿墓与651—675年阿史那忠夫妇墓之间；

序列号7、8之间，即675年李凤墓与706年懿德太子李重润墓之间；

序列号14、15之间，即729年冯君衡墓与745年苏思勖墓之间；

序列号21、22之间，即781年郯国大长公主墓与844年梁元翰墓之间。

表中出现的这4处情况，我们认为不应是偶然的现象，而是反映唐墓壁画大致分作五个阶段的标志。下面我们即从布局和内容两方面，初步分析一下各阶段壁画的时代特征。

序列号2即651—675年阿史那忠夫妇墓之前的第一阶段，只有631年李寿墓(序列号1)一例。

李寿墓壁画和其后的唐墓壁画比较，最突出的不同，是墓道、天井和墓室三部分的壁面布局分上下两栏；其次是全部壁画的安排，分成了两个单元，即以最后天井(第四天井)壁面画列戟的所在分界，前后壁画内容各成一单元。前后两单元都绘出了较宽阔的空间。前面单元即从墓道到过洞、天井的壁面：上栏，墓道最前方画飞天引导，其后是出行游猎、农牧生产和炊厨设备等内容；下栏，画骑步仪卫和为墓主人准备好的鞍马扇盖(过洞不分栏，皆画步卫)。很明显，这部分主要是描绘墓主人外出游猎的场面。后面单元即甬道和墓室的壁面：甬道前部(石门外)绘有属吏进谒的形象，后部(石门内)东壁画寺院，西壁画道观；墓室西壁上栏残存马厩和仓廪，北壁残存具有多层院落的宅第，宅第右侧有园林，宅第前后院中部绘出了歌舞正酣的情景，这座宅第应是墓主人李寿的私邸。后面单元的壁画值得注意的是，它不仅是描绘墓主人的内宅生活，而是把当时上层人物内宅的附属建筑物都包括了进去，并且在墓室壁面绘制了与墓主人内宅生活没有直接关系的马厩、仓廪等内容。

李寿墓的壁画布局和内容是不是一个偶然的孤例呢？可不可以看作是唐代早期这类墓的壁画的一般情况呢？近年由于各地十六国迄隋墓壁画的发

现,我们认为李寿墓壁画布局和内容的主要特点,是渊源有自的。各地新发现的有关情况如表一。

表一[③]

序列号		墓道	天井	甬道	墓室或前室				
					前壁	左壁	右壁	后壁	顶部
1	甘肃嘉峪关市丁家闸第五号墓(十六国后期)				前室上栏：坞壁、耕作	牛车、坞壁、耕作	坞壁、耕作	墓主人坐榻上,其左列乐舞、杂技	东王公、西王母、天马、飞廉、羽人,间以汉式云气纹
					前室下栏：放牧、厨事	厨事、马槽、坞壁、采桑	坞壁、果林、耕作	牛车出行	
2	河南洛阳北魏江阳王元乂墓(孝昌二年,526年)				墓室上栏：四神	四神	四神	四神	天象
					墓室下栏：漫漶	漫漶	漫漶	漫漶	
3	河北磁县北齐文昭王高润墓(武平七年,576年)	上部残存莲花、忍冬,下部未清理			漫漶	牛(?)车、扇盖	上部残存侍卫二人,下部漫漶	墓主人坐帐内	天象(?)
4	山东嘉祥隋驾部侍郎徐敏行墓(开皇四年,584年)		武卫	卫从	卫从	墓室上栏：四神(青龙)	四神(白虎)	墓主人夫妇坐帐内饮宴,帐前列乐舞	
						墓室下栏：牛车与女侍,后有两犬	扇盖、鞍马与控者		

表中所列4墓资料虽不齐全,全墓室(或前室)壁画大体多作上下两栏布置[④];另外,最近山西省考古研究所在太原南郊清理的一座大型北齐墓墓道与墓室壁画皆分上中下三栏、过洞天井壁画皆分上下两栏布置[⑤]。这种壁画分栏布局,可上溯到东汉魏晋[⑥]。可知李寿墓壁画分栏的做法系沿袭旧制。表中4墓墓室以前部分的壁画大都不存,但上述太原南郊大型北齐墓墓道壁画的发现,补足了这个缺欠。该墓墓道壁画内容是仪卫出行与归来,它与该墓墓室四壁绘墓主人夫妇内室生活和准备墓主人夫妇出行的鞍马牛车,显然不是接连紧密的一个单元的布局。这一特点与李寿墓壁画几乎完全相同。此外,洛阳北魏元乂墓和嘉祥隋徐敏行墓以及太原南郊北齐墓墓室内都描绘了四神;磁县北齐高润墓和嘉祥隋徐敏行墓墓室左壁都描绘了场面较大的牛车;徐敏行墓和太原南郊北齐墓墓室右壁还保存了与左壁牛车相应的鞍马;高润、徐

敏行两墓和太原南郊北齐墓墓室后壁又都描绘了墓主人内室生活。以上情况,大约可以说明墓室壁画这样的安排与内容,应是北朝以来这类墓的流行做法[7]。依此推测李寿墓墓室后壁现存的宅院女乐,约是墓主人内宅生活的部分残存;而右壁上栏绘马厩、仓廪,其相邻的下栏塌毁的壁画,说不定就有可能如徐敏行墓、太原南郊北齐墓两例,原来也画出了鞍马。这个推论如果不误,那么与右壁相对的,壁画已全部塌毁的左壁,原来就有可能是牛车的题材了。李寿墓墓室壁面没有绘四神,但置放在墓室内的石椁的外壁,却按方位雕出了四神[8]。至于残存于李寿墓第三天井壁面的耕牧壁画,显然也和甘肃嘉峪关市十六国后期丁家闸第五号墓前室壁面所绘的耕作与放牧有关。

从以上各墓壁画的比较,可以初步了解李寿墓壁画的布局特点和主要内容大都渊源有自。李寿墓壁画中出现的新内容,我们粗略地查核了文献记载,知道也有不少是当时沿用旧制度、旧习俗的反映。如最后天井两壁绘列戟,“三品以上门皆列戟”之制,早已流行于隋代[9]。又如甬道后部(石门内)东壁画寺院,西壁绘道观,大约也和隋文帝建大兴,于皇城之南中轴大街(朱雀大街)东侧置大兴善寺,西侧置玄都观的设计[10]有关。但列戟与寺观,是否在唐初以前就出现在墓葬壁画中,目前由于资料缺乏,尚不便多作推论。

以上情况,大致可以说明李寿墓壁画以承袭前一时期的因素为主,较鲜明的唐代墓葬壁画的特点,还没有出现。这一点,大约可以视作唐墓壁画第一阶段的总的情况。

第二阶段,序列号 2—7,即从 653—675 年阿史那忠夫妇墓[11]到 675 年李凤墓,共 6 座墓例。其中苏君墓志石已佚,据有关情况初步考定似为苏定方墓[12]。

这 6 座墓的壁画都是单栏形式,像前阶段李寿墓那样壁画分栏的做法已看不见了。整个墓壁画的布局走向一元化,墓道两侧壁绘主人出行时宅第门外准备好的各种仪卫和车、马,过洞、天井绘列戟以前的部分,有的画步卫、属吏,有的画马、驼,这些实际都是墓道壁画的延续部分,列戟以后部分多绘女侍;甬道两壁的壁画,又是过洞、天井列戟以后部分的延续,绘以捧持器物的女侍为主的男女侍从;墓室四壁也多画女侍。这样,从表示是宅第门外的墓道壁画到表示是宅第内室的墓室壁画,前后紧密连贯成为一个长卷式的既和谐又简洁的整体,显然和前一阶段分成二个单元的布局大不相同了。

第二阶段壁画内容和内容的安排,与前阶段的具体差异,首先表现在墓道壁画上，第一阶段布置在墓室的四神形象，这时其中的青龙、白虎也出现到墓道两壁的前方，取代了引导的飞天；青龙、白虎之后，是鞍马、牛车和步卫、属吏，这个内容李寿墓分画在墓道和墓室两处，这时则集中于墓道以及其后与之相连的过洞、天井壁面。其次墓道与墓室之间的过洞、天井和甬道部分的壁面外围，出现了影作的仿木结构，有的在过洞、甬道顶上还画出了天花板——平綦，这就进一步把这部分装饰成宅院的过厅。不消说，像李寿墓的农、牧、厨事的壁画没有了，就是宅院的附属建筑物如寺院、道观等图像也没有了。影作木构的两柱间画属吏和伫立持物的男女侍，女侍中有的扮男装，男或女侍之间有的还绘出了简单的花草点缀。至于墓室四壁的影作木构，有的比上述部分还复杂，如675年李凤墓墓室影作木构中画出了重栱，甚至还在影作木构的上方砌和绘出真假菱角牙子各一层。影作木构是这阶段比较普遍出现的新事物，它的出现和柱间描绘的男女侍相配合，使墓内宅院化这个唐墓壁画的特点，在第二阶段就更加鲜明了。墓室影作木构的柱间伫立成排的女侍中，多演奏乐器的形象，668年李爽墓壁画中的女乐，身高仅比真人略低，在1.47—1.44米之间；也有舞蹈的形象，如658年执失奉节墓。文献记载8世纪的著名画家王维（701—761或698—759）曾在长安昭国坊的一处世家宅第的屋壁上看到“奏乐图”[13]，这个故事虽然晚些，但可证明这类乐舞壁画，也画在唐代豪贵的现实的屋壁上[14]。

出人意外的是1958年在前苏联中亚塔吉克共和国片治肯特（Pyanjikent）的一处7—8世纪的居室遗址的壁画里，发现了和这阶段壁画相似的内容，有穿着与执失奉节墓、李爽墓墓室壁画中同样的衣裙和高头履的成排的女乐舞（图二），有和阿史那忠夫妇墓过洞天井壁画、苏定方墓（?）天井壁画中相似的腰垂鞶囊、手持笏板的属吏（图三），还有与执失奉节墓墓室所绘舞女衣饰相似的女近侍[15]。片治肯特当时是粟特人（Sogdian）昭武九姓的地区。5世纪以来，昭武九姓就和中原地区发生了较多的联系。6世纪中期，往还更加密切，“龙朔元年（661）以陇州南由令王名远为吐火罗道置州县使，自于田以西，波斯以东，凡十六国，以其王都为都督府，以其属部为州县”[16]。于田以西、波斯以东，昭武九姓的地区应是其中的重要部分。大约就是由于这样的因缘，东西相隔八千里的长安和片治肯特，竟出现了极为相似的壁画内容。1965年，昭武九姓中的宗主国——康国描绘唐人形象的壁画也发现了。发现的地点在片治肯特西约70公里的撒马尔干（Samarkand）郊外阿弗拉西阿勃（Afrakánda）古

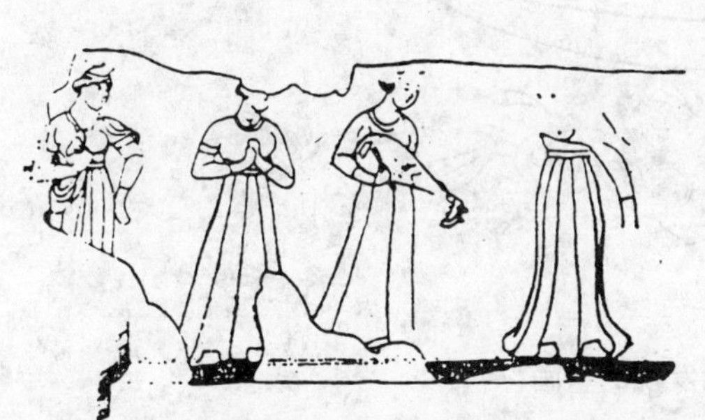

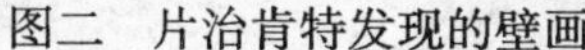

图二　片治肯特发现的壁画

图三　片治肯特发现的壁画

城，即古康国都城遗址中。壁画的内容虽然不是成排的女乐和属吏，但人物形象和服饰却与上述片治肯特的发现极为近似（图四、五）[17]。看来在西突厥溃散之后，当时的东西文化交流，确实出现了空前的盛况。

第三阶段，序列号 8—14，即从 706 年懿德太子李重润墓到 729 年冯君衡墓，共 7 座墓例。

这 7 座墓从壁画内容和墓葬结构以及随葬品等情况看，都可以分作两组。第一组有 4 座墓，即序列号 11—14，墓主人身份与上阶段的 6 座墓的墓主人身份相似。第二组有三座墓，即序列号 8—10，墓主人则具有比第一组更高的等级。这两组墓的壁画布局，都和上阶段 6 座墓相同：不分栏；并前后延续连成一个单元。但在内容与安排上，却和上阶段的 6 座墓有较大的不同。现按上列组序分别叙述如下。

第一组　墓道壁画简化了，以前较重视的，为墓主人准备的外出车、马、仪卫已罕见，偶存者场面也大大缩小，被安排在天井和甬道壁面。墓道两壁主要内容变成了青龙、白虎，有的在青龙、白虎之前增画了朱雀；青龙、白虎之后，有的绘出一般的捧持器物的男女侍。影作木构扩及到墓道壁面，如 708 年韦泂墓。729 年冯君衡墓的天井壁面出现了专绘花卉的情况。韦泂墓甬道顶部绘

图四　阿弗拉西阿勃发现的壁画(一)

图四　阿弗拉西阿勃发现的壁画(二)

满了云鹤,他的墓室上部影作木构间也绘有云鹤。原来较简单的影作木构中的叉手,728 年薛莫墓的墓室里绘出了繁缛的装饰。墓室四壁的男女侍大多塌毁,从韦泂石椁的人物线雕中可以知道,这时人物中间的女侍动态增多,男装的打扮也逐渐多样化。值得注意的是,前阶段点缀在人们间的花木,这时已发展成各种花树和流云禽鸟组成的较为复杂的背景了[18]。

第二组　3 座例墓的墓主人身份都极为特殊,有中宗的长子懿德太子李重润、女儿永泰公主李仙蕙墓,还有武则天的第二子章怀太子李贤墓。前两墓更受到再高一级"号墓为陵"的待遇。章怀太子李贤葬时以雍王礼,"雍墓不称陵"[19],所以和前两墓有别。前两墓墓道壁画在青龙、白虎之后,都绘有山林城阙,城阙之后是仪卫队伍。懿德的仪卫多骑卫,鞍马之外还有轺车和东宫官属;永泰在青龙、白虎前后都排列了步卫。章怀墓墓道壁画,前面绘出行、游猎、击球,后面上部画青龙、白虎,其下画宾客和陪同宾客的礼官,之后列步卫。此3墓墓道壁画比第一组复杂得多。看来,第一、二两阶段重视墓主人外出仪卫的内容,这时第一组中还在继续。墓道与墓室之间的壁画情况,也和第二阶段墓葬相似:大部分壁面都影作木构;列戟壁画以前的过洞、天井壁画,还是墓道出行仪卫的延续,懿德第一、第二过洞所绘架鹰、牵豹、犬和第二天井绘牛车即是一例;列戟之后的过洞、天井和甬道、前室壁面多绘男女侍,其间缀以花草树石,永泰后甬道顶绘出了云鹤。应予注目的是懿德、永泰前室左右壁和墓室左右壁,都各绘两组相对伫立的女侍每组最前一人形体略高大,梳高髻,有的还不捧持器物,显然与其他女侍不同,这当是高一级的女近侍的形象;至于懿德石椁门扇线雕着冠穿礼服的妇女,无疑是描绘东宫的女官。上述女侍群这个壁画题材,不见于章怀。章怀甬道和前室各壁所绘女侍动态自由:有的观鸟捕蝉,有的相对絮语,有的持物前行,也有的伫立仰望,还有携带儿童(侏儒?)的。其墓室壁画生活气氛更为浓厚,东壁内外两幅,都以园林为背景,一幅绘一女坐凳上,环以女侍和内侍,另一幅一内侍面对作游乐状的女侍九人。南壁西侧也以园林为背景,描绘乐舞情景。看来,懿德、永泰壁画似按一定制度和格式所绘制,而章怀壁画则拘束甚少,题材多样,特别是墓室壁画中坐着的妇女,很有可能是该墓女主人的形象,这一点是值得注意的[20]。

这一阶段第二组地位特殊的墓葬壁画,还保持了出行仪卫的内容,和前阶段墓主人身份相似的第一组的壁画则几乎淘汰了这个传统的题材。影作木构在这阶段高度发展。墓室壁画人物形像的姿态动作和背景题材越来越自由化,这种情况反映在石椁线雕上尤为显著。背景题材中的花卉、云鹤,都出现了独立的画面。综观壁画全部,游乐内容的增多,是一、二两组的共同点。许多游乐的题材中,表现了中亚的强烈影响,章怀墓大场面的击球和懿德墓绘出的猎豹,以及懿德与万泉县主墓(序列号12)绘出的长喙细腿的波斯犬,都来源于中亚乃至西亚。唐代诸王击球,最早记录见《封氏闻见记》所记景云中(710—711)诸王与吐蕃击球[21],章怀壁画适绘于此时,懿德墓绘胡人牵豹与鹰犬同列,知为猎豹。波斯、粟特地区狩猎用豹,文献记载这个地区贡豹,始于开元初,盛于开元天宝间[22]。"波斯国多骏犬,今所谓波斯犬也"[23],文献记昭武诸国贡犬,也多在开元天宝间[24]。而上述这些壁画资料或早于文献记录,或与文献记录约略同时。此外,懿德壁画女侍所捧持的短颈玻璃瓶和永泰壁画女侍所捧的高足玻璃杯,似亦来源于西方。8世纪以还,唐代上层共行奢靡,壁画绘出的西方器物与游乐,也是这种奢靡之风的一端,但从当时东西文化交流频繁这一方面观察,壁画和其他遗迹中出现的和西方有关的事物,都是很重要的形象证据。

第四阶段　序列号15—21,即从745年苏思勖墓到787年郯国大长公主墓,共7座墓例。

这7座墓也可分作两组。第一组5座,即序列号的14、16、17、18、20,这5座墓主人身份与上阶段的第一组相似。第二组2座,即序列号的15、19、墓主人身份较第一组为低。

第一组　墓道壁面前画青龙、白虎,后画捧物女侍,也有在青龙、白虎之前画出云鹤的。过洞画男侍。天井画列戟。外出仪卫即使像身份特殊的郯国大长公主(787)的壁画中也没有了,该墓仅存的鞍马题材被画在天井壁上。影作木构被淘汰,是和壁画内容要求进一步紧密连系相关的,如745年苏思勖墓甬道壁面绘抬盝顶箱的行列和墓室东壁画十二人成组的乐舞。还有这时墓室中流行的墓主人像,如756年高元珪墓室北壁画墓主人端坐椅上,两侧各立一女侍等。这些需要宽敞壁面的壁画。分间隔开的影作木构,显然就成了障碍。这时还出现了可以直接取代影作木构的折扇式屏风画。折扇式屏风既可绘之于一壁,也可折绘于多壁[25],它有影作木构分格安排的优点,又可避免因全部壁面都作若干间隔而形成的单调划一。苏思勖墓墓室西壁六扇屏风画都绘树下人物,六幅人物动作不同,但形象相似,有人推测这类人物屏风画中的人物,"可能是描绘墓主人生前的生活情景"[26],这个推测与上述这阶段墓室内出现墓主人像壁画的情况是一致的。另外,墓室南壁东侧画正面朱雀[27],与之相对的北壁东侧画玄武,看来也是首先出现在这一组墓中的。

第二组　墓室无壁画。这组墓墓道之后无过洞、天井,直接与甬道相连,甬道壁面有的绘鞍马。墓室壁面与第一组同,盛行墓主人像和屏风画。765年吴贲妻韩氏墓墓室西壁画妇女屏风,六幅妇女和第一组苏思勖墓墓室西壁的树下人物屏风情况相同,都是形象极为相似。745年雷内侍妻宋氏墓墓内西壁画墓主人像，与之相对的东壁画乐舞。这种相对壁面配合成组的安排，是这时新出现的。第一组中苏思勖墓墓室与东壁乐舞相对的西壁，即绘树下人物屏风，这应是和上例相同的有意的相对成组地安排。

这一阶段墓道壁画走向衰落，有的只剩下青龙、白虎。身份较低的第二组已把墓道两壁空置起来，不再绘制壁画了。墓内壁画女侍的比例增多。墓室壁面流行的壁画内容是墓主人像和可能是描绘墓主人形象的人物屏风；还有上面两种内容与乐舞相对成组的情景，其中最具阶段特征的是折扇式人物屏风画的流行。屏风是室内的设备，我们从敦煌约自8世纪初期和中期的洞窟壁画里，看到不少在居室床榻之后或在佛龛坛座之后绘置折扇式屏风的景象[28]，新疆吐鲁番高昌古城(唐西州城址)北阿斯塔那发现的武则天长安二年(703)张礼臣墓(M230)中随葬了折扇式人物屏风的实物[29]。墓葬中变实物为壁画，似乎也从这个时期开始，山西太原西南郊新董茹村和金胜村发现的属于武则天晚期的四座中小型砖室墓[30]，墓室棺床后面的壁面，都绘出八或六扇树下人物屏风。因此，我们怀疑这种折扇式屏风画，可能先流行在地方上的墓葬里，可是当首都长安墓葬盛行了这种题材的壁画后，不久就普遍地流行起来，远在西州的大约是大历年间(766—779)的65TAM38墓室后壁[31]和72TAM216墓室后壁[32]都出现了人物屏风画，即是一例。

第五阶段　共3座墓，即序列号22—24。

这3座墓墓主人身份与上阶段第一组墓墓主人身份相近。壁画更简化了，简化的情况与上阶段第二组墓类似。墓道无壁画，与墓道衔接的甬道壁面，只画出一、二个女侍。壁画集中在墓室，从现存西壁的壁画看，都绘屏风六扇。屏风画的内容改变了，云鹤、翎毛[33]取代了人物，特别是云鹤题材更为盛行。3座墓除一座残存鸽子的图像外，另外两座都画云鹤。云鹤入画，盛于7、8世纪之际的武则天晚期和中、睿宗之世，当时薛稷画鹤，时号一绝[34]，其所绘厅堂鹤壁，又见咏于李白、杜甫[35]；鹤样入屏，更为薛稷所创意[36]。9世纪，达官文士赏鹤成风[37]，寄鹤、忆鹤之什，著录繁多[38]。太和初(827)白居易自苏州携鹤归洛阳和开成初(876)裴度乞得白居易双鹤事，更传为佳话[39]。因此，这时的品官墓室中流行描绘云鹤屏风壁面，就不是偶然的事了[40]。晚唐李复言《续玄怪录》记成道后的裴谌于广陵幻化的宅第，其"中堂……屏帐皆画云鹤"[41]，这段记录似乎又告诉我们：晚唐云鹤屏风的流行，还可能与道教有关。

上述西安地区五个阶段的唐墓壁画特征鲜明，我们认为大体可以概括有唐一代长安及其附近墓葬壁画的演变顺序。

第一阶段虽然只有贞观四年(630)李寿墓一例,但其壁画布局与内容沿袭北朝、隋墓壁画旧制,这一点是非常清楚的。这样的布局和内容与第二阶段差别较大,又可说明他们之间应有较长的时间间隔。因此,这一阶段大约上面可以概括高祖时期,下面可以延及太宗中期。

第二阶段唐代壁画特征开始出现。这阶段例墓的年代,最早的是永徽四年迄麟德初(653—664),最晚的是上元二年(675),都在高宗在位的时期(650—683)。高宗殁,嗣圣元年(684)"九月,大赦天下,改元光宅……改东都为神都"[42],迄神龙二年(706)"冬十月己卯,车驾还京师,戊戌至自东都"[43],其间二十余年,唐代京城实际在东都洛阳。因此,西安附近未发现武则天时期较大的墓葬,所以西安地区唐代墓葬壁画缺乏这一时期的实例。

第三阶段是唐墓壁画特征的形成时期。这阶段壁画例墓,最早的是神龙二年(706),即唐皇室西返长安之年,最晚的是开元十七年(729)。尽管这阶段的主要例墓大部分在开元以前,但开元十六年(728)、十七年(729)两墓壁画接近它前面的因素比较多(如墓道人物还较多,墓室壁画的影作木构和其间布置的人物等情况);而与它后面的天宝四载(745)墓的壁画差别则较大。因此,我们估计第三阶段的下限,大约可以到开元后期。这阶段开元以前的例墓中3座特殊身份的墓葬墓主人入葬的时间,在神龙二年(706)四至七月间[44],即都在十月还都长安之前,其时上距神龙元年(705)十一月武则天之死不满一年。因此,可以推测此3墓壁画所代表的时代,至少应包括武则天晚期。这样,第二阶段与第三阶段间的空缺,就可稍予补充了。

第四阶段,第二、三两阶段所形成的壁画特征,在此阶段有了较大的改变。这阶段的最早墓例是天宝四载(745)墓,最晚墓例是贞元三年(787)墓。第四阶段自天宝以降,大约可以包括肃、代、德三朝(756—805),它的下限可能到了8、9世纪之际。

第五阶段与第四阶段墓例的时间间隔较长,但从壁画上观察,第五阶段应是第四阶段的简化,出现的差异,也是在第四阶段流行的主题——屏风画内出现的。它和文学作品中,晚唐不过延中唐的余响、渐入衰境的情况有些类似。这阶段包括的时间,大约从元和以后以迄唐亡(806—907)。

注释：

①其他地点唐墓壁画保存较好的,有山西太原和新疆吐鲁番地区的发现,具体情况见本文后面论述的第四、第五两阶段。壁画塌毁较多本文未涉及的墓葬,其中较重要的有四川万县永徽五年(654)永州刺史冉仁才与其妻汉南县主合葬墓,见四川省博物馆:《四川万县唐墓》,《考古学报》1980年4期;湖北郧县开元十二年(724)嗣濮王李欣墓,见高仲达:《唐嗣濮王李欣墓发掘简报》,《江汉考古》1980年2期;广东韶关开元二十九年(741)尚书右丞相张九龄墓,见广东省文物管理委员会等:《唐代张九龄墓发掘简报》,《文物》1961年6期。

②石门、石葬具上面雕刻的各种图像,原皆赋彩,不过大多脱落无存,陕西三原贞观四年(630)司空淮安郡王李寿(字神通)墓的石门、石椁尚保有残迹,可以为证。

③资料来源:1.《酒泉嘉峪关晋墓的发掘》,《文物》1979年6期。

2.《洛阳北魏元乂墓调查》,《文物》1974年12期。

3.《河北磁县北齐高润墓》,《考古》1979年3期。

4.《山东嘉祥英山一号隋墓清理简报》,《文物》1981年4期。

④嘉峪关丁家闸5号墓原《报告》谓前室壁画分五层(栏),该墓现有原大临摹复原模型,陈列在兰州甘肃省博物馆。按自上第一二两层(栏),系绘在墓室顶部,第五层(栏)绘在壁面下的方坑内。因此,就前室四壁言,壁画只有二栏,即报告中的三、四两层(栏)。又此墓后室(墓室)壁画亦分栏,《报告》云:“共分三层,第一层绘庆云,第二层以土红宽带环绕,内绘二奁、三方扇、二盒、二拂、一弓、一箭箙和一柱形物……第三层绘三丝束、三捆札的绢帛。”

⑤此墓1951年发现,当时中央文物局曾派谢元璐同志前往调查,见《文物参考资料》2卷4、5合期(1951)中的文物局纪事。1979年开始发掘,迄未完工,资料未发表。文中所列简况,系作者参观记录。

⑥近年发现的河南密县打虎亭汉墓(参看安金槐等:《密县打虎亭汉代画像石墓和壁画墓》,《文物》1972年10期)、内蒙古和林格尔护乌桓校尉墓(参看内蒙古文物工作队:《和林格尔发现一座重要的东汉壁画墓》,《文物》1974年1期)皆如此。魏晋仍之,如甘肃嘉峪关市发现的魏晋墓(参看嘉峪关市文物清理小组:《嘉峪关汉画像砖墓》,《文物》1972年12期)。与北朝同时的南朝墓葬亦然,如江苏丹阳发现的南齐墓(参看南京博物馆:《江苏丹阳胡桥南朝大墓及砖刻壁画》,《文物》1974年2期;又《江苏丹阳胡桥、建山两座南朝墓葬》,《文物》1980年2期)和河南邓县墓(参看河南省文物工作队:《邓县彩色画像砖墓》,文物出版社,1958)。

⑦四神、鞍马、牛车是南北朝以来墓室左右壁的流行画题。前引河南邓县墓出有牛车、鞍马和四神画像砖。洛阳北魏孝昌二年(526)江阳王元乂墓墓室四壁上部“有四象图(或叫四神、四灵)的零星残迹”,下部已漫漶不可辨识(参看洛阳博物馆:《洛阳北魏元乂墓调查》,《文物》1974年12期)。这样的壁画题材,还影响到东北高句丽地区,抗战时期日本人在今吉林集安洞沟挖掘的舞蹈冢,墓室顶下部绘四神,左壁绘牛车出行和骑马出猎,后壁画墓主人饮宴(参看池内宏等:《通沟》,东京日满文化协会,1938)。

⑧石椁或石棺外壁雕四神,早于李寿墓者有洛阳上窑大队北魏墓发现的石棺,该棺左右外壁雕仙人双龙虎(参看洛阳博物馆:《洛阳北魏画像石棺》,《考古》1980年3期)。陕西省博物馆藏咸阳发现的北周石

椁,左右外壁雕青龙、白虎(见王子云:《中国古代石刻画选集》,中国古典美术出版社,1957)。至于四神俱全的石椁线雕,有陕西三原开皇二年(582)广德郡公李和墓的石椁(参看陕西省文物管理委员会:《陕西省三原县双盛村隋李和墓清理简报》,《文物》1966年1期)和《中国古代石刻画选集》著录的洛阳出土现已流落国外的隋石椁。

⑨《隋书·柳彧传》:"高祖受禅,(彧)累迁尚书虞部侍郎,以母忧去职。未几,起为屯田侍郎,固让弗许。时制:三品已上门皆列戟。左仆射高颎子弘德封应国公,申牒请戟。彧判曰:仆射之子更不异居,父子戟架已列门外,尊有压卑之义,子有避父之礼,岂容外门既设,内阁又施。事竟不行。"

⑩《长安志》卷7:"(万年县所领朱雀门街之东从北第五坊)靖善坊,大兴善寺尽一坊之地。初曰遵善寺,隋文承周武之后,大崇释氏,以收人望,移都先置此寺,以其本封名焉。"又卷9:"(长安县所领朱雀门街之西从北第五坊)崇业坊,元(玄)都观隋开皇二年(582)自长安故城徙通道观于此,改名元(玄)都观,东与大兴善寺相比。初宇文恺置都,以朱雀街南北尽郭有六条高坡,象乾卦……九五贵(贵)位,不欲常人居之,故置此观及兴善寺以镇之。"长安皇城之前,特置东寺西观,与李寿墓墓室之前,东壁绘寺院,西壁绘道观的设计全同。后者之取意,疑来源于前者。

⑪阿史那忠夫妇墓墓道与第一天井的壁画与过洞和其他天井的壁画风格略异《简报》。记此事云:"(第一天井)西壁灰泥皮残破,可见下面还有一层壁画,也是戟架,列戟也是六根;同时墓道内好多处都发现有两层壁画。"按《阿史那忠墓志》记:"夫人定襄县主,永徽四年(653)薨,先葬于昭陵之下……上元二年(695)……奉迁(阿史那忠)灵榇,合葬于昭陵之茔"。知两人入葬相距二十二年。因此,可以推测该墓第一天井和墓道的上层壁画绘于上元二年(675),下层壁画绘于永徽四年(653),其他部位无下层壁画的,也应绘于永徽四年。

⑫咸阳发现的苏君墓,简报见《考古》1963年9期。此墓早年被盗,志石已佚,仅存志盖,盖篆书铭"大唐故苏君之墓志铭"九字。简报据所出陶俑特征,定其时间"上限应在总章元年(668)以后,下限不会超过开元年间(713—741)";又据壁画列十戟,"初步推测死者为三品以上官僚"。简报记此"苏君墓位于陕西省咸阳市东北17.5公里的顺陵(武则天母杨氏墓)西南隅,距该陵约500余米"。按顺陵唐时在咸阳县境,《新唐书·地理志一》京兆府京兆郡咸阳县下记:"又有顺陵,在咸阳原"。《新唐书·后妃传上、高宗则天顺圣皇后武氏传》记:"(武氏母杨氏)咸亨元年(670)卒,追封鲁国……以王礼葬咸阳……(永昌元年以)咸阳墓为明义陵……(载初二年二月以)明义陵为顺陵。"苏君墓既"据该陵约500余米",当亦在咸阳境内。唐咸阳故城,《嘉庆一统志》陕西省西安府古迹条:"在今咸阳县东,唐初徙置,即古杜邮亭也……《县志》明洪武四年(1371)县丞孔文郁移治今所。杜邮馆在县东五里"。知自唐迄今咸阳县辖境变化不大。唐代京畿官宦多归葬故里,此苏君墓当不例外。检史籍所载开元以前咸阳籍三品以上官员无苏姓。按《新唐书·地理志一》京兆府京兆郡记领县咸阳云:"咸阳,畿。武德元年(618)析泾阳、始平置。"而高宗时封邢国公的苏定方恰为始平人,《新唐书·苏定方传》:"苏烈字定方,以字行,冀州武邑人,后徙始平。"《旧唐书·苏定方传》记其官爵云:"(显庆三年)定方以功迁左骁骑大将军,封邢国公……定方前后灭三国,皆生擒其主,赏赐珍宝不可胜计……俄迁左武卫大将军。乾封二年(667)卒,年七十六。高宗闻而伤惜,谓侍臣曰:苏定方于国有功,例合褒赠,卿等不言,遂使哀荣未及。兴言及此,不觉嗟悼。遽下诏赠幽州都督,谥曰庄"。又按该墓"现存的陶俑不见女俑",且多为外出仪卫俑,其中武卫骑俑和声乐骑俑约占四之一("各类陶俑共352件");现存壁画也多属步卫、鞍马,这些都与苏定方身份相应。苏君于前室入口处置天王俑二件,简报记述天王俑云"头戴盔,身着甲,甲涂有金色,双脚平踏于怪兽身上。一怪兽类

牛，一怪兽类犬。双手握拳，拳眼向上，与李爽墓出土之天王俑酷肖”；又于墓道东壁第二小龛中置与郑仁泰墓所出下着战裙，足踏岩石座相类似的武士俑二件。李爽葬于总章元年(668)，郑仁泰葬于麟德元年(664)，而苏定方卒于乾封二年(667)又适位其间。更契合的是，第五天井左右壁画列戟十竿，《唐六典》卷四礼部郎中员外郎条记：“国公及上护军护军带职事三品……门各一十戟”。苏定方爵国公，其职事官左骁骑大将军或左武卫大将军皆正三品。因此，我们怀疑这座咸阳苏君墓即苏定方墓。至于所存志盖只铭“苏君”，未著官封谥号，或即如前引高宗所云：“例合褒赠，卿等不言，遂使哀荣未及”，“遽下诏赠幽州都督，谥曰庄”，当是入葬之后的事了。

⑬见《太平广记》卷211引《国史补》：“(王)维尝至招(昭)国坊庾敬休宅，见屋壁有画奏乐图。维熟视而笑。或问其故。维曰：此霓裳羽衣曲第三叠第一拍。好事者集乐工验之，无一差者”。

⑭王维等人曾为崔圆画壁，《太平广记》卷179引《集异记》：“天宝末(755)，禄山初陷西京，(王)维及郑虔、张通等皆处贼庭。洎克复，俱囚于宣杨(阳)里杨国忠旧宅。崔圆因召于私第，令画数壁。当时皆以圆勋贵无二，望其救解，故运思精巧，颇绝其能……今崇义里窦丞相易直私第即圆旧宅也，画尚在焉”。按唐代豪贵屋壁多绘壁画，唐初阎立本曾于“西京延康坊立本旧宅西亭”画山水。“则天朝……东京尚书坊岐王宅亦有(薛)稷画鹤”。“玄宗时……劝善坊吏部尚书王方庆宅院有(郑)虔山水之迹”，以上俱见《封氏闻见记》卷5。

⑮参看 G. Frumkin, Archacology In Soviet Central Asia, (Leiden/Koln, 1970)第四章塔吉克。此居室遗址壁画有两层，成排的女乐舞系上层壁画，属吏和女近侍为下层壁画。但从上述对比的资料推察，这里两层壁画绘制的时间距离，似应不会太长。

⑯《新唐书·地理志七下》陇右道羁縻州。昭武九姓地区所置都督府和州的情况，参看《新唐书·西域传下》康国条。

⑰A. A. Абдуразковц М.К. камбаров, реставрация настеннвх роеписей Афрасиаба, Тацкент 1975.

⑱陕西省博物馆藏开元六年(718)韦顼石椁线雕，其中女侍有架鹰者，还有附雕张弓射鸟的小儿等形象，比韦泂石椁线雕又复杂了一步。参看前引《中国古代石刻画选集》。韦顼石椁系清宣统二年(1900)出土于长安县李王村，其地当距韦泂墓不远。同出墓志记顼职衔为“银青光禄大夫卫尉卿扶阳县开国公护军”。顼、泂俱出东眷韦氏，检《新唐书·宰相世系表》四上，知顼为泂之族祖。

⑲懿德太子李重润墓号墓为陵，见《新唐书·懿德太子重润传》：“神龙初(705)，追赠皇太子及谥，陪葬乾陵，号墓为陵。”永泰公主墓视陵制及雍王不称陵，见《新唐书·卢粲传》：“武崇训死，诏墓视陵制。粲曰：凡王、公主墓无称陵者，惟永泰公主事出特制，非后人所援比……虽崇训之亲不及雍王，雍墓不称陵”。

⑳章怀太子李贤墓出“大唐故雍王墓志铭”和“大唐故雍王赠章怀太子墓志铭”各一方。前志云：“文明元年(684)二月廿日薨于巴州之别馆，春秋卅有一。至垂拱元年(685)三月廿九日恩制追赠雍王，谥曰悼，葬于巴州化城县境……神龙二年(706)又加制命册赠雍王……仍令陪葬乾陵，以神龙二年七月一日迁窆，礼也。”后志云：“景云二年(711)四月十九日又奉敕追赠册命为章怀太子……妃清河房氏……以上元年中(674—675)制命为雍王妃……景云二年龙集荒落六月十六日遘疾，薨于京兴化里之私第，春秋五十有四，即以其年十月壬寅朔十九日庚申窆于太子之□□，礼也”。据此可知章怀迁柩陪葬乾陵在神龙二年(706)，后五年即景云二年(711)，重启墓道开墓门，置“大唐故雍王赠章怀太子墓志铭”和祔葬房妃；其时并重绘壁画，所以章怀墓壁画重层。章怀墓室东壁残存的壁画中有很可能是墓主人形象的妇女坐像，更可证明这是因祔葬房妃时所重绘者。关于章怀墓壁画重层问题，参看陕西省乾县乾陵文物保管所《对

"谈章怀、懿德两墓的形制等问题"一文的几点意见》,《文物》1973年12期。

㉑《封氏闻见记》卷6:"景云中(710—711),吐蕃遣使迎金城公主,中宗于梨园亭子赐观打球。吐蕃赞咄奏言,臣部曲有善球者,请与汉敌。上令仗内试之。决数都,吐蕃皆胜。时玄宗为临淄王,中宗又令与嗣虢王邕、驸马杨慎交、武秀等四人敌吐蕃十人。玄宗东西驱突,风回电激,所向无前,吐蕃功不获施。"此事适与章怀墓道所绘大场面的击球壁画为同时。击球游戏渊源于波斯,参看向达:《唐代长安与西域文明》第六章《长安打球小考》。向文原刊《燕京学报专号》之二,1933年。后收入《唐代长安与西域文明》论文集,三联书店,1957。

㉒贡豹文献记载于开元初(713),《唐会要》卷99:"开元初,(康国)屡遣使献……狗、豹之类"。盛于开元天宝间,《册府元龟》卷971记:"(开元)十四年(726)二月安国遣使献豹,雄雌各一"。又"五月安国王……献马及豹"。又"十一月康国王遣使献豹"。又"十五年(727)五月康国献……豹"。又"七月史国王……遣使献……豹"。又"十七年(729)正月米使献……豹、狮各一"。又"(天宝)六载(747)大食国王遣使献豹六。波斯国王遣使献豹四"。又"十载(751)二月宁远国奉化王……遣使献……豹、天狗各一"。

㉓《唐会要》卷100。

㉔贡犬记录始于万岁通天二年(697),《册府元龟》卷970记:"万岁通天二年四月安国献二头犬"。其次是开元初,见㉓引《唐会要》。此后,《册府元龟》卷971记:"(开元)十二年(724)四月康国王乌勒遣使献……马、狗各二"。又记天宝十载(751)宁远国奉化王献天狗,见㉒。按中土重视波斯犬,北齐已然。《北史·武成诸子传》:"南阳王绰……爱波斯狗……(绰)好微行,游猎无度,姿情强暴……有妇人抱儿在路,走避入草,绰夺其儿饲波斯狗"。北齐后主更封赠猎兽,"马及鹰、犬仍有仪同、郡君之号,故有赤彪仪同、逍遥郡君、凌霄郡君"(《北史·齐纪·后主纪》),《北齐书·恩幸·韩宝业等传》:"后主之朝……以波斯狗为仪同郡君,分其干禄"。出猎时,"犬于马上设褥以抱之"(《北史·齐纪·后主纪》),可见波斯犬之见重于当时了。太原南郊北齐墓墓道出行壁画前绘二犬,嘉祥徐敏行墓墓室有饲犬壁画,流风所被,延及唐代,章怀墓墓道狩猎壁画中正有类似"犬于马上设褥以抱之"的情况。

㉕折绘于多壁的屏风画,见山西太原金胜村第四、五、六号唐代壁画墓和金胜村东北新董茹村第五号唐代壁画墓。该四墓皆于墓室后半横砌棺床,与棺床相接的壁面即整个后壁和左右壁的后半部的壁面,画屏风;不与棺床相接的壁面即墓室前壁和左右壁的前半部的壁面上部画仿木结构。这种情况,恰好是屏风画代替仿木结构的过渡样式。参看山西省文物管理委员会:《太原南郊金胜村唐墓》,《考古》1959年9期;《太原市金胜村第六号唐代壁画墓》《文物》1959年8期;《山西文物介绍》,山西人民出版社,1954年。

㉖对阿斯塔那65TAM38墓室后壁六扇人物屏风壁画的解释。见新疆维吾尔自治区博物馆:《吐鲁番阿斯塔那—哈拉和卓古墓群发掘简报(1963—1965)》,《文物》1973年10期。

㉗单一的朱雀与相对的玄武,未画在墓壁正中。前阶段章怀墓,双朱雀相对立刻于石门门楣上方的半圆形券石正面;韦泂墓双朱雀画于墓道两壁的最前端。

㉘如敦煌莫高窟第217号窟盛唐所绘《妙法莲华经》如病得医图中,居室床榻之后即绘折扇式的山水和花树屏风。又如盛唐晚期安西榆林窟第25窟《弥勒变》探亲图中的山水屏风和莫高窟第195窟佛龛内壁面上的人物故事屏风等。

㉙参看李征:《新疆阿斯塔那三座唐墓出土的素绢画》、金维诺等:《唐代西州墓中的绢画》,两文皆刊《文物》1975年10期。

㉚参看⑭。此四墓壁画形式与内容极为相似。其中新董茹村墓出有万岁登封三年(696)赵澄墓志,因知

它们的年代，大约都属武则天晚期。

㉛65TAM38 的人物屏风画，参看新疆维吾尔自治区博物馆：《吐鲁番县阿斯塔那—哈拉和卓古墓群发掘简报(1963—1965)》，《文物》1973 年 10 期。

㉜参看张勋燎：《吐鲁番阿斯塔那 216 号唐墓壁画考释》，《中国史研究》1980 年 4 期。

㉝屏风画翎毛，也应有一个发展过程。新疆吐鲁番阿斯塔那发现的 72TAM215 大约是 8 世纪晚期的一座夫妇合葬墓墓室壁面画较复杂的翎毛屏风。画面内容是，每扇以一禽鸟(有孔雀、鸳鸯、雉、鹅等禽鸟)为中心，其后以花丛为背景，花丛上方衬以远山群燕，禽鸟前面散布石砾。这样的翎毛屏风，显然要比每扇单绘一禽鸟者为早。

㉞《封氏闻见记》卷 5："则天朝，薛稷亦善画，今尚书省侧考功员外郎厅有稷画鹤，宋之问为赞……东京尚书坊岐王宅亦有稷画鹤，皆称精绝。"又《太平广记》卷 210 引《唐画断》："(薛稷)画迹阎令，秘书省有画鹤，时号一绝。"

㉟《分类编次李太白文》卷 29 有《金乡薛少府所画鹤赞》。《分门集注杜工部诗》卷 16 有《通泉县署屋壁后薛少保画鹤》。成都府也有薛稷画鹤见《益州名画录》卷下引卢求《成都记》云："府衙院西厅，(薛)少保画鹤与青牛。"

㊱《历代名画记》卷 9："(薛稷)画鹤知名，屏风六扇鹤样，自稷始也。"

㊲辽宁博物馆藏周昉《簪花仕女图卷》绘贵族仕女闲步庭园，庭园中有树石，有猫蝶，最突出的是丹顶白鹤一只。可见当时上层宅第养鹤观赏，已成风气。又该图卷系由五幅绢画拼接成卷，因疑原作或为小屏画面。参看杨仁恺《对簪花仕女图的一点剖析》，《中国文物》1 期，1979 年 10 月。

㊳《文苑英华》卷 328 著录张籍《别鹤》，李远《失鹤》，贾岛《崔卿池上鹤》，刘得仁《忆鹤》，薛能《失鹤》、《答贾支使寄鹤》、《陈州刺史寄鹤》，李群玉《失鹤》，郑谷《鹤》，罗隐《病中题主人庭鹤》等。

㊴参看《文苑英华》卷 328 著录的裴度《白二十侍郎有双鹤留在洛下，予西园多野水长松可以栖息，遂以诗请之》，白居易《酬裴相公乞予双鹤》、《送鹤与裴相临别赠诗》、《失鹤》，刘禹锡《和裴相公寄白侍郎求双鹤》。

㊵《历代名画记》记："屏风六扇鹤样，自稷始也"，可见晚唐张彦远著书时，"屏风六扇鹤样"尚在流行。《益州名画录》卷上引欧阳炯《蜀八卦殿壁画奇异记》云："淮南献鹤数只，寻令(黄筌)貌于殿之间，上曰女(汝)画逼真，其精彩则又过之"。黄休复于引文之前，详记此事："少主广政甲寅岁(944)，淮南通聘，信币中有生鹤数只，蜀主命筌写鹤于偏殿之壁，警露者、啄苔者、理毛者、整羽者、唳天者、翘足者，精彩态体，更愈于生，往往生鹤立于画侧。蜀主叹赏，遂目为六鹤殿焉……先是蜀人未曾得见生鹤，皆传薛少保画鹤为奇，筌写此鹤之后，贵族豪家竞将厚礼请画鹤图，少保自此声渐减矣。"知赏鹤、画鹤之风，五代时依然盛行。《图画见闻志》卷 5 又记："熙宁初(1068)，命(崔)白与艾宣、丁贶、葛守昌画重拱殿御扆，鹤竹各一扇"。可见鹤样屏风更延及 11 世纪的中期。

㊶《太平广记》卷 17 引。

㊷《旧唐书·则天皇后本纪》。

㊸《旧唐书·中宗本纪》，《资治通鉴·唐纪》二四记自洛阳还长安云："神龙二年冬十月己卯，车驾发东都，以前检校并州长史张仁愿检校左屯卫大将军兼洛州长史。戊戌车驾至西京，十一月乙巳赦天下。"

㊹懿德太子李重润陪葬乾陵，在神龙二年(706)四月，见《唐大诏令集》卷 32 李峤《懿德太子哀册文》："维神龙二年，岁景(丙)午，夏四月甲戌朔二十三日景(丙)申，懿德太子梓宫启自洛邑，将陪窆于乾陵，礼

也。”永泰公主李仙蕙陪葬乾陵，在神龙二年五月，见徐彦伯《大唐永泰公主志石文》：“以神龙元年（705）追封为永泰公主，粤二年岁次景（丙）午，五月癸卯朔十八日□□，有制令所司备礼与故驸马都尉合窆于奉天之北原，陪葬乾陵，礼也。”（参看武伯纶：《唐永泰公主墓志铭》，《文物》1963年1期）。章怀太子李贤陪葬乾陵，在神龙二年七月，但该墓外层壁画绘制的时间，在景云二年（711）（参看⑫）。

（本文原载《考古学报》1982年2期）

附表

序列号	年代	墓主人	官职与官品	壁画内容					线雕内容
				墓道	过洞	天井	前、后甬道	墓室	
1	贞观四(630)	李寿	司空(正一) 淮安郡王(从一)	上栏:飞天引导、出行游猎	一至四:步卫	三:农牧、厨事 四:列戟七、步卫、属吏	飞天 石门外:属吏、内侍,其一面对女近侍作进谒状 石门内:东寺院、西道观	西(右):马厩、仓廪 北(后):残存宅院一所,内外院皆有女乐	石门外侧:朱雀(与门内龟形墓志相应) 石门内侧:武卫二 石椁外侧:四神、仙人双龙凤、步卫、属吏 石椁内侧:三栏女乐舞、女侍和内侍
2	永徽四—上元二(653—675)	李氏 阿史 那忠	定襄县主(视正二)镇军大将军(从二) 薛国公(从一)	青龙、白虎、鞍马、明驼与胡控,牛车与虬发御者,步卫,属吏,最后一属吏面对拄仪刀武士作进谒状	影作木构,顶平綦 一、二:属吏 三至五:女侍(有男装者)	一:列戟六 二:属吏 三:女近侍、男装女侍 四、五:女侍,有男装者			
3	显庆三(658)	执失 奉节	常乐府果毅(从五)					北(后):残存一舞女	
4	麟德元(664)	郑仁泰	右武卫大将军(正三) 同安郡公(正二)	鞍马、明驼与胡控,牛车与女侍,步卫,最后一属吏面对一拄仪刀武士作进谒状	五:女侍				石椁外侧:步卫
5	乾封二(667)?	苏定方?	左骁骑大将军(正三) 邢国公(从一)?	青龙、白虎,鞍马与胡控,步卫,属吏	六:男装女侍	二至四:属吏,有作进谒状者 五:列戟五,步卫 七:鞍马与控者	前甬道残存女侍足部	顶:天象	

序列号	年代	墓主人	官职与官品	壁画内容					线雕内容
				墓道	过洞	天井	前、后甬道	墓室	
6	总章元(668)	李爽	司刑太常伯(正三)	残存步卫或属吏下部			属吏进谒，面对一女近侍	影作木构，柱间各立一女侍或捧器物，或奏乐，有男装者 顶:天象	
7	上元二(675)	李凤	司徒(正一) 虢王(正一)	残存步卫	影作木构，顶平綦 一:驼与胡控 二:步卫 四:属吏		影作木构，顶平綦 女侍捧物，中有男装者，两侍间点缀花木	影作木构，其上砌出和画出菱角牙子各一层。柱间“为人物花卉山石画，均已残落，仅留遗痕” 顶:天象	
8	神龙二(706)	李重润	懿德太子	青龙、白虎，山林城阙，步骑仪卫，轺车，东宫官属，鞍马与控者	一:胡人牵豹 二:男侍牵犬，驾鹰 三以后:皆女侍，最前一人为女近侍	影作木构 一、二:列戟各十 二，步卫 三:牛车与女侍	前后甬道皆女侍，间绘花木草石，女侍中有男装者 前室影作木构，东西两壁各两组对立的捧物执烛女侍，每组最前一人为女近侍	影作木构 东西两壁各两组对立的捧物(包括乐器)女侍，内有男装者，每组最前一人为女近侍 顶:天象	石椁外侧东壁正中为门，门扇对立女官

序列号	年代	墓主人	官职与官品	壁画内容					线雕内容
				墓道	过洞	天井	前、后甬道	墓室	
9	神龙二(706)	李仙蕙	永泰公主	步卫,青龙、白虎,山林城阙,步卫属吏,列戟六,鞍马与胡控	一至三:顶平棊 四、五:顶云鹤 五:东壁九人"似在抬担子"	影作木构 "有人物画"	前甬道人物花木山石,顶平棊前室影作木构,顶天象,南壁属吏持笏进谒;东西壁各两组对立的捧物持烛女侍及男装女侍,每组最前一人为女近侍;北壁捧物女侍和女近侍 后甬道女侍,间以花木山石,顶云鹤	影作木构 南(前):东侧属吏持笏,西侧女侍,中有男装者 东(左):两组对立的捧物持烛女侍,每组最前一人为女近侍 北(后):东侧"似为乐队"(女) 顶:天象	石门外侧:持笏内侍,上有禽鸟 石椁外侧:分格,每格一女近侍,侧一女侍,花鸟木石点缀其间。东壁门扇对立女近侍 石椁内侧:分格,每格一或二女近侍,也有捧物的男装女侍,花草禽鸟点缀其间
10	神龙二—景云二(706—711)	李贤 房妃	雍王—章怀太子	上部青龙、白虎,下部出行狩猎、击球,宾客与礼官,步卫	一:门厅(?)内有门吏 二:列戟七 三:内侍,有作进谒状者 四:女侍		前甬道石门外,女侍有持乐器者,有进谒属吏。石门内有内侍,捧物女侍,女侍有男装者。前室影作木构,四壁女侍间以禽鸟树石,女侍有持乐器者,有男装者。 后甬道女侍间以花木,有的持乐器	影作木构 南(前):园林,内有女乐舞 东(左):北侧园林内有内侍,面对众女侍;南侧一女坐凳上,环绕女侍与内侍 顶:天象	石门外侧:门楣上方半圆券面刻双朱雀 石椁外侧:分格,每格刻人物,东壁门扇,一持笏男胡,一女近侍

序列号	年代	墓主人	官职与官品	壁画内容					线雕内容
				墓道	过洞	天井	前、后甬道	墓室	
11	景龙二(708)	韦泂	卫尉卿(从三) 淮阳郡王(从一)	影作木构，朱雀、青龙、白虎		二：残存人物足部	前甬道北侧残存人物足部。 前室四壁花木，顶平闇。 后甬道顶云鹤	影作木构，上部影作间有云鹤 南(前)：人物残损 东(左)：人物残损 西：(有)：男女侍、女近侍 北(后)：男女侍，男侍有的捧胡瓶	石椁外侧：分格，每格刻人物，有花鸟背景，人物中有持笏属吏，东壁门扇对立持笏属吏 石椁内侧：分格，每格一女侍，多男装，捧物持花，也有执禽鸟者，有花、禽背景
12	景云元(710)	薛氏	万泉县主(从二)			列戟五，属吏	前甬道，女侍捧物，男侍牵犬驾鹰		
13	开元十六(728)	薛莫	右骁骑大将军(正三) 雁门县公(从二)	青龙、白虎，男装女侍捧盘，女侍持莲，云鹤				影作木构 “柱间原绘有人物，但已模糊不清” 顶：天象	
14	开元十七(729)	冯君衡	潘州刺史(正四)	残存“五个人在一起，看一物”		“西壁为花卉”		东(左)：“残存一马”(?)	
15	天宝四(745)	苏思勖	银青光禄大夫(从三) 内侍(从四) 常山县伯(正四)				前属吏、女侍，后属吏，有二人抬一盝顶箱，走向墓室	南(前)：朱雀 东(左)：舞乐、舞者男胡 西(右)：六扇树下人物屏风 北(后)：西侧一女及一男装女侍，东侧玄武 顶：天象	石门外侧：右持笏属吏，左拄仪刀胡卫

序列号	年代	墓主人	官职与官品	壁画内容					线雕内容
				墓道	过洞	天井	前、后甬道	墓室	
16	天宝四(745)	宋氏	雷内侍(从四)妻					东(左):乐舞,舞者女 西(右):"疑为墓主人的画像"	√
17	天宝六(747)	张去奢	少府监(从三)	鹤,青龙、白虎,捧物女侍	男侍	列戟五,男侍间有木石			
18	天宝七(748)	张去逸	太仆卿(正二)	青龙、白虎,捧物女侍			男、女侍	东(左):乐舞 北(后):男侍	
19	天宝十五(756)	高元珪	明威将军(从四)	青龙、白虎		骑卫	女侍	东(左):舞女 西(右):花卉 北(后):"似为墓主人画像,坐椅上,旁有侍女"	√
20	永泰元(765)	韩氏	扬州大都督府司马(从四)吴赍妻				鞍马与控者	西(右):六扇妇女屏风	
21	贞元三(787)	郯国大长公主	(正一)	青龙、白虎	男侍	鞍马与控,女侍		南(前):朱雀 东(左):伎乐	
22	会昌四(844)	梁元翰	桂管监军使太中大夫(从四)上柱国(视正二)					南(前):朱雀 西(右):六扇云鹤屏风	
23	大中元(847)	高克从	义昌军监军使				女侍	西(右):"残存一幅(原为六幅)翎毛,两个鸽子对鸣"	

序列号	年代	墓主人	官职与官品	壁画内容					线雕内容
				墓道	过洞	天井	前、后甬道	墓室	
24	咸通五(864)	杨玄略	银青光禄大夫(从三) 开国侯(从三) 上柱国(视正二)					西(右):六扇云鹤屏风	

资料来源,按序列号顺序排列:

1.《唐李寿墓发掘简报》,《文物》1974年9期。

2.《唐阿史那忠墓发掘简报》,《考古》1977年2期。

3、12、14、17、19、23.《唐墓壁画》,《文物》1959年8期。

4.《唐郑仁泰墓发掘简报》,《文物》1972年7期。

5.《陕西咸阳唐苏君墓发掘》,《考古》1963年9期。

6.《西安羊头镇唐李爽墓的发掘》,《文物》1959年3期。

7.《唐李凤墓发掘简报》,《考古》1977年5期。

8.《唐懿德太子墓发掘简报》,《文物》1972年7期;《唐李贤墓、李重润墓壁画》,文物出版社,1974年。

9.《唐永泰公主墓发掘简报》,《文物》1964年1期;《唐永泰公主墓壁画集》,人民美术出版社,1963年。

10.《唐章怀太子墓发掘简报》,《文物》1972年7期;《唐李贤墓、李重润墓壁画》,文物出版社,1974年。

11.《长安县南里(李)王村唐韦泂墓发掘记》,《文物》1959年8期。

13.《西安东郊唐墓清理记》,《考古通讯》1956年6期。

15.《西安东郊唐苏思勖墓清理简报》,《考古》1960年1期。

16.《西安韩森寨唐墓清理记》,《考古通讯》1957年5期。

20.《西安郊区隋唐墓》(M304),科学出版社,1966年。

陕西唐墓壁画之研究

王仁波　何修龄　单　暐

我国古代壁画艺术历史悠久、源远流长①。唐代是我国古代壁画艺术百花盛开、万紫千红的繁荣时期。在《历代名画记》、《唐朝名画录》、《寺塔记》等书所载206名唐代画家中,就有110人参加过壁画创作活动,他们在两京地区的殿廷、邸宅、寺观的粉壁上挥毫自如,发挥了各家独特的艺术风格和创作手法,绘制了许多巨幅壁画。壁画创作活动如雨后春笋般地展开,呈现千岩竞秀、万壑争流的局面。壁画是唐代绘画艺术的重要组成部分,唐代著名画家阎立本、吴道子、王维、周昉、韩干等人都从事过壁画创作活动,被称为"画圣"的吴道子,一生中创作壁画达三百余堵之多。但是,由于时代的变迁,两京地区殿廷、邸宅、寺观内的壁画均已荡然无存了。

解放以后,配合国家基本建设的进行,贯彻执行国务院关于文物保护和管理的政策法令,在陕西省境内清理和发掘了二千多座唐墓,1960年以后,又陆续发掘了乾陵、昭陵、献陵的部分陪葬墓,在这批唐墓内出土了精美的壁画。这批壁画的发现为研究唐代历史、绘画史、各种制度(仪卫、舆服、内官、营缮)、社会生活和中外文化交流提供了珍贵的资料。

唐墓壁画不见于画史记载,但它是研究唐代壁画的崭新的珍贵资料。通过唐墓壁画的分析、研究,并参照画史的有关记载,再证之以敦煌等石窟壁画,得以再现唐代绘画史的这一辉煌的篇章。

我们从已经发掘的唐墓中,选择24座壁画保存比较完整的唐墓,拟从壁画的制作方法、题材演变和分期、创作方法和艺术风格等方面作一初步分析,不妥之处,请予批评、指正。

一、唐墓壁画的制作过程

在田野发掘、临摹和揭取壁画的过程中，经过长时间的观察、分析，我们发现唐墓壁画的制作是严格地按照一定的工序进行的，这些工序大致可以包括：墙壁的处理、起稿、定稿、着色。

墓葬构筑基本竣工后，紧接着就开始壁画的制作，为了保证墙面的平整，一方面将土墙铲平，另一方面用浆泥将砖墙的砖缝堵塞。然后，在土墙和砖墙上抹上麦草泥做底，待麦草泥稍干后即开始制作画面。画面用白灰作成，先将白灰过筛，然后掺麻类纤维在水中浸泡，搅拌均匀后，将白灰泥抹在墙上。

关于白灰皮画面中所包含的成分，试以乾县懿德墓白灰皮样品为例，做如下化验：

白灰皮在显微镜下观察，样品里面含有纤维：

纤维长度　0.332—7.636 毫米

　　平均长度　1.46 毫米

纤维宽度　6—25 微米

　　平均宽度　15 微米

用显微镜法观察其外形，与苎麻纤维结构相似。用偏振光显微镜区别纤维的单色干涉条纹，在正交尼可尔之间，用单色光照明，纤维回转 360°时并不呈现全暗，只有麻类纤维才具备这种现象。再用 70％硫酸溶解，不呈现溶解状态，与麻袋残片之麻类纤维用 70％硫酸溶解，不呈现溶解状态相一致。这种不溶解状态表明：壁画石灰层中所用麻类纤维是不经过碱性处理的。这与现代日常用的纺织品中经过碱性处理的麻类纤维呈溶解状态有所区别。化验的结果表明：壁画石灰层中所含之物为麻类纤维，其外形与苎麻结构相似。据《唐六典·郎中员外郎》(卷 3)载，唐代关中道产麻。因此，陕西唐墓壁画石灰层中所用之麻类可能是就地取材。

麦草泥和白灰皮的厚度视其具体情况而定，一般说来，唐墓壁画画面的白灰皮的厚度大约在 0.2—1.5 厘米之间，特殊情况例外。经过长期的观察和实践，我们发现唐墓内土墙的附着力小，且易受热胀冷缩的影响，壁画容易脱落，因此，麦草泥和白灰皮画面的厚度必须相应加大；砖墙附着力大，麦草泥和白灰皮画面的厚度相应减小。

墙壁的画面作成后，在画面稍干未干时，画家们就开始起稿，用炭条在画面上勾勒。初稿作成后，还必须经过修改才能定稿，在唐墓内常常发现有废弃不用的起稿线，例如：懿德墓前墓室东壁、南壁的侍女像上发现有两种截然不同的线条，起稿时的线条较细较淡，定稿时的线条较粗较黑。在第二过洞的架鹰图上也发现男侍臂上所架之鹰有经过修改而废弃的起稿线，起稿线较淡，而定稿时的墨线较浓。在章怀墓的前墓室东、西壁侍女画的底层也发现有废弃后的起稿线。

根据不同结构的壁画而用不同的方法起稿，建筑画中的斗栱、柱、枋用红线或黑线起稿，图案花纹用对角线的办法起稿，以利于运用放射适合的办法，在乾县唐墓中尤为明显。

画家们采用“硬抹实开”的办法，在霸定的底稿上按不同的题材因类着色。建筑画的柱、枋、斗栱采用单线平涂的方法，男侍、女侍和仪仗队等人物画的服饰、衣褶采用晕染的方法，图案花纹运用叠晕的方法。

陕西省唐墓壁画所使用的颜料大部分是矿物颜料，试以懿德墓壁画残片的样品做如下化验：

根据懿德墓壁画颜料光谱半定量分析结果，对各种颜料所组成的物质作如下初步分析：

土红色（分析号 188670，原号①）：针铁矿 $HFeO_3$，赤铁矿 Fe_2O_3，或者是二者的混合物。

石青（分析号 188671，原号②）：蓝铜矿 $Cu_3(OH)_2(CO_3)_2$。

石绿（分析号 188672，原号③）：孔雀石 $Cu_2(OH)_2CO_3$。

石黄（分析号 188673，原号④）：密陀僧 PbO 及褐铁矿 $HFeO_2 \cdot nH_2O$ 的混合物。

硃磦（分析号 188674，原号⑤）：铅丹 Pb_3O_4。

银硃（分析号 188675，原号⑥）：密陀僧 PbO 及赤铁矿 Fe_2O_3 的混合物。

紫色（分析号 188676，原号⑦）：①褐铁矿 $HFeO_2 \cdot nH_2O$ 赤铁矿 Fe_2O_3 与水锰矿 $MnO_2 \cdot Mn(OH)_2$ 的混合物。②针铁矿 $HFeO_2$ 与水锰矿 $MnO_2 \cdot Mn(OH)_2$ 的混合物。③掺有钛铁矿 $FeTiO_3$ 或金红石 TiO_2。

以上各种矿物条痕呈现颜色作如下分析：

赤铁矿　Fe_2O_3　呈现樱红色

褐铁矿　$HFeO_2 \cdot nH_2O$　呈现黄～浅褐色

针铁矿　$HFeO_2$　呈现褐(红)色

蓝铜矿　$Cu_3(OH)_2 \cdot (CO_3)_2$　呈现蓝色

孔雀石　$Cu_2(OH)_2 \cdot CO_3$　呈现绿色

水锰矿　$MnO_2 \cdot Mn(OH)_2$　呈现褐色

钛铁矿　$FeTiO_3$　呈现黑色

金红石　TiO_2　呈现黄色浅褐色

密陀僧　pbO　呈现黄色

铅　丹　pb_3O_4　呈现红色

(以上仅是初步分析,不够准确,尚待进一步化验、分析和研究。)

关于唐代矿物颜料的产地,《历代名画记·论画体工用榻写》(卷2)载:"武陵(湖南常德)水井之丹,磨嵯(福建建瓯)之砂(朱砂),越嶲(四川西昌)之空青,蔚之曾青,武昌(湖北)之扁青(上品石绿),蜀郡(四川)之铅华(黄丹),始兴(广东曲江)之解锡(胡粉)研炼、澄汰、深浅、轻重、精粗、林邑昆仑(马来)之黄(雌黄)、南海(广东)之蚁铆(紫矿、造粉、胭脂),云中(山西)之鹿胶、吴中(江苏)之鳔胶,东阿(山东)之牛胶,漆姑汁炼煎,并为重采,攀而用之。"从以上的文献记载,我们认为陕西唐墓壁画所使用的颜料,可能是从全国各地区送到长安来的矿物颜料。

《光谱半定量分析报告》(见附表表二)。

二、唐墓壁画题材的演变与分期

唐代厚葬之风盛行,皇室人物和各级官僚不惜浪费大量人力物力,劳民伤财地修筑高坟冢,妄图把生前奢侈豪华的生活搬入阴间。多天井的唐墓象征重重院落的深宫大院或深宅大院。绘制在各个部位(包括墓道、过洞、天井、甬道、墓室等)的壁画是用来装饰整个墓葬的,壁画题材从各个不同的角度反映了唐代社会生活,根据目前已经发掘的唐墓的壁画题材分析,大致可分8大类:

(1)四神:青龙、白虎、朱雀、玄武。

(2)狩猎:猎骑、架鹰、架鹞、驯豹等。

(3)仪仗:步行仪仗队、骑马仪仗队、车、马、缴、伞、马(马伕)、骆驼(驼伕)、戟架等。

(4)宫廷生活、家居生活:男侍、女侍、乐舞、庭院行乐、马球、观鸟捕蝉、墓主人像、农耕、农牧、杂役、六鹤屏风等。

(5)礼宾:唐代鸿胪寺官员、外国和国内少数民族宾客。

(6)宗教:佛教、道教寺观。

(7)建筑:阙、城墙、楼阁、斗栱、柱、枋和平綦图案等。

(8)星象:金乌、蟾蜍、银河、星斗等。

应当看到,唐墓壁画是唐代社会生活的一个缩影,壁画的创作和题材的演变并不是孤立的,而是受到各种因素的影响,因此在分析壁画题材的演变和分期时,应该注意以下几个问题:

①唐墓壁画具有鲜明的时代特点和阶段性。壁画创作来源于社会实践,唐墓壁画从各个不同的角度反映了初唐、盛唐、中晚唐各个时期封建政治、经济和文化的急剧变化,这些变化强烈地影响了唐墓壁画题材的演变。

②唐墓壁画具有强烈的阶级性。从目前已掌握的资料看,埋葬制度是贯穿于墓室构筑、葬具的安排、壁画的绘制、随葬品的摆设中一条主线,唐代皇室和各级官吏的埋葬制度的核心是森严的等级制度,壁画题材是按照墓主人的身份、品级及其在政治斗争中所处的地位而绘制的。

③唐墓壁画是封建统治阶级大搞厚葬之风的产物,壁画的绘制和俑类的摆设是互相关联的,用绘画和泥塑的形式表现了墓主人生前的各种生活场面,在分析壁画题材的演变时,要注意到俑群的变化。

④唐墓壁画是唐代绘画艺术的一个重要组成部分。艺术大师们创作了许多长卷巨画,并在殿廷、邸宅和寺观内展开了大规模的壁画创作活动,在画史中有著录,每一时期的绘画和壁画题材、艺术风格,对于唐墓壁画都有深刻的影响,在分析唐墓壁画时,应注意画史中所载各个时期的画家们创作了什么题材的画卷和壁画。

根据唐墓壁画题材的演变并参照其艺术风格的变化,初步可将这批唐墓壁画分作三期:

第一期:唐高祖武德—唐中宗景龙年间(618—709)

综观这一时期的唐墓,其壁画题材突出地表现了墓主人生前的仪仗和狩猎场面,同时适当地安排了宫廷生活和日常家居生活的各种场面。皇室墓葬在墓道两壁除常见的青龙、白虎外，绘出了规模浩大、画面壮观的狩猎出行、仪仗出行、太子大朝仪仗（以阙楼、城墙为背景）等场面，而文武官吏的墓葬除青龙、白虎外，绘出以牛车、马、骆驼为主体的仪仗队，此外还有礼宾、马球图等。过洞、天井两壁除装饰有柱、枋、斗栱和楼阁建筑画面外，多见有仪仗、戟架、驯豹、架鹰、架鹞、牵驼、牛车等，有的还绘出了男侍、女侍、辇以及各种家内杂役场面。甬道和墓室的壁画主要是表现日常宫廷生活和家居生活场面，除柱、枋、斗栱等建筑画面外，常见有手持各种日常生活用具的男、女侍从，还有宗教、农牧场面。

以下试将本期唐墓中比较盛行的壁画题材作一初步分析。

(1)狩猎出行

李寿墓墓道东、西两壁各绘出狩猎图一幅，东壁“在丛山峡谷之间，数十名猎手，分作两个围场，纵马放鹰，张弓搭箭，追赶着拚命逃窜的野猪、兔、鹿。一只猎犬咬住中箭的野猪，野猪仍在奔驰。画面的左上角有一人（残）驾鹰驻马静观，似乎是这场围猎的指挥者”②。章怀墓墓道东壁狩猎出行图“系由四十多个骑马人物、二只骆驼、五棵树和青山所组成。先以四匹奔马由北向南作为先导，接着，在一持猴旗的骑者后面是左右数十旗，中间簇拥着一圆脸微带胡须的人物，双目前视，神态自若，身着蓝色长袍，骑一高大的马，可能是出行中的主人。其后又是十数骑奔马紧紧跟随，最后面是骆驼队和马队奔驰在古木森森的大道上”③。

唐墓壁画中狩猎出行题材的盛行是封建统治阶级大搞狩猎活动的真实写照。据《唐会要·蒐狩》（卷28）：“（贞观五年，李世民）曰：大丈夫在世，乐事有三：天下太平，家给人足，一乐也；草浅兽肥，以礼畋狩，弓不虚发，箭不妄中，二乐也；六合大同，万方咸庆，张乐高宴，上下欢洽，三乐也。”唐高祖李渊之子巢王元吉曾说：“我宁三日不食，不可一日不猎。”唐代封建帝王和皇室人物频繁地外出狩猎，他们在酒醉饭饱之余，沉浸在呼鹰逐兔、射飞苑中的狩猎活动中，有时狩猎活动的规模很大，贞观五年李世民在昆明池附近狩猎时，“蕃夷君长咸从”。

封建帝王对狩猎活动的重视，遂使狩猎成为唐代绘画的重要题材之一，据《唐朝名画录》载，“（贞观）时南山有猛兽害人，太宗使饶勇者往捕之，不获，又虢王元凤忠义奋发，往射之，一箭而毙，太宗壮之，使其弟立本图其状，鞍马仆从皆若真，观者莫不惊叹其神妙”。武则天时期的画家曹元廓“师于阎（立本），工骑猎人马山水”[4]，唐玄宗时期的画家韦无苑以画鞍马异兽而著称，曾奉诏在长安城玄武门画唐玄宗射猎，一箭中两猪的场面[5]。这些名画今已失传，李寿墓、章怀墓的狩猎出行图可补画史之不足。懿德墓、永泰墓、章怀墓还出土了一批三彩狩猎俑，可与壁画互相补充、印证。

狩猎活动不仅是画家们创作的重要题材，而且成为唐代诗人们吟咏的重要对象。《全唐诗》中有关狩猎活动的诗篇颇不乏例，有的描写狩猎活动的盛大场面，唐太宗李世民《冬狩》：“金鞍移上苑，玉勒骋平畴。旌旗四望合，置罗一面求。”有的描写呼鹰逐兔的情形，王昌龄《观猎》：“角鹰初下秋草稀，铁骢抛鞚去如飞。少年猎得平原兔，马后横捎意气归。”《句》：“天仗森森炼雪凝，身骑铁骢自臂鹰。”李白《观猎》：“箭逐云鸿落，鹰随月兔飞。”有的描写箭无虚发，射中飞禽走兽的情况，李白：《行行游且猎篇》：“半酣呼鹰出远郊，弓弯满目不虚发。”这些诗句可与唐墓的狩猎出行壁画互相印证。

(2)仪仗出行

仪仗出行是这一时期唐墓壁画和陶俑的重要题材，参照有关文献的记载，可以进一步分析、了解唐代仪卫制度。但是，应该看到：唐代统治阶级所制订的仪卫制度，在实际实施时，与正式颁布的制度有很大地出入。墓主人生前的全部仪仗不可能在壁画和俑群中完全再现。因此，文献上所记载的各种仪卫制度与壁画、俑群的情况出入较大。壁画和俑群中的仪仗具有象征性特点。基于以上几个基本概念，下面试结合文献对各类仪仗作一初步分析。

懿德墓墓道两壁绘出阙楼、城墙，城内大批仪仗队做准备出城状。东壁仪仗队可分为三部分：①车队：3 架车，3 匹马，驾士 18 人，马伕 3 人。②骑马仪仗队：6 队，共 29 人。③步行仪仗队，6 队共 54 人。西壁仪仗队亦可分为三部分：①车队：3 架车，3 匹马，驾士 16 人，马伕 3 人。②骑马仪仗队：6 队，共 306 人。③步行仪仗队：6 队，共 43 人。据《旧唐书·舆服志》有关唐代皇室车辂的记载，壁画上所绘之车应属太子大朝所用之辂车。辂车前面有二伞、二圆扇、二长方扇，据《唐六典·尚辇局》记载，伞、圆扇、长方扇应为太子大朝时所用之繖扇。壁画中的骑马仪仗队与步行仪仗队象征着太子仪仗中之左右卫[6]。这幅壁画定为太子大朝仪仗图。

李寿墓的仪仗队可分为二部分：①墓道东、西壁绘出骑马出行图，由 42 匹马，48 人所组成，分为四组，最后一组有马和马伕、伞、雉尾扇。②在第一、二、三过洞两壁绘有步行仪仗队，第一过洞东壁 9 人、西壁 8 人。第二过洞东壁

10人,西壁9人。第三过洞东壁8人、西壁7人。骑马出行图有待于进一步研究,步行仪仗队中有二人,头戴一梁进贤冠,上穿宽袖齐膝红袍,外套裲裆,腰束宽带,裤管上提束扎于膝下,左手按剑,右臂屈于胸前,此二人当为仪仗队的领队,可能是典军或副典军,其余的人为亲事或帐内,当属郡王级的仪仗⑦。

永泰墓墓道东、西壁各绘出30人的步行仪仗队,以墓道东壁为例分为五组,每组6人,第一组:为首者身着紫袍,其余5人着绿袍。第二组:为首者身着红袍,其余5人着绿袍。第三组:为首者身着红袍,其余5人着白袍。第四组:为首者身着绿袍,其余5人着白袍。第五组:为首者身着绿袍,其余5人着白袍。西壁与此相对称。因永泰公主于神龙二年由洛阳迁来陪葬乾陵,其父李显已复位,在埋葬时格外优厚的实施了"号墓为陵"的埋葬制度,因此在墓葬规模、葬具、壁画、陶俑等均与其他公主墓有较大的差异,有僭越的现象。据《新唐书·仪卫志》(卷23)载,皇后出行仪仗中有"左右卫、左右威卫、左右武卫、左右骁卫、左右领军卫各三行,行二十人,每卫以主帅六人主之,皆豹文袍、冒,执输石装长刀,骑,惟左右领军卫减三人"。永泰墓墓道东、西壁各有五组仪仗队,每组6人,可能是模仿皇后仪仗中之诸卫,而僭越了公主一级的仪仗卤簿。

章怀墓墓道东、西壁绘出仪仗队各10人,以东壁为例:为首者,头戴幞头,身着翻领长袍,近青色,双手拄一长剑,腰系一黑皮带,带上系一鞶囊,脚穿黑长靴。其余9人,分为三组,每组三人,头戴幞头,身着圆领黄长袍,腰间佩带箭囊、弓囊和剑,脚穿黑长靴,有一人举旗。《新唐书·仪卫志》(卷13):"一品卤簿。……青衣十人,车辐十人,戟九人,绛引幡六,刀、楯、弓、箭、鞘皆八十,节二,大鞘二,告止幡、传教幡皆二,信幡六、诞马六,仪刀十六,府佐四人夹行。"章怀墓的仪仗队可能近似于青衣。李贤死于文明元年(684),于神龙二年(706),中宗复位后由巴州迁来陪葬乾陵,按封建的亲疏关系,唐中宗将其亲生子女李重润、李仙蕙的墓葬"号墓为陵",而将其兄李贤按一品王礼埋葬,因此李贤墓与李重润、李仙蕙墓的壁画题材有较大的差别,仪仗队的级别也有较大的差别,这显然与埋葬时是否实施"号墓为陵"的制度有着密切的关系。

郑仁泰墓墓道西壁绘出以牛车为主体的由9人所组成的仪仗队,东壁绘出以马、骆驼为主体的由9人所组成的仪仗队。阿史那忠墓墓道东壁绘出以马和骆驼为主体的由13人(其中马伕、驼伕2人)所组成的仪仗队,西壁绘出以牛车为主体的仪仗队,但脱落较甚,其规模不清楚。据《新唐书·仪卫志》(卷

23):“一品卤簿……青衣十人,车辐十人……自二品至四品,青衣、车辐每品减二人。”阿史那忠、郑仁泰墓的仪仗队与群官卤簿的数字略有出入,可能近于群官卤簿中的青衣一类人物。

墓 主	埋葬时间	列戟位置	戟数	墓 主 人 身 份	品级
懿德太子墓	神龙二年(706)	第一天井东、西壁 第二天井东、西壁	12+13 12+12	唐中宗长子	
淮安王李寿墓	贞观五年(631)	第四天井东、西壁	7+7	太祖之孙,郑孝王之嫡子	正一品
章怀太子李贤墓	神龙二年(706)	第二过洞内东、西壁	7+7	唐高宗之第二子,垂拱元年(685)追封为雍王,景云二年(711)追赠为章怀太子,神龙二年以雍王身份陪葬乾陵。	正一品
永泰公主李仙蕙墓	神龙二年(706)	墓道东、西壁	6+6	唐中宗第七女	正一品
阿史那忠墓	上元二年(676)	第二天井东、西壁	6+6	右骁卫大将军兼校羽林军赠镇军大将军荆州大都督上柱国薛国公	从二品
咸阳底张湾万泉县主薛氏墓	景云元年(710)	天井东、西壁绘出戟架	5+5	唐万泉县主、太平长公主第二女	正二品
咸阳市东北郊苏君墓	总章元年—开元年间(?)	第五天井下东、西壁	5+5	未发现墓志铭	

仪仗卤簿是这一时期画家们重要的创作题材之一,绘画与唐墓壁画可以互相印证和补充。据《唐朝名画录》、《历代名画记》、《唐语林》等书的记载,唐太宗时期的著名画家阎立德、阎立本同画职贡卤簿图,画史上赞誉阎立本“人物、衣冠、车马、台阁,并得其妙”。与章怀、懿德、永泰三墓壁画制作时代相近,属于唐玄宗时期的画家王象“画卤簿图传于代”,董萼“善杂画,车牛最推其妙”,吴道子、韦无忝、陈闳绘《金桥图》,表现唐玄宗幸太山,过了党时,旌旗严洁、羽卫整肃。图中唐玄宗及其所乘马照夜白由陈闳主绘;桥梁、山水、车舆、人物、草树、鹰鸟、器仗、帏幕由吴道子主绘;犬马、驴骡、牛羊、骆驼、熊猿、猪鸡之类由韦无忝主绘,其图谓之三绝。

(3)戟架

关于门列棨戟制度,据《隋书·柳彧传》(卷62)载,“时制三品已上,门皆列戟”。从隋代开始制订了三品以上官员门列棨戟的制度，从唐睿宗景云年间开始列戟制度更进一步完善，以后并规定了以五年为期的调查、修理制度。

唐代三品以上官员列戟一般置于公府门，亦有列于私第者，戟数多少表示其官品之高低，棨戟列于私第者，显示其门第之荣盛，可与唐诗中“朱户传新戟，青松拱旧荣”的诗句相印证。

将《唐六典》、《通典》、《唐会要》、《新唐书》等有关列戟的规定和陕西省唐墓中戟架壁画作一比较，试列表如下：

《唐六典·礼部尚书》(卷4)	戟数	《新唐书·百官志》(卷48)	戟数	《唐会要·戟》(卷32)	戟数
太庙、太社及诸宫殿门	24	庙、社、宫、殿三门	24	庙社门、宫殿门每门	20
东宫诸门	18	东宫之门	18	东宫每门	18
正一品门	16	一品之门	16	一品门	16
开府仪向三司、嗣王、郡王、若上柱、柱国带职事二品已上，京兆、河南、太原府、大都督、大都护门	14	二品及京兆、河南、太原尹、大都督、大都护之门	14	嗣王、郡王、若上柱国、柱国带职事二品、散官光禄大夫已上，镇国大将军已上、各同职事品。及京兆、河南、太原府、大都督大都护门	14
上柱国、柱国带职事三品已上，中都督府，上州上都护门	12	三品及上都督、中都督、上都护、上州之门	12	上柱国、柱国带职事三品、上护军带职事二品，若中都督、上州、上都护门	12
国公及上护军、护军带职事三品、若下都督、中下州门	10	下都督、下都护、中州、下州之门	10	国公及上护军带职事三品、若下都督、中下州门	10
				《通典、职官七》(卷25)卫尉卿、武库署令条(天宝六年四月八日)所载与此同	

唐代列戟制度是按照严格的等级观念进行的，但文献所载皇室人物、各级官吏的列戟数与唐墓壁画的戟数，有的符合，有的出入较大，我们初步分析有以下原因：

①由于政治原因，特别是唐代统治集团内部的斗争，墓主人生前的官阶、爵位、品级产生较大的变动，因此列戟戟数必然随之产生很大的变化。例如，李贤生前曾被封为潞王、雍王，后被武则天废为庶人，684年死于巴州，神龙二

年(706)由巴州迁来以雍王身份陪葬乾陵,景云二年(711)追封为章怀太子。根据李贤的经历及其升降黜陟,列戟必然产生很大的变化。又因该墓第一层壁画是神龙二年绘制的,景云二年从甬道到墓室又重新绘制了第二层壁画,该墓戟架图在第二过洞内,为第一次绘制,显然是以雍王品级列戟。李重润生前封郡王,701年在洛阳被武则天处死,706年将其坟墓由洛阳迁来陪葬乾陵,并且"号墓为陵",因此,该墓戟架戟数大大超过了东宫诸门的戟数,李贤是唐中宗的二兄,李重润是唐中宗的长子,两墓的规模、葬具、壁画以及其他随葬品的摆设,差别悬殊,说明唐中宗李显是以封建的嫡长继承的观念来安排陪葬墓的。

②宫殿、庙社、衙署和私第门施棨戟的制度,唐代中央政府有明文规定,而陵墓地上列戟、地下壁画的戟架戟数则不见于文献记载,可能参照宫殿、庙社、衙署和私第的列戟制度,因此,淮安王李寿墓、阿史那忠墓、万泉县主薛氏墓戟架上列戟戟数基本上与墓主人品级相符合。有的墓葬中墓主人身份在三品以上,而不见戟架,如李凤墓、韦洞墓、郑仁泰墓、郯国大长公主墓等,是否因壁画绘制后脱落所致,尚待进一步研究。永泰公主墓壁画戟架的戟数为12竿,显然与其身份不符,与"号墓为陵"制度应绘戟架数悬殊更大,是否壁画绘制后有的戟架已脱落,值得注意。

(4)马球图

章怀太子墓墓道西壁绘马球图一幅,"共二十多匹马,骑马人均着各色窄袖袍,黑靴、戴幞头。打马球者左手执缰,右手执偃月形鞠杖。最南面飞驰的马上坐一人,作回身反手击球状,另一人回头看球。后面的两人作驱马向前抢球之态。其后还有数十骑,有一马奔向山谷,臀部及后蹄露在山外,山顶露出人头和半个马头。最后一骑为枣红马,四蹄腾空,往南驰骋。骑马人着淡绿色袍,红色翻领,面部微红,未持鞠杖,可能是观者。马后为古树和重叠的青山"[②]。这幅壁画,从画面上分析,以青山和古树为背景,而不是在长安城内的马球场上,且不见球门,似为练习打马球,而不是正式比赛。

马球又名波罗球(polo),是一种马上打球运动,起源于波斯,西传至君士坦丁堡,东传至中亚,以后传入中国、印度等地,又从中国传至日本、朝鲜。

由于唐代统治阶级的提倡,马球运动在长安城内曾风靡一时,唐长安城宫城内有马球场,宫城北有球场亭,在大明宫东内院有球场,在皇城街内、横街内也可打马球,在三殿十六王宅设有打马球场所,在靖恭坊(杨慎交宅)、永崇坊

(李晟宅)、太平坊(王源中宅)皆有自筑球场,在芳林门内的梨园有专供打球之所,东郊月灯阁,进士及第后,前往打球玩赏。

唐代封建帝王十分嗜好打马球运动。《封氏闻见记·打球》(卷6):"太宗常御安福门谓侍臣曰:闻西蕃人好为打球,比亦令习。"由于唐太宗的提倡,李唐皇室、文武官吏、宫女宠臣并喜击球,蔚然成风。《封氏闻见记·打球》(卷6)记载景龙年间,在长安城内梨园亭马球场上,唐中宗观看吐蕃马球队与唐代宫廷马球队精彩的比赛,开始时吐蕃马球队打败了唐代宫廷马球队,后来李隆基(时为临淄王)与嗣虢王李邕、驸马杨慎交、武秀等四人亲自出场,李隆基东西驰突、风回电激、所向无前、击败了吐蕃马球队。唐代皇室对马球场十分讲究,《资治通鉴》(卷209)载,"驸马武崇训、杨慎交洒油以筑球场"。唐穆宗、敬宗、文宗、武宗、宣宗、僖宗、昭宗等人十分嗜好打马球。唐穆宗因打球受惊而得疾,唐敬宗因恣情击球而终为击球者所杀,于此可见一斑。

唐代盛极一时的马球运动为诗人和艺术家们提供了生动的创作题材。有关吟咏马球运动的诗、词比比皆是。有关马球运动的绘画有:唐韩干的《宁王调马打球图》(已经失存)、北宋李公麟原本、清代丁观鹏临摹的《唐明皇击鞠图》。有关打马球的实物资料有:1955年在唐长安城大明宫遗址东内苑出土的方形石碑,上刻"含光殿及球场等,大唐大和辛亥乙未年建",1959年在长安县南里王村韦洞墓中出土的打马球男骑俑,章怀墓的马球图是目前发现的有关唐代马球运动的较为完整的最早的图像。此外,1965年扬州出土的和故宫博物馆收藏的两面打马球铜镜,也是研究唐代马球运动的重要资料。

(5)观鸟捕蝉图

在章怀墓前室西壁南侧绘出观鸟捕蝉图,由三侍女二鸟一树一石组成。一侍女作仰视观鸟状,一侍女聚精会神以右手捕蝉,一侍女双手拱于胸前,托住披巾,若有所思。这是以唐代宫廷生活为题材的壁画。唐代画家以蝇蝶蜂蝉为主要创作题材,并见于画史著录的颇不乏例。《历代名画记》(卷10)记江都王李绪"工画蝇蝶蜂蝉之类",《唐朝名画录》载,周昉曾画扑蝶图,时间比章怀墓壁画绘制稍晚,可作参考。"卫宪花木蜂蝉雀竹以为希代之珍",边鸾"草木蜂蝶雀蝉并居妙品"。《开元天宝遗事·蜂蝶相随》(卷上):"都中名姬楚莲香者,国色无双,时贵门子弟,争相诣之,莲香每出处之间,则蜂蝶相随,盖慕其香也。"同书载《随蝶所幸》:"开元末,明皇每至春时,旦暮宴于宫中,使嫔妃辈争插艳花,帝亲捉粉蝶放之,随蝶所止幸之,后因杨贵妃专宠,遂不复此戏也。"故事的内容与壁画相近,可作旁证。

(6)侍女画

在皇室墓葬和文武官吏的墓葬中,绘出各类侍女画,试结合文献记载,略加分析。

懿德墓的过洞、甬道、墓室内绘出各种侍女,从其服饰、手中所持之物的区别,可以看到其不同的身份。《唐六典·太子内官》(卷26):

"掌筵,从八品,掌帷幄、床褥、几案、举缴、扇、洒扫、铺设及宾客。"

"掌严,从八品,掌(首)饰、衣服、巾栉、膏沐、服玩、仗卫。"

"掌缝,从八品,掌裁缝、衣服、织绩。"

"掌藏,从八品,掌金玉、珠宝、财货、绣绘、缣彩出入。"

"掌食,从八品,掌膳羞、酒醴、灯烛、柴炭及宫人食料器皿。"

"掌医,从八品,掌医药、伎乐。"

懿德墓过洞、甬道、墓室内壁画上所绘各种侍女应属掌管太子家内生活的内官一类人物。手持团扇、拂尘的侍女应是表现掌筵的内官,手捧包裹、木箱者应是象征掌严、掌缝的内官,手拿各种金属器皿(金瓶子、金盘子、金蜡烛台)者应是掌藏的内官,手抬火炭盆、拿果盘、蜡烛台、玻璃杯子、八棱盘、鸡冠壶、碗等日常生活用具者应是掌食的内官,手拿长琴、琵琶、箜篌和翩翩起舞者应是掌医的内官。

章怀墓甬道、墓室壁画在景云二年(711)又重新按太子一级的规格绘制。各种侍女应视为太子内官一类人物,与上述懿德墓侍女身份相似。惟甬道内侍女持盆景、鲜花者,应属掌园的内官。

永泰墓墓室壁画上的各种侍女,手持玉盘、方盒、烛台、扇、高足杯、拂尘、包裹等。据《唐六典·诸王府公主邑司》(卷29):"公主邑司官各掌主家财货出入、田园征封之事,其制度皆隶宗正焉。"这些侍女可能属公主邑司所管辖。

李寿墓、李凤墓、韦泂墓壁画上手持各种日常生活用具的侍女,可能属于王府内食官长、典府长所辖的从事王府内日常生活的侍女。

李爽墓、苏君墓、郑仁泰墓所绘各类侍女可能象征唐代官僚家中的婢仆、舞伎、乐伎和歌伎一类人物。

(7)宫苑仕女

章怀墓后墓室东壁南侧绘出宫苑仕女图一幅,画面上以树、竹、花为背景,绘出三个仕女,当中一人头梳高髻、脸型丰满,肩上披绿披巾,上着窄袖长衫,下穿长裙，坐在一小凳上，右手撑于凳上，左手托住披巾，似为画面主人，旁边站立二侍女，三男侍。

仕女画在唐代颇为盛行，许多画家以善画仕女而著称。《历代名画记》(卷10)载，“周古言，中宗时善写貌及妇女”，“韩嶷，工妇女杂画”。唐代最著名的仕女画家要算是张萱、周昉。《唐朝名画录》载，张萱“尝画贵公子鞍马、屏障、宫苑仕女，名冠于时，善起草点簇，景物位置、亭台、树木、花鸟，皆穷其妙。”传世的作品有《捣练图》、《唐后行从图》、《虢国夫人游春图》等。曾画过《贵公子夜游图》、《宫中七夕乞巧图》、《长门怨词》、《仕女画》、《乳母将儿图》、《按羯鼓图》、《秋千图》等等，惜已不传。

(8)礼宾图

“秦中自古帝王州”，唐长安城是一个拥有一百多万人口的国际性大城市。当时，它和东罗马帝国的首都君士坦丁堡(今土耳其伊斯坦布尔)，互为丝绸之路的起点和终点。据《唐六典》记载，唐王朝曾与三百多个国家和地区互相交往，每年大批外国客人和国内少数民族的使节来往长安。在唐太宗时期，入居长安的突厥人一次近万家。唐高宗时期，波斯王子泥俚师自长安统率回国的部属有数千人。唐德宗时期，中亚胡客有四千人久居长安达四十多年。长安城内设有鸿胪寺、礼宾院等机构，专门负责接待外宾；在国子监里设国学六馆，接待新罗、日本等国许多留学生。

波澜壮阔的唐代中外友好往来和文化交流的历史场面，为画家们提供了丰富的创作题材。据《唐朝名画录》、《历代名画记》记载，唐代著名的画家阎立本、尉迟乙僧、齐皎、李渐、靳智异等人，曾以善画外国图而驰誉于画坛。画史中赞誉阎立本所画的外国图“尽该毫末，备得人情”，并将其作品列为上品。赞誉尉迟乙僧“凡画功德人物花鸟皆是外国之物，像非中华之威仪”，其所画外国人物体态“奇形异貌，中华罕继”。李渐所画蕃人蕃马“笔迹气调，古今亡俦。”由于时代的变迁，这些唐代绘画珍品，均已荡然无存了。章怀太子墓墓道的礼宾图为我们研究唐代中外友好往来和文化交流提供了珍贵的资料。

章怀太子墓墓道东、西壁各绘有一幅礼宾图。东壁礼宾图，以三个唐代鸿胪寺官员为前导，均头戴笼冠，身穿红长袍，腰束带，绶带曳地，其中一人手持笏板，据袍服颜色推断为四至五品官员。在这三位鸿胪寺官员之后，导引着三位外国和国内少数民族的宾客。由北至南第一人，光头，浓眉，深目高鼻，阔嘴，身着翻领紫袍，腰束带，脚穿黑靴，双手叠置胸前，《旧唐书·拂菻传》：“风俗,男子剪发,披帔而右袒","俗皆髡而衣绣",推测可能是东罗马帝国的使节。第二人,头戴羽毛帽,有二鸟羽向上直立,帽前涂朱红色,两边有带束于颌下,身穿大红领长白袍,衣襟镶红边,宽袖,两手拱于袖中,腰束白带,穿黄靴。据《旧唐书·高丽传》:"(高丽)官之贵者,则青罗为冠,次以绯罗,插二鸟羽,及金银为饰,衫筒袖,裤大口,白韦带,黄韦履。"《旧唐书·日本传》载,粟田朝臣真人冠进德冠,身服紫袍,以帛为腰带,据此推测可能是日本或高丽的使节。第三人,头戴皮帽,身着圆领灰大氅,皮裤,黄皮靴,腰束带,双手拱于袖中。《旧唐书·室韦传》:"畜宜犬豕,豢养而啖之,其皮用以为韦,男子女人通以为服。"《旧唐书·靺鞨传》:"其畜宜猪,富人至数百口,食其肉而衣其皮。"因此,推测此人可能是东北少数民族的使节。

与东壁相对称的西壁礼宾图,也是由六人所组成。自南至北,第一人,体形高大,长脸,高鼻深目,络腮胡,头戴卷沿尖顶毡帽,身穿大翻领窄袖灰色长袍,内着红衬衣,腰束带,脚穿黑长靴,持笏。据《新唐书·大食传》:"其国男儿黑而多须,鼻大而长。"推测可能是大食使节。第二人,长脸,大眼,高髻,发束于脑后,圆领窄袖长袍,额部、面颊,鼻梁和下腭均涂朱。据《新唐书·吐蕃传》:"衣毡韦,以赭涂面为好,"《旧唐书·吐蕃传》:"公主(注:文成公主)恶其人赭面,弄赞令国中权且罢之,自亦释毡裘袭纨绮渐慕华风。"推测可能是吐蕃使节。第三人,宽圆脸,腰束带,腰带上系一短刀,拱手持笏,黑长靴。据《新唐书·高昌传》:"俗辫发垂后",《通典·高昌条》:"其人面貌类高丽,辫发施之于背,女子头发辫而垂。"推测可能是高昌使节。第四、五、六三人,均头戴幞头,身着圆领宽袖长袍,朱唇,两手拱于胸前,执笏。为唐代鸿胪寺官员。

礼宾图壁画绘制于8世纪初,再现了唐代蓬勃发展的中外文化交流的动人场面。

画面上的日本使节,使人们回忆起那些为了中日友好而不畏艰险地颠簸在波涛汹涌的东海上的遣唐使们,在源远流长的中日文化交流过程中,唐长安城与日本的平城京、平安京可以说是三座友谊的桥梁,在这里曾留下了许多可歌可泣的友好史迹。长安三年(703),武则天曾在唐长安城大明宫的麟德殿,会见、宴请日本执节大使粟田真人、大使阪合部大分、副使巨势治及学僧道慈等人,而这幅壁画绘制于706年。说不定画面上的日本使者有可能是第八次遣唐使团中的哪一位使者?

画面上的大食国使者,使人们想起了伊斯兰教创始者穆罕默德的话:"为了追学问,虽远在中国,也当往求之。"唐代自永徽二年(651)起,在往后147年中,大食国通使中国达36次之多。伊斯兰教传入中国,大食国的优良马种、宝钿带、龙脑香、宝刀,源源不断运来长安,而唐朝的造纸术和丝织品亦经大食传到西亚、欧洲。唐代旅居中国的阿拉伯人是一个很大的数目,武则天时期,阿拉伯人侨寓于广州、泉州、杭州诸港者,以数万计。唐肃宗时期,田神功兵掠扬州,大食、波斯胡贾死者数万人。唐末僖宗时,到中国游历的阿拉伯人阿本扎得在游记中,曾说广州有伊斯兰、犹太、基督、穆护等教徒12万人。唐代诗人生动逼真地描绘了大食人的形象,"织成蕃帽虚颇尖,细氎胡衫双袖小",唐人诗句可与礼宾图上的大食使节形象互相印证。西安市西郊西窑头村的唐墓中曾出土三枚阿拉伯金币,为白衣大食(倭马亚王朝)所铸。西安唐墓中还出土深目高鼻、满脸胡须的阿拉伯人陶俑,有的背上背着货物,称为货郎俑。这些都是中国和阿拉伯文化交流生动的实物例证。

礼宾图上的东罗马使者,使人们回想起唐代东罗马帝国7次通使中国,汉唐时期,罗马帝国的玻璃、琉璃、珊瑚、海西布、水银源源不断传来中国,中国的育蚕缫丝传入东罗马帝国。西安碑林的《大秦景教流行中国碑》记载"大秦国南统珊瑚之海,北极众宝之山,西望仙镜花林,东接长风弱水。其土出火绕布、返魂香、明月珠、夜光璧。俗无寇盗,人有乐康。法非景不行,主非德不立。土宁广阔,文物昌明。"在咸阳底张湾隋独孤罗墓中曾出土东罗马皇帝查斯丁二世的金币一枚,西安009工地二号唐墓中曾出土希拉克略型的拜占庭金币的仿制品,西安何家村发现的唐代皇室窖藏的金银器中曾出土东罗马希拉克略金币一枚,这是两国友好往来的实物例证。

礼宾图上的吐蕃使节,使人们回想起唐朝和吐蕃政治、经济和文化上的密切联系。唐太宗贞观十五年(641),文成公主出嫁吐蕃赞普松赞干布。中宗神龙元年(705),金城公主远嫁吐蕃赞普弃隶蹜赞。中宗景龙三年(709),吐蕃马球队与唐代皇室马球队在长安城梨园亭马球场进行精彩的比赛。唐太宗昭陵立有吐蕃赞普松赞干布的石刻像,唐高宗乾陵立有吐蕃使失论悉曩然、吐蕃大酋长赞婆的石刻像,是唐代汉藏两族密切交往的历史见证。自从文成公主进藏后,内地的谷种、蚕种、造酒、碾硙、纸笔、绸帛、珍宝以及各种书籍开始传入西藏,对发展吐蕃的经济、文化起了巨大的作用,而吐蕃的金银器皿、玉带、牛、马、羊、牦牛尾、朝霞氎也运入内地。

礼宾图上的高昌使节,使人们想起,麹氏高昌王朝时期,唐太宗曾出兵击灭破坏统一的高昌王麹文泰,并封其子麹智盛为左武卫将军、金城郡公,弟智湛为右武卫中郎将、天山县公。唐太宗死后,曾刊智盛(智勇?)石像之形于昭陵北门,武则天天授年间,封智盛子崇裕为左武卫大将军、交河郡王。

礼宾图上的东北少数民族使节,使我们想起了唐高宗—武则天时期,提拔、任用靺鞨族李谨行为营州都督,积石道经略大使、右卫大将军,李多祚为右羽林军大将军,掌禁兵、北门宿卫二十余年。李谨行死后,以特殊的荣宠陪葬乾陵。

“海内存知己,天涯若比邻。”章怀太子墓壁画礼宾图从一个侧面反映了唐代蓬勃发展的中外文化交流的历史场面。

(9)建筑画

这批建筑画内容丰富,反映了自唐太宗李世民贞观五年(631)至唐中宗李显神龙二年(706)的七十余年间,在建筑艺术和工程造诣方面的惊人成就。其中乾县懿德太子李重润墓对宫廷建筑的描绘,三原李寿墓的楼阁图,都是异常引人入胜的。

当人们观赏懿德太子墓的壁画时,若能注意观察它的全部建筑构图自始至终的连贯性,并和壁画各部分内容连同它所衬托的背景联系起来,就能把握住整幅壁画的构思,进而引起对画中建筑布局的兴趣和遐想,以及由此而产生的空间概念,宛若一座唐宫的再现。

懿德太子墓绘制在墓道东、西壁上的两幅宫阙图,高、宽各达2.80米,是精彩醒目的古代建筑艺术杰出的写实作品,把建筑外观的结构,乃至每一构件的交接点,都依比例准确无误地描绘出来。门阙是其中的主体建筑,各以母阙一座和子阙二座排列成“三出阙”。子阙又与宫垣楼邻接。每阙都由一座高大挺拔的梯形砖台做基台;至顶有挑出檐外的木构平座及隽秀工巧的勾栏;上起观宇,为单檐庑殿顶,面阔三间,周围有回廊;其中母阙特高,势若高屋建瓴,坚不可摧。阙后壁面紧接着出现的是军容严整的仪仗,一直排比至过洞门前,并有若隐若现的城堞,和起伏的林木、山峦做淡描的背景,象征宫内规模的宏敞博大。

过洞与墓道以券门做分界,券壁向外,壁上展现出另一幅建筑图,正中是一座重檐四阿顶,面阔五间的殿式建筑,在殿台周围环绕着石刻精美的绞口造单勾栏,两旁廊庑连栋,所有殿宇皆雕栾绮节,珠窗纲户,富丽非常。这幅图虽受空间限制,比墓道两壁间的画面小多了,然而它在这组壁画中的重要地位和艺术效果，都是明显的。图中的重屋四阿殿宇正与墓道壁上东、西门阙形成犄角之势。显示出宫前双阙耸立对峙，中央阙然为道，宫门之内，前有广阔的场坪，其后即崭露出巍峨的殿宇，廊庑曲折深邃，周围则萦绕着高大的墙垣，雉堞争衡。唐宫的壮丽景象，宫阙制度的瑰丽，及其恢阔之度，已略见梗概。

三原李寿墓内第一过洞顶部的楼阁图，也是难得的瑰宝。图中建筑，下层高台全部用木料叠架，上起楼阁、亭榭，连以飞廊，构造既极精严绮丽，而又状似峥嵘凌虚。

它的做法，当是待地基筑好后，先立柱纲，柱头用双层栏额，中间用蜀柱联系，使所有的柱互相牵制，成整体框架。然后在栏额上施人字栱，柱头上用斗口跳，使承托台上的檐出部分，即所谓的“平座栏杆”。栏杆为单勾片绞口造，只在转角处用瘿项，作为寻杖相交的支撑。平座部分的所有结构部件，同时也构成台在柱头上的基本骨架。俟台筑成后，更在台上积木造楼阁、亭榭及飞廊……

楼阁特意向前突出，并使台的前部升高，平面呈凸字形，令整体布局由舒展、均衡对称渐趋曲折、变幻，而在外观造型上又给人以灵巧、轻盈的感受。

重檐四阿楼阁在台前居中，底层面阔五间，当心间装棋盘门，门上饰门钉，铺首，次、稍间装破子棂窗。柱头仍用双层栏额及蜀柱，施人字栱，柱头用四铺作出单抄(即斗口跳)承托腰檐。上层在博脊露出永定柱及栏额，上承平座栏杆。阁身显五间；单檐四阿造。它的外观及门窗装修，均与下层相同，没有什么变化；惟阁身相对地缩小，其屋面于垂脊的前端用“鸾鸟衔绶”做装饰，是比较罕见的，说明中国古代建筑，直至初唐，瓦顶装饰仍较自由，也可有可无，并无一定的模式，不过正脊在吻座上用鸱尾，似已逐渐固定。

阁的东、西隅配置方形单间亭榭，覆单檐四注顶。柱头栏额施短柱，斗栱于补间仍用人字栱一攒，柱头为斗口跳，无门窗等装修，它的质朴与阁楼恰成对比。其后即是飞廊，廊的基台高度显已下降，因而从立面上使主体建筑，更显突出。

中国的古代文化，早在西周时期即已达到昌明的境地。当时的建筑制度如都城和宫室的规划、结构等，实物虽已不可复睹，但从近几年陕西岐山、扶风相续发掘出的周原宫室建筑基础，已可窥见它的大致情况，至于官阙的兴起，据史籍记载，如《春秋·榖梁氏传》：“礼送女，父不下堂，母不出祭门，诸母兄弟，不出阙门。”《左传》：“昭公二十年，过齐氏，使华寅肉袒执盖，以当其阙。”及至秦汉,国家统一,封建经济文化发展,对人们的生活,包括居住需要的建筑,提出了更高的要求,也必然促进了当时的建筑艺术和工程技术的蓬勃发展。史称秦始皇建都咸阳,徙天下富豪十二万户实之。每破诸侯,则仿写其宫室,作之咸阳北坂上,南临于渭,自雍门以东,至泾渭,殿屋复道,周阁相属。所以等到阿房宫及骊宫筑成时,已是"宫阙云起,弥山跨野"。又称:汉高祖营未央宫,立东阙、北阙、前殿、武库。武帝继又建甘泉、建章诸宫,度建章宫为千门万户,跨城池作飞阁,以通宫西,构辇道及上、下,宫门曰阊阖,高二十五丈,左凤阙,右神明台,辇道相属,连阁皆有罘思。迨至魏晋之际,宫阙之壮丽,也并不因干戈扰攘而受影响,如称魏文帝在洛阳建造的陵云台,是其中最能说明中国建筑技术成就的一个例子。"陵云台楼观精巧,先称平众木轻重,然后构造,台虽高峻,随风摇曳而终不倾倒。"足见中国的木构建筑,有悠久的历史传统,而宫阙、楼阁等建筑的兴起,最迟也当在西周迄春秋之际,至秦、汉是其飞跃发展时期。因此古代匠师早已掌握了木材的性能及其力学原理的精湛的建筑技术。故在唐墓壁画中能使我们看到如此精美,如此令人惊叹的古代建筑成就。

中国建筑具有悠久的历史,在秦、汉时期曾有过突飞猛进,并经历了一段较长时间的持续发展。魏、晋以后,它的发展就比较缓慢稳定。但在各个不同的历史时期也各有其不同程度的创造和改进,形成了各自的特点;从而在建筑技术上达到精益求精,积累了更丰富的经验。如在隋大业年间(605—617),由石工李春建造的河北赵县安济单拱桥,跨度为37.37米,在拱的两肩之上更加上两个小拱,以减轻桥的自重和减少山洪对桥墩的冲击力量。创造了世界上第一座大跨度的空腹拱桥,为祖国争得了荣誉。唐长安城的规模和设计规划,在当时也是举世闻名的。在这批壁画中,我们也可以约略看出,在初唐数十年间的建筑中的某些显著演变,如贞观四年李寿墓楼阁图中所见的斗栱,其转角铺作正处在摸索、探讨阶段,还未成熟。它的做法似是仅将前、后檐的栏额分别向外延伸,直至角梁下的适当分位,并将栏额外端制作成华栱头,使逐层向上递接,栱头垫斗子,其数以能达到支撑起角梁为度。乃至景龙二年懿德太子和长安县韦曲原上的韦泂墓内建筑图,就已看出斗栱中的转角铺作,已获改进,取得成果,达到了完备成熟的阶段。在中国古代建筑的发展史上,是一项工程技术上的重要突破。又如李寿墓中所见的勾栏,只于转角处立柱,上置瘿项,而懿德太子墓的阙楼,已见勾栏,逐段施望柱及瘿项,使寻仗不易弯折,更加牢固,此在结构及工程力学方面,也是取得的一个进步。

第二期:唐睿宗景云—唐玄宗天宝年间(710—756)

这一时期唐墓壁画突出地表现墓主人生前的日常家内生活,狩猎出行、仪仗出行的场面大大减少。在墓道上,第一期常绘制狩猎出行、仪仗出行的盛大场面,而这一时期则发生很大的变化,有的唐墓墓道上不仅没绘制狩猎、仪仗出行的场面,反而绘出了男侍、女侍,如:捧盘男侍、手持莲花女侍(薛莫墓)、捧物女侍(张去奢墓)等。在过洞的顶部绘有楼阁建筑(万泉县主薛氏墓)、东、西壁绘出牵马侍者(万泉县主薛氏墓)、拱手侍者(张去奢墓)。在天井两壁除第一期常见的戟架、武士像(万泉县主薛氏墓)、骑马侍卫(高元珪墓)外,绘有男侍(万泉县主薛氏墓)、花卉(冯潘州墓)、草、石(张去奢墓)等。甬道两壁绘出了各类男侍、女侍(万泉县主薛氏墓、张去逸墓、高元珪墓)、抬木箱的男女侍(苏思勖墓)。在墓室内则绘出各类男侍、女侍(万泉县主薛氏墓、苏思勖墓、张去逸墓)、乐舞(苏思勖墓、雷府君夫人宋氏墓、张去逸墓和高元珪墓)。有的墓中在墓室的北壁、西壁还绘出墓主人像(高元珪墓、雷府君夫人宋氏墓(?))。

壁画题材的变化与俑群中僮仆俑、园宅假山建筑模型的盛行是一致的,这种埋葬习俗的变化反映了盛唐时期庄园经济的迅速发展。在唐长安城郊区地主庄园林立,在庄园内花木繁盛、台榭辉映、曲折幽邃、广陈伎乐、声色珍玩,庄园主过着骄奢淫逸的寄生生活。壁画题材着重于家内日常生活正是这种社会习俗的反映。

"豪家多婢仆,门内颇骄奢"⑩唐代官僚地主家中普遍使用奴婢、僮仆,据文献记载越王李贞家中有"家僮千人,马数千匹"⑪,郭子仪有"家人三千"⑫,冯盎有"奴婢万余人"⑬这些男女僮仆在官僚地主家中主要从事家内劳动,以满足他们穷奢极欲的寄生生活。"僮仆使来传语熟,至今行酒校殷勤"⑭,"家僮解弦管,骑从携杯杓"⑮。这一时期唐墓中僮仆俑大量增多,万泉县主薛氏墓出土僮仆俑16件,雷府君夫人宋氏墓出土僮仆俑32件,张去逸墓出土僮仆俑27件,其身份与官僚地主家内的僮仆、奴婢相等。壁画中的各种男侍、女侍,正是这类僮仆的形象。

高元珪墓墓室北壁画出墓主人像,这与殿堂、邸宅内的人物画像有关,是这一时期唐墓中一种新颖的壁画题材。《贞观公私画史序》:"其于忠臣孝子,贤愚美恶,莫不画之屋壁,以训将来。"画史上著名的凌烟阁二十四勋臣像,东都上阳宫含像亭十八学士像等,就是以图功臣像做奖励,此外唐高宗命画长孙无忌像于其家,玄宗命画张果像于集贤院,杨昇在德贤宫写安禄山真,王维过郑州画孟浩然像于刺史亭,因曰浩然亭[16]。墓室内的墓主人像就是受到地面邸宅、宫殿主人画像的影响。

苏思勖墓墓室东壁绘出乐舞图,据发掘简报介绍,"中间舞蹈者是个深目高鼻满脸胡须的胡人,头包白巾,身着长袖衫,腰系黑带,穿黄靴,立于黄绿相间的毯上起舞,形象生动。右面置一黄毯,上为一组由五人组成的乐队,分前后两排,前排三人跪坐,分持竖笛、七弦琴、箜篌等乐器;后排立二人,一人吹排箫,一人以右手平伸向前,未执乐器。左面亦设黄毯,毯上乐队由六人组成,亦分前后两排,前排三人跪坐,分持琵琶、笙和钹;后排立三人,一吹横笛,一击拍板,另一人以左手伸向前"[17],熊培庚同志根据胡人舞蹈的动作与唐诗中描写胡腾舞有某些相似之处,而认为壁画上描绘的舞蹈形象是胡腾舞[18]。周伟洲同志认为简报中所记竖笛有误,应为直吹短管之筚篥;七弦琴应为㧉筝。这样壁画上共有九种乐器:竖箜篌、㧉筝、筚篥、排箫、曲颈琵琶、笙、横笛、拍板、小铜钹等。根据乐器的种类和组合而判断乐舞图为盛唐流行的,以胡乐为基础而融合了汉族传统乐舞特点的胡部新声[20]。

第三期:至德—唐末(756—907)

这一时期唐墓壁画盛行家居生活方面的题材,而仪仗出行的题材更进一步削弱。从正体上看,壁画画面上的日常家居生活气氛很浓厚,而外出仪仗的气氛则更加淡薄。这与中晚唐时期,唐代统治阶级更加骄奢淫逸,厚葬之风越来越盛行,有着密切的关系。这种社会风气必然对俑群的摆设和壁画的绘制产生强烈的影响,这一时期,墓葬中常出现胸俑(半身俑)、木俑和金属俑,并以金银饰绣为饰,僮仆俑的数量大大超过仪仗俑的数量。壁画题材的变化也很明显。

墓道、天井、过洞内仪仗出行的题材更进一步减少,有的墓葬内甚至不见仪仗出行的壁画。墓道两壁除第一、二期常见的表示方位的青龙、白虎外,目前尚未发现仪仗出行的盛大场面,天井、过洞内除画出牵马马伕和马外,还绘出男侍、女侍,甬道和墓室内则绘出男侍、女侍、伎乐,而在墓室西壁常见有六扇屏风。

中晚唐时期墓葬中盛行六扇屏风的壁画题材,梁元翰、杨玄略墓墓室西壁用六鹤屏风做装饰,高克从墓墓室西壁的六扇屏风,每扇用一对鸽子做装饰,这种壁画题材正是唐长安城邸宅内用屏风做装饰的反映。据《贞观政要·任贤》(卷2),唐太宗曾命虞世南写《列女传》以装屏风,《贞观政要·择官》(卷3)

载唐太宗把都督、刺史的姓名记在屏风上,坐卧观看,并记下他们的善恶政迹,以备尝罚。在屏风上画鹤做装饰,自中宗朝的薛稷开始,《历代名画记·薛稷》(卷9)载,"(薛稷)尤善花鸟、人物、杂画,画鹤知名,屏风六鹤样,自稷始也"。近年来在陕西省唐墓中发现的六鹤屏风壁画多属晚唐时期,估计在此之前已有绘制,尚待将来发现。敦煌莫高窟盛唐时期的217窟南壁绘有屏风,晚唐时期的12窟、18窟、82窟、336窟、360窟、361窟均绘有屏风,屏风上绘制佛教的经变画,即所谓屏风连列式。唐代诗人吟咏屏风的诗句,可与壁画互相印证。王维《故人张諲工诗善易卜兼能丹青草隶顷以诗见赠聊获酬之》:"药兰花迳衡门里,时复据梧聊阮几。屏风误点惑孙郎,团扇草书轻内史。"杜甫《通泉县署屋壁后薛少保画鹤》(稷尤善画鹤,屏风六鹤样自稷始):"薛公十一鹤,皆写青田真。画色久欲尽,苍然犹出尘。低昂各有意,磊落如长人。佳此志气远,岂帷粉墨新。"李商隐《屏风》:"六曲连环接翠帷,高楼半夜酒醒时。掩灯遮雾密如此,雨落月明俱不知。"《唐朝名画录》载唐代画家范长寿、王宰以画屏风而著名。

三、唐代壁画艺术繁荣的社会背景及其时代风格

我国古代壁画艺术源远流长、历史悠久,目前考古发现年代最早的是秦咸阳宫殿的壁画残片,结合文献记载,推测我国古代壁画艺术的起源可以上溯到商周时期,乃至新石器时代。

近年来的考古发现表明:汉—魏晋时期用壁画装饰坟墓颇为盛行。比较重要的发现有:河南省洛阳市的西汉砖室壁画墓、山西省平陆县枣园村的东汉砖室壁画墓、河北省望都东汉砖室壁画墓、内蒙古和林格尔的东汉砖室壁画墓、河南省密县打虎亭的东汉砖室壁画墓、辽宁省辽阳的东汉—魏晋时期的高句丽石椁壁画墓、甘肃省嘉峪关市新城公社魏晋时期的砖室壁画墓等等。

唐代是我国古代壁画艺术空前大发展的时期,画家和画工们以殿堂、邸宅、亭台和墓葬的墙壁为园地,展开了空前规模的壁画创作活动。著名画家阎立本、吴道子、王维、周昉、韩干等人,著名画工王陀子、张爱儿、陈静心、陈静眼、李蛮子、董好子等人都曾在两京地区的殿堂、邸宅、亭台、寺观的粉墙上留下了他们的光辉作品。吴道子一生画过壁画三百余堵,数量之多,质量之高,

著称于画史。他在长安城常乐坊所画的"地狱变"壁画，曾使"都人感观，皆惧罪修善。两市(指长安城内的东、西市)屠沽，鱼肉不售"。大约在七八十年后，段成式看了这幅巨画，写了一首诗称道说："惨淡十堵内，吴生纵狂迹。风云将迫人，鬼神如脱壁。"可见其感染力之深。唐玄宗命吴道子往四川写真嘉陵江山水，及回日，玄宗问状，他说我没有粉本，都记在心里了。教他在兴庆宫大同殿壁上画出嘉陵江三百里山水，一日画毕。李思训亦擅长山水，亦画大同殿壁，数月方毕。玄宗说李思训数月之功，吴道子一日之迹，皆极其妙。这些故事足以说明唐代壁画艺术繁荣的空前盛况。

唐代壁画艺术的空前繁荣是有其深刻的社会背景的。唐代封建经济的高度发展和繁荣，为城市建设提供了可靠的经济基础，唐高宗时期修建的大明宫、唐玄宗时期兴建的兴庆宫以及隋代的大兴宫(唐名太极宫)等三大宫殿建筑群，是唐长安城内的三个主体建筑。《封氏闻见记》(卷5)，"则天以后，王侯妃主，京城第宅，日加崇丽"，其代表性的建筑物有王鉷、安禄山、杨贵妃姐妹、郭子仪等人的第宅。这些建筑物的粉墙正是唐代画家和画工们进行壁画创作活动的园地。唐代封建统治阶级生前过着骄奢淫逸的寄生生活，死后还妄想把它搬入阴间，唐代厚葬之风盛行，从封建统治者所颁布的《戒厚葬令》中可以看出，"墓为真宅"，墓葬的构筑极力仿造死者生前居住的邸宅，"偶人象马，雕饰如生"，"明器等物，皆竞骄侈"，随葬品的摆设极为豪华骄奢，唐墓壁画伴随着厚葬之风的弥漫而盛行。

唐代封建统治阶级把绘画视作"成人伦，助教化"的工具，对于壁画的创作和绘制极为重视，并设立了专门的管理机构，《旧唐书·职官志》(卷44)："将作监，右校署：令二人，丞三人，府五人，史十人，监作十人，典事十四人。右校令掌供版筑、涂泥、丹雘之事。"壁画的绘制属将作监右校署管理，这种专门机构的设立对于壁画的发展和繁荣起着重要的作用。按照封建帝王的旨意，在殿堂上图功臣像，以示奖励。贞观十七年，画长孙无忌等二十四功臣于凌烟阁。开元年间，于东都上阳宫含像亭画张说等十八学士像。代宗广德元年(763)画三十二功臣像于凌烟阁。德宗贞元五年(789)画褚遂良以下至李晟等二十七勋臣像于凌烟阁。宣宗大中初(847)诏求李岘等三十七人画像于凌烟阁。太和二年(828)文宗自撰集尚书中君臣事迹，命画工画太液亭，朝夕观览。对于忠臣孝子，则图之屋壁，以训将来。高宗命画长孙无忌像于其家，玄宗命画张果像于集贤院。德宗命画李惟简像于御阁。文宗诏画王起像于便殿等等。由于封建帝王的重视和倡导，壁画创作活动得以在两京地区和全国各地蓬勃发展。

唐代佛教的发展，特别是佛教寺院的修建，是壁画艺术发展的一个重要因素。长安城不仅是唐代政治、经济、文化的中心，而且是佛教的中心。据韦述《两京新记》载止唐玄宗开元年间的统计，长安城中有僧寺六十四，尼寺二十七，道士观士，女观六，波斯寺二，胡天祠四，其数量和规模都是全国首屈一指的。唐代佛教各宗的祖庭即起源地多在长安城及其周围的寺院中，如：三论宗的祖庭是草堂寺，法相宗（又称慈恩宗）的祖庭是慈恩寺，密宗（又称真言宗）的祖庭是兴善寺，律宗（又称南山宗）的祖庭为净业寺，华严宗的祖庭为华严寺，净士宗（又称莲宗）的祖庭为香积寺。这些寺院的粉墙是画家和画工们创作壁画的重要园地。

在唐长安城内集中了一批唐代著名的画家，据《唐两京城坊考》载，阎立本家住延康坊、李思训家住通义坊。丰富多彩的社会生活，蓬勃发展的中外文化交流为画家们提供了取之不尽、用之不竭的创作题材。

虽然由于时代的变迁，唐长安城内殿堂、邸宅、寺观内的壁画均已荡然无存了。但是，这批唐墓壁画足以反映唐代壁画艺术的成就。

唐墓壁画以人物画为主。画家和画工们通过对各种人物，如女侍、内侍、文吏、武吏、马伕、驼伕的细腻观察，用简练的线条，鲜艳的色彩，栩栩如生地描绘了各种人物的形象。初唐时期的李寿墓、李爽墓、执失奉节墓、李凤墓、郑仁泰墓、阿史那忠墓侍女的体态，正如《图画见闻记》所载，“丽组长缨，得威仪之樽节，柔姿绰态，尽幽闲之雅容”，其线条则属于铁线描，表现出“曹衣出水”的时代风格，“曹之笔，其体稠叠，而衣服紧窄。”盛唐时期的高元珪墓侍女的体态则是大髻宽衣、丰厚为体，表现出“吴带当风”的时代风格，其线条则属于莼菜条，“吴之笔，其势圆转，而衣服飘举”。而永泰、章怀、懿德和韦洞墓的侍女的体态、风格则属于由“曹衣出水”向“吴带当风”的过渡阶段。

壁画画面上各种人物形象的刻画细致入微，可以称之为气韵生动。对于各种侍女刻画得精细美妙，对于各种内侍（宦官）则刻画其献媚取宠的丑态，肃穆的文官、勇猛的武士都描绘得恰到好处。

李寿墓、懿德墓、韦洞墓的建筑画具有强烈的透视感，从正体上看，“向背分明，不失绳墨”，由远而近，自上而下，“折算无亏，笔画匀壮，深远透空，一去百斜”，阙楼的屋顶、楼身、平坐、墩台在绘制时，使用了界尺或用线弹打，“弯弧挺刃，植柱构梁，则界笔直尺”，使画面显得谨严，雄伟。兵器架戟头、虎头幡，和戟架前的武士，使整个画面显得森严、威怖，正如《历代名画记》所描述的“钩戟利剑森森然”的气氛。

颜色的运用也做到了因地制宜和对于外来施色技巧的融合与创新。建筑画的柱、枋、斗、栱采用单线平涂的施色法，人物画的服饰、衣褶采用晕染法，大型的龙虎和图案花纹则运用叠晕的手法，其着色的层次之多和色调之鲜艳更是丰富多彩。特别是对多种矿物色的调制应用，更增强了色泽的亮度和固定性能，使这些壁画在经历了这么漫长的岁月和淤泥的漫蚀之下，今天还能保存得比较鲜艳。

“画史名当代，声华重两京。”陕西省境内发现的这批珍贵的唐墓壁画，展现了一千二百多年前壁画创作活动的空前盛况，为中国古代绘画史增添了新的绚丽多彩的篇章，因此，我们可以说这批壁画是我国古代绘画艺术宝库中一颗璀璨的明珠。

注释：

①根据目前已经掌握的田野考古资料分析，在陕西省扶风县的西周墓内已发现简单的几何形图案花纹壁画，在秦咸阳宫殿遗址中发现秦代壁画，在新石器时代房屋居址内是否绘制壁画，尚待今后考古新发现。

②陕西省博物馆、文管会：《唐李寿墓发掘简报》，《文物》1974年9期。

③陕西省博物馆、乾县文教局唐墓发掘组：《唐章怀太子墓发掘简报》，《文物》1972年7期。

④《历代名画记》(卷9)。

⑤朱景玄：《唐朝名画录》。

⑥王仁波：《唐懿德太子墓壁画题材的分析》，《考古》1973年6期。

⑦陕西省博物馆、文管会：《唐李寿墓壁画试探》，《文物》1974年9期。

⑧同③

⑨向达：《唐代长安与西域文明·长安打球小考》

阴法鲁：《西藏马球戏传入长安》，《历史研究》，1959年3期。

⑩白居易：《续古诗十首》(全唐诗，卷425)。

⑪《旧唐书·李贞传》(卷76)。

⑫《旧唐书·郭子仪传》(卷120)。

⑬《旧唐书·冯盎传》(卷109)。

⑭王建：《书赠旧浑二曹长》(全唐诗，卷300)。

⑮白居易:《西行》(全唐诗,卷453)。

⑯《贞观公私画史序》、《新唐书·孟浩然传》(卷203)。

⑰陕西省考古所唐墓工作组:《西安东郊唐苏思勖墓清理简报》,《考古》1960年1期。

⑱熊培庚:《唐苏思勖墓壁画舞乐图》,《文物》1960年8—9期。

⑲周伟洲:《西安地区部分出土文物中所见的唐代乐舞形象》,《文物》1978年4期。

(本文原载《文博》1984年1、2期)

附表：

表一　陕西省唐墓壁画位置

出土地及墓号	墓主姓名	身世	埋葬年代	发掘时间	壁画分布位置					附注
					墓道	过洞	天井	甬道	墓室	
陕西省三原县	李寿	司空公上柱国淮安靖王	贞观五年(631)	1973	东壁：上层绘飞天、狩猎图。下层绘骑马出行图，由42匹马，48人组成，分为四组。西壁：与东壁相对称，题材相同。	第一、二、三、四过洞南壁：重楼建筑图。东、西壁绘出步行仪仗队。	第三天井底部：牛车、牛耕、播种、中耕、牛栏、饲养家禽、推磨、担水、膳事。第四天井：东、西壁各绘一大型戟架。	南段：东、西壁上部：飞天，下部：武士或文吏。中部：东西两壁对称：侍女、内侍。北段：东壁绘寺院，西壁绘道观。顶部：忍冬图案四组，东西各绘三个飞天。	西壁：上部绘马厩及草料库。北壁：东部绘贵族庭院一座(包括戟架、女乐、游园等场面)。南壁：下部绘侍女图两幅。	陕西省博物馆、文管会：《唐李寿墓发掘简报》，《文物》，1974年9期。
长安县郭杜镇M_1	执失奉节	常乐府果毅，突厥人，执失思力之子	显庆三年(658)	1957					北壁：绘一舞女像。	贺梓城：《唐墓壁画》，《文物》1959年8期。
礼泉县昭陵陪葬墓	郑仁泰	右武卫大将军使持节都督凉、甘、肃、伊、瓜、沙等六州诸军事，凉州刺史上柱国同安郡开国公	麟德元年(664)	1971	东壁：车、马(残)、骆驼、执旗仪仗队：5人。武士仪仗队：4人。文武男侍：2人。西壁：车、马、侍女(残)，执旗仪仗队：5人。武士仪仗队：4人。文武男侍：2人。					陕西省博物馆、礼泉县文教局唐墓发掘组：《唐郑仁泰墓发掘简报》，《文物》，1972年7期。

出土地及墓号	墓主姓名	身世	埋葬年代	发掘时间	壁画分布位置					附注
					墓道	过洞	天井	甬道	墓室	
西安南郊八公里之羊头镇	李爽	银青光禄大夫守司刑太常伯	总章元年(668)	1956	东壁：男武士，6人(残)。 西壁：男武士，3人。			东壁：执笏板男侍、女侍。 西壁：执笏板男侍、女侍(残)。	东壁：①执拂尘女侍②执箫男乐人③执拂尘女侍④执团扇女侍。 北壁：①执横笛女乐②执排箫女乐③捧盘女侍④捧壶女侍。 西壁：①男侍(残)②捧杯女侍③捧盘女侍④女侍(残)。	陕西省文管会：《西安羊头镇唐李爽墓的发掘》，《文物》1959年3期。
陕西省富平县，李渊献陵陪葬墓	李凤	使持节青州诸军事行青州刺史上柱国赠司徒扬州大都督虢庄王	上元二年(675)	1973	东壁：仪仗队(残脱落)。	第二过洞：西壁绘一牵驼图，驼伕牵一单峰驼。 过洞东西壁绘人字栱，顶部绘团花平綦图案。门楣绘连珠纹、忍冬纹。左右上角有对称的莲花纹。		东壁：①侍女，手持团扇，②侍女，女扮男装，右手持团扇，左臂挟衾裯。③侍女，右手提一长颈瓶，④侍女，双手持一花枝⑤侍女，右手持花枝，左臂挟衾裯，⑥侍女⑦侍女，女扮男装，双手捧包裹，⑧侍女，双手持团扇。 西壁：①侍女，女扮男装，手持如意，②侍女，右手挟衾裯，③侍女，④侍女，双手捧枕头⑤侍女，左手持桃形物⑥侍女。 顶部：星象图。		富平县文化馆陕西省博物馆、文管会：《唐李凤墓发掘简报》，《考古》1977年5期。

出土地及墓号	墓主姓名	身世	埋葬年代	发掘时间	壁画分布位置					附注
					墓道	过洞	天井	甬道	墓室	
礼泉县昭陵陪葬墓	阿史那忠	镇军大将军荆州大都督上柱国	上元二年十月(675)	1972	东壁:青龙、马、骆驼及驼伕,执旗仪仗队5人,武士仪仗队6人,文武男侍3人(文2人,武1人)。 西壁:白虎(残),牛车1辆, 武弁:1人,赶车人2人。	第一过洞: 东壁:男侍2人。 西壁:男侍2人。 南壁:顶部楼阁建筑,两侧男侍各一人。 第二过洞:东、西壁各绘男侍二人。 第三过洞:东壁绘男侍一人,女侍一人,西壁:与此同。 第四过洞:东壁绘男侍一人,女侍一人,西壁同。 第五过洞:东壁绘女侍二人,西壁绘男、女侍各一人。	第一天井:东、西壁各绘6戟架一幅。 第二天井:东、西壁各绘男侍二人。 第三天井:东壁绘女侍2人,西壁绘男、女侍各一人。 第四天井:东壁绘男、女侍各一人,西壁:男侍1人,余脱落。 第五天井:东壁绘女侍2人,男侍1人。西壁绘女侍1人,男侍2人。			陕西省文管会、礼泉县昭陵文管所:《唐阿史那忠墓发掘简报》,《考古》1977年2期。
咸阳市东北十八公里顺陵西南隅	苏君		总章元年—开元年间(668—741)	1961	东壁:青龙、两匹马,侍从二排,前排4人,后排6人,执笏板或握剑。 西壁:白虎,两匹马,侍从11人,执笏板或握剑。	第六过洞:东、西壁绘出男侍二人。	第二天井:东壁绘男侍二人,脱落较甚。 第三天井:西壁绘男侍二人,一人已残。 第四天井:东壁:男侍二人。 第五天井:东、西壁各绘五戟架一幅,架前站立二人。 第七天井:一马二人,一为牵者一为侍从。		顶部绘天象图,有日、月、星、辰等。	陕西省社会科学院考古研究所:《陕西咸阳唐苏君墓发掘》《考古》1963年9期。

出土地及墓号	墓主姓名	身世	埋葬年代	发掘时间	壁画分布位置					附注
					墓道	过洞	天井	甬道	墓室	
乾陵陪葬墓	李仙蕙	唐中宗第七女，生前封永泰郡主，死后追封为永泰公主	神龙二年(706)	1960	东壁:武士仪仗队(残)、青龙、阙楼、城墙、山水、树木、五组武士仪仗队，共30人。5戟戟架，2匹马、马伕2人。 西壁:武士仪仗队(残)、白虎，余同东壁。	第一、二过洞顶部:宝相花平綦图案。第三过洞顶部:宝相花平綦图案。 第四、五过洞顶部云鹤、平綦图案宝相花。	第一、二、三、四天井:东、西壁绘柱、枋、斗栱，小龛旁有人物画，但已脱落。	前甬道: 东西壁:人物、花草、假山、红珊瑚。 顶部:平綦。 后甬道: 东西壁:人物、花草、假山。 顶部:云鹤图。	[前室] 南壁:执笏板男侍2人。 东壁:南侧绘侍女9人，手执玉盘，方盒、烛台、扇、高足杯、拂尘、包裹等。 北侧绘侍女7人，手执小盒、烛台等。北壁东侧绘侍女2人，一为领队，一持高足杯。西侧绘侍女2人，一为领队，一持方盒。 西壁:南侧绘侍女9人。 顶部:绘星象图。 [后室] 南壁:东侧绘执笏板内侍1人，西侧绘男侍、女侍5人 东壁:南侧:7人(脱落较甚)，北侧:7人(脱落较甚)。 北壁:东侧绘乐队6人，西侧残剩3人。 顶部:绘星象图。	陕西省文管会:《唐永泰公主墓发掘简报》，《文物》1964年1期。

出土地及墓号	墓主姓名	身世	埋葬年代	发掘时间	壁画分布位置					附注
					墓道	过洞	天井	甬道	墓室	
乾陵陪葬墓	李贤	唐高宗和武则天第二子,神龙二年以王身份陪葬乾陵,景云二年追赠章怀太子	神龙二年(706)由巴州迁回陪葬乾陵,景云二年(711)追赠章怀太子,与其妃房氏合葬	1971	东壁:①出行图:由40多个骑马人物,二只骆驼、五棵树和青山所组成。②礼宾图:6人。③仪仗图:10人。④青龙。 西壁:①马球图:由20多个骑马人物所组成。②礼宾图:6人。③仪仗图:10人。④白虎。			前甬道东壁:男侍3人,手持铁挝、笏板。鱼形符女侍11人,手捧盘、盆景、长方形筐、花盆、圆盘。前甬道西壁:男侍3人,或拱手,或执笏板。侍女15人,手持如意、团扇、细颈瓶、三足器、包裹、果盘、盆景、长方形盘,或抱公鸡。后甬道东壁:男侍3人,双手持笏板。侍女10人,手持盘、锄、镜等。后甬道西壁:男侍4人,双手持笏板,有的腰间插一铁挝。侍女9人,持方盘或乐器。	[前室] 西壁:南侧绘观鸟捕蝉图,侍女3人。北侧绘侍女3人。 东壁:南侧绘侍女3人,手持琵琶、钹等乐器。北侧绘侍女3人。 南壁:西侧绘侍女2人,侏儒1人。东侧绘侍2人,侏儒1人。 北壁:东侧绘侍女2人,其中一人女,男装,双手持一包袱。西侧绘侍女2人,其中一人女扮男装。 [后室] 东壁:南侧绘宫苑仕女图苑侍女3人,男侍3人。北侧绘宫苑仕女图,侍女9人。 北壁:绘宫苑仕女图,侍女5人,其中女扮男装2人,男侍1人。	陕西省博物馆乾县文教局唐墓发掘组:《唐章怀太子墓发掘简报》,《文物》1972年7期。

出土地及墓号	墓主姓名	身世	埋葬年代	发掘时间	壁画分布位置					附注
					墓道	过洞	天井	甬道	墓室	
乾陵陪葬墓	李重润	唐中宗长子,生前立为皇太孙,死后追赠懿德太子	神龙二年(706)由洛阳迁来陪葬乾陵。	1971	东壁:仪仗队(脱落)、青龙、阙楼、城墙、仪仗队(由车队、骑马仪仗队、步行仪仗队所组成)。 西壁:同上。	第一过洞:南口:东西侧各画穿紫袍侍一人。东西壁各画驯豹男侍4人。 第二过洞:南口:东西侧各画穿紫袍内侍一人。东壁:架鹰男侍二人,男侍二人。西壁:架鹰男侍二人,男侍二人(其中一人架鹞)顶部:团花、宝相花、海石榴平綦图案。 第三过洞:东壁:内侍7人,侍女2人,双手持团扇。西壁:内侍7人,侍女2人,1人持团扇。顶部:团花、宝相花、海石榴平綦图案。第六过洞:东西壁侍女2人,手抬火炭盆。	第一天井: 东壁:戟架,列戟12竿。 西壁:戟架,列戟13竿。 第二天井: 东壁:戟架,列戟12竿。 西壁:戟架,列戟12竿。 第三天井: 东壁:车1辆,男侍8人。 西壁:车1辆,男侍8人。	前甬道: 东壁:侍女10人(残剩)。 西壁:侍女5人(残剩)。 顶部:团花、宝相花、海石榴平綦图案。 后甬道: 东壁:侍女5人。	[前室] 东壁:南、北侧各绘一组侍女,7人,各捧盘、烛台、包裹、瓶、杯、团扇。 西壁:北侧绘侍女7人,持烛台、瓶、拂尘等。南侧绘侍女7人,持盘、瓶等。 南壁:东侧绘侍女2人,西侧绘侍女2人。 北壁:脱落。 [后室] 东壁:北侧绘侍女9人,手持盘、瓶、箱、烛台等。南侧绘侍女9人,手持果盘、包裹、箜篌、筝、琵琶等。 北壁:侍女4人。 南壁:东侧绘侍女1人。 顶部:星象图。	陕西省博物馆、乾县文教局、唐墓发掘组:《唐懿德太子墓发掘简报》,《文物》1972年7期。

出土地及墓号	墓主姓名	身世	埋葬年代	发掘时间	壁画分布位置					附注
					墓道	过洞	天井	甬道	墓室	
咸阳底张湾M_4		万泉县主太平长公主之第二女	景云元年(710)	1953	东壁:青龙。西壁:白虎。	第一过洞:顶部:门楼建筑。东西壁:牵马侍者。	第一天井:东西壁各绘出5戟戟架及内侍1人。第二天井:西壁:提篮人像,执笏男侍。东壁:脱落较甚。第三天井:武士人像。	东壁:①脱落②捧物人像③提包人像④女侍⑤捧盒侍者⑥提物人像⑦架鹰侍者。西壁:①持捧男侍②捧物女侍③捧果盘女侍④女侍⑤捧盒女侍⑥持壶女侍⑦持杖男侍。	[前室]西壁:南部侍女像,中部持杖人像[后室]西壁北部绘花、鸟。北壁西部狮子(残)。	陕西省文管会咸阳底张湾唐墓发掘记录。
长安县南里王村	韦泂	卫尉卿并州大都督	景龙二年十一月(708)	1959	东壁:北段:青龙,南段:朱雀。西壁:北段:白虎,南段:朱雀。	第一过洞:顶部:楼阁建筑。			[前室]四壁上部绘长方形格子,格子内为花卉飞禽,下为花草林木。[后室]顶部:云鹤,四角绘角柱,上端有斗栱。北壁:男侍2人,女侍1人。西壁:女侍3人。	陕西省文管会:《长安县南里王村唐韦泂墓发掘记》,《文物》1956年8期。
西安东郊经东一路北端M_4	薛莫	右骁卫大将军雁门县开国公上柱国左万骑使	开元十六年(728)	1955	青龙、白虎男侍捧盘,女侍持莲花。白鹤。				墓室四壁绘柱、枋、斗栱,柱间人物已模糊不清。顶部绘星斗。	陕西省文管会:《西安东郊唐墓清理记》,《考古通讯》1956年6期。

出土地及墓号	墓主姓名	身世	埋葬年代	发掘时间	壁画分布位置					附注
					墓道	过洞	天井	甬道	墓室	
西高二机福 M_2	冯藩洲	藩州刺史,宦官高力士之父	开元十七年(729)	1954	墓道壁画多已脱落,仅西壁有一幅人物画,上绘5个人在一起看一物品。		天井两壁为花卉。		墓室壁画多脱落,仅东壁存留一彩绘马。	贺梓城:《唐墓壁画》,《文物》1959年8期。
西安东郊经五路 $59M_1$	苏思勖	银青光禄大夫行内侍省内侍员外	天宝四年(745)	1952				东壁:男女侍仆7人,2人抬木箱。 西壁:男女侍仆8人,2人抬木箱。	东壁:乐舞。 南壁:朱雀。 西壁:人物画,6人。 北壁:玄武,男侍,女侍各一人。 顶部:星象图。	陕西考古所唐墓工作组:《西安东郊唐苏思勖墓清理简报》,《考古》1960年1期。
西安东郊韩森寨	宋氏	内侍雷府君夫人	天宝四年(745)	1955					东壁:吹古笙人像,舞女在有龙纹的地毯上舞。 西壁:盘腿坐人物,疑为墓主人像。	张正岭:《西安韩森寨唐墓清理记》,《考古通讯》1957年5期。
咸阳底张湾 M_{33}	张去奢	少府监范阳县伯	天宝六年(747)	1953	东壁:①鹤,②捧物侍女③龙。 西壁:①鹤,②捧物侍女③虎。	第一过洞:东西壁绘拱手持者。 第二过洞:东西壁侍者。 第四过洞:西壁拱手侍者。	第一天井:拱手侍者(东西壁同)。 第二天井:西壁绘草、石。 第三天井:东西壁绘戟架。 第五天井:西壁绘侍者。			陕西省文管会:咸阳底张湾唐墓发掘记录。

出土地及墓号	墓主姓名	身世	埋葬年代	发掘时间	壁画分布位置					附注
					墓道	过洞	天井	甬道	墓室	
咸阳底张湾 M_3	张去逸	银青光禄大夫太仆卿上柱国	天宝七年(748)	1953	东壁:青龙。西壁:白虎。			东壁:武士2人,侍女2人,牛1。	西壁:武士2人,侍女2人。东壁:南侧绘男乐队(已残),中部:地毯(残),北侧上部绘男乐队,上部绘女乐队。北壁:西侧绘持笏人像。	陕西省文管会:咸阳底张湾唐墓发掘记录。
西高一机福 M_5	高元珪	明威将军检校左威卫将军宦官高力士之兄	天宝十五年(756)	1955	东壁:青龙。西壁:白虎。		两壁绘骑马侍卫。	两壁绘侍女。	北壁:墓主人像,坐一椅上,旁有侍女。东壁:舞女。西壁:花卉。棺床:北绘玄武,南绘朱雀	贺梓城:《唐墓壁画》,《文物》1959年8期。
咸底 M_{32}	郯国大长公主	肃宗第四女,下嫁张清	贞元三年(787)	1953	东壁:青龙。西壁:白虎。	第一过洞:东、西两壁绘拱手男侍。第二过洞:东、西壁绘男侍。	第一天井:东、西壁牵马侍者。第二天井:东、西壁绘侍女。		东壁:伎乐人残部。南壁:西部绘莲座,已残。	陕西省文管会:咸阳底张湾唐墓发掘记录。
西韩(自来水厂)M_1	姚存古	东都功德等使朝议大夫内侍局内常侍员外置同正员知东都内侍省事上柱国长城县开国公	大和九年(835)	1955	东壁:青龙。西壁:白虎。			侍者。	东壁:侍者四人,已残。西壁:花卉。南壁:朱雀。北壁:几座。	陕西省文管会唐墓发掘记录。

出土地及墓号	墓主姓名	身世	埋葬年代	发掘时间	壁画分布位置					附注
					墓道	过洞	天井	甬道	墓室	
长郭（厂）M_{66}	梁元翰	柱管监 军使太 中大夫 行内侍 省奚官 局令员 外置同 正员上 柱国	会昌四年（844）						西壁：六鹤屏风。 南壁：朱雀。	陕西省文管会：咸阳底张湾唐墓发掘记录。
西高803工地M_1	高克从	义昌军 监军使 宦官高 力士之 五世孙	大中元年（847）	1954				西壁：残存一侍女。	西壁：六鹤屏风，残破较甚。	贺梓城：《唐墓壁画》，《文物》1959年8期。
西枣绝M_6	杨玄略	银青光 禄大夫 行上柱 国开国 侯	咸通五年（864）	1953	东壁：青龙。 西壁：白虎。	第一过洞：男侍。 第三过洞：马及马伕。			西壁：六鹤屏风。 南壁：朱雀。 北壁：侍者。 东壁：侍者。	陕西省文管会：唐墓发掘记录。

表二　光谱半定量分析报告

顺序	分析号/原号														颜色
顺序1号	分析号188670 原号①	Ba 0.1	Be <0.001	As	Si 5－10	Al ~3	P	Sb	Ta	Mg ~1	Mn 0.03	Pb 0.1	Sn	Fe	W	土红
		Ga <0.001	Nb	Cr <0.003	Ge	In	Ni <0.001	Bi	Ti -0.05	Mo	Ca >10	V	Y	Ce	Cd	
		Cu 0.003	Yb	La	Na 0.3	Zn	Ag	Zr	Co	Sr 0.05	K ~1					
顺序2号	分析号71 原号②	Ba 0.01	Be	As	Si 5	Al 0.3	P	Sb	Ta	Mg ~0.1	Mn 0.01	Pb ~0.01	Sn	Fe −0.3	W	石青
		Ga	Nb	Cr	Ge	In	Ni	Bi	Ti 0.03	Mo	Ca >10	V	Y	Ce	Cd	
		Cu >1	Yb	La	Na 0.05	Zn	Ag 0.002	Zr	Co	Sr −0.03						
顺序3号	分析号72 原号③	Ba 0.03	Be	As	Si 5	Al 0.5	P	Sb	Ta	Mg 0.1	Mn 0.03	Pb −0.03	Sn	Fe −0.3	W	石绿
		Ga <0.001	Nb	Cr <0.003	Ge	In	Ni	Bi	Ti −0.05	Mo	Ca >10	V	Y	Ce	Cd	
		Cu >1	Yb	La	Na 0.1	Zn	Ag 0.003	Zr 0.001	Co	Sr 0.03						
顺序4号	分析号73 原号④	Ba −0.03	Be	As	Si ~10	Al ~1	P	Sb	Ta	Mg 0.1	Mn 0.05	Pb ~0.1	Sn	Fe 0.5	W	石黄
		Ga <0.001	Nb	Cr <0.003	Ge	In	Ni	Bi	Ti 0.1~0.3	Mo	Ca >10	V	Y	Ce	Cd	
		Cu ~0.5	Yb	La	Na ~0.3	Zn	Ag	Zr 0.003	Co	Sr 0.01	K ~1					
顺序5号	分析号74 原号⑤	Ba 0.01	Be	As	Si 1	Al 0.05	P	Sb 0.003	Ta	Mg −0.05	Mn 0.01	Pb 3~5	Sn	Fe 0.1	W	砯磦
		Ga	Nb	Cr	Ge	In	Ni	Bi	Ti 0.01	Mo	Ca >10	V 0.001	Y	Ce	Cd	
		Cu 0.001	Yb	La	Na <0.03	Zn	Ag −0.001	Zr	Co	Sr 0.01						
顺序6号	分析号75 原号⑥	Ba 0.005	Be	As	Si 1	Al 0.05	P	Sb	Ta	Mg −0.05	Mn 0.003	Pb ~1	Sn	Fe 0.1	W	银砯
		Ga 0.05	Nb	Cr	Ge	In	Ni	Bi	Ti 0.01	Mo	Ca >10	V	Y	Ce	Cd	
		Cu 0.05	Yb	La	Na 0.03	Zn	Ag −0.001	Zr	Co	Sr −0.03						
顺序7号	分析号76 原号⑦	Ba 0.1−0.3	Be <0.001	As	Si >10	Al −5	P	Sb	Ta	Mg 1	Mn −0.1	Pb 0.05	Sn	Fe −5	W	紫色
		Ga <0.001	Nb	Cr −0.005	Ge	In	Ni 0.001	Bi	Ti 0.5	Mo	Ca >10	V 0.003	Y <0.003	Ce	Cd	
		Cu −0.003	Yb <0.001	La	Na 1	Zn	Ag	Zr −0.01	Co −0.003	Sr 0.05	K >1	Li 0.03				

试析南方发现的唐代壁画墓

权奎山

新中国成立以来,在南方先后发现了9座唐代壁画墓。它们是:湖北安陆杨氏墓[①];湖北郧县李泰墓[②]、李徽墓[③]、阎婉墓[③]、李欣墓[④];四川万县冉仁才夫妇合葬墓[⑤];广东韶关张九龄墓[⑥];浙江临安钱宽墓[⑦]、水邱氏墓[⑧]。

这9座墓早已引起人们的注意。各墓的简报或报告多对所报道墓的有关问题进行了简要的考证和论述;有的还就某一地点发现的资料中的某个问题展开了讨论[⑨]。

本文在前人研究基础上,试从以下四个方面对南方发现的唐代壁画墓进行初步分析。

一、埋葬时间与墓主人身份

南方发现的9座唐代壁画墓均有墓志。杨氏墓志石无字,据有关文献和考古资料推测,约埋葬于唐太宗贞观(627—649)中期[⑩];冉仁才夫妇墓和水邱氏墓墓志字迹漫漶严重,埋葬时间已无法辨认,据文献记载,冉仁才葬于唐高宗永徽五年(654)[⑪],水邱氏卒于唐昭宗天复元年(901)[⑫];其余6座墓志文清晰,埋葬时间明确(见表一)。

从表一中可看出,最早的一座是唐太宗时期,最晚的为唐昭宗时期,从早到晚都有,可以说是贯穿整个唐代,说明南方发现唐代壁画墓并不是偶然、个别的现象。但应特别指出的是,在时间上有严重的缺环,从玄宗天宝元年(742)到昭宗光化二年(899)的一百五十多年间未发现一座;初、盛唐时期,虽然各个主要阶段都有发现,但数量少。

墓主人的身份大致有四种情况：一是杨氏、李泰、李徽、阎婉、李欣，均是皇室成员；二是冉仁才，其妻为县主，亲王之女⑬，是皇亲；三是张九龄，其生前虽因事被贬⑭，但死后却以重臣身份安葬；四是钱宽、水邱氏，他们是夫妻，是镇海、镇东两军节度使吴王钱镠的父母亲，生前或死后虽曾被唐所封⑮，品级也很高，但他们是以子显贵，与张九龄有所不同。这样将上述和表一结合起来观察就不难看出，唐代南方使用壁画墓的主人是一批身份特殊、地位显要、三品以上的统治阶级上层人物。这一点与中原北方有明显区别，西安地区目前所知使用壁画墓墓主人最低身份是官封为朝议郎（正六品）行河南府士曹参军（正七品）的张仲晖⑯；太原郊区新董茹村和金胜村发现的壁画墓均是中小型砖室墓⑰-⑳，从墓室尺寸和出土器物数量推测，其墓主人身份应较张仲晖为低。这说明唐代壁画墓南方使用的范围较中原北方小。

表一　埋葬时间与墓主人身份综表

发现地点	墓主人	埋葬时间	官职与官品
湖北安陆	杨　氏	约贞观中期	吴国妃（正一品）
湖北郧县	李　泰	永徽四年(653)	濮恭王（正一品）赠太尉（正一品）雍州牧（从二品）
四川万县	冉仁才夫妇	永徽五年(654)	天水郡公（正二品）永州刺史（正四品）其妻：汉南县主（视正二品）
湖北郧县	李　徽	嗣圣元年(684)	新安郡王（从一品）
湖北郧县	阎　婉	开元二十年(724)	濮王妃（正一品）
湖北郧县	李　欣	开元十二年(724)	嗣濮王（从一品）颍州刺史（正四品）赠夔州都督（从三品）
广东韶关	张九龄	开元廿九年(741)	尚书右丞相（从二品）赠荆州大都督（从二品）始兴公（正二品）
浙江临安	钱　宽	光化三年(900)	太府少卿（从四品）朝散大夫（从五品）赠尚书左濮射（从二品）
浙江临安	水邱氏	约天复元年(901)	秦国太夫人（视正一品）

在唐代，许多皇室贵族死后都埋葬在都城长安（今西安）附近，重要的将相更以陪葬帝陵为荣。那么杨氏等9人为何葬在了远离都城的南方？这个问题较为复杂，且每个人的情况也不尽相同。

杨氏，其墓志仅志盖上面篆刻“大唐吴国妃杨氏之志”九字。按《旧唐书·

职官志》载:“王母妻,为妃”;《旧唐书·太宗诸子传》说:“杨妃生吴王恪”。由上述记载可知,杨氏乃是太宗之妃,吴王李恪的生母。此墓发现地安陆,唐代是安州治所,并是安州中都督府所在地[21]。《资治通鉴》卷194《唐纪》10载:李恪于贞观十年(636)由蜀王改封吴王,十一年(637)正月授“安州都督”。李恪任此职时间不长,据《资治通鉴》卷195《唐纪》11记载:贞观十一年十月因他“数出畋猎,颇损居人”,被“免官”。杨氏墓埋葬时间与李恪任安州都督的时间基本相符,说明杨氏葬在安州是同其子李恪在安州任职有直接的关系。

李泰是唐太宗第四子[22],为长孙皇后所生。他自幼天性聪慧,“少善属文”,长成后“好士爱文学”[23],颇有才华,深受太宗宠爱。贞观十七年(643)皇太子承乾被废为庶人[24]后,李泰“日入侍奉,上面许立为太子”[25]。但此事遭到长孙无忌、褚遂良等重臣的强烈反对。唐太宗权衡利弊,决定对承乾和李泰皆弃之不用[23][25],“立晋王治为皇太子”[25]。随后降封李泰为东莱郡王,不久改封为“顺阳王,徙居均州之郧乡县”[23]。贞观二十一年(647)进封濮王。这时他的处境有所改观,但对其防范有增无减。贞观二十三年(649)太宗崩,当时明确规定:“诸王为都督、刺史者,并听奔丧,濮王泰不在来限”[26]。可见“规定”的制定者当时对李泰的心态。事后仅三年,即高宗永徽三年(652),李泰死于居地郧乡。在这种情况下,他显然不能葬到京畿或陪葬太宗的昭陵,只有就地安葬。高宗即位后待李泰不薄,曾诏他可“开府置僚属,车服羞膳,特加优异”[23];死后诏“式被哀荣之典,赠太尉、雍州牧,班剑四十人、羽葆鼓吹,赙物三千段、米粟三千石,赐东园秘器,葬事官给,务从优厚”[27],以礼入葬。当时之所以让其葬于郧乡,无疑是从政治上来考虑的。至于后来客死他乡的皇室成员,有不少都获准迁回京畿陪葬帝陵,李泰为何还长眠异乡?这里不排除历史因素,但我们认为它似不应是主要的。迁回改葬于帝陵的已经发掘的永泰公主李仙蕙[28]、懿德太子李重润[29]、章怀太子李贤[30]、越王李贞[31]等人情况的共同点都是在武则天时期遇害或被迫自杀而死。《资治通鉴》卷208《唐纪》24记载:“武后所诛唐诸王、妃、主、驸马等皆无人葬埋。”武则天死,李氏重新执政后,给他们追复官爵,以礼改葬,完全可以理解。李泰与他们不同,他死于高宗初年,死前已进封濮王,死后还予以褒赠,厚礼安葬,不存在昭雪和重新以礼改葬问题。这可能是李泰继续留在郧乡的主要原因。这个问题也可从李承乾的迁葬事中得到证实。承乾被废后徙居黔州,贞观十九年(645)卒于徙所,“葬以国公之礼”[24]。开元二十七年(739),在其孙李适之请求下,迁回京师陪葬昭陵。他改葬的直接原因是原“葬礼有阙”[32]。这一点同永泰公主李仙蕙等人的情况是一致的。

李徽是李泰次子，据其墓志记载，他于贞观二十一年(647)封为顺阳县开国侯，永徽四年(653)改封新安郡王；他“清贞寡欲”，闲居在家，永淳二年(683)卒于“均州郧乡县之第”。此时其父李泰已葬于郧乡多年，他已不可能再另择葬地，于是在嗣圣元年(684)安葬于李泰墓北。

李欣是李泰长子，据其和其母阎婉墓志记录，李泰死后他被封为嗣濮王，垂拱时期(684—688)拜使持节颍州诸军事颍州刺史，“往寻，陷酷吏谪居环州，中途遇祸薨于桂州旅舍”，之后“迁厝权殡旧域”。阎婉，史无记载。据其墓志可知，她是濮王李泰之妃，垂拱之际随嗣濮王李欣往环州，途中李欣遇祸身亡后，她因“羁旅艰虞，沉忧成疾”，于天授元年(689)突然卒于“邵州官舍”。随之以证圣元年(695)“权窆于洛州龙门之北原”。李欣、阎婉，后经李欣之子李峤的多方努力，于开元十二年(724)迁葬于郧乡。李欣葬于李泰墓北，阎婉袝葬于李泰墓西北隅。他们所以迁葬此地，显然是其后人已将这里视为李泰家族茔地的缘故。

张九龄“其先范阳方城人”[33]，“晋末以永嘉南渡迁于江表”[34]，曾祖唐时任“韶州别驾，因家于始兴，今为曲江人”[35]。他是唐玄宗时期的名臣，官至“尚书右丞相、中书令”[35]，后因事被贬为荆州长史。开元二十八年(740)卒，“皇上震悼，赠荆州大都督”[33]，可见玄宗对他仍很器重。但他于次年葬于曲江“洪义里武临原”其先茔附近，而未葬在别处。这无疑是遵循了当时人死后归葬故里、先茔的社会习俗。

冉仁才，正史无传。从其墓志上残存的文字可知，他为天水郡公，曾任过澧州、永州刺史，夫人为汉南县主。《全唐文》卷228张说《河州刺史冉府君神道碑》记载：冉仁才为天水郡果公，“婚皇室汉南县主，泾、浦、澧、袁、江、永凡六州刺史”。永州刺史是他最后一职，为永徽二年(651)改授，次年“卒于任”[11]。据清《夔州府志》卷32《陵墓》引明高公韶铭曰：因他“恤典有功”于永徽五年(654)“赐葬”万州南浦。

钱宽、水邱氏夫妇原本乡间平民，以田渔为业，唐末其子钱镠称雄浙江一带后，方授官加封[15]。在这种背景下，他们死后自然就葬在了既是故里又是发迹之地的临安。

综上所述，这9人特别是除钱宽、水邱氏外的其余7人，死后葬于南方皆事出有因:有的是统治阶级内部争斗所致;有的是顺应了社会风俗习惯;有的是同亲生子有关;有的则是朝廷所赐。

二、墓葬形制的类型

南方发现的唐代壁画墓皆为砖砌,形制较为复杂(见表二)。依据单、双室和墓室平面形状的差异,可分为三型。

A型:六座,即杨氏、李泰、李徽、李欣、阎婉、张九龄墓。单室。墓室平面呈方形或弧方形,穹窿顶或四角攒尖顶。甬道平面为长方形,券顶,多数设二或四个耳室。墓道已发掘的,皆为斜坡式,少数有一或二个过洞、一个天井。均砖封门,少数置一木门。砖棺床,木棺。个别的设排水道。

例一:杨氏墓,墓室平面为方形,顶塌毁,甬道左右各二耳室,置一木门,棺床设在墓室西部。排水道起于墓室门口,贯通四耳室,沿甬道两壁下侧延伸(图一,1)。

例二:阎婉墓,墓室平面呈方形,穹窿顶,一过洞,一天井,棺床设在墓室西部(图一,2)。

例三:张九龄墓,墓室平面为弧方形,四角攒尖顶,甬道左右各一耳室,棺床设在墓室中部对着墓门(图一,3)。

B型:一座,即冉仁才夫妇墓。单室。墓室、甬道平面皆长方形,均券顶。墓室左右各二耳室、三壁龛,甬道左右各一耳室、三壁龛。墓道为斜坡式。石板封门,木棺(图二,1)。

C型:二座,即钱宽、水邱氏墓。双室,中间设过道。前室平面为横长方形,穹窿顶,左右各一耳室;后室平面为弧长方形,券顶,左右各二耳室,左右后壁有八或十八个龛。甬道前端,钱宽墓以砖、石板封砌;水邱氏墓先置一石门,其外以砖封砌;甬道和过道各装一木门。墓道为斜坡式。砖棺床,设在后室中部对着墓门。木棺。有排水道。

例:钱宽墓,后室设八个壁龛(图二,2)。

A型墓的形制特点与西安地区唐代皇室成员、贵戚、将相墓的形制相同或相近,说明它们是按西安地区的形制设计建筑的。但不是原样照搬,局部做了一些改动:一是墓道部分较短,多数墓不见过洞、天井;二是相当于西安地区小龛作用的耳室一律设在甬道或墓室左右,绝大多数为砖砌;三是有的墓设排水

表二　墓葬形制统计表

墓主人	墓全长	墓道		过洞数	天井数	甬道			墓室			耳室			壁龛			封门材料	墓门	葬具	排水设施	型
		形式	长			平面形状	顶形式	尺寸(米)(长×宽+高)	平面形状	顶形式	尺寸(米)(长×宽+高)	数量	位置		数量	位置						
													甬道	墓室		甬道	墓室					
杨氏	34.4	斜坡	13.3			长方	?	14.65×3.1+?	方	?	5×5+?	4	4					砖	木1	木棺	√	A
李泰	36.3	斜坡	25			长方	券	5.22×1.9+2.4	弧方	穹窿	4.9×4.9+5	4	4					砖		木棺		A
李徽	?	斜坡	?			长方	券	2.96×1.34+1.64	方	穹窿	4.2(4.06)×3.8(3.7)+?	2	2					砖	木1	木棺		A
李欣	?	斜坡	?	2	1	长方	券	2.85×1.47+2.5	方	穹窿	5×5+6	7	2	5				砖		木棺		A
阎婉	?	斜坡	?	1	1	长方	券	2.40×1.55+1.85	方	穹窿	4.36(4.24)×4.2(4.24)+4.77							砖		木棺		A
张九龄	?	?	?			长方	券	3.18×1.09+1.70	弧方	四角攒尖	4.82×4.8+5.35	2	2					砖		木棺		A
冉仁才夫妇	18.05	斜坡	9.7			长方	券	4.15×2.4(1.6)+3.4(2.5)	长方	券	4.2×3.2+4.5	6	2	4	12	6	6	石板		木棺		B
钱宽	?	?	?			横长方	券	0.52×1.5+1.72 过道 0.5×1.44+1.72	横长方 弧长方	穹窿券	1.3×1.86+2.26（前室） 3.84×1.9+2.22（后室）	6		6	8		8	砖 石板	木2	木棺	√	C
水邱氏	?	斜坡	?			横长方	券	0.62×1.9+1.96 过道 0.62×1.86+1.83	横长方 弧长方	穹窿券	1.75×2.27+2.54（前室） 4.58×2.30+2.14（后室）	6		6	18		18	砖	木2 石1	木棺	√	C

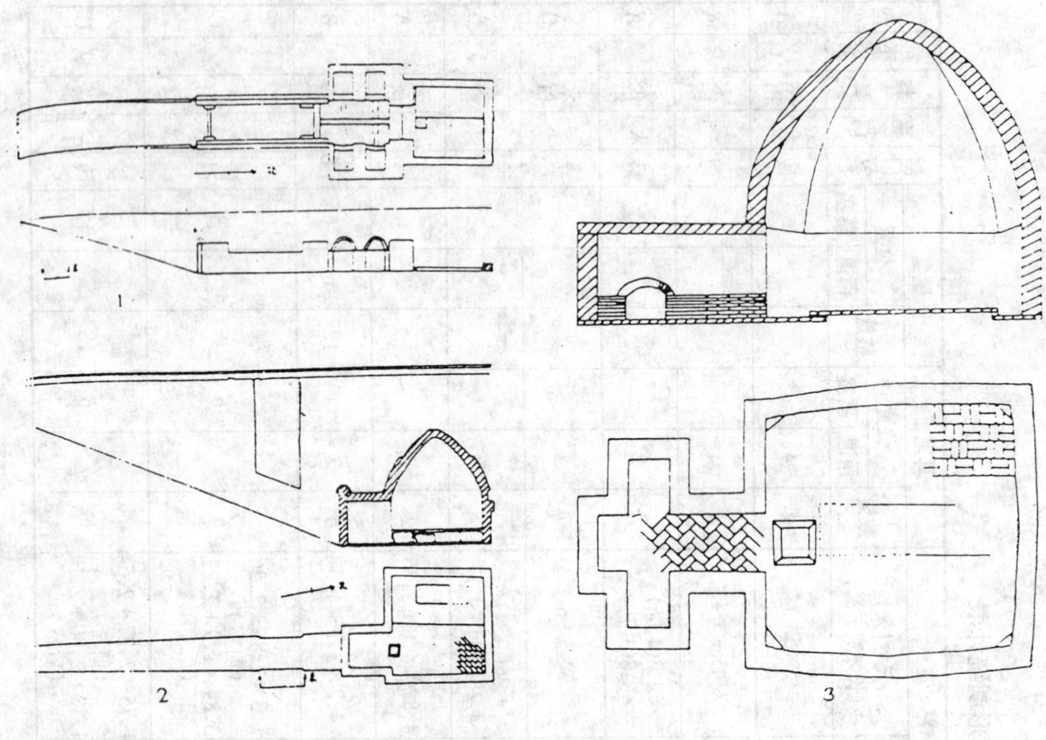

图一　A型墓平、剖面图
1. 杨氏墓　2. 阎婉墓　3. 张九龄墓

道；四是有的墓棺床建在墓室中部，对着墓门。前三点显然是针对南方降雨量多、地下水位高、墓内常积水、土壁易坍塌而采取的改进措施。值得注意的是，这四点中除了有的墓有过洞、天井之外，其余都是南方唐代流行的墓葬形制所具有或常见的特征。表明A型墓设计建筑时吸收了南方流行的墓葬形制中的一些做法。

因此，A型墓执行中央制度的情况，应主要表现在墓室及其相关的设施上。西安地区是唐代都城所在地，执行制度比较严格[36][37]。下面以该地区发现的与A型墓同时期、同等级的墓葬为标准，以墓室尺寸、墓门、棺床、葬具资料为依据，来分析它是否按照当时较普遍的做法办理的。

按文献记载，唐代品官丧葬分“三品以上”、“五品以上”、“九品以上”三个等级[38][39]。西安地区“三品以上”这个等级的墓发现较多[35]，现比照A型墓的情况从中选出太宗、高宗、玄宗时期的单室墓十五座，作为与A型墓比较的典型墓(见表三)。

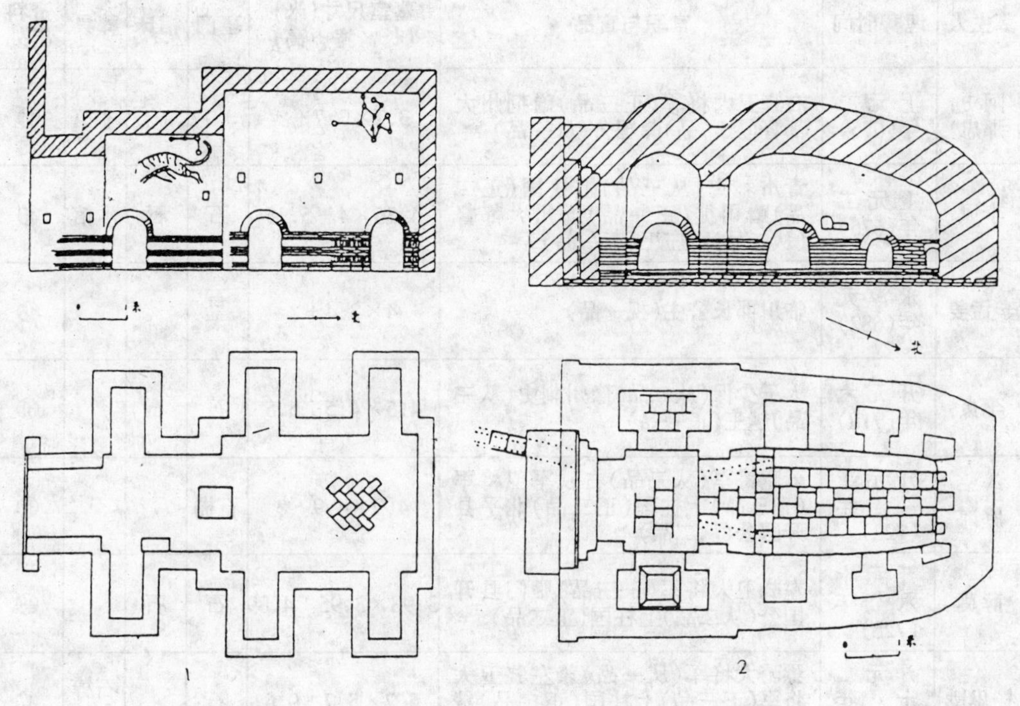

图二　B、C型墓平、剖面图

1. B型　冉仁才夫妇墓　2. C型　钱宽墓

表三　与A型墓比较的西安地区典型墓统计表

序列号	墓主人	埋葬时间	官职与官品	墓室尺寸(米)(长×宽+高)	墓门	棺床	葬具	资料出处
1	李寿	贞观四年(630)	司空(正一品)上柱国(正二品)淮安靖王(正一品)	3.95×3.8+?	石		石椁木棺	㊵
2	独孤开远*	贞观十六年(642)	右卫将军(从三品)考城县开国公(从二品)	4.05×3.7+?				㊶
3	张士贵	显庆二年(657)	辅国大将军(正二品)荆州都督(从二品)虢国公(从一品)	4.3×4.05+4.7	石	石		㊷
4	李爽	总章元年(668)	银青光禄大夫(从三品)守司刑太常伯(正三品)	4.3×3.9+?		砖		㊸

序列号	墓主人	埋葬时间	官职与官品	墓室尺寸(米)(长×宽+高)	墓门	棺床	葬具	资料出处
5	阿史那忠	上元二年(675)	右骁卫大将军(正三品)赠荆州大都督(从二品)薛国公(从一品)	3.7×3.7+?		砖	木棺	㊹
6	李凤	上元二年(675)	青州刺史(从三品)上柱国(正二品)赠司徒(正一品)扬州大都督(从二品)虢庄王(正一品)	4.36×4+5.35	石	石	木棺	㊺
7	李孟姜	永淳元年(682)	临川郡长公主(视一品)	4×3.4+?	石木			㊻
8	李贞	开元六年(718)	太子少保(从二品)豫州刺史(从三品)越王(正一品)	4.5×4.5+5.5	石	石		㉛
9	鲜于庭海	开元十一年(723)	云麾将军(从三品)右领军卫将军(正三品)上柱国(正二品)北平县开国公(从二品)	4.9×4.9+?	石楣			㊼
10	薛莫	开元十六年(728)	左骁卫大将军(正三品)雁门县开国公(从二品)上柱国(正二品)	3.98×3.95+4.89	石	石		㊽
11	杨思勖	开元二十八年(740)	骠骑大将军(从一品)兼左骁卫大将军(正三品)上柱国(正二品)虢国公(从一品)	5.7×5.7+9.6	石		石椁木棺	㊼
12	豆卢建	天宝三年(744)	银青光禄大夫(从三品)太濮卿(从三品)中山郡开国公(正二品)	4.7×4.9+4.5	石	砖		㊶
13	苏思勖	天宝四年(745)	银青光禄大夫(从三品)内侍员外(从四品)上柱国(正二品)常山县开国公(从二品)	4.1×4.1+5.8	石	砖		㊾
14	张去奢	天宝六年(747)	银青光禄大夫(从三品)少府监(从三品)范阳县伯(正四品)	4.55×4.55+6.5	石	石		㊶
15	张去逸	天宝七年(748)	银青光禄大夫(从三品)太濮卿(从三品)上柱国(正二品)	4.5×4.45+?	石	砖		㊶

*为土洞墓,余皆为砖室墓。

杨氏墓,可与其比较的有李寿、独孤开远墓(表三序列号1、2)。两墓资料表明,太宗时期西安地区“三品以上”等级墓的墓室长、宽一般约在4米左右。杨氏墓室长、宽竟达5米,远远超过了这个数字。其原因可能同她是当朝皇帝太宗之妃、墓又建在远离都城其子吴王李恪的任职之地有关。

李泰、李徽墓，与其比较的有张士贵等5座墓（表三序列号3—7）。其墓室尺寸除阿史那忠墓较低外，其余各墓比较接近，可归纳为长4—4.5米、宽4米左右。李徽墓室在这个尺寸范围内。李泰墓室长、宽均4.9米，超出较多，这显系因其生前经历与众不同、死后给予追封赙赠的缘故。在高宗时期，三品以上官员、贵族墓超出同等级墓普遍使用的规模、尺寸的情况不止李泰墓，如陕西礼泉发现的显庆三年（658）尉迟敬德墓[50]，麟德元年（664）郑仁泰墓[51]，由于他们功勋卓著，死后丧事优厚，墓葬均为双室砖砌，主室尺寸分别为5.1×5.1米和5×5米。这种高于同等级一般品官墓的墓，有研究者认为属于特殊埋葬[37]。

李欣、阎婉、张九龄墓，与其比较的8座墓（表三序列号8—15）墓室平面基本都是弧方形，边长大多数在4—4.5米左右。阎婉墓与这个尺寸吻合。李欣、张九龄墓室尺寸分别为5×5米、4.82×4.8米，大于此数目，这大约也是因他们生前的地位和死后受追赠、赙赗的关系。李欣生前已进封嗣濮王，改葬时“赠夔州都督，赙物四百段、米四百石”[52]；张九龄是玄宗开元时期参与朝廷中枢决策的重要人物之一，死后也曾予以赠官加爵。其情况与表三所列墓室尺寸高于4—4.5米的鲜于庭诲、杨思勖（序列号9、11）大致相同。据两人墓志载，鲜于庭诲生前“久在禁中，颇著勤劳”，死后“赠右领军卫大将军，赗遂器物，每优恒典”；杨思勖长期“待奉紫禁”，“屡总兵权，制胜运筹，所向无敌”，死后“两宫轸悼”，诏使“赙绢三百匹、布三百端，就宅临吊”。上述事实说明玄宗时期高于同等级一般品官的“特殊埋葬”，仍是墓葬等级制度中的一个重要组成部分。

A型墓，墓门皆为砖封，少数置木门；均为砖棺床、木棺。这些做法与西安地区多置石门、部分设石棺床、个别用石椁的情况明显不同。唐代埋葬“不得以石为棺椁”[53]已有明文规定。石门、石棺床是否允许使用，不见记载。A型墓石门、石棺床均无，似乎不能理解为低于了制度规定，有可能正是按照一般规定做的，也有可能受当地习惯做法的影响而为之。

B型墓不见于中原北方，是南方特别是长江中游地区隋到盛唐时期流行的墓型[10]。冉仁才用B型墓，大约同他长期在长江中游地区做官有关。值得注意的是，其墓室面积为13.44平方米，与西安地区高宗时期修建的阿史那忠与其妻定襄县主合葬墓（13.69平方米）、临川郡长公主李孟姜墓（13.60平方米）非常接近。这似不是一个偶然的现象，据冉仁才之妻、阿史那忠之妻、李孟姜三人的具体身份相同或相似这一点推测，它们可能是出自同一种考虑或也可能是按照同一规定来安排的。

C型墓也不见于中原北方。资料表明：墓室（双室墓的后室）呈长条状、左右两壁外弧的墓，在唐代主要流行于长江下游地区[10]。钱宽、水邱氏长期生活在临安一带，死后采用本地区常用的墓型安葬，不足为奇。需指出的是，C型墓是目前长江下游地区乃至南方发现的晚唐墓中规模最大的两座，墓内设施不但较为复杂，而且水邱氏墓还仿照西安地区的做法设置了石门。这充分反映了墓主人的特殊地位。

综上所述，A型墓是依据西安地区唐墓建筑的，B、C型墓则是按照当时本地区流行的墓型修建的。使用的界线十分分明，前者为皇室成员和地位较高的京官，后者则是地方官和地方官的亲属。

三、壁画的布局与内容

南方唐代壁画墓的壁画保存较差，有的仅残留痕迹。现以墓型为序，将各墓壁画残存内容按所在的位置列成表四。

表四　壁画统计表

墓型	墓主人	壁画内容		
		墓道	甬道	墓室
A	杨氏		“两壁均有少量壁画痕迹”。	“西壁上有壁画痕迹”。
A	李泰		门外侧上方：楼阁。	四壁：残存人物头、脚部。顶：天象。
A	李徽	全部剥落	耳室门“以红彩勾勒边线”。券门上残存缠枝蔓草。	四壁中间各砌一加彩立柱、斗，其上砌一层菱角牙子。南壁：残存一男侍。东壁：立柱南一男侍、一女侍，北存一女侍。北壁：立柱东鞍马与控者，西三扇花卉屏风。西壁：立柱北三扇花卉屏风，南花卉。顶：天象。
A	李欣		西壁：残存一男侍吏。	全部剥落。
A	阎婉		东、西壁：各二男侍吏。 顶：天象。	东壁：残存二半身侍女。
A	张九龄		东壁：残存二侍女、蟠桃。	南壁：右侧残存侍女身部。 东壁：残存一青龙。
B	冉仁才夫妇	无	东壁：一青龙。西壁：一白虎。 顶：天象。	顶：天象。

墓型	墓主人	壁画内容		
		墓道	甬道	墓室
C	钱宽	无	顶:云气。	前室:东、西壁各一盆花;顶绘由圆、点、八角形组成的图案。 后室:耳室、壁龛周围施“宽带状彩绘”;顶绘天象。
C	水邱氏	无	顶:云气。过道顶:缠枝花卉。	前室:顶“暗窗周围饰有飘拂状的大红幡形彩绘”。 后室:东西壁各绘五枝花卉;后壁一龛以彩饰边,内绘一枝花卉;顶绘天象。

A型墓,墓道部分除李徽墓简报中提到此墓墓道“原绘有图案”外,其余各墓简报中均未加说明。现存壁画皆发现于甬道和墓室。

杨氏墓壁画全部剥落,内容无从查考。

李泰墓壁画残存的内容是西安地区高宗时期墓葬壁画中常见的题材[54]。这表明它是按照西安地区唐墓的做法绘制的,同其墓葬形制的情况相吻合。

李徽墓壁画是A型墓中保存最好的。它的内容和内容安排有四点值得注意。

第一,墓室影作木结构的立柱、斗均以砖砌,凸出壁面约5厘米,上面加以彩绘,效果良好。影作木结构是中原北方高宗至玄宗开元时期墓葬壁画中常见的内容,不过均是彩绘。以砖砌,李徽墓尚属首例。

第二,墓室北壁立柱西、西壁立柱北各三扇花卉屏风在西北角衔接,成一折绘的六扇屏风画。屏风画在中原北方唐墓壁画中多有发现。太原郊区新董茹村万岁登封元年(696)赵澄墓[17]和与其时间接近的金胜村M4[18]、M5[18]、M6[19]及金胜村唐墓[20]等均在棺床左、右、后面的壁面折绘出八或六扇树下人物屏风;西安时间最早的是天宝四年(745)苏思勖墓墓室西壁绘的六扇树下人物屏风。李徽墓比太原郊区新董茹村、金胜村墓略早或接近,两者较西安苏思勖墓早近半个世纪以上,说明屏风画是武则天时期(684—704)前后地方墓葬流行的装饰形式[54]。

第三,墓室北壁立柱东绘鞍马与控者。将鞍马、控者绘在墓室,唐代中原北方以太原郊区金胜村M5绘制的为最早,时间与李徽墓相近。西安地区开元十七年(729)才出现类似的情况[55]。由此可见,这种安排也可能是地方墓葬先流行起来的。

第四,墓室西壁立柱南绘花卉,加上六扇花卉屏风,全室壁面三分之一多绘的是花卉。这是同时期其他壁画墓中所不见的新情况。西安地区唐墓墓室成片绘制花卉的做法，以天宝十五年(756)明威将军(从四品)高元珪墓[55]为最早。因此，李徽墓出现的这种情况似与其他地区关系不大，怀疑可能同他生前“恬淡自居，清贞寡欲”[56]的生活有关。

李徽身为郡王，墓葬形制又是按照西安地区唐墓设计修建，但壁画情况实出人意料，主要内容和布局与西安地区同时期同等级墓相去甚远，而与太原郊区等地方墓主人身份较其低的唐墓的做法如出一辙。李徽墓的一些做法虽然在后来的西安地区唐墓中出现，但至少是最初采用者的身份都较他为低，甚至低一个等级。由此可见，李徽墓壁画可能是按地方流行的做法，以低于他的等级安排的。

李欣、阎婉墓甬道绘男侍吏，阎墓靠近甬道门者持仗。这种做法目前在其他唐壁画墓中还未见到。张九龄墓甬道绘侍女，墓室东壁绘青龙，可推知西壁与其对应的部位原可能绘白虎。将青龙、白虎绘在墓室，唐代中原北方见于金胜村M6和金胜村唐墓，但位置与张不同，它们是在方锥形或覆斗形顶的下部按方位绘出青龙、白虎、朱雀、玄武四神。可见李欣等三墓的壁画布局较为特殊。这样的布局，显然不像是从它们以前的唐壁画墓演进而来的，我们推测可能是受南方隋唐画像砖墓画像镶嵌位置的影响而出现的。湖北武昌郊区发现的隋至盛唐时期画像砖墓的画像砖，持仗男侍吏像均镶嵌在甬道左右两壁；侍女像有的镶嵌在甬道男侍吏后，有的镶嵌在墓室壁上；青龙、白虎无一例外的按方位镶嵌在墓室左右两壁中部或中部偏下[57][58]。由此观之，李欣等三墓壁画的布局很有可能渊源于此。

B型墓，青龙、白虎绘在甬道左右两壁，是冉仁才夫妇墓壁画布局的突出特点，在唐代其他壁画墓中不见这样的安排。

C型墓，钱宽、水邱氏墓壁画内容均以花卉为主。在安排上两墓略有差异，钱宽墓绘在前室左右耳室之上，水邱氏墓绘于后室左右壁和后壁一龛内。其内容与西安地区晚唐墓葬壁画流行以云鹤、翎毛为内容的屏风画[54]的情况截然不同。其原因除了可能同本地当时习俗和墓主人生前喜好有关外，还可能同墓葬形制有关。两墓数量较多的耳室、壁龛口不但占据了很大一部分壁面，而且还破坏了壁面的平整和连续性(图二,2)，不宜绘制高矮适度的人物，更不便绘六扇屏风画。

综上所述，南方唐墓壁画，内容多为中原北方所常见，体现了时代的共同特征；布局除杨氏墓、李泰墓外，其余各墓与西安地区同时期壁画墓差别显著，具有浓厚的地方特点。

四、随葬器物的种类与内容

唐代墓葬的随葬器物一般可分为四类：陶瓷俑和陶瓷动物、陶瓷模型器、陶瓷器、金属器及其他。现依年代顺序，将各墓随墓器物的内容按所在的类列成表五。

从表五中可以清楚看到，这 9 座墓依随葬器物种类的差异可以分为两组。

第一组，前三座墓，即杨氏、李泰、冉仁才夫妇墓，随葬器物四类皆有。

杨氏墓的陶俑和陶动物、陶模型器的内容组合与西安地区同时期同等级墓相近[59]。但其陶俑的制作方法为头、身分模后以铁或竹签拼插而成(图三，1、2)，与西安地区一次模成[60]的做法不同。两地同类俑的具体形象和服饰也略有差异。可见杨氏墓的这二类器物约是参照西安地区的内容组合在本地或其附近烧制的。此墓陶瓷器类均为青瓷器，其胎质坚硬，呈灰白色；釉为青绿色，开细纹片；盘口壶口较大而深，长颈，身呈椭圆形(图三，3)。这些特征与湖南湘阴唐岳州窑遗址中出土的瓷器和同类器物相同或相似[61]，表明它们可能是岳州窑或岳州窑系的窑所烧制。

1

2

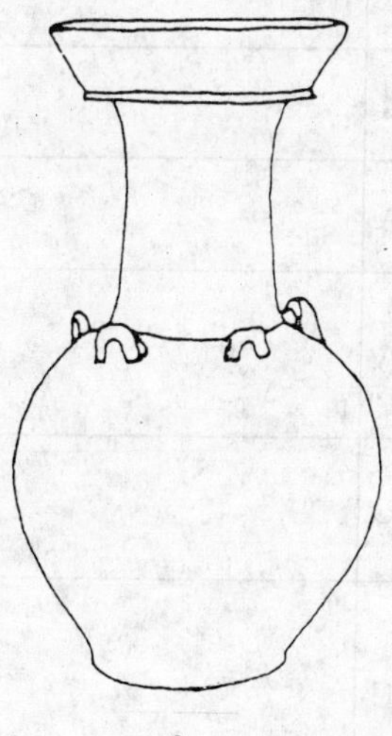
3

图三 杨氏墓出土器物

1. 陶笼冠男俑 2. 陶帷帽男俑 3. 青瓷盘口壶

表五　随葬器物统计表

墓主人	墓型	随葬器物				备注
		陶瓷俑和陶瓷动物	陶瓷模型器	陶瓷器	金属器及其他	
杨氏	A	陶:武士俑5、笼冠男俑13、帷帽男俑11、男立俑8、女立俑8、镇墓兽2、马1、猪1、鸡1。	陶磨1。	青瓷:盘口壶11、四系罐1、碗3。	√	被盗
李泰	A	陶:武士俑、小冠男俑、笼冠男俑、帷帽男俑、幞头男俑、男骑马俑、男骑马乐俑、镇墓兽、骆驼、羊、狗、猪、鸡,共87件。	陶:仓、磨,共2件。	青瓷:五系罐、四系罐、罐;白瓷四系罐;罐、钵。共18件。	√	被盗
冉仁才夫妇	B	青瓷:武士俑2、男侍吏俑27、笼冠男俑5、帷帽男俑5、幞头男俑8、武士男骑马俑6、男骑乐俑5、女立俑5、女乐俑2、十二时3、人面鸟身俑1、马6、骆驼2、牛2、鸡1、鸭1。	青瓷:屋1、案3、围棋盘1、双陆盘1、碓1、磨1、灶1、车轮2;陶靴14(双)。	青瓷:瓶1、盘2、杯2、唾盂1、烛台1、砚台1、勺1、器座1、底部有孔器1。	√	被盗
李徽	A			青瓷:盘口带流罐1、双唇罐6、四系罐11、双系罐1;褐釉瓷:双唇罐5、灯盏1;黄釉瓷灯盏1;白瓷砚台1;三彩:瓶1、龙首杯1、角杯1、方口钵1;陶:四系罐2、罐2、盆3、钵2、甑1。	√	
李欣	A			青瓷碗1;陶钵1。	√	被盗
阎婉	A			陶:罐1、钵1。	√	被盗
张九龄	A			青瓷:四系罐4、碗3、器盖1;黑瓷六系罐1;陶砚台1。	√	被盗
钱宽	C			青瓷:壶1、碗2;白瓷:注子1、碗6、盘11、海棠杯1。	√	被盗
水邱氏	C			青瓷:盘口壶1、四系罐2、双系罐15、碗1、香炉1、灯盏1、盒3、器盖1;白瓷:注子3、碗2、盘9、海棠杯1、托杯1。	√	

(“金属器及其他”栏中的“√”表示有这类器物)

李泰墓器物的种类、造型与西安地区同时期墓葬器物一致[60]，陶俑和陶动物、陶模型器的内容组合与西安地区同时期的张士贵、李凤等墓接近。这一情况同其墓志中“赐东园秘器，葬事官给”的记录相吻合。

冉仁才夫妇墓的前三类器物中，除模型器类的靴是陶质的之外，其余全部为瓷质。其胎呈灰白色，质地致密坚硬；釉为青或青泛黄色，开细纹片；造型规整、美观；制作工艺水平较高。其产地，有研究者认为是湖南湘阴窑（岳州窑）所生产[62]，此说极是。从表五显示的情况看，冉墓的器物毫无疑问是按照当时同等级墓来安排的。但在具体内容上，俑和动物类中的人面鸟身俑（图四，1）和十二时（图四，2），模型器类中的案（图四，6）、围棋盘（图四，4）和双陆盘（图四，5），陶瓷器类中的底部有孔器（图四，3），目前均不见于西安地区同时期同等级墓[59]。与之相反，这五样器物在武昌、长沙唐太宗至武则天时期墓主人身份较其低的墓中颇为流行[63][64]。可见冉墓器物的内容组合吸取了长江中游地区墓葬中部分习惯做法。

第一组墓饶有兴趣的是，李泰、冉仁才夫妇墓的陶瓷俑和陶瓷动物的数量。李泰墓87件，冉仁才夫妇墓81件。按武昌、长沙唐墓情况，十二时每墓应为12件。冉墓左右壁的12个龛（图二，1），从位置和尺寸看，有可能是放置十二时的。说明冉墓当初十二时也是12件，现存3件，另9件可能被盗。如果这个推测无误的话，冉墓加上被盗的9件，刚好为90件。这两墓的数字同文献记载的开元二十九年以前“三品以上”随葬明器“九十事”的规定[39]相符或基本相符。这种例子在西安地区同时期的“三品以上”官员墓中极为罕见。除去郑仁泰（492件）等按特殊待遇埋葬的暂且不论，就是按正常情况埋葬的张士贵（324件）、李爽（344件）、李凤（225件）等都远远超出了中央规定的数字。说明这一制度在南方得到了较好的施行。

第二组，后六座墓，即李徽、李欣、阎婉、张九龄、钱宽、水邱氏墓，随葬器物未有陶瓷俑和陶瓷动物、陶瓷模型器。

在唐代，特别是初、盛唐时期，陶瓷俑和陶瓷动物、陶瓷模型器是上至皇室、贵族成员下到庶人墓葬中的主要随葬器物之一。李徽等六座墓未用，显然不是制度上的问题，也肯定不会是一时的疏忽，当另有原因。这六座墓分别发现于郧县、韶关、临安。郧县发现的四座唐墓，除李泰墓因特殊原因有二类器物外，李徽、李欣、阎婉墓皆无；韶关、临安及其附近目前发现的唐五代墓[65][70]，也未见随葬这二类器物的情况。我们认为这不是偶然的现象，似乎说明这三地没有用这二类器物的习惯。由此推测李徽等六座墓未用陶瓷俑和陶瓷动物、陶瓷模型器可能与当地的埋葬习俗有关。

李徽墓的青瓷盘口带流罐(图五,1)、青瓷或褐釉瓷双唇罐(图五,2)是武昌一带隋唐墓中常见的具有地方特点的器物,并且在岳州窑遗址中发现了同样器形[51],表明它们可能是岳州窑或岳州窑系的窑所烧制。此墓引人注目的是,四件三彩器(图五,3、4、5、6),其中龙首杯、角杯、方口钵比较少见,角杯的

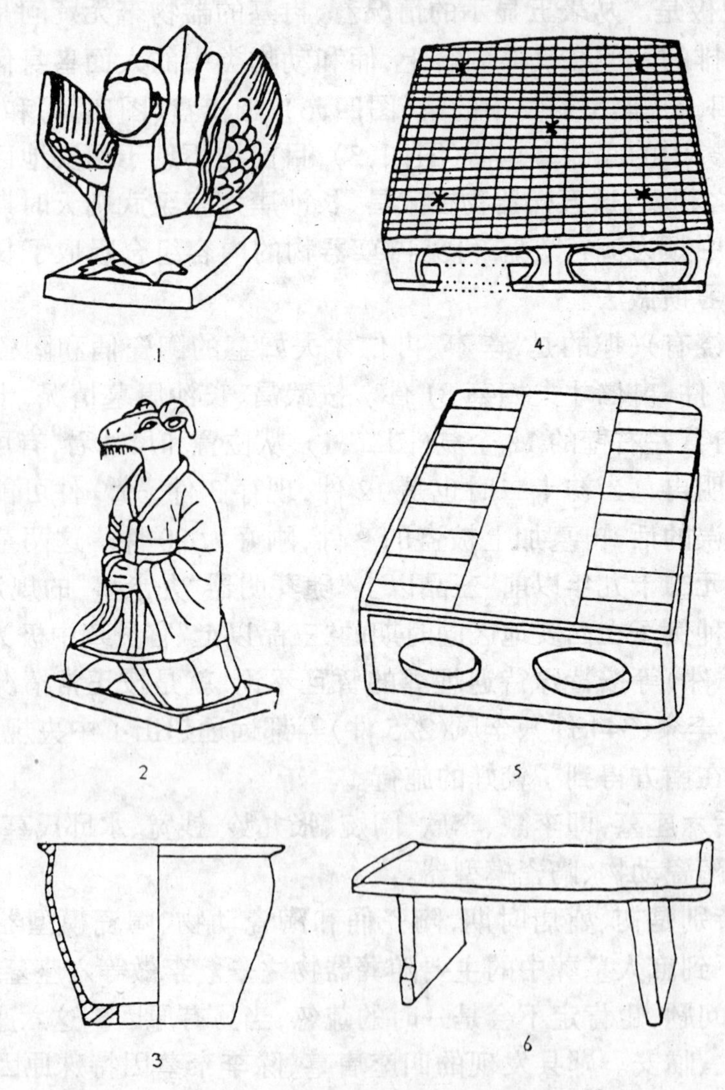

图四　冉仁才夫妇墓出土青瓷器物

1.人面鸟身俑　2.十二时　3.底部有孔器　4.围棋盘　5.双陆盘　6.案

造型乃是模仿西亚一带流行的角形器[71]。从胎、釉和形制上分析，它们均来自于中原北方。

李欣、阎婉墓出土的陶瓷器较少，并以陶器为多，质量不高。

张九龄墓的陶瓷器主要是罐（图六，1、2）和碗（图六，3、4），胎质较粗，制作不甚规整，工艺欠佳。这种器物在广东初、盛唐墓中多有发现，无疑为广东的瓷窑所烧制。

钱宽、水邱氏墓的陶瓷器类较为丰富。青瓷器中绝大多数是越窑的精品（图七，3），特别是水邱氏墓的盘口壶（图七，1），香炉、灯盏（图七，2），在釉下胎上以褐彩绘云气纹和卷云纹，在越窑唐代产品中实属罕见。精美的白瓷器更是两墓器物中的一大特色，器形有注子、托杯、海棠杯（图七，4）、碗、盘（图七，5、6）。其造型轻巧；胎质细腻、致密、洁白，有的呈半透明状；釉层均匀，色泽润莹，“白中略闪青黄”；有些器物的口和圈足等部位镶有金或银扣，特别是有些器物底外侧还阴刻行书或楷书的“官”或“新官”字款（图八）。关于这批白瓷器的产地，看法不一。有的认为“有可能是浙江本地所产的”[8]；有的推测钱宽墓的“似有较大可能来自湖南地区”[72]；有的则认为“应是定窑的早期产品”[73]。我们认为后一种意见较符合唐代瓷器手工业的实际情况。据现有的资料看，唐代南方还不大可能烧制出如此精良的白瓷器。

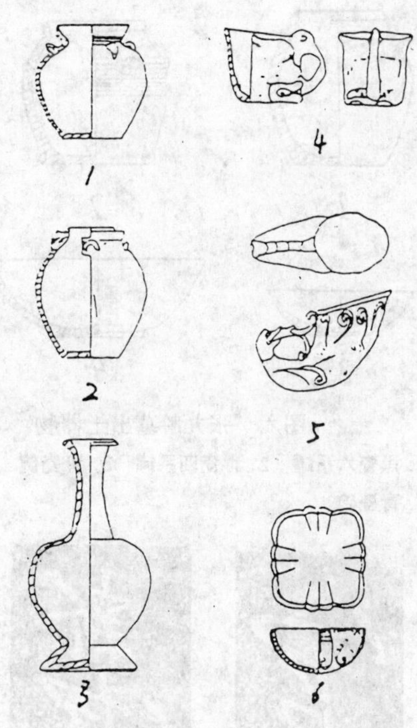

图五　李徽墓出土器物

1. 青瓷盘口带流罐　2. 褐釉双唇罐　3. 三彩瓶　4. 三彩龙首杯　5. 三彩角杯　6. 三彩方口钵

综上所述，南方唐代壁画墓随葬器物的种类，一部分墓是按照唐代较普遍流行的作法，四类皆用；一部分墓约是受当地埋葬习俗的影响，不用前二类。前三类器物的来源和内容，李泰墓器物为朝廷赐的“东园秘器”，内容组合与西安地区同时期同等级墓基本相同；杨氏等 8 座墓器物以本地区和当地制作的为主，其中有的墓使用了来自中原北方的三彩器和白瓷器，内容组合有的墓部分、有的墓则全部采用了同时期本地区或当地的做法。

南方发现的这 9 座唐代壁画墓，均是在特殊背景下产生的。各墓不但按

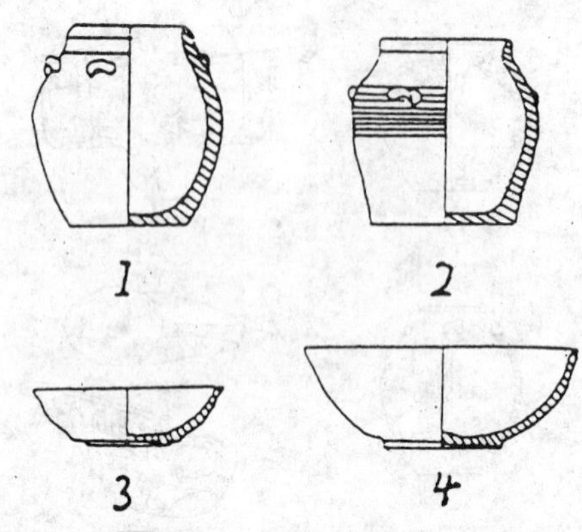

图六　张九龄墓出土器物

1. 黑瓷六系罐　2. 青瓷四系罐　3. 青瓷碗
4. 青瓷碗

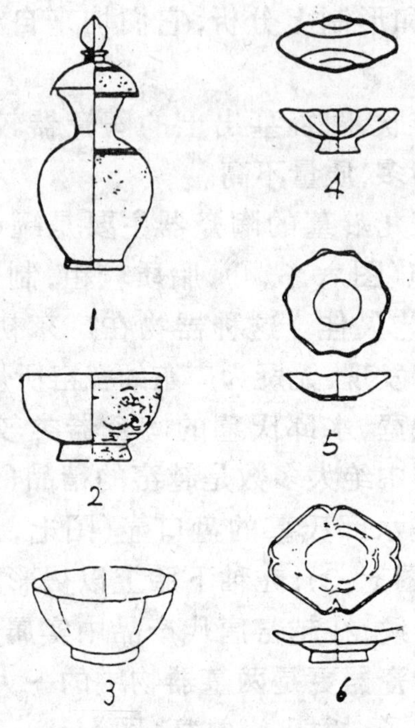

图七　水邱氏、钱宽墓出土器物

水邱氏墓:1. 青瓷褐彩盘口壶　2. 青瓷褐彩灯盏
3. 青瓷碗　钱宽墓:4. 白瓷海棠杯　5. 白瓷碗　6. 白瓷碗

图八　钱宽墓白瓷上的“官”“新官”字款

照或仿借中原北方以彩画为墓壁装饰的办法绘制了壁画，而且在墓葬形制、壁画的布局与内容、随葬器物的种类与内容上，或多或少甚至有的墓绝大部分采用了中原北方特别是西安地区唐墓流行的做法。同时又或多或少甚至有的墓大部分选择或使用本地区或当地唐墓流行的做法。它们是南方与中原北方文化结合的典型实例之一，为从考古学角度考察中国大统一时期各地文化交往，特别是考察中央与地方的文化关系，提供了有益的启示。

注释：

①孝感地区博物馆等:《安陆王子山唐吴王妃杨氏墓》,《文物》1985 年 2 期。

②李泰墓资料尚未公开发表。本文所引用的此墓资料曾得到有关先生的同意，谨此致谢。

③湖北省博物馆等:《湖北郧县唐李徽、阎婉墓发掘简报》,《文物》1987年8期。
④高仲达:《唐嗣濮王李欣墓发掘简报》,《江汉考古》1980年2期。
⑤四川省博物馆:《四川万县唐墓》,《考古学报》1980年4期。
⑥广东省文管会等:《唐张九龄墓发掘简报》,《文物》1961年6期。
⑦浙江省博物馆等:《浙江临安晚唐钱宽墓出土天文图及"官"字款白瓷》,《文物》1979年12期。
⑧明堂山考古队:《临安县唐水邱氏墓发掘报告》,见《浙江省文物考古所学刊》,文物出版社,1981年。
⑨全锦云:《试论郧县唐李泰家族墓地》,《江汉考古》1986年3期。
⑩权奎山:《中国南方隋唐墓的分区分期》,《考古学报》1992年2期。
⑪清·《夔州府志》卷32《陵墓》。
⑫宋·范坰、林禹:《吴越备史》卷1《武肃王》。
⑬《新唐书·百官志》。
⑭《新唐书·张九龄传》。
⑮诸葛计、银玉珍:《吴越史事编年》,浙江古籍出版社,1989年。
⑯陕西省考古研究所等:《唐张仲晖墓发掘简报》,《考古与文物》1992年1期。
⑰山西省文管会:《山西文物介绍》,山西人民出版社,1955年。
⑱山西省文管会:《太原南郊金胜村唐墓》,《考古》1959年9期。
⑲山西省文管会:《太原市金胜村第六号唐代壁画墓》,《文物》1959年8期。
⑳山西省考古研究所:《太原市南郊唐代壁画墓清理简报》,《文物》1988年12期。
㉑《旧唐书·地理志》。
㉒李泰墓志记载他是太宗第三子,可能是未将后宫所生的太宗第二子楚王宽排进去。详可参见《湖北郧县唐李徽、阎婉墓发掘简报》。
㉓《旧唐书·太宗诸子·濮王泰传》。
㉔《旧唐书·太宗诸子·恒山王承乾传》。
㉕《资治通鉴》卷197《唐纪》13。
㉖《资治通鉴》卷199《唐纪》15。
㉗李泰墓志。
㉘陕西省文管会:《唐永泰公主墓发掘简报》,《文物》1964年1期。
㉙陕西省博物馆等:《唐懿德太子墓发掘简报》,《文物》1972年7期。
㉚陕西省博物馆等:《唐章怀太子墓发掘简报》,《文物》1972年7期。
㉛昭陵文管所:《唐越王李贞墓发掘简报》,《文物》1977年10期。
㉜《旧唐书·李适之传》。
㉝《全唐文》卷440徐浩《唐尚书右丞相中书令张公神道碑》。
㉞《全唐文》卷355肖昕《唐银青光禄大夫岭南五府节度经略采访处置等使摄御史中丞赐紫金鱼袋殿中监南康县开国伯赠扬州大都督府长史张公神道碑》。
㉟《旧唐书·张九龄传》。
㊱孙秉根:《西安隋唐墓葬的形制》,《中国考古学研究》二,科学出版社,1986年。
㊲齐东方:《试论西安地区唐代墓葬的等级制度》,见《纪念北京大学考古专业三十周年论文集》,文物出

版社,1990年。
㊳《唐六典》卷23《甄官署》。
㊴《唐会要》卷38《葬》。
㊵陕西省博物馆等:《唐李寿墓发掘简报》,《文物》1974年9期。
㊶北京大学考古专业实习资料。
㊷陕西省文管会等:《陕西礼泉唐张士贵墓》,《考古》1978年3期。
㊸陕西省文管会等:《西安羊头镇唐李爽墓的发掘》,《文物》1959年3期。
㊹陕西省文管会等:《唐阿史那忠墓发掘简报》,《考古》1977年2期。
㊺富平县文化馆等:《唐李凤墓发掘简报》,《考古》1977年5期。
㊻陕西省文管会等:《唐临川公主墓出土的墓志和诏书》,《文物》1977年10期。
㊼中国社会科学院考古研究所:《唐长安城郊隋唐墓》,文物出版社,1980年。
㊽陕西省文管会:《西安东郊唐墓清理记》,《考古通讯》1956年6期。
㊾陕西考古所唐墓工作组:《西安东郊唐苏思勖墓清理简报》,《考古》1960年1期。
㊿昭陵文管所:《唐尉迟敬德墓发掘简报》,《文物》1978年5期。
(51)陕西省博物馆等:《唐郑仁泰墓发掘简报》,《文物》1972年7期。
(52)李欣墓志。
(53)《通典》卷85《礼》45《凶》7《棺椁制》。
(54)宿白:《西安地区唐墓壁画的布局和内容》,《考古学报》1982年2期。
(55)贺梓城:《唐墓壁画》,《文物》1959年8期。
(56)李徽墓志。
(57)武汉市文管处:《武汉市东湖岳家嘴隋墓发掘简报》,《考古》1983年9期。
(58)湖北省文管会:《武汉市郊周家大湾241号隋墓清理简报》,《考古通讯》1957年6期。
(59)王仁波:《西安地区北周隋唐墓葬陶俑的组合与分期》,见《中国考古学研究论集》,三秦出版社,1987年。
(60)中国科学院考古研究所:《西安郊区隋唐墓》,科学出版社,1966年。
(61)周世荣:《从湘阴古窑址的发掘看岳州窑的发展变化》,《文物》1978年1期。
(62)高至喜:《略论湖南出土的青瓷》,见《中国考古学会第三次年会论文集》,文物出版社,1984年。
(63)湖南省博物馆:《湖南长沙咸嘉湖唐墓发掘简报》,《考古》1980年6期。
(64)湖南省博物馆:《湖南湘阴唐墓清理简报》,《文物》1972年11期。
(65)徐恒彬:《广东韶关罗源洞唐墓》,《考古》1964年7期。
(66)杨豪:《韶关西河唐墓发掘记》,见《文物资料丛刊》第6集,文物出版社,1982年。
(67)广东省博物馆:《广东始兴晋——唐墓发掘报告》,见《考古学集刊》第2集,中国社会科学出版社,1982年。
(68)牟永抗:《浙江余杭闲林唐墓的发掘》,《考古通讯》1958年6期。
(69)浙江省文管会:《浙江临安板桥的五代墓》,《文物》1975年8期。
(70)浙江省文管会:《杭州、临安五代墓中的天文图和秘色瓷》,《考古》1975年3期。
(71)孙机:《论西安何家村出土的玛瑙兽首杯》,《文物》1991年6期。

⑫冯先铭:《有关临安钱宽墓出土“官”“新官”款白瓷问题》,《文物》1979 年 12 期。

⑬李辉炳:《关于“官”“新官”款白瓷产地问题的探讨》,《文物》1984 年 12 期。

(本文原载《北京大学百年国学文粹——考古卷》 北京大学出版社 1998 年)

唐墓壁画的社会意义

王世平

唐墓壁画是一种独特而影响很大的艺术品类，已有很多国内外学者对它进行了多方面的研究，然而，这种研究还有待于进一步的广泛、深入和具体。

说唐墓壁画独特，是指一般的壁画本来是社会性、大众性最强的美术品类，受众愈多愈好，但唐墓壁画却只是画给死者本人即亡灵看的，也就是根本没有受众，再加上事主严格的等级限制，所以明显地具有非社会性的一面。我们要讨论它的社会意义，只能先从别的几个方面，甚至是相反的方面作一些铺垫性的认识，论证的方法也不得不借助于排除法等。由于唐墓壁画数量不少，各墓所出者内容、所代表的政治等级、技法、绘制水平悬殊甚远，这里不作详细区分和个案讨论，而是把唐墓壁画看作一个大的文化整体加以研究的。

一、对唐墓壁画社会性的认识

1. 政治场景生活化与生活场景艺术化

有学者认为，唐墓壁画表现的内容主题范围只是宫廷生活、贵族生活。如果这一看法确实成立，就意味着它的主题范围只是一个属于上层的比较狭隘的小圈子，这又进一步影响到它的社会性。然而，经过观察与比较，笔者以为唐墓壁画的内容主题，并不只是纯粹的宫廷生活和贵族生活，而应该定位在从宫廷生活、贵族生活到平民大众社会生活的结合部上，这是它内容主题的重点。

为什么会有这样的认识呢？主要的依据之一：既然是宫廷生活，其中就应当包括政治生活在内，但唐墓壁画没有或极少正面表现宫廷生活、贵族生活中最重要最核心的部分，也就是身为太子、公主、大官僚其权威、地位最主要的标志和构成，即政治生活、政治等级。所有的唐墓壁画都不画或极少画墓主人（已被指认有墓主人出现的唐墓壁画，其结论能否成立都还值得商榷），也没有他们如何发号施令、统帅部属、处理政务的情景。四神一般只画青龙、白虎，也只是象征性的图案，而且从表现形式到艺术水平，似乎都还没有超出汉代卜千秋墓壁画《升仙图》的水平；宫婢、侍女是完全生活化的自不待言，即使僚属、仪卫，也只是随从主人出行、打猎、打马球，为主人做生活方面的服务而已。从这样的壁画上，我们甚至看不出墓主人是否地位极高的政治人物。懿德太子、永泰公主未闻生前有什么事迹，但章怀太子李贤却以率领一班文人注《后汉书》闻名于世，史书上说他勤奋好学、"专精坟典"，他的父亲唐高宗还曾专门就此手书褒奖。然而在他的墓中壁画上，却丝毫没有什么勤奋学习的痕迹与文化气息，相反，盛大的狩猎出行和丰富的生活场面，却容易使人误会李贤是一个耽于玩乐的纨绔子弟。笔者以为，如果说墓中的门洞象征着一重重大门，墓室象征着人间殿堂的话，那这些宫殿也只是供生活与居住的偏殿偏厅，而非处理政务内容的正式宫殿、衙署。总的来说，表现政治生活的场景普遍生活化了，这是唐墓壁画的一种处理手法，也是其一大特点。《棨戟图》是最重要的身份等级标志物，是皇族、贵族墓中必不可少的内容，其列戟的多少与主人身份等级直接关联。但就是这本来应该最认真看待的内容，在壁画中却不被重视，画出来好像聊以备数而不很认真，懿德太子墓中第一天井的《棨戟图》，东壁画12杆，西壁却画13杆就是明证。有研究者强调懿德太子墓是"号墓为陵"，享受的是超乎皇太子规格的特殊礼遇，列戟24杆是天子之礼，那么为什么天子之礼竟然会画错了呢？这种不应出现的疏漏与草率，只能说明政治等级、政治生活不是唐墓壁画中最重要的表现内容，或者说只是虚写而非实写，并没有用去画师们的主要心神。

唐墓壁画中画得最多、最主要的部分，自然是墓主人及其身边人员的生活场景，但是，就生活内容而言，也往往不是体现宫廷生活、贵族生活的最高、最豪华、最具典型性的层面。例如，身为皇太子，其起居饮食器用丰盛豪华到什么程度？其妃嫔的盛装、头饰该如何高贵精美？诸多生活服务人员该如何组织管理等等，在壁画中都没有体现出来。许多人很奇怪，唐墓壁画中的贵妇们都没有头饰和身上的佩饰，脸上看不出来如何化妆，并且都不戴令人比较关注的耳环。倒是新疆出土的墓葬壁画却有浓淡分明的面妆，敦煌壁画中也有细致入微的服饰钗环描绘。如果说这是出于一种简约化的处理,那也可以说,这至少是把宫廷、贵族生活的层次降低了而使之向平民化方向靠拢了。在唐代,上层甚至宫廷人物的生活方式向平民方向靠拢是一种常见现象,如身为太子的李承乾,如著名的"饮中八仙",都愿意追求一种不拘礼节的平民化生活方式,显得狂放不羁,等等。由此我们可知,壁画中画的是宫廷生活、贵族生活,但带有平民气息是不奇怪的事。至于壁画中的打马球、捧物侍女等,都不是皇族、贵族所专有,商人、中下级官吏未必不可为之或拥有。史书上说唐代打马球如何如何普及,所以马球并不能成为皇族最高等级生活的标志。至于章怀太子墓的狩猎出行、懿德太子墓的仪卫出行,由于做了生活化的处理,所以其区别于中下级官吏的,也只在于人数多和旗帜、车马不同。看敦煌壁画中的官吏出行图,其威势和等级氛围丝毫不亚于这二墓。还有一点,敦煌壁画中供养人的生活场景往往是按事主的要求绘制的,内容实有所指,每一个人物都很具体而真实,甚至在画上注出其姓名,但唐墓壁画就未见得真实到这种程度,所有人物和生活情节未必能对号入座,对此原因后文还要再作讨论。

壁画中皇族、贵族的生活场景的等级、层面下移了,但这又不等于说,唐墓壁画反映的就是真正的平民生活或者完全平民化了。李寿墓壁画中出现的杂役、农作、牧放都只能是贵族家中的日常生活场景,但并不是平民生活。画中的农作者与牵马、牧牛者,以及苏思勖墓壁画中的抬箱者都头戴幞头,应为家仆形象,地位比社会上的农夫高。即使被有些学者认为是反映平民生活的长安南里王村唐墓壁画《饮宴图》,从其饮宴者身旁有那么多侍者、侍女在服侍,其气派和排场也难说他们就是平民,只不过是具有平民气息而已。准确点说,唐墓壁画的总体内容,反映宫廷生活、贵族生活中最高级部分的不多,而反映平民或下层生活的也很少,真正最多的就是宫廷生活、贵族生活与平民生活的结合部,即介乎于二者之间,不高不低,可高可低,处在两头小中间大的状态。壁画中出现的侍女嬉戏、戏鸭、戏马、抱鸡等,说她们是贵族人物可以,但如果去掉特定的环境背景,说她们是平民百姓小家碧玉又有何不可?她们的服饰是普通的半臂、短襦、长裙、披帛,也都是社会上一般流行服饰,并非是贵族专有。

如果说唐墓壁画中的政治生活场景是做了生活化处理的话,那么其中丰富的生活场景,又往往是进行了艺术化的处理,这是唐墓壁画的又一大特征。有些画面与其说是生活场景的再现,倒不如说是生活人物的艺术化展示。例如著名的永泰公主墓《宫女图》,那么多美女荟萃一起流光溢彩而娇艳动人,如同今天的模特表演一般莲步轻移、婀娜多姿。但这未必就是生活的实际,图中出现的人物集中方式完全是艺术造型的需要,每个人的姿态、位置,也包括她们之间的距离,都做了精心设计与安排,是一种高度美化的艺术构图。换句话说,壁画在这里强调的已经不是如何做生活上的服务,而是努力用艺术的美来构建墓室的总的氛围,美在这里是高于具体生活服务要求的,成为画师们主要的追求。

2. 唐墓壁画的礼仪性

唐墓壁画的礼仪性究竟如何,或者它在多大程度上是礼仪性的?

一定时期的礼仪,基本上是同人的社会地位紧密关联的,按照古代儒家"君臣父子"的排序,政治地位要高于家庭地位,所以在礼仪中,政治礼仪当然也是第一位的,而且着力强调政治上的威严、庄重甚至神秘。在这方面,同属丧葬文化的唐代墓园尤其是帝王陵园,其礼仪性是正规、清楚而明显的:一圈一圈的外城、内城和高大的陵阙拱卫着陵丘;石翁仲排列有序,表情肃穆,身着正规的冠带之服,连腰带上的组、绶、佩饰都一丝不苟;神道上的华表、瑞兽井然有序,它们共同突出和烘托了强烈的政治礼仪气氛。这种正规礼仪在墓中也有表现,如懿德太子石椁线刻《盛装宫女图》,就是宫女们穿戴正规礼仪服饰的写照。然而,也是属于丧葬文化的唐墓壁画,却并没有像地面上的墓园、陵园那样,把正规的礼仪放在重要位置,体现出很强的礼仪性并突出政治礼仪。换句话说,唐墓壁画中礼仪色彩被削弱了。前述四神虽属于礼仪性的,却只是虚写。以被认为是最典型、最正规礼仪场面的懿德太子墓仪仗、侍卫图来说,有学者考证为大朝仪仗,但笔者觉得对此还有商榷的余地。从严格的礼仪角度衡量,它们如前所述也是做了生活化的处理:所有人员都穿着在唐代社会中最常见的圆领袍服便装(即典型的"胡服"),根本不是大朝会中应该穿着的正规的冠带礼服,也没有按照严格的方位、次序进退行止行礼如仪。倒是李寿墓壁画中人物戴进贤冠、着朝服,还显得比较具有正规礼仪色彩。有研究者仔细分析了懿德太子、章怀太子墓壁画中的几十面仪仗旗帜,旗帜图案能和有关文献对号入座的只有3面,其余的都难以确定是否太子仪仗旗帜及其礼仪用途。唐朝很严格的职官制度在这里看不出来,甚至本来区分人物身份等级高低直接标志的服色,在图上也显得有些不太认真,所有穿不同服色的人都混在一起,并没有区分出孰尊孰卑(按其服色应当相差好几级)。这样的情景无论凶礼、吉礼都算不上，怎么能是大朝仪仗？所以这也只能是在虚写礼仪。画中出现的宫女同样都着常见的便装，甚至还有不少穿男装的，礼仪色彩更加削弱，也完全没有显示出唐朝的命妇品级制度。总之，壁画中虽然表现了礼仪，但仅仅是形式上的，在所有壁画中占的比重也不算太大。

唐朝政府规定，皇太子安葬应当用玉制而填金的哀册，而其他王公大臣则用墓志铭。哀册和墓志铭，是在墓内说明墓主身份和政治等级几乎是惟一的文字东西，也是最重要的葬仪必备物。懿德太子墓中倒是有哀册，但被追封为章怀太子的李贤，墓中却只是另外加了一方墓志铭而已。这里虽有其他因素，但我们也可看出，一则强调政治等级对死者已没有很大意义，二则封在墓中没人看到，所以在墓中往往就不像地面陵园那样强调政治等级，陪葬品的制作似乎也没有地面陵园中那样严格认真了。

礼仪性不强，不很明显，转而就使生活气息浓郁，人与人之间的距离也就拉近了，彼此关系显得自然起来。许多画面中人物的身份地位并不相同，这从他们的不同服色可以确知，但他们之间并没有表现出明显的等级尊卑关系来，至少是看不出来的：在上者不显得横傲，在下者也不露怯色；不同服色者在仪仗队中无分彼此并肩前进，大家都不卑不亢，泰然处之。壁画中只有“给使”即阉人们的神情是猥琐而恭敬的，这与盛唐之前人们对宦者的卑视有关。

3. 唐墓壁画究竟表达出何种情感

作为丧葬文化，按理说似乎应当表现出感伤、痛苦的情绪，特别是章怀太子、懿德太子、永泰公主三大墓，墓主均不寿而逝，安葬他们的唐中宗身为他们的兄弟、父亲而心情悲痛，墓中壁画更应当体现出痛悼之情才对。然而，古代中国的丧葬文化在形式上要求感伤、悼念之情，实际上却并非一定如此。唐代以前，丧葬文化究竟表达何种情绪，还可以作新的探究。著名的长沙马王堆汉墓，丧葬文物极其丰富并完好保存至今，我们却无法得出其基调是表示悲伤的结论。很明显，其着力构建的升仙、羽化氛围，是早期道家即黄老思想的丧葬观念，这种观念把丧葬当成一种升仙的过程，生就是死的开始，死又是再生，生生死死，往复不已，死并不是一件悲伤的事情。

比马王堆汉墓名气更大的秦始皇兵马俑，在总体上表达的是何种情绪，引起了很多的争议，而且至今众说纷纭。有人说是因强大而自豪，有人说是悲伤痛苦，有人说是胜利者的喜悦，不一而足。笔者以为，秦兵马俑是以战胜者的姿态君临天下，面向东方，具有的应该是胜利者的满怀豪情。虽然，他们拱卫的是已经逝去的秦始皇，但秦兵马俑并不是一个代表丧葬礼仪的出殡队伍，大部分研究者对此已取得共识；而最近发现的秦俑身上施绘的五颜六色，就更有助于判断这一点。

西汉大将霍去病不幸早亡，汉武帝发长安几十万将士穿黑衣为他送葬，极度的哀痛不言而喻。这似乎意味着霍墓表达的应当是最大程度的哀痛之情。但是，从现存的霍墓前石刻作品来看，却完全看不出这一点，相反，霍墓石刻传递出的壮怀激烈和胜利豪情却是中国古代少有的。

唐昭陵是唐太宗李世民的陵墓，除山陵高峻雄伟、有几百位当代精英陪葬而尽显豪情外，还有着举世闻名的石刻作品“昭陵六骏”。它们寄托着一位老军人对壮烈战死的战马的生死之情，但更多的是对大唐创业艰难的深情眷顾，是对子孙后代“毋忘历史”的肺腑告诫。由是，从丧葬文化的角度说，昭陵所表达的积极、达观的豪迈情绪和精神感染力，在中国所有的帝王陵中也是罕有其匹的。

乾陵是唐高宗与武则天的合葬陵，而以壁画出名的懿德太子、章怀太子、永泰公主三大墓则是乾陵的主要陪葬墓。这三大墓建造之时，唐朝的政局不稳而且混乱，武氏的残余势力仍很强大，唐中宗以及他手下的大臣们，怀着十分复杂的感情，为顾全大局将武则天恭敬如仪葬进了乾陵，乾陵的许多事情就是由这种理性与感性的相悖而造成的。例如，武则天将难以下笔的巨碑不着一字留给了后人，而作为后人的唐中宗，又该如何去对母亲作出评价和表达感情？最终，这通大碑就只能成为无字碑。出于同样的原因，中宗要考虑母亲留下的政局，他就无法对被母亲杀掉的章怀太子和懿德太子、永泰公主表达太多太深的感情，于是这三大墓所体现出的整体情绪只能是克制而含蓄的。是政治上的大局与唐代的时代风尚，共同决定了乾陵整体的文化格局与感情氛围，唐中宗个人无论有什么样的感情也不得不退让了。

以上几个例子告诉我们，古代墓葬应当表达的情绪是一回事，而实际表达出来的情绪是另一回事。古代的中国人用一种十分达观、积极的态度去对待生与死，“红白喜事”的俗语，里面就包含着中国人对待生死的辩证法观念。我们现在看到的唐墓壁画，总体上的感情色彩并不强烈，而具体人物也没有什么悲伤情绪、至少是让人难以觉察的。反之，还有不少墓葬壁画总的气氛是欢乐而明快的，这甚至使人感到困惑不解。

4. 唐墓壁画是否特别强调伦理道德

我们知道，唐朝是一个相对开放、人们的生活自由程度比较高的时代，而这就意味着传统儒家文化与思想的核心——伦理道德的削弱。不仅一般人的生活中传统道德观念淡漠，在男婚女嫁等方面受限制较少，妇女的相对地位在中国古代是最高的，而且上层、最高层也经常传来宫闱丑闻，“弑父”、“乱伦”之类的事屡屡发生，并且影响到最高的政治格局。公主一再改嫁在唐代是平常的事，而李世民、武则天得以登上最高的政治宝座，杨玉环能当上专宠在一身的贵妃，也是对传统伦理道德叛逆的结果。人们在生活中往往注重感性，注重情感，同时很容易突破不同民族、不同等级之间的限制。这些，在壁画中是如何反映的呢？

首先，我们可以确定，壁画中并没有显示出很严格的传统伦理道德观念。

传统儒家伦理道德的一些核心观念，在壁画中要么非常淡漠，要么完全没有体现。例如，天地君亲师、男尊女卑、夫唱妇随、父慈子孝、兄弟敦伦、男女授受不亲等要害问题，以及在后代被权力强调的“忠”、“义”、“节烈”等，在壁画中就几乎看不出来或很不明显。

其次，壁画中的许多内容与形象，已不仅仅是对传统伦理道德观念的忽视，有些简直是离经叛道了。据笔者不完全的统计，唐墓壁画中女性着男装的比例甚高，这不但是对美与时髦的追求，是女权意识的某种觉醒，也是对传统的男权社会的一种挑战。按照当时文献的记载，唐朝政府一再下令，要求妇女们特别是贵族妇女，要检点自己的着装以维护风纪，禁止不戴面罩、袒胸露肩，但此类禁令的一再发出，本身就证明了这种现象是普遍存在的现实，它同样在壁画中得到了清楚的映证。壁画中我们看到了对妇女胸部的着意刻画，用线条勾勒出双乳，并且无论尊卑都不带面罩。野史上有唐代宫女们类似今天同性恋的记载，而壁画中两位侍女相搂抱的画面，以及那么多的男装、女装侍女同在一起，不知是否是同性恋意识的某种流露？长安南里王村唐墓所出《六屏仕女图》，贵妇身边屡有男侍（如果确定是男侍的话），这种以往壁画中犯禁的画面，只能以唐代传统伦理道德观念的淡漠来解释了。

5．作者们有没有创作的自由度

高等级的墓葬文化在中国也包括在世界各地，都应按一定的规程与设计构思来进行创作，表达一定的礼仪程式和崇敬、哀悼之情，参与其事的匠师，似乎不应该有什么创作上的自由度。然而我们看到的考古实际，却并非想象中的那么严格。即以法度最森严的秦兵马俑而言，面对俑身上的五颜六色以至绿色的脸,考古学家也无法作出一个合理的解释,恐怕只好说是工匠们(或具体施工指挥者)在自由发挥、各施所好了。茂陵霍去病墓石刻群,被誉为中国第一组大型石刻群,但也正因为其第一,过去没有成例可循,所以表现出更多的自由度来。中国的帝王陵陵园规划布局,到唐代形成制度,但仍有不合规范的情况屡屡发生:因帝王们的特殊喜好,帝陵上分别用外来的犀牛、鸵鸟和战死的骏马刻石成像取代瑞兽,作为陵园中的主要纪念物,这简直是对原有价值观的一种悖论了。至此,既然连纪念性、礼仪性最强、最严格认真的陵园石刻都可以作出调整与改动,那墓葬壁画出现稍微自由一点的创作,也就应该是顺理成章的事。

首先,唐墓壁画中有许多内容不可能是规定内容。我们看到的壁画中,如前所述,有侍女嬉戏、戏鸭、抱鸡而且着装随便的生活化场面,《饮宴图》中宴会上的手舞足蹈,抓食物入口浪漫而随便的气氛,都只能是由即兴发挥而成。

其次,也许是由于时间仓促,若干壁画明显有草草画成的痕迹,不但起稿的草线尚未擦去,甚至还有的来不及填上颜色。在这种情况下,恐怕也没有时间去做严格的全盘统筹规划,许多不重要的地方,只能让画师们去各自发挥了。

再次,壁画中流露出的生活倾向与文化倾向,未必就是墓主或建墓者的意愿。前边举出的例子,爱读书、能做学问的章怀太子李贤墓壁画中,完全没有读书、学习的任何痕迹;而处在母亲武则天十分猜忌情况下的李贤,在生活中是否可能带领大队人马去狩猎出行(这应当是严重犯忌的事情),也恐怕值得商榷。画面上的许多事情未见得是墓主人实际做过的,但在唐朝社会可能发生过,即不一定具有具体的真实性,而只是具有社会的真实性。同时,它们也反映了画师们自己的价值取向,即画师们认为这些内容是美好的,是高级人物生活中应该出现的,于是就将它们画入壁画中去了。是画师们用自己的社会知识与意识拓展了壁画的社会性。

最后,画师们来自社会各方面,他们的艺术修养及社会阅历都是多样的,很难用一个单一的标准去框定,这也影响到壁画创作中的自由度。

关于画师们的组成,许多研究者已有专文发表,甚至细腻到具体研究画师们的笔触,即分析他们本来是擅长画某种画的而现在改画壁画了。其结论是画师们由社会画家、宫廷画师共同组成,或者是受到宫廷画师的指导,这些结论应该说都是可以成立的。唐代社会上一般画师地位不高,但上层人物精于绘事者甚多，像阎立本那样身为大臣却又被太宗召去画写生、自己引以为耻的事，说明了唐代画家多样的构成与复杂的处境。我们据此不能排斥画墓室壁画的画师中有的可能身居高位，这又可引阎立本曾主持昭陵总体设计的先例。考虑到懿德太子、永泰公主、章怀太子等多处大墓壁画同时绘制于公元706年，其工程浩大而工期很紧，画师的动员范围必然很广，否则是无法按期完成的。这样，画师们的组成来源不一和所代表的社会阶层、文化流派各异，除了具有艺术方面的多元化价值与意义外，也必然使壁画创作更增加自由程度。

最能说明这方面问题的是《观鸟捕蝉图》。表现深宫幽怨、宫人痛苦而寂寞的内心世界，在唐代文化中是常见的题材。其事也真，其情也深，情真意切，所以创作出来往往十分感人。但这种细腻而委婉的感情只能是出自宫人自身和社会对她们的同情，而决不会出自太子、公主即她们的主人。《观鸟捕蝉图》完全是画师们情感世界的自然流露，是他们代表社会对宫廷生活中阴暗一面的现实主义关注、同情与批判。这种宫廷题材作品，开了日后著名的《虢国夫人游春图》、《捣练图》、《簪花仕女图》的先河。

画师们有了某种程度上的创作自由，他们画出来的壁画也就有了更多的社会性，反映的社会面会更宽广。如果这一推论得以成立，那就可以进一步判断，壁画的社会性主要不是取决于死去的墓主人，而是取决于画壁画的人。那些实际并不存在的受众，因其特别的社会地位可以导致墓葬壁画的产生，却无法左右壁画的创作过程及其内容。

通过前文的讨论，我们粗略地从几个方面谈了唐墓壁画的有关问题，这里可以大致归纳如下：唐墓壁画具有政治色彩与礼仪色彩不很浓、悲伤情绪也不很明显的特征，它的表现内容主要是宫廷生活、贵族生活与平民生活的接合部，范围比单纯刻画宫廷生活、贵族生活要广泛得多；唐墓壁画体现的人的等级性不很严格，人与人之间没有非常森严的界限，这就使它容易体现出更多的平民气息；唐墓壁画没有很严格的伦理道德限制，并没有把自己藏在虚幻的道德楼阁中而与世隔绝，这实际上是同唐代社会的现实相吻合的，找到了同社会密切相关与联系的契合点；唐墓壁画的宗教氛围不浓，倾向性也不强烈，这就避免了受制于某种特定宗教的局限性，不仅表达起来更加自由，而且也使它更容易为受众接受——如果它真有受众的话；唐墓壁画的作者们来源不一，且有一定程度上的创作自由度，从思想情感到创作手法都比较多样，他们为唐墓壁画增加了更多的社会性。

所有这些，归结到一点，就是唐墓壁画能够突破政治的、上层生活的、伦理道德的、情感的、宗教的各种局限性，从而使它能够置身于一个较大的时代空间并表现出相当的社会性来。我们讨论它的社会意义，其切入点也就在这里。

二、唐墓壁画的社会意义

唐墓壁画的社会意义可以从以下几个方面去考虑。

1. 揭示出鲜为人知的宫廷生活面，从而丰富了唐代社会生活的内容，使唐代人与人复杂的等级差别及彼此关系变得形象而直观。

唐代宫廷生活同历代宫廷生活一样，是属于社会生活的一个特殊组成部分，但它的包括范围非常狭窄，而且处在与社会相对隔绝的状态下，一般人根本无从得知，充满了神秘性与封闭性。

唐墓壁画的成批发现，给了我们探讨唐代宫廷生活、贵族生活的宝贵机会。它的内容比较丰富，涉及的主题是多方面的。一些大构思、大场面固然可贵，而一些不经意的小品也能说明很多问题。与陶俑等文物不同的是，壁画表现的不仅是具体的人，还包括场景、情节在内，可以看出人的动作、排列出的队形和相互间的互动关系。如《仪仗出行图》、《狩猎出行图》等，就不是组合关系与变化关系不明显的唐俑所能比拟的。

唐墓壁画同整个唐代绘画一样，人物画在其中占了绝大的比重，其他如花鸟画、山水画都处于萌芽阶段或陪衬的地位。这样，唐墓壁画在本质上就是入世的而非出世的，人是唐墓壁画最主要的表现对象，是西方学者所谓的人本主义而非自然主义的，而人所具有的最根本特性也就是社会性即包含在其中了。人与人之间的复杂关系及地位差别都通过画面直观地显示出来，这成为学者们研究的专门话题。

2. 展示了唐人的生死观念与对丧葬文化的基本态度

唐人继承了秦汉时的“事死如事生”生死观念，但又有所发展。唐朝的丧葬文化一般都以寄希望于未来的积极姿态去面对死亡，这与佛家、道家的涅槃、轮回、升仙观念比较吻合，与前期儒家的朴素生死观念实际也不冲突。唐朝的丧葬文化不是简单地还原事主生前的生活原貌，而是撷取生活中最有价值、最美好的部分加以着意表现，像秦汉时在墓中陪葬陶厕那种极端的写实主义做法，在唐代是消失了，这又体现了唐人价值观与秦汉时的不同。当然，壁画中体现出的美，未见得就是墓主人自己的追求，他们生前的喜好与价值观，也许就随着他们的逝去而永远湮没了。

把丧葬过程变成一种美的追求，或者说是新一轮美的开始，使美伴随着生命通过丧葬而轮回，这折射出唐代丧葬文化中最积极、最有意义的部分。从这个角度讲，秦汉时的所谓丧葬文化，只是极力真实地还原现实生活、维持现实生活；而唐人的丧葬文化，除了有选择地再现生活中属于美与幸福的那一部分外，却是借机对现实生活加以美化，具有源于生活又高于生活、美于生活的创造性品格。具体处理手法上又有着前文所述的政治场景生活化，而生活场景艺术化的讲求。壁画中很少有狂放激烈的情绪化表达，对死亡都做了淡化处理，这种克制而中庸的情感表达方式影响到有唐一代整个的绘画美术，甚至又传递给后世的绘画。将美与艺术变成丧葬中一种独立的追求，这也可以说是中国古代最值得称道的丧葬文化了。

3. 通过对生活场景的描绘正面表达了唐人的精神世界以及唐王朝的时代精神、社会风貌

如前，唐墓壁画有与世隔绝的一面，社会对深埋在墓葬中的壁画也谈不上有什么需要，但相反，唐墓壁画却无法离开唐代社会，对社会充满了依赖性。这些依赖包括文化的、技术的、思想情感的、精神的各个方面，并深深地植根于其中。这是唐墓壁画的社会性从自身角度而言的一种曲折的体现方式。

我们可以说，首先是唐人的思想与精神哺育了唐墓壁画，并成为壁画基本风貌，甚至极而言之是其能够出现与存在的支撑点。离开了唐人积极而强烈的精神要求，唐墓中是否还会有壁画，以及有壁画又会成什么样子，恐怕是很难想象的。有人会说，在墓中画壁画并不自唐朝始，很早以前就有墓葬壁画了。但我们也可以反问，为什么唐以后很多时期是不在或很少在墓中画壁画的？这原因并不难找，即墓中画壁画主要是一种精神追求与文化追求，倒不是出自什么物质功能上的实际功能追求。我们知道，很多墓中只有象征金山银海或荣华富贵的陪葬品却无壁画，或者虽有也往往是内容空虚，形式上苍白无力，人物猥琐呆滞，气韵卑微低下，甚至主人与仆人的身量大小都悬殊甚远，等级关系被强调和夸张到极端的地步。这些差别不是别的，正是不同时代的精神追求和社会风尚的巨大差异所造成的。

其次，唐墓壁画受了社会风尚的影响与支配才得以产生，反过来，它又直接还原了唐人的精神风貌与时代气息。壁画中所绘人物，身份高者低者都有，

身份高者且不说，即使是最低的仆婢、牵马、架鹰、驯兽人以及乐工、侏儒，一个个都显得神闲气定，从容不迫。他们身份固然不高，但他们在人格上却一点也不低下，精神上是饱满而健全的，与所谓的低三下四或奴颜卑膝有着霄壤之别。更有意气风发、张扬个性如《马球图》、《狩猎出行图》中人物，其热切追求在急如闪电、风驰电掣的高速运动中去感受自我，在奋力拼搏甚至有可能坠马受伤的激烈对抗中去寻找人生的价值，这种精神风貌是典型的唐人精神风貌，给人留下的印象是深刻而难忘的。而群美毕集、气度娴婉的永泰公主墓《宫女图》，所有人物集中体现出的高雅华贵与绝对的自信，使我们有理由相信，即使是她们的主人在世，也未必就能有她们那样的气度风范和光彩照人。

壁画中的人物如此，以至动物也是如此，对它们都做了人格化的精神、气质方面的刻画。《狩猎出行图》中奋蹄疾驰的骆驼，在整个中国古代的绘画中都属罕见，而肥硕强健、姿态各异的骏马，也刻画得虎虎生风，具有一往无前的气概。整个来说，除了有意要丑化的阉人外，唐墓壁画中没有卑微者，没有精神上的扭曲者、颓废者与失败者，它们在总体上宣泄了大唐盛世的社会风貌与时代精神。

再次，唐墓壁画在绘画本身的指导思想与技法上也是积极而健康的，体现的是一种明朗、大胆而富于进取性的文化精神与绘画风格。这里包含着诸多的精神因素，属于唐代社会精神的范畴。墓室壁画也同样不是一门孤立的艺术品类，它无疑是整个唐代社会绘画艺术与社会文化的一部分，它的社会性由此而进一步得到强化。对此已有研究者专门作过论述，此不复赘。

4.印证了许多具体的史实

唐墓壁画中印证了许多具体的史实，这里不一一列举。

兹就《迎宾图》中插鸟羽、着白衣使者的籍贯问题谈一点自己的看法。

关于这位使者，目前各研究者有许多争议：他和别的几位使者是普通的访唐使节，还是专程来参加章怀太子葬礼的吊唁之使？他是哪一国或地区的人？其争议重点又在于他的国籍，目前有日本、高丽、渤海、新罗等不同说法。

查章怀太子李贤被册为皇太子是高宗上元二年(675)，于永隆元年(680)废为庶人，谪居巴州。这中间几次奉敕监国，但时间都不长，而且武后对李贤监国的态度一直是充满猜疑与敌意的。天后文明元年(684)李贤在巴州被杀，次年被追封雍王，但直到中宗神龙二年(706)才由巴州迁回并陪葬乾陵，后又于睿宗景云二年(711)追谥为章怀太子，墓中壁画也做了改画。

主高丽说者的主要依据是《旧唐书·高丽传》关于高丽使者服饰的记载："衣裳服饰，惟王五彩，以白罗为冠，白皮小带，其冠及带，咸以金饰。官之贵者，则青罗为冠，次以绯罗，插二鸟羽，及金银为饰，衫筒袖，裤大口，白韦带，黄韦履。"《北史》、《隋书》、《新唐书》等也有类似的记载。比照《迎宾图》上白衣使者的服饰，与这段记载无疑是完全相符的。

然而，从上述时间看，要说这是李贤以太子身份监国时会见过的外宾，其最早也只能在675年，但高丽已在唐与新罗的夹击下于乾封三年(668)亡国，唐朝在高丽都城平壤设立安东大都护府，所以该使者不应是高丽人。至于说是参加章怀太子葬礼，那高丽亡国已久，也就更不可能有高丽使者。

又有学者根据史书中关于日本使节粟田真人服饰的描绘，认为图中白衣者也可能是日本人，但比照文献和图中服饰似乎不很契合，明显不如上述高丽服饰的相符程度，故其说法比较勉强。同时，日本赴唐使节称遣唐使，每一批到唐的时间都有明确记载，其中并无能与章怀监国、葬礼时间相吻合者，故日本人说似可排除。

日本学者西谷正教授近又提出渤海人说。然而，他主要是从705年前后，渤海与唐交往频繁这一点立论的，笔者以为，这一段时期新罗与唐的关系并不比渤海差，双方来往也很密切，所以仅以此主渤海说根据似嫌不足；关于渤海服饰，西谷先生也只是推测可能受到高丽服饰影响而已，并没有确据说明渤海服饰究竟如何。

笔者以为该使者应为新罗人。据《新唐书·新罗传》所载，"其风俗、刑法、衣服，与高丽、百济略同，而朝服尚白"。很显然，新罗既与高丽服饰略同，那从服饰角度而言，说该使节是新罗人也就可以成立，凡主高丽说的研究者也许是把《新唐书·新罗传》这一句关键性记载忽略了。实际上，当时的新罗不仅是朝鲜半岛上最强大的国家，而且与唐朝的关系密切，经常排在唐朝所有外宾中的第一位。公元753年，曾经发生日本使节不满新罗第一的安排，向唐政府提出交涉要求改排位次的事，但这也正好说明新罗在唐人心目中的重要地位。

关于两幅壁画中共6名使者的来意，说他们都是706年来参加李贤葬礼的吊唁之使不大可能。因为706年陪葬乾陵时，李贤的身份仅仅是雍王，国外没有理由派使节正式吊唁，而同年李重润是以懿德太子身份陪葬乾陵的，规格是所有陪葬乾陵者中最高的，墓中壁画也清楚地表明了这一点。要说有外国使节来参加葬礼，那首先应参加懿德太子的葬礼，在其墓葬壁画中也更应表现出来才对。到 711 年追封李贤为章怀太子,这时若有国外使者参加仪式是可能的,然而走在前边引导的中国官员身着绯衣而非丧服,这是难以理解的。因此,笔者不取使者是来吊唁之说。

笔者认为,这两幅《迎宾图》中的 6 位使节,就其身份而言应为实指,即每人都可找到相应的国家或地区,但将他们集中在一起则是虚指,并不一定真有这样一次外交活动。所谓虚指,是按照李贤的身份地位,他应当有资格会见这么多外宾,或者理应有这么多贵宾前来吊唁,所以这是一种曾经监国的皇太子应当享有和可能享有的礼仪规格的象征。比照前文所述打马球和狩猎出行都不一定是实写的考虑,更有可能的是,这些只是墓葬设计者或画师心目中感到应该出现的情景,是他们对章怀生前政治生活的一种美化、理想化的处理。

5. 动态记录唐代社会风貌

尤为可贵的是,由于唐墓壁画总体上的连续性,它不仅能分墓、分画面地记录唐人社会生活、精神风貌的局部状况和瞬间动态,而且能够连贯起来反映一二百年间唐代社会风貌的整体变化的趋势。前文所述唐墓壁画表现出的各方面,都既是动态的、瞬间的和局部的,但也是整体的与连续的,我们从中都可以明显地看出各个方面的发展变化脉络与踪迹。以绘画艺术而言,唐代早期的绘画艺术强调政治色彩而画面气氛严肃,是唐太宗李世民第一个把绘画艺术变成了政治表彰的最高手段,著名的《凌烟阁二十四功臣图》,赋于了工笔人物画非常特殊的崇高政治使命,但也因此大大促进了人物画的发展与进步。唐代人物画之所以能有后来的辉煌成就,与李世民的高度重视与大力促进是分不开的。传世的这一时期绘画如《步辇图》等,都是气氛严肃而凝重的,政治色彩很浓。早期的李寿墓壁画所喻示的"大唐创业辉煌"与"居安思危"严肃告诫意味,与这一时期绘画的总体风貌也是相吻合的。然而,到盛唐时期,诸多墓中的壁画已转为强调文化气息与艺术气息,用文化与艺术构建墓室氛围成了一种时尚,气氛变得轻松、愉快而高雅,这又与社会上张萱等文人工笔画的盛行是一致的。再到中唐苏思勖等墓壁画,更进一步加强表现生活气息,但艺术氛围已不如盛唐时期。苏墓中的《乐舞图》资料非常完整翔实,却缺少盛唐时乐舞图那种气韵与精神内涵。这些,都与唐代社会生活的文化追求与精神风貌变化的大趋势相一致的,或者说是唐代的社会文化与精神风貌的发展趋势,决定了唐墓壁画的内容风格的变化。有研究者分析了懿德太子与章怀太子两大墓壁画内容的不同,认为懿德太子墓壁画注重礼仪而章怀太子墓壁画偏重生活场面,但这种变化恐怕也应同唐代社会文化艺术与思想情感发展总的走向有关,而不仅仅是最高统治者对他们二人态度与情感的差别。实际上,像懿德太子墓壁画那种盛大场面和威严气氛,在706年之后的唐墓壁画中就再也没有出现过,这倒不仅仅是因为以后的墓主都没有懿德太子地位高。

三、小　结

综上,唐墓壁画在比较大的范围里,表现、刻画了唐代社会以上层生活为主的方方面面,因其集中程度高和总体数量大,给人一种大的纵深感和体量感,这是文献资料和其他资料难以比拟的。又因其形象与直观,使其刻画的都市生活、长安生活能够展现出横断面式的效果并自成一格,所包含的资料是十分独特而宝贵的。还因为唐墓壁画所反映内容具有的整体性与运动感,使我们对唐代社会的发展变化了解更为深刻。唐墓壁画所表达的内容,既属于唐代社会的一部分,同社会整体有着密切的联系,又能够与社会其他方面互成参照系数,具有很高的比较价值,使我们可以在不断地对比、互证中加深对彼此的全面了解。

(本文原载《陕西历史博物馆馆刊》第八辑)

唐代列戟制探析

申秦雁

列戟制是唐代的一项重要的等级制度,也是西安及附近地区唐墓壁画中较为多见的一项内容。那么,列戟制是如何形成的?在唐代有哪些具体内容?本文就此在前人探讨的基础上再申管见,以促进对这个问题的整体研究。

一、列戟制的形成与演变

戟是一种进攻型长兵器,它最早出现于商代,到了汉代,除了实战使用外,在居室陈设及门前仪卫中还有列戟现象。当时,上流社会流行这样一种习俗,王公贵人居室内设置兵兰,上面陈放戟、矛等兵器,以此显示其军事力量及身份等级。兵兰是木制的兵器架子,其形制有两种,一种为横置式的,一种为竖置式的。竖直式的,由两根立柱和横联的梁枋构成,上面插放数件戟和矛。在山东沂南、江苏徐州以及四川成都等地的画像石墓中①,都可以看到这种兵兰的形象资料(图一,图二),尤以东汉时期为多见。杨泓先生曾撰写专文,对此做过探讨②。这种兵兰,从其形制与用途来看,同于汉代武库的兵兰,俨然是王公贵族私人武库的象征。汉代这种私人武库——兵兰的设置,是某些地位尊贵的豪强大地主才能拥有的一种特权,因此,从一开始就含有明显的等级意义,无论是形制还是用途,都与唐代的列戟制有着直接的渊源关系。随着时代的变迁,居室内兵兰所含有的武库性质逐渐消失,变为威仪和等级的一种标志;兵兰上的武器,由具有实战意义的戟、矛等,变为纯粹仪仗性质的戟;兵兰的位置,也由居室内向院内、门外移动。这种移动痕迹,我们在隋代还能找到一些线索。隋代段济墓志中讲,开皇元年"(段济)以勋授上开府仪同三司,庭

图一　沂南画像石墓兵兰

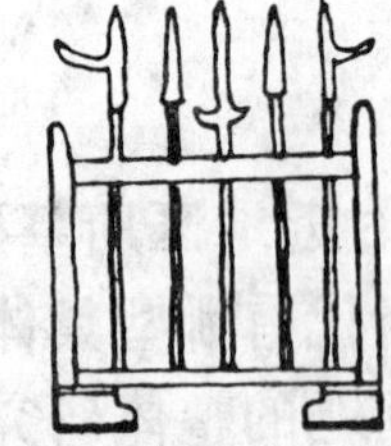

图二　徐州青山泉画像石墓兵兰

列棨戟，门施行马。”③开皇元年棨戟还列于庭院，那么，在这之前的一段时间里，列戟的位置就有可能还是在庭院之内的。甚至到了唐代初期，还存在着棨戟立于府第之内的现象。贞观四年(630)李寿墓，墓室北壁东侧绘有一庭院，院内一组乐舞伎正在表演。唐代三品以上大官，私家才可以备女乐，这个乐舞院无疑也是等级的一种标志。在乐舞院的门廊处，对称地竖立一组小型戟架，每件戟架上有七竿戟(图三)。它与天井处表现府第门前的大型戟架(图四)遥相呼应，是墓主身份等级的重要标志④。

汉代，也有门前设置兵兰的，形制较居室内为大。内蒙古和林格尔东汉壁画墓，在前室通中室的甬道北壁上，画有宁城南门外的情况⑤，最外层为一组对称排列的弩锜，弩锜前各站立一列执戟甲士，接着是一组对称排列的兵兰(图五)，上面插置数件饰有流苏的长戟，兵兰前各站立一组执剑甲士。由于壁画剥落的缘故，兵兰残缺不全，上面的戟数也不得而知。但有一点是很明显的，就是这里的兵兰，已经具有浓重的仪仗气氛，它和全副武装的卫士组合在一起，除了仪卫性质外，还是等级和权势的象征。如果要溯源的话，也就可以说是唐代列戟制的雏形。这种表示等级的列戟和手持兵器的卫士组合在一起的仪卫图，在河北赞皇东魏茹茹公主墓(图六)⑥，陕西三原初唐李寿墓中还能看到残存痕迹(图四)，只是兵兰的形制有所不同罢了。它反映了东汉直至唐初，统治者对甲兵武备的重视程度。

图三

图四

隋代，列戟已成为一种定制。《隋书·柳彧传》记载：“时制三品以上，门皆列戟。左仆射高颎子弘德封应国公，申牒请戟。彧判曰：‘仆射之子更不异居，父之戟槊已列门外，尊有压卑之义，子有避父之礼，岂容外门既设，内阁又施！'事竟不行。颎闻而叹伏。"由此，我们可以得知隋代列戟制的具体内容：1. 列戟的位置已经固定在"门前"；2. 三品以上官吏，门前皆可列戟；3. 够资格者，需要申请；4. 父子都够资格者，只能列一套。隋代，戟架是很高大的。《唐两京城坊考》卷四"静法寺"条记："（寺）隋开皇十年，左武侯大将军、陈国公窦抗所立。寺门拆抗宅棨戟门所造。"列戟的规模与气势，也可从后世的文学描写看出一斑。明代齐东野人编写的《隋炀帝艳史》中有一首《西江月》这样描写越国公杨素府门前的显赫："紫气遥连双阙，红云直接三台，槐堂棘院赫然开，棨戟横增气概。"

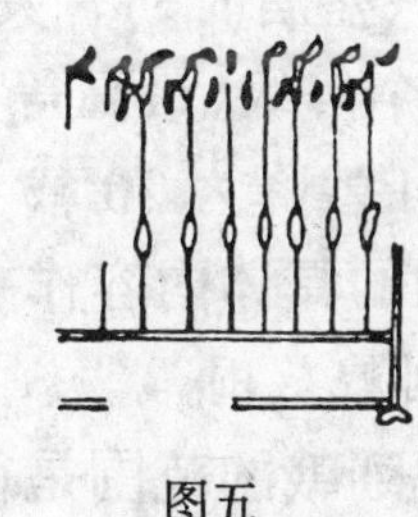
图五

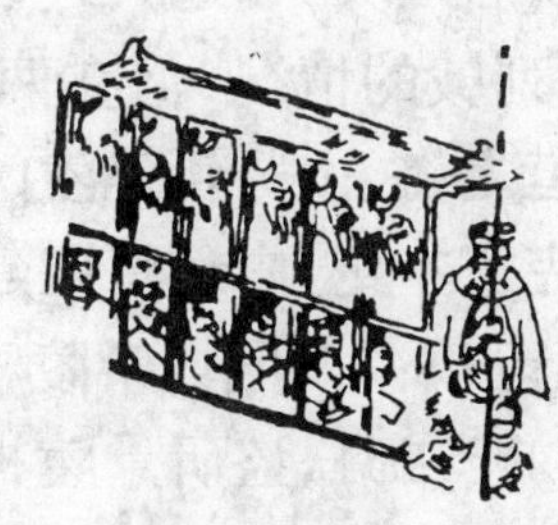
图六

唐代，由于讲究门第，崇尚豪华侈靡，从而使列戟制的发展达到更为完善的程度。列戟作为身份、等级以及权力的重要标志，受到社会的普遍承认和尊崇。两唐书中关于列戟的记载多达四十余条，唐代诗文中有关达官显贵府前戟门豪华气势的描写更是比比皆是。

宋代，仍然实行列戟制，《宋史·舆服志》中比较详细地记载了宋代官府门前列戟的情况，"若私门则爵位穹显经恩赐者，许之。在内官不设，亦避君也。"宋代以后，戟逐渐退出兵器仪仗行列，成为专供陈列以取吉祥之义的器物，列戟制也最终退出中国历史舞台。

二、唐代列戟制的具体内容

关于唐代列戟制，在《唐六典》、《通典》、《唐会要》、《新唐书·百官志》等文献中有比较集中的记载。《唐六典》卷四记："凡太庙太社及诸宫殿门、东宫及一品以下，诸州门，施戟有差，凡太庙太社及诸宫殿门，各二十四戟，东宫诸门施十八戟，正一品门十六戟，开府仪同三司嗣王郡王若上柱国柱国带职事二品以上及京兆河南太原府大都督大都护门十四戟，上柱国柱国带职事三品以上中都督府上州上都护门十二戟，国公及上护军护军带职事三品若下都督中下州门各一十戟，……"《唐六典》成书于开元二十六年，反映的当是开元末年之前即初唐、盛唐时的有关规定。由此可以看出,唐代列戟共有24、18、16、14、12、10六个等级,最高等24戟,最低等10戟。天宝六载(747),有所变动,最高等由24戟降为20戟[⑦]。结合两唐书及其他文献中的零散记载,我们对唐代列戟制的具体内容作一些探讨。

1.列戟范围

唐代列戟的范围是很广泛的,大致包括三个方面:

(1)帝王陵园

在《唐六典》、《通典》、《唐会要》等文献里,有关列戟的规定中均未提及帝王陵园列戟的情况,但在两唐书中却多有涉及。《旧唐书·王武俊传》讲:"承宗、师道之盗,……斩建陵门戟",《新唐书·王武俊传》中亦有相同记载。在《旧唐书·宪宗本纪》中还将盗建陵门戟数说得很具体:"盗断建陵门戟四十七竿。"同处还记载:"大风坏崇陵寝殿鸱尾,折门戟六。"《旧唐书·宣宗本纪》记:"(大中五年)十二月,盗斫景陵神门戟,"为此,"京兆尹韦博罚两月俸,贬宗正卿李文举睦州刺史,陵令吴阅岳州司马,奉先令裴让隋州司马。"

文献记载涉及到的,仅建陵(肃宗)、崇陵(德宗)、景陵(宪宗)有列戟。唐代从哪位皇帝的陵园开始设置列戟,已不得而知,但至少肃宗建陵时就已有。根据推断,陵园列戟当是帝王葬埋后,随之而竖立的。它与高官显贵墓葬中绘制列戟的作用是一致的。至于戟数,从建陵47竿之数来看,应为两套之数,陵园戟数属最高等级24竿。列戟的位置,应在陵园朱雀门前。

(2)官府门前

唐代,京城内的太庙、太社及诸宫殿门前,京兆、河南、太原府、大都督、大都护门、中都督府、上州、上都护门、若中都督、若下都督、中下州门前,均列戟。其等级,按朝廷规定,有24、18、14、12、10五等。太庙、太社及诸宫殿门24戟,后减为20戟;东宫诸门18戟;京兆、河南、太原府、大都督、大都护门14戟;中都督府、上州、上都护门12戟;若下都督、中下州门、若下都督诸州门10戟。《旧唐书·穆宗本纪》记:"河阳节度使陈楚奏:移使府于三城,未有门戟,欲移怀州门戟于河阳。从之。"从这段记载来看,州府门前列戟的变动,是需要上报批准的。

(3)私府门前

唐代,私人府第门前列戟,控制是很严格的,必须是三品以上,而且必须是官、阶、勋并至三品,方可申请立戟。宪宗元和年间,京兆尹上柱国元义方,官、勋均至三品，因朝廷规定中有“上柱国官三品者，十二戟”，便钻了空子，申请立戟，得到官方同意。朝议大夫守尚书户部侍郎判度支护军卢坦，因其以前曾任宣州刺史，官至从三品，又兼护军，勋亦至从三品，于是也申请立戟，得到官方同意。这两人都因阶品不够而门前列戟，被御史台弹奏到皇帝那里，宪宗李纯为此下敕，强调必须待官、阶、勋并至三品，然后方可申请立戟，并罚元义方、卢坦一月俸禄，其戟亦令官府收回。左司郎中陆则、礼部员外郎崔备、工部员外郎元礼等有关人员，也因工作不认真而被罚一季俸禄[⑧]。

私府门前列戟，有16、14、12、10四个等级。一品官16戟，开府仪同三司、嗣王、郡王、若上柱国、柱国带职事二品以上，散官光禄大夫以上、镇国大将军以上14戟，上柱国、柱国带职事三品、上护军带职事二品12戟，国公及上护军、护军带职事三品10戟。

与隋代比较，唐代私府列戟的范围有很大变化，主要表现在以下三个方面：

A. 妇女可以列戟

唐太宗的女儿襄城公主，嫁给萧瑀之子萧锐，官府要给公主另营府第，被公主拒绝：“妇事舅姑如父母，异宫则定省阙！”“止葺故第，门列双戟而已。”[⑨]这双戟中有一套就是襄城公主的。从这条资料来看，至少初唐贞观年间，妇女列戟即已出现。到中宗时，妇女列戟已成定制。《通典·职官·内官附命妇条》记：韦后专权“表请诸妇人不因夫、子而加邑号，许同见任职事，听子孙用荫，门施棨戟，制从之。”当时，太平、安乐、宣城、新都、金城等公主，都开府置官属，想必府前也都是列戟的。妇女可以和男子一样门前列戟，这是唐代妇女政治地位比较高的一种反映。

B. 一府可列戟数套

唐代，一处府第可以同时列戟数套，这有三种情况：一种是翁媳同列双戟。前面讲到的，襄城公主嫁给萧瑀之子萧锐，门列双戟，这双戟，当是襄城公主和萧瑀各一套。一种是父子同列双戟。《旧唐书·张暐传》记：张暐与子张履冰“俱列棨戟，时人美之。”《旧唐书·李晟传》记：李愿“与父（李晟）并列棨戟于门。”还有一种是弟兄同列双戟、三戟，这种情况两唐书中记载较多。《新唐书·崔义玄传》记：崔琳与弟崔珪、崔瑶“俱列棨戟，时号‘三戟崔家’。”《新唐书·张俭传》记：“俭兄弟三人门皆立戟，时号‘三戟张家’。”《旧唐书·李岘传》记得更具体：“（李岘）兄弟同居长兴里第，门列三戟，两国公门十六戟，一三品门十二戟，荣耀冠时。”《新唐书·李岘传》亦有相同记载。双戟、三戟的出现，表明唐代是比较注重个人发展的。至于双戟、三戟在门前如何排列，还有待于进一步考证。

C. 宦官亦可列戟

唐代宦官专权，到玄宗时达到高峰，宦官亦可列戟就从一个侧面反映了这一点。《旧唐书·宦官》讲：“玄宗在位既久，崇重宫禁，中官稍称旨者，即授三品左右监门将军，得门施棨戟。”《新唐书·宦者》讲得更具体：“开元、天宝中，宫嫔大率至四万，宦官黄衣以上三千员，衣朱紫千余人。其称旨者辄拜三品将军，列戟于门。”高力士、杨思勖、黎敬仁、林招隐、尹凤祥等宦官，均享有此待遇。

唐玄宗时，还出现一官在京城私府和家乡故居同时列戟的现象。《旧唐书·张介然传》记：“及加银青光禄大夫，带上柱国，因入奏称旨，特加赐赉，介然乘间奏曰：‘臣今三品，合列棨戟。若列于帝城，乡里不知臣贵。臣，河东人也，请列戟于故乡’。玄宗曰：‘所给可列故乡，京城仁当别赐。’……本乡列戟，自介然始也。”

2. 列戟的程序

唐代，戟属军器仪仗用物，统归武器署，由卫尉寺管理。陵、庙、社、官府门前列戟，由有关部门统一办理，私府门前列戟，则要按照规定的程序进行。首先，够列戟资格的官员自己要写出申请，然后交到礼部，礼部审查合格后，报至都省处，由都省勾检稽失，再转发到工部，由工部负责修造、安装，私自是不能制作安装的。如果够列戟资格，但自己不提出申请，那么官府也是不会主动问津的。唐敬宗时，“(崔从)为人严伟，立朝稜稜有风望，不喜交权利，忠厚而让。阶品当立门戟，终不请。”[⑩]

唐代，棨戟作为荣誉与地位的重要标志，也常常由皇帝直接赏赐给大臣，得此待遇，那是非常荣耀的。《旧唐书·吕諲传》记：“上元元年正月，加同中书门下三品，赐门戟。”“有司载戟及门，諲方惨服，乃更吉服迎而拜之，……”[⑪]唐宪宗元和年间，还赐戟给新罗王叔金彦昇、金仲恭、新罗大宰相金崇斌等人[⑫]。

列戟的戟数，随官品升迁而有所变动，升者，可按规定，增添戟数。如果是正常的离任，或者非贬责性的降职，列戟可如数保留。官员死后，列戟由官府收回，如果其子孙够列戟资格的话，就留下所需之数，多余者收回，不足者则补齐。戟架是木制的，比较高大，戟上有彩幡，按朝廷规定，官府列戟是五年一换，百官则不在官易之限。宪宗元和十一年(816)，李晟之子、宁武军节度使李愿上奏，叙其门前列戟由贞元年间至今已三十余年，戟竿及衣幡均已毁坏，请求按官戟五年一换之制给予更换，未被批准，但因其“家承忠勋，身著劳效”，便破了惯例，收回旧戟，更换新戟[13]。

三、考古资料所反映的列戟制

唐代列戟的形象资料，我们在文献中已很难见到了，有幸的是考古发现为我们弥补了史料记载之不足。西安及附近地区共发现唐代壁画墓四十余座，可惜的是，许多壁画因浸蚀剥落而残缺不全了，能看到列戟图的，仅有表中所示这么8座墓。

墓主	埋葬年代	身份	戟数(1侧)	列戟位置	资料来源
李寿	贞观四年(630)	高祖从弟，河北道行台尚书左仆射左武卫大将军，淮安王，赠司空	7	第四天井及墓室北壁	同注④
段简璧	永徽二年(651)	太宗外甥女，邳国公夫人	6	第一天井	注⑭
李氏	永徽四年(653)	定襄县主	6	第一天井	注⑮
阿史那忠	上元二年(675)	右骁卫大将军，薛国公，赠镇军大将军，荆州大都督，上柱国	6	第一天井	注⑮
苏君	总章元年至开元年间(668－741)	不清	5	第五天井	注⑯
李贤	神龙二年(706)	高宗、武则天第二子，追封雍王，追赠太子	7	不清	注⑰
李仙蕙	同上	中宗第七女、永泰郡主	6	墓道	注⑱
李重润	同上	中宗长子，赠皇太子	12(两副)	第一及第二天井各1副	注⑲
薛氏	景云元年(710)	太平长公主第二女，万泉县主	5	天井	注⑳

通过分析，我们可以得出如下几点认识：

①唐代有列戟图的壁画墓，均发现于京城长安附近，其他地区未见。墓主绝大多数为皇室贵戚，官品均在三品以上。墓葬规模宏大，营造规整，其中的章怀、永泰、懿德三墓，是现已发掘的规模最大、品级最高的唐代墓葬。由此来

看，墓中绘制列戟图，是反映墓葬等级的一个重要因素。

②列戟图的位置，或在墓道，或在天井，或在过洞处，以天井处最为多见，反映的当是墓主生时门前列戟的情况。列戟均对称排列，戟的数量，戟架的形制，两侧是完全一样的。从其形制来看，虽也有一些变化，但总的来讲，还是与汉代的兵兰有着一脉相承的关系的（图七、图八）。

图七　段简璧墓列戟图

③从现已发现的唐代墓葬来看，有的人官品够列戟，文献中也记其门前列戟，但墓葬中却未见绘制列戟图，是墓中壁画脱落所致，还是其他原因？《新唐书·百官志》记载："给六品以上葬卤簿、棨戟。"除了壁画绘制列戟外，是否还按品级随葬棨戟？如果随葬棨戟，也早就腐朽殆尽不被人注意了。这是今后墓葬发掘应该注意的一个问题。另外，永泰公主，定襄县主李氏．段简璧等4名妇女墓中绘制列戟，也证明文献记载属实。

图八　苏君墓列戟图

④墓葬中所见列戟，有24、14、12、10四个等级。唐代官员死后，功高者可赠官、赠勋，墓葬中戟数一般都是按死后官品绘制的，如阿史那忠死后赠镇国大将军、荆州大都督、上柱国等，戟数与品级相符。懿德太子墓绘有24戟两副，不合东宫之制，可能是号墓为陵后的特制。

⑤墓葬中的列戟，最早见于贞观四年的李寿墓，最晚见于景云元年的薛氏墓，以盛唐时期为绝大多数。从列戟图的变化来看，唐代列戟制的发展，大致可分三个阶段：

第一阶段：初唐时期，以李寿墓为代表。戟架为双层，带廊房，内站立持剑的卫士，高大的戟架，具有明显的实用性质。列戟图所反映的，除了持剑站立在戟架内的卫士外，还有一组作奉迎状的侍从。

第二阶段：盛唐前期，以章怀、永泰、懿德三墓为代表。戟架仍较高大，但已变为单层，没有廊房，因而也无站立于戟架内的卫士，仅有一组站立迎候的侍从。

第三阶段:盛唐后期,以薛氏墓为代表,戟架单薄、矮小,门前仅一名迎候的侍从。

唐墓壁画中列戟形制的变化,排除掉墓主身份、表现场面的差别外,其自身变化的轨迹也是非常清楚的,这就是由高大、复杂、实用,逐渐变为矮小、简单,仅仅成为一种象征性的标志,这与其最终走向衰落的命运是相一致的。

注释:

①南京博物院等:《沂南古画像石墓发掘报告》,图版31,1956年。南京博物院:《徐州青山泉白集东汉画像石墓》,《考古》1981年2期。成都市文物管理处:《四川成都曾家包东汉画像砖石墓》,《文物》1981年10期。

②杨泓:《武库和兰锜》,《文物》1982年2期。

③赵万里:《汉魏南北朝墓志集释》,科学出版社,1956年。

④陕西省博物馆、陕西省文管会:《唐李寿墓发掘简报》,《文物》1974年9期。

⑤内蒙古自治区博物馆文物工作队:《和林格尔汉墓壁画》,文物出版社,1978年。

⑥磁县文化馆:《河北磁县东魏茹茹公主墓发掘简报》,《文物》1984年4期。

⑦《通典·卫尉卿》(卷25);《唐会要·戟》(卷32)。

⑧《唐会要·戟》(卷32)。

⑨《新唐书·列传八》(卷83)。

⑩《新唐书·崔融传》(卷114)。

⑪《唐语林》卷5。

⑫《旧唐书·宪宗本纪》(卷15);《册府元龟》卷926。

⑬《唐会要·戟》(卷32)。

⑭昭陵博物馆:《唐昭陵段简璧墓清理报告》,《文博》1989年6期。

⑮陕西省文管会:《唐阿史那忠墓发掘简报》,《考古》1977年5期。

⑯陕西省社科院考古所:《陕西咸阳唐苏君墓的发掘》,《考古》1963年9期。

⑰陕西历史博物馆:《唐墓壁画真品选粹》,陕西人民美术出版社,1991年。

⑱陕西省文管会:《唐永泰公主墓发掘简报》,《文物》1964年1期。

⑲陕西省博物馆、乾县文教局:《唐懿德太子墓发掘简报》,《文物》1972年7期。

⑳贺梓城:《唐墓壁画》,《文物》1959年8期。

(本文原载《陕西历史博物馆馆刊》第一辑)

唐墓壁画《仪卫图》的内容和等级

范淑英

中国自汉代起就有藻饰墓壁的传统,直至唐代未衰。在近五十年的唐代考古工作中,发掘出众多的壁画墓,其中的壁画为人们了解唐代社会提供了可靠而形象的资料。

目前考古发掘的唐代壁画墓大约有百余座,绝大部分发现于西安地区。西安及其附近诸县是唐代皇室、贵戚、京畿大族的墓葬集中的地区,这里的墓葬规格高,随葬品丰富,且墓壁装饰精美。墓主身份在三品以上的墓中几乎都绘制有壁画。

西安地区的唐墓一般由墓道、过洞、天井、小龛、甬道、墓室组成。依据墓主职务的高低、封爵的大小,以及与皇室血缘关系的远近,建造陵墓时墓道、甬道的长度、过洞、天井、小龛和墓室的数量会有差别。如懿德太子墓[①],"号墓为陵",全长100.8米,有7个天井、6个过洞、8个小龛、前后两个墓室和两条甬道,是至今已发掘的唐墓中规模最大、结构最为复杂的一座。不论唐代墓葬规模、结构有多少差异,斜坡式墓道、多天井的唐墓本质上都是对墓主生前生活环境的模拟,象征了唐代高官、显贵官府与私邸廊房相接的多重院落。根据文献记载,唐代的宫殿、官府和私邸都有以壁画装饰墙面的做法。宫廷壁画如唐代著名画家阎立本在宫中的凌烟阁画二十四功臣像,吴道子在大同殿图写嘉陵江山水,陈闳在太清宫画肃宗御容。官府壁画如薛稷在尚书省考功员外郎厅、工部尚书厅画的鹤和树石[②]。私邸壁画的记载更多,如《唐国史补》言:"王维画品妙绝,于山水平远尤工。今昭国坊庾敬休屋壁有之。"[③]《卢氏杂说》记:"卢言旧宅在东都归德坊南街。厅屋是杏木梁,西壁有韦冕郎中画马六匹。"[④]《隋唐嘉话》中还有雇佣画工画住宅壁画,画工未完成壁画就逃跑了的记载[⑤]，可见当时私家建筑绘制壁画之盛。

将壁画引入墓室来源于唐人“墓为真宅”的思想[⑥]。墓室壁画注重于描绘墓主生前的地位，其主要题材大体可分为两大部分，即表现墓主政治地位、身份的出行、仪仗和再现生前奴婢侍奉、管乐丝竹等享乐场面的家内生活图。墓道部位多绘制出行、仪仗图，有的墓中，此类图像还延伸到了天井、过洞处。甬道和墓室墙壁多绘家内生活图。在唐玄宗天宝年间以前，墓中盛行绘制出行、仪仗图，所占比例及重要程度大大超过了家内生活的描绘，反映了初唐至盛唐时期，唐朝上层人物对生前地位的追求和死后丧葬规模的重视。

《新唐书·仪卫志》云：“唐制，天子居曰‘衙’，行曰‘驾’，皆有卫有严。羽葆、华盖、旌旗、罕毕、车马之众盛矣，……道路有卤簿、鼓吹。”[⑦]“衙”和“驾”明确说明了唐代仪卫设立的两种场合，一种是用于居所或朝廷的仪卫；一种是用于道路即外出的卤簿。所谓“卤簿”，本指天子外出的车驾行列，但也泛言所有外出的车舆仪仗。唐代封演在《封氏闻见记》中对“卤簿”的解释即包含了这二层含义，他说：“舆驾行幸，羽仪导从，谓之卤簿。自秦、汉以来始有其名……按字书，卤，大楯也……以甲为之……甲楯有先后部伍之次，皆著之簿籍。天子出入，则案次导从，故谓之卤簿耳……人臣仪卫亦得同于君上，则卤薄之名不容别有他义也。”[⑧]唐代从天子下至五品官吏都有卤簿，组成各异，形成不同等级。另外，与天子“衙”仗相对应，高官显贵在其居所或衙署也设立有与其身份相等的仪卫、仪仗。唐墓壁画中的仪仗、出行图即直接反映了这两部分的内容，因此可将这类图像划分为外出仪仗和门前仪仗，并应称此类图像为《仪卫图》。

在西安地区墓主为三品以上高官的唐墓中，大都绘有表示外出仪仗和门前仪仗的仪卫壁画。但即使同是三品以上的高官，由于墓主与皇室关系的亲疏，在仪卫人数、外出使用交通工具等方面仍然存在差别，这些差别明显地表现出唐代仪卫制度中的等级差异。试以李寿、懿德太子、永泰公主、章怀太子、新城长公主、长乐公主、郑仁泰7座墓为代表墓例，对唐墓壁画仪卫图的内容和它反映的等级作一分析。

司空（正一品）、淮安郡王（从一品）李寿为唐高祖李渊的从弟，葬于贞观四年（630）。李寿墓[⑨]的仪卫壁画从墓道一直延伸至第四天井，墓道壁画东、西对称，总体布局上分为两栏，上栏是飞天和狩猎图；下栏描绘了淮安郡王骑马出行的景象。骑马仪仗队由42名骑士组成，其队列分为三组：第一组三骑为前导;第二、第三组各由 19 骑组成,每组按照一、二、八、八骑的方式排布。为首一骑士手持五旒旗,其后二骑士双手勒缰,腰佩胡禄[⑩];第三组并列的二骑士还执弓,其后的八骑并为一列,每人手持四旒旗,最后一列八骑有六人手举四旒旗。骑马仪仗队之后是以代表墓主的鞍马为中心的侍从,为首一高头大马,鞍镫具全,牵马者为深目高鼻之胡人。此马应为墓主之坐骑,马后有 6 人,一人持伞盖,二人持雉尾扇,另三人持物不明(图一)。紧接此图,在一至四过洞和一、二天井部位描绘有步行仪仗 12 幅,东西各 6 幅,每幅 8—10 人,总数约有 110 多人,步从仪卫中为首一人持五旒羊旗,后多为四旒红旗,仪卫多佩刀(图二)。唐代有为官三品以上门列棨戟的制度[⑪]。李寿墓在第四天井的东、西壁绘列戟图,木质戟架上插 7 戟,戟架前有侍卫 11 人(参图六),共 14 戟、22 名侍卫。

图一　鞍马出行图(李寿墓墓道西壁)

图二　步行仪卫图(李寿墓第一过洞东壁)

懿德太子李重润和永泰公主李仙蕙是唐中宗的亲生子女,章怀太子李贤是中宗的兄长,三人皆为武则天当政时被杀的李唐宗室。李重润、李仙蕙因私下议论张易之兄弟恣意人宫,被武则天杖杀;李贤遭武则天猜忌被陷害致死。神龙二年(706),中宗恢复李唐政权后,下令为李重润、李仙蕙、李贤平反昭雪,并厚礼改葬。中宗对亲生的李重润、李仙蕙予以特制埋葬,“号墓为陵”。李贤先以雍王礼、后以太子礼葬。这三座乾陵陪葬墓都为两个墓室的砖砌墓,李重润墓全长 100.8 米,随葬品 1000 多件;李仙蕙墓全长 87.5 米,随葬品近 1000

件;李贤墓全长 71 米,随葬品 600 余件,且三墓都使用石质墓门和石椁,墓壁全部绘有壁画,其丧葬之豪华气派,非它墓可比。

图三　懿德太子墓墓道东壁仪卫图

懿德太子墓[12]所绘仪卫图在已知唐墓中规模最为庞大。东、西墓道内容相同,以代表方位的青龙、白虎导引两列出行队伍,描绘了仪仗队将出城门的景象(图三)。仪仗队由骑马卫队、步行卫队和车队组成。骑卫与步卫平列,城墙后形象清晰的骑卫近 30 人,分成 5 队,每队约 5－6 人,骑士手持七旒旗,正向城门行进。其首队似掩于高大的城墙后,仅见平列的七旒旗,推测东、西墓道壁画中的骑马卫队人数已逾 70 人。步行仪卫约有 97 人,东壁 54 人,西壁 43 人,各分 6 队,每队 6—10 人。每队队首一人执七旒红旗,有的旗帜以雉尾饰旒,有的绘有狮、豹、虎、鼠纹。仪卫皆佩横刀、弓、胡禄。骑卫与步卫之后是车队,有三架马车,车赤色,上有红色华盖,车厢左插九旒旂,右插棨戟,棨戟上画出黻纹,如两己相背之状。按《旧唐书·舆服志》:“皇太子车辂,有金辂、轺车、四望车。”其中的金辂车“赤质,金饰诸末,重较,箱画簴文鸟兽,黄屋,伏鹿轼,龙辀,金凤一在轼,前设鄣尘,朱盖黄里,轮画朱牙,左建旂九旒,右载阘戟,旂首金龙头衔结绶及铃绥,驾赤骝四,八銮在衡,二铃在轼,金鍐方釳,插翟尾五焦,镂锡,鞶缨九就,从祀享、正冬大朝、纳妃则供之。”[13]关于金辂的驾驭,《通典·开元礼纂类二·序例中》记“金辂,赤质金饰,驾四马,……仆一人驭,左右率一人执仪刀陪乘,驾士二十二人。”[14]画中辂车已大大简化,三车驾三马,马前有马夫三人,但因具备了赤质,左建旂、九旒,右载阘戟,戟画黻纹的特点,应是辂车无疑。辂车前还有 2 伞、2 圆扇、2 长扇、6 枚高柄仪仗,分列于车辕之间。圆扇与长扇并饰羽毛与贴金。唐墓壁画中以马驾车出行的情况，比较少见，除懿德太子墓外，仅发现有长乐公主墓[15]的云中车马图和惠庄太子墓的辂车出行图[16]，它们与李重润墓辂车不同的是车旗的旒数不同，长乐公主墓的云中车马图的旂为七旒，按照《旧唐书·舆服志》的记载，王公以下“诸辂皆朱质，朱盖。朱旂、旜：一品九旒[17]，二品八旒，三品七旒，四品六旒。”长乐公主墓所绘之车当为三品官乘坐的辂车；惠庄太子墓的辂车驾四马，旂有十二旒，使用了天子的车旂旒数。懿德太子墓壁画的辂车虽为太子级，但列戟图却为天子级。李重润墓第一、二天井的东、西壁，各绘 12 戟和侍卫 24 人。

章怀太子墓墓道壁画[18]仪卫图，东壁起首处是以狩猎出行形式表现的骑从队列，在远山近树的衬景之上，描绘了由近 50 个骑马人物、2 匹骆驼组成的出行狩猎队伍；狩猎出行后是客使图；再后是 10 名仪卫，这 10 名仪卫位于第一过洞廊柱建筑之前，且作伫立姿势，应为殿前之仪卫。为首一人著幞头翻领灰袍，双手拄仪刀，其后是 3 组翊卫，每组 3 人，皆头裹红抹额，身穿圆领白袍，腰佩横刀、弓、胡禄，每组中间一人执旗，三面旗上各绘熊、鹰、云纹。西壁与东壁对称，惟没有狩猎出行图，而变为绘有野外风景的打马球图。第一过洞东、西壁绘制坐、立在殿门前值宿的仪卫各三名。第二过洞的东、西壁画列戟图，各 7 戟，共 14 戟。

永泰公主墓[19]仪卫图集中于墓道部分，东壁画出城阙后的步行仪卫 26 人，仪卫只佩横刀。步行仪卫后绘有 2 匹马具齐备的骏马和 2 名胡人控者，鞍马图的位置正好在插有 6 戟的戟架前。此墓墓道西壁壁画残缺。

新城长公主（正一品）是唐太宗第二十一女，龙朔三年（663）高宗以皇后礼将她陪葬昭陵。该墓[20]壁画保存较为完整，仪卫出行场景生动丰富（图四）。墓道的东壁是以鞍马和檐子为中心的仪卫图；在表示东方的青龙后绘一朱红门，门前有 2 个拄仪刀卫士，他们应是公主府第殿门两侧之仪卫；朱红门后，是准备出门的步行仪卫，前 6 人是仪仗队的前导，为首一人穿裲裆袴褶，腰佩横刀，余皆袍服黑靴，佩刀执旗；其后有鞍马两匹，一红一白，马的形体高大，鞍鞯、鞶饰、鞅鞧齐全，鞯施彩画，装饰豪华，马旁各立一牵马人。鞍马之后是檐子图。檐子，即轿子，属步舆类，以人舁，与辇无异，因以肩担负，又可称为肩舆。永泰公主墓第五天井下也绘有檐子出行的画面，只可惜永泰墓的檐子图残缺严重，具体形式已无法得知。新城长公主墓壁画的檐子作方形房屋样，庑殿式顶，方形椽头，双层阑额，有 5 组斗栱，面宽 3 间，有轿夫 4 人。檐子一般

图四 新城长公主墓仪卫图
1. 墓道东壁 2. 墓道西壁

为妇人乘坐，唐政府规定“外命妇一品、二品、三品乘金铜饰犊车，檐舁以八人，三品舁以六人；四品、五品乘白铜饰犊车，檐舁以四人；胥吏、商贾之妻老者乘苇軬车，兜笼，舁以二人。”[21]由此可知，檐子应为朝廷命妇的乘舆，以轿夫人数区分等级。新城公主为正一品，应有8人抬轿，但图中仅有4人，可能是因为永徽中始“坐檐以代乘车”[22]，初行坐檐，尚无定制而致，也可能是一般外出使用了较低品级的檐舆。紧接着檐子图的是8名仪卫作为殿后，他们袍服黑靴，佩横刀与胡禄，双手执旒旗。这8名仪卫后，还有2名内侍步行跟从。墓道西壁仪卫图与东壁基本相同，惟檐子图部分换成了牛车图。驾车者为2名胡人，牛车车体高大，装饰比较复杂，车厢前有木质栏杆，车厢后吊帘曳地，牛车后还有侍从2人，手执高柄团扇跟从。此墓表示门前仪仗的列戟图绘于第一天井东、西壁，各6戟，共12杆。

长乐公主（正一品）是唐太宗第五女，贞观十七年(643)陪葬昭陵。该墓没有绘制列戟图，应绘戟架的1—4过洞东西壁全部空出，想必初唐时期对于公主墓壁是否绘制列戟图曾产生过争论[23]，但因施工仓促，在未定论以前即已封墓，造成长乐公主墓过洞壁画空白。初唐非常重视的仪卫图集中在墓道部分，东西两壁基本相同。云中车马图后为步从仪卫，每壁14人，前8人袍服黑靴，外著披风，为首一人不执旗，其后7人各执五旒红旗，第一面旗上绘一飞翔的黑鸟，旒端装饰雉尾；后6人著铠甲，为首一人不执旗，其后5人各执五旒红旗，14名仪卫皆腰佩横刀[24]。

郑仁泰官右武卫大将军（正三品），爵同安郡公（正二品），麟德元年(664)

陪葬昭陵。其墓[25]墓道东壁画以一匹鞍马和一匹骆驼为前导的仪卫图,驼与马背上俱搭鞍鞯,各由一控者牵拉;其后有步从仪卫9人,前5人佩刀执旗,后4人佩刀、弓、胡禄;再后是一执笏属吏面对一拄仪刀侍卫作进谒状,这两人位于墓道接近于第一过洞的建筑图前,应该是2名门前侍卫。墓道西壁与东壁基本相同,惟前导为牛车。

以上7座墓的仪卫壁画几乎涵盖了唐墓壁画仪卫图的全部内容。从壁画来看,唐代官僚、显贵用于外出的仪仗主要有乘舆(包括牛车、辂车、檐子)、乘骑(包括马、骆驼)和步行仪卫;用于官府或私邸的有殿前或门前仪卫和列戟。地位不同,其使用的仪卫也有差别。

首先从仪卫人员的身份来看。以上7墓的出行壁画中都表现了手执旌旗,佩有仪仗的仪卫队列。这些戎装的仪卫或许代表了来自唐政府诸卫、神策军的武职人员。这些仪卫最主要的佩器有三,即弓箭、胡禄和横刀(图五)。壁画中表现的一般是装弓的弓袋,有虎皮或豹皮纹路,表明弓袋为虎皮或豹皮制成,即所谓虎韔豹韬。懿德太子、章怀太子、长乐公主、郑仁泰墓壁画中的仪卫都佩有虎韔豹韬。

在仪卫身份及随身佩器上,以上7墓尽管差异不大,但在人数上,却有明显区别,以单壁绘画仪卫数计,可划分出三个等次:

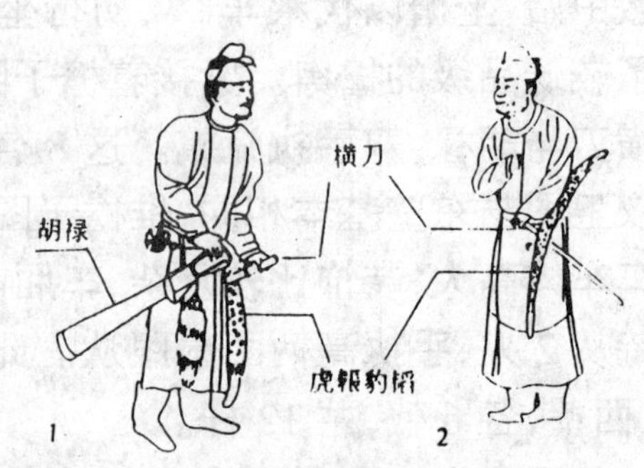

图五　仪卫佩器图

1. 章怀太子墓墓道东壁　2. 懿德太子墓戟架前仪卫

第一等次,以懿德太子、李寿墓为代表,绘有大规模的骑马、步从卫队,人数近百人。李寿墓的骑马卫队和步从卫队呈前后排列,懿德太子墓左右并列。懿德太子墓"号墓为陵",很多方面用天子礼;李寿为李渊从弟,且为有唐建基立业建下大功,李寿墓中大规模的仪仗出行图一方面作为对其战功的嘉奖;一方面反映了唐初的历史背景。李寿死时,唐朝刚度过战乱不久,武备森严的仪卫流露出战争的痕迹。

第二等次,以新城长公主、永泰公主、章怀太子墓为代表,人数在30～50人之间。前二墓有步行仪仗队;章怀太子墓骑马与步从兼有,其骑马卫队作狩猎出行状,既反映了出行仪仗,又似乎透露出太子生前的喜好。此等也属于特葬之列。新城长公主依后礼埋葬，永泰公主“号墓为陵”，章怀太子的葬制常在王礼与太子礼间游移。

第三等次，以长乐公主、郑仁泰墓为代表，人数在10—20人之间，皆为步从仪卫。

由以上类比可知，单以仪卫人数推断，属于第一等次的是身份特殊的太子、亲王；第二等次的是太子、王及身份特殊的公主；第三等次的是三品以上的品官。

其次，在车舆上也有差别。辂车是唐代天子、太子以及王公、四品以上官员所乘车舆。《旧唐书·舆服志》载：“天子车舆有玉辂、金辂、象辂、革辂、木辂，是为五辂”；“皇太子车辂有金辂、轺车、四望车”。“王公以下车辂：亲王及武职一品，象辂。自余及二品、三品，革辂。四品，木辂。”辂车的形制大体相仿，但车体的颜色、其上的设施、装饰却大大不同。皇帝的五辂分别用青、赤、黄、白、黑五种色彩；太子的金辂和王公以下诸辂皆赤色。在装饰上，玉辂，以玉饰诸末；金辂，以金饰诸末；象辂，以象饰诸末；革辂，以革饰诸末；木辂，以漆饰之。此外辂车的一大特点是“左建旂，右载阘戟”，旂旒数的不同，也是等级身份的标志之一。天子十二旒，皇太子九旒，一品九旒，二品八旒，三品七旒，四品六旒。长乐公主墓、懿德太子墓、惠庄太子墓绘有辂车图．代表了较高等级的外出乘舆。

牛车一般为命妇乘坐。《旧唐书·舆服志》载命妇车舆：“内命妇、夫人乘厌翟车，嫔乘翟车，婕妤已下乘安车，各驾二马。外命妇、公主、王妃乘厌翟车，驾二马。自余一品乘白铜饰犊车，青通幰，朱里油纁，朱丝络网，驾以牛。二品已下去油纁、络网。四品青偏幰。”在唐墓壁画中，牛车出行图除绘于女性墓、合葬墓外，还绘于郑仁泰等男性墓中，可见品官外出一般也乘犊车。在壁画中，公主外出也有乘檐子的，如新城长公主、永泰公主等。

由此可见，太子以下外出乘舆存在二个级别：太子乘辂车；命妇、品官一般乘犊车或檐子。

此外，以上7墓仪卫图最重要的差别还表现在列戟图的戟数上。7座墓中有五座保存有列戟图，所示戟数有24、14、12三个等级，分别代表了天子、嗣王、公主的不同地位。懿德太子墓因采取“号墓为陵”的特制，故其戟数不合东宫列戟十八的规定，而与天子列戟二十四相合，而且在相当于宫门、殿门的门前立有两套戟，正如《新唐书·百官志》所载：“凡戟，庙、社、宫、殿之门二十有四，东宫之门一十八”[25]，可见只有天子可在宫门与殿门并列棨戟，其他人只能在一门列戟。李寿和章怀太子墓均绘14戟，李寿以郡王身份埋葬，章怀墓列戟数与李寿墓同，其列戟图应是以雍王礼而非太子礼绘制的，这与《唐六典·礼部尚书》中规定的“开府仪同三司、嗣王、郡王、若上柱国、柱国带职事二品已上……十四戟”[27]相合。关于公主的列戟数，唐代仪礼制度中虽无明确记载，但从新城长公主和永泰公主墓壁画中可知，公主列戟12杆。

除了戟数多少有别外，列戟图的差异还表现在戟架前仪卫的多寡和身份的不同。李寿墓和懿德太子墓列戟图中皆有仪卫队。李寿墓之戟前仪卫列于廊房下戟架之左右和后部，西壁戟架左边有2人腰佩横刀，戟架后5人持弓，戟架右有3人佩横刀执旒旗。懿德太子墓列戟图中仪卫布于戟架前。人数达24人之多，分两队，每队12人，各分3排，每排4人，仪卫皆幞头、袍服、黑靴，第一排仪卫左手按刀。这二墓戟架前的仪卫，从服饰和装备上看，应为武士形象。新城长公主墓戟架前侍卫似为内侍，面部无胡须，不佩刀。另外新城长公主戟前侍卫人数较少，远远低于李寿墓和懿德太子墓。

上述仪卫人员身份的差异可能与列戟的位置有关。唐代棨戟可施于公府（外朝、衙门）或私第门前，《唐会要·舆服下》云：“按《礼·祭法》，上古祭名，不闻有戟神、节神。近代受节，置于一室，朔望必祭之拜之，非也。凡戟，天子二十四，诸侯十。今之藩镇，古之诸侯也。在其地则施于公府门，爵位崇显者，亦许列之私第。”[28]壁画中戟前仪卫人数多，为武卫的可能就是公府之戟；人数少，为内侍的或许是私第之戟。

李寿墓壁画可给这一推论提供一点论据。该墓在两个地方绘制了列戟图，一处在天井（图六）；一处在墓室北壁所绘庭院门前（图七）。天井的戟架后绘出了廊房，而其他墓中列戟图皆无廊房，这样就明确地表现了戟架的位置，并由戟前仪卫戎装、佩刀、执杖推知此处棨戟应代表公府之门。墓室北壁所绘庭院内有台阁、山石、树木，正在游园的贵妇和侍女，以及表演乐舞的女伎，表明此处为墓主之私第。这所庭院院门两侧亦各有一座廊房，前列戟架，各为7杆，与天井处列戟数相同，惟戟侧之侍卫已成拱手侍立的内侍模样，且一个戟架的侍卫只有2人，这里或可代表私第之戟。新城长公主墓的列戟图与此基本相同，可能是没有开府设官署的公主私第的写照[29]。

综上所述，李寿等7墓墓主的地位虽同在三品以上，但由于墓主官爵有别，与皇室关系远近不同，使用仪仗仍存在比较明显的差异。这一情况表明，

图六　李寿墓第四天井东壁列戟图

图七　李寿墓墓室北壁庭院图局部之门前列戟图

即使在唐代高层贵族中,严格的等级仍然是其仪卫制中鲜明的特点之一。

注释:

①陕西省博物馆、乾县教育局唐墓发掘组:《唐懿德太子墓发掘简报》,《文物》1972 年第 7 期。

②以上壁画记载参阅黄利平:《壁画在唐代社会中的地位及影响》,《陕西历史博物馆馆刊》第二辑,三秦出版社 1995 年。

③(唐)李肇撰《唐国史补》卷上,转引自上海古籍出版社编《唐五代笔记小说大观》上第 164 页,上海古籍出版社 2000 年版。

④(宋)王谠撰《唐语林校证》卷 8,中华书局 1997 年。

⑤(唐)刘悚《隋唐嘉话》卷下记:"洛阳画工解奉先为嗣江王家画壁像,未毕而逃。及见擒,乃妄云:'功直已相当。'因于像前誓曰:'若负心者,愿死为汝家牛。'岁余,奉先卒,后岁余,王牸产一骑犊,有白文于背曰'解奉先',观者日夕如市。"(《隋唐嘉话·朝野佥载》第 50 页,中华书局 1997 年)此记载说明,唐代已有专门承揽家庭壁画绘制的画工,雇主与雇工之间关系较为松散,有雇工先得到钱逃跑的现象。

⑥《旧唐书》卷 8《玄宗本纪》载"禁厚葬制"云:"自古帝王皆以厚葬为诫,以其无益亡者,有损生业故也。近代以来,共行奢靡,递相仿效,浸成风俗,既竭家产,多致凋弊。然则魂魄归天,明精诚之已远,卜宅于地,盖思慕之所存。古者不封,未为非达。且墓为真宅,自便有房,今乃别造田园,名为下帐。又明器等物,皆竞骄侈,失礼违令,殊非所宜。戮尸暴骸,实由于此。承前虽有约束,所司曾不申明,丧葬之家,无所依准。宜令所司据品令高下,明为节制。"说明"墓为真宅"的思想由来已久。

⑦《新唐书》卷 23 上《仪卫志上》。

⑧(唐)封演《封氏闻见记》卷 5《卤簿》,《文渊阁四库全书》景印本,子部 168,杂家类,第 862 册。

⑨陕西省博物馆、陕西省文管会:《唐李寿墓发掘简报》,《文物》1974 年第 9 期;陕西省博物馆、文管会:《唐李寿墓壁画试探》,《文物》1974 年第 9 期。

⑩胡禄《和名类聚抄》卷 5《调度部·征战具·箙》条:"箙,《周礼》注云:箙,音服,和名夜奈久比,唐令用胡

禄二字,盛矢器也。”(清光绪丁酉宜都杨氏刊本)《新唐书》卷50《兵志》言:“人具弓一,矢三十,胡禄、横刀、砺石、大觿、氈帽、氈装、行縢皆一。”仪卫之佩器中也有胡禄,《新唐书》卷23上《仪卫志上》:“诸队仗佩弓箭、胡禄。”

⑪《旧唐书》卷83《张俭传》载:“唐制三品已上,门列棨戟,俭兄弟三院门皆立戟,时人荣之,号为‘三戟张家’。”

⑫陕西省博物馆、陕西省文管会:《唐李重润墓壁画》,北京文物出版社1974年;王仁波:《唐懿德太子墓壁画题材的分析》,《考古》1973年6期;又参注①。

⑬《旧唐书》卷45《舆服志》。

⑭《通典》卷107礼67《开元礼纂类二·序例中》。

⑮昭陵博物馆:《唐昭陵长乐公主墓》,《文博》1988年第3期。

⑯陕西省考古研究所编《陕西新出土唐墓壁画》之惠庄太子墓图版132,文字说明19-20页,重庆出版社1998年。

⑰《和名类聚抄》卷5《调度部·征战具·旒》条云:“旒,旌旗之末尾者也。”

⑱陕西省博物馆、乾县教育局唐墓发掘组:《唐章怀太子墓发掘简报》,《文物》1972年第7期;陕西省博物馆、陕西省文管会:《唐李贤墓壁画》,文物出版社1974年。

⑲陕西省文管会:《唐永泰公主墓发掘简报》,《文物》1964年第1期;《永泰公主墓壁画集》,人民美术出版社1963年。

⑳陕西省考古研究所、陕西历史博物馆、昭陵博物馆:《唐昭陵新城长公主墓发掘简报》,《考古与文物》1997年第3期。

㉑《新唐书》卷24《车服志》。

㉒《新唐书》卷24《车服志》载:永徽中“坐檐以代乘车。命妇朝谒,则以驼驾车。数下诏禁而不止。”

㉓两唐书及《唐会要》所载列戟制度中皆无命妇列戟的诏敕令。虽然唐初就许公主列戟,如《新唐书》卷83《诸帝公主·太宗二十一女》条载,唐太宗长女襄城公主下嫁萧锐,“有司告营别第,辞曰:……止葺故第,门列双戟而已。”这里的“双戟”即按萧锐和公主的品阶各列一套。但是否在墓葬中配给,则不一定。唐初,公主在丧葬上如有特出,也会引起有司争论,如《唐会要》卷38《葬》载:“武德六年二月十二日,平阳公主葬,诏加前后鼓吹。太常奏议,以礼,妇人无鼓吹。高祖谓曰:‘鼓吹是军乐也。往者,公主于司竹举兵,以应义军,既常为将,执金鼓,有克定功。……公主功参佐命,非常妇人之匹也,何得无鼓吹?宜特加之,以旌殊绩。’”在公主墓是否绘列戟图的问题上也可能引起过同样的争论。

㉔《新唐书》卷23上、下《仪卫志》与《通典》卷107礼67《开元礼纂类二·序例中》记载的仪卫佩器,皆言刀而不言剑,所谓“带刀捉杖”。刀有横刀、仪刀、长刀等,其中横刀则曰佩或带;长刀、仪刀则曰执。《新唐书》卷50《兵志》记兵士随身佩带的武器有弓一,矢三十,胡禄与横刀,据此推定壁画中仪卫腰际斜佩的为横刀,直立拄于胸下的为仪刀。

㉕陕西省博物馆、礼泉县文教局唐墓发掘组:《唐郑仁泰墓发掘简报》,《文物》1972年第7期。

㉖《新唐书》卷48《百官志三》。

㉗《唐六典》卷4《礼部尚书》。

㉘《唐会要》卷32《舆服下》。但《李氏刊误》卷下《祭节拜戟》与《唐会要》此段记载不同:“《礼记·祭法》累代祭名,不闻有戟神、节神,是知无拜祭之礼也。近代受节,置于一室,朔望必祭之,非也。凡戟:天子二

十四，诸侯十；今之藩镇，即古之诸侯也。在其地，则于衙门；及罢守藩阃，虽爵位崇高，亦不许列于私第。”（转引自《唐语林校正》卷5《补遗》）。而明刻百川学海本又与此说不同，明刻百川学海本《李涪刊误》卷下《祭节拜戟》云：“虽罢守藩阃，有爵位崇高，亦许列于私第。”又与《唐会要》记载一致。

㉙《资治通鉴》卷208“中宗神龙二年”记载：“闰月，丙午，制：太平、长宁、安乐、宜城、新都、安定、金城公主并开府，置官署。”

（本文原载《陕西历史博物馆馆刊》第八辑）

唐杨思勖墓石刻俑复原商榷

——兼说唐墓壁画中的虎韔豹韬

钟少异　王援朝

1956年至1958年，中国科学院考古研究所在西安城郊发掘了六座隋唐墓葬，其中唐杨思勖墓出土了两件石刻武士俑，当时编为4号(图一)和8号(图二)。两俑的服饰刻画清晰，惟所佩持的兵器有所残损，发掘者对之进行了复原，并制作了4号俑的复原像[①]，现藏中国历史博物馆[②]。经此复原的两件石俑后来成为研究唐代服饰和兵器的著名材料，经常被人们所引用[③]。然其复原可能稍有问题，我们试提出一些看法，以就教于方家。

这两尊石刻俑所佩持的兵器中，有一种令人颇感兴趣的弯月形之物(见于

图一　杨思勖墓出土4号石刻俑(采自《唐长安城郊隋唐墓》图四七)

图二　杨思勖墓出土 8 号石刻俑(采自《唐长安城郊隋唐墓》图四八)

图三　杨思勖墓 8 号俑所佩弯月形器推想复原图(采自《唐长安城郊隋唐墓》图四九)

图四　章怀太子李贤墓壁画中的仪卫(摹自《唐李贤墓壁画》图版二八《墓道东壁仪卫图》

两俑左腰所佩及 4 号俑手中所抱,共三件),其上端皆已残断,发掘者将之复原为带鞘的弯刀(图三)。问题就出在这里。

我们试将 8 号武士俑(图二)与唐章怀太子李贤墓壁画中的仪卫画像(图

四)作一比较。前者戴幞头,穿圆领宽袖长衣,束带著靴(4号俑也如此);后者戴红抹额,穿圆领窄袖长衣,束带著靴。二者服饰基本相同。再看佩器,二者身右侧皆佩挂垂有缨饰的胡禄,身左侧均带一横刀[④],及一弯月形之物。8号石俑的弯月形物上有以墨绘出的花纹,似近虎皮纹,其尾端贴金并刻鳞形纹。仪卫图中的弯月形物表面或呈豹皮纹,或呈虎皮纹,似以虎豹皮制成(壁画较好地表现了动物毛皮的颜色和质感),其尾端为黑色,与8号俑弯刀形物尾端贴金装饰有所不同,当是以其他材料装饰。在唐懿德太子李重润墓壁画中,有多幅左侧视的仪卫图(见于墓道西壁和第一天井、第二天井的西壁),将此弯月形之物描绘得非常完整(图五)。这些仪卫皆戴幞头,服饰与石刻武士俑更接近。

由以上比较,可知石刻俑所表现的是与壁画仪卫图题材相近的唐代侍从武士形象。而且,两太子墓建于唐中宗时期,杨思勖入葬于开元年间,壁画仪卫图和石刻武士俑同是8世纪前期的作品,它们所反映的唐代侍卫佩器,在主要方面应该是相同的。这并不完全是我们的推测,实际上也是有章可按的(详见下述)。因此我们认为,杨思勖墓石刻俑的弯月形佩器与两太子墓仪卫图上的弯月形佩器当是同一物事,前者的复原应以后者为据。当然,章怀、懿德两墓是1971年发掘的,复原石俑时还见不到两墓壁画,故复原者只能主要依靠推测。

这种弯月形佩器究竟是甚么东西呢?负责章怀、懿德两墓发掘的陕西省博物馆的专家指认其为弓[⑤]。这是仔细观察壁画而得出的正确结论。但更确切地说,它是藏弓于内的韬或韔,即装有弓的弓袋。懿德太子墓仪卫图中的弯月形器,其顶端之口部明显地描绘出弓梢,甚至弓梢上的挂弦之驱也画得很清楚(图五)。

从壁画上观察,这种弯月形的弓韬大致有两型。一型将弓完全藏于韬内,只于韬口处略露出弓梢,如上举懿德太子墓仪卫图之例,图四所示章怀太子墓仪卫图左起第一人所带也是此型韬。二型则不能将弓完全纳于韬内,故于韬口外还露出较长的一节弓杆,韬口的形状也与一型有别,图四左起第三人所带就是此型韬。从图四和图五还能看出,两型弯韬中装的弓都没有弦。另外,章怀太子墓墓道东壁所绘狩猎出行图中有一些骑士,所带之韬应是第二型弯韬,弓梢上虽挂有弦,却呈松弛之状[⑥](图六)。看来,这种弯月型弓韬所装均是弛弓,所以其器身较为窄瘦。古代文献中有所谓“虎韔”、“豹韬”,即以虎皮或豹

图五　懿德太子李重润墓壁画中的仪卫(摹自《唐李重润墓壁画》图版二三《第二天井西壁人物及列戟图》)

图六　章怀太子李贤墓壁画中的骑士(摹自《唐李贤墓壁画》图版十一《墓道东壁狩猎出行图》)

皮制成的弓袋。《诗·秦风·小戎》曰:“虎韔镂膺,交韔二弓。”《毛传》曰:“虎,虎皮也;韔,弓室也。”陆游有诗曰:“将军枥上汗血马,猛士腰间虎文韔。”⑦唐人黄滔《南海韦尚书启》谓:“俾以佩豹韬而直下,建龙节以遐征。”⑧当然,虎皮或豹皮弓袋的形制代有变化,大多已无从考稽,而章怀、懿德两太子墓壁画却为我们保留了两种唐代虎豹皮弓袋的形象⑨。

据《新唐书》卷23《仪卫志》记载,唐代侍卫武士最主要的随身佩器有三,即弓、箭和横刀。《新唐书》卷50《兵志》更明确指出,府兵番上宿卫者,军府“惟给弓矢、横刀而已”。将杨思勖墓石刻俑所佩之弯月形物与章怀、懿德两墓壁画相比照解作装弓之韬,合乎唐代典制;而将之复原为弯刀,却找不到这方面的依据。也许有人会质疑,4号俑左腰另佩有一件弓袋,手中所抱物品中也另有一弓袋,弯月形物如是弓韬,岂不太繁复了吗?很明显,4号俑腰间佩挂的是自用的一套装备,计有弓二、胡禄一、横刀一;手中所抱则是另一套装备,为两张弓，还有一件胡禄搭于后背（胡禄的口部已残断），然缨饰尚存，垂挂于右肩），三者以带相连，大概属于他所侍卫的主人。中国古代一些膂力过人、射艺精湛的武士往往双手皆能开弓，随身佩用两张弓，左右驰射。如东汉时的董卓“膂力过人，双带两鞬，左右驰射，为羌胡所畏”⑩。“鞬”是弓袋的又一古称，“双带两鞬”，即随身佩用两张弓。上引《诗·秦风·小戎》中的“交韔二弓”，描述的可能也是善射的武士佩带两张弓的英姿。十六国以来，骑射风盛，射艺精进，一些射艺超群的骑士也是“双带两鞬，左右驰射”⑪。唐代承其余韵，所以4号俑的“双带两鞬”一点也不奇怪。倒是将此弯月形物复原为弯刀，致使8号俑的佩器中只有装箭的胡禄而没有弓韬，有箭无弓，反而说不通了。

另据笔者所见，唐墓出土的泥塑或三彩骑士俑中，有一些其左侧腰间也佩有这种弯月形物。最著名的一例是吐鲁番阿斯塔那出土的泥塑彩绘执旗骑士俑，其左侧腰间所佩弯月形物，饰虎皮纹，上半截保存完好，形状与前述唐墓壁画中的第一型弓韬相同，而根本不是弯刀（图七）⑫。唐懿德太子李重润墓出土的一些三彩骑马狩猎俑，左侧腰间也佩有弯月形物，其形状有的与前述唐墓壁画中的第二型弓韬大致相同，只是露于韬口外的弓干部分已残（图八）⑬。

图七　吐鲁番阿斯塔那出土泥塑彩绘执旗骑士俑（采自杨泓《中国古兵器论丛》图四五）

图八　懿德太子李重润墓出土三彩骑马狩猎俑（摹自《陕西陶俑精华》图五七[俑2]）

看来，由于俑身所佩弓韬尤其是露于韬口外的弓干部分较细，容易残损，故不易像壁画中的弓韬那样以全貌示于后人。

据杨思勖墓发掘报告称，8号俑的“弯刀柄端稍缺，但从露出鞘外的部分来看，其截面呈椭圆形”⑭。据上所考，所谓弯刀之鞘即弯月形弓韬，而截面呈椭圆形的所谓刀柄，应就是露于韬口外的弓干，弓干的截面正是椭圆形。由此判断，8号俑之弯韬当属于前述之二型韬。

4号俑腰间所佩之弯韬，形制和纹饰均与8号俑之弯韬相近，看来也是第二型。其怀中所抱之弯韬饰以花卉纹，与两太子墓壁画中之弯韬呈虎皮或豹皮纹不同，可以肯定不是以虎豹皮制成。此韬残断较甚，已区别不出型式。

注释：

①中国社会科学院考古研究所《唐长安城郊隋唐墓》，文物出版社，1980年，75—78页，图版九三—九五；并参杨宗荣《唐杨思勖墓的两件石雕像》，《文物》1961年第12期，59页。

②《中国博物馆丛书》第5卷《中国历史博物馆》，文物出版社，讲谈社，1984年，图版一四八。

③沈从文《中国古代服饰研究》，商务印书馆香港分馆，1981年，246、247页；杨泓《中国古代兵器论丛》，文物出版社，1980年，103、104页。

④发掘报告称此横刀为“剑”，引用者也都袭其说，不妥。隋唐时期，剑基本上只在朝仪冠服、武术和舞蹈中有所使用，武士实战使用及日常佩带的短兵器主要是一种直体的短柄刀，装鞘后与剑很难区分，当时称为横刀。《唐六典》卷16《卫尉宗正寺·武库令》曰：“横刀，佩刀也。”《新唐书》卷50《兵志》曰：“人具弓一，矢三十，胡禄、横刀……各一”，“其番上宿卫者，惟给弓矢、横刀而已。”日本奈良正仓院藏有多件传世品，见末永雅雄《(增补)日本上代の武器》，木耳社，1981年，464—506页。

⑤陕西省博物馆、陕西省文物管理委员会编《唐李贤墓壁画》谓，墓道东壁所绘仪卫“腰佩弓、剑及箭囊”；(文物出版社，1974年，4页)又陕西省博物馆、陕西省文物管理委员会编《唐李重润墓壁画》谓，该墓第二天井西壁所绘仪卫“腰佩弓、剑”。(文物出版社，1974年，6页)对照画面可知，弓即指仪卫左腰佩挂的弯月形物；所谓剑，实是横刀，这可由上引《新唐书》卷50《兵志》所记得到证明。

⑥见《唐李贤墓壁画》图版一、七、十一。

⑦陆游《剑南诗稿》卷4《九月十六日夜梦驻军河外遣使招降诸城觉》。

⑧《全唐文》卷823。

⑨周锡保将章怀、懿德两墓壁画中仪卫所佩之弯月形物释作“豹尾”，这显然是错误的。他摹绘的李重润墓壁画也明显有误。见周锡保《中国古代服饰史》，中国戏剧出版社，1984年，191页。

⑩《后汉书》卷72《董卓列传》。

⑪《北齐书》卷41《綦连猛传》。

⑫新疆维吾尔自治区博物馆、西北大学历史系考古专业《1973年吐鲁番阿斯塔那古墓群发掘简报》，《文物》1975年第7期，8页；新疆维吾尔自治区博物馆《新疆出土文物》，文物出版社，1975年，图一二三。

⑬《陕西陶俑精华》,陕西人民美术出版社,1987年版,图五七(俑2)。

⑭中国社会科学院考古研究所《唐长安城郊隋唐墓》,77页。

(本文原载《唐研究》第一卷,北京大学出版社,1995年)

唐墓壁画中所见拂尘

王昱东

中国古代的壁画艺术,至唐代臻于鼎盛。当时的宫室、寺观、贵族宅第、陵墓,都有壁画装饰,壁画在人们生活中所占地位前所未有。同时,在“唐尚新题”这一时代风气影响之下,壁画的内容大量反映着唐人的现实生活,人物手中多有拂、扇、杖、胡床、酒具、食具乃至盆景、鲜花等持事,还有作为仪仗的车、旗、伞、兵器,作为建筑的阙楼、城垣、房屋等。对这些物类细加考证,无疑有助进一步了解唐人的生活状况。本文仅对其中的拂略作考释。

拂,是拂尘的古名,唐人又称作“拂子”或“蝇拂”,至明清始有“拂尘”之名而沿用至今。其形长柄,前端有棕、麻、牦牛尾等做的穗,用途非常广泛。唐墓壁画中持拂尘侍女的形象很常见,李爽、房陵公主、新城公主、永泰公主诸人的墓中,持拂者皆有数人,显示出这一器具在唐人生活中的重要性。看过前蜀杜光庭《虬髯客传》的读者都会对拂有深刻的印象:“当公之聘辩也,一妓有殊色,执红拂,立于前,独目公。”这里的“公”是指名将李靖,持红拂的这位殊色女子在李靖落难之时彗眼识英雄,最终成为他的妻子并辅佐他的兴唐大业,小说中通篇称她为“红拂女”。至明代张凤翼将这一故事改编成传奇剧搬上舞台,就叫作《红拂记》,流传甚广。可见持拂而立确是唐代侍女的标准像。

“拂”原为动词,拂拭或击打之意,作为器具名最早的史料见于东汉,《北堂书钞·一三六·服饰五》引东汉秦嘉《与妇书》:“今奉髦牛尾拂一腋,可拂尘垢。”魏晋以降,关于拂的文字和图像资料就逐渐多起来。在唐以前,提到的拂一般都是用髦牛尾为穗的,即梁简文帝所谓“旄牛轻拂”。髦牛,亦作旄牛或牦牛,产我国西南山区,其尾多毛且长,在古代是装饰旗、节象征权威的重要材料。以牦牛尾饰旗称“干旄”,《诗·鄘风·干旄》,“孑孑干旄,在浚之郊”。传:“注旄于干首，大夫之旃也。”拂柄上安装旄的方式最常见的就是“注于干首”的样式，如永泰公主墓前室东、西壁所绘两枝拂子，其穗丝细而微曲，由柄端生出，显然是牦牛尾装在柄端而成(图一)。李爽墓墓室东壁一侍女手中拂尘为侧面形象，能够清楚地看到在柄端有一个碗状物，如毛笔的“斗”，旄纳其中(图二)。推想永泰墓中的两枝也应是同样的装法。另一种安装旄于拂柄的方法类似于节，节是古代的一种仪仗用具，象征权力，也作为信物，以旄分作几层著于杖上半部，所以称作旄节。汉苏武出使匈奴被拘，持节牧羊，节旄尽落而其志不改，为旄节作了最著名的注脚。太原金胜村第六号唐代壁画墓墓室北壁高士图，一老者手拄旄节，举头仰望北雁南飞，很可能描绘的就是苏武牧羊故事[②]。其节杖上红色旄呈现节状施于杖上，给我们提供了古旄节的形象资料(图三)。类似的方法使用在拂穗安装上的见于新城公主墓墓室西壁南侧一侍女手中所持，旄分节安装在柄上的情形描绘得很真切(图四)。另一个同样的例子见于房陵公主墓后室侍女图，这枝拂子虽因斜置而难于看出分节之处，但旄丝著于柄上半截而非柄端是确定无疑的(图五)。拂穗的安装法也有复杂的一些的，如李寿墓石椁线刻侍女图中的拂，其旄根部有约束穗丝的网罩之类，即卢纶所描述的“上结为文下垂穗”。日本高松冢壁画中的拂穗也是这种形式。更加富丽的装穗方法是在柄端装环，环上再套接可活动的钮，钮上设斗纳旄，这样的拂子见于唐周昉《簪花仕女图》最右侧一贵妇手中所持，其环钮皆金质。唐苏鹗《杜阳杂编》卷上所记拂子“刻红玉为环钮”，与此类似。这样的拂子已属于珍品宝物，不会在日常生活中使用，所以唐墓壁画中见不到。

拂穗的颜色大都是红色，这在《簪花仕女图》和敦煌62窟《持拂天女图》中都很清晰，与旄、节上的毛色是一致的。牦牛尾本身的颜色为黑褐，不鲜亮，所以在用作装饰时一般都要染色，《荀子·王制》：“西海则有皮革文旄焉。”注：“旄，旄牛尾。文旄，谓染之为文采也。”除了秦“衣服旄旌节旗皆尚黑”而外[③]，一般的旄、节都是尚赤的，后世发展成为旗、枪、帽顶端的“红缨”。所以拂上的牦尾也多为红色。从已发现的唐墓壁画看，拂的穗丝基本上都是红色的，敦煌壁画中持拂天女手中飘扬的拂穗更为红的鲜亮。不过也有例外，唐卢纶有《和赵给事白蝇拂歌》，对一枝白色的拂子极尽夸赞：

华堂多众珍，白拂称殊异。柄裁沉节香袭人，上结为文下垂穗。霜缕霏微莹且柔，虎须乍细龙髯稠。皎然素色不因染，淅尔凉风非为秋。群蝇青苍恣游息，广庖万品无颜色。金屏成点玉成瑕，昼眠宛转空咨嗟。此时满筵看一举,荻花忽旋杨花舞。砉如寒隼惊暮禽,飒若繁埃得轻雨。主人说是故人留,每诚如新比白头。若将挥玩闲临水,愿接波中一白鸥。

诗里的白拂穗子究竟是什么材料颇费猜测,从描述的特征来看应该是兽类的毛发,但不会是白马的鬃尾,因为在养马业极为发达的唐代白马的鬃尾并不难得,不值得诗人如此惊讶。这很可能就是古籍所说的“白麾”,也就是白色的牦牛尾。《太平御览》卷710引《齐春秋》:“太祖(齐高帝萧道成)以白麾、毛扇、素几遗之。曰:‘以君(孔灵产)有古人风,故赐卿古人之物也。’”《尚书·牧誓》:“(周武)王左杖黄钺,右秉白旄以麾。”武王所秉白旄用于军事,应是长的干旄之类。而萧道成赐孔灵产的白麾则与毛扇、素几为武,当系短柄的用于室内的拂子之类。古人对白色的动物有普遍的好感,如白鹤、白马之类;而本身不是白色的动物出现白色的品种,则视为祥瑞,如白虎、白蛇、白雉、白鹿等,一出现就举国瞩目,以为天下太平仁政德道之吉兆。现代生物学告诉我们这是一种动物变异现象,很多是因为患上了“白化病”。白色的牦牛,前几年在西南地区发现过一头。白色牦尾因其稀少并有特殊的意义,所以受到格外的珍视。

前面讲拂上穗的颜色、安装方式,是为了说明拂的源起与用于指挥、象征权威的旄、节有着极为密切的关系。正因为如此,它在唐人的生活中才具有重要的地位,在壁画中出现率非常之高。宋元以后拂不仅成为帝王贵胄侍从手中不可或缺的持事,而且在佛教和道教中拂尘最终取代了麈尾、羽扇、如意而成为惟一流行的讲法“谈柄”。如果拂子的源起只是侍婢手中撞尘驱蝇的卫生用具,这样的结果就令人难以理解了。

除去牦牛尾,唐人用作拂穗的材料还有马尾和棕榈。韦应物《棕榈蝇拂歌》:“棕榈为拂登君席,青蝇撩乱飞四壁。文如轻罗散如发,马尾牦牛不能洁。柄出湘江之竹碧玉寒,上有纤罗萦缕寻未绝。……”将棕与马尾、牦牛相比较,可见它们都可以用作拂穗。房陵公主墓前室西壁一侍女手中拂穗长而直,与永泰、李爽墓中所见略带弯曲的穗丝不同,可能是较牦尾硬直的马尾(图六)。杜甫也有《棕拂子》诗:“棕拂且薄陋,岂知身效能。不堪代白羽,有足除苍蝇……”他将棕拂子与白羽扇相比较,可能棕拂的样式与羽扇相似,值得注意的是杜甫诗中说“除苍蝇”而不是“驱苍蝇”,同诗中又道:“(苍蝇)咂肤倦扑灭,赖尔甘服膺。”更用了“扑灭”一词,看来诗人用棕拂子不是挥舞驱蝇而是扑打以灭蝇的。所以我们猜想棕拂是如扇状的半硬质物而不是牦牛、马尾拂子的样

图一

图二

图三

图四　　图五　　图六

（图一、二、五为陕西历史博物馆馆藏壁画的摹本，图六选自孙机著《中国圣火》）

式，那种长柄垂着长丝的拂显然不适合于扑蝇，而且竹木柄要扑打在人身上也会很疼。李寿墓石椁线刻侍女图中有一侍女手持一羽扇状物，与好同行的几人抬食案，捧杯碗，表现的是侍女给主人进食的场面，这一羽扇状物很可能就是扑蝇用的棕拂子。

拂子的柄，在唐墓壁画中大多描绘成细而长的直棒，色黑。前引卢纶和韦应物的诗中提到的拂柄有沉香木和竹两种材质，永泰墓中的拂柄作深褐色，下端外侈以利于手捉，可能是精致的沉香木柄。李爽墓室东壁一侍女手中持拂柄即为竹枝，竹节极为清晰。苏鄂《杜阳杂编》中记载的"龙髯紫拂"刻水精为柄，则更为高级了。拂柄的长度，按照壁画中人物身高为170厘米的比例推算，大致在20－110厘米之间。

拂的用途有三，卫生用具、清玩之器和乐舞用具。从前文所引的一些唐诗中我们可以知道在现实生活中拂子最主要的作用在于掸尘驱蝇。唐墓壁画所描绘的持拂人物全都是在内廷中侍奉主人的侍女或女官，永泰公主墓中持拂宫女与持烛、盆、巾、扇、如意等物的其他宫女为伴，表现的是"侍寝"场面，拂作为卫生洁具的性质是很明显的。由于这种实际用途，拂派生出"清净"的象征涵义，所以唐墓壁画中一些侍女双手托拂显得非常恭敬，敦煌天女手中的拂穗飘扬于云气之间，都显示出拂在一定程度上已超越了卫生洁具的实用价值而被赋予了其他意义。中国古代的贵族、文人、僧、道都习惯于在手中持物以为指画、清玩之具，其风始于汉代人手中的便面，至魏晋清谈盛行，手中持纨扇、竹扇、麈尾、如意遂成为贵族身份的象征，称之为"谈柄"，宋元以降这一道具逐渐固定为僧、道手中的拂和文人手中的折扇。唐是多元文化大融合的时期，各种扇、麈尾、如意、拂广泛流行，不过在当时拂还只是卢纶所说可以"若将挥玩闲临水"的清玩之器，唐代流传至今的文学、绘画作品中都找不到拂作为"谈柄"的证据，敦煌壁画中讲法的文殊、普贤、维摩诘和陪侍的君王、贵胄手中所持基本上是麈尾和如意，也有少量团扇，绝无拂子。现在不少严肃的历史剧中唐代的袁天罡、李淳风之类僧、道人物出场时皆手持拂子作为身份的标识，这是不符合历史事实的。

拂用于乐舞的历史很长，《周礼·春官·乐师》："乐师，掌国学之政，以教国子小舞。凡舞，有帗舞，有羽舞，有皇舞，有旄舞，有干舞，有人舞。"旄的舞者手持旄牛尾以指麾，这里的"旄"虽无拂子之名，但与后世的旄牛轻拂当是类似的东西。由此而派生出乐官之名——旄人，《周礼·春官·旄人》："掌教舞散乐，舞夷乐，凡四方之以舞仕者属焉。"这种以旄指麾乐舞的做法当是对战争或礼仪场合中权贵以干旄之属指挥下属动作的模仿。三国时期出现了专门的持拂为道具的"拂舞"，《晋书·乐志》载拂舞曲目有《白鸠篇》等五首，《旧唐书卷二十九·志第九·音乐二》杨泓《拂舞序》曰："自到江南，见《白符舞》，或言《白凫鸠》，云有此来数十年。察其辞旨，乃是吴人患孙皓虐政，思属晋也。”沈约《宋书·乐志》也称拂舞是“吴舞，吴人思晋化”。而实际上，拂舞很可能就是周代旄舞的遗制，《旧唐书》音乐志将《白鸠》归入“清乐”（即俗乐），它对清乐的来历解释为：“清乐者，南朝旧乐也。永嘉之乱，五都沦覆，遗声旧制，散落江左……隋平陈，因置清商署，总谓之清乐。”而南北方音乐的交流，应早于西晋的败亡。魏晋以汉室正统自居，吴人以周以来在中原流行的持旄而舞的方式表达“思晋化”的心情，这才能够解释得通。隋、唐王室的宫廷舞蹈中都保留着《拂舞》，李白《夷则格上白鸠拂舞词》描述了唐代拂舞的演出场面：“铿鸣钟，考朗鼓。歌白鸠，引拂舞。……”至宋以后，乐舞活动的指挥者“参军色”手中持拂子指挥成为贯例，这一点孙机先生在《唐李寿石椁线刻〈侍女图〉、〈乐舞图〉散记》（《文物》1996 年 5－6 期）一文中引《东京梦华录》、《梦粱录》论说甚详，此不赘述。但孙机先生在文中将李寿石椁上一侍女所持拂子归入乐舞用具，推测其用于指挥，似有可商榷之处。就现在所见到的唐代史料和艺术作品而言，都难以证明唐代乐舞中有用拂指挥的情况。文中所引唐段安节《乐府杂录》记舞狮子的狮子朗“执红拂子”，这里用拂子恐怕与《簪花仕女图》中贵妇用来逗引小狗的拂子作用相当，与指挥乐舞无关。《旧唐书卷二十九·志第九·音乐二》的记载可与之相印证：“太平乐，亦谓之五方狮子舞。狮子鸷兽，出于西南夷天竺、狮子等国。缀毛为之，人居其中，象其俛仰驯狎之容。二人执绳秉拂，为习弄之状。五狮子各立其方色，百四十人

图七

图八

歌太平乐，舞以足，持绳者服饰作昆仑象。”其作用显然不是乐舞指挥用具，只是在表演驯狮场面时才用的特殊道具。敦煌第159窟文殊菩萨图中狮奴赤膊卷发，肤色黝黑，应即所谓昆仑奴，他绳挽臂上，手中所持为驯狮所用狮头杖（孙机先生称之为“挝”）（图七）狮子舞中持绳秉拂的做法无疑是对现实驯狮场面的模仿，红拂子是驯狮杖艺术化的代用品，并非指挥乐舞的器械。更早的例子见于东汉画像石《龙戏图》，图中一人立于龙背，手持长柄的“干旄”驭龙（图八）这一方面可以旁证狮子舞中的红拂并非乐舞指挥用具而是象征性的驯兽工具。同时，从龙戏和狮子舞这两个相似的活动中分别使用干旄和拂子的情况看，应该可以肯定前文所述干旄与拂有密切关系的论点。更何况李寿墓石刻侍女图一中，与持拂者在一起的侍女皆手持杖、扇、画轴之类游艺用具，与永泰、新城诸墓壁画中表现日常生活画面的器物组合相类，绝不可能与乐舞有关，而同一石椁上复杂的乐舞场面中并没有拂子身影。李勣、苏思勖等人墓中和临潼庆山寺、敦煌等处的唐代乐舞场面的壁画中都没有持拂的指挥者。即使在《拂舞》中，原本最重要的道具拂子也因隋文帝嫌其不雅而取消了，《隋书》、《旧唐书》的音乐志中均记此事，言之凿凿[4]。以拂指挥乐舞当是较晚的事。但拂子在唐代的流行对它后来的发展无疑起到了关键作用。

注释：

①《艺文类聚》卷70如意条

②《太原金胜村第六号唐代壁画墓》，《文物》1959年第8期

③《史记·秦始皇本纪》

④隋文帝取消《拂舞》舞者持拂事见《隋书·卷十五·志第十·音乐下》和《旧唐书·卷二十九·志第九·音乐二》

（本文原载《文博》2000年第4期）

唐懿德太子墓壁画题材的分析

王仁波

懿德太子墓是乾陵17个陪葬墓之一，是按唐代皇室所规定的“号墓为陵”的制度而修建的。《旧唐书·懿德太子传》：“中宗即位，追赠为太子，谥曰：懿德，陪葬乾陵。仍聘国子监丞裴粹亡女为冥婚，与之合葬，又赠永泰郡主为公主，令备礼改葬，仍号其墓为陵焉。”因此，墓葬规模宏大，在墓道、天井、过洞、甬道、墓室内都绘有精美的壁画，据统计全部壁画面积近400平方米，其中比较完整的约有40幅之多。这些大型壁画的作者究竟是谁呢？有关文献不见记载。发掘过程中，在前墓室顶部西侧发现了墨写的题记，有“扬曾陛”、“扬曾陛愿得常供养”（图一）。这就为探索壁画的作者提供了重要的资料。至于其创作技巧，《历代名画记》中所记录的唐代长安寺庙壁画，为我们提供了一些线索。《历代名画记》卷3“西京寺观等画壁”：“懿德寺三门楼下两壁神，中三门东西华严变，并妙，三门西廊陈静眼画山水。”懿德寺，据《唐两京城坊考》卷4“延寿坊”条：“南门之西，懿德寺，本慈门寺，隋开皇六年，刑部尚书万安公李圆通所立。神龙元年，中宗为懿德太子追福，改名加饰焉”。又《历代名画记》卷3“永泰寺，殿及西廊李雅画圣僧。东廊悬门，杨契丹画。东精舍，郑法士画灭度变相。”兴建于神龙元年的懿德寺和同一时期的永泰寺内都绘制了精美的壁画，寺庙内的壁画虽然不同于墓葬壁画，但是，以擅长于画宫阙、衣冠、车马、山水而驰名于画坛的李雅、杨契丹、郑法士、陈静眼等人，从题材、创作技巧和时代风格上必然影响到懿德墓和永泰墓的壁画的创作。

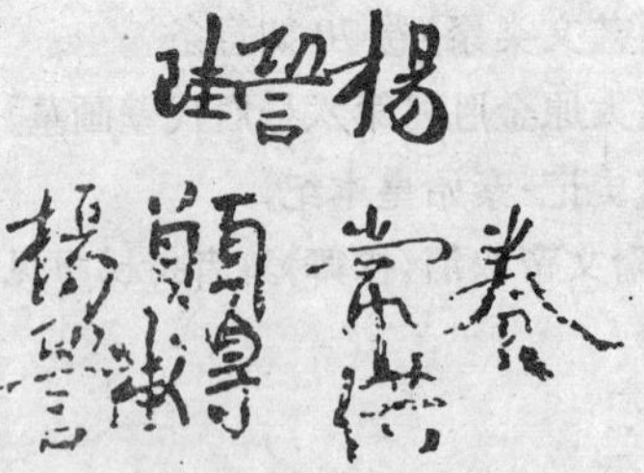

图一　墨书题记摹本

一、壁画的分布位置与内容

绘制懿德墓壁画的画家们在这样大面积的画面上有条不紊、挥毫自如，关键在于合理的布局，画家们巧妙地利用了墓葬的不同部位，将各类题材布置在适当的位置上。兹按其分布位置作简单介绍：

1. 墓道内的壁画

墓道入口处绘出头戴盔、身着札甲的仪仗队，由于接近地面，仪仗队已脱落，仅残存一些彩绘的铠甲残片(图二)，并在墓道西壁残剩脚部。

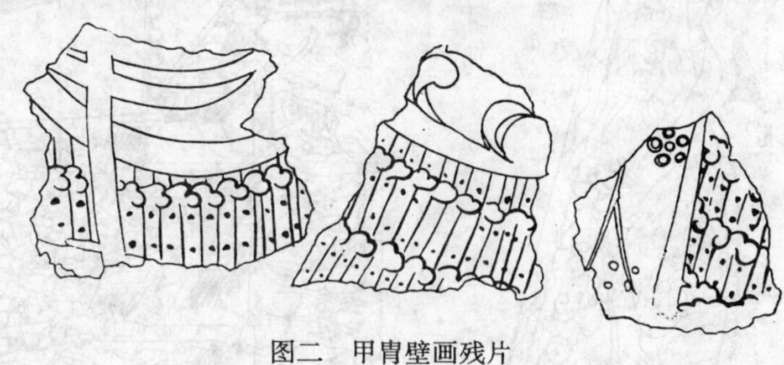

图二　甲胄壁画残片

紧接着，在东、西壁卷云间绘出青龙、白虎，其上半部也已脱落(图三,1)。

在青龙、白虎以北，以山为背景，画出城墙和阙楼，城内大批仪仗队作出城行进状(图三,2)。

阙楼皆可分为四部分：屋顶、屋身、平坐、墩台。屋顶为庑殿式，上有鸱尾，屋檐出檐深远，上画出筒瓦和滴水，屋檐下有飞椽和椽子，长度基本相等。屋身面阔、进深各三间，周有回廊，当心间安版门，门上有铺首和门钉，两次间画出直棂窗和障日版。柱头斗栱为五铺作双抄偷心造，令栱上未施替木，补间铺作下层用人字栱，上层用斗子蜀柱。铺作下施阑额和由额，阑额和由额之间立槏柱，由额下每间均挂一卷帘。平坐可分为两部分：①单钩阑，在寻杖的交叉点、寻杖与云栱交叉的部位用金铜饰件。阑版上画出蔓草花纹，地栿上有蜀

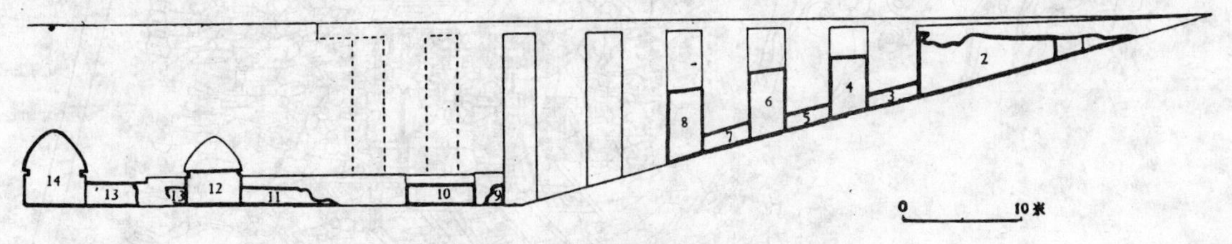

图三　懿德太子墓壁画(东壁)位置示意图

(具体内容见以下分图1—14，分图皆为壁画原大的1/50)

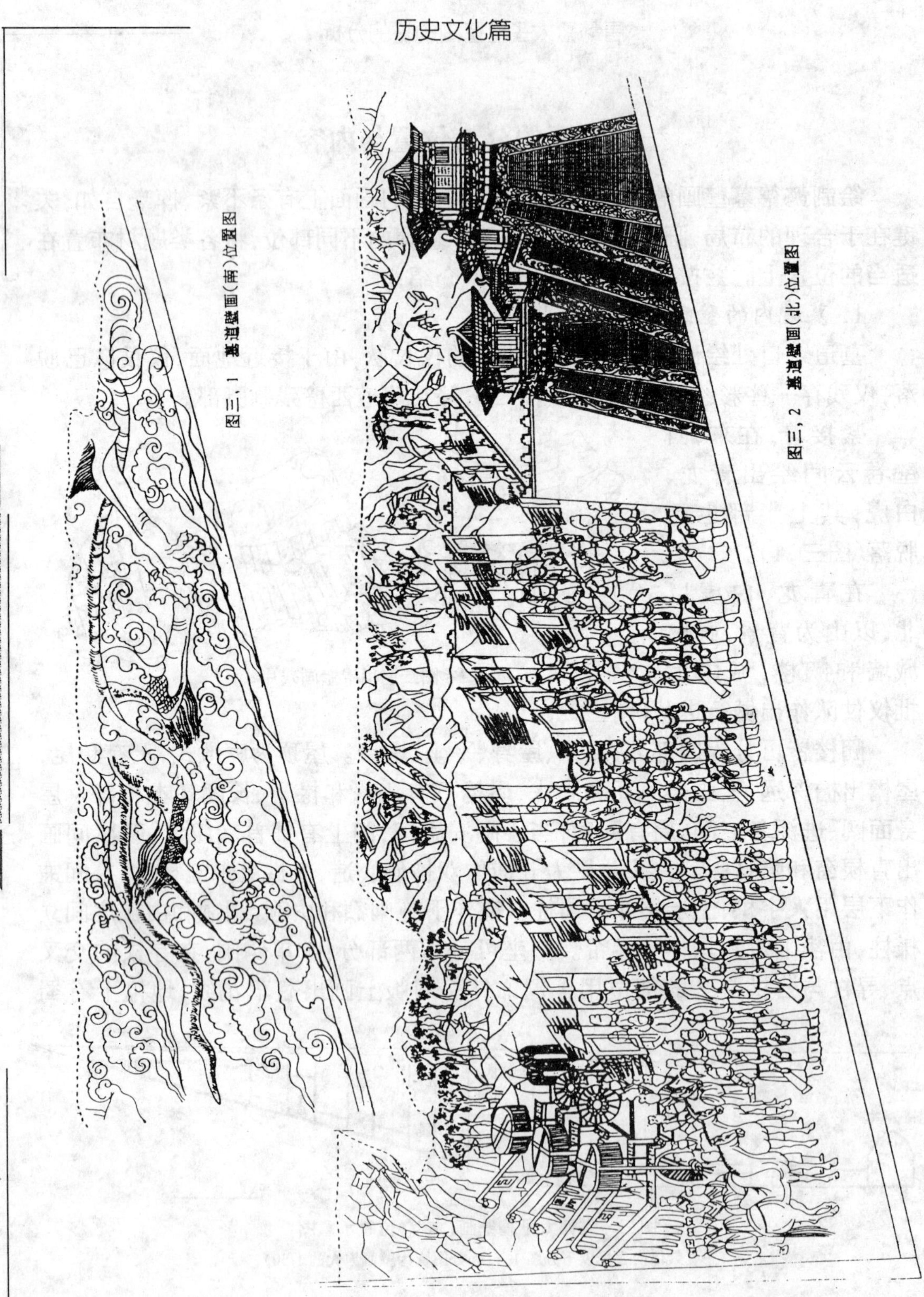

图三，1 墓道壁画（南）位置图

图三，2 墓道壁画（北）位置图

柱，蜀柱上部、下部贴金铜饰件，地栿下有铺板枋及出头木用以支撑上部建筑物。②平坐斗栱，其转角斗栱与柱头斗栱均为五铺作双抄偷心造，补间施人字栱及斗子蜀柱。墩台上施两重枋，中间用短柱联系。墩台为砖土结构，中间用长方砖砌成，周围有忍冬蔓草花纹，并有明显的收分。

城内大批仪仗队作准备出城状，东壁仪仗队可分为三部分：(1)车队：3 架车，3 匹马，驾士 18 人，马夫 3 人。(2)骑马仪仗队：6 队，共 29 人。(3)步行仪仗队：6 队，共 54 人。西壁仪仗队亦可分为三部分：(1)车队：3 架车，3 匹马，驾士 16 人，马夫 3 人。(2)骑马仪仗队：6 队，共 30 人。(3)步行仪仗队：6 队，共 43 人。

车由辀、舆、伞盖、轮四部分所构成。辀、舆绘红色，伞盖绘红色，边为金黄色。辀由于驾士的遮挡已看不清了，舆由轵、轵、輢、轸所组成，轵上有式，轵上有较，车轮由辋、辐、毂所构成。车后插旗。

骑马仪仗队每队由 5—6 人所组成，其中一人举虎、雀、鹰旗，其余的骑者均举红色旗，骑者头戴幞头，身穿紫、红、绿、黄袍，有的腰间佩带箭囊。

步行仪仗队每队由 6—10 人所组成，其中一人举狮、豹、虎、鼠旗。头戴幞头，身穿圆领紫、红、绿、黄袍，腰间佩带剑、弓囊和箭囊。

墓道北壁(第一过洞南壁)顶部墙面有建筑画一幅(图四)，壁画因距地表面很近，且在此处曾挖通道，致使画面遭到严重的破坏。从遗留的残迹看，主

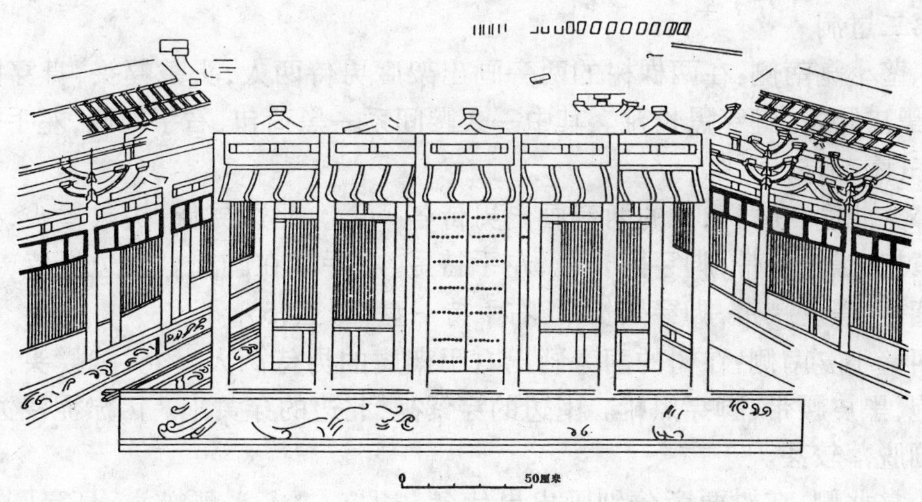

图四　第一过洞南壁壁画示意图

体建筑面阔三间，当心间安版门，门上各有门钉七排，两次间有直棂窗。副阶面阔五间，柱与柱之间用阑额、由额，两额之间施槏柱，由额下每间均挂一卷帘。柱头铺作已残，补间铺作的下层用人字栱，上层残缺。檐下的飞椽等亦残缺。四周画有勾栏。此建筑的东、西两侧，各画廊屋三间，廊屋的外檐柱之间亦施阑额、由额及槏柱，柱头铺作为五铺作双抄偷心造，补间铺作下层施人字栱，上层施斗子蜀柱，檐下施飞椽及椽。在檐柱之内，每间均画出直棂窗。廊屋之外，亦画出勾栏。

2. 过洞、天井内的壁画

第一过洞东、西壁，在五棵树间画出男侍四人。驯豹图的四周有枋、柱。东壁保存较完整(图三,3)。南起第一人，头戴幞头，身穿圆领黄袍，黑皮腰带，带上系一荷包，脚穿黑长靴，右手举一驯豹工具，左手拉一豹。南起第二人，头戴幞头，深目高鼻，长胡须，身穿翻领黄袍，黑皮腰带，双手拉一兽。第三人，头戴幞头，身穿圆领黄袍，黑皮腰带，带上系一荷包，脚穿黑长靴，左手拉一豹。第四人，头戴幞头，身穿圆领黄袍，黑皮腰带，脚穿黑长靴，左手拉一兽。西壁与东壁相对称，脱落较甚。

第一过洞南口东、西侧各画男侍一人，头戴幞头，身着紫袍，黑皮腰带，带饰三銙。脚穿黑长靴，双手执笏。

第一过洞北口东、西侧各画男侍一人，头戴幞头，身穿红袍，黑皮腰带，双手执笏，脚穿黑长靴。东侧残破较甚。

第二过洞

东壁小龛南侧：在两棵树的两旁画出架鹰男侍两人，头戴幞头，身穿圆领黄袍，黑皮腰带，脚穿黑长靴。其中一人腰间系一黑荷包，右手架鹰，左手作驯鹰姿态(图三,5)。

小龛北侧：在两棵树的两旁画出男侍各一人。北边男侍，头戴幞头，身穿圆领黄袍，黑皮腰带，脚穿黑长靴，左手持弓，右手举在胸前。南边男侍，身穿圆领紫袍，黑皮腰带，脚穿黑长靴，右手持一盘(图三,5)。

西壁小龛南侧：在树的两旁画出右手架鹰的男侍两人，均头戴幞头，身穿圆领袍，黑皮腰带，脚穿黑靴。南边的穿紫袍，北边的穿黄袍。因淤泥浸蚀，北边壁画脱落较甚。

小龛北侧：在树两旁分别画出男侍各一人。一人头戴幞头，身穿圆领黄袍，黑皮腰带，带上系一荷包，脚穿黑长靴，左手架鹞，有一条黄狗前腿蹬在男

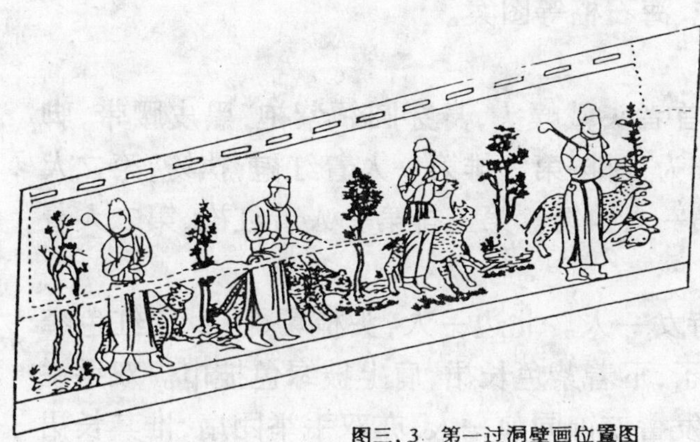
图三，3 第一过洞壁画位置图

图三，6 第二天井壁画位置图

图三，4 第一天井壁画位置图

图三，5 第二过洞壁画位置图

侍的大腿上。另一人穿圆领绿袍,脚穿长靴。

过洞顶部平綦有团花、宝相花、海石榴等图案。

第三过洞

东壁小龛南侧:内侍七人,为首者头戴幞头,身穿圆领紫袍,黑皮腰带,脚穿黑长靴,双手执笏。其余六人分为三排:第一排第一人着红袍,执笏,第二人着绿袍。第二排二人均着绿袍,第一人执笏。第三排第一人着红袍,第二人着紫袍(图三,7)。

小龛北侧:在树的两旁各绘侍女一人。北边一人,头梳髻,上身穿红色窄袖短衫,胸前系一结,下垂两条带子,下着紫色长裙,肩上披绿色披巾。双手举一团扇,脚穿云头履。南边一人,发髻衣饰同前一人,亦双手举团扇,惟其长裙为绿色,披巾为紫色(图三,7)。

西壁小龛南侧:内侍七人,为首者头戴幞头,身穿圆领紫袍,黑皮腰带,脚穿黑长靴,执笏。其余六人分为三排:第一排第一人穿红袍;第二人穿绿袍,执笏。第二排第一人穿红袍;第二人穿紫袍,执笏。第三排二人均穿绿袍,第二人执笏。

小龛北侧:在树的两旁各有一侍女,两人相对而立。南边一人,头梳高髻,身穿紫色窄袖短衫,胸前结两条带子,下着红色长裙,脚穿云头履,双手举一团扇。北边一人发髻衣饰同前一人,惟长裙绿色,肩上披红色披巾。

过洞北口:东侧、西侧各有一男侍,头戴幞头,身穿圆领红袍,双手执笏,脚穿黑长靴。

过洞顶部平綦有团花、宝相花等图案。

第四、五过洞,因接近盗洞,淤泥浸蚀,过洞内的壁画已漫漶不清。第六过洞东、西壁各画出手抬火炭盆的侍女两人(图三,9),脱落较甚。

第一天井东、西壁画出枋和阑额,阑额之上有角栱和人字栱。在阑额之下绘出了大型戟架,东壁架上绘为12戟(图三,4),西壁为13戟。戟头下缀一虎头,虎头下垂有红、黄、绿三色的带子,红色戟杆。在戟架前排列着两队仪仗队,每队十二人,各分为三排,每排四人。仪仗队头戴幞头,身着紫、红、绿、黄袍,黑皮腰带,脚穿黑长靴。仪仗队的第一排左手握剑,有的腰间还带弓囊。

第二天井东、西壁画出枋和阑额,阑额之上有角栱和人字栱。在阑额之下亦绘戟架,东、西壁架上均绘12戟(图三,6)。戟架前站立着两队仪仗队,其人数、排列情况以及服饰武器均同于第一天井戟架前仪仗队。

图三，7　第三过洞壁画位置图

图三，8　第三天井壁画位置图

图三，9　第六过洞壁画位置图

图三，10　前甬道壁画(石门南)位置图

第三天井:东、西壁画出枋和阑额,在阑额之上有角栱和人字栱。西壁阑额之下绘出一车,车前站立六人,均头戴幞头,身穿圆领袍,脚穿长靴。左边三人:第一人穿红袍,第二人穿黄袍,二人作对语状。第三人似为引路者,上身已残破。右边三人:第一人穿红袍,第二、三人均穿黄袍,手举团扇。车后两人相对而立,头戴幞头,身穿圆领绿袍(图五)。东壁与西壁对称,但壁画脱落较甚,车前站立六人,均戴幞头,穿圆领袍,其中车辕旁边站立一人,穿红袍;另两人面向车箱,分穿红、绿袍,双手举团扇;另两人站在车旁,分穿紫、黄袍,似相对而语;另一人已模糊不清。车后站立两人,头戴幞头,身穿圆领袍,一人绿袍,一人黄袍(图三,8)。

第四、五天井东、西壁壁画已全部脱落,因第四天井东壁、第五天井西壁有盗洞。

3. 甬道和墓室内的壁画

甬道和墓室内的壁画着重表现墓主人的宫廷生活。

前甬道内由于接近盗洞口,淤泥浸蚀,两壁壁画脱落较甚,从现存画面看,是在柱、枋之内绘出侍女,因东壁保存较好,故以东壁为例简介如下(图三,10):

南起第一人,梳髻,身着窄袖红色短襦,下穿紫长裙,肩上披绿披巾,脚穿云头履。第二人,头梳髻,身穿窄袖绿色短襦,胸前结二条红色带子,下着绿裙,脚穿云头履,双手将披巾提起,作翩翩起舞状。第三人,头梳髻,身穿窄袖绿色短襦,下着红色长裙,肩上披紫色披巾,脚穿云头履,双手拱于胸前。第四人,头梳双髻,作男装,身穿圆领绿袍,黑皮腰带,双手捧一红包裹,脚穿鞋。第五人,头梳髻,身穿红色窄袖短襦,下着紫长裙,双手捧一黄色包裹,脚穿云头履。侍女之间有花、树、竹。石门周围由于淤泥的浸蚀,壁画已脱落。

北部尚有几个侍女(图三,11)。能看清的有五人,第一人,头梳髻,身穿窄袖紫色短襦,下着绿色长裙,肩上披红色披巾,双手捧一八棱三足盘。第二人,头梳髻,身穿窄袖绿色短襦,下着紫色长裙,肩上披红、绿色披巾,双手捧一烛台。第三、四人脱落较甚,仅剩下身。第五人,头部已残,身穿窄袖红色短襦,下着紫色长裙,肩上披绿色披巾。

甬道顶部平綦有团花、宝相花、海石榴等图案花纹。

前墓室东、西两壁墙上画出阑额、斗子、枋柱和替木等结构,在红柱的两侧,各绘一列侍女。西壁北侧一群侍女共七人,最前一人头梳髻,上着紫色窄

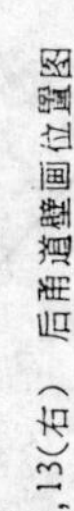

图三,13(右) 后甬道壁画位置图

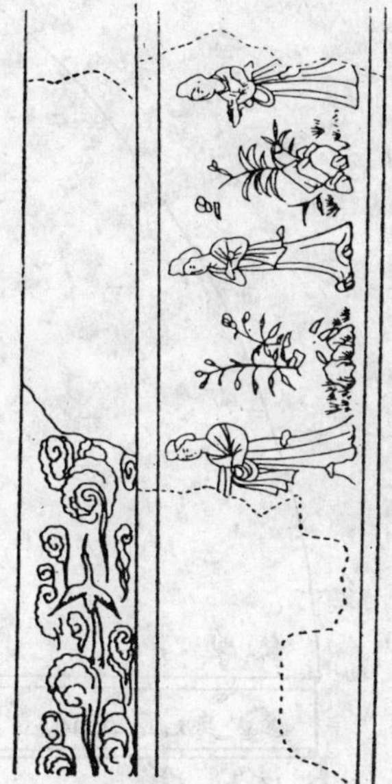

图三,13(左) 后甬道壁画位置图

图三,11 前甬道壁画(石门北)位置图

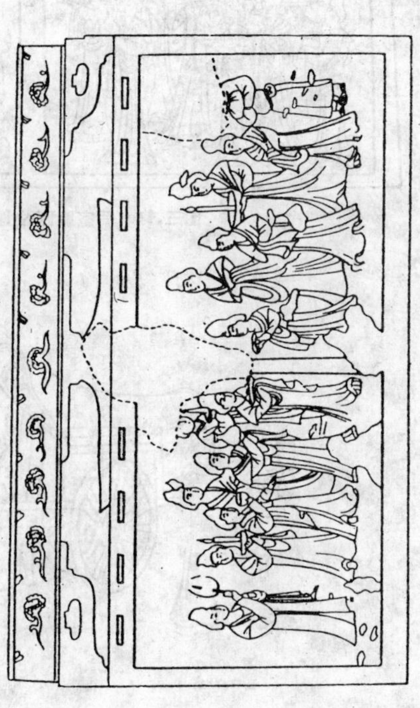

图三,12 前室壁画位置图

图三,14　后室壁画位置图

图五　第三天井西壁壁画示意图(1/40)

袖短襦，下穿曳地红色长裙，绿色的披巾披过双肩而绕在手臂上，双手托一杯，脚穿云头履。其余六人皆上着半臂，下穿长裙，脚穿云头履。有的双手捧一烛台、有的双手端一瓶、有的双手持拂尘、有的拱手作行进状。与此相对，在南侧也有一群侍女，人数、服饰大致相同，为首者手托盘，后面外边一人手捧一瓶，其余的作拱手行进状。其中有一侍女作男装，头梳髻，身着红袍，双手拱立作行进状。

东壁粉墙以画柱分作两间，在红柱的两侧，各画出一组侍女(图三，12)，每组七人，其发髻、服饰、鞋履与西壁大致相同。双手捧着盘、烛台、包裹、瓶、杯、团扇等。

南壁东侧绘侍女两人，一人头梳髻。上着红色窄袖短衫，下穿紫长裙，肩上披绿色披巾，脚穿云头履。另一人头梳双鬟髻，上身着绿色窄袖短衫，下穿紫长裙，肩上披红色披巾，双手持串珠，脚穿云头履。

南壁西侧亦绘侍女两人，其中一人手持团扇，惜已剥蚀不清了。

北壁因淤泥的浸蚀壁画已全部脱落。

后甬道内由于淤泥的浸蚀，壁画脱落严重，从残存的壁画题材分析，仍然是采用对称的格局，东壁有手提带把瓶子、手抱琵琶、手捧盘、碗的侍女(图三，13)。西壁与此相对称，脱落更甚。在后甬道的顶部绘出云鹤图案。

后墓室顶部涂银灰色，上面用白土子绘星辰和银河，在顶部东、西侧分别绘出象征日、月的金乌、蟾蜍。

后墓室的西部放置着石椁，象征墓主人的居室，东壁、南壁、北壁画侍女。

东壁画柱两侧画出相对称的两幅侍女画(图三，14)。北侧侍女群九人，前一人头梳髻，身着红色窄袖短衫，下穿紫长裙，红披巾披过双肩而绕在手臂上，双手捧一盘。后面的八人有的双手捧瓶，有的端箱，有的托盘，有的持烛台。南侧侍女群九人，前面一人头梳髻，身穿紫色窄袖短衫，下着紫色长裙，肩上披红色披巾，双手捧一果盘，腰上系绿色带子。后面八人手持盘子、包裹等物，其中有三个作男装，头梳双鬟髻，身穿圆领红、紫、绿袍，手持箜篌、筝、琵琶等。

北壁绘出侍女四人，拱手作行进状。南壁东侧绘侍女一人，残破较甚，西侧壁画已脱落。西壁因石椁紧靠西墙，原来没绘制壁画。

二、墓阙和墓门图

懿德墓墓道北壁的建筑图及东、西壁的城墙和阙楼是一组完整的唐代建筑图，这一题材在陕西省唐墓中尚为首次发现。

阙楼有四个比较突出的特点：(一)此阙为"三出阙"(即一个母阙，二个子阙)，属封建帝王等级。(二)墩台华丽，画面上楼身的平面布局面阔三间，进深三间，周带回廊。画中走廊内槽都作面阔三间，进深三间，这在现实建筑结构上是不可能的。(三)平坐带柱子，栏杆接点及撮项上饰金铜饰件。(四)出檐远，斗栱比例大。

懿德墓墓道阙楼建筑画是研究唐代建筑的珍贵资料。由于这幅大型壁画的发现，使我们对于唐代建筑的发展过程有一个比较完整的概念。西安大雁塔门楣雕刻的佛殿图(为长安中刻石，701－704年)和懿德墓墓道阙楼图(神龙二年，706年)是初唐—盛唐时期的建筑画，通过分析与对比，可以看出这一时期建筑的基本特征。

1．屋顶部分　庑殿式，鸱尾翘起。两幅建筑画所表现的调脊方法基本一致，用板瓦叠脊，上覆筒瓦。沟陇比较窄，瓦头相应加大。在垂脊上不见兽头和走兽。

2．屋檐部分　翼角起翘不如宋代建筑缓和。椽与飞椽长度几乎相等，因而整个屋檐出檐远。

3．斗栱部分　柱头铺作，大雁塔门楣刻石为五铺作双抄偷心造，懿德墓的阙楼为五铺作双抄偷心造。补间铺作：两者相同，均在阑额上用翘角人字栱(最晚的例子见河南省登封县净藏禅师塔，时代是天宝年间)，柱头枋上用斗子蜀柱。转角铺作：大雁塔门楣刻石为出二跳华栱，上承正、侧面令栱。懿德墓则为出二跳的华栱。角梁下尚垫一物，似乎相当于后来的"宝瓶"。

4．两幅建筑画均在柱与柱之间施阑额与由额，两额之间施短柱。

5．外檐柱　两幅建筑画柱头上均有明显的卷杀，柱头卷杀在初唐已经出现，宋元时代一直沿用。大雁塔门楣刻石上的柱础为覆莲式，柱榀很明显。

6．平坐栏杆　宋《营造法式》关于平坐栏杆制度曾有明确的规定，而在大雁塔门楣刻石等均不见平坐栏杆，这次在懿德墓阙楼上见到了初唐—盛唐时期平坐栏杆的具体形象。平坐斗栱为五铺作双抄偷心造，与外檐柱头斗栱一致。平坐令栱上使用替木，而外檐斗栱上不用替木。平坐栏杆地栿下的出头木完全露在外面。

懿德墓阙楼图与佛光寺大殿(大中十一年，857年)，在时代与建筑类型上差异较大。一是处在初唐—盛唐阶段的过渡时期，一是晚唐时期。一是封建帝王制度的阙楼，一是一般的佛殿。但是，两者在建筑细部上尚有承前启后的关系。通过对比，可以看出经过盛唐之后的变化，唐代建筑进入了一个新的阶段。佛光寺的建筑细部与懿德墓阙楼的细部相比较，其主要差别如下：

1. 外檐柱头铺作　七铺作双抄双下昂偷心造，第三、第四跳跳头都是下昂，第四跳跳头安令栱与翼形耍头相交，而在懿德墓阙楼细部中不见翼形耍头。仅在柱头铺作最上一条令栱和梁头十字相交，梁头向外伸出部分作垂直截割，似发展为后来的耍头。

2. 外檐补间铺作　人字栱消失，补间铺作无栌斗，第一跳华栱与第一层柱头枋相交，跳头上安翼形栱。懿德墓阙楼则不见翼形栱。

3. 外檐转角铺作　两跳角华栱，三层角昂。在昂头上安装宝瓶以承托角梁，而在懿德墓阙楼的转角铺作只见宝瓶的雏形。

属于建筑画的尚有各种平棊图案。在过洞、前甬道、后甬道的顶部主要是唐代的团花、宝相花和海石榴。在前、后墓室四壁起券部分绘有各种云纹和植物图案花纹。

三、仪仗出行图

1. 仪仗队

墓道东、西壁的仪仗队由车队(包括车、马、驾士、马伕)、骑马仪仗队、步行仪仗队所构成。

关于仪仗出行图现有二说：

(一)懿德墓是遵照“号墓为陵”的制度而构筑的，与孝敬皇帝李弘墓一样，“制度尽用天子礼”、“准天子之礼”。该墓形制仿照乾陵，实测结果：乾陵墓道长63.1米，懿德墓墓道长63米。懿德墓使用哀册，而不用墓志。天井内戟架上的戟数符合封建帝王礼。小龛内出土的陶俑(位置未盗乱)共905件，其中面帘贴黄金的铠甲男骑俑是象征封建帝王典礼、讲武、仪仗用的马骑。还有成套的鼓吹，数量之多也是前所未见。联系到仪仗出行图，从制度上考虑可能为大驾卤簿图。

出行图中的车有车盖，可能象征辂车。与此相呼应。第三天井东、西壁所画之车不是由马驾驭，应是象征辇。《旧唐书·舆服志》："自高宗不喜乘辂，每有大礼则御辇以来往，爰洎则天以后遂以为常。"

骑马仪仗队、步行仪仗队可能象征诸卫仪仗队。《新唐书·兵志》："高宗龙朔二年，始取府兵越骑、步射置左右羽林军，大朝会则执杖以卫阶陛，行幸则夹驰道为内仗。"骑马仪仗队与诸卫马队性质相近，诸卫马队戎服大袍、佩弓箭、引旗。步行仪仗队可能象征十二卫步队。

(二)根据墓主人的身份来确定仪仗图的等级，李重润生前立为皇太孙，在唐中宗即位后追赠为皇太子，谥号懿德，于神龙二年陪葬乾陵。仪仗图表现了懿德太子生前的仪仗场面，应属太子一级。

从场面上看，各类仪仗均排列在太子宫城内，而不是在宫城外。仪仗图表现了太子大朝的场面。

仪仗队分为车队、骑马仪仗队和步行仪仗队三部分。

太子车辂，《旧唐书·舆服志》："皇太子车辂有金辂、轺车、四望车。金辂，赤质金饰诸末，重较，箱画簴文鸟兽，黄屋，伏鹿轼，龙辀，金凤一在轼前，设鄣尘，朱盖黄里，轮画朱牙，左建旂九旒，右载阘戟，旂首金龙头，衔结绶及铃绥，驾赤骝四，八銮在衡，二铃在轼，金锼方釳，插翟尾，五焦镂锡，鞶缨九就，从祀享、正冬大朝、纳妃则供之。轺车，金饰诸末，紫通幰朱里，驾一马，五日常服及朝享宫臣出入行道则供之。四望车，金饰诸末，紫油纁通幰朱里，朱丝络网，驾一马，吊临则供之。"

墓道东、西壁仪仗图中所画为三车三马，车顶有朱盖，车后插旗，前面一辆车尚能看到八旒，有一旒被遮挡，应为九旒。此车应属太子大朝所用之辂车。辂车前面还有二伞、二圆扇、二方长扇。《唐六典·尚辇局》(卷11)："凡繖、扇，大朝会则繖二翰一陈之于庭(孔雀扇一百五十有六，分居左右，旧翟尾扇，开元初改为绣孔雀以省)。"圆扇与长方扇皆饰孔雀羽毛，并贴金，应为太子大朝时用之繖扇。

仪仗图中的骑马仪仗队与步行仪仗队象征着太子仪仗中之左右卫。《唐六典·太子左右卫及诸率府》(卷28)："左右卫率掌东宫兵仗、羽卫之政令以总诸曹之事，凡亲、勋、翊府及广济等五府属焉，副率为之贰，凡元正冬至皇太子朝，宫臣及诸方使则率卫府之属，以仪仗为左右厢之周卫，若皇太子备礼出入，则如卤薄之法以从。"仪仗队中所举的旌旗与《唐六典·两京武库》(卷16)所载32种旗相对照,可以确定名称的有白虎旗、朱雀旗、赤熊旗。其余的狮子旗、豹旗、鹰旗、带翼狮子旗是否与辟邪旗、白泽旗、鸾旗(或凤凰旗)、飞麟旗有关,尚待进一步研究。

经过初步研究,我们认为此画应是太子大朝仪仗图。

2. 棨戟器架

懿德墓第一、二天井的东、西壁各绘有戟架,其中第一天井东壁及第二天井东、西壁架上均绘12戟,惟第一天井西壁绘有13戟。现将解放后陕西省发掘的唐墓中发现绘有戟架者,列表如下:

墓主人	埋葬时间	列戟位置	戟数	墓主身份
咸阳底张湾万泉县主薛氏墓	景云元年(710)	天井东、西壁绘出戟架二个	5+5	唐万泉县主、太平长公主第二女
咸阳市东北苏君墓	总章元年-开元年间(?)	第五天井下东、西两壁绘出戟架二个	5+5	
乾陵陪葬墓永泰公主墓	神龙二年(706)	墓道北边东、西壁绘出戟架二个	6+6	唐中宗第七女
乾陵陪葬墓章怀太子墓	神龙二年陪葬葬乾陵(706)	第二过洞内东、西壁绘戟架二个	7+7	唐高宗第二子
乾陵陪葬墓懿德太子墓	神龙二年(706年)	第一天井东、西壁绘戟架二个 第二天井东、西壁绘戟架二个	12+13 12+12	唐中宗长子

唐代门施棨戟一般置于公府门,亦有列于私第者,戟数多寡表示官品之高低,棨戟列于私第者,显示其门第之荣盛。

《唐六典·礼部尚书》(卷4)载:"凡太庙、太社及诸宫、殿门、东宫及一品以下诸州门施戟有差。凡太庙、太社及诸宫、殿门各二十四戟,东宫诸门施十八戟,正一品门十六戟,开府仪同三司、嗣王、郡王、若上柱国、柱国带职事二品已上,京兆、河南、太原府、大都督、大都护门十四戟,上柱国、柱国带职事三品已上,中都督府、上州上都护门十二戟,国公及上护军、护军带职事三品、若下都督、中下州门各一十戟。"《新唐书·百官志》武器署令条载:"凡戟,庙、社、宫、殿之门二十有四。东宫之门一十八。一品之门十六。二品及京兆、河南、太原尹,大都督、大都护之门十四。三品及上都督、中都督、上都护、上州之门十二。

下都督、下都护、中州、下州之门各十。衣幡坏者五岁一易之,薨卒者既葬追还。”

懿德墓前架的戟数与文献对照,应属封建帝王一级,反映了“号墓为陵”的埋葬制度。

四、宫廷生活画

1. 内侍像

第三过洞内东、西壁小龛南侧画出两幅男侍像,每幅七人,持笏,脸部无胡须。从其位置,手中所持之物和脸部特点分析,与墓道、天井内的仪仗队有所区别,应属唐代宫廷中内侍一类人物。《旧唐书·职官志》:“内侍之职掌在内,侍奉出入宫掖、宣传之事。”

内侍所着袍服颜色各异,兹按其位置列表如下:

位置 \ 颜色 \ 队列	为首者	第一排	第二排	第三排
东壁	紫袍	红袍、绿袍	绿袍、绿袍	红袍、紫袍
西壁	紫袍	红袍、绿袍	红袍、紫袍	绿袍、绿袍

内侍按其袍服颜色之不同,表示其官品之差异。《旧唐书·舆服志》:“贞观四年,又制三品已上服紫,五品已上服绯,六品、七品服绿,八品、九品服以青,带以鍮石,妇人从夫色,虽有令,仍许通著黄。”“上元元年八月,又制一品已下,带手巾、筭袋,仍佩刀子、磨石,武官欲带者听之。文武三品已上服紫、金玉带。四品服深绯,五品服浅绯并金带。六品服深绿,七品服浅绿并银带。八品服深青,九品服浅青并鍮石带,庶人并铜铁带。”

因此,内侍像中服紫袍者应视为三品官,服红袍者应视为四、五品官,服绿袍者应视为六、七品官。

2. 侍女画

懿德太子墓内过洞、甬道、前后墓室画出各种侍女像,其分布位置已如前述。

《唐六典·太子内官》(卷26)所载太子内官共116人,其中与壁画中侍女像有关的内官,其职务和品级如下:

"掌筵,从八品,掌帷幄、床褥、几案、举缴扇、洒扫、铺设及宾客。"

"掌严,从八品,掌饰衣服、巾栉、膏沐、服玩、仗卫。"

"掌缝,从八品,掌裁缝、衣服、织绩。"

"掌藏,从八品,掌金玉、珠宝、财货、绵缯、缣綵出入。"

"掌食,从八品,掌膳羞、酒醴、灯烛、柴炭及宫人食料器皿。"

"掌医,从八品,掌医药、伎乐。"

文献记载与壁画内容分析、对比,我们可以看出,懿德墓中所绘侍女像正是反映了上举内官所司的各项职务。

据文献记载,太子宫中仅内官一类的人数竟达116人之多,这些内官专门掌管太子的日常生活。懿德太子李重润生前立为皇太孙,死后追赠为皇太子。壁画中大量属于各种内官的侍女像按太子等级绘制,显然是表现当时封建社会统治阶级骄奢淫逸的生活。

3. 驯豹图和架鹰图

第一过洞东、西壁各有男侍手牵豹子作行进状的图象。豹子的颈部套有绳子,驯顺地让男侍牵着,表示这种豹子是经过人工驯养的"猎豹",并不是一般的金钱豹。因为金钱豹性格凶猛暴烈,不可能与人一起行走。

猎豹,属食肉目猫科,现在产于亚洲西南山地及非洲,其中印度猎豹产于印度、巴基斯坦、伊朗等地。其外形大致像豹,毛色浓黄上有黑色圆斑点,尾巴长,身体比豹子稍瘦小,四肢比较长,头小而圆,以疾速快跑而著名,但它不能长跑,在短距离内秒速为30米。猎豹经人工驯养,可用于狩猎,在400米内几乎任何四足动物也逃不出它的追击。我国古代何时用猎豹打猎,不见于文献记载,驯豹图的发现为我们今后的研究提供了实物资料。

第二过洞的东、西壁绘有架鹰鹞图三幅。唐代宫廷中常养各种飞禽,因此,鹰、鹘就成为玩赏的对象,架鹰是唐代皇室、官僚贵族的一种嗜好。如《朝野佥载》(卷5):"太宗养一白鹘,号曰飞将军,……"又,《太平广记》卷460引《宣室志·郧郡人》:"郧人家所育鹰隼极多,皆莫能比,常臂以玩。"因此,架鹰是唐墓中一种常见的壁画题材,如咸阳底张湾景云元年(710)万泉县主薛氏墓,在前甬道上也绘有架鹰图。

懿德太子墓的发掘,使得埋藏在地下一千二百多年的古代壁画艺术珍品重新显露在我们面前,不论从规模还是内容方面,都大大超过了过去所知的唐墓壁画。壁画的题材相当丰富,对了解唐代皇室的埋葬制度、宫廷生活等方面都是极重要的资料。同时这样大面积的丰富多彩的壁画,使我们对唐代壁画的绘制、技法、艺术成就等各方面都有了进一步的认识,进而为唐代美术史的研究提供了重要的资料。特别是在发掘中,我们不但在前墓室内发现了绘画的作者的题名,而且还在墓道和过洞内发现了他们作画时所用的研磨石、矿物颜料和调色罐的残片,以及他们食用的小米,他们在极其艰苦的条件下进行艺术创作,给我们留下了这批极为珍贵的艺术遗产。

(本文原载《考古》1973 年 6 期)

唐章怀太子墓壁画客使图中“日本使节”质疑

云 翔

1971年发掘的唐章怀太子李贤墓出土的壁画中，在墓道东壁有一幅客使图（又称“礼宾图”），为研究唐代中外友好往来提供了弥足珍贵的资料。客使图由南至北第二人（以下简称“客使图第二人”）头戴羽毛帽，有二鸟羽向上直立，身着大红领长白袍，脚穿黄靴[①]（图一）。关于该人的国籍，有些同志曾在书刊上著文推断为古代日本人。最近，又有同志再次发表文章阐述这一观点，大意说：客使图第二人，“推测可能是日本或高丽的使节，又据画面上羽毛为直立而不是弯曲，推测日本使节的可能性更大”。并进一步推断“很可能是日本第八次遣唐使使团中的成员”[②]。我们认为，此说值得商榷。

早在1976年，日本学者穴沢咊光、马目顺一先生就指出，客使图第二人是朝鲜使节。他们在《论阿弗拉西阿勃都城址出土壁画中的朝鲜人使节》（以下简称《使节》）一文中介绍：1965年，苏联乌兹别克科学研究所调查团在苏联乌兹别克共和国撒马尔罕市北郊阿弗拉西阿勃台地中部发掘古撒马尔罕城址时，于第23发掘地点发现了有绚丽壁画的粟特时代的建筑基址。在一号室西壁壁画的一角，绘有两个头戴插有两根羽毛小圆帽的外国使节（原发掘报告编号为24、25号）（图二）。壁画的年代推定为7世纪末到8世纪初，壁画内容推测是7世纪中叶发生在撒马尔罕王宫内的历史事件。关于这两个外国使节的国籍，壁画的发掘者阿利巴乌姆根据他们的服饰，尤其是插有羽毛的冠，对照《旧唐书》中有关高丽服饰的记载，结合考古发现中高句丽壁画古墓的材料，推断为朝鲜人使节，应当是正确的。《使节》一文进一步指出：这种插有羽毛的帽子，李殷昌先生称为“鸟羽冠”，大概相当于《魏书》中所记高句丽服饰的“折风冠”。在朝鲜平壤附近的高句丽壁画古墓“双楹冢”发现的壁画中，有头戴鸟羽冠的人物像和骑马人物图（图三）；在吉林省集安县通沟的高句丽壁画古墓“舞踊冢”的壁画中，可以看到头戴鸟羽冠的舞踊像和骑马人物图（图四）；朝鲜庆州附近的新罗古墓“天马冢”出土了象征羽冠的金制鸟翼形冠饰（图五）；唐章怀太子墓客使图第二人头戴鸟羽冠，“大概是新罗大使”③。这样认为是有道理的。

图一　章怀太子墓客使图第二人（见《文物》1972年7期图版贰，1）

24　25

图二　前苏联阿弗拉西阿勃都城址23地点1号室西壁壁画一角（见《朝鲜学报》第80辑〈使节〉文图13）

对于插有羽毛的所谓鸟羽冠，在我国古代文献中都是作为古代朝鲜人的服饰予以记述的。《魏书·高句丽》传：高句丽“官名有谒奢、太奢、大兄、小兄之号，头著折风，其形如弁，旁插鸟羽，贵贱有差。立则反拱，跪拜曳一脚”。《隋书·东夷传》高丽条：高丽人“皆皮冠，使人加插鸟羽。贵者冠用紫罗，饰以金银。服大袖衫，大口袴，素皮带，黄革履”。又《旧唐书·东夷传》高丽条载：高丽“衣裳服饰，惟王五彩，以白罗为冠，白皮小带，其冠及带，咸以金饰。官之贵者，则青罗为冠，次以绯罗，插二鸟羽，及金银为饰，衫筒袖，袴大口，白韦带，黄韦履”。同时，《魏书》和《旧唐书》在新罗条下，都记载新罗的风俗、衣服等“与高丽、百济同”。这就是说，从北魏到唐代，朝鲜人曾戴用鸟羽冠。

在考古材料中，除了《使节》一文提到的有关发现外，1979年在西安唐长安城道政坊一带发现了一件唐代“都管七国六瓣银盒”，这一发现至为重要。该银盒的盖面上有七组图案，其中一组为“一尊者居左盘坐，四人站立于左右，冠上皆插二鸟羽，长衣宽袖，着韦履。题榜为‘高丽’、‘国’”④（图六）。其人物服饰不仅与《旧唐书》中关于高丽人服饰的记载相符，而且明确题为“高丽国”。

图三　双楹冢墓道西壁壁画车马行列图

左　骑马人物图　　　　右　人物像

（见《朝鲜古迹图谱》图版五四二）

图四　舞踊冢主室壁画

左　主室左壁狩猎图之局部　　　　右　主室右壁舞踊图之局部

（见《通沟》下卷图版八、一〇）

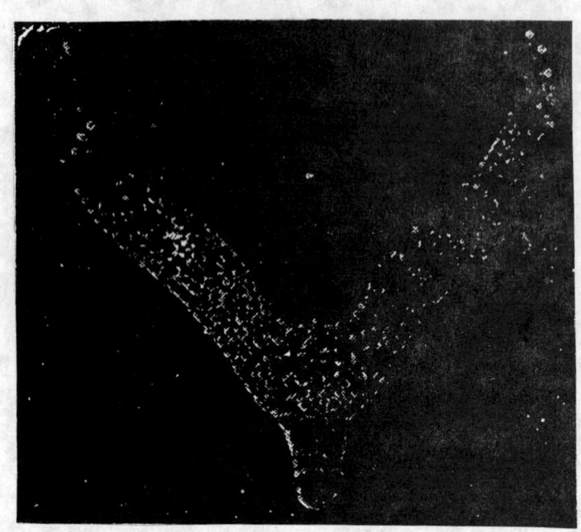

图五　天马冢出土金制鸟翼形冠饰

（见《天马冢》图版八之二）

图六　西安出土唐“都管七国六瓣银盒”盖面“高丽国”图案

（见《考古与文物》1984年4期23页图一,1）

可见,唐时高丽人头戴鸟羽冠是确实的。

不论古代典籍的记载还是考古发现的材料都证明,鸟羽冠是古代朝鲜人的一种服饰。因此,客使图第二人应视为朝鲜人。至于他究竟是高丽使节还是新罗大使,目前还难以肯定,因为:我国古籍把鸟羽冠明确作为高(句)丽的服饰记述的同时,又指出新罗人的服饰与高(句)丽人相同,尤其客使图第二人所穿的长白袍,和《旧唐书·东夷传》所载新罗人“朝服尚白”相吻合。考古发现中,鸟羽冠的材料在高句丽和新罗文化遗存中均可见到,而属于高句丽的较突出。由此考虑,客使图第二人作为高丽使节和新罗使节的可能性都存在。但从历史背景考察,章怀太子李贤生于唐永徽五年(654),卒于文明元年(684),神龙二年(706)由巴州迁至乾陵以东作为陪葬。如果说客使图所描写的事件为李贤生前所见或在世期间,那么事件当发生在公元654－684年间,最迟不会晚于706年。据史书所记,高丽同唐朝在645年前关系尚密切,但以后则连年争战,关系紧张,直到668年高丽灭亡。这样,客使图第二人作为高丽使节的可能性就很小。但新罗同唐朝的关系则比较密切。据《旧唐书》,仅7世纪后半,新罗就多次遣使入唐,来往频繁。这样分析,客使图第二人为新罗使节的可能较大。

尽管我们目前还不能确知客使图第二人究竟是高丽使节还是新罗使节,

但把他作为古代朝鲜人，证据是充分的，而把他推测为日本使节则缺乏证据。因为，古代史籍中关于日本人服饰的记载与客使图第二人的服饰特点根本不同。《旧唐书·东夷传》日本条下称：“长安三年，其大臣朝臣真人来贡方物。朝臣真人者，犹中国户部尚书，冠进德冠，其顶为花，分而四散，身服紫袍，以帛为腰带。”“进德冠”之顶为花状，与客使图第二人所戴鸟羽冠截然不同；日本遣唐使身服紫袍，与客使图第二人的大红领长白袍显然不符；客使图第二人的衣着也看不出与古代日本服饰有任何联系。恰恰相反，客使图第二人的服饰不仅符合古代文献中关于朝鲜人服饰的记载，而且与考古所见古代朝鲜人的服饰雷同。很明显，章怀太子墓墓道东壁壁画客使图第二人并非日本使节，而是古代朝鲜人。

作者补记：发稿后，看到最近出版的《东方艺术》30卷2号。该刊《唐代及唐代以前绘画中的外国人》一文论及章怀太子墓客使图时，指出第二人“可以确认为朝鲜人”，与愚见相同。参见：Patricia Eichenbaum Karetzky, Foreigners in Tang and Pre－Tang Painting, Oriental Art, Vol. XXX No.2, Summer 1984, London, p.164.

注释：

①陕西省博物馆、乾县文教局唐墓发掘组：《唐章怀太子墓发掘简报》，《文物》1972年7期13页。

②王仁波：《从考古发现看唐代中日文化交流》《考古与文物》，1984年3期104页。

③（日）穴沢咊光、马目顺一：《アフラシヤて都城址出土の壁画にみられゐ朝鲜人使节について》《朝鲜学报》第80辑，1976年。

④张达宏、王长启：《西安市文管会收藏的几件珍贵文物》《考古文物》，1984年4期22页。

（本文原载《考古》1984年第12期）

唐章怀太子墓壁画“客使图”辨析

王维坤

70年代初发掘的唐章怀太子李贤墓墓道的东、西两壁上各绘有一幅以六人组成的“客使图”(亦称“礼宾图”、“迎宾图”)。位于北边的三人为唐代鸿胪寺文职官员;位于南边的三人为前来吊祭李贤的外国使者和我国少数民族使者。为叙述方便,将东壁的“客使图”称之为“东客使图”;将西壁的“客使图”称之为“西客使图”。本文拟结合文献记载和国内外的考古发现,对以前未曾论及和有争议的使者国籍问题再作一些探讨。

一、“东客使图”使者考

从前三人所在整个壁画的位置上来看,他们很可能是当时掌管朝祭礼仪赞导的唐代鸿胪寺官员卿和少卿(图一)。对此,王仁波等先生曾撰文认为,他们三人依“据袍服颜色推断为四至五品官员”[①]。此说虽无大错,但我觉得他们三人应是从三品和从四品上的官员。据《旧唐书·职官志》记载:“鸿胪寺,卿一员,从三品。少卿二人,从四品上。卿之职,掌宾客及凶仪之事,领曲客、司仪二署,以率其官属,供其职务。少卿为之贰。凡四方夷狄君长朝见者,辨其等位,以宾待之。……皇帝太子为五服之亲及大臣发哀临吊,则赞相焉。”李贤生前曾先后被封为潞王、雍王,后来被武则天废为庶人,流放四川巴州。不可忽视的一条重要资料是,据《资治通鉴》卷203《唐纪十九》记载:684年,“丘神勣至巴州,幽故太子贤于别室,逼令自杀。太后乃归罪于神勣,戊戌,举哀于献(明)福门……”中宗复位后,很有可能是遵照武则天皇后生前的遗愿,于神龙二年(706)将其二兄从巴州迁到长安,以雍王身份陪葬乾陵,景云二年(711)又

图一　唐章怀太子墓墓道东壁“东客使图”(摹本)

追封为章怀太子。因此可以断定,章怀太子墓的“东客使图”壁画内容,正是描绘了中宗皇帝为雍王迁葬时,由“掌宾客及凶仪之事”的卿和负责管理“凡四方夷狄君长朝见者”的少卿所进行的“发哀临吊,则赞相焉”的宏大场面。

据三、四品官员所规定的服饰、服色来分析,这三人的服装很有可能是文献上所记载的“具服”(亦称“朝服”)。据《新唐书·车服志》记载:“具服者,五品以上陪祭,朝飨、拜表、大事之服也,亦曰朝服。冠帻、簪导。绛纱单衣,白纱中单,黑领、袖、黑褾、襈裾,白裙、襦、革带金钩鰈,假带,曲领方心,绛纱蔽膝,白袜,乌皮舄,剑,纷,鞶囊双佩,双绶”。另据《新唐书·车服志》记载:显庆元年(656),“其后以紫为三品之服,金玉带銙十三;绯为四品之服,金带銙十一;浅绯为五品之服,金带銙十;……”因此,从服饰与服色(绯色)来看,这三个人的官品至少也应在四品以上。

唐代的埋葬制度,带着浓厚的封建等级色彩。据《旧唐书·职官志》记载:“凡诏葬大臣,一品则卿护其丧事,二品则少卿,三品丞一人往。皆命司仪,以示礼制”。作为正一品雍王的安葬来说,理所当然是由“卿护其丧事”。因此,“东客使图”上的第一、二、三人应是“护其(雍王)丧事”的唐代鸿胪寺官员卿和少卿。

第三人手中所执笏，呈上圆下方。在封建社会里，朝笏本身也打上了封建等级的烙印。不仅质地不同，而且造型也各不相同。众所周知，隋代和唐代武德初年所使用的朝笏，只是用不同的质地来代表不同的等级。据《旧唐书·舆服志》记载："文武之官皆执笏，五品以上，用象牙为之，六品以下，用竹木。"而到了唐代武德以后，朝笏的形制发生了较大的变化。据《旧唐书·舆服志》记载："五品以上执象笏。三品以下前挫后直，五品以上前挫后屈。自有唐以来，一例上圆下方，曾不分别。六品以下，执竹木为笏，上挫下方。"仅从第三人手中所执"上圆下方"朝笏来分析，"东客使图"上的第一、二、三人的官品也就不解自明了。

第四人，光头，浓眉毛，深目高鼻，阔嘴，方脸。上身内穿衬衣，外套翻领紫袍，腰系白带，脚穿黑靴，两手交叉叠置于胸前，呈洗耳恭听状。韩伟先生判定此人是"中亚等地使节"[②]；张鸿修先生认为是"罗马使者"[③]；王仁波等先生"推测可能是东罗马帝国的使节"[④]。对此，我是坚信不疑的。东罗马帝国在中国史籍中，称为拂菻或大秦。据《旧唐书·西戎传》记载："拂菻国，一名大秦，……风俗，男子剪发，披帔而右袒，……俗皆髡而衣绣"。从使者"光头"来看，似与文献上的"剪发"风俗密切相关。大量文献资料和考古发现表明，中国与大秦之间的交往至晚可以追溯到汉代。《后汉书·西域传》中，也能看到"皆髡头而衣文绣"的记载。另据《后汉书·西域记》记载：和帝永元九年(97)，都护班超遣甘英使大秦，抵条支。临大海欲渡"，后闻安息船夫一席话，乃止。虽然壮志未酬，只好怅然而归，但是，甘英此次西行已充分表明了汉朝欲通大秦的强烈愿望和决心。其实，"其(大秦)王常欲通使于汉，而安息欲以汉绘彩与之交市，故遮阂不得自达"。直到桓帝延熹九年(166)，"大秦王安敦遣使自日南徼外献象牙、犀角、玳瑁，始乃一通焉"。南北朝时，大秦仍然一如既往同我国保持着密切地联系。据《南史·夷貊传》和《梁书·诸夷传》记载："孙权黄武五年(226)，有大秦贾人字秦论来到交阯。太守吴邈遣送诣权"。另据《晋书·四夷传》记载："武帝太康中，其王遣使贡献"。进入隋代以后，这种交流暂时被中断了一段时间。即"隋炀帝常将通拂，竟不能致"(《旧唐书·西戎传》)。到了唐代，形势却发生了根本性的变化，大秦王纷纷遣使朝贡与唐和好，使两国关系发展到了一个新的阶段。据《旧唐书·西戎传》记载："贞观十七年(643)拂菻王波多力遣使献赤玻璃、绿金精等物。太宗降玺书答慰，赐以绫绮焉。……乾封二年(665)，遣使献底也伽。大足元年(701)，复遣使来朝。开元七年(719)正月，其主遣吐火罗大首领献狮子羚羊各二。不数月，又遣大德僧来朝贡。”显然，神龙二年(706)安葬雍王李贤时，大秦与唐代的关系正处于上升阶段，所以说“东客使图”的第四人为东罗马使者的可能性较大。

第五人，头戴“骨苏冠”，冠前方涂朱红色，两旁涂绿色，两边并用双带系于颌下。椭圆形脸庞，面颊丰满，须眉清晰，朱唇小口。身穿大红领长白袍，镶红边衣襟，宽袖，两手置在袖中拱于胸前，腰束白带，脚穿黄靴。以前，学术界对此人多有研究，不少学者认为应是“日本使者”[5]的形象；而韩国学者金元龙考证该使者可能是“新罗使”[6]，我国学者也有很好的讨论[7]。笔者赞成后者，并且在近年的研究中也发现，使者所戴之冠不仅同我国文献上所记载的古代朝鲜高句丽、百济、新罗的“折风冠”、“骨苏冠”、“皮冠”颇为相似，而且其服饰、鞋也与文献的记载大体吻合。据《魏书·高句丽》记载：“头著折风，其形如弁，旁插鸟羽，贵贱有差”。在《魏书·百济传》中，也能看到“其衣服饮食与高句丽同”的记载。另据《周书·高句丽》记载：“丈夫衣同袖衫、大口袴，白韦带，黄革履。其冠曰骨苏(在《北史》中称为“苏骨”)，多以紫罗为之，杂以金银为饰。其有冠品者，又插二鸟羽于其上，以显异之”。在《周书·百济传》中，也不乏“其衣服，男子略同于高丽。若朝拜祭祀，其冠两厢加翅，戎事则不。拜谒之礼，以两手据地为敬”之记载。在《隋书》和《北史》中，也保留了许多类似的记载，如《隋书·高丽》记载：“人皆皮冠，使人(在《北史》中称为“士人”)加插鸟羽。贵者冠用紫罗，饰以金银。服大袖衫，大口袴，素皮带，黄革履”。从“东客使图”的制作年代来看，应该重视的文献资料莫过于《旧唐书》了。据《旧唐书·高丽传》记载：“官之贵者，则青罗为冠，次以绯罗，插二鸟羽，及金银为饰，衫筒袖，袴大口，白韦带，黄韦履。”《旧唐书·百济传》中，也有明确记载，“官人尽绯为衣，银花饰冠。庶人不得衣绯紫”。《旧唐书·新罗传》记载：“衣服，与高丽、百济略同，而朝服尚白”。上述这些文献记载，从已发现的考古新资料中可窥见一斑。

1965 年，在乌兹别克斯坦共和国撒马尔罕市北郊阿弗拉西阿勃台地中部发掘古撒马尔罕城址时，于第 23 发掘地点发出了有绚丽壁画的粟特时代的建筑基址。其中在一号室西壁的壁画中绘有两位外国使者，头戴插有两根羽毛的小圆帽，上身穿圆领右衽大衫，下身着裤，腰束带。身佩环首大刀，作拱手站立状(图二，1)。壁画的制作年代推定为 7 世纪末至 8 世纪初，其内容推测是描绘了 7 世纪中叶发生在撒马尔罕王宫内的历史事件。发掘者阿利巴乌姆先生认为，这两位使者应是“朝鲜人使节”[8]。推测他们是“朝鲜人使节”是可以成立的，但他们的服饰和冠与“东客使图”第五位使者相比显然不可同日而语，至少应在等级上存在着明显的差异。前者的身份应为“使人”（亦称“士人”），而后者的身份应为“贵者”。前者的冠应是“折风冠”或“皮冠”；而后者的冠则应是“骨苏冠”（或称“苏骨冠”）无疑。迄今为止，这种“折风冠”或“皮冠”除了在撒马尔罕古城址发现的壁画上所见到之外，在朝鲜平壤平安南道的高句丽壁画古坟“双楹冢”发现的壁画上，也看到了头戴此冠的人物像（图二，2）和骑马人物图（图二，6）；在大安市德兴里古坟发现的出行图壁画上，也有数名骑马武士头戴此冠（图二，4）；在吉林省集安县通沟发现的高句丽古坟“舞踊冢”的壁画上，还可见到头戴此冠的舞踊像（图二，3）和骑马人物图（图二，5）。值得

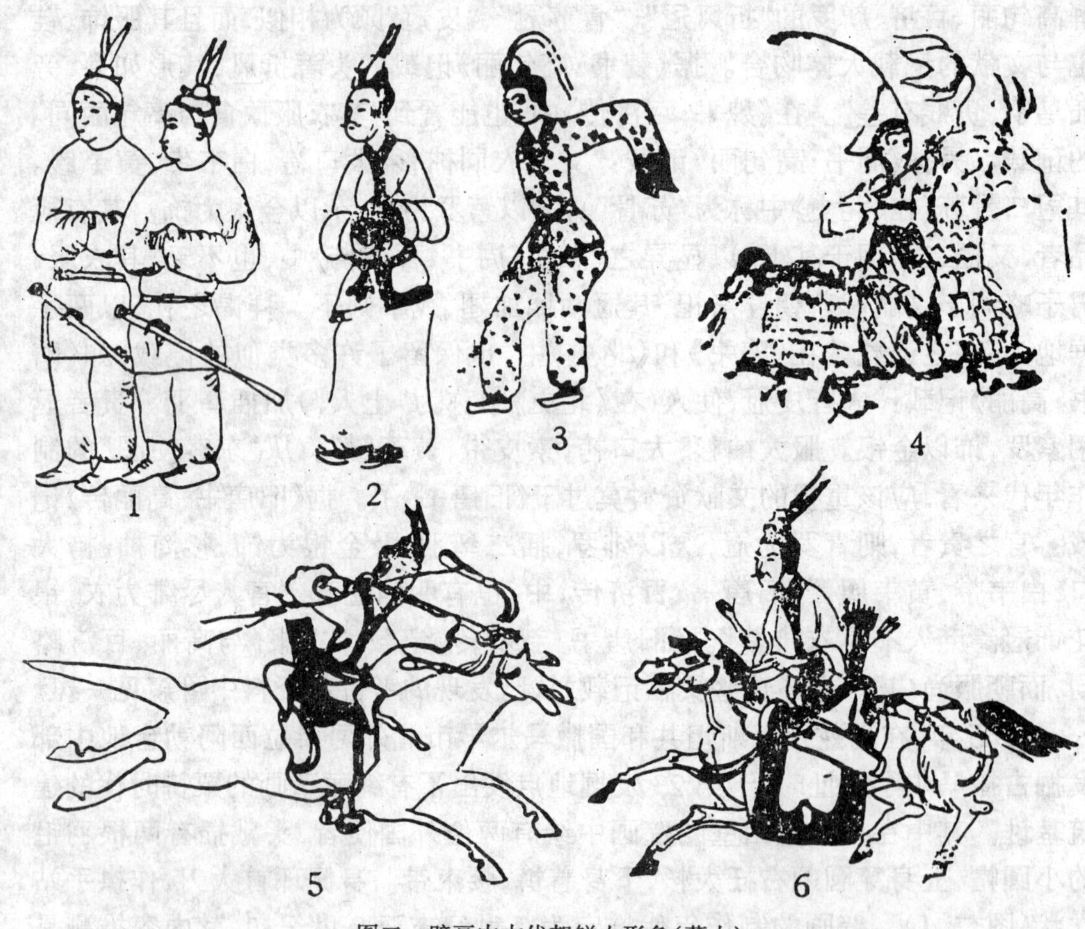

图二　壁画中古代朝鲜人形象（摹本）

1. 撒马尔罕城址一号室壁画　2. 双楹冢壁画　3. 舞踊冢壁画
4. 德兴里古坟壁画　5. 舞踊冢壁画　6. 双楹冢壁画

注意的是，有些冠上并不是“旁插鸟羽”，而是直接将冠做成了鸟翼的形状。例如，辽宁省博物馆收藏有一顶相传出土于集安地区的鸟翼形冠(图三,1)，韩国国立清州博物馆中也展出了一顶出土于庆北义城塔里古坟的鸟翼形金铜冠(图三,4)，庆州博物馆中收藏一顶出土于皇南大冢南坟的鸟翼形金铜冠(图三,2)，晋州博物馆中还展出一顶出土于釜山福泉洞11号古坟的鸟翼、山字形金铜冠(图三,3)，尤其是在庆州附近的新罗古坟“天马冢”中同样也出土了一顶象征鸟翼形状的鸟翼形金冠(图三,5)。以上诸例中，有些冠不仅用金属做成了鸟翼的形状，而且还特别突出了羽毛的特点⑨。上述考古发现告诉我们，这种鸟翼金铜冠和带有羽毛状的鸟翼形金铜冠，很有可能是从“折风冠”、“骨苏冠”以及“皮冠”逐渐演变而成的。同时，也反映了它们各自在高句丽、百济、新罗等国的流行情况。

进而言之，从当时的历史背景上来分析，新罗文武王(公元667—681年在位)统治期间，曾借助大唐的力量，先后于公元660年灭掉了百济，668年又灭掉了高句丽，672年还兼并了百济故地熊津都督府。这样一来，新罗与唐朝的

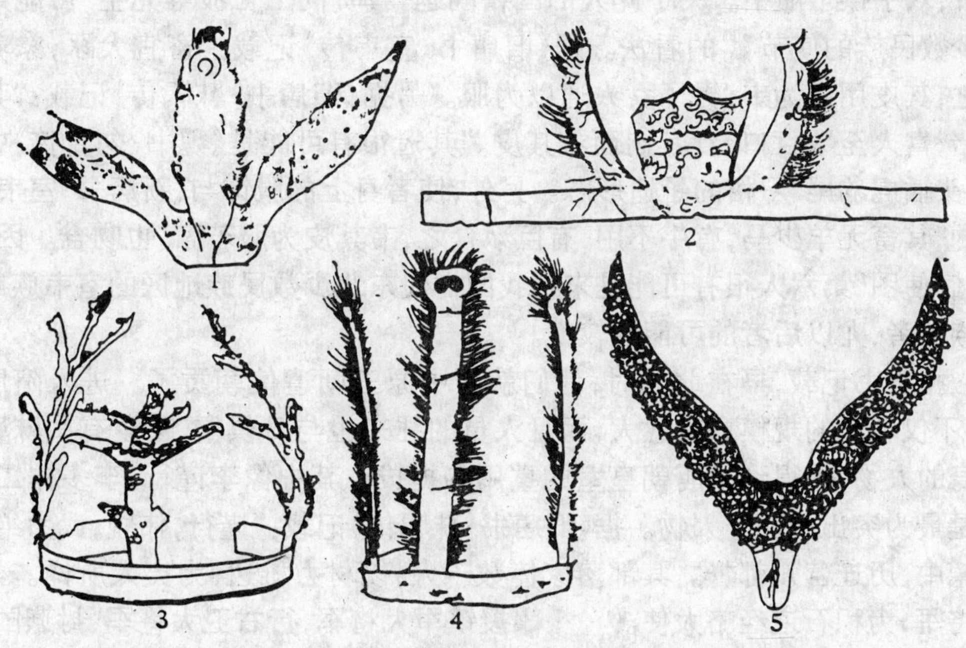

图三　考古发现的鸟翼形冠、山字形冠

1. 辽宁省博物馆藏　2. 皇南大冢南坟出土　3. 釜山福泉洞11号古坟出土
4. 庆北义城塔里古坟出土　5. 庆州天马冢出土

关系自然是十分密切的。据《三国史记》卷33《杂志二》记载:新罗不仅年号采用唐朝的年号,而且各种制度和衣服之制也都以唐朝制度为本,并且选送留学生、学问僧入唐求学,还经常派遣贺正使、朝贡使赴唐。由此分析,“东客使图”第五人显然不可能是早已亡国的百济使者和高句丽使者。若是朝鲜使节的话,那么应是新罗使者无疑。

另外,在我国古文献中还保留有一些唐代皇帝“遣使吊祭”新罗王的记载,如《旧唐书·东夷传》记载:“天授三年(692),政明卒,则天为之举哀,遣使吊祭,册立其子理洪为新罗王,仍令袭父辅国大将军、行豹韬卫大将军、鸡林州都督。理洪以长安二年(702)卒,则天为之举哀,辍朝二日,遣立其弟兴元为新罗王,仍袭兄将军、都督之号。既然武则天能够在新罗王政明、理洪死后“为之举哀,遣使吊祭”,那么在中宗为其兄雍王李贤迁葬时,当时执政的新罗王、曾经受到过武则天极大恩惠的兴元(政明的季子,理洪的弟弟),为武则天的次子雍王李贤“遣使吊祭”,当在情理之中。

第六人,头戴皮帽,圆领,无须髯,身穿圆领灰大氅,皮毛裤,黄皮靴,腰系黑带,双手拱于袖中。关于此人的国籍问题,我赞同王仁波等先生“可能是东北少数民族的使节”[⑩]的看法。据《旧唐书·室韦传》记载:“畜宜犬豕,豢养而啖之,其皮用以为韦,男子女人通以为服。”另据《旧唐书·靺鞨传》记载:“其畜宜猪,富人至数百口,食其肉而衣其皮。”其冠很有可能是《魏书·勿吉传》中所谓“头插虎豹尾”习俗的孑遗形态。另外,使者身上的服饰与《新唐书·室韦传》中的“其畜无羊少马,有牛不用,有巨豕食之,韦其皮为服若席”也吻合。因此,“东客使图”第六人很有可能是来自我国古代东北少数民族地区的室韦族或靺鞨族使者,尤以后者的可能性较大。

据史书记载,早在北魏时,他们就向中原王朝遣使朝贡了。进入隋唐以后,不仅朝贡的规模愈来愈大,而且人员的往来也与日俱增,甚至有些靺鞨族出身的人物,还得到了唐朝皇室的重用和提拔。其中像李谨行、李多祚二人,就是最为突出的两个人物。据《旧唐书·靺鞨传》记载:“谨行,伟貌,武力绝人。麟德中,历迁营州都督。其部落家僮数千人,以材力雄边,为夷人所惮。累拜右将军,为积石道经略大使。……累授镇军大将军,行右卫大将军、封燕国公。永淳元年(682)卒,赠幽州都督,陪葬乾陵”。另据《新唐书·李多祚传》记载:“多祚,骁勇善射,以军功累迁右鹰扬大将军。……以劳改右羽林大将军,遂领北门卫兵。中宗复位,封多祚辽阳郡王,食实户八百”。更有甚者,“帝祠太庙,特诏多祚与相王登舆夹侍。监察御史王觌谓多祚夷，虽有功，不宜共舆辇。帝曰：‘朕推以心腹，卿勿复言’”。不难看出，李多祚同唐中宗的关系非同一般。因此，中宗为其兄雍王李贤进行迁葬时，李多祚本人亲自出席葬礼也未尝不可。虽然文献上没有明文记载，但是通过上述事例完全可以想象而知。再是在靺鞨族出身的李谨行682年陪葬乾陵以后，靺鞨国与唐王朝之间的关系又有了长足的发展。据《旧唐书·靺鞨传》记载：“自后或有酋长自来，或遣使来朝贡，每岁不绝”。不期而然的是，埋葬雍王李贤时，正值两国关系“每岁不绝”的繁荣发展时期。据此推之，“东客使图”第六人看来很有可能是一位靺鞨族酋长或包括李多祚在内的靺鞨族使者。这一推测估计没多大问题，但我也并不完全排除该使者是室韦族使者的可能性。

二、“西客使图”使者考

从前三人的所在位置来分析，我也同意王仁波等先生前三人“为唐代鸿胪寺官员”[11]的看法（图四）。其身份可以通过三人的服饰、服色以及第二、三人

图四　唐章怀太子墓墓道“西客使图”（摹本）

手中所执的“上挫下方”朝笏略知一二。壁画上的朝笏，主要是借助于其不同造型来表现不同质地的朝笏。据《旧唐书·舆服志》记载：“六品已下，执竹木为笏，上挫下方”。这与“西客使图”壁画上第二、三人所执朝笏的造型相吻合。很显然，这些人要比“东客使图”上执“上圆下方”的朝笏第三人官阶要低得多。如果这个推测不错的话，那么这三人很有可能就是鸿胪寺卿掌管之下的典客署官员从七品下的典客令和从八品下的典客丞。据《旧唐书·职官志》记载：“典客令掌二王后之版籍及四夷归化在蕃者之名数。丞为之贰。凡朝贡、宴享、送迎，皆预焉。辨其等位，供其职事”。因此我推想，典客令和典客丞作为“四夷归化在蕃者”吊客的向导，一起前往李贤墓地吊唁雍王是完全有可能的。

但是，目前还有这样一个问题尚未弄清。即文献上记载的制度与壁画实物资料之间还存在有较大的差距。例如，从这三个人所穿服饰、服色来看，应为五品官员，倒不会像是从七品下和从八品下的官员。据《旧唐书·舆服志》记载，上元元年(674)八月又制：“五品服浅绯，并金带”。这些文献记载，显然是与朝笏的使用等级制度是自相矛盾的。究竟这三人到底是五品官员，还是从七品下和从八品下的官员，尚存质疑，有待今后再作进一步的研究。不过，从鸿胪寺中无五品官员来分析，这些人属于从七品下和从八品下的官员估计不会大错。这样一来，三人的服饰、服色可以视为是一种“愈礼”的现象。

第四人，宽圆脸，高颧骨，披发于后，身穿圆领右衽窄袖黄袍，腰束带，带上并系一短刀，双手执笏，拱于胸前，脚穿黑色长靴。对于此人，王仁波等先生“推测可能是高昌使节”[12]。据《新唐书·高昌传》记载：“其人面貌类高丽，辫发施之于背，女子头发辫而垂”。由此可见，这一推测是不无道理的。

此外，据《旧唐书·高昌传》记载：“其王麹伯雅，……隋炀帝时入朝，拜左光禄大夫、车师太守、封弁国公，仍以戚属宇文氏女为华容公主以妻之”。尤其是“武德二年(619)，伯雅死，子文泰嗣，遣使来告哀，高祖遣前河州刺史朱惠表往吊之”。太宗即位以后的“贞观四年(630)冬，文泰来朝，及将归蕃，赐遗甚厚。其妻宇文氏请预宗亲，诏赐李氏，封常乐公主，下诏慰谕之”。后来，文泰却背信弃义反唐，太宗在万不得已的情况下，命令侯君集等进行讨伐，文泰竟于贞观十四年(654)忧惧而死。但是，唐太宗宽宏大量，不计小人之过，并没有因此株连文泰的子女，仍然拜其子智盛为武卫将军，封金城郡公；季子智湛为右武卫中郎将、天山县公。“及太宗崩，刊石像智盛之形，列于昭陵玄阙之下”。这一记载，已被考古发现所证实。1965 年秋，在对昭陵祭坛进行调查时，在此发现了带有“高昌王左武卫将军□智勇”题记的石像底座[13]。据岑仲勉先生考证,智盛与智勇同是一个人。即原名智盛,“反赐名智勇”[14]。甚至在智湛于麟德年间终于左骁卫大将军、西州刺史之后,天授初,还授其子崇裕为左武卫大将军、交河郡王。直到崇裕卒,才封袭遂绝。如果从天授年间(690—692)算起,到神龙二年(706)迁葬雍王为止,中间仅相隔了十多年。完全可以估计,当时的左武卫大将军、交河郡王崇裕可能还健在,高昌和唐代的关系还依然存在。因此我认为,在神龙二年(706),高昌王派遣包括崇裕在内的使者出席安葬雍王李贤的葬礼,并不是不可能的事情。

第五人,长脸,大眼,高髻,发束于脑后。身穿圆领窄袖黑色长袍,腰束带,脚穿黑长靴,袖手而立。特别是在额部、面颊、鼻梁和下腭处,均涂有朱色。据《新唐书·吐蕃传》记载:“衣率毡韦,以赭涂面为好”。由此不难看出,第五人“可能是吐蕃使节”[15]的看法是正确的。

从第五人身上所穿的黑色长袍分析,此服饰应似吐蕃的丧服。据《旧唐书·吐蕃传》记载:“居父母丧,截发,青黛涂面,衣服皆黑”。由此使人很容易联想起,描绘在“西客使图”壁画上的这位身穿圆领窄袖黑色长袍、脚穿黑色长靴的使者,应该表现的是前往墓地吊唁雍王、倒不应该是所谓“谒见太子”[16]的场面。

另在唐太宗的昭陵,立有吐蕃松赞干布的石造像;在高宗和武则天的乾陵,也立有吐蕃使夫论悉曩然、吐蕃大酋长赞婆的石刻像[17]。而在雍王墓中只能看到“客使图”壁画。现在看来,当时很有可能是出于等级制度上的考虑,帝王陵是将参加吊唁的外国使节用刻石来做永恒的纪念物,而一般的王墓则可能是用壁画体裁来表现了。

再据《旧唐书·吐蕃传》记载:“永徽元年(650),弄赞卒。高宗为之举哀,遣右武侯将军鲜于臣济特节赍玺书吊祭”。此后,“仪凤四年(679),赞普卒。其子器弩悉弄嗣后,……遣其大臣论寒调傍来告丧,且请和。高宗遣郎将宋令文入蕃会葬。永隆元年(680),文成公主薨,高宗又遣使吊祭之”。武则天临朝称帝以后,吐蕃与大唐的关系日趋恶化。直到长安二年(702),吐蕃遣使求和,两国的关系才有所改善,重归于好。即“吐蕃遣使论弥萨等入朝请求和,则天宴之于麟德殿,奏百戏于殿庭”。尤其是“中宗神龙元年(705),吐蕃使来告(器弩悉弄)丧,中宗为之举哀,废朝一日。俄而赞普之祖母遣其大臣悉薰热来献方物,为其孙请婚,中宗以所养雍王守礼女为金城公主许嫁之。自是频岁贡献”。

以至于到"景龙三年(709)十一月,又遣其大臣尚赞吐等来迎女,中宗宴之于苑内球场,命驸马都尉杨慎交与吐蕃使打球,中宗率侍臣观之"。由此可见,吐蕃与大唐的关系是相当密切的。在神龙二年(706)迁葬雍王李贤之际,当时执政的吐蕃赞普就是器弩悉弄的儿子弃隶蹜赞。这很容易使人想起,神龙元年(705)中宗为其父器弩悉弄"举哀,废朝一日"的情景。时隔一年之后,中宗就为其兄李贤进行迁葬,出于礼节上的考虑,我想弃隶蹜赞赞普也肯定会遣使吊唁雍王。因此我认为"西客使图"第五人应为吐蕃使者的可能性最大。

第六人,形体高大,长脸,深目高鼻,络腮胡。头戴卷沿尖顶毡帽(亦称"胡帽"),身穿大翻领窄袖绯色长袍,内着红衬衫,腰系白带,脚穿黑色长靴,手中执笏。从其长相上来看,王仁波先生"推测可能是大食使节"[18]的看法是不无道理的。《旧唐书·西戎传·大食国条》记载:"其国男儿色黑多须,鼻大而长"。《新唐书·西域传·大食条》中,也有"男子鼻高,黑而须"的记载。另外,从其所戴帽子的形状来分析,这种帽应是唐代诗人刘言史笔下的所谓"蕃帽"。即"织成蕃帽虚顶尖,细毡胡衫双袖小"[19]。

据《旧唐书·西戎传·大食国条》记载:"永徽二年(651),始遣使朝贡。其王姓大食氏,名噉密莫末腻,自云有国已三十四年,历三主矣。……长安中(701—704),遣使献良马"。即使在雍王迁葬之后的景云二年(711)和开元初年,大食帝国也曾"遣使来朝,进马及宝钿带等方物"。既然两国之间一直存在着这种友好的交往,何况在雍王迁葬前后也从未间断过,尽管文献上没有明文记载大食帝国使者吊唁雍王的记载,但通过上述的事例是不难想象出来的。

建国后,还出土了一些与大食帝国文化交流有关的考古资料,更加深了对这一问题的认识。1988 年元月,在陕西西安韩森寨曾出土一件彩绘骑驼胡俑(实物现藏西安市文物研究中心),长 64、高 49 厘米。据介绍,"胡俑深目高鼻,头戴尖顶高帽,身著紧身窄袖长裘衣,足蹬至膝长靴,一手握拳下垂,一手握拳举起,拳中有一孔,原执有物,应为扬鞭吆驼之状"[20]。其中的胡俑头上所戴的尖顶高帽,同"西客使图"第六人头上的胡帽极为相似。

随着大食帝国的势力不断强大与扩大,政治中心和宗教中心也随之进行过一些转移。原先是以今天沙特阿拉伯西北部汉志境内的麦加—麦地那为中心;到了大食倭马亚王朝(661—750),其中心移居到了今天叙利亚的大马士革。章怀太子墓"西客使图"第六人,从一个侧面反映了大唐与大食倭马亚王朝之间的文化交流和人员往来。1964 年在西安市西郊鱼化寨唐墓中出土有三枚大食倭马亚王朝所铸的金币,金币直径 2、厚 0.1 厘米[21]。大食金币的出土,说明了当时的商业贸易、人员往来和文化交流的盛况。

三、东、西客使图性质考

东、西客使图这种体裁的壁画在墓中出现与流行,无疑具有深刻的历史背景。从这个意义上说,也许《王会图》、《昭陵十四尊宾王像》以及《乾陵六十一尊宾王像》等体裁还可以给我们研究这一问题以某种启迪。

《王会图》,亦称《正会图》,是一幅描写唐代初年各民族使者云集长安的盛况图,也是唐太宗推行“爱之如一”平等政策的真实写照。据《资治通鉴》卷198《唐纪十四》记载:贞观二十一年(647)五月,“太宗问思侍臣曰:‘自古帝王虽平定中夏,不能服戎、狄。朕才不逮古人而成功过之,自不谕其故,诸公各率意以实言之。’群臣皆称:‘陛下功德如天地,万物不得而名言。’上曰:‘不然。朕所以能及此者,止由五事耳。自古帝王多疾胜己者,朕见人之善,若己有之。人之行能,不能兼备,朕常弃其所短,取其所长。人主往往进贤则欲置诸怀,退不肖原欲推诸壑,朕见贤者则敬之,不肖者则怜之,贤不肖各得其所。人主多恶正直,阴诛显戮,无代无之,朕践阼以来,正直之士,比肩于朝,未尝黜责一人。自古皆贵中华,贱夷、狄,朕独爱之如一,故其种落皆依朕如父母。此五者,朕所以成今日之功也。’”也正是因为唐太宗改变了以往帝王“自古皆贵中华,贱夷、狄”的政治偏见,对华、夷一律实行一视同仁,“爱之如一”,所以唐太宗才赢得了当时国内外人民的尊敬和爱戴,慕名前往长安的使者络绎不绝。贞观二十二年(648),“是时四夷大小君长争遣使入献见,道路不绝,每元正朝贺,常数百千人”。另据《唐六典》记载,当时“七千余蕃”都与大唐有着政治、经济、文化及商业贸易的往来关系。据唐人张彦远《历代名画记》记载,唐太宗为了将“异国来朝”的盛况记录下来,留作永恒的纪念,“诏(阎)立本画《外国图》”。由此窥之东、西客使图壁画上的六位使者,只不过是《外国图》的一个缩影。两者所惟一不同的一点是,《外国图》反映的是阳宅社会,而东、西客使图则反映的是“事死如事生”的阴宅冥世罢了。那种将东、西客使图解释为“唐朝鸿胪寺官员正要引领宾客,谒见太子”[22]的提法,显然是不大合适的,我觉得应该是“吊唁雍王”场面的缩写。

从东、西客使图使者的面部、服饰、比例各方面都勾划得相当细腻、逼真来看，当时绘画此图并不是信手所绘，而应该有其底本。今天，我们虽然无法推知其原本，但是从有关史书记载可知一二。据《新唐书·百官志》记载：“凡蕃客至，鸿胪讯其国山川、风土，为图奏之，副上于职方；殊俗入朝者，图其容状、衣服以闻”。当然，阎立本绘制的《外国图》也仍不失参考意义。

另外，从《昭陵十四尊宾王像》来推测，东、西客使图的性质很有可能同昭陵的“阐扬徽烈”的性质大体相同，而与上述所谓“谒见太子”的性质则不啻天渊。据《唐会要》记载：“上（指唐高宗）欲阐扬徽烈，乃令匠人琢石写诸蕃君长十四人，列于昭陵司马门内”[23]。如果说这一推测可以成立，那么东、西客使图就应是唐中宗“欲阐扬徽烈”之举了。所不同的是，前者帝王陵为石刻，后者雍王墓为壁画。如上所述估计，这可能是受到了等级制度的制约。

值得指出的一个问题是，《唐会要》的记载却与唐人封演的《封氏闻见记》和宋人游师雄《昭陵图碑》的记载有较大的出入。据《封氏闻见记》记载：“太宗葬九嵕山，门前亦立石马。陵后司马门内，又有蕃酋曾侍轩者一十四人石像，皆刻其官名”[24]。据孙迟先生考证，吐蕃赞甫、范头利、金真德等，未曾到过长安，岂能谓之“曾侍轩者”？认为此说“甚为偏颇”[25]。对此，我也持有同样的见解。另据《昭陵图碑》记载：“诸蕃君长，贞观中擒服归和者，琢石肖（其）形状而刻其官名，凡一十四人”。既然上述记载难以成立，所以将未曾到过长安的人们都划归到“擒服归和者”的行列自然也是不妥的。

再是从《乾陵六十一尊宾王像》来分析，我认为它与东、西客使图也有惊人的相似之处。据有人考证：“唐高宗埋葬时，他们都来参加葬礼，武后为了纪念这件大事，予以刻石记功”[26]。这一说法，显然是与《唐会要》的记载如出一辙。尽管我们目前还找不出更多的理由来说明，但足以可从“刻百官及四夷酋长名”的《大周万国颂德天枢》[27]得到反证。既然天枢是用来歌功“颂德”的，那么《昭陵十四尊宾王像》、《乾陵六十一尊宾王像》以及雍王李贤墓中的东、西客使图壁画，看来都是以“吊唁”之名，来行“阐扬徽烈”之实。

附记：本文在写作过程中，得到了指导教授日本同志社大学森浩一先生的热情指导与帮助。在论文发表之际，特向森先生深表谢忱。文中插图是作者本人和张兴国同志绘制的，谨此说明。

注释：

①王仁波、何修龄、单玮：《陕西唐代壁画之研究(上)》，《文博》1984年创刊号。

②韩伟：《陕西唐墓壁画》，《人文杂志》，1982年3期。

③陕西历史博物馆编：《唐墓壁画集锦》，陕西人民美术出版社，1991年。

④同①。

⑤武伯纶编著：《西安历史述略》213页，陕西人民出版社，1979年；文物编辑委员会编：《文物考古工作三十年(1949—1979)》136页，文物出版社，1979年；姚嶂剑：《遣唐使》74页，陕西人民出版社，1984年。

⑥金元龙：《唐李贤墓壁画の新罗使(?)に付いて》，《考古美术》123、124，1974年。

⑦云翔：《唐章怀太子墓壁画客使图中"日本使者"质疑》，《考古》1984年12期。

⑧穴沢咊光、马目顺一：《アフラシヤて都城址出土の壁画にみられる朝鲜人使节について》《朝鲜学报》第80辑，1976年。

⑨森浩一监修、东潮、田中俊明编著：《朝国の古代遗迹·1新罗篇(庆州)》，中央公论社，1988年。

⑩同①。

⑪同①。

⑫同①。

⑬孙迟：《昭陵十四国君长石像考》，《文博》1984年2期。

⑭岑仲勉：《隋唐史》上册106页，中华书局，1982年。

⑮同①。

⑯同③。

⑰同①。

⑱同①。

⑲刘言史：《观舞胡腾》。

⑳陕西省博物馆编：《隋唐文化》307页照片，学林出版社、中华书局(香港)有限公局，1990年。

㉑同⑳，299页照片。

㉒同③。

㉓《唐会要》卷20。

㉔唐封演撰、赵贞信校注：《封氏闻见记校注》53页，中华书店，1958年。

㉕同⑭。

㉖陕西省文物管理委员会编：《陕西名胜古迹》上册103页，1981年。

㉗《资治通鉴》卷205《唐纪二十一》。

(本文原载《考古》1996年第1期)

唐章怀太子李贤墓《礼宾图》的有关问题

[日]西谷正 著　马振智 译

编者按：日本九州大学文学部西谷正教授此文，对我馆所藏唐墓壁画《客使图》人物作了较深入研究，自成一家之言。1996 年 10 月，西谷正教授将本文赠送我馆以作交流，现本刊特摘要发表，对原文小节编号亦作了相应调整。

唐章怀太子李贤墓有 50 多幅壁画，对墓道东壁的《礼宾图》，或称《客使图》中的 6 个人物像有各种各样的解释。但对右起第二个戴着鸟羽冠的人物，有日本人和朝鲜人二种解释。但是，在考察中国史书中有关鸟羽冠的记载、渤海国的形成、唐和日本对渤海的习惯称呼、日本正史中关于渤海国的记载和唐与渤海的外交关系的基础上，考虑到李贤于神龙二年迁回乾陵陪葬，景云二年追封为章怀太子与妃房氏合葬的过程，对唐王朝来说是一重要仪式，应有外国使臣参加，所以，这幅壁画中戴鸟羽冠的人物应是渤海国使者的可能性比较大。

一

章怀太子李贤是唐高宗李治和武则天的次子，所以，陪葬在现陕西省乾县高宗和武后合葬的乾陵的东南方约 3 公里的地方。

章怀太子墓 1971 年 7 月开始调查和发掘，第二年 2 月下旬结束。地面上筑有边长约 43 米、高约 18 米的封土，周围绕以南北 180 米、东西 143 米的围墙，形成陵园。封土正南约 40 米处是斜坡墓道的入口，经过过洞、天井、甬道，到达前室；然后通过后甬道，直达后室，从墓道口到后室共 71 米。

第一天井、第二天井和第三天井的东西两壁共设有6个小龛,出土很多三彩和绿釉的陶俑和陶器。后室放置寄栋式屋形石椁,因盗掘椁内被扰乱。石椁东侧放置的墓志是景云二年(711)追赠章怀太子时所刻;后室入口前面即后甬道北端偏东处放置的墓志是李贤于神龙二年以雍王身份埋葬时所刻。前者刻有"大唐故章怀太子并妃清河房氏墓志铭"。可知这座墓是神龙二年(706)陪葬乾陵的雍王,即景云二年追赠章怀太子的李贤和其妃清河房氏的合葬墓。

共出土随葬品600多件,大多数是出于小龛的陶器类。另外,前室出口处的石门以及前述的石椁上雕刻有四神、人物、动植物等装饰纹样。

章怀太子墓特别引人注目的是壁画,全部50余组壁画保存得很好。

首先,墓道东、西两壁分别绘有四组壁画。东壁是本文所讨论的《礼宾图》和《狩猎出行图》、《仪仗图》、《青龙图》;西壁绘有和东壁对称的《马球图》、《礼宾图》、《仪仗图》、《白虎图》。

其次,在过洞有10组壁画。例如,第二过洞两壁绘有长廊建筑,其中以朱柱分隔。东壁的南面和北面各有1个男子向北而坐。西壁也有2个坐着的男子。甬道东壁的1个男侍和3个侍女与西壁的4个侍女对称。后甬道也绘有侍女。前室有8组壁画,其中,西壁南侧有著名的《观鸟捕蝉图》,北壁西侧有2侍女1树1石图,东壁南侧有3侍女1树1石图[①]。

二

下面简单介绍本文将讨论的墓道东壁的礼宾图。

《礼宾图》共绘有6个人物,大致可分为前方的3人和后方的3人两部分。前方即北侧,在画面左侧的3个文官,都戴着纱罩的笼冠,穿着红色长袍。前数第3人手持笏,飘带曳地。第2人只能看到背部,与其他两人相向而立。他们3人好像引导身后的宾客去朝见章怀太子,所以,他们可能是唐王朝鸿胪寺即礼宾院的官吏。《新唐书·车服志》有"乌纱帽者,视事及宴见宾客之服也"的记载,说明当时在接待宾客时,有特定的服饰制度。唐代群臣五品以上持象牙笏,六品以下持竹笏,这幅壁画中的官吏所持显然是象牙笏。唐代担当迎送宾客职责的是鸿胪寺。根据《唐六典》卷18:"凡四方夷狄君长朝见者,辨其等位,以宾待之"的记载,此人可能是鸿胪寺五品以上的官员。

在后方的人群中,最前面的一人呈正面像,圆脸,浓眉,高鼻,深目,阔口。

身着交襟紫色长袍，束有腰带，穿黑靴。左臂被第二人遮挡，两手捧于胸前。第二人面向北半侧面，竖椭圆形脸，面庞丰满，胡须和眉毛清晰，嘴唇红润。头戴羽毛帽，两支羽毛直插在帽子上。帽子前部涂朱红色，两侧涂绿色，两边有带束于颈下。大红领长白袍，衣襟红边，宽袖，两手拱于袖中。第三人圆脸无须，戴着深至耳朵的皮帽，穿着黄长袍，外加羽毛织成的大衣，穿着皮靴，束腰带，两手拱于袖中。

三

1974年11月，为纪念北九州市立美术馆开馆举办了《中华人民共和国汉唐壁画展》，《礼宾图》摹本以《外国使节图》为名在日本首次公开展出。当时，冈崎教授解释说："使节图可以看到三个外国使节，其中有被认为是日本使节的人物，如果这种看法无误的话，可能就是天宝年间的遣唐使粟田真人等的形象。"这是对东壁《礼宾图》中的右(南)起第二人的解释。

关于这个人物，金元龙教授在日本和韩国最早进行了考察，认为带双角饰帽即牛角饰或鸟羽双立饰的人物是古代韩国人。从年代上看如果是高句丽人的话，则可能是统一新罗的使节[②]。

之后，日本学者发表了看法。穴泽咊光等指出：苏联乌兹别克共和国撒马尔罕市发掘出阿弗拉西阿勃都城遗址的宫殿壁画中有头戴鸟羽冠的新罗使节，所以《礼宾图》中这个人物大概是新罗大使。

与这种新罗人说相反，中国学者明确认为是日本使节。王仁波认为：《礼宾图》中的上述人物可能是日本第八次遣唐使中的一员，并具体地举出粟田真人、阪合部大分、巨势治、道慈等的名字。

但是，即使在中国也出现了否定日本人说的见解。这一契机，是由于1979年西安唐长安城道政坊附近发现的"都管七国六瓣银盒"。这个银盒盖上有七组图案，其中一组引人注目(见图)。图案左侧坐着1位尊者，与其相对的前方左右立有4个人物。4人头部都戴着两根鸟羽，长衣广袖，足着韦履。而且在图案边缘的两个地方，有"高丽"、"国"3字。云翔认为鸟羽冠是古代朝鲜人的一种装饰，因为高句丽公元668年灭亡，所以《客使图》第二人作为新罗使节的可能性较大，虽不能确知是高句丽使节还是新罗使节，但作为古代朝鲜人证据是充分的。欧洲学者也有同样的看法。

都管七国六瓣银盒(俯视)

笔者根据新罗遣唐使公元703年频繁入境一事来考虑,也持新罗人说。

四

但是,仍有疑问存在,此人是否渤海使节也是一个问题。

见于李贤墓壁画中人物的鸟羽冠,在中国史书中作为高句丽的习俗多次见于记载,同时,百济和新罗的风俗也大致相同,因为这在有关高句丽服饰的记载中可以看到若干。北魏的史书《魏书·高句丽传》有:"头著折风,其形如弁,旁插鸟羽,贵贱有差。立则反拱,跪拜曳一脚,行步如走"的记载。北朝魏、齐、周、隋四朝的通史《北史·高句丽传》中可以见到:"人皆头著折风,形如弁,

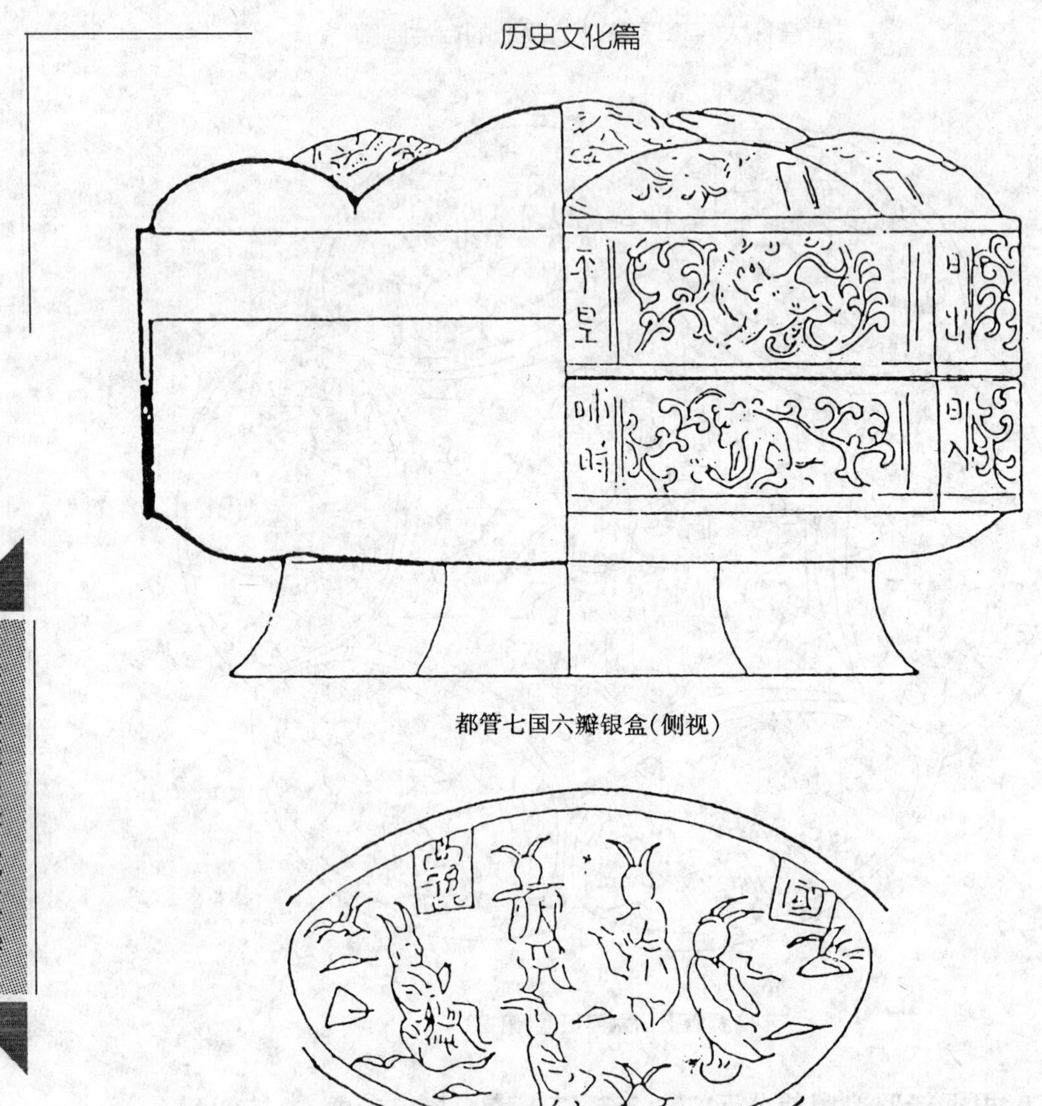

都管七国六瓣银盒(侧视)

都管七国六瓣银盒(细部)

士人加插二鸟羽。贵者,其冠曰苏骨,多用紫罗为之,饰以金银。服大袖衫,大口袴,素皮带,黄革履。妇人裙襦加襈”的记载。另外,《隋书·东夷传·高丽》有“人皆皮冠,使人加插鸟羽。贵者冠用紫罗,饰以金银。服大袖衫,大口袴,素皮带,黄革履。”《旧唐书·东夷传·高丽》有:“衣裳服饰,惟王五彩,以白罗为冠,白皮小带,其冠及带,咸以金饰。官之贵者,则青罗为冠,次以绯罗,插二鸟羽,及金银为饰,衫筒袖,袴大口,白韦带,黄韦履”的记载。

高句丽人头部饰有鸟羽的风俗不但见于从北魏到隋唐的文献史料，即使考古资料中也得到了确认。在集安的“舞踊冢”和平壤近郊的“双楹冢”高句丽壁画古墓中，都绘有头戴鸟羽冠的人物。并且，在新罗古墓中也发现不少象征鸟羽形的金银冠饰。

据说渤海人是从高句丽人及靺鞨人发展而来的，所以上述高句丽的习俗被渤海人继承的可能性极大。另外，在中国把渤海正式作为国家来称呼，但经常以普通人来称呼高(句)丽。甚至，明确地自称为“高丽王”。在日本，把渤海的事称为高丽，把从渤海来的使节称为高丽客的事也有。《续日本纪》天平宝字二年十二月十四日条中见到的渤海使杨承庆，在同年正月三日条中记为高丽使。同样的史料用例，在平城宫遗址出土的木简中也得到证实，即在木简上墨书有：“依遣高丽使迴来　天平宝字二年十月廿八日进二阶叙”的遣高丽使，是指遣渤海使小野田守等。这从《续日本纪》天平宝字二年(758)十月丁卯(二十八日)条的记载和《万叶集》中大伴家持所咏题“渤海大使小野朝臣”来考虑是一致的。

如上所述，因为前面提到的银盒的时代属唐代后期，所以我认为银盒上“高丽国”可能是指渤海国。

五

李贤生前被封为雍王，文明元年(684)二月31岁时死去。其后神龙二年(706)七月陪葬乾陵时，埋入“雍王墓志”。景云二年(711)十月，追赠李贤为章怀太子，与其妃清河房氏合葬，这时，又埋入“章怀太子墓志”。在这样一系列的埋葬过程中，神龙二年的陪葬和景云二年的追赠、合葬，对唐王朝来说是一次特别大的活动，当时，应该有外国使臣参加葬礼。章怀太子墓的《礼宾图》表现的应是当时的情景。

从渤海和唐的外交关系史上看，渤海在陪葬年的前一年和追赠、合葬的同一年曾进行了各种各样的遣使和朝贡活动。

公元698年，大祚荣建立了震国即后来的渤海国，7年之后的公元705年(神龙元年)即渤海高王八年，即唐中宗时派侍御史张行岌去唐朝。大祚荣受到唐朝的册封后，又派其子大门芸随张行岌去唐王朝。并且，在公元711年(景云二年)即渤海高王十四年又派使臣到唐王朝朝贡。

关于《礼宾图》中的其他二人，从其风貌上来看，将左（侧北）的人物推定为东罗马帝国使节，右（南）侧的人物推定为靺鞨、室韦等中国东北地方的少数民族是适当的。另外将西壁《礼宾图》的人物群推测为大食国即阿拉伯和吐蕃、高昌国等也是可以赞同的。就是说《礼宾图》上出现的人物群，使人想起邻近唐王朝诸国或诸少数民族，但我推测，东壁的《礼宾图》的人物中没有朝鲜半岛南部的新罗人和隔海的日本列岛人。

综上所述，唐章怀太子李贤墓墓道东壁中央所绘的《礼宾图》中戴鸟羽冠的人物是从渤海国到唐王朝进贡的使节的可能性很大。

参考文献：

①陕西省博物馆　乾县文教局　唐墓发掘组：《唐章怀太子墓发掘简报》，《文物》1972 年第 7 期。陕西省博物馆、陕西省文物管理委员会编：《唐李贤墓壁画》，文物出版社。李求是：《谈章怀、懿德两墓的形制等问题》，《文物》1972 年第 7 期。

②金元龙：《论唐李贤墓中的新罗使节》，《考古美术》1974 年第 123、124 期。1989 年进行实地考察的东国大学佛教文化学术调查团也指出了新罗人和渤海人的可能性，更进一步认为，因为渤海国成立于 698 年，所以应看作是新罗人（1989 年 8 月 3 日《统一日报》）。

穴泽咊光、马目顺一：《论阿弗拉西阿勃都城址出土壁画中的朝鲜人使节》，《朝鲜学报》第 80 辑，1976 年。

冈崎敬：《汉唐古墓壁画的发展》，北九州市立美术馆开馆纪念《中华人民共和国汉唐壁画展》（图录），1974 年。

高濑重雄：《古代的日本海交通——特论日本和渤海的交通》，《考古学季刊》第 15 号，1986 年。

鸟山喜一：《渤海史诸问题》，风间书房，1968 年。

古畑彻：《试论 7 世纪末到 8 世纪初的新罗和唐关系》，《朝鲜学报》第 107 辑，1983 年。

云翔：《唐章怀太子墓壁画客使图中“日本使节”质疑》，《考古》1984 年第 12 期。

王仁波：《章怀太子李贤墓“礼宾图”和日本的使者》，《人民中国》1982 年 10 月号。《从考古发现看中日文化交流》，《考古与文物》1984 年第 3 期。

陕西省博物馆、陕西省文物管理委员会编《前揭书》。

旅达宏、王长启：《西安市收藏的几件珍贵文物》，《考古与文物》1984 年第 4 期。

Patricia Eichenbaum kaketzky 1984 Foreigners in Tang and Pre－Tang Painting，Oriental Art Vol，×××NO，2PP．

（译自《兒嶋隆人先生喜寿纪念论集》）

（本文原载《陕西历史博物馆馆刊》第四辑）

佛教与世俗的结合

——长乐公主墓壁画《云中车马图》初探

文　军

从1952年到1989年，陕西省内发现有壁画的唐墓66座，基本上都是皇亲国戚和官僚权贵的墓葬，主要集中在以西安市为中心的唐长安城及其附近，现揭取收藏量已达二千多平方米。壁画绘制的时间多在初唐和盛唐时期。内容题材多与墓主的身份、地位和日常生活相联系，反映了达官贵人们在世俗社会中的豪华生活场景，其中亦有宗教的内容，如李寿墓中绘制的道观图及僧侣、信徒的形象等。这些壁画表现宗教的内容非常直接，因而其内容未有争论。

但是，1986年出土于陕西省礼泉县烟霞乡陵光村长乐公主墓墓道东西壁的两幅壁画却让人多了几许思考。该壁画在发掘报告中被命名为《云中车马图》（见图一），又被命名为《瑞云车马出行图》。两幅壁画画面脱落较为严重，尤其是东壁更看不清楚，仅西壁尚存大部分。长乐公主（621－643）是唐太宗李世民的第五女，史书对长乐公主的记载非常简略，而且仅见《新唐书》卷12。墓志记载，贞观七年（633），13岁的公主下嫁长孙无忌的长子长孙冲，于贞观十七年（643）八月病故，年仅23岁。太宗伤心至极，于九月将公主葬于紧靠自己的陵寝——昭陵主峰东南约一公里处的高地上，在太宗自己高大的陵墓映衬下，仿佛公主仍依偎在其膝前。

从西壁画面来看，其上祥云笼罩，云中涌出摩羯，瞠目张口，吼叫着拥一红色马拉轮车（车轮已被祥云遮盖）前行。车为红色，一车双厢，一主一副，车上有华盖，盖顶残损。车尾两侧分别插一面红色七旒黻字旗。主车厢内稳坐二人，靠后者头梳高髻，平视前方；靠前者宽袍长袖，右手前伸，似执一物，头戴莲

图一 《云中车马图》全景

花帽，面容平和，长髯飘于颊面，一副长者风范。副车厢内一人仅露出肩以上部位，可见其高束的浓发和轻松舒缓的面部。车夫夹在两匹健壮的骏马中间，似正执鞭策马；马前、马后分别各有一人，宽袍加身，回首遥望车后，使画面的焦点突然集中在了长者身上。回望的二人面部虽然脱落较厉害，但他们所表现出的肢体语言仍然能体现出一种呵护的神态。从整体的画面来看，翻卷的流云、奔驰的骏马以及飘扬着黻（亞）型图案的旗幡都给人一种飘然欲仙、远离邪恶的感觉。直观地来讲，根据这个画面来作命名已经比较形象了。除了这幅《云中车马图》外，在墓道、天井、甬道、墓室等处，还绘制有仪卫、男侍、楼阁、藻井纹饰、星象等内容，各个场景间并无连续性。以仪仗、仪卫、建筑和侍卫图来表现墓主人的身份、地位和生前生活其实是一种非常写实的表现形式。这样的题材在以后的唐墓壁画中都可以见到，但类似《云中车马图》这样题材的壁画却不曾出现。从它的布局来看，其前方是表示东西方位的青龙和白虎图，其后方是显示墓主人威仪的仪仗图（见图二），它夹在二者之间，这一点与其他唐墓壁画的布局是不同的。但从画面整体来看，作品的风格所要表达的内容却归不到墓主人的生前生活中去，其想象的余地似乎更多一些，尤其是画面中摩羯形象的出现使作品的内容从一般的题材中独立出来，使它代表了另外一类题材，那就是佛教题材的壁画内容。从壁画中鲜见的摩羯形象入手，我们可以再次作一个深入的探讨，来解释该幅作品究竟想表达的寓意是什么。首先将作品分成两部分来看：第一部分是摩羯的绘制；第二部分是车中乘坐的人物。

摩羯本是古代印度神话中水神（梵文 Varuna）之坐骑，梵语与巴利文中皆

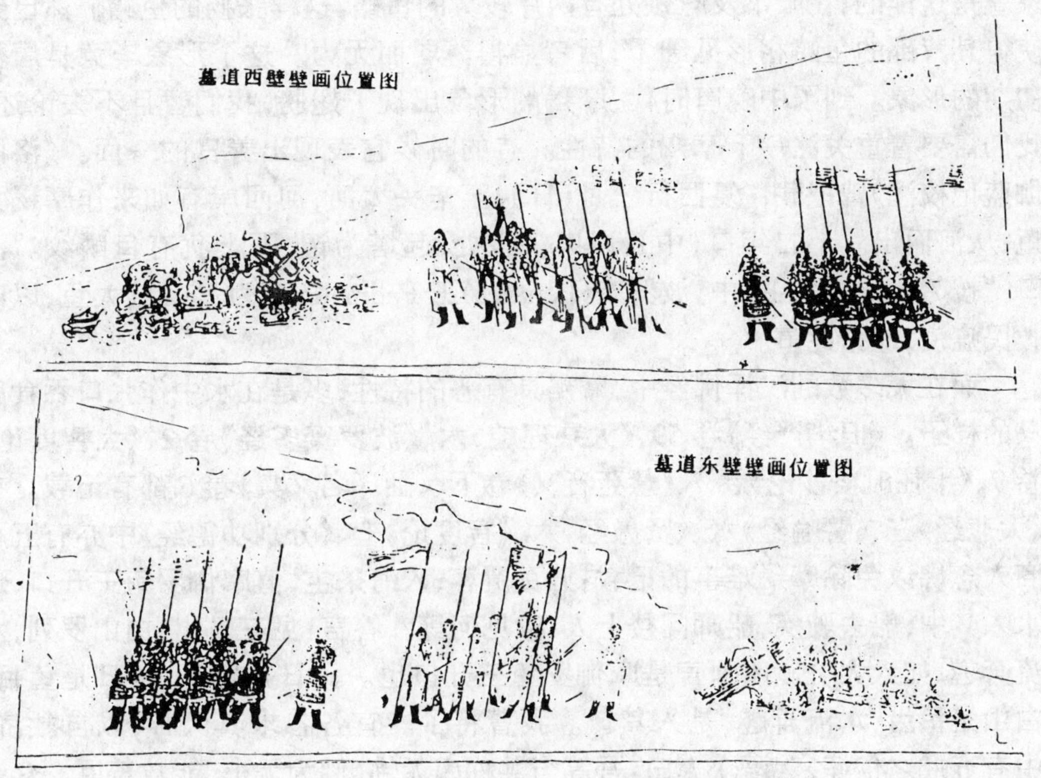

图二 《云中车马图》在墓道中的位置

作 makara。它的形象是兽首鱼身,长鼻利齿,而且性情凶恶,喜爱吞食一切。其形象或说源于鲸鱼,或说是象、鱼、鳄的结合体(见图三)。随着佛经的翻译、中西双方工艺品的交换等渠道,摩羯的形象传入中国,而且很快被接受下来,其中的一个原因可能是这一形象与中国固有的吉祥图形鱼非常相似吧。但是这种接受并不是一成不变的,而是使摩羯的形象发生了变化。有载其头部与前肢似羚羊,身体与尾部呈鱼形;又有载其身长或三百由旬、四百由旬,乃至极大者长七百由旬,故《阿含经》云:"眼如日月,鼻如太山,口如赤谷。"但是从考古发掘的器物来看,其形象一般作长鼻上卷、兽首鱼身之状。唐代其头部已被处理得接近龙形了,圆眼鼓睁,鼻子高耸,张口吐舌,露着锋利尖翘的牙齿。如本幅壁画中的形

图三 印度阿马拉瓦蒂摩羯纹

象就是这样的，在眼下及脖颈处有两片较大的鱼鳍，这样张扬的鱼鳍俨然已经使得其背部的鱼鳍相形见绌了，后者显得薄弱而无力。这个形象毕竟是唐代初期的形象。到了中晚唐时代，摩羯的形象出现了翅膀，我们暂且不去论述。我们需要着重关注一下摩羯的特性。有的时候它表现出善良的一面。《洛阳伽蓝记校注》曾记载："复西行三月（日），至辛头大河，河西岸有如来作摩羯大鱼，从河而出。十二年口（中），以肉济人处，起塔为记，石上犹有鱼鳞纹。"注曰："按 Avadanacataha 中，波罗奈（Benares）王 Padmaka 变为 Rohita 大鱼，以肉救民瘟疫，即指此事。"

而在大多数的汉译佛经中，摩羯具有恶的特性，多是在水中作张口吞食船只的样子。《旧华严经》卷 59、《大乘理趣》六、《波罗蜜多经》卷 2、《大智度论》卷 7、《十住毗婆沙论》卷 7、《慧苑音义》卷下、《翻译名义集》卷 6 都有记载。在《大悲经》三、《譬喻经》六、《贤愚经》六、《智度论》七、《分别功德经》中亦有五百商人念佛以免除摩羯难事的记载：五百贾客，入海采宝，值摩伽罗鱼王开口，还水入其中，船去驶疾，船师问楼上人，汝见何等？答言：见三日出，白山罗列，水流奔趣，如入大坑。船师言是摩伽罗鱼王开口也。一日是实日，两日是鱼目，白山是鱼齿，水流奔趣，是入其口。我曹将了。宜各各求其天神，以自救济。中有五戒之优婆塞，语众人曰：吾等当共称南无佛，佛为无上，能救苦厄。众人一心同声称南无佛。是鱼先世是佛破戒弟子，得宿命智，闻称佛声，心自悔悟，即合口。船人得脱。《大唐西域记》中亦载类似的情节：谓有一个大商人，轻蔑佛法，有一次在海上突遭风暴，迷失了方向，在海中漂流了 3 年，眼看就要断粮，"俄见大山，崇崖峻岭，两日联晖，重明照朗。时诸商侣更相慰曰：'我曹有福，遇此大山，宜于中止，得自安乐。'商主曰：'非山也，乃摩羯鱼耳。崇崖峻岭，须鬃也。两日联晖，眼光也。'言声未静，舟帆飘凑。于是商主告诸侣曰：'我闻观自在菩萨于诸危厄，能施安乐。宜各至诚，称其名字。'遂即同声归命称念。崇山既隐，两日亦没。"但此时它的恶行却常常被观音菩萨所降伏，摩羯实际上是伴随着观音菩萨的出现而出现的。先给它设立一个凶残的形象，然后再将这个形象制服在善良之下，使凶恶与慈善在这里形成强烈的对比。观音与摩羯的对立出现，向人们再次说明观音才是可依之人。正好像净土宗将净土与秽土同时展现出来一样。

摩羯恶的特性都是在水中表现出来的，这与《云中车马图》似有矛盾。但这点正是我们应该探讨的。我们可以作两个假设，其一是该壁画的命名欠妥，误将画面波涛翻滚的水纹理解为飘然纷飞的祥云；其二是作品特意将摩羯放在一个不属于它的虚无飘渺的天空，使它完全丧失了发挥威力的大海，从而成为一个被降伏的形象。从画面来看，后一种可能性很大。摩羯俨然一个温顺的随从，极赋善意。并且与带有吉祥气息的黻型旗帜同时出现，它不可能再代表着邪恶。图中所要表达的是善恶相背的寓意，试图说明摩羯已经是被观音菩萨降伏的一个动物了。

那么，降伏它的观音在哪里呢？他就在轮车上，车中的长者就是观音所变现的形象。据《楞严经》卷六所载，观音能现三十二应身和三十二化身，其中可现男身，也可现女身。这里观音变现的正是长者男身的形象。观音菩萨的形象最早的确是以男身来表现的，如我们看到的圣观音常常在唇间就绘有一撮小胡子，这类的形象一般都是遵照正规仪容所绘制出来的，一面二臂，或坐或立，相好端严。从敦煌壁画和南北朝的一些塑像中，也可见到观音菩萨的这种形象。在《云中车马图》中绘制观音的形象是有其原因的，这与当时社会上流行的佛教净土信仰有着密切的关系。

长乐公主生活的年代正是初唐时期，到这个时期，佛教经过隋代的复兴，寺院已达3900所，僧尼人数23万人。唐太宗对佛教采取刚柔兼备的政策，一方面下诏提出“道先佛后”，另一方面又诏全国各地普度僧尼。他不但自称“皇帝菩萨戒弟子”，还曾经以超度士兵亡灵为由，诏立了一些佛寺，并颁发《佛遗教经》，鼓励大臣们出家为僧。随着僧伽人数的增多，这时还在鸿胪寺下特设了崇玄署，负责管理僧籍和任命三纲等事。佛寺的建造也恢弘奢华起来，贞观二十二年(648)高宗为太子时，建慈恩寺十余院，1898间。永徽二年(651)仿印度祇园精舍所造的西明寺，大殿十三所，楼台廊庑四千区。总体来看，佛教的主体是朝着扩大和发展的方向迈进的，佛教的一些派别也在这时逐渐形成了，其中影响最大的是净土宗。该宗的思想渊源于2—3世纪古代印度佛教哲学家龙树所倡导的净土思想，他著《无量寿经》、《阿弥陀经》和《观无量寿经》等经典，大力宣扬净土思想。这三部著述在中国影响甚大，被称为“净土三经”。所谓净土是相对于人类世界而言的，后者被称为秽土，前者是指佛国世界，佛经称之为极乐世界，净土三经中有详细的描述，那里楼台亭榭宝树环绕，花香芬芳，没有痛苦和丑恶，“光明遍照”，“寿众无量”，而且根本不用任何的劳作，只要潜心诵念佛经，就可以随心所欲，心想事成。

东汉时净土经典开始传入中国，支娄迦谶译出《无量清净平等觉经》和《般舟三昧经》等经典，后来，竺法护译出《弥勒菩萨所问经》、《佛说弥勒下生经》，支谦译出《大阿弥陀经》，僵良耶舍译出《观无量寿经》，于是在中国出现净土信仰。大致分为未来佛弥勒净土、东方药师佛净土和西方弥陀净土三种。弥勒净土信仰由道安所创，盛行于北魏梁、齐间还有所闻，不久便衰。东方药师佛净土信仰与弥陀净土信仰同时存在，两者并无高低优劣之分。但实际影响更大的却是弥陀西方净土信仰，一声"阿弥陀佛"似乎成了汉地佛教特有的征状。弥陀净土信仰一般认为始于东晋慧远，相传慧远在庐山创组白莲社时，在阿弥陀佛像前曾发愿往生西方净土。此后，东魏汾州玄中寺的昙鸾(476－542)亦专修净土，立难行、易行二道之说，认为靠"自力"甚难解脱，只有依靠"他力"或"乘佛愿力"，即借助阿弥陀佛成佛以前曾经发下的 48 个大誓愿才能到达净土，其中一大愿就是如有人一心专念阿弥陀佛名号，此人临终之时，阿弥陀佛将来接引他前往到西方净土世界。他的主张为净土宗奠定了基础。净土宗的教义及修行方法就是建立在这个誓愿的基础上。隋唐间，道绰(562—645)在玄中寺见到记载昙鸾事迹的石碑，有所感悟，于是放弃了原来所学的涅槃学，开始专修净土。他每日劝人诵念阿弥陀佛名号，前后讲《观无量寿经》二百遍，并著《安乐集》两卷，立圣道、净土两门，认为只有净土一门是惟一的出离之路，使称名念佛的净土修行方法在当地流传很快。到了唐初，山东人善导(613—681)前往并州(今山西太原)拜会道绰，听他讲净土要旨，然后善导到长安光明、慈恩两寺弘扬净土思想，著《观无量寿经疏》、《往生礼赞》、《观念法门》、《般舟赞》等，正式创立了净土宗。善导到处宣扬净土法门前后约三十余年，拥有大量信徒。净土宗剔除了思辨哲学的烦琐与深奥，修持的方法简单易行。一是信阿弥陀佛，二是信西方极乐世界的存在("信")，在此基础上发愿往生("愿")，并剔除一切杂念，一心一意诵念阿弥陀佛的名号("行")，那么死后就能往生西方极乐世界，享受在现实世界中无法想象和得到的幸福，得到永生。这个信—愿—行的方式比起佛教其他所谓的"自力拯救"，即通过自身的刻苦努力修习，了断前世所造之"业"，跳出六道轮回的方式简单明了，非常大众化，很容易被人们接受，所以自唐代以来，在中国广泛流行，占据了信仰的主导地位(其次是妙法莲花经的信仰。第三是维摩诘经的信仰)。

与净土信仰相呼应的是这一时期的壁画形式，从目前发掘出的有确凿年代可考的重要壁画来看，长乐公主墓的壁画绘制的时间是比较早的，属于唐墓壁画初期(581－649)的作品。因而，绘制该墓壁画时不可能参考其他的墓葬壁画,而且在短短的40天里,壁画的内容从确定到绘制完成是一项既紧迫又艰苦的工作,选取的场景应该是人们比较熟悉的。就净土诸经在当时的影响来说,选取诸经的内容是极有可能的。从大的范围来看,唐代的佛教壁画在此时其内容和形式都有了新的发展和变化。从现存于敦煌、炳灵寺、麦积山以及山西五台山佛光寺等处的壁画中都可以见到这种变化,尤其在敦煌莫高窟中的最为明显。北魏时流行的佛本生故事减少了,说法图几乎不见,代之而起的是大量经变题材的涌现。其中最多的是净土变相,达二百五十多壁,其次有维摩经变、法华经变、涅槃经变等。将佛经的部分或全部内容以直观的形式加以形象诠释,是佛教艺术的一个突出贡献,这种艺术形式称为经变,又称为变相。以净土诸经的内容为题材来创绘的形象艺术称为净土经变图,是对净土诸经的图解,属于宗教艺术的范畴。在壁画中的净土变相实际上包括了这样四个部分:东方净土变,根据《药师琉璃光如来本愿功德经》的内容而绘制;西方净土变,根据《无量寿经变》、《观无量寿经变》、《阿弥陀经》的内容而绘制;十方净土变,指东、南、西、北、上、下、东南、东北、西南、西北这样"十方"之净土变,经典较多,如《称赞净土佛摄受经》、《兜沙经》、《称赞如来功德神咒经》等;弥勒净土变,根据《弥勒上生经》和《弥勒下生经》所绘制。对佛教徒所想象的极乐世界情景的描绘采取了一种非常热烈的表现手法,富丽的色彩、庞大的构图、恢弘的场景替代了北朝时期充满恐怖阴森、禁欲苦修、毫无生气的气氛。但是,我们这里探讨的《云中车马图》所采用的方式与此完全不同,它并没有固定绘制某部净土经的某个场景,而是将经中具有突出影响力的某个片段加以描绘,这个片段就是世俗之人在观音菩萨的引领之下往生西方极乐世界的情景。这个情景在净土经典中曾被不断地重复描写。《药师琉璃光如来本愿功德经》中说:"若闻世尊药师琉璃光如来名号,临命终时,有八大菩萨,其名曰:文殊师利菩萨、观世音菩萨、得大势菩萨、无尽意菩萨、宝檀华菩萨、药王菩萨、药上菩萨、弥勒菩萨。是八大菩萨乘空而来,示其道路,即于彼界众宝华中,自然化生……若是女人,得闻世尊药师琉璃光如来名号,至心受持,于后不复更受女身。"《无量寿经》说:凡念阿弥陀佛名号者,"临寿终时,我(阿弥陀佛)与诸菩萨众迎现其前,经须臾间,即生我刹,作阿惟越致菩萨。"

唐代以后,观音对世人的拯救不仅仅是救众生于水火之灾、牢狱相加或刀伐兵害,他还能满足众生生男生女的愿望。由此使信徒中的女性数量不断增多。由于民间对观音信仰的进一步深入,这一形象渐渐演变成为了女身,以配合菩萨大慈大悲救苦救难、安详和善、心肠软热的特性。

本幅作品中的观音稳坐车前，正印证了前文所引经文中观音作为引领菩萨的作用，由此，我们可以对其身后的男子作如下的推测：(一)该形象是长乐公主所转换的男身。之所以这样推测，是有充分理由的：公主是突然死亡的，这使宠爱她的父母伤心至极，为了表达对爱女的关爱与呵护之情，渴望她早日超脱，来生转换为男身是非常有可能的。而净土宗的学说恰好能够满足他们的这一愿望。除上引经文外，在同经中述说药师琉璃光如来本行菩萨道时，所发的十二大愿之第八大愿即是“愿我来世得菩提时，若有女人，为女百恶之所逼恼，极生恹离，愿舍女身；闻我名已，一切皆得转女成男，具丈夫相，乃至证得无上菩提”。《无量寿经》中阿弥陀佛在作法藏比丘时亦发有类似的大愿：“我作佛时，国无妇女。若有女人，问我名字，得清净信，发菩提心，厌患女身，愿生我国，命终即化男子，来我刹土。”因而，对当时的俗人来说，死亡时的转换是非常自然的事，而且也可能是必然要达到的事。(二)长乐公主可能信奉净土信仰，建墓者是根据她的爱好来设计该幅壁画的。墓葬的建造始终体现着往生的观念，相信死人只是从活人的世界转换到另外一个世界生活去了，他们身前的一切是应该随身带去的，除了物质上的东西外，还有精神上的一切。在长乐公主的墓葬中除了丰厚的随葬品外，还曾发现了砚台并有墨汁的痕迹，说明建墓者已充分考虑到了死者的兴趣与爱好。因而，对于公主的理性信仰世界是绝对不可能被忽略或违背的，公主所信奉的便是她的意愿所归，这一点是应该有所体现的。(三)可能是建墓者处于当时的社会条件下，不能明显表示偏向于何种宗教或该宗教的某个派别，不便将信奉净土信仰的公主女儿之身直接暴露在画面上，因而采用了男身的形象。(四)与唐代当时的社会风尚有关系。唐代世风开放，妇女的着装非常大胆，不仅仅是低胸衣，而且身着男装的现象非常普遍。在此后很长一段时期中，唐墓壁画中这种以男装形象出现的女性同样是非常多的，与此是一个延续的发展过程。如李爽墓的吹箫乐女、房陵公主墓的执杯和执花侍女、红袍捧包袱侍女、三侍女等、李凤墓的捧物女侍和执团扇侍女、李贤墓的端花盆侍女等等。

将《云中车马图》绘制在墓道的东西壁是有其特殊的道理的，东和西在此不单是一个方向性的问题，或者是仅仅为了对称，而是已被赋予了宗教的涵义，代表着东方和西方两个极乐世界。遗憾的是东壁作品大部分已脱落，只好以西壁作品来加以阐释。不过这种情况并不影响我们的研究，因为无论是东方净土还是西方净土，对信徒们来说并没有本质的区别。作品的本意可能正是基于这两个方面的考虑来安排的，因为长乐公主这时正是青春旺盛、风华正茂的年龄，但是却突然去世了。对建墓者来说是个打击。他们一方面希望祈求药师佛的神力帮助，以期公主能起死回生，因而选择了将作品绘制在东壁的做法，以表达他们对药师佛的信仰。另一方面，他们也知道人死不能复生的道理，因而希望死者能够超生，往生西方净土。于是在西壁也同样绘制了相同的一幅作品。这样使作品在安排上占据了东西两个方向，建墓者的两种心态通过这种方式被表达出来，也使作品的表现形式不是固定在某部佛经的某个固定场面，只选取观音引领的突出特点来加以表现。但是，从墓葬的情况来看，公主的棺椁是靠墓室西壁来安葬的，如果用往生西方极乐净土世界来解释，可能会更加的符合实际。

《云中车马图》是根据净土经的一个主要思想来绘制的，它与一般绘制的经图有非常不同的地方。在一般的经变图中，常常运用一些背光，将佛或菩萨的形象绘制得特别突出，而且，场面弘大，众多的人物环绕在佛或菩萨左右。《云中车马图》的绘制则采取的是与世俗世界接近但又超脱于世俗世界之外的一种表现形式，图中的车马虽然取材于世俗世界，但它的奔腾之势使人感觉到它已经摆脱了各种束缚，与画面中的祥云、摩羯以及观音的形象是完全相应的。画面在对人物的描绘上同样是这样，没有任何的夸张。宗教的内容采取了世俗的表现形式，并使二者达到了完美的结合，也没有将宗教的内容全部照搬到作品中，只是选取人们熟悉的人物来绘制，不仅体现出了宗教的内涵，而且表达了世俗人们的愿望，不能不说是它的一个独特之处。实际上，唐代墓葬中已经受到了佛教的影响，从陪葬的天王俑到作为装饰品的臂钏等都曾出现。壁画中绘制佛教内容非常稀少的原因，可能与中国的丧葬习俗有关。佛教所采取的火化方式并不是普通中国人所能接受的葬仪。

综上所述，《云中车马图》实际上展示了两部分的内容：净土信仰中的主要人物观音菩萨的出现与摩羯的形象构成了佛教的内容，而奔驰的马车与车夫、护从构成了世俗的内容。宗教与世俗结合得这样隐秘而完美，完全是艺术家的独特创制。唐墓壁画再次向我们展示了一个广阔的领域。

参考文献：

①陈志谦执笔《唐昭陵长乐公主墓》,《文博》1988 年第 3 期。
②邹规划等:《长乐公主墓壁画〈瑞云车马送行图〉琐谈》,《陕西历史博物馆馆刊》1999 年第 6 期。
③岑蕊:《摩羯纹考略》,《文物》1983 年第 10 期。
④孙机:《摩羯灯》,《文物丛谈》第 162 页。
⑤《佛光大辞典》第 6086 页,台湾书目文献出版社。
⑥《唐会要》卷 49《僧尼所隶》;《旧唐书》卷 40《百官志·鸿胪寺》及卷 43《职官志·祠部》,《通典》卷 25《宗正卿》。
⑦宿白:《西安地区唐墓壁画的分布和内容》,《考古学报》1982 年第 2 期。
⑧《全唐文》卷 5。
⑨《法苑珠林》卷 10。
⑩《实用佛学辞典》第 1694 页,浙江古籍出版社 1986 年 10 月。
⑪季羡林等:《大唐西域记校注》第 681 页,中华书局 1985 年 2 月。
⑫《洛阳伽蓝记校注》第 326 页,古典文学出版社 1958 年 2 月。

（本文原载《陕西历史博物馆馆刊》第八辑）

唐墓壁画中的屏风画

张建林

屏风是起源较早而又一直延续至今的一种特殊家具类别,兼具实用、装饰两种功能。文献记载和考古发现均可将其出现的时代追溯至秦以前①。两汉至魏晋南北朝,屏风发展出多种形式,依质地有玉、石、琉璃、云母、火齐(玫瑰珠石)、水胎髹漆等;依形制及功用有床上屏风、落地屏风、屈膝屏风、梳头屏风、多牒连屏等;屏风上多绘有各种图像或雕饰花纹,绘图的内容包括义士、仙人、禽兽等②。

随着屏风在实际生活中的广泛流行,在墓葬中也出现以屏风作为随葬品的情况。1972 年长沙马王堆 1 号汉墓出土木胎髹漆屏风,屏板呈长方形,上绘云龙图案,装饰意味极浓,下附插座③。甘肃武威的旱滩坡东汉墓出土一件彩绘木屏风架,由边框和插座组成,边框上绘缠枝花叶纹,边框中原装纱已朽坏④。洛阳涧西七里河东汉墓还出土一件小型陶屏风明器,竖长方形的屏板,下附一对足座⑤。北魏时期的大同司马金龙墓出土一件木质朱漆髹饰的烈女图屏风,虽多朽坏,仍有 5 块原板较为完整。正反两面均施彩绘。有学者曾对此作了推测复原,认为这是一组十二牒相连的围屏⑥。

及至唐代,屏风的使用更为普遍,宫廷、衙署、私宅几乎无不设置,称名亦多样化,或称"屏"、"障"、"障子",或合称为"屏障",屏风上每每题诗、书文、作画。《贞观政要·择官》:太宗"惟恐都督、刺史堪养百姓以否,故于屏风上录其姓名,坐卧恒看,在官如有善事,亦具列于名下。"杜甫《韦讽录事宅观曹将军画马图》有"贵戚权门得笔迹,始觉屏障生光辉"句。唐诗中咏屏风诗多达数十,如李贺《屏风曲》、李商隐《屏风》、顾云《苏君厅观韩干马障歌》、杜牧《屏风绝句》、温庭筠《生禖屏风歌》、张乔《鹭鸶障子》等。由此可见屏风不仅是唐代的一种常见家具，而且是当时诗人、画家、书法家一展风采的艺术天地，其装饰功能已大于实用功能。张彦远《历代名画记》多处记载唐代著名画家的屏障画品，但传世作品中尚未发现唐人屏障画。考古发掘出土的唐代屏风实物仅见于新疆阿斯塔那唐墓的两例，一为第230号墓（张礼臣墓）出土的六扇舞乐图屏风，每扇各绘一人，或挥袖起舞，或怀抱箜篌、阮咸；一为第188号墓（张某之妻麹仙妃墓）出土的八扇牧马图屏风[7]。这两组屏风虽然保存状况较差，仍可看出原均为木框绢画多扇连屏，有学者认为"是初唐时期绘画精品"[8]。

以屏风入墓葬壁画最早出现于汉代。辽阳棒台子屯汉墓，三道壕窑业第四现场汉墓壁画的"家居图"中数处绘出在人物坐席背后及一侧设置曲尺状屏风的图像[9]；内蒙古和林格尔东汉壁画墓前室的"拜谒图"中墓主人坐着的床榻之后绘有一架大立屏，屏架下绘出足座[10]。山东的汉画像石墓中也有大体相同的内容，诸城汉画像石墓"谒见图"中主人坐席后侧及两侧置"冖"形围屏[11]；安邱韩家王封村汉墓画像石上的人物坐塌后侧和右侧设与榻相连的曲尺形屏风[12]。这一时期壁画中出现的屏风有一个共同的特点，均为画面局部个别人物的背景家具，由于所占画面较小，未能表现出屏风上有无图案，屏风形制以曲尺状坐榻围屏为主。

北朝、隋代壁画墓中的屏风图像较此前发生明显变化，山东济南东八里洼北朝壁画墓的墓室北壁绘有三足八扇连屏，居中四扇屏风每扇屏面绘一人物，均为宽袍大袖，袒胸跣足坐于树下席上[13]；山东临朐县海浮山北齐崔芬墓的墓室同样绘有八扇连屏，每扇屏面各绘树木山石为衬景的人物图[14]，两处壁画的屏风图均几乎占据整个一壁，成为墓室的主体壁画之一，屏风中的画面被突出表现出来。汉墓壁画那种作为人物背景的屏风图像这时也被放大，成为主体背景，如太原南郊金胜村北齐墓墓室北壁的墓主图像之背后绘出幔帐下的五扇素屏风，已经在画面中占有显著位置（图一）[15]。这种做法在隋代壁画墓中也出现一例，山东嘉祥县英山一号隋墓墓室北壁"徐侍郎夫妇宴享行乐图"中墓主夫妇并坐榻上，榻后设六扇山水图屏风，画面上部被破坏，两侧可见下垂的帷帐[16]。

图一　太原金胜村北齐墓墓室北壁墓主依屏列坐图

滥觞于西汉的墓葬壁画，经过东汉至南北朝的发展演变，到唐代已经达到空前繁盛的程度，迄今发现的唐代壁画墓据不完全统计达 90 余座，其中有 20 座以上出现屏风图。这些屏风图壁画主要集中在 3 个地区：1. 陕西关中地区，特别是西安附近；2. 山西太原附近；3. 新疆吐鲁番阿斯塔那。

60 年代发掘的新疆吐鲁番阿斯塔那—哈拉和卓墓群第三期（盛唐至中唐）的 65TAM38 后室的后壁，发现绘有六扇屏风图，每扇以紫色勾出屏框，六扇紧靠并列，内容均为树下人物，画面以缠绕藤罗的大树为背景，主体人物在树下或立或坐，侍者或持包或捧双陆盘、围棋盘、书卷恭立主人左右⑰。1972 年发掘的阿斯塔那 M216 在墓室后壁绘六扇列屏鉴诫图，其中四扇各绘一端坐的人物像，像身分别题名"石人"、"金人"、"玉人"等，两侧屏扇绘欹器、草、丝束、扑满。同时发掘的 M217 墓室后壁绘六扇列屏花鸟图，每扇有红色屏框，分别绘鸳鸯、野鸡、野鸭及百合、兰花等花草（图二）⑱。这 3 座墓均未出土墓志，墓主身份和年代不详，发掘者根据墓葬形制、出土遗物和壁画风格将年代大致定于盛唐时期。

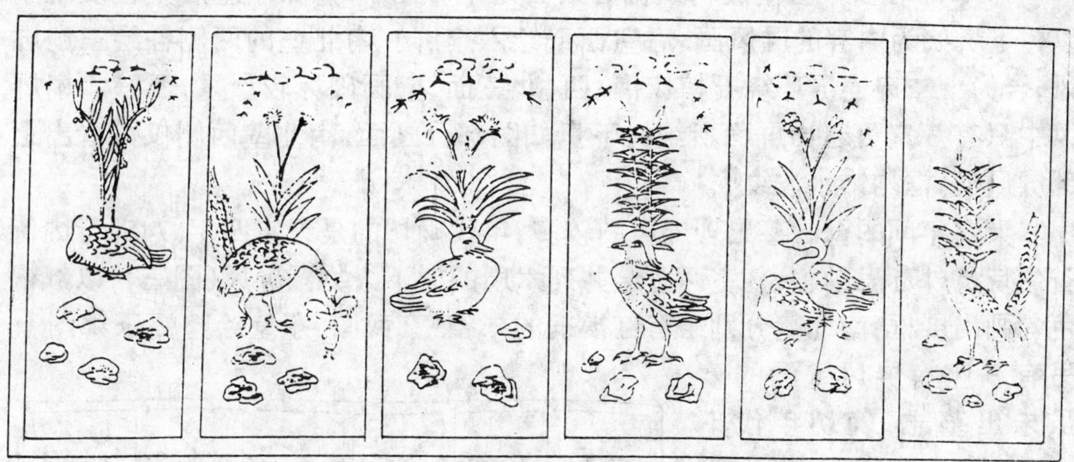

图二 新疆吐鲁番阿斯塔那 M217 墓室六扇花鸟屏风壁画

山西太原市南郊金胜村唐墓群也出有 3 座绘有屏风图的壁画墓。1958 年发掘的第 4、5、6 号墓均在墓室北壁及东西壁北侧绘制半环绕的八扇连屏，恰好围在位于墓室北半部的棺床东、北、西三面，所绘内容大体相同，每扇各绘一幅完整的树下老人图⑲。发掘者参照太原西南郊新董茹庄发现的万岁登封元年(696)赵澄墓形制、壁画,将3座壁画墓时代定于武周时期[20]。

陕西关中特别是西安附近在唐代属京畿之地,皇亲国戚、将相豪门多葬于此,所以历年所发现的壁画墓占到全国唐壁画墓的70%以上,其中出现屏风壁画的有12座墓。年代最早的是发现于西安西郊未央路的总章元年(668)縠州刺史王善贵墓,这是一座单砖室墓,墓室东、北、西三壁分别绘五扇屏风,三壁转角相连形成十五扇连屏,每扇屏面绘一侍女,有的手中捧物,有的怀抱琵琶[21]。其次是发现于岐山县郑家村的垂拱二年(686)鄯州刺史元师奖墓,"墓室四壁为屏风条框式的壁画22组,东壁和北壁全是人物画,从残留服饰看,衣裙宽大,长裙拽地,似为侍女;西壁和南壁多为树木、花鸟和蝉"[22]。如果仔细分析简报中叙述的壁画保存状况,可以发现墓室四壁的屏风画内容原应全为以花木、鸟蝉为上部背景的侍女图,因东、北壁屏风图上半部破坏严重"凡人物画中几乎所有人头及飞鸟、飞蝉全部被切割抠挖"(见《简报》),而西、南壁恰好保存的是上半部,所以造成发掘者误以为东、北壁与西、南壁屏风画内容不同的情况。

1995年在富平县南陵村发掘的景云元年(710)节愍太子墓后室也发现了以树下贵妇为内容的屏风画,后室西壁绘六扇屏。南北壁的两侧各绘三扇屏风,合为十二扇连屏环绕石棺床南、西、北三面,壁画破坏较严重,西壁六扇屏风中只有3扇可看出屏面所绘树下贵妇图部分画面,南北壁西侧仅可看出上部屏风框,框均饰水波纹[23]。

天宝年间的壁画墓出现屏风图较多,年代确切的是天宝四年(745)行内侍省内侍员外苏思勖墓,墓室两壁绘并列六扇的树下人物图屏风(图三),以红褐色勾画出屏框,南北壁分别绘有红褐框的朱雀、玄武图,东壁绘整幅乐舞图[24]。另有3座有屏风壁画的墓虽未出墓志,确切年代不详,但从墓葬形制,出土陶俑及壁画题材、风格等方面分析,都应当属于天宝年间或稍晚。一为1987年长安县南里王村发掘的小型单砖室墓,墓室西壁棺床上绘六扇连屏,每扇内容均为贵

图三　西安东郊苏思勖墓西壁六扇树下人物屏风壁画

妇携侍者室外游乐图，贵妇或漫步、或抚琴、赏花、观舞，以花鸟树木为背景；东壁绘大幅宴饮图[25]。1996 年发掘的西安西郊陕棉十厂 M7 墓室西壁绘有五扇花草连屏，东壁壁画较为奇特，中间是一幅长 1.65 米、高 1.15 米的整幅私家乐舞图，两侧是一幅竖长的花草图，其间及上下以红褐色绘出界框，三幅左右相连(图四)[26]。实际上这也是一幅典型的屏风图，以中间横幅屏面为主体，两侧对称配置竖幅小屏面，放置时通常摆成“冖”形；这在五代王齐翰《勘书图卷》(又名“挑耳图”)中可以清楚看出此类屏风的结构及放置形式(图五)，三扇屏风以合页相连，折成“冖”形，下部两端各设一座(中间主屏下还应有两个座，由于人物和案的遮挡而没有表现出来)。更为精彩的是 1994 年在富平县朱家道村发现的一座壁画墓，墓室四壁绘有形式、题材各不相同的屏风画[27]。墓室西壁绘六扇水墨山水图屏风，六扇屏南侧绘二侍者，着幞头、圆领袍衫、乌靴，各捧一笔洗，一盛墨，一盛水(图六)。北壁绘大小不等的两幅立屏，东侧屏风为双鹤图，西侧为昆仑奴牵牛图，两屏风之间绘一站立的侍女，捧笔前视(图七)，与西壁南侧二侍者相呼应，似乎正在侍候挥笔绘屏的画家。南壁西侧绘一雄狮卧于毛毯上，周绘边框，显系一立屏。东壁残存一组乐舞图局部，可看出边框痕迹，应为一大幅乐舞立屏。此墓壁画中出现的独幅立屏图在以前的唐墓壁画资料中尚未发现，也可能是尚未识别出来。独幅立屏在唐代及以后应该是屏风的主要形式之一，五代周文矩《重屏会棋图》(图八)、顾闳中《韩熙载夜宴图》中均可看到这种屏风。

图四　西安西郊陕棉十厂 M7 东壁屏风画

图五　五代王齐翰《勘书图卷》中的屏风

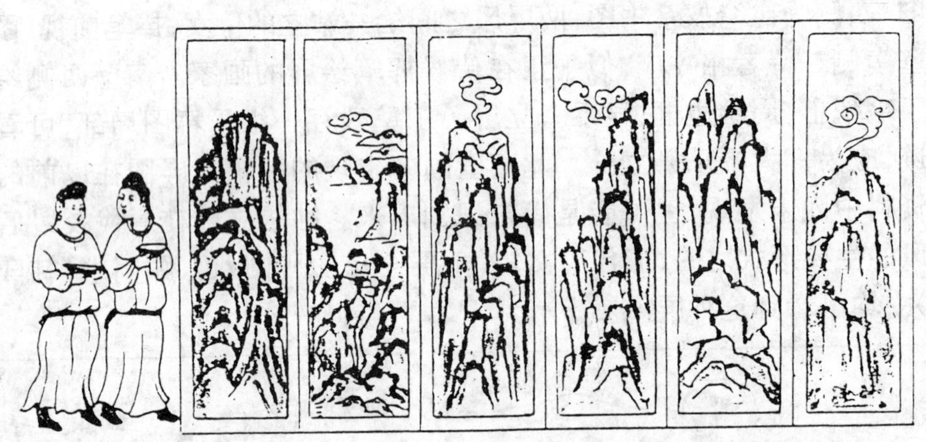

图六　陕西富平朱家道村唐墓墓室西壁六扇山水屏风

天宝年间以后的屏风壁画也发现不少，以年代为序依次为：1. 发现于西安东郊洪庆村的永泰元年(765)扬州大都督府司马吴贲之妻韩氏墓，墓室西壁残存4幅(原有6幅)侍女图，其间有红色界线，原报告推测“应为影作立柱”，实际上是六扇屏风的屏框[28]。2. 发现于西安东郊王家坟的兴元元年(784)唐安公主墓，墓室西壁绘整幅花鸟图，从发表的照片观察，上部有红色边框，应该是大幅立屏[29]。3. 发现于长安县郭杜镇的会昌四年(844)行内侍省奚管局令梁元翰墓，墓室西壁绘六扇云鹤图屏风[30]。4. 西安东郊803工地发现的大中

图七　陕西富平朱家道村唐墓墓室北壁两立屏

图八　五代周文矩《重屏会棋图》(宋摹本)的屏风

元年(847)义昌军监军使高克从墓,墓室西壁原绘有六扇屏风,仅有1扇保存较好,屏面绘双鸽对鸣图[31]。5.发现于西安西郊枣园的咸通五年(864)银青光禄大夫杨玄略墓,墓室西壁绘六扇云鹤图屏风[32]。由于唐墓中的壁画大多保存状况较差,不少墓在出土时仅残存局部,对判明壁画内容造成很大困难。笔者在对已经发表的唐墓壁画资料进行检查之后,发现还有一些墓的壁画原来很可能也是屏风图,如景云元年(710)万泉县主薛氏墓,后室西壁北部绘花鸟,北壁西部绘狮子；开元十七年(729)冯君衡墓墓室东壁残存一马；天宝四年(745)宋氏墓，墓室东壁残存乐舞图局部；天宝七年(748)太仆卿张去逸墓，墓室东壁亦残存乐舞图局部；天宝十五年(756)左威卫将军高元珪墓，墓室东壁残存舞女，西壁残存花卉；贞元三年(787)郯国大长公主墓，墓室东壁可见伎乐残部；大和九年(835)东都内侍省知事姚存古墓，墓室西壁绘花卉[⑳]。以上壁画墓均未发表正式的报告或简报，无法了解更多的情况，根据与同时期已经明了的屏风壁画在墓葬中的位置、布局、题材比较后，推测其中的花鸟、乐舞、狮、马等原为屏风画的可能性较大。

通过对唐墓屏风壁画资料的总体观察和分析，可以得出以下几点认识：

①由于社会的长期稳定，经济的高度增长，对外文化交流的频繁和广泛，使唐代的绘画艺术发展到一个前所未有的高度，壁画的创作也空前繁盛。中国绘画中延续至今的仕女、花草、翎毛、山水等主要题材种类在当时基本上都已形成，被当时人推崇的画家也灿若群星，许多画家都是专善一类题材的高手，张萱、周昉善画“贵公子、鞍马、美女”；李思训父子、王维善画山水；曹霸、韩干善画马；薛稷善画鹤；吴道子善画人物、神鬼，均一时驰名，民间画匠更不知其数。固有的“事死如生”观念令唐代的皇亲国戚、权臣显贵、以至中级官吏都竭力将生前享用的宅屋、家具、车马、仆从、乐舞、花草用壁画的形式呈现在墓葬中，并成为当时丧葬习俗中争相追求的一种时尚，这时屏风图也随之成为墓葬壁画表现的主题之一。

唐墓壁画屏风图的题材内容较丰富，现可知有树下老人、树下贵妇、侍女、鉴诫、乐舞、花草、鸟虫、云鹤、卧狮、昆仑奴牵牛等十余种，与唐代史书、文学作品及出土遗物、传世品所反映的题材内容多相合。

杜牧《屏风绝句》：“屏风周昉画纤腰，岁久丹青色半销。斜倚玉窗鸾发女，拂尘犹自妒娇娆。”赞赏了著名画家周昉所绘的美女屏风。与壁画中树下贵妇屏风相类似的实物屏风还见于日本正仓院藏品，日本天平胜宝八年(756)光明皇后献给东大寺御屏风一百叠，保存至今的就有“鸟毛立女屏风”。每扇屏高1.36米、宽0.56米，纸质屏面上墨绘树下或立或坐的贵妇图像，因树叶和衣服用鸟毛贴附，故称“鸟毛立女屏风”。图中贵妇的发髻、服饰、体态均呈现出浓郁的盛唐风格，确与唐墓壁画的树下贵妇屏风图有异曲同工之趣。

“成人伦，助教化”被唐代统治阶层和正统的文人认为是绘画的最主要功能，《历代名画记》开篇就对此作了论述，《贞观公私画史序》说：“其于忠臣孝子，贤愚美恶，莫不画之屋壁，以训将来。”《贞观政要》也记载太宗命人写列女传于屏风的事。但此类内容少见于唐墓壁画，只有新疆阿斯塔那唐墓“鉴诫图”屏风壁画有所表现。

乐舞内容在屏风壁画中不乏其例，反映了当时私家乐舞的盛行，一些权贵官僚的宅邸还将乐舞图绘于宅壁，《太平广记》引《国史补》：“（王）维尝至招国坊庾敬休宅，见屋壁有画奏乐图，维熟视而笑。或问其故，维曰：此霓裳羽衣曲第三叠第一拍。好事者集乐工验之，无一差者”。可见这类壁画极尽写实之能事。新疆阿斯塔那M230出土的乐舞屏风实物更证实了乐舞是唐代屏风绘画的内容之一。

花草、鸟虫、云鹤是屏风壁画中最常见的题材，唐诗中多有反映，杜甫《李监宅》中有“屏开金孔雀”句，温庭筠《生禖屏风歌》有“绣屏银鸭香蓊濛”句，李贺《屏风曲》也有“蝶栖石竹银交关，水凝绿鸭琉璃线”的诗句。《历代名画记》载薛稷“尤善花鸟、人物、杂画，画鹤知名，屏风六扇鹤样自稷始也。”钱起《画鹤篇》还作过详细描述：“点素凝姿任画工，霜毛玉羽照帘栊。借问飞鸣华表上，何如粉缋彩屏中。”

以山水入屏风壁画虽仅见陕西富平县朱家道村唐墓一例，但在画史和唐诗中都有不少记述。《历代名画记》：“（张）彦远每聆长者说，（张）璪以宗党常在予家，故予家多璪画。曾令画八幅山水障，在长安平原里……”；张諲“与王维、李颀等为诗酒丹青之友，尤喜画山水。王维答诗曰：屏风误点惑孙郎，团扇草书轻内史。”李白《观元丹丘坐巫山屏风》中也有“疑是天边十二峰，飞入君家彩屏里”句。

富平县朱家道村唐墓墓室北壁还出现一幅昆仑奴牵牛屏风图，在画史和唐诗中尚未找到与之相同内容屏风画的记载。晚唐诗人顾云在看到韩干所绘胡人牵马屏风后曾咏道：“屹然六幅古屏上，欻见胡人牵入天厩之神龙”，唐墓出土牵马、牵驼俑也多为胡人形象，那么这时出现胡人牵牛图也就不足为奇了。

②从文献、考古资料和东晋—五代传世绘画作品中，我们不难看出这一历史时期日常生活里屏风的种类和形制大致可分三种：多扇窄幅连屏（或称多叠连屏、多曲连屏）；二三扇宽幅连屏；独幅立屏（或称插屏）。多扇连屏中以六扇屏最为常见，有学者曾作专文论述[34]，唐墓壁画中还可见八扇连屏、十二扇连屏以至二十二扇连屏，屏框作窄竖幅，每扇之间用合页（唐代称“交关”相连，放

置时须曲折竖置。二三扇宽幅连屏居中为横幅,一侧或两侧以合页再连接竖幅,放置时二扇者折成曲尺形,三扇者折成“八”字形或“冖”形,多带插座。独幅屏风可作横幅、竖幅,其下都有插座。

屏风在实际生活中放置的位置一是在坐卧之榻的背后或后、左、右三面以作屏蔽,一是在大的厅堂中摆放以分隔数个空间。唐墓壁画屏风图的位置完全模拟自实际生活,比较讲究的唐墓墓室多有砖、石砌造的棺床,象征生前的卧榻,不少棺床侧面仿实物雕出壶门,而屏风图恰好就绘在棺床上的后壁或后、左、右三面壁。陕西关中唐墓棺床都设于墓室西侧,屏风图基本上都绘于整个西壁及棺床上的南北壁;山西太原附近唐墓棺床设在墓室北侧,屏风图则绘于整个北壁和棺床上的东西两壁;新疆阿斯塔那唐墓的墓向虽不尽相同,但屏风画无一不是绘于墓室中放置木棺的后壁。这些一致反映了唐墓屏风壁画主要表现的是卧榻之后或之周的屏风,只有少数壁画墓在棺床相对壁面及侧壁绘制屏风图。

③唐墓壁画中的屏风画在承袭北朝、隋传统的基础上,形式、内容又有许多发展和变化,在唐代各个时期也表现出不同阶段的特征。为了便于观察和比较,特将陕西关中地区发现的屏风壁画依年代早晚列简表如下(见附表)。

序号	年 代	墓 主	屏风壁画位置及内容
1	总章元年(668)	縠州刺史王善贵	墓室西壁残存四扇连屏下半部,原应为五扇,每扇一侍女,其中有捧物侍女;北壁隐约可看出原有五扇连屏;东壁五扇连屏,每扇绘一侍女,其中一侍女怀抱琵琶,南壁壁画破坏严重,不详。
2	垂拱二年(686)	鄯州刺史河源道经略副使元师奖	墓室四壁绘二十二扇连屏,东、北壁屏风上部残,每扇一侍女;西、南壁屏风下部残,屏风上部残存树木、花、鸟、蝉。
3	景云元年(710)	节愍太子李重俊	后室西壁六扇连屏,残存屏风可看出每扇绘树下贵妇;南、北壁西侧可辨原各有三扇连屏,内容不详,可见部分屏框;原为十二扇连屏环绕棺床南、西、北三面。
4	天宝四年(725)	行内侍省内侍员外苏思勖	墓室西壁绘树下老人图六扇连屏;东壁绘大幅乐舞图,可能原为独幅立屏。
5	天宝年间(742－756)	长安县南里王村墓,墓主不详	墓室西壁绘树下贵妇图六扇连屏;东壁绘宴饮图,有可能为独幅立屏。

序号	年 代	墓 主	屏风壁画位置及内容
6	天宝年间(742－756)	西安西郊陕棉十厂M7,墓主不详	墓室西壁绘花草图五扇连屏;东壁绘三扇连屏,中间大幅为乐舞图,两侧小幅为花草图。
7	天宝年间(742－756)	富平县朱家道村墓,墓主不详	墓室西壁绘山水图六扇连屏;北壁绘两幅独立屏风,一绘胡人牵牛图,一绘双鹤图,南壁西侧绘卧狮图独幅屏风;东壁绘乐舞图,残存大部,可能原为独幅立屏。
8	永泰元年(765)	扬州大都督府司马吴贲之妻韩氏	墓室西壁残存四扇侍女图连屏,原应为六扇连屏。
9	兴元元年(784)	德宗之女唐安公主	墓室西壁绘独幅花鸟立屏,东壁残存乐舞图局部,可能原为独幅立屏。
10	会昌四年(844)	行内侍省奚管局令梁元翰	墓室西壁绘云鹤图六扇连屏。
11	大中元年(847)	义昌军监军使高克从	墓室西壁原绘有六扇连屏,一扇保存较好,内容为双鸽对鸣。
12	咸通五年(864)	银青光禄大夫杨玄略	墓室西壁绘云鹤图六扇连屏。

从简表中我们可以看出有几个阶段性的变化:第一次变化在序号 2、3 之间;第二次变化在序号 3、4 之间;第三次变化在序号 8、9 之间,这三次变化将屏风壁画的发展分成了四个阶段。在叙述各阶段特征时,兹将新疆阿斯塔那唐壁画墓和山西太原唐壁画墓的资料插入比较。第一阶段个例是总章元年(668)王善贵墓和垂拱二年(686)元师奖墓,均为多扇连屏环绕墓室一周,前例至少有 15 扇屏风,后例则多达 22 扇,每屏面均绘一侍女,与北朝、隋墓屏风壁画相比已不再出现屏风以上的帷帐,屏风所绘内容由主人携侍者出游变为单纯的侍女图。第二阶段只有景云元年(710)节愍太子墓一例,十扇连屏半环绕墓室,只围于棺床的西、南、北三面,其余壁面仍为影作木构,屏风所绘内容为树下贵妇。山西太原金胜村的三座墓与之极为相似,八扇屏风围于棺床三面,屏风画内容为树下老人图。第三阶段个例主要集中在天宝年间,最晚的是永泰元年(756)韩氏墓,这一阶段屏风壁画的主要形式是绘于墓室西壁(即棺床后壁)的六扇连屏,不再出现环绕棺床三面的六扇以上连屏;新出现在东壁绘制三扇连屏或独幅立屏以及在北壁、南壁绘制独幅立屏的情况。屏风画的内容骤然丰富,六扇连屏既保留第一、二阶段的侍女图、树下老人图、树下贵妇图,又新出现花草图、山水图;三扇连屏及独幅立屏有乐舞图、宴饮图、双鹤图、

胡人牵牛图。新疆阿斯塔那 65TA M38、M216 的屏风画形式、内容与这一阶段基本相同。第四阶段是兴元元年(784)至唐末,计有 4 例,墓室西壁以六扇连屏为主,新出现在西壁绘独幅屏风;这一阶段前期还保留前一阶段在东壁绘乐舞图独幅立屏的习惯。西壁六扇连屏或独幅屏风均为云鹤、花鸟等翎毛图。新疆阿斯塔那 M217 壁画具备这一阶段特征。

屏风壁画作为唐墓墓室壁画的内容之一,在第一、二阶段占比例很小,数量较少的屏风图与作为主流的影作木构加侍从人物图并行,在第二阶段还表现出屏风图和影作木构图融于一室的过渡特征。从第三阶段开始,屏风图逐渐增多,成为墓室壁画的主要内容,到第四阶段几乎完全取代影作木构。

关于屏风画在唐壁画墓中出现的时间,过去限于当时发表的资料,学者们一般认为自武周时期[35]或天宝年间[36]开始流行。新的资料表明,屏风画的出现可早至总章元年(668),将来还有可能出现更早的唐墓屏风壁画。

注释:

①《史记·孟尝君列传》:"孟尝君待客坐语,而屏风后常有侍史,主记君所与客语"。《春秋·后雨》亦有同样内容。湖北江陵拍马山楚墓曾出土长 1.85 米、宽 0.49 米的木质透雕髹漆板(湖北省博物馆等:《湖北江陵拍马山楚墓发掘简报》,《考古》1973 年 3 期),有学者认为此为屏板。

②《齐书》:"襄阳盗发古冢,得玉屏风"。《拾遗记》:"董偃设紫琉璃屏风";"董偃尝卧延清之室,上设火齐屏风"。《西京杂记》:"广川王去疾发魏哀王冢,有石屏风";"赵飞燕为皇后,其女弟上遗云母屏风"。《邺中记》:"石季龙作金钿屈膝屏风,衣以白缣,画义士、仙人、禽兽"。《初学记》引《东宫旧事》:"皇太子纳妃,梳头屏风二合四牒"。

③湖南省博物馆等:《长沙马王堆一号汉墓》,文物出版社,1973 年。

④武威文管会党寿山:《甘肃武威旱滩坡东汉墓发现古纸》,《文物》1977 年 1 期。

⑤洛阳博物馆:《洛阳涧西七里河东汉墓发掘简报》,《考古》1975 年 2 期。

⑥山西省大同市博物馆等:《山西大同石家寨北魏司马金龙墓》,《文物》1972 年 3 期;易水:《漫话屏风》,《文物》1979 年 11 期。

⑦⑧金维诺、卫边:《唐代西州墓中的绢画》,《文物》1975 年 10 期。

⑨李文信:《辽阳发现的三座壁画古墓》,《文物参考资料》1955 年 5 期。

⑩内蒙古自治区博物馆文物工作队:《和林格尔汉墓壁画》,文物出版社,1978 年。

⑪诸城县博物馆任日新:《山东诸城汉墓画像石》,《文物》1981 年 10 期。

⑫《文物参考资料》1955 年 3 期封三图版。

⑬山东省文物考古研究所:《济南市东八里洼北朝壁画墓》,《文物》1989 年 4 期。

⑭《中国美术全集·绘画编 12·墓室壁画》图版五七—五九,文物出版社,1989 年。

⑮山西省考古研究所、太原市文管会:《太原南郊北齐壁画墓》,《文物》1990年12期。
⑯山东省博物馆:《山东嘉祥英山一号隋墓清理简报》,《文物》1981年4期。
⑰新疆维吾尔自治区博物馆:《吐鲁番县阿斯塔那—哈拉和卓古墓群发掘简报》,《文物》1973年10期。
⑱《中国美术全集·绘画编12·墓室壁画》图版一三三、一三四,文物出版社,1989年。
⑲山西省文物管理委员会:《太原南郊金胜村唐墓》,《考古》1959年9期;山西省文物管理委员会:《太原市金胜村第六号唐代壁画墓》,《文物》1959年8期。
⑳上两简报结语所引。
㉑陕西省考古研究所1998年初发掘,资料正在整理中。
㉒宝鸡市考古队:《岐山郑家村唐元师奖墓清理简报》,《考古与文物》1994年3期。
㉓陕西省考古研究所:《陕西新出土唐墓壁画》,重庆美术出版社,1998年。
㉔陕西省考古所唐墓工作组:《西安东郊唐苏思勖墓清理简报》,《考古》1960年1期。
㉕赵力光、王九刚:《长安县南里王村唐壁画墓》,《文博》1989年4期。
㉖陕西省考古研究所:《陕西新出土唐墓壁画》,重庆美术出版社,1998年。
㉗井增利、王小蒙:《富平县新发现的唐墓壁画》,《考古与文物》,1997年4期。资料发表的照片多为局部,发表者当时尚未认定壁画多为屏风画。最近笔者承王小蒙惠赐此墓未经裁剪的壁画照片数帧,得以仔细观察原壁画布局,并据照片绘出西、北壁壁画布局图。
㉘中国社科院考古研究所:《西安郊区隋唐墓》,科学出版社,1966年。
㉙陈安利、马咏钟:《西安王家坟唐代唐安公主墓》,《文物》1991年9期。
㉚㉜王仁波等:《陕西唐墓之研究》,《文博》1984年2期。
㉛贺梓诚:《唐墓壁画》,《文物》1959年8期。
㉝以上7例资料均见于注释㉚㉛两文的附表。
㉞杨泓:《"屏风周昉画纤腰"——漫话唐代六曲画屏》,《文物天地》1990年2期。
㉟宿白:《西安地区唐墓壁画的布局和内容》,《考古学报》1982年2期。
㊱王仁波等:《陕西唐墓壁画之研究》(下),《文博》1984年2期。

(原载《远望集——陕西省考古研究所华诞四十周年纪念文集》,陕西人民美术出版社,1998年)

唐墓壁画与高松冢古坟壁画的比较研究

齐东方　张　静

1972年日本高松冢古坟的发掘,曾引起极大轰动,被称为世纪性的重大考古发现。该墓如此引人瞩目,主要是因为墓中保存了极为罕见的、精美的壁画,填补了日本绘画史上的空白,具有很高的学术价值①。

高松冢古坟壁画发现后,日本学者作了大量细致的研究,发表了很多有价值的意见。最初,有些学者认为,这些壁画反映的文化特征,与高句丽壁画关系密切,推测画师可能来自朝鲜半岛。稍后,研究者更加重视这些壁画与中国唐代壁画的关系②。韩国学者也对高松冢古坟壁画产生强烈的兴趣,参与了高松冢壁画的研究③。中国对此虽然十分重视,但只作了一般性的介绍④。事隔23年的今天,日本尚无相似的实例发现,中国不仅新发掘出许多壁画墓,而且高松冢古坟壁画发现以前发掘的一些唐代墓葬壁画资料也陆续发表,这无疑给深入研究高松冢壁画带来了新的契机。

一、中国有关的墓葬壁画

高松冢古坟,位于日本奈良县高市郡明日香村。古坟的封土为半球状,高约5米,底部直径约18米。封土内中部置一石椁,石椁内原有木棺,已朽。墓已被盗,残存遗物有海兽葡萄纹铜镜、银饰件、鎏金铜饰件、料珠等。石椁内壁绘壁画。古坟的年代为7世纪末8世纪初。

高松冢古坟壁画与中国壁画有极为密切关系,了解中国壁画的学者可从中看到了许多熟悉的人物面容、服饰道具以及四神、天象图等。高松冢古坟发现后,中国陆续发掘的许多墓葬壁画,进一步证明了它们之间千丝万缕的联系。

与高松冢壁画的年代相近、关系比较直接的中国壁画墓主要有以下诸例：

山东嘉祥英山一号隋徐敏行墓(584)⑤。

宁夏固原隋史勿射墓(609)⑥。

陕西三原唐李寿墓(630)⑦。

陕西礼泉唐杨恭仁墓(640)⑧。

陕西礼泉唐段简璧墓(651)⑨。

陕西西安唐执失奉节(658)⑩。

陕西礼泉唐李震墓(660)⑪。

陕西礼泉唐郑仁泰墓(664)⑫。

陕西咸阳唐苏君墓(667)⑬。

陕西西安唐李爽墓(668)⑭。

陕西礼泉唐李勣墓(670)⑮。

陕西富平唐房陵大长公主墓(673)⑯。

陕西富平唐李凤墓(674)⑰。

陕西礼泉唐阿史那忠墓(675)⑱。

陕西礼泉唐安元寿夫妇墓(684)⑲。

陕西乾县唐章怀太子李贤墓(706)⑳。

陕西乾县唐懿德太子李重润墓(706)㉑。

陕西乾县唐永泰公主李仙蕙墓(706)㉒。

陕西长安唐韦泂墓(708)㉓。

陕西咸阳唐薛氏墓(710)㉔。

陕西礼泉唐契苾夫人墓(722)㉕。

陕西西安唐薛莫墓(728)㉖。

陕西西安唐冯君衡墓(729)㉗。

陕西西安唐宋氏墓(745)㉘。

陕西西安唐苏思勗墓(745)㉙。

陕西咸阳唐张去奢墓(747)㉚。

陕西西安唐张仲晖墓(753)㉛。

陕西西安唐高元珪墓(756)㉜。

陕西西安唐唐安公主墓(784)㉝。

山西太原南郊唐墓(约唐高宗武则天时期)[34]。

山西太原唐赵澄之墓(695)[35]。

山西太原金胜村 3 号唐墓(约唐高宗武则天时期)[36]。

山西太原金胜村 4 号唐墓(约唐高宗武则天时期)[37]。

山西太原金胜村 5 号唐墓(约唐高宗武则天时期)[38]。

山西太原金胜村 6 号唐墓(约唐高宗武则天时期)[39]。

宁夏固原唐梁元珍墓(699)[40]。

湖北安陆唐吴妃杨氏墓(贞观中期)[41]。

湖北郧县唐李泰墓(653)[42]。

湖北郧县唐李徽墓(684)[43]。

湖北郧县唐阎婉墓(724)[44]。

湖北郧县唐李欣墓(724)[45]。

四川万县唐冉仁才墓(654)[46]。

广东韶关唐张九龄墓(741)[47]。

考察这些墓葬壁画的内容、布局和演变规律,辨析唐墓壁画与高松冢的壁画的异同,有助于对高松冢古坟壁画的渊源的认识。关于中国唐代墓葬壁画,1959 年贺梓城曾以《唐墓壁画》为题,概述了西安地区 1953—1959 年考古发现的唐代壁画墓,指出了当时出土的唐墓壁画的内容及其初唐到盛唐的变化[48]。1972 年配合高松冢古坟壁画研究,长广敏雄撰写《唐代的壁画墓》一文,根据中国的发掘报道,列举了 19 座壁画墓,其中陕西 13 座、山西 5 座、广东 1 座。主要介绍了山西唐墓和李爽、韦洞、李仙蕙墓的壁画[49]。1982 年宿白发表《西安地区唐墓壁画的布局和内容》一文,仔细排列了西安地区唐代墓葬的早晚关系,论证了唐墓壁画的布局、内容的演变规律和历史原因[50]。1992 年权奎山以《试析南方发现的唐代壁画墓》为题,研究了南方的 9 座壁画墓[51]。

应该指出,上述研究论文所提到的唐代壁画墓,许多仅有文字叙述,并无图片发表,有的甚至只知道是壁画墓,实际内容一无所知。1991 年陕西历史博物馆编著的《唐墓壁画集锦》,虽然是一部摹本图录,但发表了一些过去鲜为人知的壁画,并有较详细的说明,不仅能看到以往一些壁画的面貌,还增添了不少新的内容。

唐代壁画墓,规模较大,结构复杂。一般有墓室(有的为前、后双墓室)、甬道、过洞和墓道,壁画分绘于各个部位。壁画题材、所绘的部位大致如下:

1. 四神图　即青龙、白虎、朱雀、玄武。用以表示方位和避邪,多绘于墓道的东西壁及墓室的南北壁。

2. 仪卫图　由步、骑或步、车、骑仪仗组成,仅见于高级贵族的墓葬中,为墓主人生前地位的象征。分布在墓道东西壁。

3. 棨戟图　唐代官吏门第前列戟表现身份和荣耀,列戟数量的多少和官品高低有关。墓葬壁画所绘的棨戟图与墓主人生前地位相应。见于甬道和过洞中。

4. 建筑图　是墓主人生前宅第的写照。绘于墓门旁和甬道、过洞两壁。

5. 内侍图　仕女中有贵妇、宫官、侍女,还有男性侍者和官吏。反映贵族日常生活,根据墓主地位不同,内容有别。多绘于墓室内,也见于甬道和过洞中。

6. 家牧生产图　是经营庄园的场景,绘于过洞壁面。

7. 打球图　表现宫廷或军队娱乐,绘于墓道壁画。

8. 客使图　表现迎接外国及其他民族使者,绘于墓道的东西壁。

9. 乐舞图　绘于墓室。

10. 人物故事图　绘于墓室。

11. 游猎图　绘于墓道。

12. 树下人物图　绘于墓室。

13. 星象图　绘于墓室顶部。

墓葬壁画因时代早晚而不同,根据以往的研究和新的资料,基本可搞清唐代墓葬壁画内容、布局、构图、艺术特征和绘画技法上的发展演变规律。

隋至唐初(581—649)西安地区的壁画墓主要有李寿、杨恭仁墓。

李寿墓,墓道绘由飞天引导的出行游猎图。过洞为步卫、属吏、农牧、厨事、列戟。甬道有属吏、内侍、寺院和道观。墓室绘马厩、仓廪、宅院、女伎乐。李寿墓壁画上虽未发现四神图,但把四神刻在了石椁上。山东嘉祥隋徐敏行墓和宁夏固原隋史勿射墓,墓道和过洞突出守卫武士,墓内表现家内生活。徐敏行墓的墓室东、西壁还分画青龙和白虎。这两座墓,不在西安地区,但壁画内容与西安唐初壁画墓有共同性。

这阶段的特点是四神绘于墓室内。凡日常生活的内容,多以复杂的庭院为背景。四神、农牧、厨事、马厩、仓廪、寺院道观等题材,多渊源于十六国迄北朝墓葬壁画。布局有的采用分上下栏的做法。壁画人物体态清瘦,稍显呆板。

唐高宗、武则天时期(650—704)的壁画墓主要有段简壁、阿史那忠、李震、执失奉节、郑仁泰、苏定方、李爽、李勣、房陵大长公主、李凤、安元寿墓。尽管各墓壁画均有不同程度的残损,但内容基本清楚。

阿史那忠墓壁画保存较好,墓道绘青龙、白虎、鞍马、骆驼、牛车、步卫、属吏、武士。过洞为影作木结构建筑(即在墙壁上绘出梁、柱等构件以表示实际建筑,与壁画作品内的建筑图不同)、属吏、侍女、列戟。李凤墓的甬道绘影作木结构建筑、侍女。墓室为影作木结构建筑、人物花卉、星象。房陵大长公主墓室壁画完好,所有人物皆为侍女,以单人平列式出现。湖北唐墓与西安唐墓壁画内容相似,山西太原唐墓流行屏风式的树下人物,宁夏固原梁元珍墓又出现牧马图。

影作木结构建筑是这一阶段较普遍的现象,在过洞、甬道及墓室壁上绘粗线条的阑额、廊柱,廊柱既是建筑的象征,又兼作界格,将壁面分成一个个相对独立的画面,其间描绘男、女侍者等人物,使墓内如同宅院。人物各自独立,大多无背景。造型略显圆腴,形象较为生动。

唐中宗至玄宗开元时期(705—742)。主要有李重润、李贤、李仙蕙、韦洞、薛氏、契苾夫人、薛莫、韦氏、冯君衡墓。

李重润墓的墓道绘青龙、白虎、山林城阙、步骑仪卫、轺车、鞍马、官吏。过洞为胡人牵豹、男侍牵犬或驾鹰、侍女、影作木结构建筑、列戟、步卫、牛车。甬道皆为侍女,间绘花木草石。墓室绘影作木结构建筑、捧物品及乐器的女侍、星象。李贤和李仙蕙墓壁画内容和布局与李重润墓的基本相同,惟李仙蕙墓过洞顶部绘平綦、卷云、白鹤,李贤墓的墓道还有出行狩猎、打球、客使图。

这一阶段在过洞、甬道、墓室所绘的人物,大都以象征式廊柱建筑为背景,墓室的壁画生活气氛更为浓厚,游乐场面增多,出现了云、鹤。一些墓的墓道壁画简化。车马、仪卫的场面缩小,有的省去。壁画人物多成群出现,构图参差有致,相互呼应,突出情节和趣味。人物形象丰满匀称,婀娜多姿。描绘技术娴熟,线条流畅。人物造型准确,衣纹复杂多变。

唐玄宗天宝(742)以后的墓葬壁画与高松冢壁画关系不大,这一时期因墓葬形制发生变化,长斜坡墓道少见,壁画大都出现在墓室内,题材多为四神、男女侍者。新出现绘墓主人像的做法。有墓道的墓,墓道只绘青龙、白虎,出行、仪卫的内容不见了,影作木结构建筑也被淘汰。西安地区也开始流行折扇式屏风画,突出了云、鹤的题材。人物形体臃肿,描绘草率,艺术水平较低。

二、高松冢古坟壁画与唐墓壁画的比较

与规模宏大的唐代壁画墓不同，高松冢古坟是一座简单的石椁墓，壁画内容的多少和布局自然有所不同。高松冢古坟石椁长256.6厘米、宽103.5厘米、高113.4厘米，空间狭小，不可能绘出更复杂的内容，只出现了四神图、侍女及内侍图和星象图。但这些内容恰恰是中国古墓、特别是唐墓壁画始终流行的内容，也可以说是唐代墓葬壁画的代表性题材。

四神图

四神是指青龙、白虎、朱雀和玄武。高松冢古坟石椁壁画中未发现朱雀。其他的分布是东壁中部画青龙：青色的鳞，红色的鳍，口吐红长舌，长颈，前肢伸直，似走兽。西壁中部画白虎：除了口、舌和足爪涂红外，通体白色；颈部和躯体细长，四肢稍短。北壁画玄武：蓝黑色，龟蛇合体，龟为行走状，蛇穿绕龟体后，在其上方卷曲。

四神的观念产生于中国，用于表现方位和避邪免灾。作为图像，早在战国时期的器物上已出现，如曾侯乙墓出土的漆木衣箱，上面绘青龙和白虎[52]。壁画上表现四神最早见于山西平陆枣园东汉初的墓葬中[53]。云南昭通东晋霍承嗣墓[54]、河南洛阳北魏元乂墓[55]、山东嘉祥英山隋墓也有表现，是中国传统的墓葬装饰内容。

唐代四神更加流行，唐朝初年的李寿墓，壁画虽没有四神，但将之刻在石椁上。稍晚一些的阿史那忠、苏定方、韦泂、李重润、李贤、李仙蕙、薛莫墓将青龙、白虎绘在墓道两壁上。同时期的其他墓葬，虽未发现青龙、白虎，可能是由于壁画脱落，原来也应存在。山西太原金胜村唐墓、西安苏思勖墓、广东韶关张九龄墓，以及唐玄宗天宝以后的张去奢、张去逸、高元珪、郯国大长公主墓[56]，也绘青龙和白虎。

唐墓中的青龙、白虎，气魄宏大，长达七八米。应该指出的是，四神图虽流行，但有的墓常常省略朱雀和玄武，如李重润、李贤、李仙蕙等保存较好的壁画墓，报告中均未提到有朱雀和玄武。

青龙在陕西、山西唐墓壁画中普遍出现（图一，8、11），其样式在高元珪墓中保存了较好的图像（图一，10），与高松冢古坟中的青龙很相近。均为曲颈、弓身，作奔跑状，区别仅在于高松冢的青龙后足的一只向前。两者都画在墓室

东壁。韦洞墓室西壁的白虎,仅残存头部,吐舌和毛发向后,与高松冢古坟中白虎稍有区别(图一,9)。而山西唐墓壁画中写实风格的白虎,头部与高松冢古坟的白虎更为接近(图一,12)。

玄武的蛇头尾相勾、不相勾和相缠,构成了复杂的图像变化,南北朝时期就已基本定形(图一,1、2)[57]。日本药师寺金堂本尊基座雕刻的玄武整体风格更接近南北朝时期的玄武,龟头与蛇头离得很近,蛇身绕龟身较少,蛇的头颈与尾相勾(图一,6)。苏思勖、高元珪墓室的北壁画玄武,蛇的头颈和尾相勾,龟的右足前行,左足在后,显得比高松冢古坟的玄武的姿态更生动、合理(图一,3、4)。太原金胜村6号墓的玄武,蛇的头颈与尾不相勾(图一,7)。韦氏墓的玄武,蛇身涂红,尾部与颈相缠,卷两周,龟的四足均前行(图一,5)。

将四神绘于墓室内,河南洛阳北魏元乂墓已出现,山东英山隋墓,青龙、白虎也绘于墓室左右壁。太原金胜村6号唐墓,绘在墓顶下部。南方地区的冉仁才墓绘在甬道两壁,张九龄墓出现在墓室内。根据南方地区隋唐画像砖墓的青龙和白虎画像砖均镶嵌在墓室两壁,可知将四神置于墓室在西安以外的地区较流行。当然,这与墓葬的建筑材料、有无长斜坡墓道的形制特征和壁画内容的多少有关。

人物图

高松冢古坟壁画,共有16个男女人像,分布在石椁东、西两壁。

石椁东、西壁的北部,分别画四个侍女像,均作缓步前行状。侍女像的脸形比较丰腴,额顶头发后梳,在头后束在一起,发稍上翘,两鬓下垂。服装都是上衣长至膝,袖长而宽,裙子被上衣盖住上部,露出的下部多褶曳地。上衣的领口用带系结,腰部束带,带略下垂。上衣颜色各异,裙子为绿、蓝色和红黄蓝绿各色相间的三种。衣和裙的下摆都有镶边,色彩鲜艳。

东壁的4个侍女,南起第一人绿衣束红带,执团扇。第二人黄衣。第三人红衣。第四人白衣束绿带,执拂尘。西壁的4个侍女,南起第一人黄衣蓝袖口,束绿带,执团扇。第二人白衣。第三人红衣白袖口,束绿带,执如意。第四人绿衣白袖口,束红带。

东、西壁的南部,分别画4个男侍像。头带黑色冠,似仆头,衣长袖宽,腰间束带。

西壁南部的4个男侍像,南起第三人穿绿衣,其他人为黄衣。南起第一人执床几,第二人执装在布套中的“长棒”,第三人执袋状物,第四人执杖。

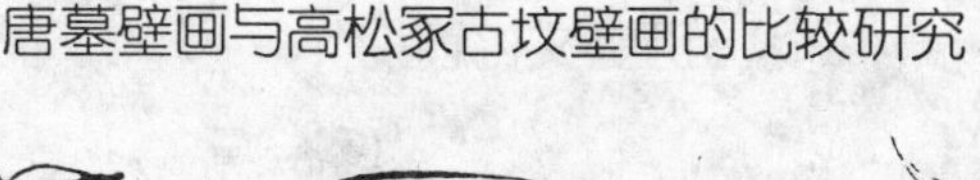

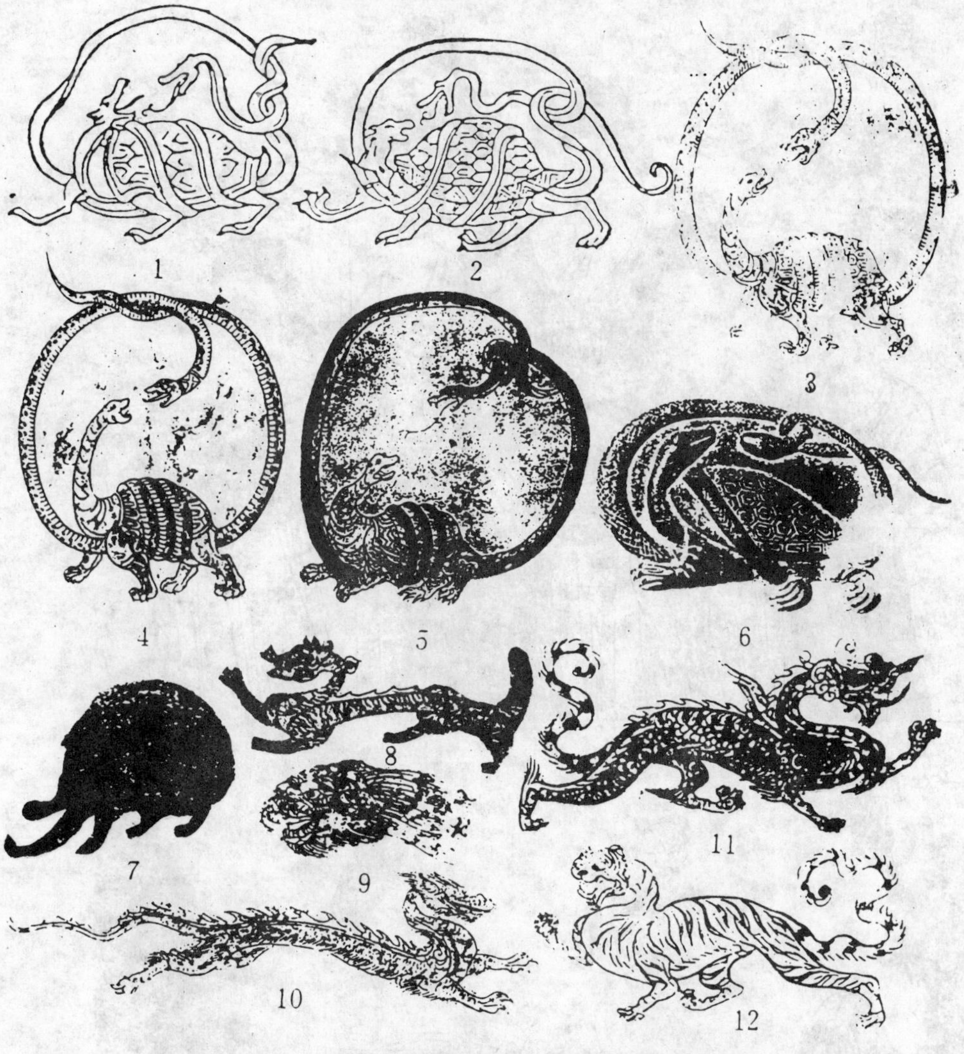

图一　中国古代墓葬壁画等和日本古代石刻所见玄武、青龙、白虎

1. 北魏石造像　2. 邓县彩色画像砖　3. 高元珪墓墓室北壁壁画　4. 苏思勖墓墓室北壁壁画　5. 韦氏墓墓室北壁壁画　6. 日本药师寺金堂本尊基座雕刻　7. 山西太原金胜村 6 号唐墓壁画　8. 山西唐墓壁画　9. 韦泂墓墓室西壁壁画　10. 高元珪墓墓道东壁壁画　11. 山西太原焦化厂唐墓壁画　12. 山西太原焦化厂唐墓壁画

东壁南部的 4 个男侍像，北起第一人为绿衣，执装在红布套中的“短棒”；第二人绿衣，执袋状物；第三人为黄衣，执伞盖；第四人残毁不清。

人物画在中国起源甚早，如果不算新石器时代陶器上的图案和战国时代青铜器上的线刻，稍具规模、表现较为复杂的人物，在战国时期著名的夔凤人物帛画上已经出现，两汉时期的墓葬壁画、画像石、画像砖上的人物表现较为

1

2

图二　中国唐代墓葬壁画所见侍女侧面形象

图三　中国古代墓葬、石窟壁画所见多褶裙

1. 甘肃酒泉丁家闸十六国墓壁国　2. 莫高窟288窟北魏壁画　3. 莫高窟62窟北魏壁画　4. 莫高窟285窟北魏壁画　5. 段简壁墓第五天井东壁壁画　6. 段简壁墓第五天井西壁壁画　7. 李爽墓墓室北壁壁画　8. 李爽墓墓室北壁壁画　9. 吐鲁番张雄墓出土的木俑

成熟。唐代壁画墓,人物图像是必备的内容。

高松冢古坟壁画上的人物服装,唐墓壁画中不见,应是日本人独特的样式。特别是侍女上衣下裙,裙的下摆有镶边,可能即所谓"襈"。《隋书·倭国传》载"妇人束发于后,亦衣裙襦,裳皆有襈",与高松冢壁画相符。虽然壁画人物为日本人无疑,但表现上与唐墓壁画有关。

图四　中国唐代墓葬壁画所见图扇

1. 杨恭仁墓墓室东壁壁画　2. 房陵大长公主墓壁画　3. 阿史那忠墓第五天井西壁壁画　4. 李重润墓前室东壁壁画　5. 李震墓第三过洞东壁南侧壁画　6. 李爽墓墓室东壁壁画　7. 段简璧墓第三天井东壁壁画　8. 安元寿墓甬道壁画　9. 李凤墓甬道东壁壁画　10. 李凤墓甬道东壁壁画　11. 阿史那忠墓第二过洞西壁壁画

首先看高松冢古坟壁画侍女像的脸形特征。东壁北侧第一人和西壁北侧第二人,均为左半侧面,两者十分相像。唐墓壁画这类侍女甚多,表现手法也非常相似。如李重润墓后室东壁北面的侍女、前室东壁北面(图二)和前室西壁南面的侍女,李仙蕙墓前室东壁北面和前室西壁南面的侍女等,成组地出现这种左半侧面的侍女像[58]。至于高松冢古坟西壁北侧的两个右半侧面的侍

图五 中国唐代墓葬壁画等所见拂尘、如意

1. 李爽墓墓室东壁壁画 2. 房陵大长公主墓壁画 3. 李爽墓墓室东壁壁画 4. 房陵大长公主墓前室西壁壁画 5. 李仙蕙墓前室东壁壁画 6. 李重润墓前室西壁壁画 7. 房陵大长公主墓前室南壁壁画 8. 苏思勖墓墓道东壁壁画 9. 杨恭仁墓墓室东壁壁画 10. 李凤墓甬道西壁壁画 11. 李仙蕙墓石椁线刻 12. 李仙蕙墓前室东壁壁画

女，唐墓中也同样大量出现。人物面孔用简练的线条勾出丰满的脸形、细弯的眉眼和醒目的朱唇等描绘技法，是唐代仕女画的艺术特色。

其次是侍女的服装。虽然这些服装样式不是中国式的，但是表现特征与唐墓壁画有很多相似之处。高松冢古坟壁画所有的侍女都穿多褶裙，有单色

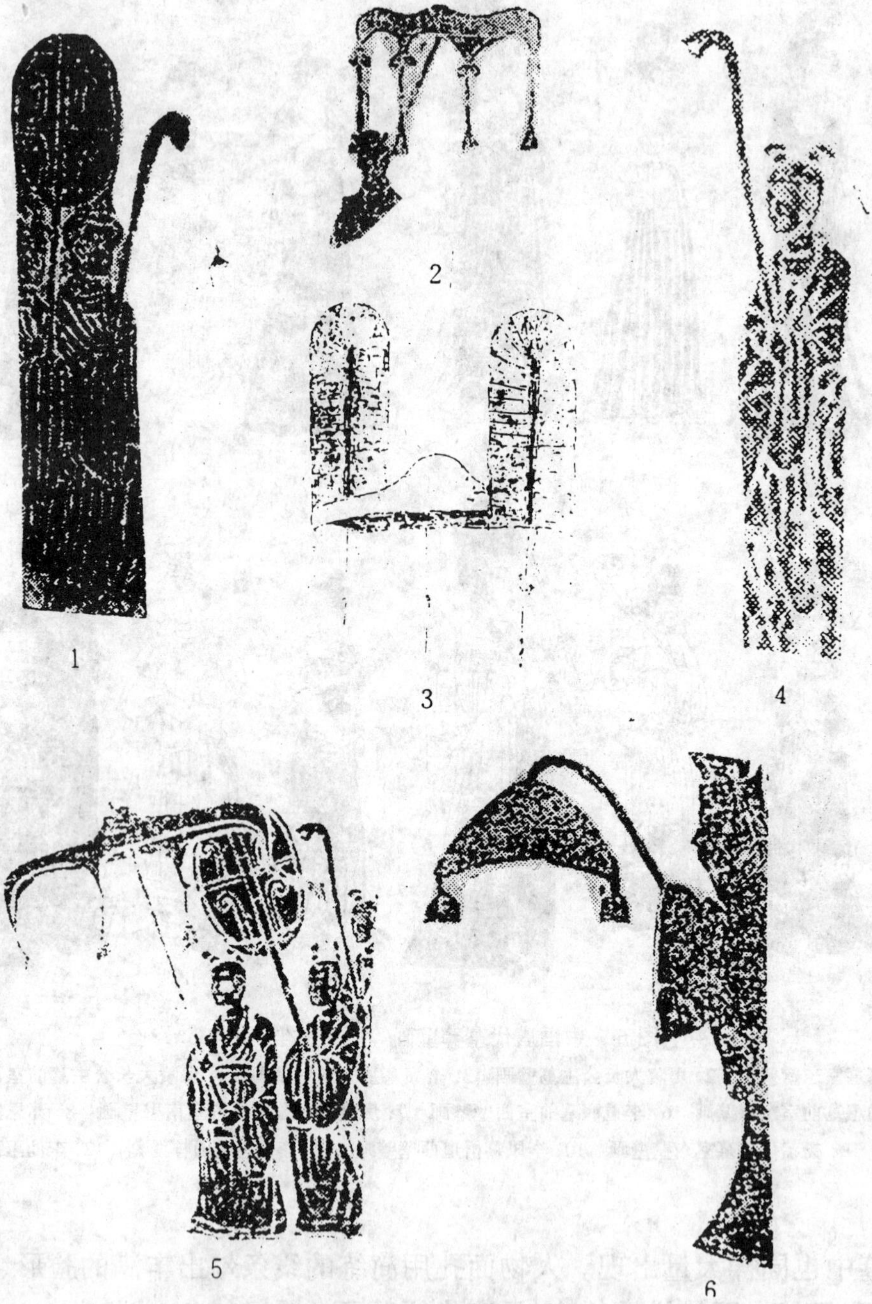

1 2 3 4 5 6

图六　中国古代石刻、墓葬壁画所见如意、伞盖

1. 北魏正光六年石造像基座　2. 北魏永安二年石造像　3. 李寿墓甬道东壁壁画　4. 北魏正光六年石造像基座
5. 北魏正光六年石造像基座　6. 武氏祠画像石

图七 中国唐代墓葬壁画所见布袋装物

1. 李重润墓第三过洞西壁壁画 2. 李重润墓第三过洞西壁壁画 3. 李贤墓前室东壁壁画 4. 李寿墓甬道东壁壁画 5. 李重润墓壁画

的,也有以不同的颜色如红、绿、白和蓝相间的彩条多褶裙。这种裙在南北朝时期已能见到(图三,1—4),而唐代十分流行,特别在较早的墓葬壁画中表现尤为明显。李寿、杨恭仁、段简璧、执失奉节、李震、李爽、李勣、房陵公主墓中的侍女和张雄墓出土的侍女木俑,几乎都是下穿多褶裙(图三,5—9),而且也有用不同色彩描绘的情况[59]。

再次是侍女和男侍手中所执物品。高松冢古坟壁画中侍女执有团扇、拂尘、如意等,这在唐墓壁画中大量出现。手执团扇的侍女至少可举出十几个实例,如杨恭仁、段简璧、李震、李爽、房陵公主、李凤、阿史那忠、安元寿、李重润、李仙蕙、韦氏墓等都有发现(图四)[60],有的墓中多达3个手执团扇的侍女。团扇的实物也曾在唐墓中出土。执拂尘的侍女在唐墓壁画是常见的形象,李爽墓东壁有两个执拂尘侍女、房陵公主墓西壁北侧和北壁有两个执拂尘的侍女,此外李重润、李仙蕙墓中也有发现(图五,1—6)[61]。如意在北魏石造像上已可见到(图六,1、4),在唐墓中至少有5例,如杨恭仁、李凤、房陵公主、李仙蕙、苏思勖墓中的手执如意者(图五,7—12)[62]。

高松冢古坟壁画中男侍像也有执物者。西壁南起第一人执床几,第二人执装在布套中的“长棒”,第三人执袋状物,第四人执杖。东壁南部北起第一人手执装在红布套中的“短棒”,第二人执袋状物,第三人执伞盖。唐代有时也将

图八　中国唐代墓葬壁画所见杖及日本玳瑁杖

1. 山西太原金胜村 6 号唐墓壁画　2. 李震墓第三过洞西壁北侧壁画　3. 山西太原焦化厂唐墓壁画　4. 山西太原金胜村 4 号唐墓壁画　5. 正仓院玳瑁杖　6. 安元寿墓前甬道壁画　7. 唐安公主墓甬道东壁壁画　8. 李贤墓前室东壁壁画　9. 李贤墓墓道东壁壁画

用物装于布套中，如李重润墓第三过洞西壁、李贤墓前室东壁南面都有发现（图七）[63]，但推测里面为团扇和乐器，与这些包裹着的"长棒"、"短棒"似乎不同。伞盖是贵族出行的用具，在中国出现较早，北魏时期有大量的图像资料（图六，2、5、6）。在唐代的李寿墓墓道西壁、李重润西壁也出现（图六，3）[64]，用于表现出行或身份，形制与高松冢古坟壁画上的不同。

唐代墓葬壁画中的执杖者，至少可分为三种：一种以山西太原唐墓壁画为代表，杖呈"Y"形或"T"形，执于侍女手中（图八，7、8），用途不明，有人推测是尺[65]。日本正仓院藏玳瑁杖亦即此种（图八，5）。第二种见于安元寿墓甬道一男侍手中，与现代的手杖基本相同（图八，6）。第三种与高松冢古坟壁画所见最相似，见于李贤墓前室东壁南面的男装侍女、唐安公主墓墓室东壁第二个男侍手中所举的杖（图八，1—4）。在唐代，此类杖用于骑马打球，如李贤墓墓道东壁有许多骑马打球的人手执这类杖（图八，9）[66]。

星象图

高松冢古坟的星象图，包括太阳、月亮和星辰。在布局上与唐墓壁画略有不同，太阳贴金箔，画在青龙之上，月亮贴银箔，画在白虎之上。椁室顶部用金箔点装星辰，其中有的还用红线连接构成星座，包括北斗七星。

中国河南洛阳西汉壁画墓，发现过包括日月和各种星座的星象图[67]，辽宁辽阳东汉墓[68]、山东梁山东汉墓[69]、山西平陆枣园东汉墓[70]、河南南阳东汉墓[71]都出现了星象图。因此，星象图是中国墓葬装饰中出现很早、并一直流行的传统题材。西安地区唐墓中，星象图保存较好的有苏定方、李爽、李凤、李重润、李贤、李仙蕙、薛莫、苏思勖墓。山西太原金胜村唐墓，墓室顶部都有星象图。星象图保存多不完整，具体的内容无法比较，但唐墓和高松冢古坟壁画都将之作为重要题材用于墓葬的装饰是一致的。

三、高松冢古坟壁画的渊源

中国内地的墓葬、高句丽古坟和高松冢古坟壁画，都有四神、人物和星象图，说明这是古代东亚墓壁装饰共同的题材。高松冢古坟壁画发现后，人们立即与高句丽壁画相比较，并引起种种联系的推测，而与唐墓壁画的比较略少。原因主要是当时中国发掘和发表的资料不多。本文前面所列唐墓壁画，大都是高松冢发掘之后发表的新资料，说明四神、人物和星象图不仅见于中国，而且实例更多,历史更悠久。

同日本古坟时代一样,唐代并非所有的墓葬都带壁画,壁画在高官和有地位的人的墓中才能见到。7 世纪末 8 世纪初,正是唐代墓葬等级制度严格的时期[72],已知西安地区的壁画墓,墓主人都是高官贵族,现知身份最低是"朝议郎(正六品)行河南府士曹参军(正七品)"张仲晖墓。

日本的壁画古坟更是少见,高松冢的被葬者无疑是一个高级贵族,有学者推测为忍壁皇子[73]。壁画内容虽简化,显然也突出了被葬者的身份和贵族生活,置于南部的男侍像,有人执盖,似为唐墓中出行仪仗图的缩写,而置于北部的侍女像,手中执团扇、如意等,则是唐墓中家内生活的场景,实质上都与唐墓壁画的主题相同。至于壁画所绘的人物数量少和规模不大,主要原因是高松冢古坟的形制较小。此外,如果从中国的情况看,唐代的长安,是政治、经济和文化的中心,包括壁画在内的许多美术"样式",都是从长安向地方传播的,地方在接受了长安的样式后,又或多或少地做了些改动。山西太原和宁夏固原发现的唐墓壁画,内容和配置与长安略有差别,如都有屏风式的树下人物图,宁夏固原唐墓还有牧马图,增添了地方色彩。高松冢古坟壁画与西安唐墓的区别,大概也属于长安样式传播后的改变。

高松冢壁画的四神,是唐墓壁画最具代表性的题材。中国四神图像出现后,得以广泛的传播,高句丽壁画直接受到影响。朝鲜三国时代的高句丽壁画古坟,一般分为三期。第一期为 4 世纪末至 5 世纪初期,壁画以墓主人夫妇像为主,并有中国汉式的流云纹;第二期为 6 世纪前半,流行人物风俗画和三角、莲花纹;第三期为 6 世纪后半至 7 世纪前半,突出四神图和忍冬、花草纹[74]。高句丽中期和晚期的通沟舞蹈冢、梅山里四神冢、通沟四神冢、高山里一号坟、江西大墓、中和真坡里一号坟的四神,是高句丽壁画四神的代表作品。这些四神虽极为生动,但形象与唐墓和高松冢的四神区别很大,青龙、白虎体态曲折多变,玄武的蛇身反复盘绕,整体复杂的装饰和纤细的线条,都表现出高句丽自身的特色。四神陪衬的云气、莲花、忍冬纹等,更不见于唐墓和高松冢壁画。高句丽壁画的时代早于唐代和高松冢古坟,自然会有种种差别。但唐代的四神,却与北魏和南朝时期的一脉相承[75],并和高松冢古坟属同样风格。因此,高松冢的四神应是直接取自大陆,即唐代壁画墓的做法。

很多学者都谈到了当时活跃在日本画坛上的画师问题。朝鲜半岛上的百济人曾渡海来到日本,这些人中包括具有绘画技能的画师集团。稍后因朝鲜半岛上政治动乱,被新罗灭国的高句丽人也来到日本,其中也有画师集团,这一系统的画师,后来成为7世纪后半到8世纪日本画坛的主流人物。考虑到这一历史背景,高松冢古坟壁画应与朝鲜半岛,特别是高句丽的画风有关。但是,朝鲜半岛渡来的画师,到高松冢的建造,时间已过了半个世纪,不仅画师会发生更替,绘画艺术也不可能不发生改变,而改变的方向,当然是以借鉴唐代文化为主。此间日本与唐朝频繁地往来,日本还出现"大化革新",进行了一系列的政治、经济改革,唐朝政治、文化给予日本的革新运动以强烈的影响。日本奈良正仓院收藏的实物,证明当时已有大量珍贵的唐朝文物传到日本,从事绘画的画师们无需去唐朝,也能通过如粉本等学习唐朝的绘画。7世纪中叶统一了朝鲜半岛的新罗,留下绘画类作品太少,目前还无法与高松冢进行比较。但新罗与唐朝的密切关系是众所周知的,绘画以外的其他遗物上,可见到唐朝文化的强烈影响[76]。因此,高松冢古坟壁画,无论是通过朝鲜半岛的间接关系,还是中国大陆的直接影响,最终的渊源都来自唐朝。而在7世纪末8世纪初这一时期,日本完全可以直接学习中国,无须藉助于朝鲜半岛的中转。高松冢古坟壁画的作者,不能想象成是绘制过唐墓壁画的人,但他们可能对唐代壁画有一定的了解。唐墓壁画中给人印象最深的那些凶猛巨大的四神、栩栩如生的人物和具有神秘感的星象图,成为高松冢古坟壁画选择的题材,应该是顺理成章的。

高松冢壁画侍女的长上衣、交领、裙的下摆有镶边等特征,与高句丽妇女服装相近,这是有人强调两者关系的重要依据。确实,中国《隋书》中的《高丽传》和《倭国传》所载的妇女装束,与这些侍女的服装几乎吻合。说明壁画上表现的是穿民族服装的日本人。但是,在谈到壁画渊源时,艺术表现形式和风格更为重要。高松冢壁画的侍女穿多褶裙,实际上应称为"条纹裙"。条纹裙在中国古代壁画中曾流行一时。中国古代的布帛较窄,做裙时不得不将多幅布帛拼接在一起。为美观起见,可采用多种颜色的布帛拼接,显得更加华丽。由于这一原因,在较早的如甘肃酒泉丁家闸5号墓壁画、敦煌莫高窟228窟北魏壁画、莫高窟285窟西魏壁画、莫高窟62窟隋代壁画、吐鲁番唐张雄墓出土的女俑服饰,都能见到穿条纹裙的妇女。盛唐以后,布帛上的纹样发生变化,妇女喜爱以更为华美浓艳的布帛做裙,条纹裙才逐渐减少[77]。因此,条纹裙应是中国既受材料限制,又有时代特色的妇女服饰。高句丽壁画中妇女的裙子未见这种表现。高松冢壁画侍女的裙也绘出这种条纹,应不是偶然的。

高松冢古坟壁画中的男侍像，东壁南侧第二人和西壁南侧第三人的面部保存较好，为右半侧面，唐墓石刻或陶俑多有相似的实例(图九，1—3)。值得注意的是，高松冢壁画这些男像的描绘手法和形象特点，与唐墓中的男装女像极为相似。如韦洞墓石椁线刻捧物侍女，头梳髻，身着男装(图九，4)。李贤墓前甬道东壁端花盆侍女像，头戴幞头，身着圆领衣，下穿长裤，是典型的男装女像。阿史那忠墓的托箱侍女、房陵大长公主墓的红袍侍女、执花侍女、执杯侍女也都着男装(图九，5—9)。这些男装女像，均细眉圆脸，女性特征明显，与高松冢古坟壁画男侍像酷似。唐代妇女穿男装是流行的时尚，但在艺术表现中却有清楚的男、女区别。男子的脸形较粗糙，有棱角、皱纹、胡须，浓眉大眼，特征鲜明。女性眉目清秀，脸庞圆滑，与男性形成强烈对比。女性穿男装，面目特点不变。此外，唐墓壁画中的男侍，手中一般不执日常生活用品，如有执物者，多为笏板，或驯养动物的道具，而高松冢古坟壁画的男侍像，大都执有日常生活用品。参照这一情况，高松冢古坟壁画中的男侍像，即使不是男装女像，至少也受到唐代这种做法的影响。

高松冢古坟的壁画，是一个有机的整体，内容配置相互关联。四神表示方位，女性表现日常生活，男性表现外出仪仗，内容有明确的计划性。布局采用对称式，不仅两个壁面对称，每个壁面也对称，是经过深思熟虑后有清楚目的的设计。高句丽壁画的布局较随意，人物平面展开，十分松散。在处理群像时，唐墓壁画参差错落，有重叠，也有间距，富于变化。高松冢古坟壁画的人物群，每组只有四人，比不上李重润墓、李仙蕙墓壁画中那种大型的群体，构图却是一致的。这种人物数量较少的人物群像在西安以外壁画墓中也曾见到，如宁夏固原隋史勿射墓中的侍女图，构图与高松冢古坟的壁画很接近。

从绘画的技法上看，高松冢古坟东壁壁画线条富有弹力，构图紧凑；西壁的线条稍感柔软，人物缺乏生气，可能分别由不同的画家绘制。但总体来说，四神和人物线条流畅自如，熟练准确，虽比不上西安地区大贵族墓壁画，但比一般地方唐墓壁画要精美，整体水平不亚于许多唐墓壁画。壁画的设色讲究，明快柔和。四组人物的每组都通过不同色调相区别，颜色对比意识强烈。人物圆润丰满的面容，全身的动作姿态，与唐代 7 世纪后半到 8 世纪初壁画几乎无异。

古代任何地区的绘画艺术，都有其时代风格，同时代的画师也会有不同的个人风格，但个人风格一般不会超越时代的总体特征。高松冢古坟壁画与唐

图九　中国唐代墓葬壁画等所见男装女侍

1、2、4. 韦洞墓石椁线刻　3. 洛阳唐墓陶俑　5. 房陵大长公主墓壁画　6. 阿史那忠墓第五过洞西壁壁画　7、8. 房陵大长公主墓前甬道西壁壁画　9. 李贤墓前甬道东壁壁画

墓壁画的异同也应从这一方面理解。中国北朝至唐初的壁画，表现田园生活、野外出行的内容较多，构图比较松散，人物造型稍显呆板，注重环境气氛的描写，这些特征都不见于高松冢古坟。而七八世纪之交的唐代壁画，强调家内活

动，逐渐突出享乐生活，人物刻画生动，自由奔放，着重表现人物内在精神，构图紧凑，这些特征，却融入了高松冢古坟壁画之中。

作为壁画的某一种内容，或人物特征和艺术风格，跨越国界传入他国的可能性很大，但像高松冢古坟壁画这样在主题选择、布局、构图、人物特征、绘画风格，都与唐墓壁画相似是十分罕见的，说明两者有极为密切的联系。中日两国民间往来的历史很早，政府间派遣使节兴盛于隋唐时期，7世纪末8世纪初日本派遣了两次遣唐使，其中有通经史、善文章的使者，还有留在唐朝多年后才归国的人[78]。可以想象，这些人学习到大量的唐朝文化，将之在日本广泛传播。高松冢古坟的被葬者如果是忍壁皇子不误，那么这位喜爱、熟悉中国典章文物的皇子，其墓葬壁画效仿唐墓更是自然的事情。

四、高松冢古坟与东西文化交流

唐代出现了中日频繁交流的高潮，崇尚唐代文化，收藏唐代的书籍、工艺美术品之风十分兴盛。除奈良正仓院保存至今的唐代珍宝之外，地下出土的文物也不胜枚举。高松冢古坟虽然被盗，为数不多的残存遗物中，竟意外出土了一件中国输入的唐海兽葡萄镜。海兽葡萄镜即使在中国，当时也是十分珍贵的。这种镜出现于唐高宗时期，武则天以后不再流行。而高松冢古坟出土的这面铜镜，几乎与西安葬于唐神功二年(698)独孤思贞墓出土的铜镜完全一致，甚至被推测是“同范镜”[79]。唐代最新产品传入日本之迅速令人吃惊，也从侧面证明高松冢古坟壁画直接渊源于唐代墓葬壁画。

高松冢古坟壁画上浓厚的唐代文化因素，还有更深刻的意义，那就是广泛地体现出东西文化的交流。壁画中一个男侍手中的伞盖，尽管保存的不好，但伞盖的一角及顶部仍可清楚地分辨出绘有联珠圈纹。绘出的伞盖，应是表现实际生活中的织物，上面联珠圈纹显然是织物的纹样。联珠圈纹的织物在中国西北地区的唐墓中出土很多，其纹样也在甘肃敦煌隋代和唐代的壁画中突然出现并流行，其原因是西亚波斯萨珊和中亚粟特文化的影响，并不是中国传统文化中的纹样装饰。高松冢古坟壁画中的联珠圈纹表明，这种纹样已通过丝绸之路传到中国，又进一步传到日本。

中国古代早期石窟壁画，深受西方画法的影响，后逐渐中国本土化，到唐代已具有鲜明的中国特色，独树一帜于东方。唐代的强盛和领土的辽阔，也使包括绘画艺术在内的唐文化向外扩散。高松冢古坟壁画,是向东方传播的实例。在西方,中亚地区的片吉肯特、阿夫拉西阿卜和瓦拉赫沙的居室壁画,虽然尚无明显的中国绘画风格的影响,但壁画上已出现了中国唐代墓葬壁画中常见的执笏男侍、女乐舞等人物形象和服饰特征,反映了唐代壁画艺术与西方的交流。

注释:

①橿原考古学研究所《壁画古坟高松冢》,便利堂,1972年。

②末永雅雄、井上光贞《高松冢古坟和飞鸟》,中央公论社,1972年9月。

③末永雅雄《飞鸟高松冢古坟》,学生社,1972年7月。

④中国科学院考古研究所资料室《日本高松冢古坟简介》,《考古》1972年5期。

⑤山东省博物馆《山东嘉祥英山一号隋墓清理简报》,《文物》1981年4期。

⑥宁夏文物考古研究所、宁夏固原博物馆《宁夏固原隋史勿射墓发掘简报》,《文物》1992年10期。

⑦陕西省博物馆、陕西省文管会《唐李寿墓发掘简报》,《文物》1974年9期。

⑧陕西省历史博物馆编《唐墓壁画集锦》,陕西人民美术出版社,1991年。

⑨昭陵博物馆《唐昭陵段简璧墓清理简报》,《文博》1989年6期。

⑩贺梓城《唐墓壁画》,《文物》1959年8期。陕西省历史博物馆编《唐墓壁画集锦》。

⑪同注⑧。

⑫陕西省博物馆、礼泉县文教局唐墓发掘组《唐郑仁泰墓发掘简报》,《文物》1972年7期。

⑬富平县文化馆、陕西省社会科学院考古研究所《陕西咸阳唐苏君墓发掘简报》,《考古》1963年9期。宿白:《西安地区唐墓壁画的布局和内容》,《考古学报》1982年2期。

⑭陕西省文管会《唐西安羊头镇李爽墓的发掘》,《文物》1959年3期。

⑮同注⑧。

⑯安峥地《唐房陵大长公主墓发掘简讯》,《文博》1990年1期。

⑰富平县文化馆《唐李凤墓发掘简报》,《考古》1977年5期。

⑱陕西省文管会《唐阿史那忠墓发掘简报》,《考古》1977年2期。

⑲昭陵博物馆《唐安元寿夫妇墓发掘简报》,《文物》1988年12期。

⑳陕西省博物馆、乾县教育局唐墓发掘组《唐章怀太子墓发掘简报》,《文物》1972年7期。陕西省博物馆、陕西省文管会《唐李贤墓壁画》,文物出版社,1974年。

㉑陕西省博物馆、乾县教育局唐墓发掘组《唐懿德太子墓发掘简报》,《文物》1972年7期。陕西省博物馆、陕西省文管会《唐李重润墓壁画》文物出版社,1974年。

㉒陕西省文管会《唐永泰公主墓发掘简报》,《文物》1964年1期。人民美术出版社《永泰公主墓壁画集》,1963年。

㉓陕西省文管会《长安县南里王村唐韦泂墓发掘记》,《文物》1959年8期。

㉔同注⑧。
㉕同上。
㉖同上。
㉗贺梓城《唐墓壁画》,《文物》1959年8期。
㉘张正龄《西安韩森寨唐墓清理记》,《考古通讯》1957年5期。
㉙陕西省考古所唐墓工作组《西安东郊唐苏思勖墓清理简报》,《考古》1960年1期。
㉚同注㉗。
㉛陕西省考古所等《唐张仲晖墓发掘简报》,《考古与文物》1992年1期。
㉜同注⑧。
㉝陈安利、马咏钟《西安王家坟唐代唐安公主墓》,《文物》1991年9期。
㉞山西省考古研究所《太原市南郊唐代壁画墓清理简报》,《文物》1988年12期。
㉟《太原董茹庄唐墓壁画》,《文物参考资料》1954年11、12期。《太原市西南郊新董茹庄唐墓》,《山西文物介绍》,山西人民出版社,1954年。王玉山《太原晋祠镇索村发现唐代墓葬》,《文物参考资料》1958年2期。
㊱山西省文物管理委员会《太原南郊金胜村三号唐墓》,《考古》1960年1期。
㊲山西省文物管理委员会《太原南郊金胜村唐墓》,《考古》1959年9期。
㊳同上。
㊴山西省文物管理委员会《太原市金胜村第六号唐代壁画墓》,《文物》1959年8期。
㊵宁夏固原博物馆《宁夏固原唐梁元珍墓》,《文物》1993年6期。
㊶孝感地区博物馆、安陆县博物馆《安陆王子山唐吴妃杨氏墓》,《文物》1985年2期。
㊷权奎山《试析南方发现的唐代壁画墓》,《南方文物》1992年4期。
㊸湖北省博物馆、郧县博物馆《湖北郧县唐李徽、阎婉墓发掘简报》,《文物》1987年8期。
㊹同上。
㊺高仲达《唐嗣濮王李欣墓发掘简报》,《江汉考古》1980年2期。
㊻四川省博物馆《四川万县唐墓》,《考古学报》1980年4期。
㊼广东省文物管理委员会、华南师范学院历史系《唐代张九龄墓发掘简报》,《文物》1961年6期。
㊽同注㉗。
㊾同注②。
㊿宿白《西安地区唐墓壁画的布局和内容》,《考古学报》1982年2期。
51同注㊷。
52湖北省博物馆《曾侯乙墓》,文物出版社,1989年。彩图121。
53山西省文物管理委员会《山西平陆枣园村壁画汉墓》,《考古》1959年9期。
54云南省文物工作队《云南省昭通后海子东晋壁画清理简报》,《文物》1963年12期。
55洛阳博物馆《洛阳北魏元乂墓调查》,《文物》1974年12期。
56同注㊿。
57河南省文化局文物工作队《邓县彩色画像砖墓》,1958年。
58同注⑧图96、97、104、163、164。

(59)同注⑧图 13、14、18 至 23、25、26、29、30、35、38、39、42 至 47、50、52 至 62、64、66、67、68。

(60)同注⑧图 14、18、24、33、68、71、72、75、81、87、96、162、163、207。

(61)同注⑧图 30、32、54、66、98、162。

(62)同注⑧图 14、55、76、162、168。

(63)同注⑧图 101、102、142。

(64)同注⑧图 5、90。

(65)同注㉞。

(66)同注㉞图 143、106、110。同注㉝图版贰:1。

(67)河南省文化局文物工作队《洛阳西汉壁画墓发掘报告》,《考古学报》1964 年 2 期。

(68)李文信《辽阳发现的三座壁画古墓》,《文物参考资料》1955 年 5 期。

(69)关天相、冀刚《梁山汉墓》,《文物参考资料》1955 年 5 期。

(70)同注(53)。

(71)王儒林《河南南阳西关一座古墓中的汉画象石》,《考古》1964 年 8 期。

(72)齐东方《试论西安地区唐代墓葬的等级制度》,《纪念北京大学考古专业三十周年论文集》,文物出版社,1990 年。

(73)王仲殊《关于日本高松冢古坟的年代和被葬者》,《考古》1982 年 4 期。

(74)金元龙《高句丽壁画古坟的四神图》;末永雅雄、井上光贞《高松冢古坟和飞鸟》,有光教一《高句丽壁画古坟的四神图》;原考古学研究所《壁画古坟高松冢》。

(75)同注(57)。

(76)杨泓《新罗"天马冢"马具复原研究》,《考古与文物》1985 年 2 期;高麟旭《庆州龙江洞古坟发掘调查的成果》,《韩国文化》1987 年 3 月。

(77)孙机《唐代妇女的服装与化妆》,《中国古舆服论丛》,文物出版社,1993 年。

(78)东野治之《遣唐史と正仓院》,岩波书店,1992 年。

(79)同注(73)。

(本文原载《唐研究》第一卷,北京大学出版社,1995 年)

中国唐壁画墓和日本古代壁画墓的比较研究

韩 钊

本文主要讨论中国墓葬壁画发展到鼎盛时期的唐壁画墓与日本古代壁画墓之间的关系。主要内容有:1. 中国汉—隋壁画墓概述。2. 日本古代壁画墓概述。3. 唐壁画墓和日本古代壁画墓的比较。4. 日本壁画墓的渊源。5. 唐壁画墓对东西文化交流的影响。

关于唐壁画墓的研究,自本世纪五六十年代始[①],随着唐壁画墓的大量出土,研究成果日益丰富。从单纯对壁画内容的研究,深入到对唐代典章制度的探讨[②]。这些研究成果,为我们考察唐墓壁画对周边地区的影响提供了充足的资料。

日本古代壁画墓,自 1917 年滨田青陵博士命名的装饰古坟发现以来,目前日本境内已发现了几百座 6 世纪—8 世纪的壁画墓。对于这些壁画墓,日本学术界分为装饰古坟和壁画古坟两大类[③]。日本普遍认为装饰古坟是日本本土的产物,即日本原始宗教及艺术的写照[④],而壁画古坟则受到朝鲜半岛或大陆文化的影响[⑤]。

中日两国学者对各自国家的壁画墓都有系统的研究。但关于两者之间的比较研究则涉及不多[⑥]。因此,我们将中日两国已发表的壁画墓资料,作以系统地整理、分类,从而进行比较研究,无疑具有重要意义。

一、中国汉—隋壁画墓概述

墓室壁画发端于人类对自身最后归宿场所的装饰。中国古代墓葬壁画的起源至少可以上溯到西周时期。1979 年在陕西扶风杨家堡发掘 4 号西周墓的生土墓壁上，有用白色描绘的二方连续菱纹图案的带状壁画[7]，这是我们见到的最早的墓葬壁画装饰。战国时代，墓葬壁画装饰有了一定发展，1957 年在洛阳小屯发掘一座战国大墓，墓圹四壁及墓道两侧的白灰面上，残存着红、黄、黑、白四色绘制的壁画[8]，虽然残破太甚，难以辨识画面内容，但值得重视的是此墓已在墓道施绘壁画。1978 年湖北江陵天星观一座战国中期大型木椁墓，在分隔椁室墓板墙上，描绘着菱形纹、田字纹和卷云纹彩色壁画多幅，用以象征贵族宅第的豪华门户[9]。

先秦时期的墓室壁画，以摹仿贵族宅邸的豪华装饰为主要特色。《史记·秦始皇本纪》有"上具天文"之语，结合秦咸阳宫殿遗址发现大量壁画情况推测[10]，始皇陵顶部绘有天象壁画是合乎情理的。

汉墓壁画的发现，始于 20 世纪 20 年代初，即现存美国波士顿美术馆的"八里台"西汉壁画墓。该墓被盗时间当在 1916 年，壁画运至美国和法国巴黎。至 1924 年，经巴黎卢林斋(C.T.LOO)拍卖给了美国波士顿美术馆[11]。其精美的人物图像，名震遐迩。此乃西汉壁画墓的首次发现。1931 年，辽宁金县营城子壁画墓的发现，揭开了人们了解东汉墓室壁画的序幕。40 年代，在辽宁辽阳市郊又有东汉晚期壁画墓相继发现。更重要的发现是在解放后，已见正式报道的墓葬达几十座，分布地区已由过去已知的河南、辽宁两省，扩大到广东、河北、山东、江苏、内蒙古、陕西、甘肃等省区。

西汉时期壁画墓，共发现 6 座，时代均属西汉晚期。有卜千秋壁画墓、浅井头壁画墓、烧沟 61 号壁画墓、"八里台"壁画墓、西安交通大学壁画墓、武威壁画墓。墓葬结构皆为砖室墓。洛阳的 4 座西汉壁画墓，皆用大型空心砖与小砖混合构成。壁画绘于空心砖构成的长方形主室脊顶、门额、后壁或隔墙上。彩绘之前，空心砖面先刷一层白粉。壁画内容包括日月星象、御龙升天、驱鬼逐疫及历史故事等。西安交通大学和武威发现的壁画墓，内容与洛阳发现诸墓大致相仿，但表现形式有别。西安的西汉壁画墓，墓室顶部亦绘日月星象，二十八宿分别以不同形态的人物、动物作标志，其间缀以云、鹤，下沿绘苍龙、白虎、朱雀、玄武等四神。武威的西汉壁画墓，墓室内残存着羽人、树木、老虎及狩猎活动等零星壁画。

东汉时期，由于封建制庄园经济的发展与厚葬风气的盛行，建造豪华墓室，用壁画为逝者祈求冥福并夸示其生前的社会地位及拥有的财富，成为统治阶级竞相效尤的习尚。因此，东汉壁画墓在各地多有发现。发掘出的几十座壁画墓可分为前后两期。

能确定为东汉前期的壁画墓有5座，即河南洛阳邙山石油化工厂壁画墓、洛阳金谷园东汉墓、洛阳北石油站壁画墓、辽宁金县营城子壁画墓、山东梁山后银山壁画墓。墓室结构除梁山汉墓为砖石结构墓之外，其余皆为砖砌墓。壁画内容仍以日月天象、四神、祝寿升天为主，沿袭西汉晚期以来的传统。值得注意的是出现了卒属吏、车骑出行、男墓主家居宴饮等新内容，生活气息增强。

东汉后期墓葬壁画出土较多，在河南、河北、内蒙古、辽宁、江苏等省区发现二十多座，即新安铁塔山壁画墓、洛阳唐宫路玻璃厂东汉墓、偃师杏园村壁画墓、河北望都一号壁画墓、河北望都二号壁画墓、河北平安壁画墓、内蒙古托克托壁画墓和林格尔壁画墓、江苏徐州黄山陇汉代壁画墓、辽阳壁画墓等。墓室结构河北、河南和内蒙古发现的皆为砖室墓，在中轴线上筑有三进至四进墓室，旁有耳室。这些大型多室墓，是当时封建庄园经济恶性发展的产物，也是墓主人生前担任高官显宦、拥有"连栋数百"的反映。壁画内容主要是表现墓主人生前地位的属吏及出行车马仪卫，有的还画幕府的官邸，墓主夫妇并坐宴饮、观赏乐舞的场面也出现。还有表现庄园坞壁、农牧生产和标榜封建道德的圣贤、孝子、烈女、义士等历史故事。日月天象与神禽瑞兽已退居次位。

魏晋十六国时期，中原战乱不已，壁画创作少，能保存下来的更少。现存这一时期的壁画在东北、西北地区发现较多。

南北朝时期的墓室壁画，主要发现于河南、河北、山东、山西、陕西、宁夏等省区。北朝以彩绘壁画为主，南朝是砖印壁画。

北朝时期的壁画墓，都是北魏迁都洛阳以后所埋葬，主要是东魏至北齐的墓葬，西魏至北周的壁画墓发现较少。

南朝的墓室壁画寥若晨星，迄今只发现河南邓县彩色画像砖墓一例[12]。墓中有彩绘壁画和彩色画像砖。彩绘壁画在墓门拱券上，券门上方正中画一兽面，两侧对称画飞天，其下两侧各画一拄剑门吏。写实传神，庄严典雅，是典型的南朝画风。

隋墓壁画基本沿袭北朝旧制。因隋立国时间不长，现存壁画很少，仅有3例，即山东嘉祥徐敏行墓、宁夏固原史勿昭墓、陕西三原李和墓。隋墓的墓葬结构为斜坡墓道多洞室墓。壁画内容墓道过洞突出守卫武士，墓内表现家居生活。徐敏行墓在东、西两壁绘青龙和白虎。

综上所述,中国古代墓葬壁画,大约始于西周,西汉晚期发达,东汉晚期墓葬壁画的内容、布局、技艺都已达到成熟阶段,魏晋十六国时期,这一习俗在中原地区转向衰微,北魏以后墓葬壁画得到复兴。经过北朝至隋的准备、发展,终于迎来了盛唐墓葬壁画的繁荣时期。

二、日本古代壁画墓概述

日本列岛从3世纪后半叶至7世纪末,出现了许多有巨大坟丘的古坟,因而这个时代叫古坟时代。

在古坟时代的墓葬中,出现了用色彩和线条装饰石棺和墓室的绘画和雕刻,日本称这种古坟为装饰古坟。

像这种在墓室内部装饰绘画及雕刻的形式,世界各地都有发现,通常叫做壁画墓或壁画古坟。因此,日本学术界也有人提倡,为了与世界同步,将装饰古坟改为壁画古坟[13]。但因日本装饰古坟自命名起已沿用近百年,习惯势力的影响,更改其名的可能性微乎其微。这种装饰古坟自5、6世纪兴起,到7世纪末衰减,以九州地区为中心,遍及日本全境。

7世纪末或8世纪初,在日本当时的国都所在地藤原京(今奈良县)以南的丘陵地带,出现了受大陆文化影响,与过去装饰形制截然不同的高松冢古坟和キトテ(KITORA)古坟。这类古坟学术界称为壁画古坟。

下面简述这两类壁画古坟。

1.装饰古坟

(1)装饰古坟的分类

日本的装饰古坟因流行时间长、分布地点广,有几种类型存在。一般分为石棺类、石障类、壁画类、横穴类四类,这种分类实际上也展示了装饰古坟的发展过程[14]。

石棺类装饰古坟,最有名的是大阪府安福寺的半竹筒形石棺和福井县小山谷古坟的小舟形石棺。它们的年代是4世纪到5世纪初。石棺装饰基本相同,均刻有浮雕状的直弧纹和铜镜纹饰。5世纪中期,出现了一种新的纹饰圆圈纹。福冈县石人山古坟的石棺盖上,就是用直弧纹和圆圈纹装饰的。另外,熊本县长泊古坟和广浦古坟的石棺,除了圆圈纹等线刻外,还出现了描绘武器的装饰(图一)。

石障类的装饰古坟,主要集中在熊本县,它的墓葬形制是横穴式石室。这种横穴式石室的一个主要特征,是在墓室内用一种叫做石障的板状石材,围成一个空间,安置遗骸。并且这类石障上往往画有纹饰。因此,日本将这种类型的墓葬称为石障装饰古坟。这种类型古坟最早的墓葬是5世纪前期的冈山千足古坟。主要纹饰仍是直弧纹和圆圈纹,最主要的变化是加饰了红、白、青、绿等色彩。同时代的熊本县千金甲1号坟石障上,在绘制的同心圆及对角线内加入箭袋图案的浮雕。并且也加饰红、青、黄等色彩。实际上,石障类装饰古坟是石棺装饰向墓室的壁画装饰过渡的中间环节。

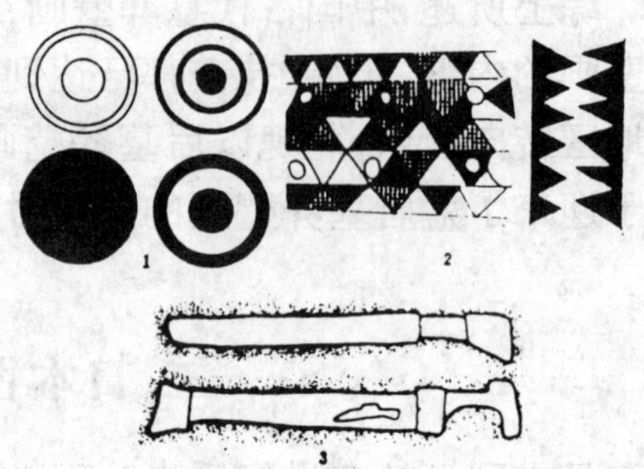

图一　装饰古坟的纹饰

1. 圆纹　2. 三角纹　3. 刀子纹

壁画类装饰古坟,是在横穴式石室的壁面上直接绘彩,或者描绘出线刻的壁画,这类墓葬称为壁画类装饰古坟。如6世纪初福冈县日之岗古坟,从墓道起,自墓室直至天井,在墓壁上绘制出大型的同心圆纹、连续三角纹、蕨菜纹(图二),并加饰了盾、大刀、马等图案。色彩以红色为主,并以蓝色和黄色点缀。6世纪中期的福冈县王冢古坟,并有几何纹、武器及人骑马图像出现。整个6世纪中,福冈县、熊本县还产生了一批故事题材的壁画古坟。这类壁画题材都常常用多种色彩描绘而成。进入7世纪后,九州以外的地区也出现壁画装饰古坟。如鸟取县的梶山古坟、茨城县虎冢古坟。而且这时的壁画呈现出一种自由风格,如有武器、船、动物、鱼、人物、植物等图像(图三)。

横穴类装饰古坟,实际上是一种崖墓形制的古坟。在崖面上挖掘一个横穴墓室,在壁上描绘出线刻、浮雕的纹饰。这种装饰古坟可能在壁画类装饰古坟流行后不久就出现了。6、7世纪流行于九州及东日本地区。山阴和近畿地区也能见到这类墓葬。其中比较特殊的,是熊本县菊池川、球磨川流域的古坟。横穴墓室内有人物、武器的浮雕。还有在宫崎县南部的地下式横穴墓中有表现建筑的装饰图案。

(2)装饰古坟的分布

日本已知的装饰古坟有600余座。而古坟时代营建的墓葬约30万座。现在发掘过的装饰古坟占已知装饰古坟的20%。其分布情况也不均衡。主要在九州的熊本、福冈两县。然后是东日本的茨城、福岛两县。学术界普遍认为,装饰古坟是九州地区墓葬的一个特点。而九州以外的鸟取县因幡地区、大阪府的南河内地区,也是装饰古坟比较集中的地区。目前学术界对于这种现象,还不能作出恰当的解释。有一种观点认为,九州是最早接受大陆文化的地区,装饰古坟在此地区出现并呈繁荣现象与文化传播有关;至于九州以外的地区陆续出现这类装饰古坟,则是九州贵族向外地移居的结果。

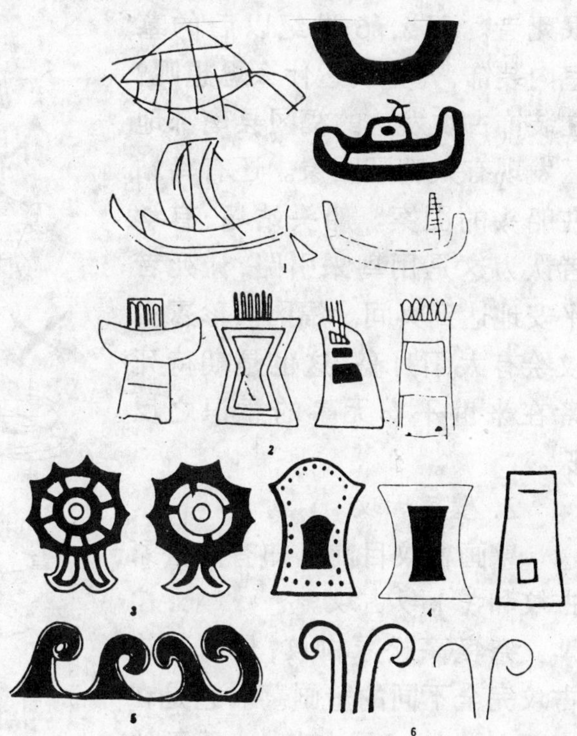

图二　装饰古坟的纹饰
1. 船　2. 箭袋　3. 双脚轮纹　4. 盾纹
5. 唐草纹　6. 蕨菜纹

(3)装饰古坟的内容

装饰古坟的线刻及壁画看起来似乎很简单,但这些绘在岩石上的绘画及图案反映了当时人们的思想意识及风俗习惯。

装饰古坟最早的纹饰是石棺盖上雕刻的直弧纹和铜镜的纹饰。这时的直弧纹,是由直线和弧线组合而成,所以叫直弧纹(图四)。有一种观点认为,这种直弧纹并不是单纯的直线和弧线的组合,而是具有一定幅度的带状纹饰的合成。关于这种纹饰的含义,它是一种咒语的表现形式,寓意着封闭邪恶,消灾避难。另外,施铜镜纹饰也是避邪的思想占主导地位。

直弧纹和铜镜纹饰作为避邪的纹饰,是石棺类装饰古坟和石障类装饰古坟的基本纹饰。虽然有些古坟用圆圈纹来装饰,但实际上是铜镜纹饰的一种变体。还有熊本县千金甲1号墓石障上的对角线纹饰,也是直弧纹的一种省略形式。此外,一些墓葬还加饰了盾、大刀等武器的变形图案,这些武器出现在石棺石障上,无疑是为了避邪。甚至有些墓葬还绘有人物和武士、武器和浮雕,他们和埴轮一样,是因为墓葬位于荒野起着某种防范的作用。

由此可知,凡是石棺类、石障类的早期装饰古坟,其装饰目的主要是为安眠死者。那么,6世纪以后的墓室内装饰,究竟表达什么思想呢?在装饰古坟发达的福冈县南部地区发现有人骑马图象。还有鸟站在船头的图案。船头站鸟,有学者认为这是用鸟来引路,让死者平安地达到冥间。福冈县珍冢古坟绘有太阳月亮,这也是期待死者在来世平安无事的意识之反映。

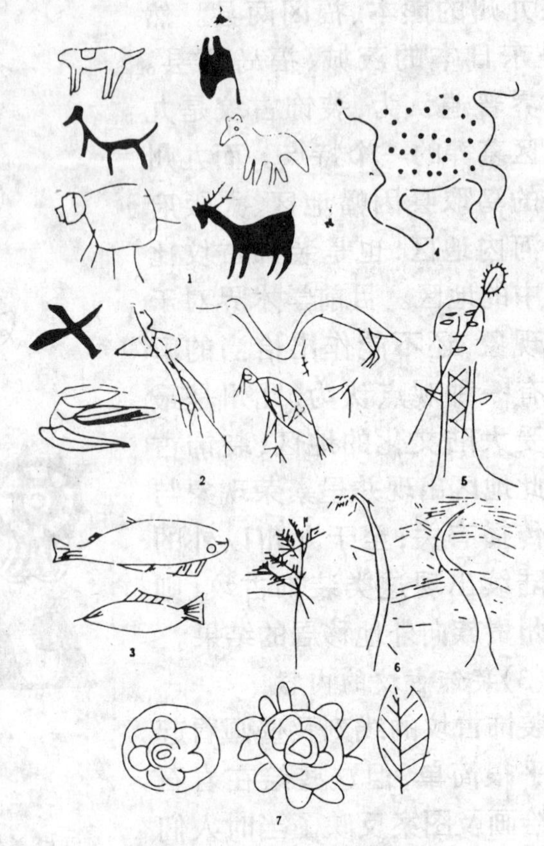

图三 装饰古坟的纹饰

1.马 2.鸟 3.鱼 4.蟾蜍 5.人物 6.树木 7.花卉及树叶

2.壁画古坟

壁画古坟目前已知有高松冢古坟和キトラ古坟。

奈良高松冢古坟,是与装饰古坟完全不同的壁画墓。它是在岩石上涂抹一层白灰,然后再绘制壁面。古坟是1972年发掘的,因有壁画而闻名于世[15]。

关于高松冢古坟的年代,是根据墓中出土的一枚海兽葡萄铜镜而确定的。因高松冢出土的这面铜镜的同范镜或同型镜在西安郊外的独孤思贞墓也有出土。独孤墓有墓志出土,据称为698年下葬。从墓葬结构看,高松冢壁画墓属于横口式石椁墓,即在石棺的一边设计一个有入口的小规模石室。没有前室和墓道,这就是7世纪末到8世纪初日本墓葬的基本形式。因此,学术界将高松冢墓定为8世纪初。

图四 装饰古坟的直弧纹

高松冢墓的壁画内容,与以往日本装饰古坟的绘画内容截然不同。如前所述,它们往往表达一种让死者平安到达彼岸的思想感情。而高松冢则有四神、太阳、月亮、星宿以及男女人物群像图。壁画显示了墓主人的威仪,反映他生前世界的荣光(图五)。

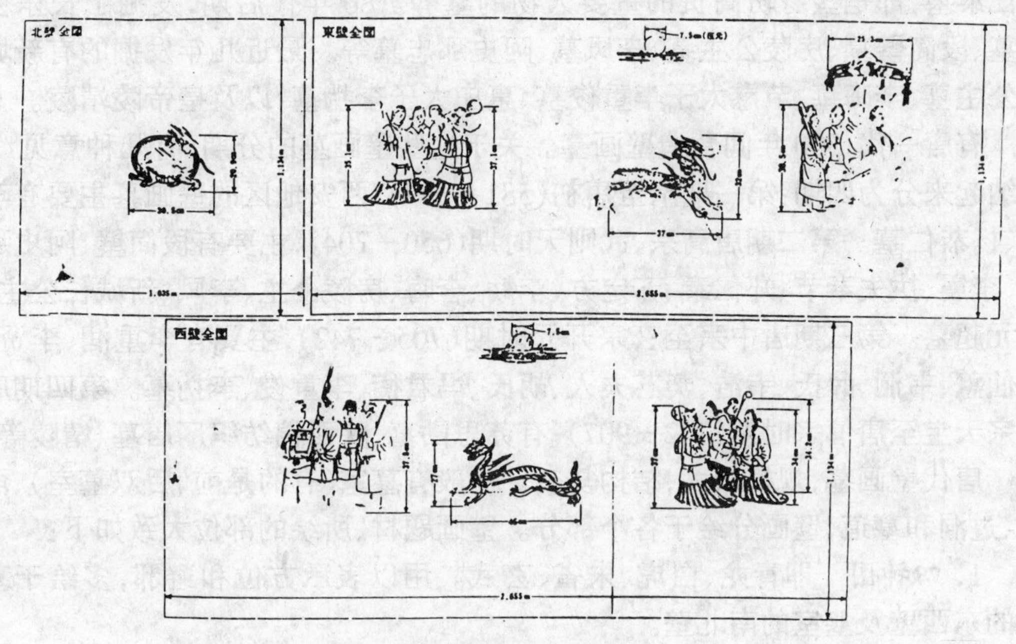

图五　高松冢古坟壁画

奈良キトラ古坟,是7世纪末8世纪初的末期古坟,北约1公里是高松冢古坟。

1983年曾用显微摄像机镜探查,确认墓室北壁有玄武。相隔15年,1998年3月,再次用显微摄像机探查,除确认原先北壁的玄武外,还在东壁发现了青龙,西壁发现了白虎,以及天井的星座和日月图。壁画彩色鲜亮,但没有人物图。是继1972年高松冢古坟壁画墓发现以来同类壁画墓的又一次发现[16]。

因此,日本古代的壁画墓,实际上包括了装饰古坟和壁画古坟。两者之间时代上有着早晚关系,内容却不尽相同。

三、唐壁画墓与日本古代壁画墓的比较

陕西省目前已发掘出自武德四年(621)至文德元年(888)之间的唐代壁画

墓57座。陕西省唐壁画墓的发掘,可以确认有三大时期,首先是50年代后期至60年代初,有许多重要的发现,如永泰公主李仙蕙墓和李爽墓、执失奉节墓等。70年代前期,以章怀太子李贤墓、懿德太子李重润墓为首,还有李寿墓、郑仁泰墓,都是些身份高贵的重要人物的墓葬。80年代后期,发掘了长乐公主墓、段简璧墓、房陵公主墓、李凤墓、阿史那忠墓等。最近几年发掘的有新城长公主墓、李晦墓、节愍太子李重俊墓、惠庄太子李㧑墓,以及皇帝陵靖陵。

有唐一代,300年间营造壁画墓。关于这些壁画墓的分期,有几种意见[17]。归纳起来分为四期:第一期隋至唐初(581－649),西安地区的壁画墓主要有李寿、杨恭仁墓。第二期唐高宗、武则天时期(650－704),主要有段简璧、阿史那忠、李震、执失奉节、郑仁泰、苏定方、李勣、李晦、房陵公主、李凤、新城长公主、薛元超墓。第三期唐中宗至玄宗开元时期(705－742),主要有李重润、李贤、李仙蕙、韦泂、薛氏、韦浩、契苾夫人、胡氏、冯君衡、李重俊、李㧑墓。第四期唐玄宗天宝至唐僖宗时期(742－907),有苏思勖墓、陕西棉纺织厂唐墓、靖陵等。

唐代壁画墓,规模较大,结构复杂。一般有墓室(有的是前、后双墓室)、甬道、过洞和墓道,壁画分绘于各个部分。壁画题材、所绘的部位大致如下:

1. 四神图　即青龙、白虎、朱雀、玄武。用以表示方位和避邪,多绘于墓道的东西壁及墓室的南北壁。

2. 仪卫图　由步、骑或步、车、骑仪仗组成,仅见于高级贵族的墓葬中,为墓主人生前地位的象征。分布在墓道东西壁。

3. 列戟图　唐代官吏门第前列戟表现身份和荣耀,列戟数量的多少和官吏品级高低有关。墓葬壁画所绘的棨戟图与墓主人生前地位相应。见于甬道和过洞中。

4. 建筑图　是墓主人生前宅第的写照。绘于墓门旁和甬道、过洞两壁。

5. 内侍图　仕女中有贵妇、宫官、侍女,还有男性侍者和官吏。反映贵族日常生活,根据墓主地位不同,内容有别。多绘于墓室内,也见于甬道和过洞中。

6. 农牧生产图　是经营庄园的场景。绘于过洞壁。

7. 打球图　表现宫廷和军队娱乐。绘于墓道壁。

8. 客使图　表现迎接外国及其他民族使者。绘于墓道的东西壁。

9. 乐舞图　绘于墓室。

10. 人物故事图　绘于墓室。

11. 游猎图　绘于墓道。

12. 树下人物图　绘于墓室。

13. 星象图　绘于墓室顶部。

唐壁画墓特别是唐玄宗开元(742)以前的壁画墓与日本壁画古坟关系较大。仅这一时期有纪年的壁画墓,重要的就有李寿墓、杨恭仁墓、段简壁墓、执失奉节墓、新城长公主墓、李震墓、郑仁泰墓、苏君墓、李爽墓、李勣墓、房陵公主墓、李凤墓、阿史那忠墓、薛元超墓、元师奖墓、李晦墓、于隐墓(金乡县主)、李仙蕙墓、李贤墓、李重润墓、韦洞墓、韦洵墓、韦泚墓、韦浩墓、卫南县主墓、十三女墓、李重俊墓、薛氏墓、契苾夫人墓、李拹墓、安元寿夫妇合葬墓、薛莫墓、冯君衡墓、胡氏墓、苏思勖墓、张去奢墓、张去逸墓、张仲晖墓、高元珪墓、唐安公主墓、郯国大长公主墓。

考察上述唐壁画墓的内容、布局和演变规律,辨析唐壁画墓与日本壁画古坟的异同,有助于对日本壁画古坟的渊源的认识。

众所周知,唐壁画墓已发掘了几十座,壁画资料丰富。而日本的壁画古坟现仅知有2座,一座已发掘,即高松冢,一座只做了探测,还未发掘。几十座墓与两座墓之间的比较研究,从材料上来看似乎比较悬殊。但是探求文化的传播者与接受者之间的关系,不能要求双方的条件都是均等的。传播者作为源,总要在规模及内容上大于作为流(支流)的接受者。唐壁画墓与日本壁画古坟之间的关系恰恰证明了这种关系。

中日学者已对高松冢壁画作了探讨[18]。从壁画内容着眼探寻源流的居多,有受大陆影响说[19],受朝鲜半岛影响说[20]。这些研究无疑具有重要意义。我们试图不只限于壁画内容的比较,从一个宏观的角度来比较一下日本壁画古坟与唐壁画墓的关系。

1. 所葬地域的比较

唐壁画墓的埋葬地域多分布在皇帝陵附近。现在发掘的唐壁画墓,除靖陵是皇帝陵外,其他壁画墓大都是皇帝陵的陪葬墓及贵族墓地[21]。如昭陵陪葬墓新城长公主墓、郑仁泰墓,乾陵陪葬墓永泰公主墓、章怀太子墓、懿德太子墓,以及陪葬定陵的节愍太子墓、陪葬桥陵的惠庄太子墓。在发掘过的唐壁画墓中,这些皇帝陵的陪葬墓共有21座,占30%左右。

唐十八陵中,除献陵、庄陵、端陵、靖陵4陵为覆斗形坟丘外,其余14陵均利用自然山脉,以山为陵而建。如乾陵就是以山为陵,陪葬的壁画墓分布在中轴线司马道的两旁。像永泰公主墓、章怀太子墓、懿德太子墓均属于这种布局。这种壁画墓作为帝陵的陪葬墓的配置,是唐壁画墓的一大特征。

日本高松冢古坟和キトラ古坟均地处奈良县的明日香村,相距仅1公里。明日香村为一盆地,是大和三山傍畝山、耳成山、香久山山麓的延伸地带。这一带被称为"王陵之乡",是日本7世纪末至8世纪初天武天皇皇族的墓地[22]。以天武、持统天皇夫妇合葬墓为基点,东西2公里、南北3.5公里的范围内,分布着7世纪末至8世纪初的古坟。高松冢古坟、キトテ古坟就是其中的两座。它们均分布在以天武、持统天皇陵为原点的东西中轴线上。这种配置,与同时期的中国乾陵配置,即随葬墓在以帝陵为原点的司马道两旁非常相似。可知这种兆域思想是来自中国的。虽然日本的天皇陵并非以山为陵,但背靠山麓,有可能是受中国以山为陵的思想意识的影响。而且壁画古坟分布在天皇陵的周围,这也绝非偶然,自然是受唐壁画墓分布在帝陵周围的配置影响。

因此,壁画古坟与唐壁画墓,从所葬地域来进行比较,两者之间有一致性。即都在帝陵或天皇陵的俯视之下的司马道(或中轴线)上。这种地域的选择,应当说与中国陵墓的兆域配置有关。中国从先秦起,就注重陵墓的兆域配置。如中山王譽墓出土了兆域图,经汉魏隋代,到唐代定形。高松冢古坟、キトラ古坟与天武、持统天皇陵的兆域配置,说明当时建造古坟时就接受了中国的兆域思想。

2. 墓主人身份的比较

唐代并非所有的墓葬都绘有壁画,壁画只是在皇亲国戚和官僚权贵的墓葬中出现。从已发掘壁画墓的墓志铭及哀册、列戟制度中,可以了解唐壁画墓的墓主人身份。

列戟是古代官吏出行时的前驱,隋唐时代官吏把门第列戟视为很大的荣誉,亦有列于私第者,以炫耀其门第之荣耀。唐代三品以上官员列戟一般置于公府门,因而以此能衡量墓主人身份的高低。陕西唐壁画墓中等级最低的列戟图出现在万泉县主薛氏及顺陵陪葬冢苏君墓内,每架5戟,1套10竿,相当于三品大员。李寿墓除第四天井西部下绘有每架7竿的两副戟架外,在墓室北部的东部一座庭院西边门前,也绘制出同等数量的列戟图,戟架后设廊房,架旁有卫士护持,这应是唐代贵族及官吏门庭列戟的真实记录。懿德太子墓在第一、二、三天井东西两壁绘出大型戟架4个,每架列戟12竿,合东西两壁一副为24竿,为唐壁画墓发现的戟数最多者。这些列戟制度,充分证明了壁画墓主人身份高贵。

除列戟外,据哀册、墓志也可了解墓主人身份。已知陕西的唐壁画墓,身份最高的是末帝李偎[23]。身份最低的是朝议郎(正六品)行河南府士曹参军(正七品)张仲晖墓[24]。它表明唐壁画墓的确只是高官国戚所用的一种墓葬装饰手段。

关于日本壁画古坟高松冢古坟及キトテ古坟的墓主人,日本普遍认为是太子身份的人。高松冢古坟的被葬者,据研究表明,其死之时应在持统天皇元年(687)大内陵开始营建之后,具体推测墓主人是忍壁太子。因为忍壁太子从文武天皇四年(700)开始负责撰写律令。他向往中国的典章文物,所以他的墓葬模仿唐朝陵墓制度,墓内突出地施绘许多唐式的彩色壁画,其题材设计和描绘风格与唐壁画墓相似,这也不是偶然的。

キトテ古坟在位置上与高松冢古坟相差不远,仅隔1公里,均在天武、持统天皇的合葬陵旁。可见高松冢古坟与キトテ古坟的被葬者,血缘相近。据记载当时的天武、持统天皇推崇阴阳、五行学说,设立"占星台"这样的天文观察设施和"阴阳寮"这样的机构,问天后再行政治。天皇临时仪式的地点有日、月的旗帜装饰。キトテ古坟出现整然的天象图,说明受阴阳、五行说影响强烈。被葬者有可能是天武天皇的太子或者近亲。

日本壁画古坟虽然无中国唐壁画墓那样的列戟制度及哀册或墓志铭,但表示身份的装饰物还是有的,那就是高松冢古坟东壁南部北起的第三人,着黄衣,执伞盖。伞盖在日本是身份的标志,高松冢古坟所见伞盖,绿底饰锦,附有垂饰,据大宝的仪制令可知,是一品亲王所用之物。

伞盖是贵族出行时的用具,在中国出现较早,北魏时期有大量的图像资料。唐代的李寿墓墓道西壁、李重润西壁也出现过(图六),用于表现出行或身份。形制与高松冢古坟壁画虽有不同,但表示身份等级这点是相通的。或许高松冢古坟伞盖的作用,同于唐壁画墓的表示身份的列戟制度。

由于资料所限,我们无法得知日本壁画古坟的墓主人身份是从哪个阶层开始,到哪个阶层终止。但已知的两座壁画古坟从所葬地域及壁画所绘的身份标志物表明,墓主人的身份是高贵的皇族,这一点,与唐壁画墓的墓主人身份显赫是一致的。

3. 制作方法的比较

唐壁画墓的制作是严格照一定的工序进行的,这些工序大致可包括:墙壁的处理、起稿、定稿、着色。

墓葬构筑基本竣工后，就开始壁画的制作，将土墙铲平，或用浆泥将砖缝堵塞，然后在土墙和砖墙上抹上麦草泥作地，待麦草泥稍干后即开始制作画面。画面用白灰做成，先将白灰过筛，然后掺麻类纤维在水中浸泡，搅拌均匀后，将白灰泥抹在墙上。麦草泥和白灰皮的厚度视各位置的具体情况而定。一般来讲，唐墓壁画的白灰皮的厚度大约在0.2—1.5厘米之间，特殊情况例外。墙壁画面做成后，在画面稍干未干时，画家们就开始起稿，用炭条在画面勾勒轮廓。初稿做成后，还必须经过修改才能定稿。一般来讲，起稿较淡，而定稿时的墨线较浓。根据不同的壁画题材而用不同的方法起稿，建筑画中的斗栱、柱、枋用红线起稿，图案花纹用对角的办法起稿，以利于运用放射适合的办法。画家们在已确定的底稿上按不同的题材因类着色，建筑画的柱、枋、斗栱采用单线平涂的方法，男侍、女侍和仪仗队等人物画的服饰、衣褶采用晕染的方法，大型的龙虎和图案花纹运用叠晕的方法。其着色层次之多和色调之鲜令人叹为观止。特别是对多种矿物色的调剂、应用，更增强了色调的亮度固定性能，使壁画在经历漫长岁月的浸蚀之后，依然保持着鲜艳的色彩。

图六　伞盖比较图

1. 高句丽墓　2. 北齐高润墓　3. 高松冢古坟
4. 唐李寿墓　5. 南齐墓

高松冢壁画古坟，因墓室壁画为凝灰岩，因此没有唐壁画墓墙壁处理这个过程，只是在凝灰岩的表面涂了一层白灰皮，现在的厚度为2—7厘米之间。有学者认为原来厚度在2厘米左右，因潮湿白灰皮膨胀厚度增至7厘米[25]。2厘米左右的厚度，是与唐壁画墓的白灰皮厚度相仿。观察白灰层，凡绘画部分壁面都处理得非常平整。高松冢古坟壁画虽然看不出起稿线,但每幅壁画的画面都整然有序,显然是有一个起稿、定稿的过程。日本认为壁画画面可能是用事先绘好的一个纸底稿摹写到壁面上的,但此说无确切证据[26]。最近据计算机分析检测表明,高松冢古坟人物像都是用同一模型画出来的,可以说人物面孔像的绘制是一个复制过程[27]。由此可知,高松冢古坟的画师们,将学习唐粉本临摹的方法用于壁画的制作上。在完成了定稿后,高松冢古坟的壁画再着色。色彩的运用自然柔和,颜料使用多种多样,与装饰古坟的单色相比,增加了富丽堂皇之感。

キトラ古坟没有正式发掘,不了解内部情况。但从探查出的壁画画面分析,它的地杖层无疑也是白灰。

在白灰壁上做画,先起稿,再定稿、着色,这是唐墓壁画制作的特点。高松冢古坟及キトラ古坟的壁画可以说从根本上是依照唐墓壁画的制作原则绘制而成的。

4.颜料的比较

陕西唐墓壁画所使用的颜料大部分为矿物颜料。唐墓壁画比较常见的颜色有:土红、石青、石绿、石黄、朱缥、银硃、紫色等。研究者曾对懿德太子墓的壁画残片样品作了分析,发现土红色是针铁矿或赤铁矿颜料,或者是二者的混合物。石青是蓝铜矿。石黄是密陀僧和褐铁矿的混合物。朱缥是铅丹。银硃是密陀僧和赤铁矿的混合物。紫色一种是褐铁矿、赤铁矿与水锰矿的混合物,另一种是针铁矿与水锰矿的混合物质,掺有钛铁矿或金红石。以上颜料基本上包括了唐墓壁画所能看到的各种色彩。

唐代矿物颜料的产地,据《历代名画记》记载,有湖南常德之铅丹、福建之朱砂、四川西昌之石青、湖北武昌之石绿、四川之黄丹、广东曲江之胡粉、马来半岛之雌黄、广东之紫矿、山西之鹿胶、江苏之鳔胶、山东之胶。陕西唐墓壁画所使用的颜料,可能是从全国各地运送到长安来的。

高松冢古坟壁画的颜料,经分析也是矿物颜料[28],共有6色7种颜料。红色有土红色、朱色两种,黄色是黄土,绿色是绿青,蓝色是群青,白色有可能是壁画的地杖层,黑色是墨。除此之外,还有金色、银色,是用金箔和银箔绘制而成的。这些颜料与唐墓壁画使用的颜料基本相同,化学成分也相似,是受唐壁画墓的影响。因为日本装饰古坟的颜料都很简单,没有用孔雀石、蓝铜矿这种鲜艳色彩的铜矿物质做颜料。这些都是随着佛教的传入而导入的颜料及其制造颜料的技术。如同《日本书记》(610)记载那样,昙微做彩色、纸墨,这是日本颜料制造技术输入的标志。从高松冢古坟壁画所使用的颜料来看,有两种颜料是日本装饰古坟就使用过的,即土红色和黄色。而朱、绿青、群青则是高松冢古坟中新出现的颜料品种。朱的原料是辰砂或水银矿。因古代中国炼丹术发达,公元前就提炼出了朱,因此,中国朱色的使用广泛。日本将上述颜料绘于壁画上,始于高松冢。日本古代传统的绿色颜料是绿土即海绿石,如装饰古坟常用的绿色便是这种颜料。这种绿土颜料在日本随着佛教的兴盛呈衰退现象,代之而起的是岩绿青即孔雀石,高松冢古坟壁画就使用的这种绿青。自此,绿青从古代至今成为日本常用的绿色颜料。另外还有蓝色的岩群青,这也是在日本高松冢古坟壁画中首次确认的颜料,在此以前日本不曾使用过这种颜料。以后在日本的寺院壁画中也常见这种颜料。金箔银箔用于装点太阳、月亮,高松冢古坟壁画这一做法无疑是接受唐壁画墓的影响,在章怀太子墓顶绘制的天象图中,太阳、月亮及部分星宿均以金、银箔制成。还有唐节愍太子墓仕女的发髻上留有金箔的花钿。

据此可知,高松冢古坟壁画颜料的使用,不仅与唐壁画墓的相同,而且开创了日本绘画史上朱色、绿青、群青这几种颜料使用的先河。从奈良时代起,这些颜料在日本绘画中广泛应用,都应归功于高松冢古坟壁画颜料使用的首创之举。从而也说明日本壁画颜料的使用直接受中国影响。

5. 画技的比较

唐墓壁画描绘的对象十分广泛:宫官仕女、车舆鞍马、楼台城堞、旌旗伞扇、山水树石、花草树木、矛刀剑戟、异兽昆虫,无所不有。唐墓壁画的突出特点是构图整然有序。每座墓壁画的构图都是一幅有机的风格画卷,如表示方位、出行、仪仗、日常生活等。而每幅壁画又是一幅布局完整的绘画,如李贤墓中的出行图,图中几十个鞍马人物,布局严正疏朗,也做到重点突出;既注重了形态差异,又照顾了互相呼应,缜密富艳、极具气势。

唐墓壁画中的人物群体画,更是壁画中的奇葩。画家和画工们通过对各种人物,如女侍、内侍、文使、武吏、马夫、驼夫的细腻观察,用简练的线条,鲜艳的色彩,栩栩如生地描绘了各种人物群体的形象。唐墓壁画中侍女宫女形象及脸部描写尤其具佳,可谓轻入落笔,在运笔中既圆转又有轻重的按捺起伏。在微妙的转折变化中,一笔成形,画出眼、鼻、嘴、耳的结构轮廓。宫女的鬓发虚出虚入,深得"毛根出肉"之妙。人物的服饰衣纹,线型浑厚圆润,主辅分明,有粗细疏密的变化，又有一波三折的韵味美感。笔意圆转起伏，意写出衣服的飘动和质感。

高松冢古坟壁画，显然承袭了唐墓壁画的构图思想。是一个有机的整体，内容配置相互联系，四神表示方位，女性表示日常生活，男性表示外出仪仗。内容有明确的计划性，布局则采用对称性，是具有明确目的的设计图案。

高松冢古坟壁画的人物群体像，每组四人，虽然比不上李重润墓、李仙蕙墓壁画中那种大型的群体像，构图却是一致的。以一组人物为一个单元的画面，这是受唐风的影响。

高松冢古坟壁画的人物像画技，更是与唐墓壁画如出一辙。如高松冢古坟壁画侍女面孔采用简练的线条勾出丰满的脸形、细弯的眉眼和醒目的朱唇等描绘技法，实际上是唐代仕女画的艺术特色。还有男侍者鬓发的画法，以及衣裙采用晕染的方法，也同于唐墓壁画的画技。

6. 内容的比较

与规模宏大的唐壁画墓相比，高松冢古坟和キトラ古坟都是简单的石椁墓，因此壁画内容的多少和画面布局自然有所不同。高松冢古坟石椁长256.6厘米、宽103.5厘米、高113.4厘米；キトラ古坟的石室尺寸不明，但从封土的直径14米（高松冢古坟直径为18米）来看，石室的大小与高松冢相差无几。石椁空间的狭小，不可能绘出更复杂的内容，只出现了四神图、侍女及内侍图和星象图（キトラ古坟缺侍女及内侍图）。但是就这些内容而言，恰恰是唐壁画墓始终流行的内容，也可以说是唐壁画墓的代表性题材。

四神图：青龙、白虎、朱雀、玄武四神的观念产生于中国，用于表现方位和避邪免灾。壁画上表现四神最早见于山西平陆枣园东汉初年的墓葬中[29]，自此，四神成为中国传统的装饰内容。

日本将四神作为墓葬的装饰内容，首推高松冢古坟及キトラ古坟。虽然在装饰古坟的竹原古坟中墓室右壁有朱雀的形象[30]，但这很难说是受四神思想的影响，有可能是将朱雀作为一个鸟的纹饰装饰在壁面上的，并不见相应的玄武、青龙、白虎的图案出现。而高松冢古坟和キトラ古坟则不同，四神中的青龙、白虎和玄武，均出现在墓室壁面，而且表示的方位也同于中国唐壁画墓的表示方法，即东壁画青龙，西壁画白虎，北壁画玄武，南壁为入口处，因此不见朱雀图案。

唐壁画墓中，一般将青龙、白虎画在墓道的两壁。如阿史那忠、苏定方、韦洞、李重润、李贤、李仙蕙、薛莫墓。也有墓常常省略了朱雀或玄武。唐墓中的青龙、白虎,气魄宏大,长达 7.8 米。这和绘制的地点有关,因多绘于墓道两旁。高松冢古坟与キトラ古坟也许因无长斜坡墓道,故将青龙、白虎移至墓室。像中国南方地区隋唐画像砖墓的青龙、白虎画像砖均镶嵌在墓室的两壁[31],这也是由于墓葬形制中无长斜坡墓道所致。高松冢古坟和キトラ古坟也属于这种情况。

青龙在唐壁画墓中普遍出现,其样式在高元珪墓中保持了较好的图像,与高松冢古坟、キトラ古坟的青龙很相近,均为曲颈、弓身、作奔跑状。区别仅在于高松冢的青龙后腿一条向前,而且两者的青龙都画在墓室的东壁。

白虎在韦洞墓的西壁残存头部,与高松冢古坟中的白虎稍有区别。高松冢古坟的白虎与キトラ古坟的白虎,写实性强,而且キトラ古坟的白虎,头向朝内,栩栩如生,画技在高松冢之上[32]。

玄武的蛇尾相勾、不相勾和相缠,构成了复杂的图像变化。唐苏思勖、高元珪墓室的北壁玄武,蛇身绕龟身较少,蛇头颈与尾相勾,龟的右足前行,左足在后。高松冢、キトラ古坟的玄武与之极其相近,只是造型没有唐壁画墓的生动、合理。

人物图:高松冢古坟有 16 个男女人物像,分布在石椁的东西两壁。关于人物图与唐壁画墓的比较,齐东方文已从脸型、服饰、手持物等诸方面作了探讨[33],不再赘述。这里仅从人物图的绘画原理与唐壁画墓作以比较。

从理论上讲,绘画原理属于绘画指导思想,而描绘的具体物像,则属于绘画的技法。因此,讨论高松冢古坟的人物像,不仅要对脸型、服装、手持物等壁画中所见之物进行研究,而且要注意人物图的绘画原理,以此与唐壁画墓进行比较,寻求人物像的基本指导思想。

高松冢人物像的绘画原理有以下特点:A. 男女群像均为 4 人一组,但并不在一条直线上,前后左右的空间都考虑到,且人物的高矮也不一致。B. 人物像有重合部分,前边人遮掩了后边人的身体、衣服、手持物,是典型的群像表示手法。C. 如果设人物像正面为 0 度,正侧面为 90 度,那么斜侧面就是 45 度。高松冢以 45 度的人物像为主流,16 个中,有 12 个人物为 45 度人物图。D. 人物像的走向以一个方向为主,有流动感、行走感、远近感。

上述绘画原理在日本装饰古坟中不见。日本装饰古坟中常见的绘画,不是正面像 0 度,就是正侧面像 90 度,不见 45 度的斜侧面像。而且是单独的人物像,更没有群像(图七)。高句丽的壁画墓中虽有人物群像[34],平面布局松散,人物配置的远近法并不发达(图一〇)。高松冢古坟壁画的人物图,与唐墓壁画的人物图极为相似,如永泰公主墓前室北壁、南侧的宫女群像,区别只是人物多于高松冢古坟壁画。唐墓壁画人物前后配置不在一条线上,前后左右空间互相照应,人与人之间有行走相隔之感。人物像或有隐阴或有重合部分,脸庞以45度侧面居多,以一个方向为主,整个画面有行走感。不光是宫女人物图,李贤墓的客使图、海外使节图也具备这些因素。因此,就绘画原理而言,高松冢古坟壁画绘画原理,已经脱离了日本古代装饰古坟中单一人物像,并且只是正面、侧面像的稚幼的描绘手法,形成一种成熟的多层次人物像的描绘方法。

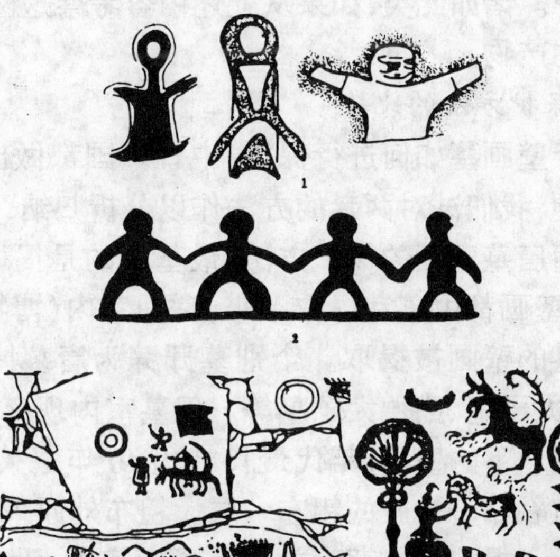

图七　装饰古坟的人物像

1、2. 横穴墓人物群像　3. 五郎山古坟人物像　4. 竹原古坟人像与马像

星象图:高松冢古坟及キトラ古坟的星象图,在布局上与唐墓壁画略有不同。如高松冢古坟太阳贴金箔,画在青龙之上,月亮贴银箔,画在白虎之上。椁室顶部用金箔装点星辰,其中有用红线连接构成星座,包括北斗七星。キトラ古坟有日、月像,还有赤道和黄道,可确认北斗极星、参宿等二十八星宿。

陕西唐墓壁画保存星象图的有苏定方、李爽、李凤、李重润、李贤、李仙蕙、薛莫、苏思勖墓,虽保存的不甚完整,具体内容无法比较,但唐墓壁画和高松冢古坟、キトラ古坟都将之作为重要题材用于墓葬装饰这点是一致的。

总之,高松冢古坟壁画与キトラ古坟壁画与日本在此之前的朴素、稚拙的装饰古坟相去甚远。就壁画内容而言,用四神、星座来表示宇宙;虽然人物服装为日本风格[35],但手持物都是唐墓壁画中常见物;用"伞盖"来表示墓主人的身份等等。诸如此类,如果从上述内容考察这两座墓,它们几乎是唐壁画墓一个凝缩的产物。

7.保护方法的比较

关于壁画墓如何进行保护,中日两国都做出许多的努力。但双方都面临不少问题,我们试对两者的方法作以分析归纳,以企求探讨更好的保护方法。

陕西唐墓壁画的保护方法,最基本的是揭取保护。陕西唐壁画墓在发掘后,多数壁画都由墓室揭取下来,拿回室内(博物馆、考古所)保护。现已知有数十座墓的壁画被揭取。个别墓开辟为唐墓博物馆,如韦贵妃墓、永泰公主墓、章怀太子墓、懿德太子墓等。但墓室内现存壁画均为复制品。

已揭取下的壁画,年代最长已达40年之久。壁画还维持揭取时的状况。画面上有粘贴着桃胶的粗布一层。粗布外原来有三层,为了减震、保护使用了麻纸。由于揭取后长期存放在普通库房中,没有条件进行温、湿度的控制,致使桃胶退潮后渗透,使得壁画、粗布、麻纸牢牢地固定在木板上。

壁画画面质地为素白灰层,厚度不均,最厚处约1厘米,最薄处只有0.5毫米。一般局部有空缺,几何形状不规则,为自然残缺。最大残缺面有10平方厘米左右,最小的有1平方厘米。在素白灰层上粘有揭取时残存的泥土,壁画底还有脱落,因此,地仗层的加固,在已揭取的壁画保护中,尤为重要。

针对地仗层的加固,中国做了一些工作。通常是用渗透液为氢氧化钙的饱和溶液加固。氢氧化钙吸收空气中的二氧化碳生成坚硬的碳酸钙。从这一机理出发,如果给已疏解的壁画白灰层中渗入氢氧化钙饱和溶液,就可以利用它吸收二氧化碳生成碳酸钙的白灰地仗层。这一机理不改变地仗层的化学成分,只是在已疏解的地仗孔隙中加入碳酸钙,从而起到再生性加固作用。目前对揭取的唐墓壁画地仗层多用此方法加固。

除了壁画地仗层的加固外,另外就是壁画颜色的保护。壁画从发现到现在,颜色的变化是涉及者皆知的。对于颜色变化了多少,变化的速率及分布如何,研究者作了初步的定量分析[㉘]。针对壁画馆的展出壁画进行测试,主要对红色、绿色、褐色、灰色、粉色、黄色做了测定。测定湿度是65%,测定温度是20度。测定时间是一开始每周测定一次,两个月后改为两周一次,4个月后改为每月一次。测试结果表明,画面颜色的色品几乎没变,而引起色差变化是明度,也就是画面颜料化学变化甚微,而色差主要是物理因素引起的。引起这种变化的主要原因是湿度和降尘。

从测定的几种颜色来看，灰色色差最小，其次是黄色，最大是红、绿色。这是因为灰色是中性色，而且其画面平整，颜色均匀，不太受外界因素影响而引起色差。黄色是近中性色，也不易受影响。其他如红、绿色，因纯度相对较高，易受各种因素的影响，特别是环境湿度影响。即湿度大，明度低，色鲜艳，色差较大。

目前只是对褪色问题做了测定、分析。随着科技的进一步提高和测量技术的改进，将能更准确地描述出壁画的颜色，从而建立起一个防止壁画颜色褪变的标准体系。

日本关于壁画墓的保护，最基本的方法是就地封闭性保护。日本经过多年的考察，听取了考古学、化学、地质学、微生物学、气象学、土木工学、建筑学家的意见，得出的结论是最佳方法为封闭壁画墓室，让室内环境恢复到打开墓室之前的状态。如王冢古坟、高松冢古坟都是封闭保护。日本共有这样的壁画墓数座。封闭的墓室用计算机监控，自动调节室内的温、湿度。

关于壁画的变色褪色问题，日本保护科学界目前正在做耐候试验，即测定壁画颜色经过多少时间，褪色的程度是多少[37]。

颜料变色原因有内因和外因之分。内因主要是颜料中由两种以上化学性质的颜料混合而成、互相起作用而引起的变化。如铜、铅化合物构成的颜料和含有硫磺的颜料在一起生成硫化物而发黑的现象。还有蓝及黄铜等碱性弱的颜料与碳酸钙等混合也引起变色、褪色。外因引起的变色、褪色，主要是环境中的水分、气体、光等。日本保护科学界共做成颜料的样本118种，进行各种颜料的耐光试验。耐光测试方法是阳光直射和紫外线照射等方法。首先，记录暴露前试样的数据，然后经过6个月的持续测定，比较其结果。发现引起变色的原因有以下几点：①颜料本身的结晶构造的变化。②颜料以及染料的化学变化。③混入物质的分解、消失。④分解生成物的出现。⑤胶的变化。经暴露实验，色彩变化最大的是绵燕脂(NO85)。分析表明，这种颜料不是无机颜料，可能是混入了染料，因而发色。还有含有水银的颜料有变色、褪色的倾向，并且是含有硫化水银的物质。硫化水银有黑色(立方晶系)和红色(六方晶系)两种，作为颜料使用的是红色。这种颜色有发暗的倾向。另外，几乎没有变色的是浅柿色、绿色、鼠色、铅白这些颜料。

总之，就墓室壁画的保护而言，中日两国各有利弊。中国的方法将壁画揭取下来，移至室内保护、陈列，有利展出，使参观者能看到壁画的真迹。但保护难度相对增加，地杖层松疏，画面在褪色、霉变的问题都亟待解决。日本的方法是就地建博物馆保护壁画墓，使墓室内维持壁画出土前的状况。这无疑有利于壁画的保护，但不利于参观者。因为，人们无法看到壁画的真迹。日本学术界也有人认为这是一种消极的保护方法[38]。

针对墓室壁画的变色、褪色，中国只是对展室中的壁画颜色做了测定，经过6个月的观察，发现在展室环境下壁画色彩的变化是因湿度和降尘所致。日本对颜料试样进行了6个月的耐光实验，了解到有机物颜料(染料)、含水银的颜料变色、褪色显著。这两方面的实验研究，将为进一步研究壁画的变、褪色打下了基础，一种行之有效的壁画保护方法定会问世。

四、日本壁画墓的渊源

由上述可知，日本古代壁画墓实际上分为两种类型，一种是装饰古坟，另一种是壁画古坟。我们试对这两种类型的壁画墓的渊源做以下分析。

1. 装饰古坟的渊源

装饰古坟，日本普遍认为就形式来讲是受高句丽壁画墓的影响而产生的。从装饰古坟的内容来看，没有表示死者生前的活动，主要是安眠死者，让死者平安到达冥界的思想感情的表达，与中国汉魏壁画的内容相悖，是日本独特文化因素的产物[39]。我们并不否定装饰古坟内容的特殊性，如果将日本装饰古坟放到古代东亚这一大的文化圈中去考察，就会发现，用壁画装饰古坟，是古代东亚地区墓葬的共同做法。但孰先孰后，墓葬的基本结构，墓葬的装饰手段，这些都是与装饰古坟渊源密切相关的问题。

首先，关于装饰古坟产生的年代。我们知道，日本的装饰古坟主要流行在5、6、7世纪。而这时东亚地域，中国、朝鲜半岛均有壁画墓存在。中国的壁画墓在东亚地区首先出现，可追溯到公元前1世纪，即西汉晚期[40]。朝鲜半岛最早的壁画墓，始于高句丽时代，即公元4世纪。这个时期的高句丽壁画墓，分为两个系统，一个以平壤的黄海南道安岳3号墓为代表，在石椁上绘壁画，题材以墓主人为中心，显然受到辽东地区的汉墓形制的影响[41]；第二个系统是4世纪中叶高句丽的都城国内城(集安)附近出现的壁画墓，与安岳3号的墓葬结构相异，是穹窿状天井式石室墓，壁画题材为柱、斗栱等建筑物，还有“王”字纹及莲花图案，这种墓葬形制，是受到汉魏壁画墓的影响而产生的。

因此，日本装饰古坟与其说是受到高句丽壁画墓影响，莫如说其渊源来自中国的汉魏壁画墓。就东亚地区壁画墓产生的年代而言，中国在先，其次是朝鲜半岛，最后是日本。因此，东亚地区的壁画墓源于汉魏壁画墓这是显而易见的。日本的装饰古坟也不例外。而高句丽壁画墓，是中国与日本壁画墓之间的桥梁，对日本的装饰古坟而言，它只是起到一个中转站的作用。

其次，装饰古坟的墓葬结构为横穴式石室。在中国古代墓葬形制中，最具有代表性的是东汉时期形成的横穴式墓室[42]。随着横穴式墓室的确立，对东亚地区的埋葬制度给予了很大地影响[43]。例如，朝鲜半岛是高句丽墓葬首先使用横穴式石室，4 世纪后半叶平壤附近有这类墓葬出现。日本最早的横穴式石室墓出现在 5 世纪，即福冈市老司古坟 3 号石室[44]。自此，横穴式石室墓代替日本古代的竖穴式墓室，正式在日本登场。日本的装饰古坟的墓葬形制均为横穴式石室，这无疑是受中国的横穴式墓室的影响。

由此可知，从装饰古坟壁画的产生年代及装饰古坟的墓葬结构这两方面来看，它的渊源显然是来自中国的汉魏时代的壁画墓横穴式墓室构造。高句丽壁画墓，只是汉魏壁画墓与装饰古坟之间的中介媒体，而非装饰古坟的源头。

第三，从装饰古坟的内容来看，它的确不同于中国壁画墓的内容。中国汉魏壁画墓的内容，多表现墓主人生前的楼阁、宅院、车马出行、宴饮歌舞等。它们与明器一样，呈现一种“视死如生”的世界观。日本的装饰古坟，5 世纪多用几何纹饰和器物装饰墓室，6 世纪内容有些增加，如竹原古坟出现人物像及马的图像，珍敷冢古坟出现船的图像(图八)。前者是一种送葬仪礼表现，用来避邪除灾，和在墓葬周围放置埴轮的功能相同[45]。后者解释为冥界观，用马及船将被葬者送往黄泉之路[46]。这些都是古代日本人世界观的反映，难以与中国汉魏壁画墓的内容等同。但在墓室内绘制壁画这一现象，是受到汉魏壁画墓的刺激、启发而产生的。在某种情况下艺术的表现形式往往比内容更为重要。日本装饰古坟的这一独特文化现象，我们似乎可以理解为受汉魏壁画墓文化刺激传播的结果。

图八 珍敷冢古坟壁画

一个文化向另一个文化传播,需要一定的历史、地理条件。文化传播模式,据美国人类学者 KUROBA 的解释,可分为直接传播和刺激传播,直接传播,即物体自身的传播,如众所周知的汽车、计算机传播均属此类。另一种是刺激传播,也叫构想传播,即传播内容在新的地点有所变异。如旧大陆是谷物栽培文化,而西南亚是大麦、小麦的栽培文化,虽然栽培的物种不同,但都属于禾本科植物栽培技术的传播。壁画墓的传播同理,中国在东亚地区首创墓室内装饰这一形式。受这类墓室装饰文化刺激和影响,日本也开始在墓室内装饰,即产生了装饰古坟这一文化现象。但装饰墓室的纹饰,是古代日本人根据自己对冥界的理解而描绘的。

总之,日本装饰古坟的产生的时代应当晚于中国汉魏壁画墓,其横穴式石室这一墓葬形制也是受中国传统横穴式墓葬形制的影响。而装饰古坟是受大陆的汉魏壁画墓的刺激传播而产生的一种墓葬装饰文化。所以,日本的装饰古坟的渊源应当来自中国的汉魏壁画墓。

2. 壁画古坟的渊源

(1)壁画古坟与装饰古坟的区别

日本壁画古坟的渊源,自然要先从本土装饰古坟找起。我们试将这两类古坟作以比较。首先,壁画的制作,装饰古坟是直接在石室的石壁上作画,壁画古坟是在石室上抹一层石灰后再作画,壁画的制作方法截然不同。装饰古坟使用的颜料有五种,土红、黄色粘土、海绿石、白色粘土、炭素。这些颜料的采集较易,都是装饰古坟附近采集到的粘土物质[47],呈现的色彩为红、黄、绿、白、黑五种。但这些颜料并非每个装饰古坟都使用。具体的色彩使用极为单调,往往是红、白两色,或者红、黄色的组合居多。只有王冢古坟以红色为基调,出现黄、绿、黑、白等五种色彩。壁画画面丰富多彩,被称为"装饰古坟"之王[48]。壁画古坟即高松冢古坟使用的颜料与装饰古坟完全不同,有六种颜料,即朱(辰砂)、黄土、绿青(孔雀石)、群青(蓝铜矿)、白、黑。这几种颜料中,其中有三种如朱、岩绿青、岩群青都是日本古代绘画史上未曾使用过的颜料,即装饰古坟中不见这些颜料,它们具有外来文化的因素,是随着佛教的传入,而传到日本来的颜料。高松冢古坟首次使用这些颜料,使之成为日本古代绘画颜料使用的分水岭。而装饰古坟所用的易取、简单的颜料,则是日本古代绘画颜料使用的一个终点,以后的时代,不见使用装饰古坟所用的颜料。相反,高松冢古坟所用颜料,一直成为日本古坟壁画(寺院壁画)及绘画的常用颜料。显而易见,装饰古坟与壁画古坟之间颜料的使用没有连续性。第三,从墓葬壁画的内容看,装饰古坟表示的是日本古代的原始信仰,即古代日本人对死后世界的认识,像防范的武器,引路的鸟、船等。虽然也有人物出现,但仅是单一的人物像。而壁画古坟的内容,则是日本律令制国家诞生之后,采用了中国的礼法制度,表现人们生前等级、身份以及宇宙观,与唐墓壁画内容相仿,是中国“视死如生”观念的体现。

因此,装饰古坟与壁画古坟,从制作技术、颜料使用以至内容都相距甚远,看不出连续性和继承性。我们也就无法认同日本壁画古坟的渊源来自于本土的装饰古坟。

(2)壁画古坟与高句丽壁画墓的区别

壁画古坟的渊源,日本持来自高句丽壁画影响的人居多[49]。主要论点是星象图和四神的配置、人物的服饰都与高句丽壁画墓相似[50]。

墓室内配置星象图和四神,这实际上并不是高句丽壁画墓的创新。西汉晚期的西安交大汉墓,就有完整的二十八宿图,这是中国古代壁画墓迄今发现最早的星象图。它的时代,要早于高句丽壁画墓。关于用四神表示方位,始见于汉代,汉陵便有以四神瓦当表示方位的做法[51]。最早的四神图出现在墓室,见于山西平陆枣园东汉初的墓葬中[52]。自汉代起,经魏晋南北朝至唐代,星象图及四神图作为中国墓葬的装饰已成为定局,并得以广泛的传播。高句丽壁画墓4—5世纪有星象图,5—6世纪才出现四神图。高句丽壁画墓内容直接受到汉魏壁画墓的影响,星象图和四神图也是受其影响而作为墓葬装饰的。高句丽的通沟舞蹈冢、梅山里四神冢、江西大墓的四神,是高句丽壁画墓四神的代表作品。这些四神虽极为生动,但形象和唐壁画墓与高松冢古坟及キトラ古坟的四神区别很大。如朱雀下画山岳,青龙、白虎体态曲折多变,玄武的蛇身反复盘绕,整体复杂的装饰和纤细的线条,都表现出高句丽自身的特点。四种陪衬的云气、莲花、忍冬纹等(图九),更不见于唐壁画墓和高松冢古坟。高句丽壁画的时代早于唐代和高松冢壁画古坟,自然会有种种差别,但唐代的四神,却与北魏和南朝时期一脉相承,并与高松冢古坟同样风格。因此,高松冢古坟及キトラ古坟的四神是直接取自大陆,是唐壁画墓的摹本。

高松冢古坟壁画侍女的长上衣、交领、褶裙的下摆有镶边等特征,与高句丽妇女服饰相近(图一〇)。这是有人强调两者关系密切的重要依据。确实,中国《隋书》中的《高丽传》和《倭国传》所载的妇人装束,与这些仕女的服装几

图九　高句丽江西大墓的四神图
1. 江西大墓示意图　2. 玄武、朱雀

图一〇　高句丽壁画墓人物图
1. 双楹冢　2. 安岳2号墓

乎吻合，说明壁画上表现的是穿民族服装的日本人。但是，高松冢古坟壁画侍女所穿的多褶裙，实际上是“条纹裙”。条纹裙在中国古代曾流行一时。因布帛较窄，做裙时不得不将多幅布帛拼接在一起。为了美观起见，将多种的布帛拼接，显得华丽。这种裙装早在南北朝时代已能见到，唐代早期十分流行，特别是初唐的墓葬壁画中表现尤为明显。李爽、杨恭仁、段简璧、新城长公主墓中的侍女，几乎都下着多彩的褶裙（图一一）。盛唐以后，多以华美浓艳的布帛做裙，条纹裙减少[53]。因此，条纹裙是有时代特色的妇女裙饰，高句丽壁画中侍女的裙子未见这种表现。而高松冢古坟壁画侍女的裙子绘出这种条纹，应不是偶然。

还有，高松冢古坟壁画男子头戴的类似幞头的冠饰，这也是高句丽墓壁画的男子以及日本人物埴轮（陶俑）所不见的形象。高松冢古坟壁画的男女群像，解释为送葬时的人物。这时人物所着的服装，应是日本当时的“衣服令”所规定的朝服。史载日本天武十一年（682）服装从和风向唐风转变。这时规定采用唐朝服，即袍裤齐备的形式，并依据服装颜色来确定品位。天武十一年六月还规定“男夫始结发，并着漆纱冠”[54]。据考证，所谓的漆纱冠，就是高松冢古坟壁画所绘男子的冠饰[55]。这种冠饰，在唐墓壁画中常见，它是唐代男子最普遍的一种冠饰。如同侍女的条纹裙，是唐朝的典型服饰。因此，与其说高松冢古坟的人物服饰受高句丽壁画墓的影响，还不如说它受唐壁画墓的服饰影响更甚。

图一一　中国唐墓壁画中的条纹裙
1．段简壁墓第五天井东壁壁画　2．段简壁第五天井西壁壁画　3．李爽墓墓室北壁壁画　4．李爽墓墓室北壁壁画

除上述内容外，高句丽壁画墓的布局较随意，人物平面展开，十分松散。而高松冢古坟、キトラ古坟是一个有机的整体，内容配置相互关联。布局采用对称性，是经过深思熟虑有清楚目的的设计。因此，说壁画古坟受高句丽壁画墓影响这一观点较为牵强，显而易见，它直接吸收唐壁画墓的因素较强。

（3）壁画古坟与唐壁画墓的关系

关于壁画古坟即高松冢古坟和キトラ古坟，日本常常称其为“孤傲的古坟”[56]或“新型的古坟”。这些观点，本身就表示着这类古坟有一定的特殊性和先进性，寓意着它们不同于日本的装饰古坟，是一种以崭新的精神风貌出现在古坟时代的壁画墓。

因此，无论从装饰古坟还是高句丽壁画墓探寻它的渊源，都难以得出恰当的结论。而像高松冢古坟和キトテ古坟这样在主题选择、布局、构图、绘画风格上都与唐壁画墓相似是十分罕见的，说明两者间有极为密切的联系。我们通过壁画古坟与唐壁画墓的比较，可以得出如下结论：高松冢古坟和キトテ古坟全面吸收了唐壁画墓的要素，是唐壁画墓在日本的翻版。唐代的长安，是当时政治、经济和文化的中心，包括壁画在内的许多文化样式，都是从长安向地方传播，并影响到东亚区域。中日两国民间来往的历史很早，政府间派遣使节兴盛于隋唐时期。7世纪末8世纪初日本派遣了两次遣唐使，其中有通经史、善文章的使者[57]。可以想象，这些人学习到大量的唐朝文化，将之在日本广泛传播，其壁画古坟效仿唐壁画墓更是自然而然的事情。

壁画古坟受唐壁画墓的影响，从以下方面有所表现：①所葬地域以山为背，壁画古坟在天皇陵两边，这是仿照唐陵的布局配置。②所葬墓主人身份是皇戚或贵族，这也是受唐代只是在贵族高官墓中绘制壁画的影响。③壁画的制法、颜料的使用、画技全面承袭，与唐壁画墓如出一辙。④壁画内容的模仿，大的方面从主题选择、布局、构图，小的方面从绘画原理、人物特征、服饰等，都是唐壁画墓的一个浓缩。因此，从唐壁画墓向日本的传播来看，是在1300年前完成的。日本接受了当时先进唐王朝的思想信仰、政治、文化，并建成了古代律令制国家，从而使自己成为东亚文明圈中的一员，而壁画古坟建造就是一个显著的标志。它脱离了日本装饰古坟世界所具有的原始宗教艺术，也不同于高句丽壁画墓画面布局的松散和呆板，突出礼法活动，以一种全新的意识、先进的画技装饰古坟，使日本的古坟壁画墓脱离了装饰古坟的旧巢穴，产生了一个飞跃，建立了壁画古坟的系统，成为日本古代壁画墓的里程碑。

五、唐壁画墓对东西文化交流的影响

唐壁画墓特别是盛唐以前的壁画墓，对东西文化交流起着重要作用。

1. 唐壁画墓对周边地区的影响

唐王朝独树一帜于东方，也使得包括唐壁画墓在内的唐文化向外扩散。高松冢古坟及キトテ古坟是向东方传播的实例。苏联中亚塔吉克共和国片治肯特的一处7～8世纪的居室壁画里，发现了与初唐壁画相似的内容[58]，有穿着与执失奉节墓、李爽墓墓室壁画中同样衣裙和高头履的成排的女乐舞，有和阿史那忠夫妇墓过洞天井壁画、苏定方墓天井壁画中相似的腰垂鞶囊、手持笏板的属吏，还有与执失奉节墓室所绘舞女相似的女近侍。片治肯特当时是粟特人昭武九姓的地区，5世纪以来，昭武九姓就和中原地区发生了较多的联系。6世纪中叶，往来更加密切。大约就是由于这样的因缘，东西相隔八千里的长安和片治肯特，竟出现了相似的壁画内容。其后，在昭武九姓的宗主国康国描绘唐人形象的壁画也发现了。其地点在片治肯特西约70公里的撒马尔干和郊外的阿弗拉西阿勃古城，即古康国都城遗址中。壁画的内容虽然不是成排的女乐和属吏，但人物形象和服饰却与上述片治肯特的发现极为近似。

还有渤海国(698－926)的贞孝公主墓也有壁画出土[59]。该墓位于吉林省和龙县,在横穴式石室内绘有人物像,均为男侍像,着圆领袍衫,手持琵琶等物(图一二)。据墓志可知公主卒于792年,所绘壁画风格与唐墓壁画相近,无疑受到其影响。除这个墓外,渤海国还发现两例壁画墓,一是敦化县六顶山6号墓,墓内有壁画遗迹;还有一个是黑龙江省宁安县2号坟,墓室内有男女群像的壁画。看来当时的唐壁画墓,确实影响了一个广大区域墓葬的装饰风格。

2.唐壁画墓所反映的东西文化交流题材

唐壁画墓不仅影响周边文化,而壁画内容本身也反映了东西文化的交流。唐墓壁画的许多游乐题材,表现了中亚的强烈影响。章怀太子墓大场面的击球和懿德太子墓绘出的猎豹,以及懿德太子墓与万泉县主墓绘出的长喙细腿的波斯犬,都来源于中亚至西亚[60]。此外,懿德太子墓壁画中侍女所持的短颈玻璃瓶和永泰公主墓壁画侍女所持的高足玻璃杯,似乎来源于西方。壁画中出现和西方有关的事物,是东西交流日益频繁的形象证据。

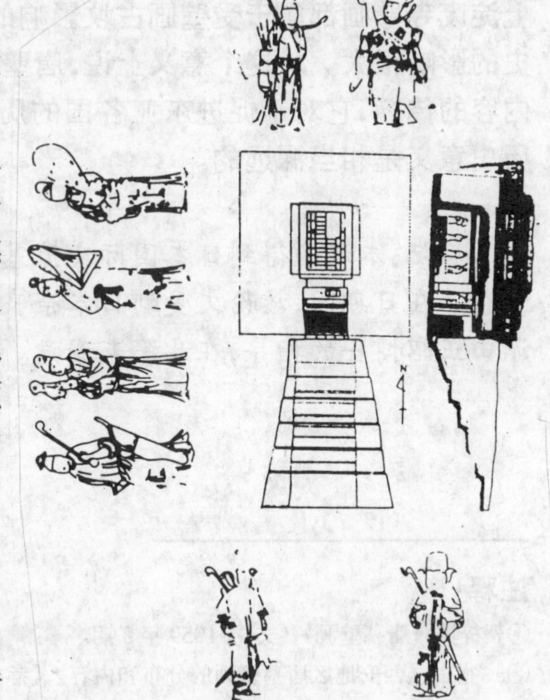
图一二　渤海国贞孝公主墓壁画

另外,唐壁画墓的部分装饰纹饰,虽然来自西亚,但通过壁画文化的传播,却又影响到其他地区。高松冢古坟壁画的伞盖一角和顶部似可清楚地分辨出绘有联珠圈纹。壁画中的伞盖,应当是表现实际生活中的织物,上面的联珠图显然是织物的纹样。联珠图纹的织物在中国西北地区唐墓出土很多,其原因是受西亚波斯萨珊和中亚粟特文化的影响。联珠纹尤其是联珠圈纹是萨珊波斯人所喜爱的图案装饰,常常被应用于宫殿的浮雕上,它沿着丝绸之路传入中亚[61]。从壁画及其他器物装饰图案看,唐代,尤其是初唐,联珠纹流行。高松冢古坟壁画中的联珠纹,以及日本法隆寺的联珠纹锦,都表明这种纹样通过丝绸之路传到中国,又进一步传到日本。

3. 唐壁画墓的历史贡献

唐代前期,属于封建经济的繁荣和社会生活的安定,出现了艺术上千岩竞秀的局面。特别是唐墓壁画的大量绘制,使中国墓葬壁画达到了鼎盛阶段,成为唐代造型艺术中一株绚丽夺目的奇葩。并为东西文化的交流、传播做出了相应的贡献。唐壁画墓不仅对东西方的壁画墓发展起到了促进作用,而且在促进各国历史发展方面也发挥了重要作用。例如日本高松冢古坟的壁画制法,以及颜料的使用、画技对于日本的寺院壁画给予很大影响,像法隆寺壁画、上淀废寺壁画都属于受壁画古坟影响的类型。而这些寺院壁画对日本的绘画史的影响很大。从这个意义上说,唐壁画墓的传播和交流,不仅是装饰手段和内容的传播,它对于促进东亚各国的历史发展,都发挥了极为重要的作用,其历史意义是相当深远的。

后记:本课题得到日本国际交流基金的资助。笔者曾赴日半年收集论文资料。在日期间,该论文受到日本奈良国立文化财研究所埋藏文化财中心长泽田正昭博士的指导,在此深表谢意。原文篇幅较长,发表时有删改。

(绘图:孙安娜)

注释:

①贺梓城:《唐墓壁画》,《文物》1959 年 8 期。

②a. 宿白:《西安地区唐墓壁画的分布和内容》,《考古学报》1982 年 2 期。

b. 李求是:《谈章怀、懿德两墓的形制等问题》,《文物》1972 年 7 期。

③④⑤㉗国立民俗博物馆:《装饰古坟的世界》,朝日新闻社,1993 年。

⑥㉔a. 齐东方、张静:《唐墓壁画与高松冢古坟壁画的比较研究》,《唐研究》第一卷,1995 年。

b. 西岛定生:《中国的古墓壁画和日本的装饰古坟》,见《装饰古坟的世界》一书,1995 年。

⑦扶风县博物馆罗西章:《陕西扶风杨家堡西周墓清理简报》,《考古与文物》1980 年 2 期。

⑧杨建芳:《汉以前的壁画之发现》,香港《美术家》1982 年 2 期。

⑨湖北省荆州地区博物馆:《江陵天星观一号楚墓》,《考古学报》1982 年 1 期。

⑩《陕西省文物志·壁画章》,三秦出版社,1995 年。

⑪(美国)方腾、吴同:《今藏美国波士顿洛阳汉墓壁画》,汤池译,四川美术学院院报《当代美术家》1986 年 3 期。

⑫河南省文化局文物考古队:《邓县彩绘画像砖墓》,文物出版社,1958 年。

⑬白石太一郎:《装饰古坟》,见《装饰古坟的世界》一书。
⑭㊺㊻小林行雄:《装饰古坟》,平凡社,1964 年。
⑮奈良县立橿原考古学研究所编:《壁画古坟高松冢——调查中间报告》,1972 年。
⑯㉜据《朝日新闻》1998 年 3 月报导。
⑰a. 宿白:《西安地区唐墓壁画的分布和内容》,《考古学报》1982 年 2 期。
b. 李求是:《谈章怀、懿德两墓的形制等问题》,《文物》1972 年 7 期。
c. 王仁波:《隋唐时期的墓室壁画》,《中国美术全集》。
d. 齐东方、张静:《唐墓壁画与高松冢古坟壁画的比较研究》,《唐研究》第一卷,1995 年。
e. 西岛定生:《中国的古墓壁画和日本的装饰古坟》,见《装饰古坟的世界》一书。
⑱a. 宿白:《西安地区唐墓壁画的分布和内容》,《考古学报》1982 年 2 期。
b. 李求是:《谈章怀、懿德两墓的形制等问题》,《文物》1972 年 7 期。
c. 齐东方、张静:《唐墓壁画与高松冢古坟壁画的比较研究》,《唐研究》第一卷,1995 年。
d. 西岛定生:《中国的古墓壁画和日本装饰古坟》,见《装饰古坟的世界》一书。
⑲町田章:《中国、朝鲜的壁画墓和高松冢》,见《日本的美术》6,1984 年。
⑳白石太一郎:《新的壁画古坟》,见《装饰古坟的世界》一书。
㉑㉓陕西省考古研究所:《陕西新出土唐墓壁画》,重庆出版社,1998 年。
㉒㉖末永雅雄、井上光贞:《高松冢古坟和飞鸟》,中央论社,1976 年。
㉕秋山光和:《高松冢古坟的壁画》,见《高松冢古坟和飞鸟》一书。
㉘㊼山崎一雄:《古文化财的科学》,思文阁出版,1987 年。
㉙㊾山西省文物管理委员会:《山西平陆枣园村壁画汉墓》,《考古》1959 年 9 期。
㉚国立历史民俗博物馆编:《装饰古坟之说》,吉川弘文馆,1995 年。
㉛权奎山:《试析南方发现的唐代壁画墓》,《南方文物》1992 年 4 期。
㉝齐东方、张静:《唐墓壁画与高松冢古坟壁画的比较研究》,《唐研究》第一卷,1995 年。
㉞㊶朱荣宪:《高句丽的壁画古坟》,学生社,永岛晖臣慎译,1972 年。
㉟猪熊兼胜、渡达明义:《高松冢古坟》,见《日本的美术》6,1984 年。
㊱张群喜等:《唐墓壁画褪色的无损定量测定》,《考古与文物》1994 年 3 期。
㊲泽田正昭等:《关于颜料的变色、褪色实验》,奈文研《中国古坟壁画的综合的调查和保护法的开发研究》,1998 年。
㊳王利勋:《装饰古坟保护的足迹》,见《装饰古坟的世界》一书。
㊴乙益重隆、山崎一雄:《装饰古坟和纹样》,讲谈社,1974 年。
㊵黄明兰:《洛阳汉墓壁画》,文物出版社,1996 年。
㊷黄晓芬:《汉墓形制的变革》,《考古与文物》1996 年 1 期。
㊸㊹日本考古协会:《东亚和日本》图录,1985 年。
㊽王利勋:《装饰古坟》,见《装饰古坟的世界》一书。
㊾㊿东潮:《古代朝鲜的古坟壁画和装饰古坟》,见《装饰古坟之说》一书,1994 年。
51《唐墓壁画集锦》,陕西人民美术出版社,1991 年。
53孙机:《唐代妇女的服装与化妆》,见《中国古代舆服论丛》,文物出版社,1993 年。

㉞《日本书记》,天武十一(682)年六月六日下,“男夫始结发,并着漆纱冠”。
㉟五味充子:《奈良时代中国美术的接受》,见《中国和古代日本》一书。
㊱斋藤忠:《日本的装饰古坟——与高松冢古坟的关系》,见《高松冢古坟和飞鸟》一书。
㊲东野治之:《遣唐史和正仓院》,岩波书店,1992 年。
㊳长广敏雄:《中央 PジP 的美术》,《世界美术全集》第十四册,角川书店。
㊴《渤海贞孝公主墓壁画》,延边朝鲜族自治州博物馆,1982 年。
㊵宿白:《西安地区唐墓壁画的分布和内容》,《考古学报》1982 年 2 期。
㊶薄小莹:《吐鲁番地区发现的联珠纹织物》,《北大考古学专业论文集》。

(本文原载《考古与文物》1999 年第六期)

唐墓壁画与印度笈多王朝阿旃陀壁画的比较研究

安田治树

中国在20世纪后半时,以陕西为首,相继在山东、山西、广东、湖北、新疆等地发掘出古代陵墓,从而发现了许多修饰陵墓的壁画。尤其是以陕西西安近郊以及乾县、三原县、礼泉县等地为中心发掘出的隋唐时期的陵墓壁画,不仅可以从中想象出那些在《历代名画记》、《唐朝石画录》、《寺塔记》等画史虽有记载却久已亡佚的两都(长安、洛阳)宫殿,寺庙中的精美绘画,而且从不少陵墓有明确墓主这一点大致可以确定画的制作时期。这不仅在以中原画为标准的中国绘画史上,而且在东洋绘画史上也颇受重视。

但是,在这些壁画中,有一部分是以四神和星宿或寺庙等中国的固有思想和佛教道教等的由来为题材的、大半却是表现墓主生前的荣华富贵的世俗画,在这一点上,与同样是绘画之宝库,但却是佛教主题贯穿始终的敦煌莫高窟在内容上有着明显的不同。因此,从中国绘画史特别是隋唐绘画史研究的角度来看,需要综合这些陵墓绘画与莫高窟现存的石窟壁画,分析考虑世俗画与宗教画或者中原和西域的区别等方面,并结合画史的记载等进行参照,比较考察。

而且,在隋唐统一后建立起强大帝国,取得丰硕的对外交流成果的唐王朝,接受了特别是印度和波斯的诸多外来文化的影响,在秦汉以来的传统文化的基础上创造出繁荣的富于国际色彩的文化,同样,在绘画、雕刻等艺术领域也添加了类似的内容。因此,以下将要研究的隋唐陵墓壁画,如上所述,在考虑莫高窟等宗教壁画的同时,研究隋唐陵墓壁画在东洋绘画史中所占有的地位时,很有必要明确这期间来自西方的影响,分清彼此各个要素。

基于以上观点，将印度笈多王朝的绘画阿旃陀壁画(5世纪末～6世纪)作为比较对象提出，对隋唐特别是初唐至盛唐时期的陵墓壁画的表现形式及描写手法加以考察。勿需庸言，阿旃陀壁画是在表现洞窟以庄严为目的的佛教绘画，一旦封闭，便不能被世人所见识，与包含世俗画范畴的陵墓壁画，不论在目的还是功能上均不能相提并论。虽然将之与莫高窟壁画进行比较更为妥当，但若提及各自描写的题材，隋唐莫高窟中，一定程度上定形后的尊像画及其变形占多数，而阿旃陀则是以佛经及佛的降临产生等佛教传说为主，而且其中较多地插入君主游猎、宫内景象或市井生活等反映当时印度的生活，风俗习惯的世俗的场面，反而在较多地方表现出与陵墓壁画的相通之处。无论如何，而今是尝试在基于陵墓与洞窟，世俗画与宗教画的差异上，纯粹从绘画的表现上将两者进行对比，不管其相互如何作用，其目的是为了通过通览两者，对理解6、7世纪前后的唐代中国、笈多王朝文化期的印度以及彼此在绘画的特征理解上助一臂之力。以下，综观其构图法，人物表现以及描线和涂彩等方面先作为预备知识介绍一下。

阿旃陀石窟是座落于印度西部著名的石窟寺院，总数达30处。公元前1世纪的10号窟最为悠久，由公元前1世纪至公元元年前后开掘的9号窟以及第8、12、13、15A窟等6处组成的第一期洞窟和经历较长断代的5世纪末期的，在笈多帝国衰退时开掘的24处(由铭文可推知)，即第二期洞窟所构成。其中第一期自不用言，其第二期的营造虽被认为一直延续到公元7世纪，但近年来，也有说是至公元6世纪的初叶就已基本停止，实际上是公元5世纪末的不足20年营造的。

壁画可以通过在第一期的第10、9窟残留的剥落损伤较多的“古画”和之后的约经历400年空白期的第二期的第16、17、1、2窟来辨认。第一期的壁画为印度古代初期惟一的现存遗品，甚为贵重，而第二期绘画虽属于曾经强盛的笈多王朝解体时期的产物，但在文化上却相当于笈多王朝强盛时期形成的印度古典文化的最繁荣期，印度文化的黄金期笈多时代的遗产，在绘画史上具有较大意义。从与唐王朝陵墓壁画的联合来考虑，第二期的笈多王朝壁画与之相对应。

第二期的壁画如上所述——在第16、17、1、2窟的4处残留较多。这些洞窟为僧院洞窟，本来是以僧侣们的居住为目的，以朴素为宗旨的，但到了第二期时，在构造和形式上显示出显著的发达及完整的规划，同时，正面的走廊、洞壁及洞顶等处均覆之的彩画，极为庄严。其规模多少虽有差别，一般大厅 20 米见方，洞高 4 米，洞壁虽非全部加的彩绘，但一般壁面一个单位 80 面，洞顶为 400 面左右的大型画面。

阿旃陀石窟所见的壁画，从题材上看，均以佛及菩萨为中心的尊像画、佛经和降临传说、寓言等佛教传记画，动植物为创作动机的装饰文样等，其中佛教传记画占有大多数。在佛教传记画中，有像在佛经的降魔图等中所见到的一构图一场景的单纯的形式，但多数却是随着故事情节的展开叙述性地描写两个以上的场景，而且其背景配置不一定与情节一致，再加上出场人物和其他建筑、树木等的对空白处的填补，使画面总体呈现错综复杂，很有特色。

人物的描写和涂彩的方法等如下叙述，首先以这些大型场面的构图法为中心，虽不能很详细，但想通过几个例子来对比一下陵墓壁画和阿旃陀壁画。

一、构 图 法

阿旃陀壁画，多数以故事、传说为主题，需要对应故事情节设定各个场面，而陵墓壁画虽以初唐、盛唐、中晚唐各自的变化为题材，但主要是以墓主的生前的生活为基准，不管是出游等的礼仪，还是宫廷娱乐和家庭生活各自构图均较独立和完整。在这一点上，两者关于对壁面全体的构图所差异。但是，陵墓壁画除了是在仪仗、朝拜等中诸多人物出场的壮观图外，还有在狩猎，马球活动中，大批马骑追赶猎物和球的栩栩如生的场面，这些大的场面如何布置才好，就取决于必须注意构图。

基于此，章怀太子李贤墓中的狩猎图和马球图以及懿德太子李重润墓中的仪仗图等就是较好的例子。李贤墓中的狩猎出行图描绘的是墓道东壁(高 1～2 米，长约 9 米)，该壁里面还有迎送外国使节的礼宾图。前面为执旗马队，其后紧跟着豹和猎犬有一群在中间，还有骆驼队稳固后方，总共有 40 多匹，像是在向画的右边疾驰的样子。与此相对应，墓道西壁的马球图，虽仅有 29 余匹，但构图极为相似，却是浩大的场面，根据上远下近的远近法，从斜上方捕捉登场的骑马人物，将其较小地描绘下来。因此，从画面整体看来，空白处较多，狩猎出行图，马球图中均有土坡、岩石、树木等的自然描写来表明场所，但一般都很简明，仿佛通过这些空白来展示马匹在广阔的山野上纵横驰骋的感觉。1995 年作为马球图被发掘的节愍太子李重俊墓道西壁虽有较多损伤,但也存在着这种表现,而且,同样是墓道东壁的山水描写,其作为青绿山水的典范而受人注目,比李贤墓和李重润墓更进了一步。

另一方面,李重润墓的仪仗图同样开掘了墓道东西壁的大画面(高 2~3 米,长约 10 米),以杂乱的裸露的山陵为背景,城门前是步兵、骑兵、马车的仪仗队,三五成群地前后井然有序地排列着,其间旗帜飘摇,甚是壮观。出场人物、马匹、车辆均朝向墓道入口,旗手和拱手之人动作虽有所不同,但总体缺乏动感,题材和人物的姿态,表情也较严谨。东西壁合计近 200 人,重叠配置着,虽较狩猎出行图和马球图远为密集,但这也采用了以斜上方为视点的上远下近的远近法,并在队列间适当设有空白,虽规模较大,却不失繁琐。与初唐的李寿墓及长乐公主李丽贞墓的较朴素的出行图(墓道西壁)和仪仗图(墓道东壁)相比,在构图、描写手法上又进了一大步。

如果把陵墓壁画这样的狩猎出行图和马球图这样富有动感的图样,还有仪仗图的威严的构图放到阿旃陀壁画中,马球图自不用说,如果是狩猎或是战斗的场画,第 17 窟中有斯坦索玛本生图,嘎拉吧鹿本生图、鲁鲁鹿本生图、帝释天本生图等,如果是四军挥旗的构图,同窟的嘎哈拉寓言图中有一段与其相似。嘎拉吧鹿本生鲁鲁鹿本生都是作为有德鹿王而生的菩萨,对要捕杀自己的国王加以劝告,令其悔悟,让他今后誓守五戒,所以,寓言图大多被狩猎场面所占据。所有故事均以由猎犬和手下开路与骑马国王一行奔向猎场为开端,描绘国王与其前方的鹿王的交谈及其结果。为顺应故事展开而设定多个情景,但前后情景相接甚洽,而且那些马匹、人物前后左右互相重叠,基本上采用了上远下近的远近法,然而,用代表大地的颜色去覆盖余白未免不太好,使视点不定。登场人物各自姿态、动作富于变化,其本身趣味盎然,可谓描写巧妙,但不能否认画面时时欠缺统一感。

嘎哈拉故事的战斗场面为逃离食人岛,登上王位的嘎哈拉率领大军征伐此岛的一段就是第 17 窟覆盖整个右廊所描绘的巨大画面约(20×4 米)的一部分。载有象兵、马兵的船队向右航行,前方出现毛发倒立、面目狰狞的食人女鬼,手持长矛腾空迎击。象队和马队的船队前后密集,重叠,其间长矛、华盖和旗杆林立,这种视点较低的重叠构图,表现出征伐军的人多势众。作为叙述性描写传说图的构成场面的阿旃陀场面,和遵循礼仪,肃静威严的陵墓壁画虽然本来目的、机能各异,但在处理众多人物登场时的场面及其他重叠配置上,在某种程度上也有相通之处。

综上所述,陵墓壁画捕捉如上所述的给定的壁面整体的绘画空间,以目的决定构图与此相对,阿旃陀壁画则是将壁画上下左右细分,锁定不同场景,并基本上不加的隔离,具有情景相互的联系并非一定符合顺序的特点,即画面错综而复杂。而且,仿佛注重有效利用壁面,画面的大部分一般都被人物和其他场景排得密密麻麻,本来用来表示底色的空白处也被涂上了赭石色的小花纹,反而给人以繁缛的印象,对内涵表现有所损害。陵墓壁画把完整的壁面平身作为画幅,而另一方面,阿旃陀壁画中绘画师会对画面适当分割,进行自由构图,结果在构图时的空白处的处理方法就存在着差异,就这样,可以说就形成了唐代绘画和笈多时期绘画,进而说中国绘画和印度绘画传统上的差异。

二、人物的表现

初唐到盛唐时期的陵墓壁画,依据墓主身份的不同而各不相同。大致从墓道过洞、甬道,到墓室内部都可判断为木造建筑。画面上所描绘的架在两柱间的贴墙横木、器物等都使用了朱色,属吏、步卫、男女侍者们的列座姿态,以及展现舞蹈,奏乐的宫廷生活,仆从们的生活景象都描绘于其中。我们先从建筑的细节上来看,人物的发型、服饰、持物等都是反映当时社会的重要资料。以留在初唐至盛唐年间的懿德太子李重润墓、永泰公主李仙惠墓、节愍太子李重俊墓上的侍者图为中心,对于画面上人物的表现、特别是姿态和容貌的描写,让人不由得想仔细观赏。

永泰公主李仙惠的墓里,前室及主室的四壁上这种侍者群像都被描绘,特别是前室的东西壁的3幅(本来是4幅,西壁北侧的1幅已剥落)保存良好,作为武则天后期典型妇人图为众人知晓。东壁上左右和中央的地方用朱色的柱子区划的画面中,南侧9人,北侧7人的仕女(包括一男装打扮的仕女)被描绘。她们之中大部分挽着高髻,在罗襦和衫的上面还披着肩挂,脚登如意履。有拿团扇、拂尘、如意的,也有手捧盘子、高杯的,呈现拱手慢步的姿态。面部为所谓的瓜子形,较瘦,长裙曳地的姿态真是意趣盎然。面向侧面的,面向正面的,各行其是的仕女们,稍稍俯瞰她们便让人感到画家连她们之间的位置安排,疏密程度都考虑进去了。作为自身完成的侍女图展现出了其精巧的构图。在懿德太子李重润墓的前室西壁南侧的侍女图上连描线都各不相同,可以说二者是同类型表现法。

比永泰公主墓晚四年(710)建造的节愍太子李重俊墓中的二、三过洞和甬道的一部分中也描绘着侍者像。第3过洞东壁上,侍女发髻高挽,身着罗衫、肩褂,后面的男侍从或是女扮男装的侍女们头戴幞头,身披长袍,身体都向墓道这一面倾斜。这个画家与永泰公主墓中侍女图的画家画风迥异,仅是在排列姿态的构图上就略低一畴。但从人物丰满的脸颊,矮胖身体的均整上逐渐能看出初唐向盛唐过渡的征兆。

这种侍者图,占有陵墓壁画题材的大多数,剩下的就是像懿德太子墓中前室南壁的侍女图,以及第3过洞西壁上手执笏板排列的内侍图,以及韦洞墓(708)中墓室西壁北壁的男女侍者图。除了有像永泰公主墓中的侍女图,懿德太子墓中的内侍图一样以群像为主的壁画外,在比较小的画面上还出现了描绘2至3人的画像。女侍、男侍们都手持物品,或静静伫立或缓步行进。在侍女的画像中,与永泰公主墓中的侍女们一样,裙子的腰部较高并稍稍抬起,长裙曳地,给人优雅从容的印象。面容上,侍女们的下巴都较小,中等的瓜子脸,稍浓的眉毛下是单眼皮的眼睛,清晰刻画的人中下樱桃小嘴。另一方面,男侍们则棱角分明,低鼻梁下胡须冉冉。姿态容貌都巧妙地显示了各自的特点,但在感情的抒发上好像略有抑制。陵墓壁画的人物如果在主人仙逝后仍然以服侍其左右为目的的话,那就与表现在侍者们身上的严谨、严肃是相当一致的。

以侍者为首,属吏、仪仗等,大都是以站姿来表现的,看起来就像俑一样。这种人物像的表现手法还是以汉魏以来的传统手法为模范的。此外,关于各人的描写与其说是从人体上的把握来看,不如说是从其衣服的翻转式样或从其裙褶的式样来推测人物的动态。这种手法避免统一,从容貌的刻画上也能看出画者是遵循写实的道路。那种表现形式总的说来是不拘泥于形式,带人进入了一个观念的世界。

在阿旃陀壁画上面也描绘了很多的人物像,几乎全是说话图的一部分,像陵墓壁画上的侍者们那种端然站立的样子是没有的。阿旃陀壁画上男侍很少,一般是侍女或是宫女的说话图式的宫廷场面。在第1窟马河嘉纳卡王本生图有这样一幕:在立有四根柱子的屋子中央,被王妃紧贴的马河嘉纳卡王交叉双脚坐在那里,在他背后和柱子中间能看见只露半身的或站或坐的宫女们,屋外,歌女们用笛子和大鼓正在演奏乐曲,表演舞蹈。另外同窟的(善事)王子物语图中的一段也是这样,父王和王妃正在说话,拿着拂尘的宫女们服侍其周围,津津有味地听他们谈论着事情的进展。这些都是印度特有的事情,腰上只穿腰衣的半裸姿态,歪着脖子,扭动腰肢的娇态都显示出来了。其中,最有特征的当属 tribhanga(三屈法),即颈部和腰部两个地方都扭动的宫女才被认同。每个人的头发都从中间分开向后面垂下,头饰、耳环、项环、胸饰、臂钏等琳琅满目的装饰于全身,强调出其丰满的胸部和纤细的腰肢。容貌为高鼻梁长脸型,眉形为很大的一个弧度接近于连眉,单眼皮的眼睛成了所谓的三白眼(黑眼珠偏上,左右下三方露出白眼珠的眼睛),眼角向上提起,厚嘴唇半开着。不管是坐的人,还是站的人都是姿态万千,四肢就不用说了,手指的动作都很细致入微,而且前后重合,这样的构图是非常复杂的。出场人物的不同姿态,特别是把观众的视线集中到重要人物身上,这种达到画面上有突出的效果,可以说是阿旃陀壁画突出的一个非常优秀的绘画手法。但是,画面中所描绘的大都是这种让人乍一看感到万分妩媚的半裸的女性,即是说它对人体的把握非常突出,优秀,但由于观赏的人不同,好恶便不同。特别是画中那颇具特点的眼睛的描绘,复杂的构图和浓彩互相搭配使人不由得感到那种闷热的程度。

陵墓壁画中人物的形态已经种类化了,也就是在已定的形式之中追求内心的表现。和陵墓壁画比较,阿旃陀壁画则是将裸露的登场人物依照舞台设定,用他们所表现的外在形式吸引人们的关注,虽然,已经考虑到了使画面成为叙述性说话图中的一景,非常遗憾的是它没有注重其人物内心活动的表现。这种场合让人想起了绘画中非常看重的所谓“气韵”的东西,和表现“气韵”的用笔方法“骨法”。而关于对象的色彩和形态的描写“形似”就仅次于它。关于这种说法在谢赫的“画的六法”(收藏在《古书品全录》)中就有“根据气韵作画,形似便自然存在于其中”。张彦远的论评《历代名画记》中也有记载。总之,陵墓壁画是根据中国固有的绘画观注重内里的,精神的东西,相反,阿旃陀壁画是重视“形似”,突出外在表现和画匠技巧,两者由于历史、文化的不同绘画观也大有差异。印度中世纪时关于艺术论的一个文献《Visnud harmottarap urana》中对于“绘画”的 citra 在第九章有这样的解释:身体各部分的尺度、姿势、壁画的制做法,彩色和颜料,图像等展开了一个详细的技术论,强调遵守圣典中所述身体比例的同时,舞蹈与绘画要密不可分,即使没有舞蹈论,作为演剧论的 nrtya—sastra 知识欠缺的话,就不能掌握真正的绘画技巧。这段作为背景论述的话也可以成为区别两种壁画的参照。印度的绘画论始终坚持技法论,而轻视着点于制作、观赏上的抽象的精神的评论,这和中国的画论有很大的偏离。在《Visnud harmottara》的最后的文章中说;绘画即 citra 的目的就是追求美的规范“rasa”(翻译风味、基调、以及情趣和情绪),达到这一点就要使它的几个要素合为一体,从而揭示出其中的 cetana 即精神作用。这一点和谢赫的“气韵生动”非常相似,是值得我们留意的。

三、描线·赋彩

陵墓壁画和阿旃陀壁画从技法方面考察(还得期待于专门研究者,综合以前所得知识),它们间有几个共通点:

首先,关于画体的制作,阿旃陀壁画是在密集的多孔质的岩石表面上,涂上 3～20 毫米厚的混有牛粪和岩石碎粉或是谷壳混杂的泥土整理好画体,然后再覆盖上一层薄的灰浆。陵墓壁画的墙壁不是土墙便是砖墙,基本上相差不大。彩画就是将灰浆层抹平之后进行的。阿旃陀壁画是在灰浆尽干燥以后打底稿,也就是使用了 tempera 的技巧(以前也见过在石浆层未干的时候描绘的 frescobuono)。这点和陵墓壁画基本相同。不同的是打底稿的过程。陵墓壁画是先把已经构图好的原尺寸大小的底稿贴在墙上,用蓖状的东西将轮廓誊写下来,然后再用碳墨在画体上打底稿。阿旃陀壁画则不认同誊写后的痕迹,而是用红褐色的淡彩自由地描绘底稿,再用被称为是 terraverde 的绿色颜料使底线变得透明。无论是哪个,最后的加工都没有局限于底线,现遗存的陵墓壁画和阿旃陀壁画上都有很大的修正。

颜料主要就是大红、石青、石绿、石黄等的矿物颜料为主。胶做为固定剂也被使用。陵墓壁画中所用颜料如同《历代名画记》中记载的那样产地遍及全国,朱砂、银硃、紫色也使用了,阿旃陀壁画除了使用了从阿富汗传入的 lapis lazuli 以外,颜料都是本地固有的,色数比较少。另外,作为黑色使用的墨,陵墓壁画是松烟墨,阿旃陀则是燃烧植物油后得到的油烟墨。

以这些技法为基础的描绘,关于人物姿态的表现刚才已经讲过了,现在我们去看看它的描线。正如文章中屡次提到的那样,阿旃陀壁画中不讲求肥瘦,紧劲的所谓铁线描法非常显著,特别是第 2 窟中佛诞生景的描线为例,人物的脸部、肩部到壁胸到腰部的体部,手足各部分的轮廓,墨都无间接全是一气呵成的,甚至具有速笔的特点。而陵墓壁画中盛唐以后便用那种肥瘦交替的中国式的描线方法变化,在初唐和则天时期则和阿旃陀一样以铁线描为主。只是,脸部轮廓的润色,从额头开始,颊、颐、颈筋、鼻梁、耳朵等并不是一笔呵成的，而在阿旃陀中就没有此现象，突出自身的表现。特别是头发的发际，眉毛都是一笔一笔细细描绘的，着衣上随着动作的变化形成的衣褶非常自然地表露出来，这种衣服的轮廓线和衣褶线的美表现在侍女图上是非常具有魅力的。阿旃陀壁画中人物头发的卷毛是比较鲜明地表现出来了，着衣上一般只是花纹，并没有将很多的注意放在衣褶上。用笔十分讲究的陵墓壁画中描线不同对象的种种不同特征便被表现出来，而阿旃陀壁画则对形态的把握非常讲究，这种意义上可以概括为陵墓壁画是线描的构成，阿旃陀壁画是面的构成。描线和用笔的不同，能想到使用笔的形状不同，那种详细的区分还很必要，期待以后研究的地方还很多。

关于赋彩，阿旃陀是以赤褐色为基调，随处都有黄、赤、青、绿以及用这些颜色调合的颜色穿插于其中，色数有局限性。墙底看上去都用绿色颜料涂抹过，石浆层保留原色的非常少。大部分使用平涂的手法赋彩，人物在赤褐色底线的上面根据人种把肉身涂成淡褐色或是浓褐色，最后完成的轮廓，使用了朱线或是墨线。强调立体感的脸部从额头开始，眼睑、鼻梁、颐、唇，体部上胸、腹、手足等大都全身带有强烈的光晕，这种强烈的光晕是阿旃陀壁画的特征，也是给人们留下深刻印象的原因。

相对而言陵墓壁画中石浆墙底是保留原样的(或是全面性地涂上淡彩)，在薄茶色的画面上可以看到各种色彩，褐色、绿色、赤色作为基调，多采用了中间色，衣服上多次看到高彩度的赤和朱、绿等，在赋彩上没有确切的限制，看上去是采用避开底线的掘涂法，肉身、着衣的轮廓是用墨线完成的。初唐时期的壁画还不很明显，则天时期开始光晕就出现在脸部上，韦洞墓墓室西壁的侍女图，可以看到颊和颈上的红晕。只是与其说这种取晕法和阿旃陀一样追求立体感，不如说给人物增加了生气。关于这种技法将渐渐成为话题，受西域影响的莫高窟和北朝时期石窟的不同手法也需要比较研究。

唐代陵墓壁画和阿旃陀壁画的对比仍需考察的地方还很多，上述内容仅限于概观，还要期待于以后的研究。我们了解了洞窟壁画和陵墓壁画的不同，它们间的差异还是很大的，一方是追求外面的、技巧的“形似”，另一方则是为突出内面性和精神性的表现煞费苦心，以“气韵”只要具备“形似”便自然融于其中的绘画观为出发点，至少从唐墓壁画身上看不到受到过的以阿旃陀壁画为例的印度库普答绘画的影响。初唐至盛唐时期，玄奘为首，王玄策、义净等相继去了天竺，他们所学知识、文物的不同在造形活动中受到不少的影响，佛像就是我们众所周知的例子。然而，在绘画中却看不到从中所受的影响。大概对汉魏以来的长期传统和固有的绘画观下形成的唐代绘画而言，即使有接触新式绘画的机会，关于形态把握上能够开阔眼界，但从传统的美意识上去接受它肯定是非常难的。实际上，谢赫以后的中国绘画观都是在此之后，长期形成了绘画制作、观赏的基础。对日本的影响是从近世到近代的时候开始。这次，暂且以代表印度古代绘画的阿旃陀壁画的评价上来看，东洋绘画的理论和实践仍占主体，同时还要考虑影响广泛的中国绘画的传统。

艺　术　篇

唐墓壁画考识

李星明

在唐代其他绘画真迹阙如的情况下,墓室壁画作为有确切纪年的原作而保留至今,其学术价值弥足珍贵。它与现存于新疆克孜尔等石窟、甘肃敦煌莫高窟、山西五台佛光寺的唐代壁画一起构成研究唐代绘画的实物系列。与石窟寺观宗教壁画不同,墓室壁画的文化依据是中国本土的阴阳五行宇宙观、祖先崇拜、神灵信仰和儒学礼教,它既有神幻色彩,又具有现实世俗性质,是一个相对独立的体系。

唐墓壁画又是唐代陵墓艺术的一个有机成分,它与墓内的石椁、三彩俑、墓志、墓结构及地面上的石雕、封土等构成庞大而复杂的艺术综合体,其中包含了绘画、雕塑、书法、建筑各种造型艺术。本文着重论述墓室壁画,并不存有将它与整个陵墓艺术综合体硬性分割的意图。

1950年以来,我国出土的唐墓壁画逐渐丰富起来,大多数集中在陕西关中的西安市郊和附近的礼泉县、乾县、长安县、三原县、富平县和咸阳市郊,这里在唐代属京兆府雍州辖地,所发掘的壁画墓皆为皇室、贵戚、京畿大臣的墓葬。此外,在山西太原、宁夏固原、湖北郧县、新疆吐鲁番、广东韶关、四川万县等地也有唐墓壁画出土。其中太原和吐鲁番是除陕西关中以外两个唐代壁画墓比较集中的地区。目前唐墓壁画仍处于考古清理和资料介绍阶段,从艺术史学的角度进行系统的研究基本上尚未展开。但是,现已面世的壁画墓已有相当数量,而且墓主的身份品第也有较大的差别,能够体现出各层贵族的墓室壁画的规模格式。我们根据现有资料,整体地讨论唐墓壁画艺术风格变化和文化、审美特征,已具有了可能性。

一、唐代墓室结构与壁画的配置

论及唐墓壁画，必须考察墓葬内的建筑结构，将壁画与墓内结构统一看待，才有可能把握墓室壁画的总体特征。中国古代墓室结构对真实住宅的模仿大约是在西汉中期首先在黄河流域开始的，后来逐步形成由厅堂耳室组合而成的复杂多变的墓室。魏晋以后，墓室结构的平面布局明显简化，变为较为整一的结构，有一定规模的墓葬大多是由斜坡墓道、甬道和弧方形墓室组成。北魏时期，一些墓在靠近墓道一端的甬道顶部出现天井，直通地面。天井式墓结构是对真实住宅模拟的进一步发展，一个天井代表一个院落，天井愈多，则益加显得门重宅深。这种墓室结构经过西魏、北齐、北周，在关陇和中原黄土层较厚的地区逐渐成为一种定式，黄土的直立性为其发展提供了客观上的可能性。北朝后期形成的新式墓内结构在初唐达到完美境地，规定着唐代关中地区皇室和贵族墓葬的基本形式。斜坡墓道、过洞、天井、甬道、壁龛和前后墓室都贯穿在一条南北走向的直线之上，左右对称，前后通达，具有单纯、正直、明朗的视觉感受。这与汉代那种大室套小室、错综迂回的墓内结构所造成的迷离恍惚的神秘色彩迥然不同，而与唐代的宅院、寺观、城池的布局结构有着一致性。唐人的建筑物的空间构成上所体现的统一秩序、视觉心理上的愉悦和生理运动上的舒畅，恰好表现出时代的精神特征。

墓内结构的变化必然导致壁画布局的变化。汉代墓室中一般在穹顶或券顶上绘神异祥瑞和天象，在壁画上往往分几个横栏描绘大量的人间景象。北朝的墓室仍然保持上为神瑞天象，下为人间的两大题材单元，但是人间部分则逐渐流行单层构图。由于汉墓结构复杂多变，不具备一定的规范，壁画内容的分布大多根据具体情况而定，所以显示出一种随机性。北朝出现的那种以对深宅大院的模拟为目的的新式墓结构为壁画的分布装置提供了新的可能性和规范。以宁夏固原北周李贤墓(569)[①]为例，此墓中的建筑壁画开始与墓结构有意识地进行一体化结合。第一、二、三过洞和甬道口上方均绘有单层或双层门楼图，当人们从墓道走进时，会依次在墓门、各过洞和甬道口上方到这些门楼图。第一过洞即墓门口上的门楼图可以被视为宅院的外门建筑，第二过洞上方即第一天井后壁的楼阁图又是进入宅门后从第一个院落通向第二个院落(第二个天井)的门楼；这样一个院落一个院落地向里深入，直到被当作殿堂的墓室。在视觉上建筑壁画扩展了墓内结构的空间,并且进一步明确了墓内结构对真实宅院的模拟性质。墓道、过洞、天井两壁绘仪卫武士图,墓室四壁则绘侍从乐伎图,人物按照外卫内侍的这种分布仍然是对真实宅院中的人物活动情况的模拟。这样墓内的全部壁画和墓结构有机地统一于对宅院的模拟之中,实现了一体化。北周李贤墓并不是孤例,济南马家庄北齐道贵墓(571)[②]和宁夏固原隋代史勿昭墓(610)[③]也有类似情况。北周李贤墓的结构和壁画题材的配置都可视为唐墓的滥觞。李贤家族是陇西望族,其家庭成员多为西魏、北周的显赫人物。李唐宗室的祖先李虎也是支持宇文氏政权的关陇豪族,在同一区域和同一文化环境中,北周贵族对自己的墓葬形制的选择是具有共同性的(不排除个别例外),这种形制被以李唐宗室为代表的贵族直接继承下来是顺理成章的事。尽管墓结构已经形成了新类型,壁画的配置也走上了协同墓内结构对宅院进行模拟的道路,但是在壁画的构图和分布方面,汉魏传统仍然延续着,与新的样式并行,直到初唐为止。陕西三原李寿墓壁画(631)[④]在构图与配置上所显示出来的独立性与墓结构对宅院的性质产生了矛盾。首先是墓道、天井的壁画分上下两栏,将空间做汉魏式的分割,以便表现两种不同的场面,这种做法与模仿宅院的墓结构是相互排斥的,缺乏一种有机联系。再者,甬道后段东壁绘寺院,西壁绘道观,墓室西壁有马厩和草料库,北壁绘贵族庭院。这些以建筑物为主,辅之以相关的人物的画面,都是作为独立的场面出现的。寺院和道观的对称关系显示出宗教信仰的持平观念,庭院和马厩也都以较大的全景场面表现了贵族生活的富豪,但是它们与过洞口和甬道口上方的门楼图协同墓结构模仿现实宅院不同,它们更注重画面自身的构图,并不完全依附墓结构。所以李寿墓壁画并未体现出唐墓壁画那种单纯整一的特性,而是更多地反映了汉魏墓室壁画多元空间和庞杂繁复的格局。此墓壁画的画工对这种格局的依恋表现出汉魏传统的惯性。李寿是唐皇室宗亲,为淮安郡王,属高层贵族,他的墓葬应该有一定的代表性,但是在它以前或同时的唐墓壁画尚无重大发现,仅凭这一例便断定这个时期墓室壁画格式的总面貌显然不妥。如果将北周李贤墓、隋代史勿昭墓与比李寿墓晚十多年的陕西礼泉昭陵韦贵妃墓[⑤]和长乐公主墓[⑥]联系起来考察,就会发现墓结构与壁画配置的一体化在北朝后期初具规模后到初唐成熟发展的一贯性。唐朝立国后的二三十年中的情况不能只通过李寿墓来总括,它只代表延续汉魏传统的一路,否则就无法释李寿墓与韦贵妃墓和长乐公主墓在壁画布局配置上的巨大反差。从总体来看,墓室壁画的布局配置在北朝后期至初唐前期并存着传统和新式两种,但是汉魏传统很快就消失了,李寿墓之后再无接续者,新式主宰了唐墓壁画,时代精神与物质形式在这方面达到契合。韦贵妃墓和长乐公主墓内的建筑壁画与墓结构的一体化达到了最后的完善,毫无遗憾地实现了对真实深宅大院的模拟。墓道、过洞和天井的建筑壁画分别表示大门、过厅和庭院,甬道两壁的建筑则表示殿堂前面两侧的庑廊,前室表示前厅、后室象征大殿。全部影作建筑壁画贯穿起来,就是一个紧密结合并服从于墓内结构的体系。这种体系很自然地将人物画纳入对宅院模拟的一体化之中:大门外两侧(墓道两壁)是威武庄严的仪卫武士行列和标志身份的戟架(或在天井两壁);过厅和庭院(过洞、天井)中众多的官吏、宦官和男女侍者,他们或牵驼备马,或进谒,或恭立,或闲谈;甬道两壁多绘男女侍者和乐伎;前后室多绘侍女捧物行列、歌舞和闲游景象。过洞、天井、甬道和墓室影作建筑壁画的立柱自然形成了人物画的分界,两柱之间的空间相对独立地成为一幅人物画,但从整体着眼,所有人物都按照身份职务居于合适的位置,构成统一的贵族宅院生活的全貌。

建筑壁画和人物壁画与墓内结构统一于对现实宅院模拟的一体化之中,是唐墓壁画的总体特征之一。这种一体化格式具有划时代的意义,它标志着人生态度和观念的转变,将中国古墓壁画分为前后相续的两大阶段。前者,从西汉至魏晋,分栏布局的做法使壁画在空间上呈多元化,内容题材的分布有较大的自由,人与神的分界不很清晰,具有较多的幻想和浪漫色彩;后者,一体化使壁画统一在一元空间之中,神异祥瑞大大减少,只剩下四神和天象图分别绘在墓道口两壁上方和墓室穹顶之上,理性的人间生活被义无反顾地加以强调。北朝后期至初唐正是由第一种类型向第二种类型转变的契机。这是魏晋南北朝人文觉醒和理性张扬的结果,它表明华夏民族已由神的世界中走了出来,回到世间寻求新的信念,建造和享受自己的实际生活。一体化格式为后来的五代、辽、宋、金、元墓室壁画所继承。

二、唐墓壁画艺术风格的分期与嬗变

1. 唐高祖至唐高宗时期(618~683)

隋唐的统一造成了华夏文化的新格局。政治中心重新回归到关中长安,北方经济的复苏使这块曾经孕育过秦汉文化传统的土地恢复了元气，南方的艺术人材很快被吸引到北方政治中心。以关陇士族豪门为核心崛起，导致儒家经学成为政治伦理和文化艺术的主要依据。北朝的艺术在很大程度上是佛教的承载物，五胡贵族依仗着它将不同文化背景的胡汉民众纳入一个共识的文化框架之中；南朝的艺术则是对儒学伦理规范的叛离，它超越了政治功利，在中国艺术史上第一次走向自觉、逼近人性和主体的生存状态。但是在隋唐政治大统一和儒学重振的情况下，北朝的佛教和南朝以老庄哲学为基础的清谈思辩都丧失了它们支配南北文化艺术的原动力，艺术在很大程度上又回到了儒学的怀抱，由出世转向入世，由内心转向外事。一方面，儒学充满信心地向佛教艺术渗透，另一方面，政治加强了对艺术的利用，这使初唐艺术具有浓厚的“成教化，助人伦”的色彩。在宫廷、陵墓、石窟寺观艺术中，帝王功业、君臣主仆的等级秩序都被当作第一要旨而加以强调。初唐的墓室壁画以其现实性直接而充分地体现了这一点，同时也显示整个社会对强大的李唐王朝充满希望的向心性。

高祖至高宗(618～683)时期的墓室壁画出土相对丰富，为我们提供了较完整的初唐风貌。李寿墓、昭陵杨恭仁墓壁画(640)和阎立本的《步辇图》(藏故宫博物院)在人物形象和绘画语言上有很大的共同性，颇能说明初唐前期所流行的风格。从人物的造型比例来看，侍女都是身躯纤细，面颊丰圆，头的比例要大一些，配上色调明净的服饰，有一种稚朴清秀的美，与西安隋大业四年(608)李静训墓和大业六年(610)姬威墓出土的侍女俑和李寿墓石椁线刻乐舞伎联系起来，可知这种风格的女性形象是南北朝不同风格相互融合的结果，它盛行于隋代、唐初。这种大头细身的形象还出现在昭陵李勣墓[⑦]、咸阳苏君墓[⑧]、西安羊头镇李爽墓[⑨]、富平献陵李凤墓[⑩]的壁画之中，它是初唐画工的一种造型比例观念。李寿墓、杨恭仁墓壁画和《步辇图》中表现人物衣纹的线型同属“铁线描”，它是北朝雄沉刚健的线条和南朝绵密秀逸的线条相融的产物，剔除了北朝的拙朴和南朝的纤弱，它将北方的“质”和南方的“文”有机地结合起来，折射出南北文化的融合。铁线描有一种内在的力量，沉稳均匀，精练而富有韧性，它使女性秀而不弱，使男性刚而不野。李寿墓和杨恭仁墓壁画所代表风格基本是南北朝和隋代传统的延续。

根据文献所知，初唐前期长安画坛存在着分别以阎立本和尉迟乙僧为代表的中原画法和西域画法，说明这时尚未形成统一的风格。但是我们除了能看到《步辇图》、《历代帝王图》(藏美国波士顿艺术博物馆)等宋代摹本外,对其他活动于长安的画家只能从文字记载中获得一些抽象而含糊的认识。墓室壁画的不断出土使我们的认识逐渐丰富起来了,揭示了初唐画坛风格的多样性。

同属昭陵陪葬墓的杨恭仁墓壁画与韦贵妃墓、长乐公主墓壁画前后相隔不过数年,而风格的差异却很大。韦贵妃墓和长乐公主墓壁画的人物变得高大健壮起来,一扫隋代那大头细身的形象,一般为六个半至七个头高,与人体的自然比例相合。线型虽然仍属铁线描,但已不似从前那样拘谨细秀,而一变为爽利舒畅,与人体的运动节奏和谐地统一起来。在赋色上以朱红、土红、赭石为主,辅以石青、石绿、石黄等,色调温暖。如果说李寿墓壁画及其石椁线刻和杨恭仁墓壁画中的丰面细身的侍女在形态气质上更接近天真幼稚的童女,那么韦贵妃墓和长乐公主墓壁画中的侍女则个个都是青春洋溢、落落大方的少女。这是一种全新的风格,与隋代遗风拉开了距离,它已进入唐代大风格的体系。新风格体现了初唐画工对现实世界更加深入的观察,人物造型更接近人体的生理结构和运动规律,这不仅是写实技巧的进步,更是人们价值取向的变化。处于上升阶段的社会,不断富裕的生活以及人们对自身的关注,都为画师们修正旧有的图式提供了潜在的动力。始见于韦贵妃墓和长乐公主墓壁画的初唐新风格,通过后续的段简璧墓(651)[11]、执失奉节墓(658)[12]、李震墓(665)[13]、阿史那忠墓(653—675)[14]中的壁画得到较全面的展现。稳健端庄、美而不华、朴而不拙是这种风格的审美特征。

南北朝和隋代遗风的形式惯性、民间区域性的造型手法与逐渐成为主流的初唐新风格相互之间的碰撞、交融和挤压造就了一些介乎于这三种势力之间的画工,他们体现出处于主流风格转换过程中的初唐画坛的探索性和变异性。最有趣的是献陵两个陪葬墓——李凤墓(675)与房陵公主墓(673)[15]之间的比较。这两墓壁画先后只相隔两年,同在一地,而风格的差异却极为显著。李凤墓壁画在人物形体上无疑是受隋代遗风的影响,同时包含着较多质朴的民间造型意识,因而在人体形态上出现了头部极大,身躯细瘦,手臂短小的怪相,身高与头的比例一般为五比一。但是那明艳的赋色、活泼的线条又具有初唐风格的特点。房陵公主墓壁画的侍女在形体上表现了另一个极端,身躯长大(有的达到八个头高),饱满敦实,在已出土的唐墓壁画中是最大的。这种长大比例可以追溯到东晋顾恺之《女史箴图》(藏英国伦敦大英博物馆)和河南邓县学庄南朝画像砖墓[16]。初唐风格可能在造型上远承东晋南朝的某些因素,对隋代丰面细身的造型样式进行革命,房陵公主墓壁画将它推向极致。此墓壁画中的侍女丰硕伟岸,神情自信,再配上沉雄刚挺的线条,表现出一种特有的阳刚之美,在中国绘画史上甚为罕见。李凤墓和房陵公主墓壁画几乎是在同一地点同一时间创作的,然而所表现出来的反差足以说明它们是出自属于两个不同派系的画工之手。每派都是师徒相传,在创作方法上形成秘诀,画法都有一定的规定性,造成相对意义上的不同风格。

执失奉节墓(658)和李爽墓壁画(668)在用线上显露出新变化的苗头。执失奉节墓中的那幅舞女图运笔简洁迅速,用色也是大笔挥扫,壁画上飞溅着许多色斑,很像一幅速写画。这幅画虽然简率,却试图以一种豪迈之气将线条从缓慢、均匀、紧收的铁线描中解放出来。李爽墓壁画以更多的幅面否定了线型这种变化趋势的偶然性,但却反映出两种相反势力的对抗,丰面细身的人物造型是对隋代遗风的追念,而松动多变的线条则倾向对铁线描进行超越。这两墓壁画告诉我们,盛唐流行的兰叶描在初唐已有胎胚,但尚未从铁线描中脱胎出来,还需要一段时期的孕育。

初唐墓室壁画的赋色方法主要有平涂、晕染、斡染、退染等。平涂和晕染主要用于衣服裙带,平涂是最常用的方法。斡染主要用于以朱砂表现人物面颊,退染一般用于描绘藻井图案、过洞门口两侧和壁龛周围的忍冬纹和卷云纹等。色彩以朱红、土红、赭石、石黄为主,辅以石青、石绿等,总的倾向是暖调子。有些男性人物直接用白描或以淡色晕染之。同一墓中的壁画赋色并不复杂,在视觉上有一种单纯明快的感觉。齐梁间西域画风对中原绘画影响颇甚,色彩的作用被加强。这一点可以从谢赫将"随类赋彩"摆在重要位置得到证明。经过张僧繇、尉迟乙僧等人的努力,色彩在中原绘画中几乎与线条并驾齐驱。色彩的比重加大给传统绘画输入了新鲜血液,曾在某种程度上一度改变了华夏民族偏爱黑白极色的视觉心理。初唐墓室壁画中的晕染、退染等使物象具有凹凸幻觉的技法,正是中国古代绘画对外来画风消化的结果。这时的壁画赋色并不烦琐,色相亦不太多,但是却构成初唐墓室壁画俊美朴实,朝气盎然的神韵。

2. 武周至唐玄宗时期(684～756)

在高祖至高宗时期完成了隋代风格向初唐风格的转换,在这种变革性的转换中产生了多样化的现象,它表现为文化重心北移后在建造新的文化机体的过程中南方风格和北方风格、主流风格和区域风格之间的差异。政治统一后,黄河流域和长江流域的经济迅速发展,经过近一个世纪的孕化,形成了自信、欢乐、明朗的精神气度和入世务实、强盛统一、重共性选择的社会心态。另外,高僧玄奘、巧匠宋法智先后从印度归来,以及王玄策出使天竺,为中国佛教艺术的发展带来新的刺激。正是这种气度和心态及外来艺术的新冲击在武则天时代凝聚成了一种有情有性、艳美动人的统一风格。

武则天时代的墓室壁画在西安附近目前尚缺乏更多的实例,但来自山西太原的资料在某种程度上弥补了这个缺憾。太原金胜村 4 号和 7 号墓壁画[17]具有代表性,两墓壁画内容大致相同。其中八扇屏风式树下老人图是太原地区这个时期墓室壁画的特点。这些老人像与雕于开元七年(719)的道教石造像《常阳天尊》(藏山西省博物馆)及其底座左右两侧线刻弟子道士像,在衣冠服饰和形象神情上都很相似。据此,这些老人应是道教图像。只是这些老人或恸哭,或沉思,或伐薪,或嗅花,各有什么寓意,尚待考证。

金胜村墓室壁画中的侍女图显示出一番别样的风韵。与以前那种笔直站立的侍女不同,身躯出现了摆动的"S"状姿态,臀部扭向一方,肩部则向另一方倾斜,人体的节奏感明显加强。这种富有节奏的站立姿态使侍女们多了几分妩媚。我们在李重润墓[18]和李仙蕙墓[19]壁画中可以看到这种新形象的完美范例。盛行于武周时期的"S"状曲线型女性形象可能导源于中国与印度文化交流的进一步频繁和佛教造像对画工们的启发。它原本产生于印度那种擅长舞蹈的民族文化之中,使那里的菩萨天女扭动蜂腰,荡起肥臀,产生强烈的性感刺激。这些菩萨天女到了孔子的家乡中国时收敛了许多,画工们在将它用于表现世俗的侍女时又进一步做了中国化的处理,减少了过激的动势,具有了中国式的优雅和谐,形成令人神往的武周风格。

李重润墓和李仙蕙墓壁画绘制于武则天死后的第二年(706),然而武周风格正是在武周后期成熟的。由于这两座墓都是"号墓为陵"的建制,壁画很有可能是由地位较高的画工主持绘制的,充分展示了武周时代的绘画风格。人物形体追求一种理想样式,仕女身材修长,苗条均称,与初唐的质朴矫健不同,而变得轻盈灵动,身段的曲线造型赋予人体以优美的节奏和韵律。这种节奏和韵律在这两个墓前后室的东西两壁的宫女行列图中尤为显著。手持扇、盒、烛、瓶、拂尘等什物的宫女徐徐行进,绰约的身姿相互呼应,明艳的色彩与纯精的线条仿佛在醉人的乐曲中闪烁生辉,摇曳飘动。这两墓壁画无论在形制上还是在风格上都是已出土的唐墓壁画中最富有宫廷色彩的作品,是唐代宫廷文化的集中反映。李重润墓中浩大的仪仗行列,天子级的列戟,巍峨的楼阙,驾鹰驯豹的男侍,行走于庑廊之间的宫女,构成了宫廷生活的宏丽景观。

武周风格的墓室壁画在线条上仍然属于铁线描,但与初唐注重对形象的界定相比,画工们力图强化线条自身的形式感。线条一方面继续追摹形象的自然状态,另一方面画工运笔时更注重韵律和气脉,不再那么迟缓,线条之间的呼应配合也被强调。武周风格的线条是洗练纯净的,柔情之中含有力度。由于画工们在用线观念上的改变,线型革命即将到来。

初唐和盛唐之间的武周时代墓室壁画风格的确是迷人的,它优雅而不乏骨气,灵动而不流于虚幻。这种风格延续到开元年间,我们在昭陵契苾夫人墓(721)[20]中仍然可以发现武周式的窈窕淑女。然而武周时代刚刚过去,唐人那种追求丰腴圆润的审美趣味在武周之后,很快兴盛起来。到了开元天宝年间仕女们都逐渐变成了"环肥"。与初唐那种健壮的饱满不同,这是一种优裕生活中充满惬意和消闲的丰肥。

长安县南里王村景龙二年(708)的韦泂墓[21]和咸阳市底张湾景元元年(710)的万泉县主薛氏墓壁画[22]首先展示了这种变化。韦泂墓壁画的作者熟练地运用土朱晕染男女侍者的脸颊,上下眼睑和项部的横褶,表现出柔软丰肥的面相,又以淡紫、淡黄、墨绿敷染衣饰,典雅透明。在线条方面令人耳目一新,一根线条在运转过程中,随着物象的转折穿插而有方圆粗细变化,线条之间也因主次和服饰的质感不同而有浓淡刚柔变化,聚散离合,尽随人意。我们在薛氏墓壁画中所见的线条已是"立笔挥扫,势若旋风"的样子了。新的线型此时业已脱颖而出,这就是北宋米芾和元代汤垕所讲的"莼菜条"和"兰叶描"。根据文献记载,吴道子作画早年"行笔差细",还是南北朝及初唐传统,中年"行笔如莼菜条";"众皆密于盼际,我(吴道子)则离披其点画;众皆谨于象似,我则脱落其凡俗。"[23]于此,我们可以得出两个结论:其一,从时间上来推算,韦泂墓和薛氏墓的绘制时间相当于吴道子的早年,而从这两墓壁画所显示的新线型成熟程度来看,它的存在应有一段时间了,所以兰叶描在吴道子使用之前已经在长安画工中流行,并出现了韦泂墓壁画作者那样的高手。我们从执失奉节墓、李仙蕙墓、韦泂墓、薛氏墓这一系列壁画中可以观察到这种新线型的发展轨迹。吴道子只是在发扬光大兰叶描中起了重要作用。其二,兰叶描的出现并未使铁线描消失,仍然有一些画工在沿用,天宝十五年(756)高元珪墓壁画[24]便是一例。另外,铁线描在盛唐以后又滋生出张萱、周昉仕女画中的"琴丝描”,但这种精细华贵的线型不太可能在墓室壁画中见到。线型的嬗变一方面是艺术形式自身的逻辑演进,另一方面又是人们审美趣味的选择。兰叶描那种“数尺飞动”、“健力有余”的气势正好与盛唐人那种豪迈、自由、舒展的外向型社会心理性格相合,与顾恺之、陆探微、阎立本所代表的春蚕吐丝描和铁线描那种内省、谨慎的意味迥然不同。

乾陵章怀太子李贤墓建于神龙二年(706),但其中的壁画是在景元二年(711)李贤之妃房氏与其合葬时重新绘制的㉕,风格和题材与李重润墓、李仙蕙墓有许多不同之处,而与韦泂墓、薛氏墓壁画同属盛唐风格。此墓壁画通过以下几点比较集中地反映了盛唐绘画风貌:

①女性人物一反武周风格的修长做法,趋向肥胖,但尚未超过现实常态;姿态也不是那样富有节奏的静穆,而是轻松、随意。

②在赋色上,与以前偏重平涂相比,显得灵活多变。晕染法使用率很高,往往顺着衣纹走向和物象结构进行浅深敷染,浓淡过渡,自然和谐。画工不仅善于处理同一色相的浓淡变化,而且还用两种不同的色彩表现同一物象。渗化衔接,十分微妙,更增加色彩的丰富性。在赋色时还显示出笔触的魅力,色彩笔触也依着物象结构而有起伏转折变化,并在适当处留白。清晰的色彩笔触与抑扬顿挫的兰叶描线型,气势交映,浑然一体。此墓壁画总结了南北朝以来中国绘画在色彩上的成就,达到了线色并举的典范。

③墓室和前室的壁画绘有仕女在庭院中游玩消遣的场景,这是盛唐绘画中的一个新趋势。初唐和武周时期的墓室壁画中一般绘乐伎舞女和捧物恭立或缓行的侍女行列,这些都表明画中人物对墓主亡灵的向心性,为主人服务的他为性很强烈。而这里的宫娥们却在自由自在地观鸟捕蝉,嬉戏调侃,敞襟纳凉,墓主人也坐在花园中的树荫之下。人物活动的自为性加强,这在中晚唐墓室壁画中是普遍的。社会群体观念在悄悄地变化。

④墓道东西两壁的《狩猎出行图》和《马球图》,一为汉魏传统题材,一为唐代外来的新风尚,两者皆为皇室贵族生活写照。值得注意的是画工把握这种大场面的构图能力。骑者疏密聚散,前后重叠,忽隐忽现地穿梭于山石树之间,无不合乎自然样态。山坡用粗重的长线勾勒轮廓,岩石行笔方硬,以淡墨皴染,再晕以赭黄、石绿等色彩。所画山石运笔爽快,与李思训那种赋色浓重、工整臻密的金碧山水显然不同,而更接近吴道子豪放一路。王维的水墨山水或许也与这种画法有某种内在联系。

⑤墓道中段两壁的《客使图》与六朝以来出现的许多《职贡图》、《蕃客入朝图》和初唐的《步辇图》同属一类性质的题材，这表明中国在唐代具有强大国力，被各国视为上邦，它们或臣服进贡，或遣使谒陵，或求婚通好，都是对中国的富强繁荣的慑服和仰慕。唐人那种泱泱大国的自豪感在这两幅《客使图》中表现得淋漓尽致。

在西安东郊苏思勖墓壁画(745)[26]中我们发现了“焦墨薄彩”的范例，它揭示了盛唐风格的另一个方面。此墓壁画使人印象最深刻的是那忽轻忽重，如走龙蛇的兰叶描与纵横跳跃、旋转如风的胡腾舞相结合所产生的磅礴气势(墓室东壁《乐舞图》)，兰叶描所蕴含的潜力在这里得到充分发挥。赋色皆用淡彩，大笔拂扫，似不经意，“落笔雄劲，而傅彩简淡”是此墓壁画的特色。这种淡彩做法经吴道子提倡被宋人称为“吴装”[27]。苏思勖墓壁画在线条、色彩、造型和势态上与画史文献所记述的“兰叶描”、“吴装”、“吴带当风”相吻合，构成了“吴家样”的整体风格。“吴家样”是对南北朝以来注重色彩风气的反叛，是民族风格自觉的表现。张彦远所讲的“具其彩色，是失其笔法”，正是对民族规定性的强调。“吴家样”与线条轻细、赋色浓艳的“周家样”形成对照，一个雄劲，一个富丽，两者共同构成盛唐的总体风格。吴家样落笔迅速，赋色淡略，追求大势，在材料和效率方面更适于墓室壁画创作，所以盛唐以后的墓室壁画大多倾向于这一路。

3. 安史之乱至唐末(756~907)

安史之乱之后，北方陷入藩镇割据，黄河流域的经济遭到战乱的破坏，唐朝中央势力大为削弱。但是作为唐朝大后方的江淮和川蜀地区，却经济日渐繁荣。商业发展迅速的南方，已成为唐朝的经济中心。同时两税法等财政改革，使整个社会仍然相当富裕。中唐以后新兴的士大夫阶层逐渐取代了门阀士族而在政治、经济、文化各方面取得支配地位，使整个时代精神和社会氛围发生了很大的变化。社会风尚益趋奢华，追求安逸享乐；人们对拓疆扩土的征战淡漠了，而将热情投注于游宴、博弈、服食和书法图画。这时的文坛艺苑开始疏远了儒学三纲伦常，走向新的自觉。初、盛唐那种以帝王功业为核心的凝聚力正在消散，中国古代艺术主流开始从宫廷、寺观、陵墓逐渐转向市井书斋。陵墓艺术在初、盛唐达到极盛之后便开始呈抛物线状走向式微。

墓葬结构在中唐以后也发生了变化，天井开始减少并且逐渐消失，无天井单室墓结构普遍流行。由于天井的省略，连接墓道和墓室的隧道简缩为一条甬道,贵族墓葬结构由初、盛唐那种宏大的多天井式简化为规模较小的无天井单室式。这一点与中唐以来陵墓艺术趋向衰微相吻合。墓结构的简化使墓内壁面的面积减少,从而直接导致了壁画的减少。墓结构的变化决定了壁画的布局和容量。

中晚唐的墓室壁画目前出土的数量很有限,在西安地区较重要的有唐安公主墓(784)[28]、郯国公主墓(787)[29]、韦氏家墓(中唐)[30]、姚存古墓(835)[31]、梁元翰墓(844)[32]、高克从墓(847)[33]、杨玄略墓(864)[34]等。此外,在新疆吐鲁番也有一批中唐以后的壁画墓。想从这些数目有限的壁画墓中较全面地了解中晚唐一个半世纪的墓室壁画状况,未免有挂一漏万之虞,但就这些壁画墓所具有的共同特点,仍然可以对中晚唐墓室壁画进行管中窥斑。

中唐以后,贵族们不再那么追求陪葬帝陵的荣耀了,他们似乎舍不得离开温馨的家园和京都的豪华生活,死后大多葬在长安城边,而不愿到荒郊旷野去陪伴皇帝的孤魂。墓室壁画中那些象征等级品位的仪仗、戟架不多见了,持剑佩刀的武士也大为减少,而文吏和男女内侍成为主要题材。肇始于章怀太子墓中的园林游憩场景更为流行,与此时的享乐风尚相合。韦氏家墓的《野餐图》、新疆吐鲁番阿斯塔那 65TMA38 号墓中的《六屏式树下人物图》,便属此类。在题材上最引人注目的变化就是花鸟画独立成幅地出现在墓室的壁画之上,我们在盛唐的冯君衡墓(729)[35]和高元珪墓[36](756)中已经看到了这个端倪。盛唐以前,墓室壁画中的花草禽鸟都是附属点缀人物画的,或者起间隔人物的作用,在造型和技法上都已接近中晚唐的水平。但是,人们自觉地将花鸟看作与人物并列的专门题材,并普遍流行,是在盛唐以后。中晚唐墓室西壁大多数都绘有独立的花鸟画。早先绘于墓室壁和穹顶之间的朱雀、玄武也失去了高高在上的神性,而下凡到人间成为普通的禽鸟和龟蛇,仅保留它们指示方位的功能(朱雀绘于南壁,玄武绘于北壁)。花鸟画的独立成科使人物画在墓室中失掉了独尊地位,进一步冲淡了儒学的人事伦常,增添了墓室壁画中的轻松情调。

中晚唐墓室壁画的另一个特点是六扇屏风式构图的普遍使用。这种屏风式构图是在墓室的一个壁面上用土红画出连续的六个竖框,每一竖框成一独立画幅,于其中作画。屏风式壁画的内容有人物和花鸟两类。这种形式是对厅堂居室所陈设的屏风的模仿,它并未打破唐代墓结构与壁画统一于对宅院进行模拟的大格局,它只是被当作一种陈设更加丰富了居室的内景。屏风式花鸟画可以算是中唐以来的新创造。而屏风式人物画早在南北朝的墓室中就出现了。山东济南市东八里洼北朝壁画墓[37]和临朐县北齐崔芬墓[38]都绘有八扇屏风壁画,屏面各绘树下人物,从人物的情态和装束上看,与南京西善桥东晋南朝墓中的模印砖画《荣启期与竹林七贤图》有某种渊源关系。山西太原金胜村武周时期墓室中的八扇屏风树下老人图,正是这种形式的延续。屏风式构图在中晚唐被广泛使用于墓室,并变为六扇形式,这与当时的居室屏风的样式是一致的。屏风式人物壁画从南北朝到中晚唐,尽管人物的精神状态不同,从属于各自的文化环境,但是却一直保持人物在树下活动这一基本母题,如韦氏家族墓西壁和韩氏墓(765)[39]西壁的《六屏式仕女图》、阿斯塔那65TMA38号墓主室后壁的《六屏式墓主人图》[40]。

从绘画语言来看,中晚唐墓室人物壁画主要是沿袭盛唐形成的吴家样风格,而更加率意,往往一气呵成,很像即兴速写,线条本身的韵味更加强化。线、形、色在组织人物形象时已不像初、盛唐那样结实,而显得松散。仕女的造型沿着盛唐追求丰腴的趋向顺势发展,体态益加肥硕,服式益加宽博,达到了唐代女性形象饱满丰肥的极限。安史之乱后,华夷界限逐渐深入整个社会心理,胡服在中原开始减少,汉式的褒博服式广为流行。人物造型的肥厚,兰叶描那种力量外发的动势,宽大的衣裙和蓬松的发式,在审美情趣上存在着一种不谋而合的趋同性。绘画语言外在的精熟和精神内涵的转化是中晚唐墓室人物壁画的总趋势。但是生机盎然的花鸟画为这个时期日渐衰微的墓室壁画增添了别样的光彩,表明唐人的注意力已从伦常秩序转向富有情趣的日常生活和娇小鲜活的自然生命,审美趣味已由崇尚浩大、刚丽,转向欣赏细致、新巧。

中晚唐墓室壁画的空间对应关系很是意味深长。墓室四壁的内容有了新的定式,一般是棺床设在墓室的西侧,西壁绘六屏式壁画,与之相对的东壁绘男女侍者或乐舞,北壁绘侍者和玄武,南壁绘侍者和朱雀。这种安排是出于对墓主居室生活的重现:棺床象征着墓主生前坐卧的床榻,后设屏障,前面和左右站立着听候吩咐的男女内侍,又有歌舞助兴,还出现了几座等居室陈设。这种对室内生活模拟的细致化倾向在宋元墓室壁画中得到充分发展。

纵观唐墓壁画整体的嬗变过程,可分成三个大阶段。高祖至高宗(618~683)为第一阶段,包括前后两个时期,前期是对南北朝隋代风格的延续,后期则是初唐风格形成的过程;第一阶段完成了南北朝和唐代两个大风格范畴的转换。武周至玄宗(684~756)为第二阶段,墓室壁画发展到饱和程度,并达到唐风的经典意义;这个阶段又有前后相续的武周风格和盛唐风格,反映出审美趣味的变化。安史之乱以后(756~907)为第三阶段,这是一个漫长的渐变时期,中间没有像前两个阶段那样在风格上有较明显的变化;盛唐风格的成熟为中晚唐树立了模式和法则,因此守成的成分多而创新的成分少,这是一个由唐代风格向五代北宋风格转化的过程。各个时期的风格形态与时代精神气候的变化是同步的。政治经济环境、文化氛围的变化通过创造主体内心的感悟而导致艺术风格的变化。不同时期的风格在时序上的展示构成了流变性的整体风格。唐墓壁画的整体风格是由几个相续的子风格合成的,它的博大深泓也表现在这里。

三、唐墓壁画的若干文化特质

1. 四神天象的理性化与升仙意识的淡化

在中国古代文化环境中,人们对墓葬的营建除了出于礼制的需要之外,还有获得祖先荫庇的目的和祈祷墓主升仙的意识。墓室壁画作为墓葬的一个组成部分,自然会描绘某些与之有关的神瑞题材,表现古人对宇宙总体构架的认识。在保存比较完整的唐代壁画墓中,大多数绘有青龙、白虎、朱雀、玄武四个方位神和天象图,并且这些图像的位置相当稳定。

根据考证,产生于中国上古神话的青龙、白虎、朱雀、玄武四灵在春秋战国以前就已与星辰崇拜和占星术发生联系,具有标志四方的性质,在汉代又被纳入阴阳五行说之中,与阴阳、五行、八卦、四方、四时、二十八宿、天干、地支相配合,构成古代解释宇宙的基本体系。四灵与青、赤、白、黑四色相结合,形象地表示东、南、西、北四方和春、夏、秋、冬四时,同时具有标志四方空间和表示季节循环的作用。萌发于商周的阴阳五行思想,在汉代与儒学相融合,发展成一个天、地、人相互对应,阴阳统行其中,万物周而复始、循环生化的宇宙观,成为中国古代哲学思想和人伦秩序的基本框架,古代的宗法礼制、天文地理、建筑和墓葬都无法回避这种阴阳五行说的哲学背景。四灵至西汉已被确定用来表示天象的四方[41],并且在建筑[42]和器物(如陶罐、铜镜等)中广泛使用四灵图像。四灵以其形象性和通俗性成为深奥神秘的阴阳五行说哲学的表征,为整个社会所接受和膜拜。在两汉神灵崇拜的氛围中,作为四方守护神的四灵同时也具有驱邪镇鬼的功能,在人们死后升仙的过程中扮演重要的角色[43],因此在两汉墓室壁画和画像砖、画像石中也屡见不鲜。另外,自汉代以后人们对葬地风水普遍重视起来[44],认为好的葬地可使子孙隆盛,阴宅风水附会阴阳五行说在两汉谶讳学说风行的外部环境中发展起来。阴宅风水中重要的一点就是相地,即选择自然地形。我们在文献中尚未发现有关汉代风水用四灵描述地形方位环境的记载,但是四灵在汉代被广泛地崇拜,大至天文地理,小至陶罐铜镜都有四灵的影子,以阴阳五行说为理论根据的风水用四灵来描述理想的环境模式是可能的。另据《三国志·魏书·管辂传》记载:"(管)辂随军西行,过毋丘俭墓,倚树哀吟,精神不乐,人问其故。辂曰:'林木虽茂,无形可久;碑言虽美,无后可守。玄武藏头,苍龙无足,白虎衔尸,朱雀悲哭。四危以备,法当灭族。'不过二载,其应至矣。"这是较早关于用四灵比拟墓葬地形的文字。四灵在风水中的这种作用不可能是管辂即兴创造的,他是在特定的文化环境中才能够说出这样的话,因此四灵用于阴宅风水当早于三国。托名晋代郭璞的《葬书》已将四灵纳入阴宅风水理论之中:"故葬者以左为青龙,右为白虎,前为朱雀,后为玄武。"(据考证,《葬书》的成书年代不晚于唐代。)现有的实物资料显示,四灵在西汉墓室壁画中出现以后[45],经过魏晋南北朝到唐代,在墓葬中的位置和组合逐渐趋于规范化,不再像在汉墓壁画中那样不完整和不稳定,这可能与四灵的风水功能不断被强化有关。现今所发掘的唐代墓葬一般是墓道和墓门朝南或基本朝南,墓葬这种坐北朝南的方向性是出于对风水的考虑和对阳宅朝向的模拟,它为四灵的方位属性提供了相应的位置。一般来讲,墓道东西两壁分别绘青龙、白虎,墓室南壁和北壁绘朱雀和玄武(也有将朱雀、玄武绘于棺床南端和北端的实例),在某些墓葬中四灵被画在墓室穹顶的下沿(如太原金胜村唐墓),天象图皆位于墓室穹顶,绘出日、月、星辰及银河。在我们考察了四灵在古代文化体系中所具有的特定内涵之后,再将国中的四灵和天象图与唐代葬地风水盛行的情况[46]联系起来,就会发现它们有下列作用:

①升仙作用。天象图象征神仙所在的天宫,四灵前后左右拱卫、驱邪镇鬼,引导墓主亡灵顺利升仙。

②风水作用。四灵和天象图是对墓葬应有的理想环境模式的比拟,意在庇护墓主后代的昌盛腾达。

③标志宇宙时空的作用。四灵表示四方四时,天象图代表浩瀚的苍穹,意在墓主亡灵与主人一样有一个生存时空。

与两汉墓室壁画中的同类题材比较,唐墓壁画中的四灵和天象有明显的理性化倾向。汉墓中的四灵的位置并不很稳定(这也与汉墓构造的多变性有关),而且四灵并不总是成体系地以标志四方的形式出现,经常与“黄蛇”、“枭羊”、“方相氏”、“白象”、“麒麟”等神灵祥瑞混杂为伍,神幻色彩很浓厚,四灵的作用重在与其他神瑞一道驱鬼避邪,引导墓主升仙。而在绝大多数唐墓中,四灵是惟一的神瑞,在一座壁画墓中,四灵一应俱全,并处于各自所属的方位。唐墓中的四灵变得井然有序,其标志时空的理性作用加强了。汉墓中的天象图是一个神仙遨游居住的世界,伏羲、女娲、羽人、飞仙等常常出现在表示天象的墓室穹顶之上,充满了神话气氛。唐墓中的天象图是青一色的日、月、星辰(少数墓中四灵绘于穹顶下沿者除外),神话色彩大为减弱;天象试图表示天空的实际样态,甚至将当时天文学上的理性认识纳入其中[47]。四灵和天象图的这种变化从另一个方面反映了汉唐两个时代的文化特质。汉代人向往的是一个幻想的神仙世界,着眼点是升仙;唐代人则眷恋现世生活,试图在墓室中通过四灵和天象图表现实实在在的生存时空。当然,唐墓壁画中的四灵的理性化是相对意义上的,其本身的神性依然存在。如果我们理解了四灵和天象图表示时空的理性化作用,那么唐墓壁画所模拟的阳宅景象也就有了想象的外围空间环境,我们便可以将四灵、天象和现实题材两部分统一起来看待,它们的关系是现实宅院和天地四方、四时的关系。于是,唐墓壁画的题材内容达到最后的有机统一。

如果说四灵和天象的理性化是唐墓壁画现实性的一种趋向,那么唐墓壁画的现实性直接表现在对驻足现世的强调。唐墓壁画在对真实宅院模拟的大格局中,描绘各具神情的人物、自然样态的花草树石和鸟兽生物,这些题材在墓葬中统一于墓结构和壁画对贵族宅院生活景象的一体化模拟之中,这本身就是一种极富有现实性的有机组合。在墓葬之中重现宅院生活场景,建造一个生人世界,是基于使墓主在冥间继续享受他在生前所有的尊荣和富贵的愿望。这表明安定富足的唐人对现世人生深切的眷恋远远超过了对死后升仙的向往。生前死后并不是两个截然不同的世界,死后的世界也应像生前一样是一个鸟语花香、轻歌曼舞的世界。唐人试图打破生死界线,将生前的一切延续到死后。他们追求的是多姿多彩的实际生活,珍视客观物质的可感性。在物质需要易于满足的唐代社会中,人们不那么沉溺于虚妄的幻想,古代的神灵遭到冷遇。即使在佛教艺术中,至圣的佛陀和菩萨也被变成具有七情六欲的凡人样相。神在向人靠拢,人自身的主体意识加强的时候,神仙怪异就会丧失或减弱其对人的异化影响,而反过来受驭于人。唐墓壁画中除了个别情况[18]之外,一般没有升仙场面,也没有对墓主生前业迹作追忆性的铺陈,并不像汉墓壁画所显示出的将生前死后明确地分为两界:生前追求功名和享受,死后便乘龙而去,飞往远离人世的仙界。唐墓壁画将升仙意识淡化到相当低的程度,而最为突显的意向便是驻足现世。

2. 绘画语言的写实性

唐墓壁画的现实题材是通过写实的绘画语言体现出其真实性的。中国绘画语言的写实性从两汉经魏晋南北朝,一直沿着逐渐成熟的规律发展着,从简朴生拙到繁缜精微。到了唐代,绘画语言写实性已经进入新阶段,唐画在造型方面比以前任何时代都更接近物象的客观状态。唐代艺术家们对原有的语汇体系进行连续而系统地矫正,逐渐形成一套新的语汇体系来表现母题。唐代绘画语言的写实性来自两个方面。其一是对两汉、魏晋南北朝的沿革,既有汉代的气势,又有顾恺之、陆探微的精深。初唐的铁线描是南北文化交融的产物,它完成了对"春蚕吐丝描"的变革,北方人的凝重取代了南方人的纤秀,在物象方面更强调静态的整体性。盛唐以后流行的兰叶描使线条的状物功能又提高了一步。它一改铁线描稍显呆板的弱点,通过灵活多变的线条处理物象体积和质感的不同,兰叶描远承汉墓壁画那种简放拙朴的线条所具有的气魄,表现出一种力量外发的动势。从汉到唐,线型完成了"放——收——放"否定之否定的循环过程,线型在这种循环之后达到了新的高度,这是写实性的演进过程。其二是对西域画风异质因素的摄取。南北朝时期,西域画风便对中原绘画产生了强有力的冲击,齐梁时代的谢赫和张僧繇都是受外来影响而重现色彩效果的代表人物。到初唐仍然存在中原画风和西域画风,分别以阎立本和尉迟乙僧为代表。正是南北画风、中外画风的交叉融合造就了气象宏伟的唐风。就唐墓壁画而言,作为母语的传统线条和造型手法始终在起支配作用,而西域的凹凸法和色彩效果则是被母语吸收的外来词汇,从而加强了绘画语言的写实性。当然,绘画中的写实总是相对意义上的,唐代绘画中的语汇服从于时代的审美趣味而表述特定风格,它在保持自身的审美价值的同时,尽可能地满足写实的需要而在造型上追求视觉上的真实。因此,唐代绘画语言虽属于写实范畴,但并不是对物象奴性的摹写,它在各个阶段都以社会审美趣味的变化为依据进行自身的调整。在唐代重共性选择的文化环境中,人们的审美趣味趋向一致,强大的统一风格是通过绘画语言的写实性和通俗性与追求现世功业和享乐的社会心态相印合的。唐画的写实性与宋画相比,在程度上仍有差别。唐画在造型上更强调不同时期审美情趣的变化,并不像宋画那样精确如实;表示衣纹的线条也不像宋画来得与自然样态那么贴切,而是有一种概念化的示意性,还不如宋画在线条的穿插组合方面所具有的说服力。宋画继承唐画将绘画语言的写实性推向高峰,趋向对物象进行精微深入的描绘。我们应该在历史的上下文中看待唐代绘画语言的写实性。写实性的高低并不是价值判断的尺码,正是因为这些特点才使唐画成其为唐画。

如果将唐墓壁画中的人物按照他们的身份归类,便很容易发现一种类型化倾向,画工们对各类人物的理解似乎存在一种共同的态度。人物的类型化的根据是画工们对社会各阶层人物的观察和领悟而形成的,因此人物的相貌情态与身份地位的对应关系同样也具有现实性。同时,类型化亦是出于画工们便于掌握图式体系的实际需要。唐墓壁画中的人物类型大致可分为墓主、侍女(包括宫娥和舞乐伎)、男内侍(包括宦官)、仪仗武士(包括门卫)、文吏、胡人等。墓主仅在少数壁画墓中发现,他们的共同特征是形象饱满端庄,气度雍容自信。墓主像的这种特征既是画工们对贵族阶层认识的形象表述,也是为了满足雇主的意愿。侍女和宫女在墓室壁画中占有相当大的比例,这些仕女个个艳美动人,一般都做理想化的处理。唐墓壁画各个时期人物画风格的变化也主要反映在仕女画中,画工们对仕女画倾注了最多的创作热情。这种现象与唐代妇女的社会地位和作用有关。在南北文化进一步融合与对外开放的社会背景中,唐朝的胡化色彩很浓,人们对妇女的贞节礼法观念十分淡薄,尤其是在初、盛唐时期,皇后、公主们积极参政,开府置官,甚至出现武则天这种有作为的女皇。在北方,女子不但主持门户,还坐车跑街,见官送礼,为儿求官,替夫叫屈。男人宁可骑瘦马用老奴,也要让女人穿精美的衣裙,戴贵重的首饰[49]。这种风气使社会群体意识产生某种程度上的"女性崇拜",画工们自然而然地将这种群体意识注入仕女画之中。宦官内侍就是另一番样子了,大多相貌丑恶,举止猥琐,性情乖戾。画工笔下的宦官内侍形象实际上是整个社会对这个特殊阶层的总体印象。另外,相貌堂堂、威武肃穆的仪仗武士,严肃恭谨的文吏,"奇形异貌"的胡人,都是经过画工们创作而形成的具有社会根据的人物图式。类型化很容易导致千篇一律的雷同,然而,画工们却通过人物的五官、神情、动作和形体的某些微妙的变化有效地避免了类型化可能导致的弊端。

3．时代精神的共同性

共同性是指唐墓壁画在风格上的求同性和对民族时代整体精神的从属性而言。实际上，整个唐代艺术，从诗歌、舞蹈、音乐到绘画、雕刻、书法、建筑，都贯穿着这种共同性。此处仅就墓室壁画观察这一点。

从宏观角度上看，中国古代艺术主流的寄寓形式在历史上有很大的时空变化。汉魏以前，北方的农耕经济是华夏文化的主要根据；自商周以来，北方逐渐形成注重务实的理性哲学思想和三纲伦常的封建秩序，天朝中心的意识深入人心。封建集权对农耕经济的高度集中使大规模的艺术活动成为可能，而大规模的艺术活动都是在一种大规范中进行的，具有统一的宏伟气势。商周青铜器、秦俑、汉画像，都显示出各个时代强大的民族整体精神。到了魏晋南北朝，中国在政治上形成南北对峙的局面。由于北方五胡贵族进入中原后在文化上处于劣势，他们力图建立一个使胡汉民众认同的文化框架，大力提倡佛教，致使艺术深受影响，石窟造像成为艺术主流，注重共性的文化传统在北方得以延续。而南方的艺术却依附于老庄哲学、清谈思辩和人物品藻之风走向本体的自觉，士大夫艺术家成为时代潮流的先导。在魏晋南北朝，工匠和文人士大夫艺术家业已分化，并在不同的文化环境之中发展着。然而，隋唐的大统一促成南北文化的融合，而这种融合又是以侧重北方重功利而少玄思的传统进行的，使得唐代艺术回归共性选择。初、盛唐的文化以北方大统一的政治中心为轴射点向四周扩散，艺术主流寄寓在宫廷、石窟寺院和陵墓，共性追求是其风格的总特点。中晚唐以后，情况又开始发生变化。南方的经济逐渐超过北方，北方的藩镇割据导致文化重心南移，中唐以后见诸于记载的画家大多数活动于川蜀和江淮两地。另外，与传统的农耕经济不同的前工业化商品经济的发展改变了封建国家和贵族对艺术赞助的垄断局面。富商、作坊主等市民阶层和世俗地主阶层的崛起，促使民间赞助形式发展起来，导致单一的、主导性的国家型风格开始解体，逐步走向风格多元化，个性侵蚀着共性，主体意识觉醒了的文人士大夫艺术家与工匠之间的界线开始明朗，出现艺术创作主体的两元化趋势。艺术创作主体的两元化在很大程度上削弱了时代风格的同共性。一方面，文人画家与画工的分离使得画工的文化层次下降，工匠成为在唐代业已成熟的石窟、陵墓艺术的延续者；另一方面，文人艺术家逐渐脱离了不易于表现个性、耗费体力较大的材料媒介，完全转向易于挖掘内心世界和创造新的绘画语言的卷轴画，将绘画艺术推向更高的层次。因此，艺术主流也从石窟寺院和陵墓转向卷轴，壁画和雕塑沦为"闾阎鄙贱"的工匠们讨饭的技艺而潜入民间。尽管中晚唐以后新的艺术格局开始萌生，但要经过五代，到宋朝才能初步形成，中晚唐仍有不少文人士大夫画家兼事壁画。虽然某些文人画家开始将目光转向内心世界和个性表达，但在整体上画工和文人士大夫画家仍然基本统一于注重共性的唐风之中，尚未形成两个明显的阵营。我们可以从晚唐朱景玄和宋初黄休复两人评画标准的不同来证明这一点。朱景玄将画定为神、妙、能、逸四品，他开始注意具有个性风格的画家，并在画史上给予他们一席之地。他说："此三人（王墨、李灵省、张志和）非画之本法，故目之为逸品，盖前古未之有也，故书之。"[51]但是"不拘常法"的逸格在他眼中尚为新奇之物，他仍以常规的共性原则来品定绘画。到宋初，黄休复便将逸格视为四格之首，并作了明确的解释："画之逸格，最难其俦。拙规矩于方圆，鄙精研于彩绘。笔简形具，得之自然，莫可楷模，出于意表，故目之曰逸格尔。"[52]这表明对个性的追求超过了共性标准。

尽管经济和文化重心的南移，使北方的石窟寺院和陵墓艺术开始走下坡路，但是艺术风格的共同性并未很快消失。终唐之世，画工和文人士大夫艺术家共同效命于皇室、寺院、达官（尤其是初、盛唐），各类艺术家致力于创造能够满足包括贵族和平民在内的大众化趣味的艺术。据《唐朝名画录》记载，唐德宗修章敬寺，召周昉画神，"落笔之际，都人竞观，寺抵园门，贤愚毕至。或有言其妙者，或有指其瑕者，随意改定。经月有余，是非语绝，无不叹其妙，为当时第一。"我们在此可以具体地观察到艺术家如何将宫廷和平民统一在共同的审美趣味之中，创造具有全民性的风格。唐代的画工和文人士大夫艺术家实际上是在汉化佛教和儒学文化的大背景中，通过现实性和通俗性的艺术语言与大众认同的。

唐代墓室壁画主要集中在长安京畿地区和其他一些文化重镇，其作者是活动于这些地区的画师，他们是唐代艺术风格创造主体的一部分，墓室壁画必然统一于大众化的国家型风格之中，并且由于靠近都市，也必然紧跟时代潮流。在某种程度上，可以通过墓室壁画窥视整个唐代绘画的共时性特质和历时性变化。

于是，我们可以将唐墓壁画的共同性归结为以下几点：

①唐代艺术主流的寄寓形式是宫廷、石窟寺院、陵墓和卷轴（中晚唐文化重心南移，北方石窟寺院和陵墓艺术发展的内驱力逐渐减弱，卷轴画遂日益重

要),墓室壁画蕴含着民族整体精神,具有时代的共性风格。

②工匠艺术家和文人士大夫艺术家基本上统一于皇室、寺院、达官的赞助形式之中(中晚唐在江南产生的世俗赞助形式并未改变唐代贵族赞助形式的主导地位),导致整体艺术风格的求同性和大众化,必然影响到墓室壁画。

③儒学伦常规范和理性主义使墓室壁画的题材、内容、格局趋向一致。

4. 胡化氛围中的本土性

本土性是指唐墓壁画的文化依据、图像体系和造型手法的本民族特点。

唐代是中国古代最开放的时期,为一个世界性的帝国,长安是当时的国际文化中心。西域各国的人流寓长安的很多,长安在贞观年间不满三十万户,而突厥流民就有近万家,其他还有于阗、龟兹、回鹘、吐蕃、疏勒、波斯人。这些来自中亚、西亚的胡人有的是北朝以来入居中原,汉化已久,有的是逐利东来的胡商,或是传道中土的僧侣和异族派遣的子侄作为质子而久居长安,还有来中土谋生的民间艺人和手工业者。这些胡人将西域各国的文化不断传入中国。"李唐起自西陲,历事周隋,不惟政制多袭前之旧,一切文物亦复不间华夷,兼收并蓄。第7世纪以降之长安,几乎为一国际的都会,各种人民,各种宗教,无不可于长安得之。……开元、天宝之际……异族入居长安者多,于是长安胡化盛极一时,此种胡化大率为西域风之好尚:服饰、饮食、宫室、乐舞、绘画,竞事纷泊,其极社会各方面,隐约皆有所化,好之者盖不仅帝王及一二贵戚达官已也。"[53]在这种胡化风气之中,中国的各种艺术都在不同程度上受西域的影响。在音乐舞蹈方面,经过魏晋丧乱,传统乐舞大都残失散缺,北朝至周隋,西域乐舞遂主宰了中国,成为唐代乐舞的主体。绘画则由于汉魏两晋南北朝以来的承革有绪的本土传统,在与西域风格交融的过程中,吸收了许多新的异质因素,但从整体而言,其神髓仍然是本土的。

墓室壁画除了与唐代整个绘画在风格样态和民族整体精神上具有共同性之外,它还属于相对独立的陵墓艺术体系。中国墓室壁画出源悠远,西周就已在墓室中出现壁画[54],经过春秋战国,到秦汉业已规模具备。它是基于传统的宗法制度、祖先崇拜、儒学礼教,参杂神灵信仰思想发展起来的,其内在根据是本土文化。墓室壁画在演进的过程中,形成了一系列的自规性,并随着本土精神气候的变化而进行自我调节。它在两汉形成了神异、历史故事、现实场景的多元图像体系,而在北朝、隋代、初唐以后由于儒家理性主义的张扬,逐渐演化为对阳宅场景模拟的一元图像体系。因此,墓室壁画在唐代的胡化氛围中,保持着稳定的本土特征。另外,从画工的情况来看,在佛教艺术极盛的唐代,画工们从事石窟寺院壁画的机会较多,熟悉佛教艺术的一套图像体系;同时,他们深受传统文化的熏陶,掌握着本土的图像体系,也受雇于达官贵族,创作世俗和神话壁画。只有如此他们才能左右逢源,求得生存。现存的唐代画史资料记载了许多兼精这两个图像体系的画家。华夏文化对佛教艺术的同化正是通过艺术家们的这种兼能性具体进行的。由于墓室壁画的自规性,画工们在绘制墓室壁画时自然会回归原生的图像体系之中。如果说佛教艺术是外来文化和本土文化杂交的变异体,而最终对传统文化认同,那么陵墓艺术则是本土文化垂直延续的载体之一,其内核与周秦汉魏传统一脉相承。从另一个角度讲,画家的这种兼能性也为相对独立的墓室壁画输入了某些外来成分,这是整个时代风尚所使然。此种事实主要表现为胡人、胡服、胡乐舞、马球,以及来自佛教艺术的装饰图案和飞天(在现已出土的唐墓壁画中,飞天仅见于李寿墓和昭陵四号壁画墓[55])等题材的出现,在技巧和造型上主要表现为晕染、退染等赋色方法和武周时期仕女的"S"状曲线式造型。但这毕竟是有限的,而且是形而下意义上的汲取,并未影响整个图像体系和主要绘画语汇的本土性质。

5.关于贵族性

中国古代陵墓艺术主要指帝王、宗亲、贵戚、达官等贵族阶层的墓葬而言。只有贵族才有足够的财力兴建规模较大、具有较高历史文化价值的墓葬。墓葬地面上的封土、石刻、石碑和墓内的壁画、墓志铭、陶俑及众多陪葬品组成陵墓艺术的实物系统。由于贵族墓葬结构复杂,地面陈设和墓内随葬品丰富,因此更能体现出时代精神和文化特征的变化。与此相对,平民墓葬则非常简单,一般都是长方形竖穴土坑,以能满足入土埋葬的需要为原则,讲究一点的也只是立一块大一点的石碑,堆一个稍高一点的坟头而已。墓内随葬品极少。平民墓葬形式历代变化不大,竖穴式土坑自新石器时代出现以后,一直为平民阶层沿用至今。所以平民墓葬的文化价值相对低一点。古代陵墓艺术以贵族墓葬为主要对象,而墓室壁画又主要绘于规模较大的贵族墓室之中,它的贵族性质因而也就被决定了。唐代是中国古代陵墓艺术的鼎盛时期,唐墓壁画的贵族性也就特别显著。我们可以从下列几点来探讨唐墓壁画的贵族性。

(1)墓主的贵族身份规定了壁画以贵族生活场景为内容

如前所述,每座墓中的壁画都是对贵族宅院生活整体景象的描绘,显示墓主生前的生活方式;壁画绘制的目的亦是希望使墓主在冥冥之中继续像生前一样养尊处优，使奴唤婢，享受贵族的特权。如果我们将历代的墓室壁画及墓内的各种陶俑与商周盛行的人畜殉葬联系起来观察，便会发现它们是基于同一个观念——即“事死如事生”。在古代祖先崇拜的文化氛围之中，人们以生人的世界为根据想象死后的世界，认为人死后仍然同生人一样生活在另一个世界中。这种“事死如事生”的观念在中国传统文化中有着顽强的生命力，并在历史上不同的社会形态中，由于文明的性质和程度的差异，以不同的方式得以体现。在商周青铜时代，这种观念是通过野蛮的人畜殉葬形式表现的，墓主企图将妻妾、侍女、奴仆和马、狗、猪等带到冥间去享用。而在秦汉以后，新的社会经济形态废止了人畜殉葬，作为代用品的俑类及壁画在墓葬中大量出现。“事死如事生”观念的外在形式由“血腥的屠杀”转变为“美好的追忆和祈祷”。正是这种形式的转变使多彩多姿的图画和塑像取代了恐怖的死亡挣扎，使生人世界和幻想性的祈求在墓葬中得到充分的图解，也正是这种转变为中国古代陵墓艺术的全面发展提供了可能性。古代文明的进化并没有改变贵族阶层在物质和文化上的支配地位。唐代的贵族以更加富裕的资财和更加完善的形式营建他们的彼世乐土，他们要将日常起居、出行畋猎、游宴享乐所需要的人和物通过壁画和陶俑一同带去。

(2)唐墓壁画中所体现的等级观念是贵族性的另一个方面

贵族和平民相比，平民之间的等级观念很淡薄，而贵族内部则等级森严，不可轻易僭越，他们都根据门第和官品分为三六九等。这种情况在盛唐以前很明显，而在中唐以后由于世俗地主的崛起而有所淡化。唐墓壁画中的贵族等级观念可以从两方面来考察：一是各壁画墓之间的等级区别，二是一座壁画墓中的人物之间的等级秩序和对墓主亡灵的向心性。各墓之间的等级依墓主的身份和官职而定，通过墓葬各方面的规格来显示，如封土陵园的大小、天井数量的多少等。在壁画中主要表现为戟架的数量和仪卫的多寡，以及与墓主身份相符的侍从(如宫娥、太监、侍女等)和用具(如辂车、伞盖、圆扇等)。中唐以后各墓之间的等级差别日渐缩小。以西安王家坟唐安公主墓(784)和长安县南里王村韦氏家墓(中唐前期)为例加以比较。两个墓主一是唐德宗的长女，贵为公主；一是业已衰败的韦氏家族成员，两者门第品位悬殊，但她们的墓葬规格却差别甚微，墓结构均为无天井单室式。壁画的内容也大致相同，只是韦氏家墓中的《六屏仕女》和《野餐图》所表现的情调比唐安公主墓壁画更为活泼。同一座墓中壁画的人物一般都以墓室西侧的墓主棺椁为中心，按照职务和身份由里向外(由墓室向墓道)排列,各守其职,井然有序,点明墓主的贵族尊严。

(3)贵族在与画工的雇佣关系中处于主导地位

唐宋以前,画工阶层作为职业集团主要依附于贵族阶层对艺术的需要而存在,贵族的意志和趣味始终贯穿在受雇画工们所创造的艺术品之中。画工们是被当作工具使用的,他们所关心的是如何迎合贵族们的意图,而主体自觉意识比较弱。画工们这种主体意识的蛰伏是古代文化体系的运作方式所导致,有其内在的社会经济根据。由于缺乏文献的记载,我们无法直接获知唐代墓室壁画作者的文化档次和具体身份。据《后汉书·赵岐传》记载:"于是就拜岐为太常,年九十余。建安六年(201)卒。先自为寿藏,图季札、子产、晏婴、叔向四像居宾位,又自画其像居主位,皆为赞颂。"于此,我们得知古代墓室壁画的作者并不仅限于地位卑下的民间画工。在画工与士大夫艺术家在材料媒介和审美观念上尚未明确分化的唐代,文化档次和身份较高的画家参与某些墓室壁画的绘制是完全有可能的。唐代的画家按照身份来分,有民间画工、宫廷画师和"游卿相间"的士大夫画家三大类,他们并不严格地选择服务对象,而具有较大的游动性。民间画工可以上升为宫廷画师,宫廷画师亦可以为寺院服务,而士大夫画家除接受达官和寺院的委托之外,也时常效命于皇帝。这三类画家所服务的对象不外乎属于贵族阶层的皇室、达官和僧侣贵族。皇室有可能派遣宫廷画师去绘制皇室成员的墓室壁画,或通过宫廷画师组织民间画工进行。具有较高水准的懿德太子、永泰公主、章怀太子、长乐公主、韦贵妃等皇室成员的墓室壁画或可证明这一点。其他贵族的墓室壁画的水平从整体上看要低一些,应是主要雇佣活动于民间的画工绘制的。但从实例中看,皇室墓室壁画中也有较粗劣的,同时在非皇室的墓室壁画中亦能找到精美的佳作。这一方面说明宫廷画师与民间画工的技艺并不是一刀切,另一方面也显示了民间画工为皇室墓葬工程效劳的可能性。宫廷画师是宫廷绘画艺术的主要生产者,集中反映了以皇室为代表的贵族趣味,在整个唐代画坛上起表率作用。

注释:

①宁夏回族自治区博物馆、宁夏固原博物馆:《宁夏固原北周李贤夫妇墓发掘简报》,《文物》1985 年第 11 期。

②济南市博物馆:《济南市马家庄北齐墓》,《文物》1985年第10期。

③《中国美术全集·墓室壁画》北京,文物出版社,1989年版图说明,第34页。

④陕西省博物馆、文管会:《唐李寿墓发掘简报》,《文物》1974年第9期。

⑤陕西省礼泉昭陵博物馆韦贵妃墓发掘记录。

⑥昭陵博物馆:《唐昭陵长乐公主墓》,《文博》1988年第3期。

⑦陕西省礼泉昭陵博物馆李勣墓发掘记录。

⑧陕西省社会科学院考古研究所:《陕西咸阳唐苏君墓发掘》,《考古》1963年第9期。

⑨陕西省文管会:《西安羊头镇唐李爽墓的发掘》,《文物》1959年第3期。

⑩富平县文化馆、陕西省博物馆、文物管委会:《唐李凤墓发掘简报》,《考古》1977年第5期。

⑪昭陵博物馆:《唐昭陵段简璧墓清理报告》,《文博》1989年第6期。

⑫贺梓城:《唐墓壁画》,《文物》1959年第8期。

⑬陕西省礼泉昭陵博物馆李震墓发掘记录。

⑭陕西省文物管理委员会、礼泉县昭陵文管所:《唐阿史那忠墓发掘简报》,《考古》1977年第2期。

⑮安峥地:《唐房陵大长公主墓清理简报》,《文博》1990年第1期。

⑯河南省文化局文物工作队:《邓县彩色画像砖墓》北京,文物出版社,1958年。

⑰山西省文物管理委员会:《太原南郊金胜村唐墓》,《考古》1959年第9期;山西省考古研究所:《太原市南郊唐代壁画墓清理简报》,《文物》1988年第12期。

⑱陕西省博物馆、乾县文教局唐墓发掘组:《唐懿德太子墓发掘简报》,《文物》1972年第7期。

⑲陕西省文物管理委员会:《唐永泰公主墓发掘简报》,《文物》1964年第1期。

⑳陕西省礼泉昭陵博物馆契苾夫人墓发掘记录。

㉑陕西省文物管理委员会:《长安县南里王村唐韦泂墓发掘记》,《文物》1959年第8期。

㉒《中国美术全集·墓室壁画》北京,文物出版社,1989年版图第118-119页;《唐墓壁画》上海人民美术出版社,1963年。

㉓唐·张彦远:《历代名画记》卷2。

㉔贺梓城:《唐墓壁画》,《文物》1959年第8期。

㉕陕西省博物馆、乾县文教局、唐墓发掘组:《唐章怀太子墓发掘简报》,《文物》1972年第7期;李求是:《谈章怀、懿德两墓的形制等问题》,《文物》1972年第7期;陕西省乾县乾陵文物保管所:《对〈谈章怀、懿德两墓的形制等问题〉一文的几点意见》,《文物》1973年第12期。

㉖陕西省考研究所唐墓工作组:《西安东郊唐苏思勖墓清理简报》,《考古》1960年第1期。

㉗宋·郭若虚:《图画见闻志》卷1。

㉘陈安利、马咏钟:《西安王家坟唐代唐安公主墓》,《文物》1991年第9期。

㉙陕西省文管会咸阳底张湾唐墓发掘记录。

㉚赵力光、王九刚:《长安县南里王村唐壁画墓》,《文博》1989年第4期。

㉛㉜㉞陕西省文管会唐墓发掘记录。

㉝㉟㊱贺梓城:《唐墓壁画》,《文物》1959年第8期。

㊲山东省文物考古研究所:《济南市东八里洼北朝壁画墓》,《文物》1989年第4期。

㊳吴文祺:《临朐县海浮山北齐崔芬墓》,《中国考古学年鉴(1987年)》北京,文物出版社1988年,第174

页。

㊴宿白:《西安地区唐墓壁屯的布局和内容》,《考古学报》1982年第2期。

㊵新疆维吾尔自治区博物馆:《吐鲁番县阿斯塔那—哈拉和卓古墓群清理简报》,《文物》1973年第10期。

㊶《史记·天官书》:“东宫苍龙”,“南宫朱鸟”,“西宫咸池……参为白虎”,“北宫玄武”。

㊷根据《三辅黄图·汉宫》:“苍龙、白虎、朱雀、玄武,天之四灵,以正四方,王者制宫阙殿阁取法焉。”在西安汉城遗址发现的四灵瓦当,分别用于东、南、西、北四方的屋檐无疑。

㊸战国·宋玉《九辩》:“左朱雀之茇茇兮,右苍龙之跃跃。”西汉贾谊《惜誓》:“飞朱雀使先驱,驾太一之象舆;苍龙蚴虬于左骖兮,白虎骋而右。”即是幻想的升仙场景。

㊹《后汉书·袁安传》:“初安父没,母使安访葬地,道逢三书生,问安何之。安为言其故。生乃指一处,云‘葬此地当世为上公。’须臾不见,安异之。于是遂葬其所占之地,故累世隆盛焉。”

㊺洛阳博物馆:《洛阳西汉卜千秋壁画墓发掘简报》,《文物》1977年第6期;河南省文化局文物工作队:《洛阳西汉壁画墓发掘报告》,《考古学报》1964年第2期。

㊻《旧唐书》卷79;《新唐书》卷107。

㊼浙江省博物馆、杭州市文管会:《浙江临安唐钱宽墓出土天文图及“官”字款白瓷》,《文物》1979年第12期。

㊽目前已出土的唐壁画墓中仅昭陵长乐公主墓道两壁绘有类似升仙的场景。

㊾《颜氏家训·治家篇》。

㊿宿白:《西安地区唐墓壁画的布局和内容》,《考古学报》1982年第2期;王仁波:《唐懿德太子墓壁画题材的分析》,《考古》1973年第6期。

51唐·朱景玄:《唐朝名画录》。

52北宋·黄休复:《益州名画录》。

53向达:《唐代长安与西域文明》北京,生活·读书·新知三联书店,1957年,第41页。

54扶风县图博馆罗西章:《陕西扶风杨家堡西周墓清理简报》,《考古与文物》1980年第2期。

55介眉:《昭陵唐人服饰》,三秦出版社1990年,第159页。

(本文原载《朵云》中国绘画研究季刊,总第42期1994.3,上海书画出版社)

影作木构间的树石

——懿德太子墓与章怀太子墓壁画的比较研究

杨效俊

章怀太子李贤墓室四壁的朱漆影作木构间点缀着树木山石，其间是憩息、游戏、伎乐的人物。观者似乎可以透过影作木构象征的宫室内部瞭望户外园苑。同为乾陵陪葬墓、身份相当，同时期的懿德太子墓室壁画则要容易理解得多，在影作木构象征的宫室内部，成群结队的宫女从四面集中向墓室中心，等待随时伺候墓主人。除此之外，两座墓葬壁画整体上在内容和形式上都有区别：懿德太子墓壁画符合南北朝、隋唐以来墓室壁画的规制，章怀太子墓壁画则呈现一种不稳定感和矛盾性。

关于两墓壁画的比较，在以往的研究中已有所涉及。宿白先生认为二者在布局和内容上同属唐墓壁画发展的第三阶段，但二者等级不同，“懿德、永泰壁画似按一定制度和格式所绘制，而章怀壁画则拘束甚少，题材多样，……”① 王仁波等三位学者依照壁画题材的演变并参照其艺术风格的变化，认为二者同属第一期（唐高祖武德—唐中宗景龙年间），并指出某些题材的差异缘于等级不同②。李星明先生认为在艺术风格上，它们同属第二期（武周至玄宗时期），但懿德太子与永泰公主墓壁画代表了武周风格，章怀太子墓壁画的“风格与题材与李重润、李仙蕙墓有许多不同之处，而与韦泂墓、薛氏墓同属盛唐风格”③。Mary H. Fong 认为“虽然从简报上难以判断章怀太子墓壁画是局部还是全部重新绘制的，与永泰公主墓和懿德太子墓壁画相比，它的题材更多样，更具现实主义风格（realism）”④。李求是先生在比较研究两座墓葬的形制时对壁画的题材也进行了考释、比较。⑤

以上的研究基本形成以下观点：一、章怀太子墓壁画比懿德太子墓壁画题材更多样。二、二者风格不同。三、题材差异的原因在于二者等级不同。

笔者在以上研究基础上,通过对二者内容和形式的比较研究,发现它们存在较大的差异。它们题材的差异反映了不同的等级;表现手法的差异则体现了对南北朝以来流行于皇室贵族高等级墓室壁画规制的遵守或违背。懿德太子墓壁画是这一传统规制的集大成者,章怀太子墓壁画代表了传统规制的衰落和对新形式、新风格不自觉的迟缓犹疑的接受。懿德太子墓壁画是颇具功能性的墓室环境艺术整体中的一部分,以表现墓主人的尊贵存在为目的,整个墓室壁画统一呈现出庄严肃穆的纪念碑式风格。章怀太子墓壁画有些画面脱离了墓室环境的规定性,注重各个画面独立的美学意蕴,墓室内各幅画面内容、形式、风格均不连贯,呈现不稳定、骚动和矛盾感。

一、比较研究

1.布局与内容

懿德太子墓壁画布局规整,内容单一,主要体现墓主人的地位和埋葬的规格。章怀太子墓壁画布局显得杂乱,有跳跃感,题材多样,某些画面具有相对独立的情节、构图。二者在内容上都可分为出行和家居两部分,但具体的题材不同。懿德太子墓出行部分以最能体现墓主人地位的仪仗表现,家居以侍奉者的人数和她们所持物品的规格表现。章怀太子墓的出行部分采用了形式较自由、更随意的狩猎出行图和马球图。家居部分是生活化的场面和娱乐题材。

懿德太子墓的出行内容包括分布于墓道的仪仗和过洞、天井的侍卫两部分。墓道东西壁的仪仗分为步行仪仗队、骑马仪仗队、车队三部分,有学者考证为太子的大朝仪仗[⑥]。整个墓道壁画南北形成比例统一、构图完整的长卷,同一建筑空间内东西壁壁画完全对称,人物面向两两相对,共同构成庞大的仪仗队伍。章怀太子墓出行图位于墓道东西壁,布局内容不是完全的对称,而是一种题材的对应关系。而且同一壁面南北部比例不统一,未形成构图完整、内容统一的连续长卷。每壁纵向分为上下两栏,水平横向分为三大部分,每一部分都是构图、内容完整的相对独立的画面。东西壁上栏对称地描绘青龙、白虎。东壁下栏从南向北第一部分是大比例、远景式的大幅度动态画面,描绘四五十骑在山间狩猎出行的情景,西壁同一位置是形式相当但内容不同的马球图;第二部分是小比例,近乎真人大小的六人组成的静态画面——客使图,西壁对应布局客使图，但人物不同；第三部分是小比例、10 人组成的步行仪卫图，东西壁对称。在第一与第二部分之间，留有大段的空白，似乎刻意将不同的画面区别开来。

两座墓过洞、天井部分画面的布局、内容均东西壁对称。懿德太子墓内容更丰富，第一、二过洞绘架鹰驯兽，第一、二天井绘列戟图，除第一天井西壁戟架内为 13 杆戟外，其余均为 12 杆。章怀太子墓无架鹰驯兽内容，第一过洞绘木构廊坊内的内侍，位于第二过洞的列戟图每架内 7 杆戟。

两墓前后室的宫室生活壁画差别较大。懿德太子墓壁画同一壁面两组壁画以中间的朱柱对称，整个墓室壁画呈向心状布局。画面尽绘宫女，均呈面向墓室中心的捧物侍奉站立姿态。宫女的个性不明显，但所捧的物品却描绘得相当详细，可以分辨的有琉璃盏、金盘、烛台、瓶、杯等器皿和拂尘、团扇、包裹等用具及箜篌、筝、琵琶等乐器，代表了墓主人日常生活各个方面的需要。宫女代表各司其职的太子内宫⑦，这些稀有高贵的用品的作用如同陪葬品中的明器。章怀太子墓室壁画中虽然也规整地画了红色影作木构，但画面的布局并没有局限于影作木构分割的空间之中。每个壁面都是几幅构图、情节相对独立的小画面，布局是不对称的、分散的。人物除了女侍，还有内侍、侏儒，画面有歌舞教习、观鸟扑蝉、树下憩息等，画面人物姿态多样，除了琵琶、笛子、拍板等乐器外，大多数人物手中没有物品，专注于各自的情态动作或彼此间的交流。

2. 表现手法

懿德太子墓壁画严格地体现了墓室环境艺术的特点。壁画是墓室整体建筑环境中的中介体，依附于建筑面，强化并扩展建筑语汇，并将墓室空间和陪葬品的物质涵义用绘画语言生动、直观地表达出来。在墓室环境艺术的整体氛围中表现墓主人生前、死后的存在。壁画如果脱离原来的墓室环境，意义将大打折扣。但章怀太子墓有些壁画相对独立的构图和内容不是强化的建筑语言，而是仅仅将墓室壁画作为画面的载体，对墓室空间的利用是主动、随机的，它们因自身的美学意蕴和完整情节而具有相对独立的欣赏价值。

(1)画面所暗示的观赏角度

懿德太子墓壁画的布局潜在地设定了观者的位置：在第三过洞小龛以南，观者面向墓道口，沿着地面的中轴线向南走动，在两壁对称的真人大小、面向墓道的半侧面人像的簇拥中，感受身边盛大仪仗的威仪，在心理上与画面融为一体。在第三过洞小龛以北,观者面向墓室方向,在甬道处视角稍灵活,在前后室,观者位于墓室中心,四壁影作木构暗示的有纵深感的宫室空间内,宫女列队面向墓室徐徐而来。因为墓室环境艺术服务的对象是个体的,即墓主人死后的存在,因此这里暗示的观赏者只可能是设想中的墓主人。

章怀太子墓壁画暗示的观者角度是模糊多变的。墓道部分从南向北第一、二幅画布局、内容的相对独立性要求观者的单独欣赏:狩猎出行、马球图的大比例、远景式描绘暗示了观者位置的前后、左右自由移动。客使图中强调的人物内心世界需要观者面对画面凝神体会。步行仪仗图中东西对称、半侧面像式的人物又似乎暗示了传统的面向墓道口位于墓道中轴线上的观赏角度。墓室壁画由于是构图、情节相对独立的画面,因此观者的目光应是从容的浏览和面对每个情节的欣赏、解读。这里的观赏者应该也是墓主人,但追求画面情节交代和人物内心世界的表现方法似乎顾及了其他的观者。

(2)环境处理

懿德太子墓壁画表现的环境与建筑空间寓意吻合,是连续并自然过渡的;章怀太子墓壁画表现的环境只适合单独的画面情节,不连贯,有的画面间跳跃极大。

懿德太子墓壁画的环境处理分为宫室外部和内部两部分。墓道东西壁仪仗队伍所在的环境是空阔的城阙、山林中间的广场。青龙白虎以北的墓道东西壁对称布局三出阙楼,暗示墓道即位于东西阙之间的正门道,阙楼两边接着连绵的城墙、远山,中间是以墓道为中轴线的广阔空间。从第一过洞门墙开始直到墓室描绘连续的影作木构,象征重重宫室门、庭院和殿堂。有学者认为它们代表东宫内外的各种处所。“墓道两壁壁画的前半部分可能代表崇明宫外面的空间,阙楼和城墙围起来的可能是崇明宫外的广场。……第一过洞南墙上所绘的城门对应重明门。过洞和天井代表东宫南门以北的各种建筑,第二和第三过洞分别代表宣明门和嘉德门。第一第二天井代表这些门前的庭院,第四过洞代表嘉德殿,第三天井代表殿前的大庭院,东西壁画着停在那里的马车。第五过洞可能代表崇教殿。……前甬道可能代表崇教殿(懿德太子的起居处),前后墓室代表丽正、光大、承恩三个寝殿中的两个。后甬道代表了它们之间的走廊。但懿德太子墓对后宫的反映可能不是十分对应和具体的。”[⑧]前后室的影作木构间别无其他背景,通过人物由远及近的活动表明它们是封闭的内宫空间。

章怀太子墓墓道所绘的狩猎出行图和马球图虽然都表现野外场景,但它们表现的环境空间秩序完全不同。狩猎出行和马球图的背景是从内向外扩展的。如,在狩猎出行图北部近墓道地面处画了五棵参天大树,其背后是骑马和骑驼的出行人物,通过树与人物的比例,将观者的视线从近拉远,一直到达人物活动的辽远的山间古道。五棵大树和近墓道地面的一系列山石将观者与画面形成有意识的隔离,而不是像懿德太子墓那样将观者与画面融为一体。这种画面与观者之间的距离感是环境艺术和独立美术品的重要区别。客使图和步行仪卫图均是无背景画面,细节化处理的人物背后是大量的空白,似乎为了突出人物的存在。这一点与当时人物画如"步辇图"、"历代帝王图"等相似。在甬道间夹杂了更多的树石、花草。该墓最具特色的是墓室壁画环境处理的模糊性。它的前后室四壁与懿德太子墓一样布局了影作木构,但是,这里的影作木构没有表现纵深的宫室封闭空间,而是在影作本构间布局了山石、花草。造成观者的视线可以透过影作木构而瞭望户外的园苑的错觉。所以,这里的影作木构似乎只保留了传统的形式,已经没有象征宫室内部空间的作用,相反,在自由布局的画面中显得多余。对称分割的呆板空间限制了画面的表现。

(3)人物处理

懿德太子墓壁画中人物无个性特征,而章怀太子墓壁画中的人物个性较鲜明。

懿德太子墓壁画人物运用了大幅面的群像表现,群像集中表现的是每一类人的特征,每个人的描绘没有细节和重点,群体中的人物少有表情交流。而这种类别的划分是依据人物的作用和身份的,即在墓室环境艺术中扮演的角色来分的,体现了一定的程式化。出行图中所有的男子形象的表现分四种类型:墓道仪仗出行中的男像面庞丰满端正,身姿矫健,呈现面向墓道口的四分之三侧面像,目光集中向墓道方向,呈上身略前倾的站立姿态,从大多无须和有胡须但较短的特点表现出整体年龄处于壮年。一、二过洞两壁的架鹰驯兽男侍面部表情最为夸张和丰富,其高鼻深目、狡黠的目光和虬曲的胡须说明这些人可能有异族血统。列戟前的侍卫目光老成,面相成熟,似比较年长。第三过洞小龛以南的内侍均无须,颧骨高耸,两腮塌陷,塌鼻梁,神情猥琐,手持笏板做卑微的恭迎状。这四类男子形象的每个整体都在强化其共同特点,但每个人物没有特征。墓室壁画中的宫女图也全为站立姿态,根据其服饰和体貌特征,可分为三类:位于每一队列前部的成年宫女,她们的个子稍高于其他宫女，面相端庄矜持。少女形象，面容显得青春圆润，姿态稍多样、活泼。幼女形象，她们不像前两类宫女那样着短襦、长裙、披帛，而是着圆领束腰长袍，表情稚嫩。前后室宫女都是面向墓室中心的同一个目标的站立侍奉姿态。

章怀太子墓壁画中的人物处理是多种手法的。群像与个体相结合，既有像懿德太子墓那样的按照人物的类别描绘的，也有类似肖像画对单个人物个性的表现。如在墓道壁画中，狩猎出行和马球图属于群像，客使图近乎肖像画。画面中每一个人物都做了细节化的处理，在表现唐朝官员和域外使者时强调了他们的区别，三个外国使者的服饰和体貌各有特色，学者据此研究出了他们的国别[9]。墓道中位于客使图和步行仪卫间大段的空白地带中的蓝衣仪卫领班、后室北壁的墓主人形象都做了肖像画式的细节描绘。

懿德太子墓壁画中的人物之间没有内在的交流，他们不是靠情节组织在一起，而是通过数量上的堆砌和空间上的集中形成一种整体的纪念碑式的力量，增加墓室环境的凝重感。他们体态单一，大多呈面向墓室的大半身侧面像，交流的对象似乎都是想象中的观者——墓主人。章怀太子墓壁画中按照情节组织人物，其间人物有内在的关系和表情姿态的交流。画面中人物姿态多样，正面、背面、侧面像俱全。在一个叙事单元内，首尾两端的人物多呈相对的半侧面像，有意形成一个闭合的情节、空间。如客使图中三个唐代官员通过正、背、侧面像围成一个闭合的小单元，而末端的东北少数民族使者面向墓室方向大半身侧面站像，与另一端的唐代官员的侧面像呼应，将客使图与前后的两幅画区分开来。这种方法在当时的卷轴画中可能经常使用。情节相似的“步辇图”中唐太宗和周围宫女形成的紧密的团体与三个侧面而立的使者的构图与之完全相似。“簪花仕女图”中运用侧面像形成的闭合单元将整幅画面分为两个单元。即使在大幅面的长卷式群体描绘中，仍然能按照情节分出若干小画面，狩猎出行图可分为三部分，每一部分衔接处的人物都做回首张望的呼应状，将画面连为一体。这种方法可能参考了卷轴画中每一段落间呼应转折的方法。主体部分人物间表情和姿态的呼应表明每个人都在这个高速行进的队伍中有意识地寻找和保持自己的位置。前后墓室壁画也依靠人物间情节上的关系组织画面，而不是像懿德太子墓那样在影作木构规定好的空间内程式化地布置人物。

懿德太子墓壁画对人物的描绘注重体貌、服饰等外在特征。章怀太子墓壁画除了通过这些外在特征来表现人物个性之外，还通过眼神和表情表现了人物的内心世界。尤其是静态的肖像画中人物的表情和心理活动表现得很充分。客使图中东罗马使者迫切关注的神情与唐朝官员从容大度的风度形成了鲜明的对比,可感到主客双方各自的心态和他们无声的交流。后室北壁被认为是房妃像的女坐像抑郁、矜持的表情流露出内心深深的寂寞。顾恺之的“传神”理论从南北朝以来一直被奉为人物画的要旨。“神”代表了人物的个性,尤其是内心世界。壁画对人物内心世界的着力刻画反映了向当时社会上盛行的艺术标准的主动靠拢。

(4)色彩、线条及风格

懿德太子墓壁画中大量用了红、绿、黑,在仪仗、伞、扇等贵重物品上有贴金。色彩的运用方法基本上是平涂,线条近乎铁线描,变化较小。

章怀太子墓壁画中除了红、绿、黑之外,引人注目的是运用了大量的黄色和赭石、橙色。色彩的用法采用了晕染法,造成丰富多彩的颜色效果。线条的运用也比较灵活,有工整的铁线描,也有潇洒富有力度的兰叶描,在表现不同题材时灵活地运用了不同的技法。如在客使图中表现唐代官员的袍服时,先用流畅的长线条勾勒出轮廓,表现出丝织品舒展柔滑的形态,然后用橙色富有变化地晕染出衣服的自然、富丽高贵的色泽,衣褶处从内向外由白色渐渐加浓,由浅黄到黄橙色。与此对比,在表现可能来自东北的少数民族使者身上所披的皮袍时,用较粗的墨线表现其厚重、粗犷的质地,青色晕染的幅度较大,显出粗朴的感觉。

综上所述,懿德太子墓壁画的规制有以下 5 个因素:

A. 内容:体现墓主人的身份地位。南北形成构图连续的长卷,以墓道为中轴线,东西壁严格对称,墓室壁画呈向心状布局。

B. 暗示了固定的观赏角度,出行部分位于墓道中轴线上,面向南部;宫廷生活部分位于墓室中心。

C. 壁画中的环境处理取决于墓室建筑空间的意义,强化建筑语汇。出行部分为统一连续的外景;影作木构南北连为一体,墓室表现封闭的宫廷内部空间。

D. 人物无个性特征,表现某个类型的整体特征。群像中人物无表情、姿态交流。不刻意描绘人物的内心世界。人物的姿态单一,多呈东西相对面向墓道的半侧面像。

E. 色彩以红、绿、黑、白为主,缺乏黄、橙、赭等中间色。线条拘谨单一,风格凝重肃穆。

章怀太子墓壁画则违背了以上5个因素。在内容和形式上均有突破。

二、二者差异的原因分析

形成二者差异的主要原因在于墓主人身份不同和墓葬规格不同。懿德太子墓"号墓为陵",壁画风格体现了超乎太子身份的天子级别,为了驾驭浩繁宏大的题材,严格遵循了传统的表现手法。章怀太子墓的规格基本上是低于太子身份的郡王一级,内容自由松散,表现手法也少拘束。其次,两墓壁画绘制的年代和程序有区别,懿德太子葬于706年,章怀太子706年以雍王礼葬,711年重新以太子身份与房妃合葬,因此章怀太子墓壁画本身前后不统一,也加剧了与懿德太子墓壁画的差异。

懿德太子墓和章怀太子墓这两座乾陵陪葬墓的建造,其实是以中宗为代表的李姓皇族势力集团和武则天势力集团反复较量的产物。作为武则天专政时最严重受害者中地位最显赫的两个太子,对他们生前地位的承认代表着重新树立李姓皇族的统治依据。中宗即位后,于706年修建了三座陪葬墓。史籍和考古资料[10]均证明懿德太子李重润陵墓的规格"号墓为陵"[11]。李重润系中宗长子,在李姓皇族的嫡系序列中占有首要的地位,生前曾被"立为皇太孙,开府职官"[12]。而李贤是武则天与高宗的第二子,虽然生前曾被立为太子,但在皇室嫡系中地位次于李重润。可见,对李重润墓超乎太子级别的"号墓为陵"的葬法,意义可能在于冲淡乾陵作为武则天、高宗纪念碑的氛围,提醒人们在武则天当政期间李姓皇族力量连续的强大存在。在这个意义上,厚葬李贤的意义就不如李重润、李仙蕙大。

从地上、地下墓葬构造来看,懿德太子墓规模宏大,肃穆华贵,规格高于差不多同时期的其他太子墓。壁画中三出阙楼和24杆列戟都表明了天子级别,在其他墓内均没有发现。标准的依太子礼葬的墓内列戟18杆:如景云二年(710)葬的节愍太子李重俊墓[13],开元十二年(724)葬的惠庄太子李撝墓[14]。章怀太子墓列戟14杆是郡王一级的礼仪[15]。墓室环境从外向内象征东宫的不同处所,太子的大朝仪仗出行图和墓室里各司其职的宫女,都集中表现了懿德太子的显赫身份[16]。整个墓室壁画的规整有序体现了在绘制过程中画师的组织相当严密,虽然无从看出作者的具体身份,但是他们可能受宫廷风格熏陶,色彩华丽肃穆，而缺乏生气，而且循规蹈矩地按照墓室壁画的传统规制来创作。

懿德太子墓壁画所遵循传统规制的5个因素是南北朝以来在皇室贵族的大墓中逐步形成和完善的。初步形成于河北磁县东陈村东魏武定八年(550)茹茹公主墓[17]和磁县湾漳推测为北齐文宣帝高洋陵墓的M106[18]。茹茹公主墓墓道、甬道壁画连成长卷，东、西壁以青龙白虎引导，对称排列14人仪仗，甬道绘侍卫，墓室描绘墓主人宫室生活，四壁人物均面向墓室中心作向心状布局。磁县湾漳M106墓道东西壁对称绘制五十余人组成的面向墓道口步行仪仗出行队伍。但这两座墓壁画中均没有环境描绘。以影作木构象征不同的宫室环境的因素来自北周李贤墓，在李贤墓第一过洞和甬道口上方各绘双层门楼，第二、第三过洞口外上方绘单层门楼[19]，将墓室明确地转化为生前的宫室。经隋、初唐的整合，在贞观十七年(643)昭陵陪葬墓长乐公生墓壁画[20]中具备了5个因素，墓道东西壁云中车马后对称描绘仪仗图，第一、二过洞口上均绘门阙图，从甬道至墓室绘连续的影作木构。在龙朔三年(663)昭陵陪葬墓新城公主墓壁画[21]中强化了5个因素，进一步确立了唐代皇室贵族墓室壁画的表现规制。懿德太子墓是对这种规制的集大成者。

这种规制的传承可能要依赖于体现为典章制度的礼制约束和监督其实施的强大的皇室力量[22]，隋唐礼制的大旨来源于南北朝的制度，在埋葬制度上必然具有沿袭性。在具体的壁画绘制中则由一群精熟贵族绘画传统、内部师承不断的画工的组织来实现。虽然难以断定墓室壁画的创作群体与当时活跃于宫廷中的画师的关系，但是他们之间的互相影响和同受宫廷政治经济支持，从而导致在创作中投好宫廷趣味的表现手法是可以推测到的。如《历代名画记》记载善于绘画的阎氏父子从隋朝到唐代都供职于朝廷，阎立本受命绘制“秦府十八学士写真图”、“凌烟阁功臣像”及随时应太宗之诏为英勇射虎的虢王元凤写真、速写苑中奇鸟，都直接体现了宫廷画的创作投好政治需要和以皇帝爱好为转移的宫廷趣味。画师在创作中很少主动性和自由性。懿德太子被隆重地厚葬体现在墓室壁画的创作中，就是因为更强大的皇室力量来监督礼制约束、政治需要和宫廷趣味的实施，画师中规中矩的创作保证了传统规制的延续。

而少受重视的章怀太子墓壁画的画师也许多一些自由来表现个人的艺术追求。不同画面间出现的跳跃感和起伏、骚动、矛盾性既体现了不同画师风格的冲突，也体现了没有统一规制可遵循的波动。这种波动对应着李贤在生前和死后都比较复杂多变的政治际遇。也是武则天退位后到玄宗即位前混乱、多变、充满矛盾和斗争的唐代社会政治风雨的艺术体现。

太子李弘死后，李贤曾被封为皇太子监国摄政并得到高宗好评，但因为明崇俨被杀事件而受到怀疑，被武则天废为庶人，后流放巴州。文明元年(684)被丘神勣逼死。武则天追封李贤为雍王，“神龙初，追赠司徒，仍遣使迎其丧柩，陪葬乾陵。睿宗践祚，又追赠皇太子，谥曰章怀”[23]。与经历相对简单的懿德太子李重润不同，对李贤太子地位的确立不仅是确立李姓皇族的统治传承，而且关系到对武则天政治评价等一系列问题。武则天退位后，在名义上的李姓君主中宗、睿宗当政间，李姓皇族的太子通过三次政变肃清了恢复正统统治道路上的两大障碍：异姓和女性。首先以武三思、韦后为核心的集团拥立安乐公主为皇储的企图促使李重俊707年发动政变，杀死了武三思及其儿子；接着，710年李隆基发动了击败韦后集团腐朽统治的玄武门政变，树立了以太平公主和他自己代表的李姓皇族的实力；713年太平公主企图发动政变破坏新即位的玄宗的地位，但失败而死。从此开始了玄宗代表李姓皇族的正统男性统治。前后联系来看，李贤是坚持和维护正统统治的早期的牺牲者之一，对他太子地位的认可是在这个利益集团树立真正实力的711年。

706年李贤下葬时身份为雍王，当时中宗急于树立直系子女的地位，在懿德太子墓和永泰公主墓上耗费精力，同时武则天集团的残余力量武三思和韦后的强大联盟抑制着对李贤生前太子地位和监国摄政的认可。因此，在墓道壁画中难以按照规制表现墓主的政治地位，只有避重就轻表现日常生活化主题：狩猎、马球，但客使图暗示了墓主人生前非凡的地位。从考古资料来看，706年的壁画包括前甬道以南的部分[24]。墓道壁画各幅构图、内容的相对独立性表明各个创作者之间缺少关照和协调一致的组织。即墓葬规格的降低导致没有像懿德太子墓壁画那样有组织的创作。各个画师针对自己面前的一片壁面独立创作，其心态相当于绘制屏风画或卷轴画，画面之间有明显的断裂感。711年的壁画包括前后甬道和墓室，笔法更娴熟、疏朗，统一用短粗的圆弧线条简练地勾勒侍女多变的身姿，构图内容协调一致。墓室四壁连续的情节单元、从容不迫的描绘和组织都显示了在这次绘画中倾注了更多关注。

以上所分析的是偶然因素使章怀太子墓壁画超越了墓室壁画的传统规制。706年所绘壁画更明显地受到当时社会上流行绘画风尚的影响。在前面的对比中已经探讨了客使图、仪卫图和过洞中的侍卫图类似肖像画的表现手法：无背景，人物内心世界的刻画，依靠情节组织，向“气韵生动”的美学境界靠拢。狩猎出行图和马球图的表现则采用了鞍马人物画的方法。人物间的呼应和情节转折处用人物眼神回顾和疏朗的画面过渡与“虢国夫人游春图”相似。用扭曲的人体表现运动中的人物情状和马蹄伸曲的姿态则类似韩干的“御马图”。这种向社会流行绘画风尚靠拢的原因可能有两个：章怀太子墓壁画的画师同时也是当时社会上的画家，从事卷轴和屏风画的创作，因此以平时的创作心态来绘画，自觉地将社会艺术风尚带入墓室壁画之中；另一种是专门从事墓室壁画绘制的画匠，本身缺乏创意和风格，对流行的绘画高手的作品进行模仿[25]。更精确的结论还有待研究。

711年所绘的壁画部分体现了另一种新因素，即墓室壁画发展中屏风画取代影作木构的矛盾过程。在影作木构间与在条屏里绘画完全是两个时空概念：影作木构将墓室空间直接转化为居室内部，其间的人物在墓室所代表的永恒死后世界中侍奉主人。而单独成幅的屏风将墓室壁面转化为超越生死的艺术空间，画中的人物完全是审美的存在，生活在自己的情景之中。

唐墓壁画中的屏风画分为两个阶段：第一阶段：题材为历史人物故事画，围绕棺床形成连屏，每屏内绘一个人物或情节，人物形象褒衣博带，似乎是唐代人眼中的古人。穿插有山、树、石、花鸟等背景，以帮助叙事。这种屏风画可能除了审美性之外还有劝喻、表达墓主人道德观的意义。《贞观政要》记载太宗命人写《列女传》于屏风，屏风画与之具有同样浓厚的“成人伦，助教化”的意味。此类画首先在一些等级较低的墓室中出现，西安西郊未央路出土的668年毅州刺史王善贵墓墓室东、北、西三壁分别绘五扇屏风，连成十五扇屏，各绘一侍女[26]。昭陵陪葬墓670年李勣墓墓室原来绘十二屏从三面围绕棺床，残存六幅屏风各绘一侍女，与顾恺之《女史箴图》中女史形象接近，还有树木、飞鸟等背景[27]。另一昭陵陪葬墓671年燕妃墓棺床北、西、南三面绘十二条屏[28]，据笔者观察为历史人物故事画，主要人物一男一女，褒衣博带，情节连续，构图中有树、石、山、雁等户外场景和房屋室内场景。岐山县郑家村发掘的686年鄯州刺史元师奖墓，墓室四壁绘22组条屏画，人物衣裙宽大，有树木、花鸟、蝉等背景[29]。长安县韦曲镇南里王村出土的708年扬州大都督韦浩墓前后室绘影作木构，但前室影作木构间绘大量的树木、花卉、禽鸟，其间是褒衣博带、头顶高冠的高士，后室无背景，描绘唐代衣装的男女侍从[30]。同年、同地点的并州大都督韦洞墓前室四壁上部残存长方形格子内的花卉飞禽，下部是花草树木[31],估计与韦浩墓布局接近。这两座墓前室虽然没有明确的屏风边框,但构图与内容和其他的屏风画一致。前后室的区别表现了影作木构与屏风画并行的状况,后室保持了影作木构间绘侍从人物的传统,前室采用了屏风画的新潮流。

第二阶段:题材多样,历史人物故事画稀少,残存树下老人一种形式[32]。天宝年间,墓室壁画进一步摆脱了传统规制的窠臼,审美性和装饰性增强。墓室壁画通过屏风画这种转换形式彻底与社会艺术潮流融合起来,仕女[33]、花鸟[34]、山水[35]、鞍马人物[36]、瑞禽瑞兽[37]、乐舞[38]、宴饮[39]等题材广泛出现。每类题材均遵循该画科的章法,墓室环境艺术的规制消失了。这一阶段始于富平县宫里乡南陵村出土的710年节愍太子李重俊墓,其后室南、西、北壁西侧原围绕棺床绘十二条屏,每屏内绘树石背景下的仕女。以墓室北壁为例,西侧屏风框内高大的树木占去了大部分空间,树下侍女形体较小,屏风外影作木构间面向棺床侍立的侍女群则形体高大,近真人大小。但是屏风内外侍女均高髻、披帛,着同一式样的间色裙。表明屏风中描绘的是当代美人,西壁屏风内两个侍女对称布局在树两边,侧身回首相对,似在絮语,圆弧状的身姿形成的封闭空间暗示着画面内部的情节,与影作木构间面向棺床的侍女群不同[40]。

从以上分析可见在711年章怀太子墓壁画重绘前,在墓室壁画中已经确立了屏风画独特的内容和形式:屏风的框架隔离出独立的画面空间,脱离影作木构的时空意义;画面构图独立,完整,每幅都有适合的背景:树木、山石、花卉、禽鸟、房屋等室内外场景提供了人物活动的时空;人物形象多样,早期盛行褒衣博带的古人形象,与影作木构中的当代人物截然区别开来,后来渐趋表现当代人物、情节。章怀太子墓甬道至墓室壁画是这一发展过程中富有意味的一个片段:作为地位较高的太子墓,没有明显地用屏风画表现内容,残存影作木构的传统形式,但里面绘制了大量的树木、山石、花卉禽鸟重新构造时空,为人物的活动提供了全新的背景,其间是按照独立的情节组织人物,全为当时装束。推测面含忧郁的女主人画像,侍女捧箫笛、琵琶等乐器和斗鸡都暗示着多才多艺的章怀太子生前的爱好,虽然园苑中依然排演着歌舞,但物在人亡,多彩多姿的画面不仅是装饰性的,而且是利用屏风画善于叙事的形式特点,奏响了一曲追忆身世多劫的太子的挽歌。

注释:

①宿白:《西安地区唐墓壁画的布局与内容》,载《考古学报》1982 年第 2 期。

②王仁波、何修龄、单晧:《陕西唐墓壁画之研究》(上),载《文博》1984 年第 1 期。

③李星明:《唐墓壁画考识》,载《朵云》1994 年第 3 期。

④"It is unclear from the Chinese reports (ww, 1972, 7, p.48; and ww, 1973, 12, p.67) whether Zhang Huai's tomb was totally or partially repainted in A.D.711, but there is no question that the murals in this tomb are far more varied in theme and significantly more advanced in realism than those in Prince Yi De's or Prince Yong Tai's tomb." Mary H. Fong, Tomb Murals Reviewed in the Light of Tang Texts on Painting, Artibus Asiae, Vol. XLV, 1, P57.

⑤李求是:《谈章怀、懿德两墓的形制等问题》,载《文物》1972 年第 7 期。

⑥王仁波:《唐懿德太子墓壁画题材的分析》,载《考古》1973 年第 11 期。

⑦王仁波:《唐懿德太子墓壁画题材的分析》,载《考古》1973 年第 11 期。

⑧SAEHYANG P. CHUNG, The Sui-Tang Eastern Palace in Chang'an: Toward A Reconstruction of Its Plan, Artibus Asiae, LVllll/2 1998, P24~P26。

⑨云翔:《唐章怀太子墓壁画客使图》,载《考古》1984 年第 12 期;王维坤:《唐章怀太子墓壁画"客使图"辨析》,载《考古》1996 年第 1 期;[日]西谷正著、马振智译:《唐章怀太子李贤墓〈礼宾图〉的有关问题》,载《陕西历史博物馆馆刊》第四辑。

⑩陕西省博物馆、乾县文教局唐墓发掘组:《唐懿德太子墓发掘简报》,载《文物》1972 年第 7 期。

⑪"中宗即位,追赠太子,谥曰懿德,陪葬乾陵。乃为聘国子监丞裴粹亡女为冥婚,与之合葬。又追赠永泰郡主为公主,令备礼改葬,乃号其墓为陵焉。"见《旧唐书》卷 86,列传第 36 中宗子重润条,中华书局标点本,第 2835 页。"神龙初,追赠皇太子及谥,陪葬乾陵,号墓为陵,赠主为公主。"见《新唐书》卷 81,列传第 6 中宗子重润条,中华书局标点本,第 3593 页。

⑫"开耀二年,中宗为皇太子,生重润于东宫内殿,高宗神悦。及月满,大赦天下,改元为永淳。是岁,立为皇太孙,开府职官。"见《旧唐书》卷 86,列传第 36 中宗子重润条,中华书局标点本,2835 页。"帝为皇太子时,生东宫,高宗甚喜,乳月满,为大赦天下,改元永淳。是岁,立为皇太孙,开府置官属。"见《新唐书》卷 81,列传第 6 中宗子重润条,中华书局标点本,第 3593 页。

⑬陕西省考古研究所编:《陕西新出土唐墓壁画》第 103~108 页,重庆出版社 1998 年版。

⑭陕西省考古研究所编:《陕西新出土唐墓壁画》第 170 页,重庆出版社 1998 年版。

⑮《唐六典·礼部尚书》卷 4 及《通典·职官七》卷 26,卫尉卿、武库署令条。

⑯王仁波:《懿德太子墓所表现的唐代皇室埋葬制度》,见《中国考古学年会第一次年会论文集》第 404 页,文物出版社 1979 年版。

⑰磁县文化馆:《河北磁县东陈村茹茹公主墓发掘简报》,载《文物》1984 年第 4 期。

⑱中国社会科学院考古研究所邺城考古队:《河北磁县湾漳北朝墓》,载《考古》1990 年第 7 期。

⑲宁夏回族自治区博物馆、宁夏固原博物馆:《宁夏固原北周李贤夫妇墓发掘简报》,载《文物》1985 年第

11 期。

⑳昭陵博物馆:《唐昭陵长乐公主墓》,载《文博》1988 年第 3 期。

㉑陕西省考古研究所、陕西历史博物馆、昭陵博物馆:《唐昭陵新城公主墓发掘简报》,载《考古与文物》1997 年第 3 期。

㉒王仁波:《懿德太子墓所表现的唐代皇室埋葬制度》,《中国考古学年会第一次年会论文集》文物出版社 1979 年版。

㉓《旧唐书》卷 86,列传第 36 高宗子章怀太子李贤条,中华书局标点本,第 2831～2832 页。

㉔"从该墓发掘时的一些迹象观察,房氏灵柩是从第四天井(由南向北)东壁凿穴进入墓室的。就在这次合葬时,将前甬道以后的壁画重新进行了绘制,至今二次绘制的痕迹仍可清楚辨认。"见李求是:《谈章怀、懿德两墓的形制等问题》载《文物》1972 年第 7 期。

㉕持这种观点的有 Mary H. Fong. T' ang Tomb Wall Paintings of the Early Eighth Century, Oriental Arl. Vol. XXLV, number 2, Summer 1978, p187.

㉖张建林:《唐墓壁画中的屏风画》,见陕西省考古研究所编:《远望集》(下)第 722 页,陕西人民美术出版社 1998 年版。

㉗㉘陈志谦:《昭陵唐墓壁画》,见《陕西历史博物馆馆刊》第一辑,第 117 页,三秦出版社 1994 年版。

㉙宝鸡市考古队:《岐山县郑家村唐元师奖墓清理简报》,载《考古与文物》1994 年第 3 期。

㉚陕西省考古研究所编:《陕西新出土唐墓壁画》第 72～76 页,重庆出版社 1998 年版。

㉛陕西省文管会:《长安县南里王村唐韦泂墓发掘记》,载《文物》1959 年第 8 期。

㉜西安市东郊经五路出土的 745 年银青光禄大夫苏思勖墓室西壁绘"树下老人"六条屏,每屏上部绘一棵树,代表远方,下部绘一笼冠、褒衣博带、着歧头履的男子,或坐或立,姿态各异。见陕西考古所唐墓工作组:《西安东郊唐苏思勖墓清理简报》,该文载《考古》1960 年第 1 期,第 36 页,图版五 1。

㉝长安县南里王村出土的天宝年间唐墓墓室西壁六条屏内绘贵妇及侍从,有花卉树石等背景,见赵力光、王九刚:《长安县南里王村唐壁画墓》,该文载《文博》1989 年第 4 期。

㉞西安市东郊出土的 784 年唐安公主墓西壁绘独幅花鸟立屏,见陈安利、马咏钟:《西安王家坟唐代唐安公主墓》,该文载《文物》1991 年第 7 期,第 20 页。西安西郊陕棉十厂出土的天宝年间唐墓 M7 西壁大立屏两侧的竖幅小屏风内绘石草花卉,见张建林:《唐墓壁画中的屏风画》,该文载陕西省考古研究所编:《远望集》(下),陕西人民美术出版社 1998 年,第 722～723 页。

㉟富平县吕村乡朱家道村出土的推测为天宝年间唐墓墓室西壁绘六条山水屏风,见井增利、王小蒙:《富平县新发现的唐墓壁画》,该文载《考古与文物》1997 年第 4 期。

㊱富平县吕村乡朱家道村出土的推测为天宝年间唐墓墓室北壁屏风内绘胡人牵马图,见井增利、王小蒙:《富平县新发现的唐墓壁画》,该文载《考古与文物》1997 年第 4 期,第 8～9 页,封二图版(上)。

㊲富平县吕村乡朱家道村出土的推测为天宝年间唐墓墓室南壁屏风内绘卧狮图,北壁屏风内绘两只仙鹤,有假山花卉背景。见井增利、王小蒙:《富平县新发现的唐墓壁画》,《考古与文物》1997 年 4 期,第 8～9 页,封二图(下)。晚唐墓室中盛行六鹤条屏:长安县郭杜镇出土的 844 年行内侍省奚管局令梁元翰墓室西壁绘六条云鹤屏风,见王仁波、何修龄、单時:《陕西唐墓壁画之研究》(下),《文博》1984 年第 2 期第 55 页附表;西安西郊枣园绝缘厂出土的 864 年银青光禄大夫杨玄略墓室西壁绘六鹤屏风,见王仁波、何修龄、单時:《陕西唐墓壁画之研究》(下),《文博》1984 年第 2 期。

㊳墓室东壁大幅屏风内绘乐舞的例子有:苏思勖墓,陕棉十厂 M7,富平县吕村乡朱家道村唐墓,唐安公主墓等。

㊴长安县南里王村出土的天宝年间唐墓墓室东壁绘大幅宴饮图,户外背景。见赵力光、王九刚:《长安县南里王村唐壁画墓》,该文载《文博》1989 年第 4 期,第 8～9 页,图版叁。

㊵陕西省考古研究所编:《陕西新出土唐墓壁画》第 160～161 页,重庆出版社 1998 年版。张建林:《唐墓壁画中的屏风画》,该文载陕西省考古研究所编:《远望集》(下)第 722 页,陕西人民美术出版社 1998 年。

(本文原载《陕西历史博物馆馆刊》第六辑)

吕村唐墓壁画与水墨山水的起源

徐 涛

山水画出现于六朝时期，隋代即有完整的山水画流传于世。五代之际，出现了荆(浩)、关(同)、董(源)、巨(然)等大家，将山水画，特别是水墨山水画推向成熟。现代学者的研究表明：中国山水画“自五代宋初据画坛之首，直至清初900年中，一直居于主流地位”[①]。

唐代是山水画发展的重要时期。当时名家辈出，屡有创新。“夫随类赋彩，自古有能，如水墨晕章，兴我唐代。”[②]“由是山水之变，始于吴(道子)，成于二李(李思训、李昭道)。”[③]文献中对唐代山水画的记载并不鲜见，然而过去却罕有山水画特别是水墨山水实物传世，长期以来，学者无法将文献与实物相互映证。

近年，随着新的考古资料发现，特别是陕西富平一座唐墓中发现的水墨山水壁画，为解决这一问题，提供了重要线索。

1994年元月，富平县文管会在吕村乡唐高祖献陵的陪葬墓区发现了这座墓葬。1997年，《考古与文物》对此进行了报道[④]。该墓为砖砌单室墓，4米见方。据报道所述，墓室坐北朝南，墓门位于南壁之东侧，室内布满壁画，多为模拟实物的屏风画。北墙为昆仑奴牵牛图及双鹤图单扇屏风壁画；在南墙墓门之西侧，为卧狮图单屏风壁画；东侧墙壁，绘有一组乐舞图；在墓室西北角，为棺床的遗迹；而山水六扇屏风壁画，则绘于棺床之上的西墙壁上。

该墓未发现墓志等其他文物，作者从画中人物体态，所戴高而前倾的幞头(英王踣)，及伎乐图中的高髻人物等分析，认为是盛唐的样式[⑤]。在唐天宝四年苏思勖墓壁画中，也有类似乐舞图，人物幞头及侍女高髻则近乎相同[⑥]。

这六幅山水画绘于浅红色屏风框内，立轴形式，各自独立成景，互不相连，

图一　吕村唐墓屏风壁画照片

并非通景屏。报告发表了其中两扇屏风壁画的照片，系整组屏风的右数第二幅（左）和第三幅（右）画（图一）。画面有损伤，但其构图仍清晰可见。山势垂直而起，表现的是北方山水风格，树木、苔点均少（例如华山），立体效果突出。左图视点由近山渐远，为两山夹峙，中有水溪谷道，以“之”字形延伸到远方。远方山水隐约可见，与白云一起飘浮在天际间。右图视点系由山下往山上看，画一高耸山峰，山体高大且垂直，有壁立千仞之感，山顶上还有墨笔勾画出的白云。其他四幅与此基本类似。

吕村唐墓壁画山水主体采用了水墨技法，用笔粗犷豪放；画山石先勾勒出轮廓，除个别远山采用平涂外，其内部用淡墨依山石走势，分层次、明暗关系涂抹，突出了山石的质感和山体的层次，有的缓曲，类似披麻皴；有的强直，类似斧劈皴。而远山的小树，不见枝叶，直接用墨染出，如同小墨团。

此壁画是以独立的山水为主题，使用水墨技法。其内容及技法，与传纪所见的唐及唐以前的青绿山水画有明显的不同，大大丰富了我们对唐代山水画的认识。与传隋展子虔《游春图》[7]（图二）相比较，后者采用“平远”构图法，摆脱六朝以来“人大于山，水不容泛”的画法，山体用细线勾画，内部用青绿色平涂，人物建筑的比例已经正常。此壁画则有较多创新，在构图上注意了前后纵

图二　《游春图》（局部）

深的处理，在色彩上采用水墨画法，在山石的处理上，有了初步的“皴法”。同时，如远山间大朵的苔点，棉花团状漂浮山间的云，则保持着早期山水画的风格。与唐末、五代时荆浩《匡庐图》[8]（图三）相比，《匡庐图》在水墨技法的使用，在景深的描绘上，甚至在北方山水风格的表现上，都继承了山水壁画的技法并有所创新。如皴法，已经更多的体现出笔意而不是涂染，其墨色也与轮廓相一致。类似《游春图》那种古拙的苔点已经不再使用，棉花团状的云，也不再表现。从《游春图》到此壁画，再从壁画到《匡庐图》，是符合唐代山水画发展规律的。吕村唐墓山水壁画所揭示的特点，如水墨画法的应用，“皴法”的出现，纵深构图的表现，这些新技法，以及对早期山水画风格如云、苔点的继承等等，为探讨盛唐时期山水画的转变，特别是对吴道子、王维等的水墨山水画面貌的认识，提供了实物依据。

盛唐之际，特别是在玄宗开元、天宝年间，山水画有了重大革新。这体现在两个方面：一、山水画构图从“咫尺千里”到“咫尺重深”的转变[9]。在山水画兴起之初的东晋至隋代，画面为全景概括，其构图将画面做横向分布，缺少纵深感，所谓“咫尺千里”就是如此。盛唐时期则开始转变为“咫尺重深”，在有限的画幅内展示无限深邃的山水境界。吕村唐墓山水壁画中的左幅，两山夹峙，山势重叠曲折，应是“咫尺重深”的效果。二、水墨山水画的出现。在初唐及盛唐时期，山水画多为宫观楼台的衬景，虽然“二阎”（阎立德、阎立本）“渐变所附”，但仍然是青绿山水画。吴道子、王维的出现，改变了这一现象。吴道子的艺术活动在开元、天宝年间，其长于人物佛像，山水画亦独树一帜。“纵以怪石崩滩；若可扪酌。[10]”又画“嘉陵江三百余里山水，一日而毕”[11]。他的画

图三 《匡庐图》

“以墨踪之,近代莫能加其彩绘。”[12]风格豪放,气势磅礴,较之李思训、李昭道青绿山水画“数月之功”[13]的精细笔法而言,应当是使用写意笔法。王维艺术活动期略晚于吴道子,跨越了“安史之乱”,长于水墨山水画,后世以他为水墨山水画之宗。张彦远道:“余曾见破墨山水,笔迹爽劲”[14]。所谓“破墨山水”,即把墨加水分破浓淡不同的层次,用以渲染,代替青绿颜色,并能用水墨表现出山形的阴阳向背[15]。此次发现的唐墓山水壁画,正体现了一种水墨为主,写意色彩浓厚的山水画风。能见证到这一画风转变的实物,其重要性是不言而喻的。

此外,通过对下列一些考古材料的分析,我们可以深入探讨吕村唐墓山水壁画在唐代山水画发展中的地位。

1. *阙楼图壁画*　盛唐时期(中宗神龙二年)。1971 年乾县唐懿德太子墓出土[16]。画面主体为一座高大的“三出阙”,在“三出阙”背后,为青绿山水衬景。山水用墨线勾勒,转折有力,但缺少纵深感。内部用青绿色平涂,个别处为重复的、有方向的涂抹,以区分出山石层次。同墓所出仪仗图,也有青绿山水画。这类青绿山水画,在发掘的唐墓壁画及敦煌壁画中多见。如李重俊墓[17]山水壁画,画面内容更加丰富。它们依附于宫观,以衬景的方式出现,应是初唐以来山水画风的延续。

2. *临潼庆山寺唐代山水壁画*　临潼庆山寺舍利塔精室出土,开元二十九年(741)建。1985 年由临潼县博物馆清理[18]。在其主室北、东、西三面皆有壁画。山水屏风位于东壁听乐僧人之后,西壁为花鸟屏风画[19]。山水画残损较多,现有摹本,依然清晰可见。屏风画同样为单幅立轴式构图,山势垂直而起。虽使用了其他色彩,但其主体多使用墨笔,用笔豪放,上有团状苔点。其中一扇屏风,画有两山夹峙,亦是“重深”式构图。庆山寺山水壁画与吕村唐墓山水壁画在山水构图、笔墨技法上有许多相似之处,可作为吕村唐墓时代及画风判断的有利证据。

3. *曲阳五代王处直墓山水壁画*[20]　王氏葬于后梁龙德四年(924),距唐亡 17 年。墓中出土两幅水墨山水壁画。这两幅画,一幅绘在前室的北壁,壁画略成方形,应绘于一单扇屏风上(图四),另一幅绘于东耳室的北壁,构图类似手卷。两幅画均使用墨笔和类披麻皴的皴法,技法已近成熟。构图上,透视效果已处理得十分成熟,体现出“高远、平远、深远”的特点,远山顶部小树丛用横竖笔小点。“在年代关系上,曲阳的山水壁画应更靠近唐代,或者说是唐代山水画的流风余韵。”[21]

4.《山弈候约图》 绢本设色，纵106.5厘米，横54厘米。1974年出土于辽宁法库叶茂台辽墓。其时代“有可能早到后晋天福即辽会同年间，晚不过北宋开宝即辽庆历末年”[22]。此画虽是设色画，但仅有局部山石和建筑设色，总体应视为水墨画。所展示的是北方山水的构图。与荆浩、卫贤画风类似。山石内用墨笔细长条皴，已完全没有了涂抹痕迹。近处松树挺拔，远处没有小树等苔点。云飘浮在山间，已近留白，仍用浅而阔的线空勾。

图四 五代王处直墓山水壁画

隋至初唐时期，山水画更多是依附于宫观楼台画之中，展子虔则是其中的代表。至唐代，“国初二阎（阎立德、阎立本），擅美匠，学杨展，精意宫观，渐变所附。”[23]逐步改变了山水树石附属于宫观的状况。但他们的画风仍然较为稚拙，“状石则务于雕造，如冰澌斧刃，绘树则刷脉镂叶，多栖结菀柳。”[24]初唐的山水画，仍是用细匀的线条，勾出轮廓脉络，而填入青绿颜色，结构没有明显的层次变化。现已发掘的唐墓青绿山水壁画，多是这种画风。而吕村唐墓山水几近于纯水墨，在山水画序列中，有别于青绿山水，是水墨山水中迄今所见最早的作品，很值得珍视。

盛唐时期是山水画的变革时期。李思训、李昭道父子的山水画，继承了展子虔、阎立德、阎立本的青绿山水画风，发展为“金碧山水”，笔力遒劲，且更加精细成熟。而以吴道子、王维为代表的水墨山水画，则开创了一个新时代。在此期间或稍后，还有毕宏、韦偃、张璪、项容、王洽等山水画家，将山水画特别是水墨山水画技法推向深入。构图从“咫尺千里”到“咫尺重深”，水墨技法及早期皴法的应用等诸多创新，同时保留着团状苔点小树，棉花团状云等早期特点。

晚唐、五代时期，青绿山水画逐步为水墨山水画所替代，山水画也开始占据画坛主导地位。荆浩、关同、董源、巨然等展示了他们的技艺。《匡庐图》、《山弈候约图》及王处直墓山水壁画，均是这一时期画风的反映。在水墨技法、构图上已完全成熟，不再有古拙苔点，画云则变为虚实景结合。自此，山水画走向了她的辉煌时代。

注释：

①⑮陈传席:《中国山水画史》第三卷第一章,江苏美术出版社,1998年第一版。

②五代·荆浩:《笔法记》,引自《唐五代画论》,湖南美术出版社,1997年4月第一版。

③⑩⑭㉓㉔唐·张彦远:《历代名画记》"论山水树石"。

④井增利、王小蒙:《富平县新发现的唐墓壁画》,《考古与文物》1997年第7期。

⑤"盛唐"的时代判断现在虽不完全一致,但其总体是指武则天玄宗这一时期段。富平唐墓壁画人物体态较为丰盈,故其时代可能在"盛唐"之中的偏晚一段。

⑥熊培庚:《唐苏思勖墓壁画乐舞图》,《文物》1960年8—9期。

又见陕西省考古研究所唐墓工作队:《西安东郊唐苏思勖墓清理简报》,《考古》1960年第1期第30页。

⑦《游春图》现藏北京故宫博物院。近人以人物幞头及建筑鸱尾等因素判断,认为它是北宋摹本,其底本也在盛唐以后。(见傅熹年《关于"展子虔〈游春图〉"年代的探讨》,《文物》1978年第11期)然而,《游春图》中人物极小,幞头特征难以表现;鸱尾上的拒鹊,在昭陵长乐公主墓门阙图壁画及大雁塔门楣线刻佛堂建筑上均有反映,可见拒鹊在盛唐及盛唐之前均有出现。另外,用墨团状表现远山小树的手法,在隋李和墓石棺、唐郑仁泰墓志中均有例证,可见在隋至盛唐是一种流行的装饰手法。故尔推断《游春图》时代较晚,其理由不够充分。

⑧五代·荆浩:《匡庐图》,现藏台北故宫博物院。

⑨王去非:《试谈山水画发展史上的一个问题——从"咫尺千里"到"咫尺重深"》,《文物》1980年第12期。

⑪⑫⑬唐·朱景玄:《唐朝名画录》,引自《唐五代画论》,湖南美术出版社,1997年第一版。

⑯陕西省博物馆、乾县文教局唐墓发掘组:《唐懿德太子墓发掘简报》,《文物》1972年第7期。

⑰陕西省考古研究所:《陕西新出土唐墓壁画》重庆出版社,1998年11月。

⑱临潼县博物馆:《临潼唐庆山寺舍利塔基精室清理记》,《文博》1985年第5期。

⑲因壁画上部已残,发掘者认为系"……大柱右侧是四柱支撑的廊房。廊外有山并树木。廊下结跏趺坐五个听赏乐舞的中外僧人。"西壁"……柱左侧是一座六柱廊房,柱间有花草。"此说不确。应是山水六扇屏风与花鸟六扇屏风各一件。《陕西省志·文物志》已作了更改。按此类山水屏风画并非一件,在敦煌壁画中也有所见。参见《中国美术全集·绘画编15·敦煌壁画下》一二一图。

⑳河北省文物研究所、保定市文物管理处:《五代王处直墓》,文物出版社,1998年7月第一版。

㉑罗世平:《略论曲阳五代墓山水国的美术史价值》,《文物》1996年第9期。

㉒杨仁恺:《叶茂台辽墓出土古画的时代及其他》,《文物》1975年第12期。

(本文原载《文博》2001年第1期)

唐墓壁画的创作技巧和艺术成就

唐昌东

唐代是中国壁画艺术发展的高峰,壁画成为绘画的主流,它在中国绘画史上占着极其光辉璀璨的一页。当年画坛,盛况空前。据画史记载,隋唐时期,有名可传的壁画家就有114人,凡画坛名家,无不从事于壁画的创作活动。其中也有民间画工高手,他们用毕生的精力,艰辛地从事于壁画的创作活动,为宫殿、寺观、庙宇及宅第制作了许多名篇杰作。长安、洛阳、汴梁、平成(大同)、润州(镇江)、会稽、江都等地都留有他们的墨宝真迹。山水、人物各具特色,人物画在汉魏深厚传统的基础上,融合吸收了外来的营养,大大丰富了民族绘画的艺术风貌。有崭新民族画风的"吴家样",又有绮罗人物画家周昉为代表的"周家样"。山水画由人物、建筑的陪衬走向独立的画科,从早期的空钩无皴的古掘气到金碧辉煌和一变钩斫之法为"水墨渲淡",追求含蓄潜思的情调,使山水画大放异彩。花鸟画开始萌发,以笔墨钩写,用浓淡墨色晕染,"千形万状,皆穷其态"。为中国花鸟画的形成,初创了坚实的基础。可惜这些历史名迹,早已烟没殆尽。

可喜的是近几十年来,在陕西境内清理发掘的二千多座唐墓中,多有唐人的壁画真迹,可弥补中国画史上的一大缺憾。其中最有价值,最有代表性的是1960年出土的唐永泰公主墓壁画、1973年出土的唐淮安王李寿墓壁画,以及前后发掘的懿德太子李重润、章怀太子李贤墓、1987年发掘的唐韦氏家族韦浩等墓壁画。都以高度的写实手法、纯熟的绘画技巧,逼真生动地表现了唐代壁画绚丽多姿的艺术风貌。这些唐墓是皇室所经营建造的,其中精妙的壁画应出自民间画工高手,为我们研究唐代壁画创作,风格演变,提供了宝贵的资料。

在墓室绘制壁画,汉代早已盛行。当时在封建经济阶层中,普遍流行黄老思想,崇尚封建迷信,生前恣情享乐,死后极力厚葬,将生前的奢侈生活,全盘转入地下,如庖厨、宴饮、乐舞百戏、围猎、出行等都形象地描绘在墓室里,生前所得一切,死后亦将永远占有。为保护死者,“御四方,辟不祥”,并将青龙、白虎、朱雀、玄武这“天之四灵”,绘制在墓室四面,似做墓主人的保护神。

汉人厚葬成风,唐代尤甚。唐王朝崇尚厚葬,在《旧唐书·舆服志》里已有记载。从解放以来发掘清理的唐墓来看,在墓室里绘制壁画相当普遍,墓葬的结构,壁画的规模,也大大超过了汉代。像永泰、懿德、章怀等皇室的墓葬,墓道的东西两壁除在彩云中绘有游弋的青龙白虎外,下面展现出广阔的天地;有规模浩大的仪仗出行,太子大朝,以及纵横驰骋的狩猎和马球等壮观画面。墓道其后的多层天井,似重重院落,整个甬道,都绘有象征建筑的装饰,和前后室宏大的建筑联系起来,形成壁垒森严的深宫大院。在这些建筑群中,满壁绘有宫女图画,每一座墓葬就像一个琳琅满目的画廊,充分地显示了墓主人的显赫地位与豪华生活。

唐墓壁画在题材内容上鲜明的表现出时代的创作新风。“唐尚新题”,明显地摆脱了宗教的羁绊,从规箴式的宗教题材中解脱出来,重视从现实生活中摄取素材,反映社会的各种生活习俗和风尚。特别是唐王朝统一强盛,需要在绘画艺术创作中反映当时的社会意识,描绘重大的政治活动,如迎宾、太子大朝、仪仗出行;及上层贵族纵情淫逸,炫耀权贵的马球活动,游猎生活、架鹰、驯豹等,内容广泛。

唐墓壁画对宫苑仕女、游园、乐舞等描绘妇女形象的题材更是突出。早期的唐墓壁画如李凤墓中,除一《牵驼图》外,其他均是描绘侍女形象的画面。又如章怀太子墓的甬道,映入人们眼帘的便是宫女们一片繁忙景象:她们有的怀抱公鸡,有的手提彩蛋,有的托盆景。前室则更是表现宫廷生活的高潮,有翩翩起舞,有奏乐欢唱,还有漫步庭园观鸟捕蝉等等。懿德、永泰、韦浩等唐墓多是这种表现形式。令人惊异的是这些反映侍女题材的构思情节,人物形象都不雷同,充满了浓郁的生活气息,形象具体而鲜明生动。这些从现实生活出发的作品,摆脱宗教的束缚,大异于汉魏六朝表现节妇、烈女之类的题材。

李凤墓的壁画有一幅较完好的侍女图,表现两个侍女相背而行,一株初放的百合花点缀其间,一头梳双髻、袒胸的侍女红色窄袖短襦上披米黄披巾,胸前束带,似在微风中飘动,绿色长裙垂地,微露足履,双手持扇,缓步而行。左侧侍女，身穿男服，一手持扇，一手挟衾绸匆匆而去。这一颇为单纯的画面，却耐人寻味。画面用简练的笔墨，勾画出一个容貌温静，丰容秀目的形象；另一个则充满天真稚气。恰似夏令时节，一株枝繁叶茂的百合花生机盎然，很富于生活气息，又表现出画面开阔的意境。就绘画水平而论，此画格调并不算高，但从绘画艺术美的角度，它真实地描绘了侍女的生活。从侍女修长的身材及裙腰高束的服饰，可以看到北周人物“柔姿绰态”，瘦削清俊画风的影响。这种初唐的绘画风格，在李寿墓壁画乐舞图中也反映出来。正在演奏的女乐伎和站立伴唱的侍女，面庞清秀，体形修长与盛唐以后肥硕丰满的造型风格截然不同。

唐墓壁画中，描绘侍女最为杰出的代表作是永泰公主墓前室东壁的宫女图。这两组相对而行的宫女行列缓步徐行，在宏伟建筑的人字斗栱之下，为首的宫女头梳高髻，丰容端庄，肩披披帛，身着襦衫和红裙，双肩交叉胸前，以目传情，好像和对面为首的宫女会心示意，雍容自若的神态，高耸的发髻，显示其身份较高，似在率领宫女们前去侍奉她们的主人。紧随其后的宫女，一手捧盘，另一手绕着披巾，回首顾盼，嫣然微笑在招呼后面的姐妹；对面背身宫女头微仰，双手托着方盒，身腰前倾，姿态婀娜，委婉动人。更令人赞叹的是，一捧琉璃高脚杯的宫女，头梳螺髻，面庞丰润，带着稚气，神采照人。在画师笔下，那些拿着烛台、团扇、食盒、如意及拂尘、包袱等物的宫女，个个形象生动，栩栩如生。

这幅表现宫女题材的绘画，并没有什么故事情节，我们通过她们身着薄衣单衫，露颈袒胸及手持宫廷贵族日常用物来看，显露出是在夏令之夜，列队前去侍奉主人。这一颇难表现的生活情景，经画师巧妙的构思，苦心经营，却使画面妙趣横生。画家首先着意通过人物的正、侧、背、转各种微妙的转折变化，使单调划一排列的宫女神情相应，构成一个完整的整体。这种前后参差的经营，不仅使画面疏密相间，错落有致，而且使画面显得丰富有变化，使本来整齐排列的宫女行列，毫不呆板单调。对宫女们的形象，竭力描绘了面部特征，眼神和嘴角的微妙表情，刻画了她们各自不同性格和精神气质。有的神情自若，有的回首顾盼以明眸示意，有的疑神遐想或显示冷漠淡然。这些有血有肉，真实生动的侍女形象，给人以强烈的生命力和艺术感染，好像这一充满青春活力的宫女行列，打破了森严坚垒深宫内苑的寂静，大有“满园春色关不住”之感。

这里我们不仅看到了画师卓越的构思才智，在艺术技巧的表现上，更让人看到了他们惊人的造型本领。那拿高脚玻璃杯的宫女,从壁头残留的起草痕迹看,作者曾反复推敲,三易其稿。开始宫女的头画得较平,感到情趣不足,和持扇宫女又没重叠,无疑较平板又无聚散变化,最终这一形象描绘成头稍俯视,微微翘起嘴角,显得庄重又似含着笑意,显出少女的温柔恬静,脉脉含情。画师这种严肃的创作态度,在许多壁画的起草痕迹中都留下了印记。他们总是以饱满的激清,极力去表现宫女们的善良美丽,而对那些宦官之类的奴才,总是描绘得那么丑恶可憎。成功地塑造这些具有个性的人物形象,还在对宫廷生活的深入观察了解和"目识心记","兼移其神气"的能力,才能生动地再现生活,反映唐代人物的时代精神。

宫女们的服饰,都是当时盛行的装扮。她们丰腴秀骨,云鬟雾鬓,身着窄袖襦衫,外罩披肩,长裙曳地,高头履露,正是"高髻云鬟别样装"的写照。鲜明的时代感,从宫女们的装束上亦可看出,"颇有胡气"的西域外来的影响。唐诗云:"女为胡妇学胡装",反映了唐时的社会风尚。这种胡风的装束常常反映在许多画面上,如图中宫女行列最后的少女,即身着翻领窄袖衫,腰间束带,长裙下露窄裤,穿尖头鞋,就是一个典型。在观鸟捕蝉图和韦浩墓的侍女图壁画中,都有这种华丽装束的侍女形象。在永泰公主墓及咸阳边方村出土的彩绘胡装陶俑和石椁线刻画中亦多有这种身着胡服的少女,说明这种女扮男装的习尚,确曾风靡一时。

章怀太子墓的观鸟捕蝉图绘于前室西壁,是和乐舞图相对称的一幅表现贵族闲适生活的图画,画面描绘了一雍容华贵的妇人仰视飞鸟,一妙龄少女聚精会神地甩袖捕蝉,另一侍女双手托巾,若有所思,一树一石参插其间,显然这是表现宫内生活一个游园的场面。画工以精练的线条,勾画出三个性格年龄各不相同的妇女形象,通过观鸟捕蝉的优美动态和神情,揭示出她们常年幽闲在深宫,空虚寂寞,百无聊赖的生活。

从上述壁画中我们看出画师们在画面的处理上,表现的精湛技艺。人物树石,前后参差,疏密有致,并巧妙地运用了画面的白空,使主体人物突出,空间无限。而空白的大小形状变化,形成空间的韵律,构成画面轻重、均衡。画面人物树石,疏中间密,实中间虚,布局合理。一树一石在整幅画中,不仅是人物的简单衬托,它和人物参差错落,显示出画面意境的深远,打破了汉魏六朝以来人物画大都平列的格局。天空的戴胜鸟和鸣蝉及人物都不是静止的描绘,而树石则相对的在静止之中,这是动静相托相生的对比。诸多的艺术因素，使这幅壁画优美和谐，意趣无穷。与张萱、周昉画中神妙仕女画相比毫不逊色。

一幅杰出的艺术作品，要有巧妙的构思、布局。但作为造型艺术，更离不开具体形象的刻画。从永泰墓的宫女形象到章怀太子墓的人物造型，都令人惊叹，人物造型准确，比例适度，动态协调，神情相应。表现了人物不同心理状态所流露出的不同神情，体现了唐代人物画更趋写实的纯熟技巧。宫女匀称轻盈的体态，常常是用艺术夸张的手法，身体的比例加长，所以宫女们虽面容丰满腴润，但细腰长裙，仍感到身体窈窕、婉丽动人。对人物的面部造型，画工更刻意求精，不仅注意了五官特征的描绘，更着力于眼的传神，人物形象“穷神尽变”，像宫女图中的凝思遐想，回首顾盼，观鸟捕蝉图中的凝神观望和俯视会神的捕蝉，马球图中反身击球等各种神态，无一不是通过眼神的描绘来揭示人物内在心理和思想的。对人物的传神写照，东晋画家顾恺之曾说过：“手挥五弦易，目送归鸿难”。强调刻画人物形象“写自颈已上，宁迟不隽”，还指出“四体妍蚩本无关于妙处，传神写照，正在阿堵中”。这些真知灼见，已为唐代画工高手们熟悉，并在长期的创作实践中反复运用。对人物的刻画不同于前期追求理想的气质，而将以高度的写实手法，来塑造具体人物性格，气质与情态，将“以形写神”的理论推向新的高度，达到神形兼备的时代高峰。永泰墓的宫女图、章怀墓的观鸟捕蝉、马球、狩猎出行及客使图等都是极好的例证。

在唐墓壁画中，鞍马人物同绮罗人物画一样引人注目。《唐朝名画录》中曾记有：“韦偃京兆人寓居于蜀，以善画山水竹榭人物等，思高格逸，居闲堂以越笔点簇鞍马人物，山水云烔，千变万态，或腾或倚，或龁或饮，或惊或止，或走或起，或翘或跂。其小者或头一点，或尾一抹。山以墨乾，水以手擦，曲尽其妙，宛然如真”，可见唐代鞍马人物画不仅盛行，而且对很复杂的画面，表现得十分真切感人。章怀、懿德墓中的《狩猎出行图》、《马球图》、《仪仗阙楼图》等都是典型的范例。

《狩猎出行图》绘于章怀太子墓墓道的东壁，高在 2.4 米以上，全长 6.6 米。和西壁的《马球图》遥相呼应，是唐墓壁画中十分壮观的巨幅精品。画面描绘的是一组有五十多个鞍马人物奔驰在树木掩映的山道上的出猎景象，由南向北看去，在五名猎骑之后，一身穿蓝灰色袍服，骑高大白马的煊赫人物，率领数十骑，束腰佩箭，架鹰抱犬，前呼后拥，穿山越林。从画面的安排看，最前数骑是先导，其后突出一骑与众不同，飘洒长须，庄严高贵，神情舒展的气度，显然是出猎的主人。在他背后并列三骑，无论是从神态还是服饰看，他们也派头十足，颇显权势，可能是主人的亲近良友，如众星捧月一般，烘托出出猎的主人。这三骑中穿白色袍服的长者，在回首眺望。似在环视出猎的大队人马，使前后画面呼应。对这样众多复杂的出行之列，画工们施展了善于驰骋想象的才智，发挥了民族绘画经营布局的本领，在这群奔腾的人马左右，巧妙地勾勒几笔穿插的树木山石，使人感到画外有画，山川相应。整幅画从分散到集中，有虚有实，有聚有散，密处不显其乱，疏处不显其空。画面最后用苍劲的干笔，画出了五棵挺拔苍老的大树，不仅显露出林阴山道，古木森森，它和鞍马人物、骆驼等殿后轻骑，形成有藏有露及起承转合的关系，使画面无限深幽空灵。在这五棵树的前面，有一身着深红袍服，回首背身的骑士，从留下的起稿轮廓看，原画在树后处，具有高度艺术素养的画工们，意识到原稿画出会使画面空间堵塞，又不能承前启后，有所关照。画工们匠心独运，还巧妙地利用了墓道的斜坡，使这支出猎的人马，像从古木参天的大道呼啸而出，奔向山坡。使全画犹如一曲优美的交响曲，从序曲引向主题的高潮，呈现了唐代达官贵族出猎“意气骄满路，鞍马光照尘”的煊赫场景。

画面人物各具特色，主人的雍容端庄，神采如生，长须飘洒，体格魁梧。他的猎友们则老态龙钟。那些随从轻松而欢快，有的举手扬鞭，有的答语喧哗。后面的猎骑则不甘落后，奋力赶上。这一细节符合生活的真实感，可见画家观察生活的深刻精到。在用笔上精妙入微，以挺流畅，生动简洁的线条，突出刻画了人物的神态鬓发及胡须的用笔，精细不乱，韵味有余，显露出蓬松“毛根出肉”的质感。全画人物鞍马，林木树石都“曲尽其妙”，宛然如真，可谓神完气足，深得气韵生动之妙。但从用笔的特征看，有的秀劲，有的粗犷，说明这幅画并非出自一人之手，而是画工们共同辛勤劳动的结晶。在懿德太子墓的前室，就曾发现有“扬罾陛，扬罾陛愿得常供养”的题记，表现这些墓室壁画系多名画工完成。

在《狩猎出行图》中，对鞍马的描绘是十分突出的。画面众多马骑，造型准确，结构严谨，骨格体状，富于精神。有秦汉纯朴健劲豪放的遗风，又体现了唐代独特的雄浑博大，“骁腾万里”的磅礴气概。杜甫在《丹青引——赠曹将军霸》中写道：“先帝御马玉花骢，画工如山貌不同。是日牵来赤墀下，迥立阊阖生长风，诏谓将军拂绢素，意匠惨淡经营中。须臾九重真龙出，一洗万古凡马空。”从这些赞美的诗句可知唐代画家对马的表现力，达到了神形兼备的高度水平。狩猎出行图和马球图等所描绘马的风姿、神韵，虽不是出自曹霸、韩干等大家的手笔，却有异曲同工之妙，在艺术造诣和精湛的技艺上完全可以同他们相媲美。

在《狩猎出行图》和《马球图》这些横卷式的大型壁画中，作者熟练地运用了鸟瞰式的散点透视。表现丰富内容，表现不同的空间、时间情节的时候，很重视感性认识和理性认识的统一。像出行图这样恢宏的场面，不受自然现象焦点透视的束缚，而采用符合人们视觉规律的散点透视及鸟瞰法，以及传统的“以大观小”的构图法则，凭借他们丰富的创作经验和善于驰骋想象的才能，将这纷纭复杂的全景式的长卷清晰地再现出来。如在《马球图》中，我们不仅看到了七骑手执月牙形鞠杖的骑士，驱马抢球的惊险紧张的场面，那立马一旁观战及远处正奔驰于山峦之间的数骑人马，还有最后一片旷野之上静静而立的5棵古树，亦尽收眼底，一览无余。

这些巨幅壁画，对高远平远近远法的运用极为成功，如出猎沸腾的人马背后的几笔远山树石，表现了咫尺千里的深远空间。5棵苍老的林木以及远景的树石，既表现了山林春色的辽阔，也体现了愈远愈小的艺术规律。南北朝时代，宗炳在他的《画山水叙》中谈到：“且夫昆仑山之大，瞳子之小，迫目以寸，则其形莫睹，迥以数里，则可围于寸眸，诚由去之稍阔，则其弥小。今张绢素以远映，则昆阆之形，可围于方寸之内。竖画三寸，当千仞之高，横墨数尺，体百里之迥”，这一高远平远及近大远小的精辟透视原则，为唐代画工所深刻领悟，并且将前人在理性上的认识和探索，在创作实践中形象地体现出来。

在《仪仗阙楼图》中，气势宏伟的重楼庑殿和196人组成的浩大仪仗队：步队、骑队和最后豪华的车队，以及步行仪仗中举着的狮、豹、虎、鼠等飘动的旌旗。在骑马仪仗队中举着虎、雀、鹰等彩旗和阙楼仪仗的背后，林木葱笼、重山峻岭等都淋漓尽致的描绘出来，使观者一目了然。如用西洋画中的焦点透视及写实手法来表现如此丰富的内容，深邃的意境，那简直是不可想象的。

唐以前的人物画，是很少绘有背景的。有也是“人大于山”，“水不容泛”。而在仪仗阙楼图中，层峦叠嶂，苍茫雄浑，和庄严肃穆人物繁密的仪仗人群浑然一体，加强了画面磅礴的气势，豁风袅袅，旌旗飘动，如闻风声，情景交融，动人心弦。

《马球图》和《仪仗阙楼图》中的山水画，虽然还是人物和建筑的衬景，但却初具山水画的雏形。如对古树的描绘，枝干交错，有前后之分。有俯有仰、顾盼生情。主干运用虚实顿挫的干笔，表现了老树苍劲古掘的质感，而远树却只画出了不同的姿势。“远树取其势，近树取其质”，在唐时已为画家们所认识，并初步地把握了这一艺术规律。对山石的描绘则一笔成型。在运笔中用转换的笔锋，从散到聚，疏密相间，画出了山石的起伏脉络，山川深谷的荒垣沟壑或山势的高峻重叠，得心应手，应运而生。无疑是画工对大自然深入观察，“咸纪心目”的结果。和前期的绘画相比，这一时期的山水画已大大向前发展了，为“山水之变”，始于吴（道子），成于二李（思训、照道父子）开创了先河，并开始形成独立的画科。

唐代的花鸟画同山水画一样，已逐渐成熟发展起来。在画史上就载有著名的花鸟画家数十名，其中有“画鹤知名”的薛稷，有“工画蝇蝶蜂蝉之类”的李逖，有“初花晚叶，变化多端，异兽奇禽，千形万状”的康萨陁，还有“山水绝妙，鸟兽草木、皆穷其态”的李思训。特别是“草木、蜂蝶、雀蝉、并居妙品”的边鸾、“善画花鸟，精妙之极”。可惜这些画家的作品都已烟没无存。我们从唐墓壁画的实物中也可了解到花鸟画的杰出水平。如懿德太子和章怀太子墓中所描绘的花鸟，无论是鹰犬，猎豹，还是戴胜鸟和舍利等奇禽异兽，都千姿百态，“甚为酷似”，尤其是韦氏家族韦浩墓中的花鸟壁画，更显突出。从前甬道至前后室一派园林景象，俨然是一个鸟语花香的世界。壁画中绘有仙鹤、鸥鹭、雁鹜、绶带及蜂蝶、雀蝉、蜻蜓等，内容广泛，无所不及。

在前室的东西两壁，各绘有三名士大夫模样的人物，身穿如魏晋时代的宽袍大袖，头戴不同样式的裹巾或小冠。每人之间均有松柏、梧桐、翠竹、山石、花草分隔，似乎为了更能突出人物自身特有的精神气质和情操。整幅画气势贯通。空中的仙鹤、白鹭及远去的雁鹜，井然有序，层次清晰，别饶情趣。画面赋彩简淡，似力图表现一种淡雅的情趣。

许多画面是以花鸟画来再现自然美的。如在侍女之间多绘有花草和飞鸟、粉蝶或蜻蜓。后室一身穿华丽胡服的少女，神态安详地举起左手给身背的飞鸟喂食，而空中另一只飞舞的黄鹂，似仰身欢唱，画面极为奇妙传神，扣人心弦。还有一侍女，手托被帛，低视的目光，似在沉思冥想，又像在低声沉吟，还是在觅寻佳句？上有珍异的飞鸟，像一首无声的诗，情景交融，亲切感人。在这一墓中表现仙鹤的地方很多，是否有某种含意或象征不得而知。但在长期的创作实践中，花鸟画的某些题材在人们的心目中曾有特定的概念含意，如《宣和画谱》中就有这样的记载：“松竹梅菊，鸥鹭雁鹜必见之幽闲”，“鹤之轩昂,鹰隼之击搏,杨柳梧桐之扶疏风流,乔松古柏之岁寒磊落”,“有以兴起人之意者”。从壁画描绘仙鹤、白鹭、雁鹜及松柏、翠竹看,是否有借物以“托兴”,寄寓主人的思想、情操或崇尚。

韦浩墓的花鸟壁画,在表现技法上,布局严谨,色彩鲜明,造型生动活泼,注重了神情动态的特征,廖廖几笔,一只飞翔的仙鹤超然出尘,“嘴眼足爪,毛彩俱妙”。几笔挺秀的花草,生趣盎然。这些花鸟画是以工笔重彩的形式,用严谨不苟的线描画出。但韦浩墓中的仙鹤、白鹭、粉蝶和蜻蜓,却有逸笔草草工中带写的笔趣,灵巧而奔放,酣畅淋漓。如果没有“意存笔先”的高度技巧是不可能达到的。

纵观唐墓壁画,从初唐到盛唐时期花鸟壁画已逐渐发展成熟,并初放光彩。吐鲁番阿斯塔那唐墓中发现的六鹤屏风壁画,是珍贵的实物佐证。这些壁画显示出花鸟画在技法上已臻成熟。表明唐代不论人物山水,还是花鸟草虫,在继承民族绘画的传统基础上善于融合吸收外来的营养,并以乐观进取的创作热情,在现实生活中深入地观察、研究、探索,使中国的壁画艺术得到全面的发展。

中国传统的壁画艺术是以线描和色彩为主要表现手法的。线描在传统绘画中,担负着造型的任务。“应物形象”、“随类赋彩”,亦表明中国画的特点是先有形而后敷色。所以历来中国画非常重视笔墨即线的表现力。在数千年来的历史长河中,画师们都并非一味因袭前人,在艺术的表现上不断的探索、创造了描写人物画的各种不同用笔方法“十八描”,充分地发挥了线描的高度表现力,即使山水花鸟也都用不同的线条用笔来刻画,使中国画呈现出多种多样的艺术风格。《历代名画记》中就载有“顾恺之之迹,紧劲联绵,循环超忽,格调逸易”。陆探微用笔“精利润媚,新奇绝妙”。张僧繇用笔“点曳斫拂,钩戟利剑森森然”。而吴道子用笔则“虬须云鬓,数尺飞动,毛根出肉,力健有余”。这表明用笔不同,而产生的线型风格也不同。张彦远还明确指出:“顾之神,不可见其盼际,所谓笔迹周密也”。“张吴之妙,笔才一二,象已应焉,离披点画,时见缺落,此虽笔不周而意周也”。又曰“若知画有疏密二体,方可议乎画”。

这里已明确在用线描造型上,顾、陆用笔为密体,而张、吴之用笔却是疏体线型。前者在用笔上,从起笔、运笔、收笔,始终保持力量均匀,粗细一致,或是“紧劲联绵”如春蚕吐丝,或是轻盈流畅细若游丝。后者在用笔上则体现出抑、扬、顿、挫,力健有余,笔不周而意周的疏体画风。唐代壁画继承和发扬了这一优良传统，但在师承上却各不相同。如初唐的阎立本，在他的《历代帝王像》和《步辇图》中就体现了顾、陆的影响，其用笔更为工整细密，亦有轻重之变化，设色浓重和晕染手法，较之顾又有发展提高，这种画风，较多的反映在唐时的敦煌壁画中。作为疏体宗师张、吴的画迹虽已失存，但唐墓壁画中的精美之作，完全可以窥见其画风的踪迹，想见其规模与气概，看到张之“骨气之奇伟”，看到吴之“立笔横扫，势若风旋”及“张、吴之妙，笔才一二，象已应焉”的笔意。

如果说初唐李寿墓壁画，在技法上表现出早期的稚拙气，呈现了前期北齐造型和线型的遗风，那么永泰公主墓的宫女及墓道的阍人形象，章怀太子墓的人物造型的线描却十分纯熟而惊人。画师笔下的人物形象“如灯取影，得自然之数不差毫末”。像拿琉璃高脚杯的宫女，面部刻画轻入落笔，在运笔中，既圆转又有轻重的按捺起伏，在极微妙的转折中，画出了眉、眼、鼻、嘴的结构变化，线描挺拔遒劲，准确有力。脸庞的用笔在临抚中稍有偏差，便有失之千里之感。宫女的鬓发，虚出虚入，颇得“毛根出肉”之妙。这些宫女的头部用笔，虽看起来很粗放，但和服饰相比，就表现出有粗细的变化。观鸟捕蝉图中的观鸟妇人最为明显。披肩的用笔线型浑厚圆润，衣纹的组织主辅分明，有粗细疏密的变化，又有一波三折的韵味美感。这些长达数尺的线条，往往是轻重徐疾，一挥而就，一气呵成。笔势圆转，笔意不断，波折起伏，表现出衣服的飘举和质感。这种洒脱豪迈的气概，线描的技法，明显地和紧劲联绵或粗细均匀细若游丝的线型笔趣不同，而应是张、吴之疏体画风。

从永泰、懿德、章怀和韦浩墓的壁画看，无论是线描的用笔特征，或是简淡的赋彩，明丽的轻拂丹青，都体现了吴、张疏体的风格。我想应是民间画工高手，长安的“巧儿”良工在长期的壁画创制中，不断的实践探索，形成了唐墓壁画的时代画风，为吴道子之画风的形成，打下了坚实的基础。

章怀太子墓的客使图，就是疏体画风的突出典范。这幅位于墓道东壁的《客使图》，描绘了三个唐朝鸿胪寺官员，引见前来朝见的外国友好使臣，神情肃穆，气氛庄严等候会见的情景。泱泱大国的政府官员，雍容大度，落落大方。三个外宾使臣，面貌各具鲜明的特征。有的身着翻领紫红长袍，脚蹬长筒黑靴，虔诚地将双手叠置于胸前。有的头戴双羽小尖帽，身穿红领宽袖白色镶边短袍，拱手而立。另一名头戴翻耳皮帽，身穿圆领黄袍，外罩灰蓝大氅，黄色皮毛窄裤，下着尖头靴。这些富有民族特色的服饰，烘托出他们来自不同的种族地域，真实地再现了大唐波澜壮阔的中外友好往来的历史图卷。和传为吴道子所作的《送子天王图》相比,人物造型和服饰的用笔,极为酷似。笔墨的神韵,气度相近。自然在粉壁之上,绘制一米多高的大幅壁画,和传世的摹品《送子天王图》不同,在用笔上更为粗放遒劲,"行笔磊落,挥霍如莼菜条"。这种波折起伏,运笔中有抑、扬、顿、挫、粗细变化的兰叶描线型,在其他许多壁画作品也反映出来。如《客使图》的北壁仪卫图中的卫士,也是一例;这描绘得于真人般大的卫士,体态威武雄壮,身着一蓝灰翻领长袍,双手拄一长剑,炯炯有神,目视前方,神采如生。画工以写实而又夸张的造型,高度概括洗练的线条,表现了他肩宽膀阔、健壮的体魄及内在潜藏的力量,形象地再现了"笔才一二,象已应焉","笔不周而意周"的笔墨情趣。赋彩单纯而简淡,在焦墨笔痕中薄施微染,突出了卫士静肃的神态,再现了"迹简意淡而雅正"的疏体画风。

唐代画家对色彩的运用和渲染技法,也是值得我们加以探讨和借鉴的。中国传统的绘画观念,随类赋彩是艺术表现极其重要的另一面。所谓随类赋彩,即表明中国传统的赋彩规律是按不同的对象来表现色彩的。但历来的画家都不是自然主义地去描绘对象的色彩,不去追求在一定光源下色彩的复杂变化,而是不受自然光和色的束缚,在富有装饰性的线条上,根据画面主题来考虑配备色调,赋以浓艳、对比强烈的色彩,形成富丽堂煌的装饰效果和热烈的气氛。

张彦远在评论吴道子的画时,曾提到"当有口诀,人莫得知"。民间画工高手,自有作画的口诀,密而不传。在荆浩的《画论》中,有"红间黄,秋叶堕,红间绿,花簇簇。青间紫,不如死。粉笼黄,胜增光"的记载。这些关于对比色彩的运用,在唐墓壁画中明显地反映出来。正是画工高手长期积累的丰富经验,使唐代壁画这一重彩形式,成为最辉煌灿烂的时代。他们表现现实生活的许多技法至今也有着现实的借鉴意义。如《宫女图》及《观鸟捕蝉图》等作品中,着色和渲染技法非常成熟;首先是在需要用墨渲染或打底子的部分,用墨染好染足,再开始着色。像《仪卫图》中的卫士,先以浓重的墨色将眉眼鬓发从浓变淡染出,并要染到毫无渲染的痕迹。在深蓝长袍上先用淡墨花青打好底色,再罩以石青,灰蓝的长袍和倾向暖色的翻领,以及较淡的脸部色彩,显示出色阶的浓谈变化和层次,画面的笔、墨、色浑然一体,形成单纯而和谐的统一色调。人物面部渲染技法娴熟,《客使图》一画人物的脸部,先用赭石加少许胭脂将两颊染出,待干后再用硃磦、赭石调好的颜色淡淡的将颊、眉下和耳边染出,对额、鼻、下颏等突出的部分用色极淡,但又染出有凹凸之感。渲染适度,自然微妙,对色度水分的掌握恰如其分,渲染毫无痕迹,这是颇不容易的事。

唐代画师们对人物形象的颜色,是根据不同的对象来考虑肤色变化的。如拄剑的卫士脸部就画得比较黝黑,是饱经阳光的健康肤色。韦泂墓壁画中,一怀抱琵琶的男侍(乐伎)画工不仅生动的刻画了一个性鲜明的形象,而且设色鲜艳润泽,特别是面部的色泽饱和,浓淡得体,两颊透出红晕感觉,达到了极理想的效果。唐墓壁画中宫女脸部的着色,更为精妙,画师往往以熟练的技巧,浓度适度的写意般的染出两颊,对额、鼻、颏,均利用白色墙面,不加渲染,自然巧妙的运用了“三白法”。这种不染明暗的表现手法,使人感到淡淡的红晕由洁白细腻的皮肤里显露出来,毫无脂粉气和矫揉造作之感。

对服饰的颜色,则根据画面情节的内容,精心安排。如《狩猎出行图》一画,色彩的配备,就围绕出猎这一中心主题,整幅画都以朱墨等暖色为主调,形成红与黑,红与黄等鲜明色彩的对比,以及浓深浅的变化,表现出画面热烈而欢快的气氛。主人身着灰蓝袍服和红色马鞍、白马的对比强烈,又有浓淡变化,色彩沉着响亮和他身后的大红、黄、白等鲜明色彩的对比,更衬托出主人色彩的重量感,使观者的注意力集中于主人身上,整幅画从局部到整体,在复杂变化的色彩分布中注重了色调的统一和谐,又如《客使图》,在红黑为主调的旋律下,运用了倾向暖色的调子,三名唐朝官员的红袍,用浓淡变化晕染出衣纹的凹凸、折叠及立体感,沉着的黑蓝领及袖边和淡红形成冷暖对照。白色短袍和大红色彩的对比强烈。而背后的深红,恰恰烘托出前面的红、白色彩,使整个画面呈现出活泼明快的热烈气氛。

在《宫女图》中,宫女们的服饰,多以浓艳明丽的朱砂,深浅不一的石绿,“红间绿,花簇簇”的强烈对比,中间色的巧妙运用,使画面色彩变化微妙,色调丰富而协调,沉着而绚烂 。在《观鸟捕蝉图》及懿德太子墓的《持扇宫女图》中,还可以看到画面已注意到了色彩的互相呼应。如《观鸟捕蝉图》中红色的使用并不多,但深浅不一,而且表现出色彩的呼应关系。

综上所述,反映唐代画师对色彩的运用及晕染技法,已非常成熟,从用墨渲染到着色的系列程序,实际上仍为今天的工笔重彩画所沿用。

(本文原载《考古与文物》1989年第5期)

唐墓壁画艺术及其临摹

张鸿修

一

唐代是中国古代文化的昌盛时期,唐墓壁画是辉煌灿烂的民族文化的组成部分,它的发现与它的艺术成就无疑地将在中国美术史,以至世界美术史上,都占有重要地位。

唐朝以长安为国都,历经280余年。其间,关中地区23县是京兆府所辖地区。所以帝王、贵族、皇亲国戚及文武重臣的陵墓多集中在西安地区和周围各县。从50年代到80年代,考古工作者配合农田基本建设,先后发掘的30多座墓葬中,大部绘有精美的壁画,规模十分壮观。这些壁画,内容丰富,形式多样,题材广泛,是墓主人生前生活的反映,是不可多得的地下瑰宝,在艺术上显示了巨大成就。它直接或间接地反映了当时的政治、经济和社会生活的各个方面。

唐墓壁画,在政治稳定,社会经济繁荣的基础上,继承和发展了汉、北朝和隋代的绘画并吸取了宗教艺术的成分,通过不断实践,使壁画艺术达到了一个新的繁荣阶段。西安地区及所属各县佼好的墓葬壁画,正是在这个绘画艺术走向成熟阶段的基础上,闪烁着光辉成就的作品。

这些壁画的绘制,基本上是以地上建筑的规模和形式为依据。地宫,分为墓道、过洞、甬道、天井、前后墓室和小龛。华丽的宫殿建造和宫廷生活相应地反映在墓壁的各个方位。并以不同的地位显示出不同的内容和规模。目前为止,所发掘的唐墓中,最小的仅7米多,如晚唐时期的韦氏家族墓。最大的达

108米长，如初唐时期的李重润墓。高度、深度和宽窄也各不相同。墓的规模的大小，一方面反映了当时的等级制度，同时也恰当地结合了墓主生活内容的多少。墓主的等级和墓葬的规格并没有明确的规定，但方位都是一致的，座北朝南，和地面建筑相同，承袭了传统的民族风习，以四个方位神定向。所以墓道东壁绘青龙，西壁绘白虎，墓室南壁绘朱雀，北壁绘玄武，以表示方位或起到镇墓作用。根据所发掘的墓葬来看，并非每座墓都有四神。但如果有四神出现，必然是按方向定位，即前朱雀后玄武，左青龙右白虎。

唐墓壁画的题材，直接或间接反映了墓主人的身份，政治地位和生前的生活状况等。概括看来，它全面地反映了唐代社会生活习俗和人们的精神风貌。从服装、道具、发式及建筑等，都直观地展现在绘画之中。内容有游乐、仪仗、狩猎、侍男、侍女、音乐、歌舞、体育、建筑、饲禽、驯兽和华丽的宫廷图案等等。它绘画技巧娴熟，风格写实；在构图、勾线、造型和设色等方面，都充分体现了民族绘画艺术的特色。画面均衡稳定，结构严密。较大的场面中，或重叠布局，或平列取势，都显示出绘画的节奏感和前呼后应的气韵。尤其比较复杂的画面，如懿德太子墓中的“阙楼仪仗图”。高大的城垣，华丽的阙楼，起伏的山峦等，层次分明而又统一。城下的仪仗、列戟、车辇等，所组成的庞大队伍，安排得井井有条；人物和车马的排列整齐有序，而且疏密有致，造成了十分生动的画面。还有众多的侍寝宫女，无不神形具备，刻画入微，比较全面地反映了唐墓壁画的艺术造诣和时代风貌。

画面的敷彩，多以原色为主，也即植物颜料中的花青、藤黄和矿物颜料中的石青、石绿、朱砂、赭石等。还有的取材于当地的红土和树皮为颜料。在颜料的使用中，冷暖结合，浓淡相间，明暗协调；勾勒与勾填并用，并巧妙地结合章法，使之层次分明，对比强烈而又统一和谐。在不少的画面中，素色服装或淡彩服装，均借助于白色壁画，与黑色线条相衬，效果典型而又鲜明。

壁画的线条，均以墨色勾成。落墨之先，大部分造型是以朱色起稿或淡赭色起稿，在不少的画面中，至少还能看到原来的痕迹。主线条的勾勒，以中锋用笔，铁线描为主。铁线描刚劲挺拔，圆润自然，奔放而有力度，宜于表现褒衣博带和长裙曳地的长线条。这种线描，在唐墓壁画上应用是很成功的。在石灰质的墙壁上，以其坚实的功力，洗练的笔法，气贯场面宏大的绘画。线条的组合，简练概括，造型准确而又生动。人和鞍马的复杂形体上仅以寥寥的几根圆转的铁线描，却把膘壮矫健的马和众多的人物形象表现得生动自如。宫女图中，宫女的年龄和神态各异；或俯视，或仰望，或翩翩起舞，或操琴演奏，都显出不同的风姿。在懿德太子墓“列戟图”的复杂场面里，人物的神态也极少有相仿之处。这都说明在壁画中线条的应用是十分成功的。

在有代表性的壁画中，还有章怀太子墓中的“狩猎出行图”、“马球图”、“客使图”，李寿墓中的“兵阵”和永泰公主墓中“宫女图”及房陵公主墓中众多侍女等等。这都是优秀作品的代表。“狩猎出行图”的马群，数量众多，重点突出，是一幅完整的大型创作，艺术造诣达到了空前的程度。它布局严谨，造型生动。在庞大的队伍里，鞍马和骑士参差错落，疏密相间。马的奔驰，人的呼吸，与起伏的山岳和掩映的林木融为一体，既有变化而又协调统一。出行的骑士伏背勒缰，气度轩昂；饲禽者臂上架鹰，驯兽者怀中抱犬，前进者怒目策马，谈笑者并辔缓行，有的虚目远瞩，有的旁睨同伴。在激进的行列里，各种标识的旌旗招展，大有欲出之势。这与人谓唐代画圣吴道子的画“天衣飞扬，满壁风动”如出一辙。这些瞬间的动态却给人们留下了永久的美感。这许多生动的鞍马人物和所组成的宏大场面，都充分发挥了“线”的艺术效果和色彩的感染力，在形象的塑造上独具匠心。

李寿墓的规模并不大，“出行图”也即“军队图”却非常引人注目。这是开国将军一生军戍生活的真实体现。在不足 14 米的墓道两侧，均绘制出十分整齐而森严的铁骑阵容，以待出征。两壁各由 42 匹马和 48 匹马组成，人物皆穿圆领紧袖戎装，束黑带，穿黑靴，勒缰以待。图中所有骑士均已跨上鞍鞯，各色骏马蹭蹄欲行，气势显赫。这是初唐时期最有代表性的杰作。而且从中也可以看出它的绘画技法与隋、北朝墓室壁画的承袭关系和互相衔接的画风。

唐墓壁画中还有很多精彩的画面，在此不一一例举。但其中最为突出的内容却是大量的宫女或侍女。对于女性的塑造和描绘，技巧也十分娴熟，大小墓中都有，而且数量最多。尤其女性的墓主，例如房陵公主墓、段简璧墓、永泰公主墓、长乐公主墓。其他如李重润墓、李爽墓、李凤墓、阿史那忠墓等，也有大量宫女出现，而且特别引人注目。但所有墓中宫女的形象，保存完整的并不多，大部分因为雨渍下注而漫漶不清。在这众多的宫女图中，其章法多数以平列的形式出现，人物在宁静肃穆中缓缓而行，她们面向和神态各异，发髻高挽，身着襦衫，腰系长裙，个个丰颊秀目，落落大方。作者的巧妙构思，纯熟的笔法，表现了长裙曳地的雍容华贵之态与亲和婉丽的面容。谐调而沉着的色彩，更使其神韵飘逸，呼之欲出，堪称唐代人物画中的佼佼者。还有一些墓中的侍女,规模和数量虽不及前者,但其艺术造诣完全可与之媲美。

人物画中舞蹈的题材并不多,但表现得却很出色。李勣墓内的“乐舞图”,虽然墙皮大面积脱落,但笔断意不断,仍然可以看出舞步随着音乐轻盈旋转,彩带伴着长裙飘扬。执失奉节墓内仅存一幅“舞女图”,虽然并不完整,但却十分动人。舞女造型准确,形象秀丽,神态沉静端庄,双手系彩带而翩翩起舞。这是唐墓壁画中的一件精品。

在唐墓壁画中,所有舞蹈的场面,观看者虽然并没有出现在画面中,但可以想象,当时豪门贵族的生前所好和奢华生活。舞女的美貌和优美的舞姿供人取乐,但欢乐场面的背后却隐藏着凄切之心,她们的青春年华误在深宫内宅,所以在平静的表情里掩盖着无限的忧愁。虽然是欢乐的场合,脸部却不露一丝笑容。可见作者深知她们内心的痛苦。这也是唐代封建社会绘画艺术的人民性之所在。

所出土的唐墓壁画中的乐舞,多数出现在少数民族官员墓内,其人物形象也多为胡人。可见我国古代少数民族善歌善舞,狂欢非常。尤其苏思勖墓内的单人舞,伴奏者就有九人,两个伴唱,其形象和服装均为胡人和胡服。乐手分别执笛、琴、箜篌、箫、笙、横笛、钹、拍板等。在音乐的伴奏声中,似乎可以听到舞伎长统靴的踢踏声;似乎可以看到厚毯上荡起的微尘。关于苏思勖,史书虽有记载,但民族归属不详。可是盛唐时期的胡乐、胡舞、胡服在长安是很流行的。元稹诗云:“自从胡骑起烟尘,毛毳腥膻满咸洛。女为胡妇学胡妆,伎进胡音务胡乐,火凤声沉多咽绝,春莺啭罢长萧索。胡音胡骑与胡妆,五十年来竞纷泊。”所以唐墓壁画出现的胡乐、胡服、胡舞是很自然的。昭陵陪葬墓区所出现的胡人骑马俑,牵驼俑和西安西郊出土的骆驼乐舞俑等都充分说明了这一点。汉人贵族墓内壁画也有舞蹈出现,如章怀太子墓、长乐公主墓等,但舞蹈的场面,动势和激烈的程序皆不及前者。

在壁画中,少数民族内容除了胡服、胡乐、胡舞的内容之外,也有其他生活用具的表现。如阿史那忠墓内的高轮车,是西北少数民族的运载工具,在出土的唐墓里并不多见,唯与李震墓中的高脚车相同。其结构和画法如出一人之手。这种车的传入与少数民族的风俗习惯有直接关系。因为阿史那忠为回纥人。《唐书·回鹘传》:“回纥其先匈奴也,欲多乘高轮车,元魏时也号‘高车部’。”这两座墓所出现的高轮车,均为墓主夫人出行时乘车。驾车的牛,形象夸张而又逼真;线条简练而神态生动。车的形状与李重润墓壁画中的花车相似，是两幅典型的风俗画。壁画中少数民族内容的出现，也是有其历史背景的。唐代也是个民族融合时期。因为与北方和西北少数民族常有战争，有互相征战的时候，也有友好相处的时候。民族的融合也带来了文化生活和风俗的融合，这是很自然的。

唐墓壁画的内容随着墓主人的地位和生前所好而有区别，但所有的墓中都有侍女和侍男出现，侍女更多，其数量和等级不一。侍女的身份低于宫女，规模大的墓里，多出现在甬道和过洞两旁，宫女多出现在前后墓室。非宫廷之墓，皆称“侍女”。她们手执各种食具、乐器、花盆、包裹等日常生活用品，终日忙碌，为侍奉主人而奔走在庭院和宫室。可想而知，墓主人一人所欲，众人侍候，贵族们过着穷奢极欲的享乐生活。

纵览唐代墓室壁画，犹如唐人生活的长图展现在人们面前。它的艺术魅力，令人赞叹。它之所以达到空前的高度，一方面有了产生它的平稳繁荣的社会土壤和蓬勃向上的社会空气。另一方面，民族艺术之花，自然扎根于人民，这就奠定了向前发展的稳固基础。它的出现，直接或间接地反映了唐代的历史和唐人生活概况，而且对研究唐代的美术、音乐、舞蹈、农耕、牧放、狩猎、军事、体育、外交、建筑、服装和装饰图案等，都有着极重要的价值，它在艺术构思方面的完善无缺，技巧方面的纯熟精练，都足以说明是初唐及中晚唐时期造诣很高的艺术品，从人物形象和线条的勾勒以及着色的方法上，都可以看出已经形成了一套完整的绘画技法，并为以后的发展奠定了良好的基础。

唐代帝王及贵族的陵墓几乎尽在关中和渭水流域，陵园广大，陪葬墓星罗棋布。还有更多的文化艺术品在地宫里闪烁着光芒。尤其帝王陵墓的壁画艺术，必然灿烂夺目，成为人类文明史上的瑰宝，绘画艺术上的荟萃。

二

到目前为止，在陕西出土的唐墓壁画，多数为初唐时期的作品，距今已1300年之久。在那漫长的岁月里，地府阴暗潮湿，雨渍下注和自然风化作用，造成墙皮脱落，色彩潮解掉块，相当大的部分遭到损坏。这对原壁的揭取、修复、加固和临摹造成了不少困难，尤其在临摹的过程中，要把失去的和漫漶不清的部分完善化，把原壁从墙上搬到纸上，以中国画的面貌重新出现，这就不是单纯的、原封不动的复制和抄袭旧壁，而是在尊重原作和保持旧壁效果的基础上的一次再创造的过程。这个过程是艰巨的,复杂的,需要在实践中反复探索,从中得出一套比较成熟的技法,来达到临摹的理想效果。

唐墓壁画保存下来未毁坏的部分并不多。其中章怀太子墓里比较完整的如"狩猎出行图","仪仗图"和不少的侍女图等。李寿墓里也仅有比较完整的局部,如"乐舞图"中的乐女等。李爽、李凤、房陵公主等墓也有部分侍女显示出比较清晰的图像。懿德太子墓里残损严重,但整体气势尚存。而墓道东壁,庞大的仪仗队场面和前后墓室的几组宫女等几乎模糊不清,仅一、二天井西壁"列戟图"中的人物和第三过洞的人物接近原貌。永泰公主墓里残损更为严重,只有墓前室东壁南侧的一列宫女图像比较完好。其他诸墓壁画现状与之基本相同。个别墓里仅存残片,如韦洞墓、薛莫墓、高元珪墓、杨玄略墓等。但这些残片却十分难得,因此更加珍贵。对于出土尚好的壁画,无不为精美的技艺而感到喜悦;对大部分残毁的作品,则为之惋惜。所以研究唐墓壁画的直接手段是临摹;而临摹的最终目的则是恢复和补救已被损坏和模糊不清的部分。在对比较完整部分的临摹中,寻找出恰当的制作方法和线条造型的规律,从中熟悉唐代的服装、道具和发式等,以求更加准确地临摹破碎部分的形体。

在临摹壁画的探索中,没有必要去追求原来的新壁效果;如果勉强做了,不但难免失真,同时也贬低了文物的艺术价值和应有的份量。多次的实践证明:在原壁的基础上使之更完美,在缺陷严重的局部,竭力找出原有的线条加以补救和对不清的线条、色彩的加强,对揭取和粘接时所出现的错误加以纠正,使辉煌的艺术成就得到充分的再现,则是临摹的主要目的。如果不求甚解地抄袭旧壁,盲目追求效果,依样画葫芦地模拟残形,乃为工匠之作,画面效果也为"匠气",而失去了研究的意义。

在临摹的研究中,对于原壁在揭取和对接时所出现的错误,以及发掘报告中所出现的误解等,要认真予以纠正。例如,1974 年出版的《李贤墓壁画》,在"仪卫图"中就出现了几处错误,有损于原壁的真实形象。对此,在临摹中应给予纠正。又如,在韦洞墓的发掘报告中,因为壁面模糊不清,把男侍所抱的壶误认为是琵琶。对此,在临摹中加强了线条,明确了壶的形象。还有不少地方出现类似的错误,临摹中均应在画面作出更正,以免永远误传于世。

原壁画制作在泥土和石灰质的墙上,由于年代久远,风化而错杂凌乱,造成了形体和线条的缺陷。但由于笔者功力娴熟,所以笔(线)虽断而意却不断。线的忽隐忽现,似有似无,非常微弱,甚至形迹皆虚。颜色的脱落也是这样,甚至脱变更为严重。所以应该首先把握造型特点。对色彩的运用,线条和衣纹的组织规律等应有所了解。在熟悉它的基础上寻找失去的和模糊不清的线与色,借以弥补过残部分,使残缺严重的部位也仍然可以看到美貌多姿,神韵飘逸的宫女和奔腾追逐的马群。在掉块面积较大的地方,呈现暗红色土质,在临摹中延伸线条和色彩,缩小残缺面积。实在难于弥补的部分,不可勉强,以免失真。但人或马及道具的关键部位的残缺,应力求使之完整。人物面部色块的凋落,则不必在纸上做出,尽量使面部完整美观。但为了整体效果的协调统一,也可淡色做出。形体以外的残墙斑痕,不必着重描写,有旧壁之感即可。否则会造成宾主倒置,影响主要部分,因为临摹的主要是物象。

总之,对自然腐蚀所遗留的痕迹,通过绘画处理,使之协调统一,完整一体;既要表现出原壁的效果,又要具备纸上的中国画特色。从而进一步体现它既是文物又是艺术品的双重价值。要达到这一目的,除了上述的因素之外,在"用线"、"敷色"和"做旧"的处理上还要作出深入的探索。

线,表现在用笔上。唐墓壁画的用笔基本是铁线描构成的。铁线描接近中国书法艺术的楷书用笔。所以依据书画同源的道理,不但具备坚实的书法功力,同时执笔之法也是不可忽视的,特别是表现褒衣博带的长线条,则须做到"指实掌虚而腕平肘悬"的中锋用笔。否则,线条不但无立体之感,还会产生笔(线)断意也断之弊。在缺损的部分,可以断笔,留出明显的掉块位置,以待做旧补色。

由于壁画风化的程度不同,所以线条的轻重程度也不同,因此,在用墨中,应是焦、浓、重、淡、轻兼施,干湿并用,浓淡相破,色墨交混均体现在绘画技法中。对非常微弱的线条应予先作出肯定,然后加强,但墨色不可过重。否则会失去原壁的面貌,在施色的过程中,涉及不少绘画技法问题,在此从略。

唐墓壁画是在特定的环境中形成和出现的。它斑驳的壁画,苍厚的色层,与地面古代建筑中所遗留的画面有明显的区别,更不同于纸或绢上同时期的绘画效果和临摹方法。所以不但应具备民族绘画的基本知识与线条造型的能力,还必须在实践中掌握一套做旧的技法。在尊重原壁的基础上去探求失去的东西,有目的的达到应有的效果。唐墓壁画的临摹,不同于其他文物或艺术品的复制,也不同于寺院、道观、洞窟中的宗教壁画和不同时期、不同地区的墓室壁画。因为所处的地域不同,气候不同,所以风化的程度也不同。因此,就要全方位的衡量,既有它的特殊性和历史性,又具有地区特点。

唐墓壁画,从广义上说,它是全人类的共同财富,历来引起人们的注目。它的内容和所处的环境给人们提供了直观展示的条件。但由于壁画的固定,自然风化的严重,所以对它的保护、宣传和交流多有不便。于是,对它的临摹已成为保护和对外交流的重要手段。在临摹工作中,由于不同的认识和技巧熟练程度的差异,其技法并不一致,不规范,而且还未能形成理论,这有待于在共同的探索中逐渐趋于统一,并深入研究。

壁画的临摹是一门学问,是知识、技艺和毅力的积累。壁画的残存情况千差万别,寻求它的规律和途径,也是研究壁画的重要环节,应该慎重对待。所以需要有比较全面的艺术素养和绘画基础。但是,要把国画技法完全融会到对壁画的临摹,还需要有个实践的过程。在实践中掌握方法和做旧的技巧,在反复的实践中,方能得之心而应于手。但由于作者的文化素养和艺术素养的不同,其造型能力和所形成的技法也不尽相同。因此,所达到的效果和艺术造诣也会有很大差距。但大致可以分为三种形式。其一,将风化和潮解的壁画恢复原貌,使壁画、线条、色彩等为之一新。这种方法往往选择比较完整的画面,而且要充分地认识和理解,用历史的眼光去观察,然后在原壁的基础上重新制作。否则就不会做到准确的复原。这种临摹方法并不普遍。以前,张大千这样做了,并且做了局部更改。以后段文杰、史苇湘、李其琼、杨同乐等也做过这种形式的临摹和尝试,其效果甚佳,但其古旧感和相对的真实性却减弱了。其二,抄袭原壁。尽力追求其斑驳效果,甚至把人为的毁灭痕迹和墙皮的裂缝也做出来。这种方法不可推崇。因为所要临摹的对象主要是物象造型而不是墙皮。这种临法还比较普遍。但少有研究价值,造诣不高。其三,立足于研究,在探索中寻求技法,在实践中总结理论,充分采用国画技法,再现其丰采。对于杂乱无章的自然风化和人为的痕迹,或剔除,或减少,或淡化,要根据画面的需要而灵活取舍,使构图趋于均衡和造成生动的气韵。同时也可增加一定的真实感。这种方法,按程序做旧,并根据现状区别对待,使其达到或接近乱真的效果。

关于临摹的取稿,其方法不一。以前和现在,都曾有覆蒙在原壁上取稿的现象。这会有损于原壁,严格说来是不许可的。敦煌研究院的专家段文杰先生曾反复指出,要禁止这种做法,尤其文物部门,要严格把握这一原则。舍此,即用写生的办法,或针对原壁,或针对照片或影印本,"应物象形,随类敷彩。"但要具备坚实的素描基础和准确的造型能力,而且在草稿上反复推敲,纠正毫厘之差，方可定稿落墨。不可急于求成，不可臆造。没有把握准确造型者，或为方便起见，可采取摄影放大或幻灯投影之法取形。

壁画的临摹，对古代壁画的保护、宣传、继承起着重要作用。在弘扬古代文化和对国内外展出中，精道的临本可代原壁。临摹的过程，自然起到继续其技法的作用；在展示中给人以启迪，在发展中借鉴。对真壁的减少开放和避免直接接触，也相应地起到保护作用。所以对壁画的临摹是不可忽视的。培养和造就这方面的人才也是十分必要的。目前，对文物艺术，尤其壁画的理论研究，还是个薄弱环节。加强这方面的研究，充实美术史论的研究人员，也是当务之急。因为理论与实践会相辅相成。

壁画的遗存，范围广阔，数量众多，内容十分丰富，所处的环境和条件还有待于改变，所以目前还未能得到全面保护。虽然避免了人为的损坏，但自然风化却日渐蚕蚀着壁画。它的寿命是有限的，要使之再生和保存下来，就要采取保护措施，其中主要的手段是临摹。与之同时，对各地区，各个时期遗存的壁画，进行整理研究，有组织地临摹，系统地编撰，会更进一步弘扬民族的悠久历史。灿烂夺目的壁画作品，也会让更多的人受到艺术和文明的熏陶。

唐墓壁画，是人类的文化财富，它的存在，将会延续数代，永远启迪着后来人。回顾古人的成就，追念先民的无穷创造力，并发扬光大，是我们应尽的责任。有志之士，不分国际，对保护人类文化的资助和奉献精神，也将会永远受到人们景慕。对内外的展示，也是广泛布施其精神食粮，以飨世人。

（本文原载《陕西历史博物馆馆刊》第七辑）

唐墓壁画临摹材料与技法研究

李国选

陕西境内从50年代始至今，已先后发掘了2000多座唐代墓葬，其中60余座墓中绘有壁画，这些数量众多的壁画珍宝，是研究唐代文化艺术十分珍贵的资料。笔者从事临摹工作20余年，其中既有失败的教训，也有一些成功的经验。为了把临摹工作更好地开展下去，现将临摹中经常使用的材料和有关技法等略述如下，希望有关专家、同行指教。

一、材料与制作

临摹材料，大体分为二类。一是载体材料，包括纸、泡沫塑料板材、墙皮等。二是绘画材料，包括笔、墨、颜料等。以载体材料来说，纸(宣纸)以产于安徽的“冰雪宣”、“清水书画宣”、“云母宣”等熟宣为理想佳纸。生宣纸虽也可使用，但要经过胶矾水(桃胶、明矾)处理后才能使用。泡沫塑料板材从80年代初即广泛使用，现在市场上供应的规格多样，一般选择3～8厘米厚度的板材即可。临摹较大型的壁画须使用较厚尺寸的泡沫板，因画幅过大的薄形板材悬挂时易折裂。制作方法是：先将板材用粗面砂纸打磨，直至产生新平面为止。再将大白粉用温水调至稀糊液状，并加入少许乳胶(比例为10∶1)，最后使用排刷依次刷2～3遍(每遍晾干后再刷)，其厚度为1～3毫米即可。壁面做成后，用墨笔在其上作线描试验，以墨色少晕化为佳。

壁画墙皮的制作，宋代建筑家李明仲著《营造法式》述：“画壁之制，先以粗泥搭络毕候稍干，再用泥横被篚一垂，以泥盖平方用中泥细衬，泥上施沙泥候水胀定收，压数遍，令泥面光泽”。明、清时期的制壁法是，先将白灰过筛，然后掺麻类纤维或麦草，在泥灰中搅拌均匀，用抹子铲泥灰上墙，反复赶抹至平坦。晾干后用排笔蘸白浆（俗称土粉子）[其调配法：把白垩倾入盆中加凉水浸之，待块状溶解后加入生豆浆（10∶4）]刷于墙面，候干便可使用。目前，我们的制壁方法是，白灰浆掺麻或棉纤维再加入少许乳胶，搅拌均匀，抹壁法同上。其载体是木制网格上装置的胶合板。网格制作方法是，将2.5×2.5厘米的木料做成网格框架（以承墙皮），网格的疏密，以壁画的大小而定。大型壁画网格需略小些，反之要大些。框架上钉置胶合板，其上再用粗麻布刷乳胶贴粘。其上置白灰浆泥的厚度以2～6毫米即可。壁画制作平坦而无光，入墨色适中而不晕化，经久而不龟裂方为佳壁。

以上三种材料，可根据不同要求选择使用。纸本摹品，虽装裱、收藏、展览方便，但壁画质感难以充分表现。泡沫塑料板材，做工佳者很似真壁，如临摹败壁之斑驳残缺效果，以刻刀为之尤如削泥，极易掌握，且材料价廉，不足之处是材料重量过于轻软，稍有碰撞挤压便容易破损。白灰墙皮材料，其质地与真壁近似，是最理想的摹品材料。但幅面过大亦笨重，做工不佳者，墨、色不易渗入，墙皮易干裂脱落。

唐墓壁画所使用的颜料，经化学分析多为矿物质颜料，其中也用植物颜料。唐代张彦远在《历代名画记》卷2《论画体工用榻写》记载了当时绘画颜料的名称和产地。如："武陵（湖南常德）水井之丹，磨嵯（福建建瓯）之砂（朱砂），越嶲（四川西昌）之空青，蔚之曾青，武昌之扁青（上品石绿），蜀郡之铅华（黄丹），始兴（广东曲江）之解锡（胡粉），林邑昆仑之黄（雌黄），南海之蚁铆（紫矿，造粉，胭脂），云中（山西）之鹿胶，吴中（江苏）之鳔胶，东阿之牛胶……"这些上品名贵颜料，分布于全国各地，可见当时对于颜料之讲究。

现今文化市场供应的颜料，以北京、上海、天津、江浙等一些大型生产厂家所产的颜料为好。如由中国画研究院监制、姑苏姜思序堂生产的特级颜料，以及北京中央美术学院附中校办的国画颜料工厂生产的矿物色颜料，品类齐全，质量极好。

有些矿物颜料如石青、石绿、朱砂等，加工不精，粉状颗粒大时须使用乳钵（研磨器具）加水反复研磨，直至细如粉面略加胶水（动、植物胶均可）少许方可使用。

临摹壁画经常使用毛笔有四种。一，线描笔，又称"衣纹笔"。以精选狼毫长锋尖挺而柔韧为好笔。大、中、小三种型号，均应齐备。二，"点梅笔"。这种笔经常在设色或勾勒山石、草木等粗放线条时使用。三,渲染笔,包括“白云笔”(兼毫)、“提笔”(羊毫)等,主要用于设色和墨、色的渲染。四,排笔,以纯羊毫长锋3~4寸宽的型号为常用。此笔常在大面积渲染色、水时使用。以上几种画笔,应多备衣纹笔,因该笔使用数次后锋便损坏,应及时更换新笔。毛笔以湖州产者质量较好,“老湖开文”笔店制笔选料精良,为百年老店。另外,北京荣宝斋、上海朵云轩等均有好笔出售。

墨,中国绘画历来讲究用墨,有以墨色为主的艺术特色。墨有墨锭(彩墨锭)、墨汁二种,又分“松烟”和“油烟”墨。古代无墨汁制造,书、画用墨均用墨锭在石砚研磨为浓汁液状使用。唐墓壁画用墨大都为油烟墨,而历代书家用墨多为松烟墨。目前,墨汁的种类很多,几乎每个大城市均有墨汁厂。质量较好的如北京的“一得阁”书画墨汁、上海的“曹素功”油烟书画墨汁,西安墨汁厂生产的“华山”书画墨汁也不错。不过,再好的现代墨汁与好墨锭研磨之墨汁,其质量仍相差甚远。细观原壁画墨色,感觉沉着浑厚黑如漆,虽经千年润泽犹存。而现代墨汁轻浮光亮,再浓重之用墨,干后便呈黑灰色。所以,要想使墨色接近原壁效果,必购优质油烟墨锭亲自研磨。或将书画墨汁入砚,用墨锭重新细研也可使用。

二、摹稿方法

传统的摹稿方法,是将麻纸经桐油处理(使纸耐用,并产生透明度)覆在原稿(或壁画)之上直接勾描成为墨稿,使用时用针顺墨线扎成连续小孔后置于素壁之上,用兜着白粉(或红土)的小布兜,沿着线条拍打,粉沫顺针孔漏于壁上,积点成线。所谓“粉本”即指此。这种摹稿方法,现在古建筑的彩绘图案等还一直承袭着。

目前,我们使用透明涤纶纸、皮纸(宣纸类)为摹稿材料。摹稿方法,是将涤纶纸蒙在原壁之上,摹纸应略大于原壁,尤其是摹局部时,由于该纸的透明度好,有置其上视其无之感,稍不留意,墨线便会勾出稿纸外,未等察觉,真壁已被污染。敦煌莫高窟壁画研究所规定,临摹壁画不准蒙壁摹稿,只准对壁写生,可见保护文物规则之严。由于涤纶纸墨稿不能直接摹在白灰墙皮上,所以使用皮纸置于涤纶稿上再次摹稿。皮纸墨稿上壁之前,先将其背面使用红土颜色重勾一遍,成为红稿。红土线描时,应使笔中红土含量浓重些,以红土线描干后易脱落为好。皮纸红稿上新壁之前,需用清水把新壁通刷一遍,潮湿的壁画易于红线复印其上。复印方法,是将红稿贴于壁上用拓袋反复击拓,待红土线脱印在素壁之上显现为止。有使用复写纸(红、蓝二色)为摹稿材料的,但其有局限性,因该纸属油性纸类,而油、水又不相溶,因而在水墨线描时,尤其是表现淡墨线条时,墨线不易覆盖,复写纸稿线痕迹犹显而易见。

三、对壁临摹

面对原壁客观的临摹,大体上可分为线描、墨染、设色、做旧等四道工序。线描是临摹的第一步,关系摹品之成败。所以,要细心观察、体会原作的线描"用笔"艺术特点,尤其是"笔势"的启、承、转、折之运笔变化。关于"线描",古人曾总结出十八种类型,即"十八描",其中"高古游丝描"(魏、晋六朝时期线描特点)、"荷叶描"、"兰叶描"、"柳叶描"、"铁线描"等为隋、唐乃至以后逐渐创造的线描样式。这种以物象赋予线描类型的称谓,是中国传统绘画有别于其他画种的显著特征之一。不仅如此,还强调线描方法与书法用笔相互融汇贯通,追求以书法笔意在线描中的实际应用,得到历代画家们的共识。

唐墓壁画在"用笔"、"线描"上的方法和样式,其总体趋势是,唐初期至盛、中、晚期的用笔线描特点,是逐渐变化且丰富多样。表现在初期壁画大都古板而朴拙,以"铁线描"为主体。盛唐以后,线描样式除"铁线描"外又溶入"柳叶描"、"荷叶描"。此外,又强化了用笔的"一波三折"即抑、扬、顿、挫的书法笔意。这种强调并推崇以书法笔意入其画的讲究,是中国传统绘画"用笔"的又一特色。

唐墓壁画是描绘和反映墓主人生前生活情景的随葬品,它不同于敦煌石窟的宗教壁画,所以程式化风格不明显(不包括构图及表现方法上的程式化)。而且,壁画的创作者们,画史均无记载,可能大多出于工匠之手,但有些皇室、显贵的大墓之壁画巨构,其艺术水准非常高超,很有可能出于画家之手。纵观唐以来的众多壁画,可以看出绘画风格、技法差异很大。一般来说,皇室成员的大型陪葬墓壁画,作品艺术水准大都较高超,而多数官秩品位较低的贵族墓葬的壁画作品,其技法比较粗率,艺术表现有较强的随意性,表现在人物造型上是刻画较简单,表现在设色方面是大都单纯而简略。有些小墓的壁画作品,则显得过于草率而急就。所以,此类过于写意性的笔墨最难临摹,书法功底不强者很难掌握。这些特点构成了唐墓壁画艺术较独特的面貌。简略的造型,显现出了古朴典雅的风格;粗率而随意的笔墨,加强了线描用笔的书意性;设色的单纯,使画面色彩显得更加明快而艳丽。以上这些特征不仅显著,而且从本质上有别于宗教壁画和其他绘画。所以,临摹者必须逐步加强认识,并在临摹实践中强化这种艺术风格,才能接近原壁的艺术精神。

古人对线描用笔方法论述很多,其中亦有精湛者,如宋人郭思《论画·论用笔得失》中说:"凡画气韵本乎游心,神彩生于用笔……笔有朝揖,连绵相属,气脉不断,可以意存笔先……又画有三病,皆系用笔。所谓三者,一曰版,二曰刻,三曰结。版者腕弱笔痴,全亏取与,物状平褊,不能圆浑也。刻者运笔中疑,心中相戾,勾画之际,妄生圭角也。结者,欲行不行,当散不散,似物凝碍,不能流畅也。"郭思对用笔使线的三病,论述得准确而实际,如果再加上平、流、浮就全面了。所谓平者,是用笔少变化,平均使用力量;流者,用笔速度快而飘,缺乏沉稳之气;浮者,用笔使墨,轻浮少浑厚质感。以上所论均为用笔线描之忌,应加以克服,方法是在书法的反复练习中熟悉掌握笔性,除此,别无它法。

唐墓壁画的创作情况在史料中也无记载,从它所反映的现实生活的丰富内容来看,是无"粉本"可依的。由于唐墓特定的形制,壁画在题材的重复以及内容的雷同上,可以从众多墓壁中看得清楚。但具体到每铺壁画,在人物的造型上决无重复雷同之处。这亦是唐墓壁画有别于石窟、寺庙壁画的又一特征。

唐墓壁画中如此众多的人物造型,全凭工匠画师在现实生活中潜心默记,对于社会各层人物,尤其是对上流社会人物们的举止神情,壁画创作者是能够作到心手相应,熟练地掌握各种表现技巧的。古人在论述人物造型起稿时有"九朽一罢"之说,这种反复经营完善,直至完美塑造人物形神的起稿方法,在诸多唐墓壁画上至今稿线痕迹犹存。有些作品在描绘人物造型的准确把握上,落笔勾线极为肯定而流畅。有的数尺长的线条一气呵成,笔笔到位决不重复。有些线描并未勾勒在稿线上,而是根据造型和情节的需要,随时变更以求完美,这种即兴发挥式的创作方法,也是唐墓壁画创作的特点。所以,在落墨线描之前要充分理解原作的艺术特点和具体的表现技法,做到胸有成竹,方可动笔。

墨染,是壁画临摹的第二道工序。所谓墨染即"用墨",它是中国绘画"笔墨"重要技法之一。关于用墨技法有"墨分五色"之论,即焦、浓、重、淡、清之分。唐墓壁画基本属“工笔重彩”类型，大多数画面不以墨色为主色，墨染一般是对人物的须眉、发髻、衣帽及山林、树石等用墨色加以渲染。许多壁画作品在墨染中的深浅、虚实掌握得恰到好处，有些在发髻上的墨染极其自然微妙，浅淡中见浑厚，用墨层次分明，别有一种水墨韵致的美感。现在许多原壁的缺损部分大都用白灰泥填补修复过，并采用做旧如旧的复原方法，用颜色统一在一种青赭色调之中。但修复手段无论多么高超，仔细观察，还是可以看出与原壁本色有着本质区别。原壁中那种深沉而古朴的墨色效果，在临摹时必须采用数遍积染才能与其接近。在临墨色时，注意用墨不可过浓，先以淡墨起手而后层层积染，要在实处不滞，虚中见灵动才为用墨妙法，否则会出现脏墨、死墨。传统中国画对于墨色的运用，一般是由浅入深，由淡到焦。有些墓的壁画作品，在“笔墨”的运用上极其自由，似有“粗头乱服”之感。对于这类写意性风格的作品，在临摹方法上应有别于精细类型作品。

现在诸多原壁上已经附着一层灰蒙蒙的色调，并统一在灰青或赭黄色调之中，要注意的是，临画中不应过于受画面整体色调的束缚。如对于墨色的临摹，首先应考虑其墨色本来的面目，有意加以强化墨色厚度，因为最后的做旧工序会对那些较弱的笔墨及颜色削弱一尽，达不到所需要的效果。

设色，是在墨染完成后的又一工序。唐墓壁画的设色方法，正如《历代名画记·六法论》中论述六法之一的“随类赋彩”之法。所谓“随类赋彩”是根据物象种类，赋予相应的色彩，如面颊用胭脂，唇用银硃等。其衣纹的转折，则用晕染法来过渡色彩变化。有些为了表现衣服的厚重质感，而层层积染同一色彩的现象常常使用。壁画中经常反复使用的颜色，有红色的朱砂、朱膘、银硃、胭脂；黄色的石黄、滕黄、月黄；绿色的石绿（头绿至四绿）；青色的花青、扁青、石青（头青至四青）等等。这些上好的矿物颜料，虽历经千年之久，至今有些色彩仍然如故，如朱砂、朱膘、石黄、石绿等至今仍新鲜而纯正。所以在临摹设色时，除尽量使用优质颜料外，还要尽量注重色彩的饱合度和纯净度，切不可使用西洋颜色或用西洋画处理色调的方法来设色。因为，西洋的水彩、水粉等颜色不能与中国传统的矿物颜料互用，如“洋红”与“朱砂”就有其本质的区别。中国画对设色还有“色不碍墨，墨不碍色”的要求和讲究，这种色、墨不相侵染的设色方法，在原壁中可以看到墨线与色彩之间略有微弱的间距，这种色墨不碍而“留白”的设色手法，也是摹壁设色的重要技法。

做旧，即临摹壁画整幅画面上所呈现出色调和斑驳残缺的壁画效果。方法是根据原壁面本身和巩固有色调来确定做旧手法。陕西唐墓壁画大都呈现出赭青或赭黄色调。赭黄色调壁面的做旧方法,是以赭石、石黄为主要颜料,广告色也可替代。做旧时应避免脏颜色掺杂,有些摹者误以为愈脏愈旧。其实,脏不等于旧,旧是一种历史积淀的朴拙典雅的色调。

做旧方法,从壁面素壁处起手。一般是使用兼毫蘸赭石加少许黄、花青,在原壁物象轮廓边沿处着色,用羊毫笔蘸清水依次烘染、晕染,用色顺序是由浅入深地反复渲染、积染,以达到单纯中层次丰富,清淡中有浑厚感,要"远势"、"近质"具佳,方为用色高手。有些摹者做旧方法过于简单,往往以一种赭黄水色通染全壁了事,这种平涂的方法不可能把壁画中丰富的色彩变化表现出来,至多为新壁画罩上一层旧色而已,没有达到做旧的目的。

原壁上大都附着许多斑斑点点的黄土,对于这种黄土色的做旧,可使用黄土或广告熟褐色二种方法。黄土做旧,可使用毛笔蘸胶水参照原壁疏密重点甩洒,再用黄土粉沫遍洒全壁之上,待胶水干透后用排刷把浮土掸净,有胶部分便粘上了黄土。褐色做旧,熟褐色本身既接近黄土色,如再加少许花青和墨就更像墓中黄土。做旧时,用拓包沾色(拓包制作,用粗旧毛巾包裹旧棉布或棉花然后绑捆)根据原壁斑驳重点反复拓击壁面,用色应由浅入深,以达到层次分明自然,不显拓痕为要。原壁上如有裂纹缺损现象,摹品也应在做旧时表现出来。方法是根据原壁残损情况在摹品上做标记,用刻刀顺其裂纹走向精雕细刻,如刻印用刀之法;大块残缺败壁则用铲刀为之。对于刻出新残痕,可根据原壁现状,用黄土或褐色勾填。为了固定摹品颜色经久不变,可使用桃胶水加少许滕黄、赭石通刷全壁一二遍,至此全部摹壁工作才算完工。

综上所述,关于唐墓壁画的临摹材料、方法等纯属笔者一孔之见,希望临摹者能在各自的工作实践中不断完善并改进临摹技法,从而使临摹壁画的工作向着更具艺术性、科学性方向发展。

(本文原载《陕西历史博物馆馆刊》第四辑)

临摹唐节愍太子墓壁画的思考与体会

孙大伦

唐节愍太子李重俊墓，是唐中宗定陵陪葬墓之一。位于陕西省富平县宫里乡南陵村刘家堡西北约500米处。1995年2月至5月，陕西省考古研究所派员对此墓进行了现场勘查和抢救性发掘，出土了许多珍贵器物和精美壁画。同年6月至9月，对保存较好的壁画进行了全面临摹。笔者有幸参加其中，获得了一次极好的学习机会。现将临摹工作过程中的一些思考与体会，结合工作情况，写在下面，以期得到方家指正。

一、临摹前的准备工作

包括思想和物质材料方面的准备。

思想上的准备，主要是确定临摹的指导思想，即基本原则与基本方法。壁画临摹的基本方法有三种：一种是近似照像式的临摹，几与原壁不差分毫；一种是有所概括削减，主体发力，描绘细致入微，而斑痕、泥皮、残砖、污渍等次要部分则根据需要增删；还有一种只追求“神似”，如张大千及一些美术院校师生所临敦煌壁画。但不论哪一种方法，都主张坚持忠实于对象、忠实于原作精神的基本原则。根据自身条件和客观要求，我们决定采用偏重于第二种并结合第一种的方法，即以完全如实的客观再现为主、有限度的调整变化为辅的临摹方法。

墓室壁画多以人物为主要内容。要把人物的思想感情、动作姿态等实地再现出来，必须在动笔之前，做一系列充分的准备：例如要深入、仔细地观察和深刻体会、钻研原壁的主题，人物的面部表情、姿态动作，人物之间、人物与布景道具之间的相互关系等等，对于其中的一些微妙变化心领神会、了然于胸，并且力图将这些体会和感受反映到临本中。这说起来容易，做起来往往很难。我们只有老老实实、兢兢业业地遵循着晋代顾恺之"以形写神"的名言，在作了上述考虑之后，既认认真真地把握住原画的整体风貌和精神，又实实在在地把握住每一根线条，每一块色面，每一个动态，每一个眼神……，以便准确无误地再现原画的精神和风貌。只有具备了一些可操作性的东西，才有可能保证目标的实现。

物质材料上的准备，主要包括临摹用纸、笔、颜料、墨的选择。"工欲善其事，必先利其器。"在后来的临摹工作中，我们越来越深刻地认识到好的材料对临摹质量的重要保证作用。

壁画临摹纸本要用熟纸，因其与壁面性质相仿之故。一般唐墓壁画的地杖层是草拌泥捶紧压平后，再上一层白灰泥抹平。节愍太子墓壁画就是绘在厚约 0.4～0.5 厘米的白灰面上，下有约 0.5 厘米草拌泥。新疆克孜尔、吐鲁番、敦煌莫高窟等地的隋唐壁画，白灰层上还刷了胶[①]。而熟纸是用生宣加胶矾水制成的，其性能与壁面一样，不晕不洇，都更有利于渲染和烘染。

壁画临摹最忌用脆纸，因为将来上胶后会更脆，易破损，效果也不好。我们选用的是安徽泾县出产的"澄心堂云母笺"。泾县宣纸历来以纤维纯正、质地绵韧、百折无损、不蛀不腐著称于世。"澄心堂纸"是南唐后主李煜监造的一种质地优良的纸，在古代非常有名，不过制造这种纸的原料和方法都没有流传下来。后来有了宋仿和清仿，据说欧阳修在编写《新五代史》时起草用的纸就是宋仿澄心堂纸[②]。本地纸店出售的澄心堂纸除云母笺外，尚有"清水书画宣"，不过纸色微黄，也是一种好纸。

笔以能控制适度、挥洒自如为好。古人说造笔需备劲润长锐四长[③]：劲则刚健有力，润则运用适意，长锋多含量，锐锋尖齐。根据这个原则，我们在勾线上选择了较劲挺的大中小号石獾长锋、石獾描笔和鼠须画线笔，在设色渲染上则选了较为软熟的湖笔"白云"。

这种选择还基于以下考虑：就是唐人造笔是以劲挺为主的。参考古文献及随着考古实物资料的不断发现，我们知道，秦汉笔多用坚挺、尖锐的兔毫；魏晋时鼠须笔已经产生，"魏碑"的字体和书风是与兔毫鼠须笔的广泛使用密不可分的。唐人录魏晋之法，仍以兔毫为主，并开始参用锋长稍柔的毛笔[④]。白云笔也不用纯羊毫，而用兼毫，如加健白云。当然，也可选用与此性质相仿的笔,如狼毫“衣纹”、“叶筋”、“点梅”、“蟹爪”等。长锋狼毫除勾出来的线挺拔、吃墨多外,还有不挡视线的好处。

唐节愍太子墓壁画所使用的颜色,经统计有绿、蓝、红、黄、赭、紫、黑、白、金诸色,它们应分别是矿物质颜料的石绿、石青、朱砂(包括朱膘)、石黄(包括雄黄、雌黄、土黄)、赭石、白垩(或蛤粉),植物质颜料花青、胭脂、藤黄、紫铆等,也可能有一些人造颜料如银硃、铅白。其产地大略有三:①如唐张彦远《历代名画记》卷2《论画体工用榻写》所述:“武陵(湖南常德)水井之丹,磨嵯(福建建瓯)之沙,越嶲(四川西昌)之空青,蔚(山西)之曾青,武昌之扁青(原注:上品石绿),蜀郡(四川)之铅华(原注:黄丹也),始兴(广东曲江)之解锡(原注:胡粉),研炼澄汰,深浅、轻重、精粗。林邑(马来半岛)昆仑之黄,南海(广东)之蚁铆(原注:紫矿也,造粉胭脂),云中(山西)之鹿胶,吴中(江苏)之鳔胶,东阿(山东)之牛胶,漆姑汁炼煎,并为重采,攀而用之。”说的大多是从全国各地运来的名贵颜料。②可能也有本地产的颜料。据章鸿钊《古矿录》载:陕西古代是蓝铜矿和孔雀石的产地,这两种原材料,稍经物理加工,便可成为色泽鲜艳的石青和石绿[⑤]。白垩,俗称白土粉。早在公元536年以前,梁陶宏景就把它称作“画粉”,是汉魏以来壁画的主要材料,它随处都有,陕西自然也不例外。③当时来自外国的颜料。如扁青,有产于缅甸的叫甸青。沙青(又叫佛青、回青),是从西域传来的颜料。孔雀石,不仅出自我国西北,还出自马来半岛。沙绿,出自我国西藏和波斯国。藤黄,又叫月黄(因为越南产的最好,其次是缅甸、泰国),这种颜料,唐以前即输入我国,被称为“林邑之黄”[⑥](又,《本草》谓“真腊画黄”)。

仅仅从当时颜料的产地之广和品种之多,就可想见唐代壁画所使用的颜料应是非常讲究的。所以我们也尽量选用最好的颜料。如开设于乾隆初年苏州的“姜思序堂”所制售的颜料,选料精,研漂细,有膏、粉两种,使用时或兑水,或兑胶,非常方便。80年代中央美院附中颜料厂研制的新型中间色矿物颜料,加上原有的石青、石绿、朱砂等共有50种左右,色质稳定,色相美,有些还能看到晶体闪光,如能掌握好用胶溶胶、研磨调和、出胶防腐,当是使用前景很好的颜料。另外近几年由中英合资天津柯雅美术材料有限公司制造的温莎·牛顿广告、丙烯颜料,有绚丽的金色和银色,其铝管装可直接拿来使用,也很方便。

墨以黑而有光泽者为佳。作画最好用油烟,写字可用松烟。油烟墨是用桐油炼烟和胶而成，黑而有光泽，淡墨亦有其神，且能层次分明，装裱不化。可是汉、唐时，产的墨均为松烟[7]。汉时产墨区主要在陕西扶风、隃麋（今千阳）、延州（今延安）等地，所取之松属终南山等处的名种。唐时，主要产墨区移到易水（今河北易县）和潞州（今山西长治），这些地方都是多松之地，而且所产之松又很名贵，为制好墨提供了有利条件。到了唐中叶或唐末，易水制墨名家奚超父子渡江到安徽歙县，中国古代的制墨中心才转到江南，所取则宣州黄山、歙州黟山、松罗山之松。一般文房四宝史家认为，油烟制墨是宋熙宁、元丰间（1068～1085）黟州著名墨工张遇所创[8]。所以我们现在所看到的唐墓壁画用墨可能是质量上乘的松烟墨，而不是油烟。我们在临摹时选用的墨是上海墨厂的桐油烟料“曹素功”和北京一得阁的“一得阁”、“中华墨汁”，均是承古法制成的质量很好的书画用墨。

二、唐墓壁画的起稿和我们摹稿的方法

从唐墓壁画的实际状况来看，它的起稿方法大略是：结合相对固定的绘画题材，在定出相应的总体布局之后，即根据“小样”开始在素壁上起稿。起稿的工具和方法，从有关敦煌壁画的资料来看历代有所不同。在汉代“大抵以木炭在白壁上勾轮廓，随即以淡墨描出，然后用大笔挥毫。”[9]魏隋时多用土红线起稿，施彩后再加肯定而细劲的墨线。唐以后一般都是以淡墨起稿，施彩后再加浓墨线[10]。从唐墓壁画实迹考查，有用木炭条起稿的，有用淡墨起稿的，也有用细木棒等在未干的壁画上划出划痕来帮助起稿，还有几种方法同时使用的。节愍太子墓壁画的起稿，从现场观察来看，还没有找到用柳炭条起稿的痕迹，但是在个别画幅中却发现有明显的帮助起稿的划痕。所以，我们是否可以这样初步判定：①壁画是在墙面将干未干时画上去的，因为完全干透后不容易留下划痕。同时在墙面未干时，如果用柳炭条起稿，画线后不容易擦去。②此墓壁画主要是以淡墨起稿，施彩后再加深墨线，但也以划痕为辅助手段。与前所述唐代敦煌壁画的起稿方法大致相同。

古代壁画的起稿，到了隋唐开始用粉本。粉本是古代中国画施粉上样的稿本。一般是在厚纸或羊皮上用墨线画出形象，然后用针或锥沿墨线扎孔，再将厚纸或羊皮附在壁面上，根据壁面颜色，选择白土粉或红土粉拍打，将形象拓在壁上，然后再连点成线即成。一般同样画稿要绘许多幅者或一些固定的

图案多用此法。在唐墓壁画中,尽管有许多相同的绘画题材,可是无论人物、山水、花鸟,其形象却无一雷同。这使我们想起了另一种“粉本”即“小样”画稿。小样画稿古代称为白画,汉代以来就很流行,唐吴道子、王维均擅长白画。据段文杰先生所述,敦煌藏经洞曾出土大量白画,画师们参考小样自由创作,因而敦煌经变画多达千余幅,却没有两幅是完全相同的[11]。唐墓壁画中所绘制的各种形象如此精妙、生动,没有小样而直接凭空在素壁上起稿,除了“臣无粉本,并记在心”的吴道子等大家,简直是不可思议的。

目前,我们所采用的摹稿方法主要有两种:一种是用透明涤纶纸附在原壁上用墨线将壁画勾摹下来,然后再过在宣纸上;另一种是先拍照,再用幻灯放稿至原大尺寸。放稿时或先放在另纸上,经对照修改后描线,再把画稿印描在宣纸上;或直接放在宣纸上。节愍太子墓壁画的摹稿,由于墓中狭窄、电压不足、光线昏暗、工期紧等原因,采用了用涤纶纸印摹的方法。但是用这种方法,很有可能毁损壁面。过去敦煌壁画的临摹也曾采用过此法,后来发现有很多弊端,遂杜绝了这种画法。不过我们也采取了一些补救措施,如先将容易脱落的壁画加以固定,临摹时涤纶纸尽量轻上轻放等。

画幅的大小是均为原大。这是由于一方面要取得第一手完整的原始资料,一方面时间要求紧的缘故。所以不论画幅完好、残破程度如何,“依次过”,并且是极其认真地先“过”一遍再说。画的先后次序,一般是由上而下:墓道、过洞、天井、甬道、墓室依次进行。每天晚上回来,马上把当天的摹稿贴上标笺,这样既有利于资料的整理,又不致于漏画。但也可根据整体工作的安排有所调整,例如有时也先将最精彩的画幅临摹下来收好,以防不测。

在涤纶纸上现场对壁摹绘是非常辛苦的。以节愍太子墓壁画来说,由于条件所限,我们有时站着画,有时坐着画,有时半蹲着画,甚至跪着画,仰卧、侧卧着画。天气炎热,墓中潮湿,再加上电压不稳定,下午光线微弱,往往只能做半天工作。有些画幅位置很高,只好搭临时的很简陋的木架上去。例如墓道口上部“楼阙图”,面积2.70×1.80平方米,站在上面临摹,上有“蛇皮”大棚,酷热难当,只好赤膊上阵,一个人画,另一个人拿大芭蕉扇扇风,费力与疲累的状况可想而知。不过这也使我们再次验证了一个事实,即这种工作应是劳动者集体所为。在各种文献上还没有看到文人画家画墓室壁画的记载,墓室壁画应是无数民间或宫庭画工艰苦劳动的结果。再看看画幅的精彩,不由使我们对古代画工顿生敬意。

三、线 描

线描是中国绘画造型的主要艺术语言，也是中国画技法的基础。早在南北朝时期，南齐的谢赫就把“骨法用笔”放在“六法”的第二位，说明了中国古代绘画在技法要求上，一贯重视“笔法”，重视线描的传统。这一传统在各个时期不断得到继承和发展。以人物衣褶的描法来说，魏隋时期总体上是铁线描，当然它有不同的形态，或如顾恺之的“行云流水”，或如张僧繇的“曲铁盘丝”。顾恺之的描法，后人又称之为“高古游丝描”，主要是一种粗细一致、圆润流畅的线描。隋唐时期的主要描法是兰叶描，这种线描富于粗细变化而又转折自然，又被称为“莼菜条”，以吴道子为代表画家。宋元时期多种描法出现。例如折芦描，代表作有南宋梁楷的《慧能劈竹图》、元永乐宫壁画《钟离汉度吕洞宾》等；减笔描，代表作有梁楷的《李白行吟图》等；针头鼠尾描，如陕西蒲城洞耳元墓壁画等。在各个时期之间，又有前后两种或数种线描同时并存塑造不同形象或以两种或数种线描塑造同一形象的情况，反映了过渡时期前后继承与发展的关系。

详细观察节愍太子墓壁画的线描，比照大多数魏隋画迹，可以看出其显著的特点：首先是线条有了刚柔、疾徐、粗细、转折等变化。例如山石与小草的线，一刚一柔，对比强烈。山石与人物衣褶的线相比较，似乎山石的用笔更为沉稳凝重。人物衣褶的线有时起笔较粗，收笔较细；有时起笔细尖，中间粗，收笔又细下来；有时画家似乎非常自由，粗细如同速写的笔触一样变化多端。转折也有或方正或圆劲的区别。这些线条或用笔的状态，都说明作者已经特别重视线的速度和压力的变化。再加上由于这些变化而使画面产生的节奏感，更能表现和传达出作者的情感。线已经超出了只完成轮廓的功用，而使它塑造的形象整体充满了神韵。在线条本身的形态上，除保留有铁线描之外，还同时有兰叶描。兰叶描这种形态，后世评论家认为是吴道子所创。相传为吴道子作品的《送子天王图卷》，就是所谓“兰叶描”的典范之作。我们从中可以看出，作者在作画时更加注意线条在运笔过程中的轻重、快慢，转折中的力量变化效果，使线条自由婉转而富节奏感，从而改变了过去圆润但有时略显刻板的粗细一致的线描，使线描的表现力更加丰富。如果把《送子天王图卷》和节愍太子墓壁画的线描相比照，可以发现它们在描法上是一脉相承的，不过前者的线描更挺拔有力,飘举飞动,“美妙流畅,转折有情”[12],与后者只是水平高低不同罢了。节愍太子李重俊于公元710年陪葬定陵,其时吴道子20岁,画艺已经很高,不过名还未显。我们从这里可以约略感到诸如吴道子与画工的承继关系,吴道子的风格究竟如何(因为《送子天王图卷》很可能是宋人的仿作)等有关中国古代美术史上的问题,似乎都可以在这个墓室壁画中找到一些线索和答案。

节愍太子墓壁画线描的另一个特点,是因为线条有了上述变化,所以显得更加自由、随意。整个人物形象无论侍女、侍卫、宦官,无不栩栩如生;在甬道上方的拱形顶部,凤凰、孔雀、仙鹤等珍禽在五彩祥云中翩翩起舞;作为马球图和出行图配景的山水长卷,似乎洋溢着大自然的无限生机。在毫无雕琢中,达到用线的贴切,并使我们感受到唐墓壁画特有的那种强烈的现实主义精神,这是很高的境界,要达到它是很不容易的。如果把它们和其前后的画迹相比较,如和东晋顾恺之的《女史箴图》、《洛神赋图》或元永乐宫壁画相比,就会发现前者是“人化”而后者是“神化”。除了内容和题材的不同之外,在技法表现的各个方面均呈现出迥然不同的形态。例如在用线方面,元永乐宫壁画显然是我们所常说的“经过整理的线条”,也可以说是已经程式化了的线条。当然这样说丝毫没有贬义的成分,而是就其风格来说,它更加严谨,更加规范,更加“工匠化”,并具有了图案化和装饰性的意味。而唐墓壁画的用线从整体来说,显然是要自由、放松得多,节愍太子墓壁画正是这样。

中国画讲求“书画同源”,画画的人在书法上要有一定的功力。节愍太子墓建成时,已快接近中国书法的第二次高峰期。初唐时太宗、虞世南等书法家均有书法论著行世,欧、虞、褚、薛四大家为时所重,其书法的影响对当世及后世都十分深远。可以说,借鉴书法的笔法,骨力、神气入画,早已是中国画的优良传统。我们根据铁线描、兰叶描的用笔特点,在临摹节愍太子墓壁画的前前后后,有针对性的练了一年多的唐颜真卿《勤礼碑》和晋王羲之《圣教序》,受益匪浅。后来,不论是在墓中勾摹涤纶纸稿还是在室内勾摹宣纸稿,都能悬肘悬腕,站立着画,感到比较自如了。

在线描中,既要严肃认真,一丝不苟,又要流畅自如,灵活处理。在宣纸上勾线,基本的做法是,先用淡墨勾勒,中锋用笔,用比线条稍粗的笔,务使笔酣墨饱,一般中速行笔,勾时屏心静气,一气呵成。特别是原壁人物耳际、后颈、鬓角的头发非常细,极其生动地表现了头发和肌肉的联系,面庞、五官的勾勒细而挺,表现出少女细腻而有弹性的质感,更要笔笔留意。长条裙的墨线不疾不徐,非常沉稳地绘出一组组竖向平行线。根据不同的线的形态,采取不同的用笔方法,每笔都应有起、行、止笔,起止要分明,笔笔要送到,笔笔要留得住。另一方面,壁画中的用线,均是画工成竹在胸,"随意"而成,在似不经意之中,恰当地表现出对象的形态、结构、量感、质感等,所以它的线或严谨,或轻松,或繁密,或疏朗,均给人以遒劲、洒脱之感。在临摹中这种"不经意"是很重要的,对临摹者的要求也是很高的。如果单纯从"铁线描""兰叶描"等来考虑,很可能成为"整理后的线条",而与原作的精神相悖。

四、设色法、做旧及其他

节愍太子墓壁画的色彩,总的来说较为秾丽,渲染也较为精细,似乎展示了一种健康向上的时代精神。设色的原则,是依据传统,"随类赋彩",随物象的不同而变化。设色的方法,采取了勾勒、勾填、平涂、晕染、罩染、积染、没骨、贴金、勾金、拨金等多种手法,显示出赋彩技术日趋多样化和成熟的特点。

勾勒法,是着色时,可用颜色把墨线盖住,待颜色干后,再用墨线或色线勒一遍。唐墓壁画在勾线阶段,一般是先用淡墨勾出轮廓,上色后,再用深墨勾一遍,当然不是所有的地方都勾深墨,而是根据具体情况在需要的地方勾。同时墨色的深浅也根据具体情况而定。所以在临摹时,第一遍墨色淡到什么程度很重要,太深不行,太浅也不行,要选择合适的深浅程度。勾填法,是在着色时不要让颜色盖住墨线,也不要让墨线和颜色之间留有空隙,如果留有空隙,叫做"露白"。如第一过洞东、西壁穿大红袍者,其红袍就是勾填法设色。单线平涂法的应用,最典型是表现在墓道北壁城楼的设色上,以墨色勾线,红色平涂,斗栱是红绿色相间平涂,取得简洁鲜明的色彩效果。晕染法,是同时用两枝笔,一枝色笔,一枝水笔,先用一枝笔沾一种颜色,画在纸上,然后用另一枝笔沾水,将这种颜色染开,渐渐由浓到淡。一次不够,可以加染几层,叫做复染。这种设色法,在节愍太子墓壁画中用得很多。如人物面部,均在两颊及眼睑晕染红色。这种中国固有的晕染法被称为红晕法[13],与来自印度阿旃陀石窟壁画的西域晕染法,形成两大不同的体系,有着独特的东方色泽之美。人物服饰除少数过洞、天井中人物用平涂法外,也多沿衣纹晕染,不仅使色彩层次丰富,也表现出很强的立体感。罩染,也叫通染、笼罩,是先用一种颜色打层底子，叫“铺底”，干后再在上面罩一层颜色。如传统中国画设色法着石青时，先用花青铺底，再在上面罩染石青；着石绿时，先用草绿铺底，再在上面罩染石绿。民间画诀中之染衣法，大红衣袍用漳丹打底，银硃盖面；大绿衣袍用二绿打底，大绿盖面；大黄衣袍用石黄打底，土黄盖面[14]等等。节愍太子墓墓道东、西壁中之山石，是用淡墨渲染，再罩染石绿。墓道东壁左下角第一排持戟人物的衣袍，也先以淡墨渲染，再罩染绿色，取得了既沉着又绚丽的效果。在节愍太子墓壁画中，还常常将罩染和晕染结合在一起。结合的形式有两种：一种是先以淡墨晕染，再罩染红、绿、兰、紫、黄等色；另一种是先以一种色晕染，再罩以同一种色。这两种情况，在墓中比比皆是。值得注意的是，晕染后用石色通染不退色，用草色通染退色。如第二天井北壁左侧人物之袍服用淡墨晕染，朱砂罩染，出土时毫无退色，鲜明的红色甚至把墨线都盖住了，形成一种类似油画的效果，非常强烈。而第一天井东壁龛北人物之团领长袍用淡墨晕染，花青色罩之，罩染的花青色已退去很多，有些地方甚至全部退掉，露出了墙壁的白底。反映出矿物与植物颜料性质的迥异。人物面部也有综合两种染法的情况，如墓道东壁左下方第三排中间穿黄袍者，面部晕染后再罩染浅赭红色，与其他不加罩染的人物面部截然不同，十分突出。看节愍太子墓壁画的色彩，有一个特别突出的感觉是它的“古艳”，即既鲜明又沉着。要达到这样的效果，有时需层层积染，以求层次丰富，我们从某些颜色的逐层脱落中也可以看出积染法在其中的应用。没骨法，指不用墨线勾勒，直接用彩色描绘物象。节愍太子墓壁画中用此法的有：墓道西壁枯树上的乌鸦直接用墨色绘成；有的小树直接用棕红色绘成。整幅画面双勾设色与没骨法并用，相辅相成，相得益彰，丰富了画面的表现效果，使其更加“气韵生动”。过洞、天井、甬道、墓室中的影作建筑，亦可称之为用没骨法绘成，赭红色的廊柱、枋、斗栱，起了协调全部的作用，使得鲜明多彩的人物，又统一在一个大调子之中。贴金，是用桐油将赤金箔直接贴在画壁上，要先一天刷桐油，次日贴金。勾金，是把金箔对胶，用手指泥细后，以笔沾金液勾画。还有一种拨金，是在贴金的基础上，用蛋黄调色把金涂满，等干后用针在上面拨出金色花纹[15]。节愍太子墓壁画的贴金，用了两种方法：前甬道东壁第1、3、6、10、11人，高髻上贴金处，均先留出长方形空白；而过洞、天井中人物高髻上的贴金，则是直接贴在黑发上。至于发上的金钗钿饰，可能是用拨金法而成，但也不排除勾金法。笔者因客观原因观察研究不够，甚为遗憾。此外，第2、3过洞和天井有些人物的腰带或佩物上也发现有贴金饰条。在第2过洞东壁、前甬道东、西壁、墓室东壁的许多人物发内边上还绘有一连串的白色宝珠,在第2过洞东壁、第3过洞东西壁,许多人物腰间垂下的短带上也有类似的白珠饰,在昏暗的墓中显得特别醒目。白色颜料一般有铅粉、白垩、蛤粉等。铅粉属人造色,容易变质,时间久了白色会变黑。白垩属矿物质色,蛤粉的化学性质稳定,经久均不易变色。所以这种白色可能是白垩或蛤粉。鲜明的白色宝珠,闪光的贴金饰条,再加上人物衣裙绚烂的红、绿、黄、兰、紫、橙诸色,可以想见壁画初成之时,该是怎样的金碧辉煌,鲜艳夺目!由此我们感到,壁画所使用的颜料及其设色法就是该壁画本身的重要特点。只有深刻了解、研讨这些重要特点,才能在临摹着色前成竹在胸,才有可能达到预期的目的。所以,加强对颜料,特别是石青、石绿、朱砂等石色的制作和使用的研究,加强对金、银、珠粉等特殊发光材料的制作使用的研究,加强对设色方法、设色程序及规律的研究,对于壁画工作者来说,当是一件很重要的事情。

关于做旧,文物及画界的同行们做了许多有益的探索,也形成了一套较为合理的程序和方法,不再赘述。仅将临摹过程中有关这方面的点滴体会列在下面:

①对壁画中人物、鞍马、建筑、山石、花鸟等形体以外被损部分,处理方法有二:A."轻描淡写",以求突出主体,如中国多数壁画临摹者那样,具有中国传统绘画的"写意"性质;B. 以近似油画法绘之,不分巨细,如日本一些壁画临摹者所做的那样。我们采用了前者,其难度应该说比后者要大。因为它要解决一系列问题:例如,画残缺、墙皮、毁坏处,画多少,画到何种程度,既是一个剪裁问题,也牵扯到整幅画面的构图、气势,是作者素养的一种体现。画面底色,既不能像墓中白壁那样过于单纯,也不能完全按照片底色的色彩,因为那可能是偏色所造成的冷或暖调子。所以我们既要使画面色彩丰富、不单调,又要考虑到使画面的固有色效果得以突现。做旧不能太过也不能太少,太过将淹没画面,太少又不像旧壁。所以掌握好分寸,确定合适的"度"是很重要的。做旧之后,远观不能一片灰,"一片模糊",必须分浓淡,分黑、白、灰,让需要突现的突出,不需要突现的隐匿起来。例如线,有的要加强,突出来;有的就要和墙面融在一起。

②在壁画做旧与设色过程中,可以应用中国画中"以浓破淡"、"以淡破浓"、"水渍法"、"以水破色(墨)"等技法。例如在铺色胶时,与底层色交融,底层自然泛起所产生的画面效果是十分精妙的,这是色、胶、矾、水共同作用的结

果，与人工所致的笔触迥然不同。

③在做旧过程中，如果胶矾过重，则纸易发脆、硬，所以我们一般采用"轻胶"法。在需要深入描绘或"力透纸背"的地方，不上胶矾，以利深入，否则墨色易浮纸上，不得厚重之感。现在制成的固态或液态颜料都是轻胶，所以用粉状颜料也不能调多。

④直接使用黄土也是一种做旧的方法。早在抗战时期敦煌壁画临摹者就使用过，并且认为这是最好的、经历千年都不变的颜料。[16]其方法是在颜色未干时洒上去。也可以用笔弹、用喷雾器喷、用拓包拓、用土色上等等。我们有一次也直接从地里取土做了试用，看起来似有斑剥、厚重之感，但那是一种类似"泥水"刷上去的感觉，似乎与画面色彩不太协调。可能是没有经过研磨、过滤、和胶和色等特殊处理之故。限于时间，没有继续试用，只好待以后试验了。

⑤粗细问题。有人说唐墓壁画用不着画细，它的笔法都极其简练，本身是"粗"的。我们认为壁画临摹还是要画细，就是说，壁画在制作过程中还是要细的，但最后的效果，给人的感觉是简练的、"粗放"的。同时，在制作过程中又不能处处都细，失去重点，反而不细，失掉了细的意义。

⑥壁画在勾线、设色、做旧过程中，似不怕"腻"。通过"三烘九染"或"层层皴染"，达到酷似原壁的艺术效果。这就要求每一次上色都要留有余地，要薄赋而有厚重感觉。正因为"发腻"，才更具"俗气"、"匠气"，而与现存的同时代卷轴画或后世之文人画拉开距离。

⑦临摹节愍太子墓壁画，还遇到了一个特殊问题，就是由于时间紧迫，不可能将全部壁画都清理干净。所以壁画"洗"墙面时，最好临摹者亲自动手。因为"洗"到什么程度，留旧痕多少，直接关系到画面构图、色彩及总体效果。而没有这方面修养的人往往拿起刷子就刷，使不该留的留下了，该留的却没有留下，从而给现场临摹造成很大的困难。

注释：

①常书鸿：《漫谈古代壁画技术》，《文物》1958 年第 11 期。

②王志雄：《中国书画用纸浅谈》，世界知识出版社，1990 年。

③姜夔：《续书谱》。

④柳公权：《求笔帖》："近蒙寄笔，深慰远情，但出锋太短，伤于劲硬，所要优柔，出须须长，择毫须细，管不在大，副切须齐，副齐则波掣有凭管，小则运动省力，毛细则点画无失，锋长则洪润自由。"

⑤章鸿钊:《古矿录》,地质出版社,1954 年。
⑥于非闇:《中国画颜色的研究》,人民美术出版社,1961 年。
⑦宋·晁贯之:《墨经》:“古用松烟石墨二种,石墨自晋魏以后无闻,松烟之制尚矣。”
⑧穆孝天:《安徽文房四宝史》,上海人民美术出版社,1962 年。
⑨常书鸿:《漫谈古代壁画技术》,《文物》1958 年第 11 期。
⑩段文杰:《谈临摹敦煌壁画的一点体会》,《文物》1956 年第 9 期。
⑪段文杰:《临摹是一门学问》,《国画家》1997 年第 1 期。
⑫傅抱石:《山水、人物技法》,上海人民美术出版社,1957 年。
⑬段文杰:《临摹是一门学问》,《国画家》1997 年第 1 期。
⑭王树村:《中国民间画诀》,上海人民美术出版社,1982 年。
⑮陆鸿年:《中国画壁制法点滴》,《文物》1956 年第 8 期。
⑯潘絜兹执笔:《敦煌壁画的临摹工作》,《文物参考资料》1951 年第 4 期。
⑰章毅然:《谈梁山汉墓壁画的摹绘》,《文物参考资料》1955 年第 5 期。

(本文原载《陕西历史博物馆馆刊》第七辑)

保护修复篇

不同结构的唐墓壁画揭取方法综述

单 晧 王和平

摘 要:壁画艺术是我国古代文化遗产的一枝奇葩,保护好它们是文物保护工作者义不容辞的责任。壁画的揭取保护,只能在其他方法都不能挽救的情况下被动使用的举措。因为壁画本身及其所依附的建筑物是作为一个整体看待的,整体保护是最为理想的。

本文着重讲述壁画揭取的三种形式,即揭取颜料层;揭取颜料和地杖层;无地杖壁画的揭取。

在地杖的硬度和颜料层的粘接力脆弱、地杖太薄、壁画表面不是一个平面,如拱形顶壁、壁画表面凹凸不平等情况下,适于揭取颜料层方法。

如果颜料层牢固地附着在地杖上,而地杖与其接触的砖墙或土墙粘结得不是很牢,这时就需要采取颜料与地杖层同时揭取的方法。

当壁画直接绘上土墙或砖墙上而无地杖存在时,则应采用整体搬迁或部分切除的方法,部分切除则采用框架法。

在揭取前,这三种方法均需要对画面进行清洗、贴布以稳定画面。在这里使用天然或合成的材料做粘接剂,而粘接剂必须是可逆的,即完成了壁画揭取工作,进行加固修复以后要将贴上去的布取下,因此粘接剂必须是水溶或某些试剂可以溶解的,贴布才能取下。

本文较详尽地介绍了这三种形式壁画的揭取方法,有着很高的实用价值。

关键词:壁画 揭取 加固

壁画的揭取迁移是一项工艺技术比较复杂的操作,只有在对壁画经过周密详尽的调查研究之后,认为采取其他方法都不能挽救壁画时才可使用。因为一般来说壁画本身及其所依附的建筑物是作为古代艺术品的一个整体来看待的,所以在一般情况下尽量避免使用揭取的办法。

揭取壁画的方法主要有三种:揭取颜料层;揭取颜料所依附的地杖层;无地杖壁画的揭取。

1. 揭取颜料层

此工艺操作是当地杖的硬度和颜料层的粘接力都不足以允许颜料层与地杖一起揭取,或是地杖太薄,或是希望揭取分量较轻的壁画,或是壁画表面不是一个平面,如拱形顶壁画,画面凹凸不平时皆宜采用此法。还有一点是当地杖层上还保留着底稿的痕迹时,此法是使之能揭露出来的惟一方法,但揭取时需要极熟练的技巧,画面被揭取下以后,安放在一新的平面支架上时,它需要一极其平坦而又均匀的表面。再者,壁画在使用此法揭取迁移之后,原来所特有的表面状态(加拱面、曲面等)就已失去,所以此法只有在绝对需要的情况下才应用。

在作出此工艺操作的决定之前,必须先做模拟试验确定此法是否可行,而这一试验可在一不重要的不显眼的区域进行。

当布粘到壁画上时,要使胶在干燥后收缩有助于颜料层的剥离,由于当时大气的相对湿度会影响干燥速度,所以用此法揭取迁移通常都是在一年中大气相对湿度最低期间(40%~60%)进行,千万不要在结霜的大气下揭取。如果需要的话,可以将小型加热器如红外灯进行墙壁干燥处理,当然,要避免过分地干燥,以免造成颜料的卷翘。

首先,用软刷子轻轻地在整个壁画表面上打扫,洁除表面,并注意除去有碍于进行此工艺操作的生物(硬壳、棱障、空鼓等)。之后,用刷子将第一层胶直接施于壁画上,胶不要浓度过低以免随意流动。一般用聚乙烯醇缩丁醛、聚醋酸乙烯酯,也可用水溶液的聚乙烯醇或桃胶。如果壁画本身坚固性不足时则可先用加固剂加固壁画之后再上第一层胶,施胶之后就往上贴布,通常用棉纱布或大麻布,贴布的大小应比要揭取壁画的大小每边多几厘米,多出的这部分布的面积不应施胶,而是在边缘翻转回来以利于下阶段的操作,余下的要紧紧地粘在壁画表面上,并轻轻地拉平,并注意观察不使壁画与贴布之间存在气泡,等第一道胶已干燥,第一层纱布紧紧地粘牢在壁画表面上之后,即可施第二道胶，它应比第一道胶流动性大，第一道胶使用较浓稠的量时要预防贴面布的编织印留在颜料层表面上，同时也让它在干燥时做必要的收缩。第二层布可使用更结实的棉布或大麻布。在贴面布已干、胶料变硬以前即开始揭画操作。干燥的时间不仅受到大气的相对湿度的影响，而且受到墙壁潮湿以及所用胶料的影响。在干燥环境中，干燥时间约为 1～2 天，而如果环境相当潮湿，则干燥时间需要较长。在用有机溶剂作为溶剂的胶料则干燥的时间较短，用水为溶剂的胶料干燥所需的时间较长，必要时还要依靠人工加热干燥。

第一步揭画操作是沿着贴面布的边缘整齐地切割颜料层，切割的深度要稍为超过颜料厚度，然后以正确的角度坚决而又均衡地从墙上往外托，先从一个下角开始，监视着贴面布是否真正将颜料层从地杖里拉出来，当颜料层被贴面布接出来时，则随拉随卷。另一种方法是用卷筒，贴面连同颜料层从下部到上部被卷到卷筒上，但这只用于平面的画面。如果需要的话，还必须借助于锋利的尖刀（如外科手术刀）剔除妨碍揭取壁画操作的地杖或其他障碍物。当壁画揭取下来以后，画面向下平放在柔软的水平面上，画背朝上，这时可用尖刀、锉刀等工具剔除背面上可能带下的地杖残片，尽量地使背面成一干净平坦的平面，这时可以在背面刷一层胶粘剂加固颜料层的背面，等此层胶干燥后即可决定其背面是否复制一地杖，然后再用胶粘剂和玻璃布增强。如果先复制地杖的话，则其成分要按照原先的地杖，而且还可以加醋酸乙烯酯乳液或聚乙烯醇等水溶性或水乳化的树脂，以增加地杖的坚实程度。等地杖快要干透时，要用抹子将可能出现的裂缝抹干，即可在其上施加胶粘剂和贴玻璃布。所用的胶可以是环氧树脂，它的优点是在固化时并不收缩，故不会给玻璃布造成应力，也有使用醋酸钙作为胶粘剂的，当然用聚甲基丙烯酸丁酯也可以。在地杖上刷完第一层胶后就贴上第一层玻璃布，再用刷子在玻璃布上反复几次涂刷，使玻璃布平坦地紧贴在地杖上，然后等它彻底干燥以后，再刷第二层胶贴第二层玻璃布，方法同第一层相同。待到第二层玻璃布及胶完全凝固、干燥，而且很牢固了，再将整个壁画翻转过来，使画面朝上，这时就可以动手将贴面布揭掉了。如果贴布时所用的胶系水溶性，则用热水软化贴面布，如果所用的胶系以有溶剂，则用相同的有机溶剂软化贴面布，操作时可以用棉花蘸溶剂在贴面布敷贴或轻轻揩擦，使整个壁画画面上的贴面布都完全软化以后才能慢慢地揭去，操作要耐心和细心，在胶粘剂足够软化以前是不能揭贴面布的，否则就会造成颜料层的损伤，当胶粘剂完全软化之后就可轻轻地将贴面布揭走，残留在壁画表面上的胶粘剂要用棉花沾溶剂完全擦去。

2. *颜料层与地杖一起揭取*

当壁画的情况不宜于只揭取颜料层,也不准备连同部分墙壁一起揭取时,通常的办法就是壁画的颜料层同附着的地杖一起揭取;使用此工艺操作的先决条件是地杖牢固地附着在颜料层上,否则就会在揭取时造成颜料层与地杖脱离而带来严重的损伤。它一次揭取的面积不能像只揭颜料层的那么大,所以工艺操作的速度一般较缓慢。

操作的第一步是洁除壁画表面,并设法不留下与操作毫无必要的障碍物,而且要注意检查整个壁画表面的颜料层是否结实,颜料层与地杖是否牢固地结合,如有不理想的地方都要进行加固而且还要保证壁画画面的干燥,然后方能进行揭取。壁画的上胶及贴布的顺序以及所用的材料与只揭颜料层的基本相同。因为此工艺操作并不希望它在凝结时产生收缩现象,同时由于此法到所揭取的壁画的分量比上法要大得多,所以要求在贴第二层大麻布时,其顶部要高出至少 30 厘米的大小,将它牢固地钉在墙壁上,如果一旦墙上有彩绘时,则钉在牢固结实的水平木梁上。

用一锋利的手术刀沿着已预先画好的揭取线进行切割。与此同时,要准备好一块与所揭壁画同样大小的木板,作为以后壁画剥离以及把它提升取走时作为支撑之用,当揭取线已切割完成,即可将木板附在其上作为支撑物。木板与壁画间可填充毡一类的缓冲物,而贴布周围的富余部分则翻过来折在木板的边缘上,并牢固地钉在木板的背面,这时要特别注意壁画顶部的安全。

至此阶段,地杖就可从墙壁上剥离开了,可用一长铁铲作为杠杆在地杖与墙壁之间剥离,操作时是从底部开始向上进行。当壁画完全剥离开后,让它逐渐而小心地滑下来直到躺在预先准备好的木板上。这时,可将背面地杖厚度减小并弄平至约 1 厘米。如果材料坚实的话,甚至还可弄得更薄些,这样就只留下一薄层的地杖了,当然此地杖是比较牢靠的,待其干燥,运回库房以便日后加固,至于加固所用材料与工艺可参考颜料层揭取加固方法。

3. *无地杖壁画的揭取*

此工艺操作只在特殊的情况下极少使用,如当壁画所依附的建筑物需要拆除的时候,或是地杖特别硬而结实的情况下使用。

揭取的第一步还是洁除画面,如有必要则用加固剂加固画面。壁画表面的贴布方法与上述的相同,但是用两层纱布和一层大麻布,在每层布干了之后再贴一层，还要准备一块与揭取的壁画面积相同的木板，由于此工艺操作所揭取壁画的分量更为沉重，所以木板应更为结实，然后在壁画的下边缘切割一狭窄的水平槽，深度为10～15厘米，用相应尺寸的L状角铁插进槽内，角铁突起的那面要牢固地固定在支撑木上，而另一面则坚实地固定于柄内，此角铁将起大的作用而支撑着壁画最后从墙壁剥离出来之后的沉重分量。此时就可以开始用锋利的机械刀具或手工工具切割被揭取壁画的周边了，然后在壁画后面的墙上打退一狭窄的隧道，其深度系从表面起为10～20厘米。这样，壁画的背面即逐渐被切割去，直到后来只有顶部维持住它，这时在整块壁画都用木棍斜撑住以后，顶部的连接就可切割掉了，而角铁支撑可作为铰链将整幅壁画缓慢地平放在地面上，其后的地杖处理，或背部加固以及贴布的去除等都与上法相同，这种方法在永乐宫内使用获得良好效果。

以加固李贤墓壁画为例对使用框套法作一说明：由于李贤墓壁画没有结实的地杖层而墙体的土质又松散，画面多裂缝，墙体多孔洞、空隙等现象，如果仅仅采用在壁画前顶壁板，在壁画后面去剥离的方法是很难把壁画完整地揭取下来的。因此，设想能否用一种框子套下壁画来。经过反复琢磨，衡量利弊，决定框架为8厘米厚度，在1984年6月～8月正式施工时证实，这一厚度既确保了壁画块不致毁损，而且重量也合适，在框架的设计上，采用活动形式的框架工艺，如下页示意图所示。

采用拉杆解决了可活动的形式问题。框的尺寸可由所揭取壁画块的大小选择制作，这种框架的最大特点是较灵活、应用自如。可以先将框架上到壁画块的四边，拧紧螺母定好拉杆之后再上前壁板，操作十分方便，而且安全可靠，不致损伤壁画，待壁画揭取下来后，后壁板也极易装上去。运输过程中只要防止剧烈震动，一般说来是相当保险的。

4．补做地杖层的材料

1986年4月对李贤墓壁画进行修复加固。由于壁画依附在泥土层上，而这种泥土则是原来地下的生土层，多孔隙、裂缝，疏松而不结实，为保证壁画的安全，必须以新的比较结实的地杖来替代松散的泥土层。

实验后采用聚醋酸乙烯酯乳液，熟石灰膏、羊毛筋、白水泥、细砂子等材料混合的体系先补做一到三层地杖，总厚度1～1.5厘米。待充分干硬后，用E44环氧树脂、3051“聚酰胺树脂501”活性稀释剂、乙二胺、丙酮、玻璃纤维布为体系的环氧玻璃钢加固3～4层，补做后的壁画地杖总厚度为1.5～2厘米，

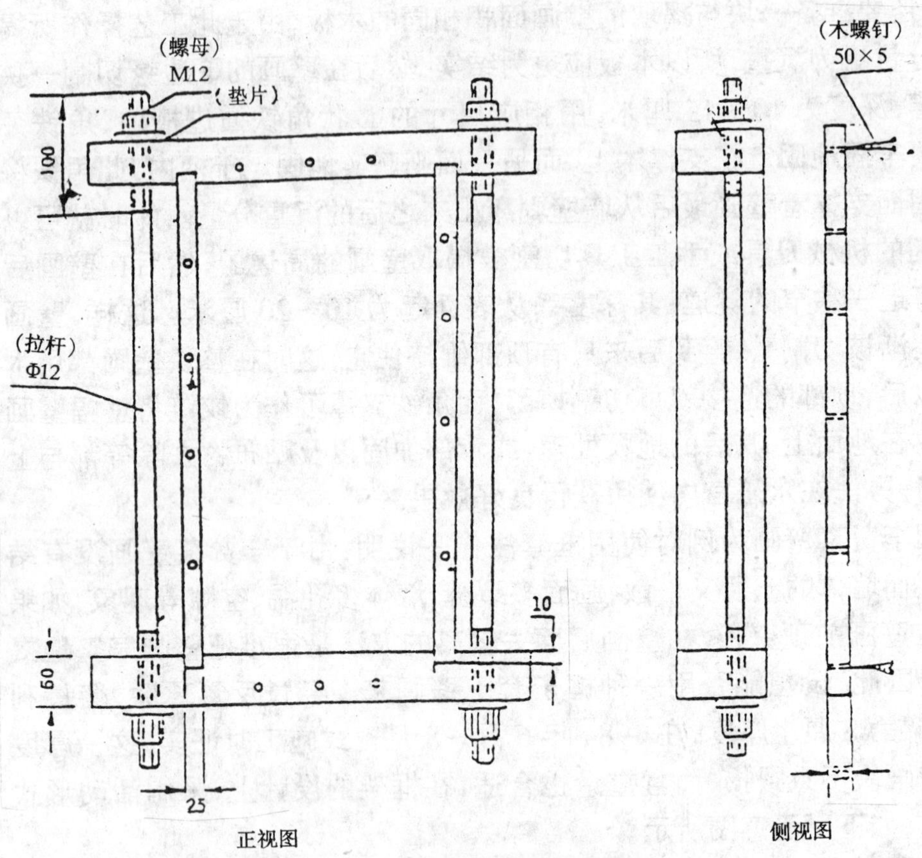

框架设计形式示意图

图中所示的框套结构用材，主要有木枋、木板，通常可用干燥的松木制作。

Φ12 圆钢做拉杆，配有 M12 螺母和 M12 垫片等等。

比较结实，重量也比较轻。

为防止乳液—石灰—白水泥—细砂—羊毛筋体系地杖的开裂，减少收缩现象，这种补做的地杖泥必须相当稠，就如同揣面团似的。

5．防止壁画空洞处的地杖粘连

由于在铲土、刮土的过程中难免不损伤画面，当去完土层后，有时会出现壁画画面脱落，成为大小空洞的现象。所以必须解决防止新做地杖粘连在画面的贴布上的问题。

试验用撒干石膏粉及涂石蜡液等方法，结果表明涂石蜡液防粘连的效果相当好。

6．底托设计

以往修复壁画时大多采用木枋条支撑成十字格式的底板做底托，将壁画直接粘附在底板上。这次我们考虑做成像画框形式的底托将壁画镶嵌在框子里，其形式如同放美术作品的画框一样，仍然是活动形式的，必要时可从框子里取下来。

7. 揭取壁画的过程

(1)壁画揭取前的准备工作包括　①清理壁画画面；②临摹壁画，照相或录像；③分别配2%、5%和10%的聚乙烯醇缩丁醛溶液，以及10%聚乙烯醇溶液；④为防止雨水冲毁壁画墓，在揭开墓道和墓室的盖子后，加盖临时帐篷；⑤去除壁画上面危险的土层，以确保在揭取壁画的过程中，免遭土层塌方的危险。

(2)划线　将所要揭取的壁画按保存的具体情况和壁画的内容进行分块、划线，可以整块揭取，也可分块揭取，划线后，记下分割尺寸图，以便以后修复时拼接。

(3)做框　按壁画划线后的尺寸，做好框架，要求盖板必须平整，尤其紧挨壁画画面的板面必须一样平，以避免将来影响壁画画面的平整。

(4)分割边线、去土　沿着边线以外，用刀、铲等工具去除泥土，让所要揭取的壁画露出边线，深度应超过所揭壁画的厚度，留下壁画下部的边线，暂时不去土，又保壁画安全。

(5)干燥壁画画面(烘干)　一般使用红外灯管烘干。

(6)画面补缝、补洞　用聚醋酸乙烯酯乳液调合泥及适当的颜色粉调成与画面色泽相近的胶泥填缝、补洞后干燥。

(7)加固画面　将预先配制好的三种不同尝试浓度的聚乙烯醇缩丁醛乙醇溶液由稀到浓逐步涂刷加固，每次都是在半干状态下重新刷下一次，最后一遍刷完后，继续烘烤使之充分干燥。

(8)贴布　将配制的10%聚乙烯醇溶液刷在画面上，贴纱布一层，烘干后再继续一次，待干燥后，去除壁画下部边线外的土到所需深度(8厘米以上)。

(9)套边框　将做好的边框小心地套在壁画上，拧紧螺母。

(10)垫包装纸、棉花　因为壁画不平整，故需在所有的空隙处填入包装纸、旧棉花和锯末包等，使面基本上平齐。

(11)上面壁板　将面壁板靠上框架，电钻钻孔后，上木螺丝钉，改锥拧紧并加支撑。

（12）背部锯土剥离墙体　用刀锯从背部沿着框架自上而下锯土。待接近下面底部时尤应小心，适宜地掌握时机迅速在将支撑松开的同时，把壁画向外簇倒平放于地上。

当然，具体的做法还要视具体情况而定，我们这里介绍的是一般方法，有不妥之处，敬请指正。

（本文原载《中国第四届考古及文物保护化学学术交流会论文集》，1996 年　重庆）

陕西长安南里王村出土壁画的微生物类群鉴定

郭爱莲　单　晧　杨文宗

摘　要:对陕西长安南里王村出土壁画的微生物进行了初步分析鉴定,结果表明细菌、霉菌数量几乎各半,放线菌一种。主要微生物类群为霉菌类8个;细菌类群7个,一种链霉菌。

关键词:壁画　长安南里王村　微生物　霉菌　细菌

80年代初,陕西文物考古工作者对西安南毗邻的长安县南里王村唐代韦氏家族墓地进行了发掘,出土了一批唐墓壁画。几年后,我们对这批壁画进行保护。修复时,发现其画面已布满黑、褐色的斑点。微生物是造成这种现象的重要原因,它们使画面模糊不清,其危害是相当严重的。

根据以往对壁画颜料、材质的分析和对壁画制作工艺的研究,壁画保存不妥,会出现被微生物污染的情况。

唐代墓葬壁画的制作是严格按照一定工序进行的,包括墙壁处理、起稿、定稿、着色。一般在墓葬竣工后,开始壁画创作。墙体有土墙、砖墙之分。在土墙绘制壁画时,需先将墙面铲平。砖墙绘制壁画时,需用泥浆把砖缝堵塞磨平。然后在土墙或砖墙上抹上麦草泥做底子,待麦草泥干后即开始作画面。画面是用筛后的白灰加上剪短的麻类纤维一起在水中浸泡,并充分搅拌均匀后呈糊状物,抹在麦草泥底子上的。唐代壁画颜料以天然矿物质为主,有的是将矿物质简单加工而成,在有的颜料中也发现有少量植物颜料。不论是矿物还是植物颜料一般这些颜料多呈粉状,不能直接作画,必须用皮胶、鱼鳔胶等和水调制。

从壁画制作工艺考虑,因麦草、麻类纤维及颜料中各种胶的存在,创造了微生物生存的条件。发掘后暴露在空气中,加之墓内阴暗潮湿,RH 有时达 80%以上。所以即使在墓内微生物也会蔓延开来。

唐墓壁画在墓中难以保存,随时都有塌陷的可能。为了保护好壁画,目前较好的办法是将画面揭取下来,放置在保存条件好的博物馆内。揭取壁画时,首先用白布贴在要揭的画面上,以稳定画面不脱落。使用的粘合剂是天然树脂——桃胶。揭取后的壁画,用铺有棉花或泡沫塑料的两块板夹紧。由于取回后一时难以修复,时间久了,也会生长微生物。

微生物在生长繁殖过程中产生的酶、有机酸等代谢物从菌体分泌到材料中使壁画画面石灰层剥落,颜色也随之脱落。微生物产生的色素会引起颜色改变,因此制止壁画微生物的产生和对已造成影响的壁画画面霉斑的清理是一项非常重要的工作。我们对壁画上产生的微生物进行了分析检验,了解了它们的分类状况,进而确立了有效的防止微生物污染的技术和采取了适当的防治方法。

一、材料与方法

1.1 样品采集 样品取自陕西省长安县南里王村出土的壁画画面的贴布。

1.2 培养基 实验中所用均为无菌生理盐水。

1.2.1 牛肉膏蛋白胨培养基(分离培养细菌用) 牛肉膏 3g、蛋白胨 10g、$NaCl$5g、琼脂 20g、水 1000ml, pH7.2, 0.1MPa 灭菌 25min。

1.2.2 察氏培养基[①](分离培养霉菌用) $NaNO_3$2g、$K_2HPO_4$1g、KCl 0.5g、$MgSO_4$0.5g、$FeSO_4$0.01g、蔗糖 30g、琼脂 20g、水 1000ml, pH 自然, 0.05MPa 灭菌 20～25min。

1.2.3 高氏合成 1 号培养基(分离培养放线菌用) 可溶性淀粉 20.0g、$KNO_3$1.0g、$K_2HPO_4$0.5g、$MgSO_4 \cdot 7H_2O$ 0.5g、$NaCl$ 0.5g、$FeSO_4 \cdot 7H_2O$(10%)已滴、琼脂 20g、蒸馏水 1000ml; pH 7.2～7.4、0.1MPa 灭菌 25min。

1.2.4 无氮培养基(鉴定用) 甘露醇 10g、KH_2PO_4 0.2g、$MgSO_4 \cdot 7H_2O$ 1.2g、$NaCl$ 0.2g、$CaSO_4 \cdot 2H_2O$ 0.2g、$CaCO_3$ 5.0g、琼脂 20g、蒸馏水 1000ml, pH 7.2, 0.05MPa 灭菌 20min。

1.2.5 葡萄糖氧化发酵培养基(鉴定用) 蛋白胨 2g、$NaCl$ 5g、K_2HPO_4

0.2g、葡萄糖1%、水洗琼脂5～6g、1%溴百里酚蓝水溶液3ml、蒸馏水1000ml，pH 7.0，0.05MPa灭菌25min。

1.2.6　葡萄糖发酵培养基(鉴定用)　牛肉膏3g、蛋白胨10g、NaCl 5g、葡萄糖10g、水1000ml，pH 7.2，加溴甲酚紫0.04%水溶液20ml，0.05MPa灭菌25min。

1.2.7　pH4.5生长培养基(鉴定用)　用牛肉膏蛋白胨培养基成分，pH调为4.5，灭菌。

1.2.8　乙醇氧化培养基(鉴定用)　蛋白胨2g、NaCl 5g、K_2HPO_4 0.2g、乙醇1%、溴百里酚蓝1%水溶液3ml、蒸馏水1000ml，pH 7.2，0.05MPa灭菌25min。

1.2.9　硝酸盐还原培养基(鉴定用)　牛肉膏3g、蛋白胨10g、NaCl 5g、KNO_3 1g、水1000ml，pH 7.4，0.1MPa灭菌25min。

1.2.10　水解纤维素培养基(鉴定用)　NH_4NO_3 1.0g、$K_2HPO_4 \cdot 3H_2O$ 0.5g、KH_2PO_4 0.5g、$MgSO_4 \cdot 7H_2O$ 0.5g、NaCl 1.0g、$CaCl_2$ 0.1g、$FeCl_3$ 0.02g、酵母膏0.05g、8g纤维素粉、15g琼脂、水1000ml，pH 7.2。在培养皿中先加15ml 2%的水洗洋菜，凝后加5ml混合纤维素粉的琼脂培养基，凝后点种。

1.3　试验方法

1.3.1　将古壁画上的盖布按一定面积用无菌镊子平放在三种不同的分离培养基上，或用无菌镊子将布在培养基上反复擦拭，或用无菌水将布浸泡，摇匀，分别吸取0.2ml，冷至45℃左右，于三种不同的分离培养基中，摇匀，冷却凝固，在适温下培养(细菌30℃±1℃1～2天，霉菌28℃±1℃，1～2周)，每种方法做一块平板，计算生长出不同微生物的数目。

1.3.2　将细菌接入不同的鉴定用培养基，按规定培养、检查。

1.3.3　细菌鉴定方法主要为：①接触酶(过氧化氢酶)反应。取一环培养18～24h的菌苔涂于干净的载玻片上，然后滴上一滴3%～10%的过氧化氢，观察有无气泡产生。

②氧化酶反应。在干净培养皿里放一张滤纸，滴上二甲基对苯撑二胺的1%水溶液，仅使滤纸湿润即可，用接种环取培养18～24h的菌落，涂抹在湿润的滤纸上，在10s内涂抹的菌苔现红色者为阳性，10～60s现红色者为延迟反应，否则为阴性。

③抗酸染色。按常规制涂片，并于玻片下缓缓加热，使染液冒蒸气但不沸

腾，并继续滴加染液，不使涂片上染液蒸干，保持5min，涂片冷后，倾去染液，用酸性酒精脱色，水洗，用吕氏美蓝复染2～3min，水洗，吸干，镜检。

④牛奶中可于72℃存活15min测验。用无菌脱脂牛奶将测定菌制成菌悬液，分装于4个试管，另用未加菌装有同等量的牛奶作对照。放入水浴锅(水浴锅的水面要高于牛奶液面)，待水浴锅中的温度上升到72℃时，开始计算时间，并保持15min，到达15min时，立即将测定管从水浴中取出，浸于冷水迅速冷却。然后将用72℃处理过的牛奶悬液和未用72℃处理的牛奶悬液分别接种到适宜培养基中，适温培养3～7天，观察生长情况。

1.3.4　丝状真菌点植培养法：将察氏培养基熔化冷却至45℃左右，倒入无菌培养皿(约10～15ml)，冷却、凝固，接种少量霉菌孢子，点植于平板上适当的位置，成三角形的三点，将培养皿倒置在恒温箱中培养1～2周，观察菌落的特征。

1.3.5　将丝状真菌培养不同的时间，在洁净的载玻片中央滴一滴乳酸苯酚液，用接种针从培养皿的菌落上，挑取少许菌体，置载片的液滴中，并将菌丝体挑开，加盖玻片，在显微镜下观察菌丝、子实体的形态、孢子等。

二、实验结果

2.1　从三种不同分离培养微生物的培养基平板来看，细菌类群和真菌类群数量几乎各半，放线菌只有一种。

2.2　每平方厘米平均细菌130～150个左右，霉菌110～130个左右，放线菌一个。

2.3　通过菌落形态、菌丝体、孢子、子实体等的结构、形态、颜色、大小等②特征作为丝状真菌分类的依据，参照"常见与常用真菌"中的检索表③，鉴定霉菌结果如下。①毛霉(Mucor Micheliex Friex)。菌落白色疏松，蔓延快，菌丝体无横隔，菌丝体无假根和匍匐丝，孢囊梗直接由菌丝体长出，孢囊梗直立，孢子囊顶生，球形，内有孢子，囊内有囊轴，无囊托，孢子卵球形。②青霉(*Penicillium* Link)。菌落灰绿色，绒状，菌丝体有横隔膜，分生孢子梗顶端生有扫帚状的帚状枝，培养基背面有无色和褐黄色，孢子形状多为球形。为青霉属里的不同种，有桔青霉(*P. citrinum Thom*)常现青霉(*P. freguentans*)和黄绿青霉(*P. citreo - viride*)。③拟青霉(*Paecilomyces* Bainier)。菌落黄绿色，松絮状,反面黄褐色,小梗逐渐变尖细长,孢子卵形。④黑根霉(*Rhizopus nigricans* Ehrenbery)。菌落黑色,有匍匐丝和假根,假根对上方生出孢囊梗;孢囊梗直立,顶端形成孢子囊,黑色,孢子囊近球形,里有孢囊孢子,孢囊孢子球形。⑤黑曲霉(*Aspergillus niger* van Tieghem)。菌落黑色,绒状,背面黄白色,菌丝分隔,分生孢子梗从细胞长出,顶囊球形,表面生小梗,呈放射状生出,分生孢子自小梗顶端相继形成,孢子球形。⑥杂色曲霉(*Aspergillus Versicolor* (Vuill) Tiraboschi)。菌落黄绿色,反面黄橙色,红色。菌丝分隔,分生孢子头疏松放射状,顶囊半球形,分生孢子球形。⑦短梗霉(*Aureobasidium* Viala et Boyer)。菌落黑色,有皱,菌丝有横隔,分生孢子椭圆形,常几个连在一起。⑧交链孢霉(*Alternaria* Nees ex wallr)。菌落黑色绒状,背面黑色,菌丝分隔,分生孢子梗较短,分生孢子褐黑色,有尖喙,常多个成链,大小不规律……

2.4　以细菌的菌落形态、个体形态、生理特征、生化特征等作为分类根据,参照文献[④~⑤]鉴定细菌。

①微球菌(*Micrococcus* cohn)。菌落浅黄色,细胞球状,不规则的细胞堆团,在牛肉膏蛋白胨培养基上良好生长,革兰氏阳性,不运动,在无氮培养基上不能生长,接触酶反应有气泡产生,为阳性,氧化葡萄糖产酸。②芽孢杆菌(*Bacillus* cohn)。细胞杆状,革兰氏阳性,在肉汁胨培养基上有芽孢产生。运动,接触酶反应阳性,但根据菌落颜色,菌体大小,孢子着生位置和形状可分为三个种。③棒状杆菌(*Corynebacterium* Lehmann et Neumann)。菌落白色,为棒状杆菌,一端较大,老培养和幼培养形态无大变化,不形成芽孢,革兰氏阳性,在无氮培养基上不能生长,抗酸染色阳性,在水解纤维素培养基上菌落周围没有透明圈,即不水解纤维素、接触酶阳性,胞壁染色有横隔,对葡萄糖弱发酵产酸,在脱脂牛奶中于72℃存活15分钟为负反应,即不能存活。④弧菌(*Vibrio* pacinai)。菌落白色,湿润,菌体不形成芽孢,0.7×1.2~2.8μ,在无氮培养基上不能生长,细胞弧状,革兰氏阴性,在肉汁胨培养基上不产生明显的非水溶性色素,发酵葡萄糖产酸、运动、氧化酶阳性。⑤黄杆菌(*Flavobacterium* Sp)。菌落黄色,菌体杆状,在无氮培养基上不长,不形成芽孢,革兰氏染色阴性,在肉汁胨培养基上产生黄色非水溶性色素、运动,不发酵葡萄糖。⑥短杆菌(*Brevibacterium* Sp)。菌落黄白色,菌体杆状,较短,革兰氏阳性,不产生芽孢,胞壁染色无横隔,弱发酵葡萄糖产酸,在牛肉膏蛋白胨培养基上良好生长。⑦假单胞菌(*Pseudomonas* Migula)。菌落白色,杆状,0.5—0.9×

1.6—2.2μ，革兰氏阴性，运动，不形成芽孢，在无氮培养基上不生长，不产生明显的非水溶性色素，不发酵葡萄糖产酸，接触酶阳性，氧化酶阳性，在 pH4.5 的培养基中不能生长，不能氧化乙醇为乙酸，硝酸盐还原反应为阳性。

2.5　在高氏合成 1 号培养基上只生有一种放线菌，菌落白色、绒毛状，有典型的气丝、基丝、孢子丝，孢子椭圆，按照放线菌的分类原则[6]，鉴定为链霉菌（*Streptomyces* Sp）。

注释：

①范秀容、李广斌、沈萍：《微生物学实验》，北京：高等教育出版社，1989 年，第 260 页。

②张纪忠：《微生物分类学》，上海：复旦大学出版社，1990 年，第 181 页。

③科学院《常见与常用真菌》编写组：《常见与常用真菌》，北京：科学出版社，1973 年，第 31 页。

④中国科学院微生物研究所细菌分类组：《一般细菌常用鉴定方法》，北京：科学出版社，1978 年，第 1 页。

⑤Buchanan R E, Gibbons N E. Bergey's manual of determinative bacteriology(Eighth Edition). Baltimore: The williams & wilkins company. 1974, P217.

⑥阮继生：《放线菌分类基础》，北京：科学出版社，1977 年，第 30 页。

（本文原载《文物保护与考古科学》第 9 卷第 1 期）

唐墓壁画颜料的分析与研究

张群喜

近年来,随着文博事业的蓬勃发展,对于唐墓壁画的研究与保护工作越来越受到重视。我馆更加强了对唐墓壁画的研究与保护,主要与日本奈良国立文化财研究所和西安文物保护修复中心等一些有实力的科研机构合作进行了唐墓壁画保护的综合研究项目。本文主要介绍有关唐墓壁画颜料的分析研究工作。

要了解壁画颜料的褪色机理,寻找科学保护与修复的方法,就必须弄清楚壁画所使用颜料的种类及形态。早在70年代末,我省有关专家曾对乾陵懿德太子墓壁画部分颜料做过光谱半定量分析,初步得出结论为:所用颜料有铁红、石青、石绿、密陀僧、铅丹及紫色(褐铁矿、赤铁矿和水锰矿的混合物)。到了90年代,《唐墓壁画保护研究》课题组又对李寿墓、章怀太子墓及东郊田王向阳工地出土壁画残片进行点滴分析,根据初步结论,所用颜料为白垩、铅白、石绿、石青、铁红或铁朱砂及氧化铁。但因样品少不全面,分析方法精确度低,且没有准确取样部位,所以对于唐墓壁画的保护研究不具备普遍意义。因而我们有必要进行更全面系统的研究。

从1997年开始,我们进行唐墓壁画颜料的调查和分析研究,主要进行了两次系统的分析研究。首次我们选择乾陵陪葬的永泰公主墓(YTM)、章怀太子墓(ZHM)、懿德太子墓(YDM)。因这三座墓已揭取的壁画均存于我馆,而且规格很高,属盛唐时期壁画的代表,所以对其进行分析十分重要,我们是在该墓未揭取壁画残片上取样。其次是选择我馆藏品中具有代表性的南里王村韦氏家族墓、房陵公主墓、苏思勖墓、李寿墓、懿德太子墓、章怀太子墓等墓所出土壁画,选取颜料进行分析研究。下面将分别叙述两次分析研究情况。

一、分析方法及条件

1. 样品采集

①在乾陵陪葬墓中选取未揭取壁画残片颜色,用手术刀切取少量放入样品盒中备用,并对其进行编号,利用西安文物保护修复中心体视显微镜、岩相显微镜、扫描电镜能谱仪和X衍射仪进行分析。

②我们选取我馆具有代表性的南里王村韦氏家族墓、房陵公主墓、苏思勖墓、李寿墓、懿德太子墓、章怀太子墓等墓所出土壁画,在非关键部位,选取具有代表性的颜料,用手术刀轻轻切取小于1立方毫米的小块,放在载玻片上,颜料面向着载玻片,用透明胶带固定住,按顺序编号。这种方法与以前用手术刀刮去壁画表面颜料层的取样方法比较,有对壁画损害小,且不破坏颜料层结构的特点。共取22个样,从表面观察有红、黄、绿、蓝、紫、黑、白等。利用日本奈文研体视显微镜,X射线荧光能谱分析(XRF),X射线衍射分析(XRD)进行分析研究。

2. 分析方法及条件

①仪器为扫描电镜能谱仪和PHILIPS—PW1800—XRD衍射仪,分析条件为:X线管压:40KV;管流:25mA,Cu靶。

②X射线荧光能谱分析(XRF)

该仪器最大的特点是不破坏样品,而且所需样品量小,能直接给出所分析部位颜色的元素成分。仪器为:能量色散型微焦点X荧光元素分析装置,(TechnosTREX650)分析条件:测定时间:100秒,X线管压:45KV;管流:0.3mA。

X射线衍射分析(XRD)

参照X射线荧光能谱分析结果,又做了X射线衍射分析,对壁画颜料成分进行定性分析。分析条件:X线管压:40KV;管流:150mA;Cu靶。

二、分析结果

1. 在文保中心对乾陵陪葬墓壁画颜料所做的分析结果见表一

表一　乾陵陪葬墓壁画颜料分析结果

样品	颜色	墓名	扫描电镜能谱分析	XRD及显微镜观察	显色物相(结合岩相)
LB－01	红色	YTM	Si,Al,Ca,Fe,Mg,K	α-SiO_2，长石，$CaCO_3$，Fe_2O_3	Fe_2O_3，铁红
LB－03	白色	YTM	Ca,Si	$CaCO_3$，SiO_2	石灰 $CaCO_3$
LB－05	绿色	ZHM	Ca,Cu,Si,Al,Mg	$CaCO_3$，$Cu_2(CO_3)(OH)_2$	石绿 $Cu_2(CO_3)(OH)_2$
LB－06	红色	ZHM	Ca,Fe,Si,Al,K	$CaCO_3$，Fe_2O_3	铁红 Fe_2O_3
LB－08	黄色	ZHM	Pb,Ca,Si,Mg,Al	未检出晶体	密陀僧 PbO
LB－13	金色	ZHM	Au,Ag,Ca	金	金箔
LB－14	银色	ZHM	Ag,Al,S,Ca	银	银
LB－16	红色	YDM	Si,Fe,Al,Ca,K	SiO_2，Fe_2O_3	铁红 Fe_2O_3
LB－17	红色	YDM	Pb,Ca,Si,Al,Fe	$CaCO_3$	铅丹 Pb_3O_4
LB－18	黑色	YDM	Ca,C,Si,Al	$CaCO_3$	墨
LB－21	绿色	YDM	Si,Cu,Al	未检出晶体	石绿 $Cu_2(CO_3)(OH)_2$

乾陵陪葬墓壁画，因墓道潮湿，壁画地杖层普遍出现酥碱，土壤中盐分普遍从表面析出，所以在分析过程中，颜料不易从壁体上剥离，所以能谱分析结果中有许多土壤中的离子出现，特别是晶体物质的破坏影响了XRD的分析结果。

2．在日本奈文研对馆藏壁画颜料样品的分析结果见表二

表二　1998年9月在日本奈文研分析结果

壁画号	颜色	X荧光元素分析结果(相对强度 cps)						X衍射分析结果	显色物质
		Ca	Fe	Cu	Sr	Hg	Pb		
B临69	黄裙子	42.35	8.07		3.58		472.18	$PbCO_3$　Pb_3O_4	密陀僧
B临68	绿裙子	100.69	9.80	845.38	5.94		5.07	$CaCO_3$	石绿

壁画号	颜色	X 荧光元素分析结果(相对强度 cps)						X 衍射分析结果	显色物质
		Ca	Fe	Cu	Sr	Hg	Pb		
B 临 68	红色边	195.51	200.01		6.11		1.58	$CaCO_3$ Fe_2O_3 SiO_2	铁红
B 临 69	黑线条	285.85	11.22	1.65	8.43			$CaCO_3$	墨
B 临 71	红脸颊	191.99	7.96		6.36	14.71		$CaCO_3$ HgS	朱砂
B 临 26	黄胳膊	179.57	12.70		17.21		56.50	$CaCO_3$	密陀僧
B 临 127	绿袍子	151.01	36.13	268.70	12.39			$Cu_2(CO_3)(OH)_2$ SiO_2	石绿
B 临 26	白地杖	198.04	20.16		7.90			$CaCO_3$	白垩(石灰)
B 临 26	红色	271.84	43.02		86.55			$CaCO_3$ Fe_2O_3 SiO_2	铁红
B 临 56	白地杖	162.83	33.35		5.73		20.22	$CaCO_3$ SiO_2	白垩(石灰)
B 临 33	黄毯	93.61	15.78		4.89		236.88	$CaCO_3$	密陀僧
B 临 25	紫马腿	153.28	72.44		11.31			$CaCO_3$	
B 临 25	红马鞍	50.50	28.39		27.18	715.17		HgS	朱砂
B 临 25	白灰层	245.33	34.76		14.58			$CaCO_3$	白垩(石灰)
B 临 56	蓝云	90.88	13.07	5.79	2.44		5.03	$CaCO_3$	石青
B 临 75	红	95.03	8.35			238.74	8.07	$CaCO_3$ HgS	朱砂
B 临 22	黄袍	185.15	52.79		3.69		13.56	$CaCO_3$	
B 临 22	紫裙子	314.42	21.35		3.90			$CaCO_3$ SiO_2	
B 临 13	黄红色	230.80	7.87		4.98	4.25			
B 临 13	褐色	208.26	81.64	1.05	9.75			$CaCO_3$ Fe_2O_3	赭石(铁红)
B 临 13	红色冠	143.83	6.13		10.34	159.92		HgS $CaCO_3$	朱砂
B 临 13	灰色	227.56	5.13		2.76		1.96	$CaCO_3$ SiO_2	

三、结果讨论

根据以上两次分析结果，虽然我们没有将所有的唐墓壁画颜料进行分析，但根据我们对我馆所藏壁画的研究与观察，所选的壁画颜料样品具有一定的代表性。我们可以看出白色的白垩实际上是地杖层的成分，并不是绘画所用的颜料，白色颜料铅白、白垩有时加在别的颜料中调和颜色的浓淡。在唐墓壁画的研究中发现白色颜料的使用种类较少，地杖层也未发现有石膏的成分，这一点与敦煌及西部石窟壁画有很大的不同。

①在红色颜料中，普遍使用铁红（赤铁矿）或褐铁矿（Fe_2O_3），而在唐墓壁画中大多数红色、褐色都是用铁红颜料，这种颜料最为稳定而不易变色；朱砂（HgS）（辰砂、丹砂、巴砂）使用也较普遍，且因其颜色鲜红在我国作为装饰和绘画颜料具有悠久的历史，即早在6000年前河姆渡文化时已开始应用。银硃（HgS）是我国传统的人造颜料，至少在公元前2世纪已能制造，并在古代各个时期的绘画中普遍使用，如上述不同时期墓葬壁画样品中都有使用；铅丹（Pb_3O_4）的使用在唐墓壁画中较少，对于乾陵陪葬的懿德太子墓中LB－17号样品，在元素分析中有大量的Pb元素存在，但进行的X衍射分析没能得出铅丹衍射图，可能是因为其样品酥碱，不易分离杂质太多。

②黄色颜料在唐墓壁画中普遍使用，根据我们所采不同墓葬的黄色样品，元素分析的结果普遍含有大量Pb元素，根据显微镜观察和推测应为黄丹或密陀僧（PbO），而LB－17号样品中Fe的含量高于Pb，而且Pb的绝对含量也不高，所以推测可能是土黄和密陀僧的混合物，也可能是有机藤黄，有待以后研究。

③绿色颜料我们检测到的结果是石绿（孔雀石）$Cu_2(CO_3)(OH)_2$，它在唐墓壁画中也普遍使用，而且并未发现有别的绿颜料，有些绿色样品元素分析含有大量铜，但没有XRD结果，氯铜矿存在的可能性也有。有机混合色草汁也可能存在，有待进一步研究。

④蓝色颜料在唐墓壁画中使用较少，因样品少未能得出明确结论，根据显微镜观察可能是石青 $Cu_3(CO_3)_2(OH)_2$。

⑤黑色为墨。

⑥根据元素分析，紫色只有Fe，但量小，X衍射未能分析出显色物质，可能为紫铁矿，有待继续研究。

⑦灰色估计有可能是有机混合物。

⑧金色为金箔，银色为银箔。

从以上可以看出，唐墓壁画所使用的颜料几乎是矿物颜料，综合以往对唐墓壁画颜料的分析研究，初步得出唐墓壁画使用颜料一览表（表三），如果我们把它和敦煌壁画所用颜料（表四）及日本国所用颜料（表五）进行比较，可以看出三地使用的颜料有很大不同。

表三 唐墓壁画所用颜料简表

颜料种类	颜 料	备 注
白色系	白垩(石灰,方解石)$CaCO_3$;铅白(胡粉)$PbCO_3 Pb(OH)_2$	
红色系	铁红(赭石,土红)Fe_2O_3;朱砂 HgS;铅丹 Pb_3O_4;胭脂?	
黄色系	密陀僧 PbO;土黄 $Fe_2O_3 \cdot nH_2O$;藤黄?	
绿色系	绿青(石绿,孔雀石)$Cu_2(CO_3)(OH)_2$;有机混合色	
蓝色系	石青(群青)$2CuCO_3 \cdot Cu(OH)_2$	
黑色系	墨	
紫色系	紫铁矿	有待进一步研究
金 色	贴金箔	
银 色	银	
灰 色	有机混合物	如使用青黛(花青)

表四 敦煌壁画颜料一览表(综合段修业、徐位业等结果)

颜料种类	颜 料
白色颜料	高岭土(白土,瓷土)$Al_2Si_2O_5(OH)_4$;白垩(方解石)$CaCO_3$;滑石粉(画粉、腻粉)$Mg_3Si_4O_{10}(OH)_2$;钙镁石 $MgCa(CO_3)_2$;云母 $KAl_2Si_3AlO_{10}(OH)_2$;石膏 $CaSO_4 \cdot 2H_2O$;氯铅矿 $PbCl_2$;硫酸铅矿 $PbSO_4$;角铅矿 $PbCl_2 \cdot PbCO_3$;白铅矿 $PbCO_3$;石英 α-SiO_2
红色颜料	朱砂(辰砂)HgS;铅丹(红丹)Pb_3O_4;红土(赤铁矿,赭石,铁丹,煅红土等)Fe_2O_3;雄黄 AsS;胭脂
蓝色颜料	石青(蓝铜矿)$2CuCO_3 \cdot Cu(OH)_2$;青金石(天然群青,佛青,回回青,金精,蓝赤)$(Na,Ca)_8(AlSiO_4)_6(SO_4,S,Cl)_2$
绿色颜料	石绿(孔雀石)$CuCO_3 \cdot Cu(OH)_2$;绿铜矿(碱式绿铜矿)$Cu_2(OH)_3Cl$
棕黑色	1. 原黑:墨(炭黑);铁黑 Fe_3O_4 2. 变色黑:棕黑 $Pb_3O_4 \longrightarrow PbO_2$(唐代最多)

*个别红色和黄色颜料可能为有机颜料,因条件原因,有待进一步研究。

A. 唐墓壁画地杖材质都是用石灰,其白色的白垩是地杖材料,而非绘画颜料,胡粉也可能是调别的颜料所加。因题材和绘画风格的差异,敦煌壁画大量使用各种白色颜料,同时地杖材料也有很多是石膏材质,而古代日本壁画所用白色颜料和唐墓壁画类似,如其地杖也是石灰,寺庙壁画使用白土做白色颜料。

表五 古代日本国使用颜料一览表

种类	九州装饰股份	高松冢	法隆寺	上淀废寺
红色	不纯铁红	铁红,朱砂	铁红,朱砂,铅丹	铁红,朱砂,铅丹
黄色	黄色粘土	黄土	黄土,密陀僧	黄土,密陀僧
绿色	绿色岩石粉末(海绿石)	绿青(石绿)	绿青(石绿)	绿青(石绿)
青(蓝)色	—	群青(石青)	群青(石青)	群青(石青)
白色	白色粘土(白土)	漆石(石灰)	白土	白土
金色	—	金箔	—	—
银色	—	银箔	—	—
紫色	—	—	矿物质的混合物	—
黑色	碳素,(Fe或Mn矿物)	墨	墨	墨

* 此表摘自泽田正昭《关于上淀废寺壁画的有关问题》

B. 唐墓壁画所用颜料比较单纯,而敦煌壁画混合颜料使用较多,并且使用颜料的种类也多,这一点除绘画题材与风格外,和敦煌壁画时间跨度大及当地出产有一些颜料不无关系,如使用青金石和绿铜矿。日本壁画因其绘画技法和风格自唐而来,所以与唐墓壁画相同。

C. 唐墓壁画画面色调多使用暖色调,壁画颜料多以红、黄、绿为主,而敦煌壁画则以冷暗色调为主,多用红、青、绿类颜料。在红色颜料使用中,唐墓壁画用的最多是土红(铁红类)(Fe_2O_3),朱砂(辰砂 HgS)次之,铅丹(Pb_3O_4)使用较少;在敦煌壁画中却大量使用铅丹(Pb_3O_4),朱砂、铁红次之,从而造成大量铅颜料变色,许多已完全变黑。黄色颜料的使用在唐墓壁画中较为广泛,且基本为密陀僧(PbO),土黄次之,也可能有有机藤黄,没有发现使用石黄(雌黄)和雄黄的;在敦煌壁画中,黄色颜料特别少,且主要使用石黄、雄黄和有机藤黄。绿色颜料在唐墓壁画中几乎全是石绿,而敦煌壁画则用石绿和绿铜矿等。青色颜料敦煌除石青外,还大量使用青金石。

唐代张彦远在《历代名画记》卷二《论画体工用榻写》载:"武陵(湖南常德)水井之丹,磨嵯(福建建瓯)之砂(朱砂),越嶲(四川西昌)之空青,蔚之曾青,武昌(湖北)之扁青(上品石绿),蜀郡之铅华(黄丹),始兴(广东曲江)之解锡(胡粉)研炼、澄汰、深浅、轻重、精粗,林邑昆仑(马来)之黄(雌黄),南海(广东)之蚁铆(紫矿,造粉,胭脂),云中(山西)之鹿胶,吴中(江苏)之鳔胶,东阿(山东)之牛胶,漆姑汁炼煎,并为重采,鬻而用之。”从这些记载中可知,当时长安所用颜料就是从全国各地运来的上品名贵颜料,可见当时对于颜料之讲究。并提到胡粉主要是调颜色的深浅轻重,以及胶矾水之妙用。从我们分析结果看和以上记载基本吻合。

日本国使用颜料则与唐墓壁画接近。这得从有关文献说明。日本国天平十九年(740),在法隆寺流记资财账和天平胜宝四年(752)正仓院文书中,详细记载了每幅绘画所用颜料的种类和重量,可见颜料之珍贵。从所载种类看,有“同(藤)黄,丹(铅丹),朱砂,绿青,胡粉,黄(黄丹),烟子(胭脂),雌黄”;“朱砂,金青(群青),丹,绿青,白绿,白青,同黄,紫土,胡粉,青黛,金箔,烟子,胶矾”。从这些记载可清楚地看出,所使用颜料和唐长安所用一样。日本《本朝画史》第五卷详细记载了颜料的题名,以及从“唐土”汉语抄写而来的演变过程。“丹砂(辰砂,不鲜明者即朱磦),朱砂(辰砂,朱砂的最上者谓之光明砂),燕支(分植物性和动物性两种,红花的为正胭脂,寄生虫所生胭脂为绵胭脂),青黛,空青(曾青),金青(空青之最上也),白青,绿青,雌黄,同黄,胡粉”。从这些记载可见,日本古代所用颜料大多自唐土而来,所以日本古代所用颜料和唐墓壁画所用颜料几乎一样。

四、结　论

通过对唐墓壁画颜料 40 多个样品的系统分析,基本得出了唐墓壁画所使用的颜料的种类几乎都是矿物颜料,植物颜料可能有,但未分析出。通过与敦煌壁画颜料和日本古代颜料的比较研究,可以看出,三地使用的都是矿物颜料,敦煌使用的更多一些,地杖材料和颜料种类更为复杂。日本所使用的颜料和唐墓壁画的颜料更接近,这一点也通过日本的文献得到证明。通过对壁画使用颜料和制作材料的分析研究,对壁画颜色的保护和颜色的褪变机理研究具有很重要的意义。

在本实验过程中,得到保管部主任申秦雁同志的支持;仪器分析得到日本奈文研的泽田正昭、肥冢隆保等专家,以及西安文保中心的白崇斌等同仁的指导和支持,在此表示感谢。

参考文献：

1. 王仁波等:《陕西唐墓壁画之研究》,载《文博》1984 年创刊号。
2. 单玮、谢伟、张群喜:《唐墓壁画保护研究课题报告》1992 年鉴定材料。
3. 徐立业:《莫高窟壁画彩塑无机颜料的 X—显剖析报告》,载《敦煌研究文集·石窟保护篇》。
4. 段修业等:《莫高窟 232,35 窟壁画颜料的分析和讨论》,载《敦煌研究文集·石窟保护篇》。
5. 泽田正昭:《关于上淀废寺壁画的有关问题》,载 1997 年《保存科学研究集会》,奈文研。
6. 李实:《对敦煌壁画中胶结材料的初步认识》,载《敦煌研究文集·石窟保护篇》。
7. 唐玉民等:《壁画颜料变色原因及影响因素的研究》,载《敦煌研究文集·石窟保护篇》。
8. 盛芬玲等:《湿度是铅丹变色的主要原因》,载《敦煌研究文集·石窟保护篇》。
9. 谢伟、张群喜:《新建博物馆的温湿度问题研究》,《陕西历史博物馆馆刊》第一辑,三秦出版社 1994 年版。
10.(唐)张彦远:《历代名画记》。
11. 日文版《本朝画史》第五卷。

(本文原载《陕西历史博物馆馆刊》第八辑)

唐墓壁画颜色破坏诸因素探讨

单 晴 谢 伟

唐墓壁画产生的一切病变，包括颜色褪变、起甲脱落、空鼓、石膏结块、霉菌滋生等等，除与壁画本身制作所用材质、工艺有关外，还与唐墓壁画本身的结构有极大关系，特别是现场保护的问题，此问题尤为突出。现以永泰公主墓为例作以说明。永泰公主墓由5部分组成，即墓道、前甬道、后甬道、前墓室、后墓室，从墓道起点到后墓室后墙，长度为87.5米，墓道最宽处为4.5米，而甬道仅宽1米左右。这种狭长又深的结构发掘后空气不对流，易滋生霉菌。墓道部分有5处天井，壁画绘制在墓道两侧，而前后甬道与前后墓室除两侧有壁画外，顶上也有。据史料记载，乾陵陪葬墓几乎全被盗过，千百年来，泥水由盗洞进入墓内，将整个墓葬塞得严严实实，因此，发掘时出土量很大，壁画遭泥水冲刷严重，对壁画的保护相当不利，因而壁画的现场保护显得尤为重要。

一、唐墓壁画颜料成分分析

我们对懿德太子墓壁画颜色做了光谱分析，又选择了三原李寿墓（贞观五年，631）墓道左侧脱落残片、唐章怀太子墓前墓室残片、东郊田王向阳工地出土壁画残片，从其上刮下颜料进行点滴分析，它们的成分也基本上代表了初唐、盛唐、晚唐壁画的颜色成分。现将具体分析方法简叙于后。

1. 取样、试剂

采用磨平注射针头扎取试样或用磨快的小铝片刮取。本实验所用试剂为分析纯，滤纸即采用一般实验用定性滤纸。

2. 各种颜色的分析方法

现以白、绿、蓝、红四种颜色的颜料为例简要说明分析方法。

A. 白色颜料：

此色易被酸甚至醋酸分解放出二氧化碳，因此基本判断其属于碳酸盐类。由焰色试验，硫酸钙的显微结晶法和乙二醛双(2—羟基缩苯胺)法。具体鉴定方法，Ca^{2+}鉴定：在离心试管中，加1滴试液，依次加入4滴1%乙二醛双(2—羟基缩苯胺)乙醇溶液，1滴10% NaOH和1滴10% Na_2CO_3，并加3～4滴$CHCl_3$和几滴水，$CHCl_3$层呈红色示有钙存在。又利用铬酸钾与白色颜料的醋酸溶液反应，结果章怀墓壁画的颜料得到少量黄色铬酸铅沉淀，并溶于过量NaOH中，表示有铅离子存在。

上述过程证明，在初唐、盛唐、晚唐的白色颜料中主要是碳酸盐即白垩($CaCO_3$)。而盛唐时代白色中有少量铅白($PbCO_3.Pb(OH)_2$)存在。

B. 绿色、蓝色颜料：

酸的溶解试验：试样易溶于酸，并放出二氧化碳(CO_2)。如果酸的种类或使用温度不同所得溶液呈绿色或蓝色，按下列方法操作现象更为明显：即试样加入酸后，在试样颗粒周围呈深蓝色并逐渐向酸液中扩散，同时伴有大量气泡产生。

焰色试验：将试样溶于酸中，用铂金丝蘸取溶液在火焰中灼烧呈现绿色火焰，(需细心观察，绿色出现时间很短)。

灼烧试验：将试样放在酒精喷灯上加热，颜色发黑，并有水气与二氧化碳放出。

铜离子检出：用联苯胺法。铜Cu^{2+}鉴定：在滤纸上加一滴试液，然后再加一滴10%联苯胺乙酸乙酯溶液和一滴饱和KBr溶液，呈现蓝色斑点，示有铜。$K_4Fe(CN)_6$法和显微结晶法均得鲜明的正反应。如用注射针头扎取一粒试样直接在滤纸上或玻璃片上完全反应，效果更佳。

上述分析表明，三种壁画残片上的绿色和蓝色颜料都是碱式碳酸铜。一般来说，属于碱式碳酸铜的颜料有蓝色石青$2CuCO_3 \cdot Cu(OH)_2$，绿色孔雀石$CuCO_3 \cdot Cu(OH)_2$，石绿、石蓝及$CuCO_3 \cdot nCu(OH)_2$。由此可判断：蓝色颜料是石青，其化学组成是$2CuCO_3 \cdot Cu(OH)_2$，绿色未用定量分析进一步证实，但根据大量文献记载与外观物理性能考察，确定石绿即孔雀石无疑。

C. 红色颜料：

红色天然颜料的化学成分与颜料种类极其繁多，而三氧化铁含量便分为绛矾、铁丹等。此外还含有三氧化二铝等，而且亦稳定，只有在煮沸的盐酸中才能溶解它们。我们采用的鉴定步骤如下：

灼烧试验：结果是对热很稳定，在煤气灯下灼烧10分钟无变化，但章怀墓取的红色样品灼烧时出现由红—灰—黑—红的戏剧性变化。

酸的溶解试验：冷、热的盐酸均不溶，只有在沸腾的盐酸中才溶解，反复沸煮逐渐溶解，溶液呈黄色。

三价铁离子的检出：用 $KFe(CN)_6$ 法得深蓝色（普鲁士蓝）沉淀，用 NH_4CNS 法得血红色，反应极明显。用熔融法检出铁，仅需注射针头扎取小粒试样就能顺利完成反应。

其他如褐色、黑色等颜色的分析鉴定大同小异。

基于古代科技发展水平有限，各种颜料中夹有不少杂质，用灼烧、酸溶等方法鉴定颜料时均已挥发或溶解，惟有一种无色透明晶形物质对热的化学性质极稳定。在铂坩埚中将它与 K_2CO_3 或 Na_2CO_3 混合熔融，从熔融物中用联苯胺法检出了 SiO_2。我们对初、盛、晚唐的几种颜料成分用点滴分析法鉴定所获得的结果见表一。

3. 有关引起壁画颜色褪变的实验

由于近几年来发掘任务减少，壁画样品寻找有困难，加之刮下来颜料更是所剩无几，而实验用量很大，故需制备一些模拟用样品。

几种模拟颜料的试制：

A. 银硃制备：

采用湿法制备，即将黑色硫化汞在苛性钾水溶液中转化为红色。

取100g汞、38.4g硫粉，放研钵中研磨，硫粉与汞作用生成黑色硫化汞（HgS），在研磨过程中颜色变化：黄—暗绿色—灰绿色—黑色，将此黑色HgS放到氢氧化钾溶液中（25.4gKOH溶于200mlH_2O中）在40℃～44℃恒温水浴中不断搅拌后呈红色。当加热2小时后碱液颜色首先由无色转为暗红色，表明有微量HgS存在，16小时时呈红褐色，19小时呈暗红色，22小时呈米红色，23小时停止反应。用倾泻法洗净碱液，在45℃以下烘干，得红色银硃粉末。

我们与市场上买到的漳州红朱比较，商品的颜色更鲜艳一些。

B. 铬黄与铬红的制备：

表一　唐代几种颜料成分分析结果

颜　料	时代	检出离子	初步结论	备　注
白色（包括底子）	C 初唐 盛唐 晚唐	 Ca^{2+}、CO_3^{2-} Ca^{2+}、Pb^{2+}、CO_3^{2-} Ca^{2+}、CO_3^{2-}、CO_3^{2-}	 $CaCO_3$（白垩） $CaCO_3$（白垩）　$PbCO_3$ $CaCO_3$（白垩）	盛唐壁画中有 $PbCO_3 \cdot Pb(OH)_2$ 存在
绿色	初唐 盛唐 晚唐	Cu^{2+}、CO_3^{2-} Cu^{2+}、CO_3^{2-} Cu^{2+}、CO_3^{2-}、CO_3^{2-}	碱式碳酸铜（孔雀石） $CuCO_3 \cdot Cu(OH)_2$	晚唐颜料中有 H^+、OH^-
蓝色	初唐 晚唐	Cu^{2+}、CO_3^{2-}	石青 $2CuCO_3 \cdot Cu(OH)_2$	
红色	盛唐 晚唐	Fe^{3+} Fe^{3+}	氧化铁红（Fe_2O_3） 或铁朱砂 $HgS \cdot F^+$	
褐色	初唐 盛唐	Fe^{3+} Fe^{3+}	$Fe_2O_3 \cdot 2Fe(OH)_3$	有时为 Fe_2O_3 与 C 的混合物
黑色	盛唐	Fe^{3+}	氧化铁紫（锻红土）	

铬黄与铬红在古代颜料中还未见到，主要是用以对比试验。

铬黄又称铝铬黄，是含有铬酸铅（$PbCrO_4$）的黄色颜料。铬红主要成分是碱式铬酸铅。

取 54g$Pb(Ac)_2$ 醋酸铅溶于 340mlH_2O 中，又取 18gK_2CrO_4（铬酸钾）溶于 240mlH_2O 中，混合二者，便发生反应生成橙黄色沉淀，用 H_2O 洗涤在 100℃下烘干，得铬黄粉末。

取 2gNaOH 溶于 15mlH_2O 中，将 10g 铬黄置于此溶液中，在搅拌下煮沸约半小时，颜色变为朱红，洗涤后烘干得橙色铅红。

其他试验样品如石棕、石青、红丹（Pb_3O_4）、银硃、红土（Fe_3O_4）、群青可在化工原料店购到。

二、颜色褪变模拟试验

进行模拟试验的样品具备后，我们对颜色变化或褪色诸因素进行了如下探讨：

1. 光照试验

日光中能量最强的是紫外光，对壁画颜色必然产生影响，在此我们用紫外杀菌灯(波长254nm)，将颜料加水和皮胶调和均匀后涂在玻璃片上，干后将玻璃片一半再涂上黑墨或用黑色物遮盖，另一半暴露于紫外光下照射进行对比试验，其结果：

铅白($PbCO_3 \cdot Pb(OH)_2$)在紫外光照射下，5分钟变暗灰色，12小时颜色逐渐加深，而此后颜色变化不明显。

此外我们用波长分别为365、313、297nm的位于太阳光紫外部分的高压汞灯对铅白进行照射，铅白颜料很快发生变化，十多小时后变为咖啡色。

铅丹(Pb_3O_4)颜色变暗。与此同时，我们用同样的方法对晚唐出土的白颜料做同样试验。这种模拟颜料的变化情况基本符合晚唐壁画中相应颜色的变化。

群青(一种含有多化钠而具有特殊结构的硅酸铝)对光的作用稍稳定，我们分别对石青、石绿照射25小时，银硃照射27小时，红土照射28小时，红丹照射36小时后观察其结果，变化亦不大。根据我们的模拟试验，银硃的耐光性较强。在对晚唐高克从墓残片剥下的红色银硃进行27小时的紫外光照射，颜色发黑，这种情况的产生可能与其内加铅白($PbCO_3$)有关，如拿铅白颜料做照射试验，确实很快颜色即变暗。现将几种颜料用254nm紫外灯照射，试验结果见表二。

表二　紫外光照射几种颜料的实验结果

颜料变化	铅白	铬黄	银硃	红土	铅丹	石青	石绿	群青
	变暗	变暗	微变	微变	微变	微变	微变	未变
开始时间	5分	1.5分	27小时	58小时	60小时	25小时	25小时	25小时
备　注	还原较慢	还原较慢	还原速度不稳	—	—	—	—	—

众所周知，光能改变文物的颜色，并使材质腐败，主要是表面变质。这主要是光为文物的化学、物理变质老化过程提供了能量。其中光化学反应(光氧

化和光降解)是文物表面变酥,颜色褪变,胶粘介质及材质纤维老化的主要原因;光物理过程主要是由于红外热辐射引起周围温度变化,并引起文物热胀冷缩,水分丧失,使文物酥解,强度降低。

光辐射所引起的光化学破坏力因波长的不同而不同,波长越短,能量越大,其关系为1mol光子的能量为119560(KJ)/λ(nm)。为了评价不同波长的光对物体的相对破坏力,美国国家标准局测定了一系列最大相对破坏系数D(见图一)。

从图一可知,随着波长减少,D值迅速增加,也就是说,紫外光相对于可见光具有更大的破坏力。

由于不同的光源光谱能量的分布不同,紫外光含量也不同,所以在相同照度下,造成光化学损害的程度有很大的不同。根据国际标准局的几种通用光源每尺烛光照度的破坏速度系数D/fc,光源的有害程度由破坏速度系数D/fc乘以照度值来评价。表三为不同光源的色温和每尺烛光破坏速度系数D/fc。

从表三可知,白炽灯和Philips无紫外荧光灯的破坏速度系数比其他光源低得多。因此,国际上也就根据白炽灯的紫外线含量定出了通常文物的陈列照明中紫外线含量不得大于75μw/Lum。

紫外线对文物有较大影响,也并非可见光就没有破坏作用;相反,由于光所引起的光化学反应的结果是照度值对时间的累积效应,且由于可见光占光源辐射的绝大多数,它对文物的破坏同样值得注意。国际文博界一般习惯地对光敏物质的限制光照度为50Lux～90Lux,并要求尽量减少光照时间。

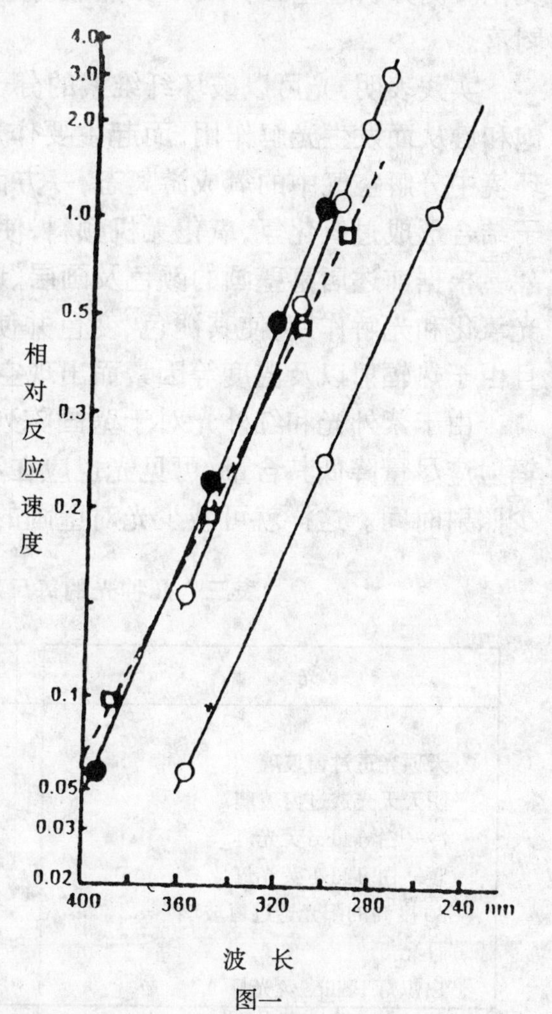

图一

图一:几个光化学反应速度随着辐射波长减小而增加

□标准局沉淀的相对破坏系数

○橡胶降解过程

○油化腐蚀过程

○聚丙烯酸甲酯变性过程

红外辐射,因其含有大量的热,主要使文物本身及周围环境发生较大物理变化。例如引起壁画材质本身热胀冷缩,表面水分丧失,使其粉化酥解,颜色剥落。

实践表明,光可以破坏纤维素的分子,即破坏有机物中的C—C键和线性饱和键从而发生光解作用,而起主要作用的是紫外光。另外紫外线在潮湿的环境中分解空气中的氧成游离态,一方面氧化有机质文物,另一方面可与水分子结合形成过氧化氢,氧化无机颜料,使颜料褪色变色,即起光氧化作用。

根据前述唐墓壁画的颜色及画层、地杖层的结构成分,光可使其颜料发生光氧化和光解作用,使其褪色、变色并使胶粘介质、画层纤维素老化失效。而且由于热辐射以及温度等因素而出现空鼓、颜色层剥落、画层粉化酥解等。

由于紫外光和红外光对于壁画陈列效果无任何益处,所以要求陈列光源辐射应尽量降低其含量,可见光也应在不影响陈列效果情况下尽量降低,且减少照射时间。这样就可减少光对壁画的危害。

表三　几种光的每尺烛光的破坏系数 D/fc

光　源	估计色温 K	D/fc
		1.58
天顶光透过窗玻璃	11000	0.682
阴天天光透过窗玻璃	6400	0.554
冷一白 deluxe 荧光灯	4300	0.444
暖一白 deluxe 荧光灯	2900	0.427
30 度高的阳光透过窗玻璃	5300	0.402
日光灯	6500	0.138
白炽灯 Philips 荧光灯	2854	0.096

2. 硫化氢气体试验:

硫化氢(H_2S)不仅存在于动植物氢基酸腐败产物中,而且和氨气一起存在于粪坑、厕所以及工业精制石油、煤焦油、硫化染料等各种硫化物生产过程中，H_2S是常规废气。白色铅白($2PbCO_3 \cdot Pb(OH)_2$)，红颜料铅丹(Pb_3O_4)，氧化铁红(Fe_2O_3)，朱砂(HgS)；蓝、绿颜料石青($2CuCO_3 \cdot Cu(OH)_2$)，石绿($CuCO_3 \cdot Cu(OH)_2$)，在一定条件下与H_2S形成PbS、CuS、Fe_2S_3等黑色沉淀。我们用启普发生器将H_2S通入盛有银硃、铅丹、铬黄、石青、石绿、铅白、群青等的容器内，仅银硃、群青未发生变化，其他都有变化。方法是：通硫化氢气体两次，时间为40分钟，一次是将H_2S通入一半空气，再通入盛颜料的容器内，另一次是颜料中直接通入硫化氢气体，两次结果相差不大，经过十多次试验，归纳变化情况如下(见表四)。

表四　硫化氢气体对铅丹和铅白的影响试验

颜　料	变化情况	颜　料	变化情况
铅丹	橙红→暗红→棕褐	石绿	草绿→灰绿→墨绿
铅白	白色→灰色→黑灰	铬黄	黄色→土黄→暗土黄→绿褐

变色原因是由于颜料中的金属离子与硫化氢发生了一定程度的化学反应，形成了或多或少的硫化物。我们用变色后的铅丹做了加酸(HCl)处理，结果放出硫化氢气体。在唐墓墓道中的壁画边缘上一般用绛紫色的硫化汞与铅白混合作边，随时间的推移颜色也变黑变暗，这与硫化氢的污染有关。其他如石青、石绿、群青等，变化均不明显。

3．臭氧试验

臭氧是大气的主要组成部分，在20～25公里的平流层中，O_3的平均值为20～40ppm。大气中的臭氧含量随纬度和季节而变化，在北半球春季O_3含量最高，秋季最低。O_3是空气中的强氧化剂，它是一种光氧化剂，主要对大部分有机材料有破坏作用。如50%含水量的棉织品在0.05ppm臭氧浓度中50天，断裂强度下降20%，仅0.64ppm臭氧浓度即在无光照的情况下也会促使某些染料褪色。特别是一二羟基蒽醌茜素颜料。高浓度的臭氧O_3可以氧化Pb^{2+}成PbO_2。1986年春西安地区实测O_3浓度的高值在10～15ppm范围内跳动，我们在进行模拟试验时的浓度是25ppm，经过几小时，铅白、铅丹并未发生大的变化，证明O_3对含铅颜料的影响不大。反过来又进行试验，将红丹、铬黄等经硫化氢处理，已变色的颜料再用臭氧通过，基本能恢复原来的一些色调，其中以红丹恢复得较快，铬黄略慢。从红丹的情况观察是 $PbS \rightarrow Pb_3O_4 \rightarrow PbO_2$。有关臭氧对颜料影响的实验，由于各种因素加之难度大，未能尽如人意。

4．霉菌

前已述及，从壁画的制作工艺与墓葬结构来考察，霉菌滋生是意料中的事，例如壁画颜料中调有骨胶、鱼鳔胶、明胶等，内含动植物蛋白质，而壁画地杖中有纤维素，在适宜的温湿度条件下，霉菌繁衍生长。当壁画未揭取时，现场更是霉菌滋生的好场所。当壁画揭取回来后，由于画面用桃胶等贴了布，也会产生霉菌，这主要是壁画在博物馆放置时由于保存不妥而发生的霉害现象，现将有关情况记录如下：

样品采自壁画库房第 005 号、053 号；壁画临时库房 S_{10}、S_{18}、S_{21} 和 F33$\frac{\triangle}{-}$61。空气样采自壁画临时库房（见表七），采样方法即把盛有察氏培养基的无菌培养皿（直径 9 厘米）分别放入临时壁画库房中的不同房间，打开皿盖 10 分钟，然后盖上皿盖倒置培养，菌落数以下式计算空气中的霉菌数：

$$M^3(\text{每立方米空气})=\frac{100\times 50\times N}{\pi R^2 T}$$

式中：N 为培养皿中菌落数　　R 为半径　　T 为培养基暴露时间

以上采样和计数结果见表五、表六和表七。

表五　壁画霉菌采样编号及壁画号

样品编号	1	2	3	4	5	6
采样壁画	005	053	F33$\frac{\triangle}{-}$61	S_{10}	S_{18}	S_{20}

表六　壁画布和壁画表面霉菌计数结果

项　目	$S_{10贴布}$	$S_{18贴布}$	$S_{21贴布}$	005	053	F33$\frac{\triangle}{-}$61
个/厘米^2	7×10^5	1.7×10^5	2.7×10^5	2×10^3	1.2×10^4	3×10^4

表七 库房中霉菌含量

项目	库房号	1	2	3	4
皿中菌落数（个/10分）	空调机开启	150	20	9	10
	空调机关闭	36	14	7	138
每立方米空气中含量（个/m^3）	空调机开启	1.2×10^8	1.5×10^7	7.0×10^6	7.8×10^6
	空调机关闭	2.8×10^7	1.1×10^7	5.5×10^7	1.1×10^8

采样方法有下面三个程序:

①用灭菌湿棉签沾取壁画上霉菌污染严重部位,然后放入无菌水中。

②把一定面积的发霉贴布用无菌剪从壁画上剪下,放入100ml无菌水中,用于计数和鉴定。

③把一定面积的灭菌湿滤纸平贴到壁画上,然后入盛有100毫升无菌水的三角瓶中,经递增稀释,倾注培养,进行计数与鉴定,结果见表六。

实验结果:

经壁画表面霉菌的分离鉴定,壁画上的霉菌共分四个属,即:青霉属(Penicillum link)、曲霉属(Aspergillus Micheli)、枝孢霉属(Cladosporiumlimk)、交链孢属(Alteraria Nees ex wallr),共11个种。另外,在分离过程中还发现有毛壳菌和放线菌存在(见表八)。

表八 霉菌鉴定结果

属名	种名	采样号
青霉属	产黄青霉 Penicillum Chrysogenum Thom	1、5、6
	桔青霉 Penieeum Citrinum Thom	1、2、6
	沙门柏干酪青素 Penicillum Camembertic Thom	1、4
	宛氏拟青霉 Paecilomyces Varioti Bainier	5、6
曲霉属	佩特曲霉 Aspergillus Petraku vors	2
	温特曲霉 Aspergillus wenru wehmer	1、2、3
	黄曲霉 Aspergillus flarus lind	1、4、5、6
	米曲霉 Aspergillus orgxae(Ahlburg) cohn	3
	焦曲霉 Aspergillus janus	3、5
交链孢属	互隔交链孢霉[Alteraria altenate (Fr)keiessler]	2、3
枝孢霉属	蜡叶枝孢霉 Cladosporillum herbarum(persoon)link	1、2、5

霉菌在壁画面上生长,以壁画颜料中的有机质为生长基质,直接侵蚀壁画并产生各种代谢产物,一方面从整体上减弱了壁画颜色所产生的视觉效果,也直接损坏了画面,如青霉、曲霉产生草酸($C_2H_2O_2 \cdot 2H_2O$)或柠檬酸($C_6H_8O_7H_{20}$)等多种有机酸,它们直接破坏颜料的有机成分的胶结物,致使壁画颜料粉化,并使颜料中某些不稳定成分分解。不仅如此,霉菌的代谢产物中还包括许多生物酶,除分解有机动植物胶质外,对地杖层中的麦草泥、麻纤维也具有破坏作用,其结果造成壁画的起甲剥落和酥解。

我馆馆藏壁画中很多画面都检出了霉菌孢子,只要在库房内出现孢子,在适当的环境中就会迅速萌发、生长和蔓延。从表七中可以看出,从空调机风口进入库房的风中含有大量的霉菌孢子,它们吸附在尘土上。由此证明降尘与其他许多污染者是结伴而生的。

5. 降尘

随着工业的发展,空气的成分越加变得复杂。我市地处西北黄土高原,又是重工业基地,空气污染极为严重,因此,大气就是一个多成分的混合体,有烟尘、沙土、石灰、机械粉末以及孢子花粉等。故降尘对壁画颜色破坏所产生的严重后果,不能不加以特殊防范。

有关降尘对壁画的影响,本刊 1996 年第三辑有专文论述,此不赘述。

由以上几点可以看出,壁画颜色的保护是一项系统工程,特别是对环境的要求更为苛刻,如果我们针对上述各点采取防范措施,对壁画颜色的保护就会收到理想的效果。

本论文中有关光照对壁画颜色褪变影响的部分数据,由张群喜提供,在此表示感谢。

(本文原载《陕西历史博物馆馆刊》第四辑)

中国古代墓葬壁画研究文献目录

陕西历史博物馆唐墓壁画研究中心编
(杨效俊 执笔)

文献目录索引

总　论

《中国壁画》　俞剑华　中国古典艺术出版社　1958 年
《中国美术全集·绘画编 12·墓室壁画》　宿白　文物出版社　1989 年 5 月
《中国壁画史纲》　祝重寿　文物出版社　1995 年
《中国壁画史》　楚启恩　北京工艺美术出版社　2000 年 3 月
《汉唐壁画》　外文出版社编　外文出版社　1974 年
《壁画与壁画创作》　于美成、川卫东、张大祥　黑龙江美术出版社　1993 年 10 月
《古冢丹青——河西走廊魏晋墓壁画》　林少雄　甘肃教育出版社　1999 年
《中国绘画史(上)》(日文)　铃木敬　吉川弘文馆　昭和五十六年
解放后关于古代壁画的研究　金维诺　《文物》　1979 年第 10 期
墓室壁画在美术史上的重要地位　金维诺　《美术研究》　1997 年 2 号
漫谈壁画　潘韧兹　《文物》　1979 年第 10 期
漫谈中国古代的壁画(上)　潘韧兹　《文史知识》　1985 年第 11 期
漫谈中国古代的壁画(下)　潘韧兹　《文史知识》　1985 年第 12 期
壁画概念与源流　李化吉　《美术研究》　1987 年第 2 期
汉唐宋元的壁画　林仰山　《新亚生活》(香港)　1959 年 1 卷 20 期
汉魏南北朝的墓室壁画　汤池　《中国美术全集·绘画编 12·墓室壁画》　文物出版社　1989 年 5 月

隋唐时期的墓室壁画　王仁波　《中国美术全集·绘画编 12·墓室壁画》　文物出版社　1989 年 5 月

源远流长的中国壁画艺术　秦岭云　《光明日报》　1959 年 8 月 16 日

汉以前的壁画之发现　杨建芳　《美术家》(香港)　1982 年第 29 期

从出土文物展览看卓越的汉唐墓室壁画　常书鸿　《文物》　1954 年第 10 期

展览会中的一部分美术史料　宿白　《文物》　1954 年第 9 期

丧葬上的"两个世界"　傅永魁、郁堪增　《文物》　1976 年第 8 期

中国古墓壁画内容变化的阶段性——河北古代墓葬壁画精粹展座谈会上的发言提纲　俞伟超　《文物》　1996 年第 9 期

看《河北古代墓葬壁画精粹展》札记　徐苹芳　《文物》　1996 年第 9 期

关于河北四处古墓的札记　宿白　《文物》　1996 年第 9 期

中国古代墓葬壁画的缩影　黄景略　《文物》　1996 年第 9 期

西晋至唐代壁画墓的被葬者　加藤修　《女子美术大学纪要》第 29 号　1999 年 3 月

从和中国墓葬壁画的比较看日本的装饰古坟　西嶋定生　《装饰古坟话语》　吉川弘文馆　1995 年

中国墓室壁画研究——画题的特征和它的背景　桥口　德岛大学综合科学部毕业论文　1995 年

壁画保护　南京博物院　《文博通讯》1977 年 5 月

中国壁画制法点滴　陆鸿年　《文物》1956 年第 8 期

漫谈古代壁画技术　常书鸿　《文物》1958 年第 11 期

古代壁画的构造及影响壁画保护壁画诸因素的探讨　徐毓明　《考古与文物》　1989 年第 6 期

民间壁画的制作法　刘凌沧　《美术研究》　1958 年第 2 期

壁画的简历　《中国青年报》　1958 年 3 月 31 日

江苏南宁南唐二陵摹绘彩画工作报告(彩画室)　陈长龄、王仲杰　《古建通讯》　1956 年第 1 期

记修复壁画的"脱胎换骨法"　王世襄　《文物参考资料》　1957 年第 3 期

集安高句丽墓室壁画霉菌清除技术报告　李正平　《博物馆研究》　1991 年第 1 期

陕西长安南里王村出土壁画的微生物类鉴定　郭爱莲、单[illegible]、杨文宗　《文物

保护与考古科学》第9卷 1997年5月

《文物保护技术》第五辑(壁画修复保护专辑) 中国文物保护技术协会编 1987年11月

《唐墓壁画保护研究》(内刊) 陕西历史博物馆 1992年12月

汉 代

秦汉时期的壁画 金维诺 《美术研究》 1980年第1期

《汉画与汉代社会生活》(国立历史博物馆历史文化丛刊第二辑) 何浩天 台北中华丛书编审委员会

汉代的壁画和砖画 姚梦谷 《联合报》(台)1970年5月14日

两汉墓室壁画研究随想 贺西林 《文物》1996年第9期

汉代壁画浅谈 刘小敏 《史学月刊》 1990年第5期

汉墓壁画中的农业生产图 辛夷 《史学月刊》 1985年第5期

自然、神秘、浪漫——汉代彩陶和壁画 殴工 《中国文物报》 1991年12月

西安曲江池汉墓白垩线描壁画探析 徐进、张蕴 《庆祝武伯伦先生九十周年华诞论文集》 三秦出版社 1991年

《和林格尔汉墓壁画》的几点我见 宋治民 《四川大学学报》 1980年第1期

和林格尔汉墓壁画中反映的东汉社会生活 吴荣曾 《文物》 1974年第1期

从和林格尔汉墓壁画看东汉尊儒的反动性 吴荣曾 《文物》 1974年第11期

从和林格尔东汉墓壁画看林彪吹捧董仲舒的反动实质 北京大学工农兵学员刘长庆等 《文物》 1974年第3期

和林格尔汉墓壁画中所见的一些古建筑 罗哲文 《文物》 1974年第1期

和林格尔汉墓壁画宣扬的孔孟之道的反动实质 盖山林 《文物》 1974年第11期

和林格尔东汉壁画墓年代的探索 金维诺 《文物》 1974年第1期

和林格尔汉墓壁画与历史地理问题 黄盛璋 《文物》 1974年第1期

再论和林格尔汉墓壁画的地理与年代问题(兼评《和林格尔汉墓壁画》) 黄盛

璋 《考古与文物》 1982 年第 1 期

和林格尔壁画墓所反映东汉定襄郡武成县城的地望 李逸友 《考古与文物》 1985 年第 1 期

和林格尔汉墓壁画庄园图和属吏图探讨 夏超雄《北京大学学报》 1980 年第 2 期

谈梁山汉墓壁画的摹绘 章毅然 《文物参考资料》 1955 年第 5 期

对望都汉墓壁画内容说明的两点不同看法 李文信 《文物》 1956 年第 2 期

河北望都县汉墓的墓室结构和壁画 姚鉴 《文物参考资料》 1954 年第 12 期

评“望都汉墓壁画” 安志敏 《考古通讯》 1957 年第 2 期

望都汉墓壁画的年代 林树中 《考古》 1958 年第 4 期

望都汉墓年代及墓主人考订 何直刚 《考古》 1959 年第 4 期

读“望都汉墓年代及墓主人考订”后的两点意见 周萼生 《考古》 1959 年第 5 期

望都汉墓壁画题字通释 陈直 《考古》 1962 年第 3 期

读《望都二号汉墓》札记 杨泓 《文物》 1959 年第 12 期

洛阳汉墓壁画试探 郭沫若 《考古学报》 1964 年第 2 期

洛阳汉墓壁画略说 苏健 《洛阳古墓博物馆馆刊创刊号》《中原文物》1987 年特刊

洛阳西汉壁画墓中的星象图 夏鼐 《考古》 1965 年第 2 期

关于《洛阳西汉壁画墓中的星象图》的讨论 张世铨等 《考古》 1965 年第 9 期

洛阳西汉壁画墓星象图考证 孙常叙 《吉林师大学报》 1965 年第 1 期

美国波士顿美术馆藏洛阳汉墓壁画考略 苏健 《中原文物》 1984 年第 2 期

今藏美国波士顿的治阳汉墓壁画 [美]方腾、吴同著,汤池译 《四川美术学院学报》《当代美术》第 3 期

洛阳西汉卜千秋墓壁画艺术 陈少丰、宫大中 《文物》 1977 年第 6 期

洛阳西汉卜千秋墓壁画考释 孙作云 《文物》 1977 年第 6 期

卜千秋墓猪头神试说 萧兵 《中原文物》 1981 年第 3 期

关于西汉卜千秋墓壁画中的一些问题 《文物》编辑部 《文物》 1979年第11期

洛阳西汉壁画墓中的傩仪图——打鬼迷信、打鬼图的阶级分析 孙作云 《郑州大学学报》 1977年第4期

西安交大西汉墓二十八宿星图与《史记·天官书》 呼林贵 《人文杂志》 1989年第2期

西安交通大学西汉墓葬壁画二十八宿星图考释 雒启坤 《自然科学史研究》 1991年10卷第3期

关于《洛阳西汉壁画墓中的星象图》的讨论 《考古》1965年第9期

浅谈密县汉墓的《乐舞百戏》壁画 侯晓红 《中原文物》 1987年第2期

密县汉墓壁画病害严重各地专家论证治理方案 王治品 《中国文物报》 1991年2月24日

营城子汉代壁画墓散记 吴青云 《中国文物报》1989年2月

Jean M. James, The Role of Nanyang in Han Funerary Iconography, Oriental Art, Vol. XXXVI, No. 4, Winter 1990/91.

Jean M. James, Early Chinese Painting, Orientations, FEB, 1983, P25－31.

Jan Fontein and Wu Tung, Han and T'ang Murals: Discovered in Tombs In the People's Republic of China and Copied by contemporary Chinese Painters, Museum of Fine Arts, Boston, 1976.

Jean M. James, A Provisional Iconology of Western Han Funerary Art, Oriental Art, No.3, 1979.

Jonathan Chaves, A Han Painted Tomb at Loyang, Artibus Asiae 30(1968), pp5－27.

Jean M. James, Interpreting Han Funerary Art: The Importance of Context, Oriental Art, No.3, 1979.

魏晋南北朝

西晋十六国

昭通东晋壁画墓墓主考 胡振东 《思想战线》 1980年第4期

河西出土的汉晋绘画简述　张朋川　《文物》　1978 年第 6 期

嘉峪关魏晋墓室壁画的题材和艺术价值　甘肃省博物馆　嘉峪关市文物保管所　《文物》1974 年第 9 期

从嘉峪关魏晋墓壁画看河西地区实行的法制措施　甘肃省博物馆　《文物》1976 年第 2 期

酒泉丁家闸古墓壁画艺术　张朋川　1979 年第 6 期

酒泉丁家闸壁画《燕居行乐图》浅识——兼论十六国时期的表演艺术　尹德生《敦煌研究》　1995 年第 2 期

酒泉丁家闸十六国墓社树壁画考　郑岩　《故宫文物月刊》总 143 期(1995 年 2 月)

酒泉十六国墓大树壁画及墓主族别试探　徐婵菲　洛阳市文物局编《耕耘论丛(一)》　科学出版社 1999 年

略论河西发现的墓室壁画与石窟寺壁画的艺术传承——兼谈山水画之南北宗问题　苏莹辉　《故宫学术季刊》16 卷 2 期(1981 年冬季)

吐鲁番十六国时期的墓室壁画和纸画略说　孟凡人:《吐鲁番古墓葬出土艺术品》（赵华编）　中国新疆美术摄影出版社、新西兰霍兰德出版有限公司 1992 年 5 月

甘肃酒泉、嘉峪关壁画墓颜料分析　薛俊彦、马清林、周国信　《考古》　1995 年第 3 期

北　朝

南北朝墓的壁画和拼镶砖画　杨泓　中国社会科学院考古研究所编:《中国考古学论丛》　科学出版社　1993 年

隋唐造型艺术渊源简论　杨泓　《唐研究》第四卷 1998 年

墓主画像研究　郑岩　山东大学考古系编:《刘敦愿先生纪念文集》,山东大学出版社 1997 年

洛阳北魏元义墓的星象图　王车、陈徐　《文物》　1974 年第 12 期

我国古墓葬中发现的孝悌图象　段鹏琦　《中国考古学论丛——中国社会科学院考古研究所 40 周年纪念》　科学出版社 1993 年

内蒙古和林格尔北魏壁画墓发掘的意义　苏俊、王大方、刘幻真等　《中国文

物报》 1993年11月20日、12月28日

浅谈东魏墓壁画艺术 薛玉川 《文物春秋》 1993年第1期

北齐墓室壁画 杨泓 《鉴赏家》 1995年第11期

河北古代墓葬壁画研讨会纪要 韩立森、刘期荣 《文物》 1996年第9期

笔谈太原北齐娄叡墓 吴作人、宿白、史树青、冯先铭、徐苹芳、汤池、王去非、杨泓、李知宴、陶正刚等 《文物》 1983年第10期

北齐娄叡墓壁画与莫高窟隋唐之际画风 谢稚柳 《文物》 1985年第1、2期

娄叡墓壁画及作者考证 史树青 《中国艺术》 1984年第1期

"曹家样"与杨子华风格 金维诺 《美术研究》 1984年第1期

娄叡墓壁画略说 王天庥、邓林秀等 《中国艺术》 1984年第1期

北齐娄叡墓壁画与雕塑 陶正刚 《美术研究》 1984年第1期

娄叡墓壁画的启示 萧望 《美术研究》 1984年第1期

太原北齐娄叡墓壁画题材的再研究 曹庆晖 《美术研究》 1993年第2期

太原南郊北齐墓壁画浅探 渠川福 《文物季刊》 1993年第1期

东魏茹茹公主墓壁画试探 汤池 《文物》 1984年第4期

柔然邻和公主遗骨的人类学研究 潘其风 《考古》 1991年第5期

北齐高润墓壁画简介 汤池 《考古》 1979年第3期

磁县发现东魏北齐大型壁画墓的启迪 汤池 《文物》 1996年第9期

河北磁县湾漳北朝大型壁画墓的发掘与研究 徐光冀 《文物》 1996年第9期

"千秋万岁"图像源流浅识 朱岩石 中国社会科学院考古研究所汉唐与边疆考古研究编委会 《汉唐边疆考古研究》第一辑 科学出版社1994年

山东北朝墓人物屏风画的新启示 杨泓 《文物天地》 1991年第3期

北朝"七贤"屏风壁画 杨泓 《寻常的精致》 辽宁教育出版社1996年

关于李贤姓氏、门望、民族的一些看法 顾铁符 《美术研究》 1985年第4期

北周李贤夫妇墓若干问题初探 王卫明 《美术研究》 1985年第4期

宁夏固原北周李贤墓札记 宿白 《宁夏文物》总3期 1989年1月

李贤夫人墓志考略 罗丰 《美术研究》 1985年第4期

著名历史考古学家谈宁夏文物:北周李贤墓座谈会侧记 张柏楷 《宁夏日

报》 1984年8月20日

宁夏固原北周李贤墓及其出土的饰以古希腊神话故事的鎏金银壶评述 马萨柯、穴泽咊光,张鸿智译 《固原师专学报》 1992年第2期

宁夏固原出土的北周隋唐壁画 冯国富 《固原师专学报》16卷3

东晋南朝

《六朝考古》 罗宗真 南京大学出版社 1994年

东晋南朝墓室建筑装饰略证 杨爱国 《东南文化》 1994年第1期

昭通东晋壁画墓墓主考 胡振东 《思想战线》 1980年第4期

邓县画像砖墓的时代和研究 柳涵 《考古》 1958年第5期

邓县彩色画像砖墓浅析 张鹏 《美术研究》 1993年第2期

丹阳六朝陵墓的石刻 朱偰 《文物》 1956年第3期

六朝陵墓及其石刻 罗宗真 《南京博物院集刊》第一辑 1979年

六朝陵墓埋葬制度综述 罗宗真 《中国考古学会第一次年会论文集(1979)》 文物出版社 1980年

南京六朝墓葬壁饰及其内涵述略 郑伟建 《江苏省考古学会第四、五次年会论文选》 1986年

南朝帝陵的石兽与砖画 曾布川宽 《东方学报》第六十三册 1991年

东晋、南朝拼镶砖画的源流及其演变 杨泓 《文物与考古论集》 文物出版社 1986年

江苏丹阳南齐陵墓砖印壁画探讨 林树中 《文物》 1977年第1期

常州画像砖墓的年代与画像砖的艺术 林树中 《文物》 1979年第3期

南朝模印砖画释义 王少华 《舞蹈艺术》 1985年第6期

苏南六朝砖画初探 陆旭 《南京博物院集刊》 1984年第7期

竹林七贤砖画散考 宋伯胤 《新亚学术集刊》 1983年第4期

格调逸易,新奇妙绝——记六朝画像砖和拼镶砖画 杨泓 《中国美术》 1982年第1期

试谈"竹林七贤及荣启期"砖印壁画问题 南京博物院 《文物》 1980年第2期

竹林七贤与荣启期图研究 林圣智 台湾大学艺术史研究所硕士论文 1994

年

竹林七贤与荣启期之图画　长广敏雄　《国华》857　1963年

对于南京西善桥南朝墓砖刻竹林七贤图的管见　陈直　《文物》　1961年第10期

Spiro, Audrey, Contemplating the Ancients: Aethetic and Social Issues in Early Chinese Portraiture, University of Califonia Press, 1990.

Soper, Alexander Cobum, "A New Chinese Tomb Discovery: The Earliest Representation of a Famous Literary Theme", Artibus Asiae, 24(1961), P79-86.

Laing Ellen Johnston, "Neo-Taoism and the 'Seven Sages of the Bamboo Grove' in Chinese Painting", Artibus Asiae, 36(1974), P5-54.

Juliano, Annette L. Teng-hsien: An Important Six Dynasties Tomb, Artibus Asiae Publishers, 1980, Ascona, Switzerland.

隋唐五代十国

论　著

《西安郊区隋唐墓》　中国科学院考古研究所　科学出版社　1966年

《隋唐文化》　陕西省博物馆　中华书局(香港)　学林出版社　1991年

《隋唐考古》　秦浩　南京大学出版社　1992年

《陕西新出土唐墓壁画》　陕西省考古研究所编　重庆出版社　1998年

《固原南郊隋唐墓地》　罗丰　文物出版社　1996年

《中国之考古学·隋唐篇》(日文)　冈崎敬　同朋社出版　昭和六十二年

《世界美术大全集·东洋篇4　隋·唐篇》(日文)　百桥明穗　小学馆　1997年

《唐李贤墓壁画》　陕西省博物馆、文管会　文物出版社　1974年

《唐李重润墓壁画》　陕西省博物馆、文管会　文物出版社　1974年

《永泰公主墓壁画集》　陕西省文管会　人民美术出版社　1963年

《唐墓壁画珍品选粹》　陕西历史博物馆编　陕西人民美术出版社　1991年

《唐墓壁画集锦》　尹盛平、韩伟、张鸿修　陕西人民美术出版社　1991年4月

《大唐壁画》 李国珍、唐昌东编撰 陕西旅游出版社 1996年8月
《陕西新出土唐墓壁画》 陕西省考古研究所 重庆出版社 1999年
鸟毛立女屏风(日文) 岛田修二郎 《日本绘画史研究》 中央公论美术出版 1987年

综合研究

考古学

西安地区唐墓壁画的布局与内容 宿白 《考古学报》 1982年第2期
陕西唐墓壁画之研究 王仁波、何修龄、单暐 《文博》 1984年第1、2期
唐武则天至玄宗开元年间北方唐代壁画墓 唐俊玲、沈淑玲等 《四川大学考古专业创建三十五周年纪念文集》 四川大学出版社 1998年4月
唐墓壁画与高松冢古坟壁画的比较研究 齐东方、张静 《唐研究》第一卷 北京大学出版社 1995年
中国唐壁画墓和日本古代壁画墓比较研究 韩钊 《考古与文物》 1999年第6期
古代东亚的装饰墓——探索高松冢古坟的源流 町田章 同朋社出版
关于章怀、懿德两太子唐墓壁画和高松冢古坟壁画 上原和 《古美术》第42号 1973年9月
唐代壁画与高松冢古坟 町田章 《日本美术工艺》405卷 1972年6月
新发现的唐墓壁画 新藤武弘 《艺术新潮》24—3 1973年第3期
试析南方发现的唐代壁画墓 权奎山 《南方文物》 1992年第4期
绚丽迷人的唐墓壁画 陈全方 《中华文物学会(台)1996年刊》
吐鲁番阿斯塔那216号唐墓专译 张燎 《中国史研究》 1980年第4期
Mary H. Fong, Antecedents of Sui－Tang Burial Practices in Shaanxi, Artibus Asiae, Vol. LI, 3/4, 1991.

美术史

陕西唐墓壁画 韩伟 《人文杂志》 1982年第3期
隋唐时期的墓室壁画 王仁波 《中国美术全集·绘画编12·墓室壁画》 文

物出版社　1989年

陕西唐代墓葬壁画　李西兴　《陕西历史博物馆馆刊》第二辑

大唐墓室壁画艺术——《中华文物精粹·壁画卷》序　唐昌东、李国珍　《陕西历史博物馆馆刊》第五辑

唐代墓室壁画之研究　李国选　《陕西历史博物馆馆刊》第五辑

论唐墓壁画的艺术风格　李国选　《陕西历史博物馆馆刊》第六辑

影作木构间的树石——懿德太子墓与章怀太子墓壁画的比较研究　杨效俊　《陕西历史博物馆馆刊》第六辑

对懿德太子墓"宫女图"的一点看法　申秦雁、周柏龄　《陕西历史博物馆馆刊》第六辑

长乐公主墓壁画《瑞云车马送行图》琐谈　邹规划、张晓阳、石墨　《陕西历史博物馆馆刊》第六辑

唐壁画琐谈　黄苗子　《文物》　1978年第6期

唐宋壁画　黄苗子　《美术研究》　1980年1号

浅谈壁画源流及唐永泰公主墓壁画的艺术成就　李域铮　《陕西历史博物馆馆刊》第一辑

早期花鸟画的发展　金维诺　《美术史论》

吕村唐墓壁画与水墨山水的起源　徐涛　《文博》　2001年第1期

唐墓壁画的创作技巧和艺术成就　唐昌东　《考古与文物》　1989年5期

唐墓壁画的制作工艺　唐昌东　《陕西历史博物馆馆刊》第三辑

唐墓壁画临摹材料与技法研究　李国选　《陕西历史博物馆馆刊》第四辑

唐墓壁画艺术及其临摹　张鸿修　《陕西历史博物馆馆刊》第七辑

临摹唐节愍太子墓的思考与体会　孙大伦　《陕西历史博物馆馆刊》第七辑

略论曲阳五代墓山水壁画的美术史价值　罗世平　《文物》　1996年第9期

唐代的墓室壁画与它的作者(日文)　小杉一雄　《美术目录》24—1号　1975年

坟墓与出土品(日文)　秋山进午　《隋唐之美术》　大阪市立美术馆编　昭和五十三年

唐代的花鸟画　金维诺　《亚洲的花鸟表现》　国际交流美术史研究会　1982年

唐代的壁画墓(日文)　长广敏雄　《中国美术论集》　讲谈社　1984年

古代东亚的装饰墓(日文)　町田章　《古代东亚的装饰墓》　同朋社出版　1987年

中国北周与唐代的壁画墓(日文)　谷一尚　《季刊考古学》第61号　雄山阁　1997年

唐代的壁画墓——依据最近的中国的调查和发掘　长广敏雄　高松冢古坟和飞鸟(末永雅雄　井上光贞编)　中央公论社　昭和四十七年九月

唐代的皇帝陵和壁画墓　田中淡　《世界美术大全集·东洋编4　隋·唐》　小学馆　1997

大唐长安的陵墓壁画　百桥明穗　《世界美术大全集·东洋编4　隋·唐》　小学馆　1997

Mary H. Fong, T'ang Tomb Wall Painting of The Early Eighth Century, Oriental Art No.2, 1978.

Mary H. Fong, Four Chinese Royal Tomb of The Early Eighth Century, Artibus Asiae, XXXV, 4.1973.

A.C. Soper, A New Chinese Tomb Discovery: The Earliest Representation of A Famous Literary Theme, Artibus Asiae, XXIV, 2.1961.

Patricia Eichenbaum Karetzky, Foreigners in Tang and Pre-Tang Painting, Oriental Art New Series Vol. XXX, Number 2, Summer 1984.

历史文化

壁画在唐代社会中的地位和影响　黄利平　《陕西历史博物馆馆刊》第二辑

说唐墓壁画的史料价值　黄利平　《陕西历史博物馆馆刊》第三辑

唐墓壁画人物造型之社会风尚　戴俊英　《陕西历史博物馆馆刊》第四辑

唐代列戟制探析　申秦雁　《陕西历史博物馆馆刊》第一辑

谈谈唐代帝王的狩猎活动——兼谈章怀太子墓《狩猎出行图》　申秦雁　《陕西历史博物馆馆刊》第五辑

西安东郊唐墓壁画斗栱　顾铁符　《文物》　1956年第11期

唐墓壁画中所见的建筑　翟晓岚　《陕西历史博物馆馆刊》第五辑

唐杨思勖墓石刻俑复原商榷——兼谈唐墓壁画中的虎韔豹韬　钟少异、王援朝　《唐研究》第一卷　北京大学出版社　1995年

唐墓壁画与唐代绘画中的扇子　叶荣　《陕西历史博物馆馆刊》第七辑

唐墓壁画妇女发型特征浅析　杨亮　《陕西历史博物馆馆刊》第七辑

中国壁画墓的建筑图与唐代初期的建筑式样（日文）　田中淡　《中国建筑史的研究》　弘文堂　平成元年

唐代长安的女性世界（日文）　韩伟　《大唐王朝之花——都城长安的女性》图录　兵库县立历史博物馆、朝日新闻社　1996 年

SAEHYANG P. CHUNG, The Sui - Tang Eastern Palace in Chang'an: Toward A Reconstruction of Its Plan Artibus Asiae, LVIII1/2 1998.

修复保护

唐墓壁画加固的方法研究　罗黎、张群喜、徐建国　《陕西历史博物馆馆刊》第一辑

降尘对彩绘文物颜色影响之探讨　杨文宗、谢伟　《陕西历史博物馆馆刊》第三辑

唐墓壁画颜色破坏诸因素探讨　单昈、谢伟　《陕西历史博物馆馆刊》第四辑

唐墓壁画保护的若干问题探讨　谢伟　《陕西历史博物馆馆刊》第五辑

乾陵永泰公主墓、章怀太子墓、懿德太子墓壁画霉菌及环境霉菌调查研究　谢伟、张星群　《陕西历史博物馆馆刊》第六辑

略谈古代壁画揭取中的保护工作　杨文宗　《陕西历史博物馆馆刊》第四辑

介绍我们处理古墓壁画的一些经验　茹士安　《文物》　1955 年第 5 期

记修整壁画的"脱胎换骨法"　王世襄　《文物》　1957 年第 3 期

怎样用传统方法复制壁画　陆鸿年　《文物》　1958 年第 10 期

专题研究

隋　代

英山一号隋墓壁画及其在绘画史上的地位　关天相　《文物》　1981 年第 4 期

山东嘉祥英山一号隋墓壁画的揭取　孟振亚　《文物》　1981 年第 4 期

唐 代

乾陵

乾陵壁画大观　张鸿修　《文物天地》1983年第3期

两座唐代的地下画廊——谈章怀、懿德二墓壁画　秦文　《光明日报》1973年5月7日

影作木构间的树石——懿德太子墓与章怀太子墓壁画的比较研究　杨效俊　《陕西历史博物馆馆刊》第六辑

懿德章怀太子墓之壁画(日文)　宫川寅雄等　《古美术》45号　1974年

章怀太子墓壁画

章怀太子墓室壁画(附画两张)　唐昌东　《陕西日报》1980年5月

对章怀太子墓壁画《马球图》的初步研究　林思桐　《体育文史》1983年第2期

李贤墓《马球图》等三幅壁画赏析　李国选　《陕西历史博物馆馆刊》第三辑

唐章怀太子墓壁画客使图　云翔　《考古》1984年第12期

唐章怀太子墓壁画《客使图》辨析　王维坤　《考古》1996年第1期

介绍唐章怀太子墓壁画礼宾图　王仁波　《光明日报》1980年5月

唐章怀太子李贤墓《礼宾图》的有关问题　(日)西谷正(马振智译)　《陕西历史博物馆馆刊》第四辑

论李贤墓中的新罗使节　金元龙　《考古美术》1974年第123、124期

章怀太子李贤墓《礼宾图》和日本的使者　王仁波　《人民中国》1982年10月号

唐章怀太子墓壁画中的盆景与盆栽　樊英峰　《故宫文物月刊》145号　1995年

李贤及其墓室壁画的探讨　《美术研究》1985年第4期

盛唐风貌留华章——唐章怀太子墓壁画琐谈　刘向阳　《故宫文物月刊》15号　1995年

懿德太子墓壁画

李重润墓壁画　张鸿修　《中国文物报》1989年2月

唐懿德太子墓壁画题材分析　王仁波　《考古》　1973年第6期

懿德太子墓所表现的唐代皇室埋葬制度　王仁波　《中国考古学会第一次年会论文集》　文物出版社　1979年

对懿德太子墓《宫女图》的一点看法　申秦雁、周柏龄　《陕西历史博物馆馆刊》第六辑

永泰公主墓壁画

从永泰公主墓壁画谈起　王策　《美术》　1962年第1期

记永泰公主墓　叶浅予　《大公报》　1962年8月7日

唐代永泰公主墓石刻线画　禾田　《美术》　1963年第6期

唐永泰公主墓出土的两幅壁画和几件陶俑　武伯伦　《文物精华》　1964年第3期

唐代宫廷绘画中的现实主义杰作——谈乾陵永泰公主墓室壁画　党军　《陕西日报》　1961年10月28日

反映唐代宫廷生活的壁画　《人民日报》　1961年11月10日

李寿墓壁画

李寿墓壁画　张鸿修　《陕西历史博物馆馆刊》第一辑

唐李寿墓壁画试探　陕西省博物馆、文管会　《文物》　1974年第9期

话说李寿石椁　何正璜　《美术》　1982年第1期

唐李寿石椁线刻《侍女图》、《乐舞图》散记　孙机　《文物》　1996年第5、6期

唐李寿墓石刻壁画与坐、立部伎的出现年代　秦序　《中国音乐学》　1991年第2期

李寿墓线刻乐舞图与唐代坐、立部伎考述　晏新志　《陕西历史博物馆馆刊》第四辑

李寿墓之壁画(日文)　宫川寅雄　《古美术》45号　1974年

苏思勖墓壁画

唐代中外乐舞交织图——苏思勖墓的乐舞壁画　李国珍　《陕西历史博物馆馆刊》第一辑

李爽墓壁画

李爽墓壁画　张鸿修　《文物天地》 1991 年第 6 期

韦氏墓壁画

韦氏墓壁画　张鸿修　《文物天地》 1990 年第 3 期

李凤墓壁画

李凤墓壁画　张鸿修　《中国文物报》 1989 年第 5 期

唐安公主墓壁画

穷羽毛之变态,夺花卉之芳妍——唐安公主墓的花鸟壁画　李国珍　《陕西历史博物馆馆刊》第三辑

昭陵

昭陵唐墓壁画　陈志谦　《陕西历史博物馆馆刊》第一辑

长乐公主墓壁画

长乐公主墓壁画《瑞云车马送行图》琐谈　邹规划、张晓阳、石墨《陕西历史博物馆馆刊》第六辑

高句丽

高句丽壁画石墓　杨泓　《文物参考资料》 1958 年第 4 期

高句丽的考古学　李殿福　《东北考古研究(一)》 中州古籍出版社 1994 年

高句丽考古的回顾与展望　李殿福　《辽海文物学刊》 1992 年第 2 期

吉林、辽宁的高句丽遗迹　王承礼　《考古与文物》 1984 年第 6 期

集安高句丽文物考古工作中的新课题　贾士金　《博物馆研究》1985 年第 2 期

集安高句丽考古新收获　吉林省考古研究所、集安县博物馆　《文物》 1984 年第 1 期

朝鲜安岳所发现的冬寿墓　宿白　《文物参考资料》 1952 年第 1 期
在朝鲜安岳发现的一些高句丽古坟　郁宥浩　《文物参考资料》 1952 年第 1 期
洞沟古墓群　应方德　《方志研究》 1992 年第 5 期
高句丽墓葬研究中的几个问题　方起东　《辽海文物学刊》 1996 年第 2 期
高句丽墓葬研究中的几个问题　李殿福　《考古学报》 1986 年第 2 期
高句丽的墓葬和葬俗　方起东　《历史与考古信息》 1993 年第 1、2 期
高句丽、渤海墓葬之比较　魏存成　《古民俗研究》 吉林文史出版社　1990 年
集安高句丽封土石墓与日本须曾虾夷穴古墓　王侠　《博物馆研究》 1993 年第 2 期
关于集安高句丽壁画墓分期等问题之我见　赵东艳　《北方文物》 1995 年第 3 期
集安高句丽壁画初探　李殿福　《社会科学辑刊》 1980 年第 4 期
桓仁米仓将军墓壁画初探　武家昌　《辽海文物学刊》 1994 年第 2 期
集安五盔坟五号墓藻井壁画新解　耿铁华　《北方文物》 1993 年第 3 期
集安高句丽古墓壁画　董长富　文琳　《文物天地》 1984 年第 6 期
谈高句丽壁画墓中的莲花图案　孙仁杰　《北方文物》 1986 年第 4 期
高句丽壁画墓与中国文化的关系　刘永智　《学术研究丛刊》 1982 年第 4 期
高句丽壁画中的社会经济　耿铁华　《北方文物》 1986 年第 3 期
高句丽壁画中的贵族生活　耿铁华、李淑英　《博物馆研究》 1987 年第 2 期
高句丽壁画中的宗教与祭祀　耿铁华　《辽海文物学刊》 1988 年第 2 期
高句丽墓室壁画中的鸟图腾　尹国有　《高句丽历史与文化研究》 吉林文史出版社　1997 年
五盔坟四号墓壁画中的龙　刘宣棠　《吉林文物》总 21 期(1986 年第 9 期)
谈高句丽壁画中的舞蹈　杨育　《高句丽历史与文化研究》 吉林文史出版社 1997 年
集安高句丽壁画中的舞乐　方起东　《文物》 1980 年第 7 期
高句丽壁画中的汤谷扶桑图　尹国有　《高句丽历史与文化研究》 吉林文史出版社　1997 年

从高句丽壁画中的战争题材看高句丽军队与战争　铁华、阿英　《北方文物》1987 年第 3 期

关于冬寿墓的发现与研究　洪晴玉　《考古》 1959 年第 1 期

朝鲜德兴里壁画墓及其有关问题　康捷　《博物馆研究》 1986 年第 1 期

三燕文化与高句丽考古遗存之比较　田立坤　吉林大学考古系编《青果集——吉林大学考古系建系十周年纪念文集》 知识出版社　1998 年 12 月

朝阳地区两晋时期墓葬类型分析　尚晓波　《青果集》

集安高句丽壁画临摹述略　董长富、张国忠　《高句丽研究文集》 延边大学出版社　1993 年

临摹辑安高句丽古墓壁画的经过　曲绍伯　《吉林文物工作通讯》 1957 年第 12 期

辑安通沟高句丽时代墓的壁画　《文物参考资料》 1957 年第 1 期

关于日本高松冢古坟的年代和被葬者　王仲殊　《考古》 1983 年第 4 期

集安高句丽墓室壁画霉菌清除技术报告　李正平　《博物馆研究》 1991 年第 1 期

集安高句丽古墓壁画及其保护　耿铁华　《高句丽研究文集》 延边大学出版社

北朝、隋唐和高句丽壁画——以四神图像和畏兽图像为中心　东潮　《国立历史民俗博物馆研究报告》第 80 集　1999 年 3 月发行

高句丽、王字文壁画的谱系关系　东潮　《高丽美术馆纪要》第二号　1998 年 11 月发行

高句丽古坟壁画和图象构成——以天井壁画为中心　南秀雄　《朝鲜文化研究》第 2 号

吉林省古墓壁画保护措施的探讨　李正平　《博物馆研究》 1996 年第 1 期

五代十国

浅谈曲阳五代墓壁画　郝建文　《文物》 1981 年第 9 期

略论曲阳五代墓山水壁画的美术史价值　罗世平　《文物》 1996 年第 9 期

北汉刘延斌壁画墓　陶正刚　《中华文物学会(台湾)1996 年刊》

宋元明清

武安西山宋绍圣二年壁画墓　罗平　《文物》1963 年第 10 期
库仑旗辽墓一号壁画初探　王泽庆　《文物》1973 年第 8 期
论契丹的壁画　陈兆复　《中国画研究》1983 年第 3 期
辽墓壁画研究两则　林沄　《林沄学术论文集》　中国大百科全书出版社　1998 年 12 月
大同辽代壁画墓刍议　王银田　《北方文物》　1994 年第 2 期
辽代契丹族墓葬壁画装饰分期　王秋华　《北方文物》　1994 年第 1 期
论辽墓壁画的题材和内容　李逸友　《内蒙古文物考古》　1992 年第 1、2 期
论宣化辽墓壁画创作的有关问题　李清泉　山东大学考古系编《刘敦原先生纪念文集》　山东大学出版社　1998 年
对《金代虞寅墓室壁画》一文的商榷　关天相　《文物》　1983 年第 7 期
叶茅台第七号辽墓出土古画考　杨仁恺　上海人民美术出版社　1984 年
关于凌源富家屯元墓壁画《探病图》　宇峰　《文物》　1986 年第 1 期
观王公淑墓壁画《牡丹芦雁图》小记　罗世平　《文物》1996 年第 8 期
辽代画像石墓(日)　鸟居龙藏著,唐统译　《史学选译》　1983 年第 7 期
Nancy Shatzman Steinhardt, Yuan Period Tombs and Their Decoration: Cases at Chifeng, Oriental Art, Vol. XXXVI, No. 4. pp198 - 221.
Nancy Shatzman Steinhardt, Liao Archaeology: Tombs and Ideology along the Northern Frontier of China, Asian Perspectives 37(2), Fall 1998.
Robert Albright Robex, Some Liao Tomb Murals and Images of Nomads in Chinese Paintings of the Wen - chi Story, Artibus Asiae, Vol, XLV. 2/3 P174 - 198.
Linda Cooke Johnson, The Wedding Ceremony For An Imperial Liao Princess - Wall Painting from A Liao Dynasty Tomb in Jilin, Artibu Asiae, Vol. XLIV 2/3 pp107 - 136.

考古及文物资料

1. 北京市

丰台三台子出土汉画像石　北京市文物工作队　喻震　《文物》1966 年第 4 期

北京王府仓北齐墓　北京市文物管理局　《文物》1977 年第 1 期

北京市斋堂辽壁画墓发掘简报　北京市文物事业管理局、门头沟区文化办公室、发掘小组　《文物》 1980 年第 7 期

北京市八宝山发现一座辽代壁画墓　《中国历史学年鉴》 1982 年

北京市密云县元代壁画墓　张先得、袁进京　《文物》 1984 年第 6 期

北京市门头沟区发现清代墓葬壁画　刘义全　《文物》 1990 年第 1 期

2. 河北省

河北滦平县营坊村出土兽面石人　赵志厚　《文物》 1985 年第 2 期

《望都汉墓壁画》　北京历史博物馆、河北文管会编　中国古典艺术出版社 1955 年

《望都二号汉墓》　河北省文化局文物工作队　文物出版社　1959 年

《安平东汉壁画墓》　河北省文物研究所　文物出版社　1990 年

《邓县彩色画像砖墓》　河北省文化局文物工作队　文物出版社　1958 年

河北吴桥县发现东魏墓　张平一　《考古通讯》 1956 年第 6 期

河北磁县东陈村东魏墓　磁县文化馆　《考古》 1977 年第 6 期

河北磁县东陈村茹茹公主墓发掘简报　磁县文化馆　《文物》 1984 年第 4 期

河北磁县湾漳北朝墓　中国社会科学院考古研究所邺城考古队　《考古》 1990 年第 7 期

河北磁县讲武城古墓清理简报　河北省文物管理委员会　《考古》 1959 年第 1 期

河北磁县东陈村北齐尧峻墓　磁县文化馆　《文物》 1984 年第 4 期

河北磁县高润墓　磁县文化馆　《考古》 1979 年第 3 期

北齐高润墓壁画简介　汤池　《考古》 1979 年第 3 期
河北景县北魏高氏墓发掘简报　河北省文管处等　《文物》 1979 年第 1 期
河北平山崔昂墓调查报告　河北省博物馆等　《文物》 1973 年第 11 期
河北赞皇李希宗墓　石家庄地区革委会文化局文物发掘组　《考古》 1977 年第 6 期
河北曲阳五代壁画墓发掘简报　河北省文物研究所、保定市文物管理局、曲阳县文物管理所　《文物》 1996 年第 9 期
《五代王处直墓》 河北省文物研究所等　文物出版社　1998 年 7 月
热河省清理了两座辽代古墓　《文物》 1955 年第 3 期
平泉县发现辽代壁画墓　张平一　《文物》 1956 年 10 期
河北宣化辽壁画墓发掘简报　河北省文物管理处、河北省博物馆　《文物》 1975 年第 8 期
河北宣化下八里辽金壁画墓　张家口市文物事业管理局、张家口宣化区文物保管所　《文物》 1990 年第 10 期
河北宣化辽代壁画墓　张家口宣化区文物保管所　《文物》 1995 年第 2 期
河北宣化辽张文藻壁画墓发掘简报　河北省文物研究所、张家口市文物管理处、宣化区文物管理所　《文物》 1996 年第 9 期
河北张北县清理一座辽代壁画墓　张家口地区文化局　《考古》 1987 年第 1 期
河北涿鹿县辽代壁画发掘简报　张家口地区博物馆　《考古》 1987 年第 3 期
武安西土山发现宋绍圣二年壁画墓　罗平　《文物》 1963 年第 10 期
石家庄市郊陈村明代壁画墓清理简报　石家庄市文物保管所　《考古》 1983 年第 10 期
井陉发现宋代壁画墓群　唐云明、王润三　《光明日报》 1960 年 8 月 3 日

3. 山西省

山西平陆枣园村壁画汉墓　山西省文物管理委员会　《考古》 1959 年第 9 期
山西夏县王村东汉壁画墓　山西省考古研究所、运城地区文化局、夏县文化局博物馆　《文物》 1994 年第 8 期

太原圹坡北齐张肃墓文物图录　山西省博物馆　古典艺术出版社　1958 年

北齐库狄迴洛墓　王克林　《考古学报》　1979 年第 3 期

太原市北齐娄叡墓发掘简报　山西省考古研究所等　《文物》　1983 年第 10 期

太原市发掘北齐娄叡墓　《中国历史学年鉴》　1983 年

太原南郊北齐壁画墓　山西省考古研究所等　《文物》　1990 年第 12 期

太原市金胜村第六号唐代壁画墓　山西省文物管理委员会　《文物》1959 年第 8 期

太原董茹庄唐墓壁画　《文物参考资料》　1954 年第 11、12 期

太原市南郊新董茹庄唐墓　《山西文物介绍》　山西人民出版社　1954 年

太原晋祠镇索村发现唐代壁画墓　王玉山　《文物参考资料》　1958 年第 2 期

太原南郊金胜村三号唐墓　山西省文物管理委员会　《考古》　1960 年第 1 期

太原南郊金胜村唐墓　山西省文物管理委员会　《考古》　1959 年第 9 期

山西长治李村沟壁画墓清理　王秀生　《考古》　1965 年第 7 期

太原市南郊唐代壁画墓清理简报　山西省考古研究所　《文物》　1988 年第 12 期

太原金胜村 337 号唐代壁画墓　山西省考古研究所、太原市文物管理委员会　《文物》　1990 年第 12 期

山西平定县东回村古墓中的彩画　山西省文物管理委员会　《文物》　1954 年第 12 期

侯马的一座带壁画宋墓　万新民　《文物》　1959 年第 6 期

大同西南郊发现三座辽代壁画墓　边成修　《文物》　1959 年第 7 期

大同城东马家堡发现一座辽壁画墓　张秉仁　《文物》　1962 年第 2 期

山西长子县石哲金代壁画墓　山西省考古研究所晋东南工作站　《文物》　1985 年第 6 期

山西省闻喜县金代砖雕、壁画墓　山西省考古研究所、山西省闻喜县博物馆　《文物》　1986 年第 12 期

山西省闻喜县金代砖雕壁画墓　山西省考古研究所、山西省闻喜县博物馆　杨富斗　《文物》　1987 年第 12 期

山西平定宋、金壁画墓简报　山西省考古研究所、阳泉市文物管理委员会、平定县文物管理所　《文物》　1996 年第 5 期

山西大同郊区五座辽壁画墓　山西省文物管理会　《考古》　1960 年第 10 期

山西大同卧虎湾四座辽代壁画墓　大同市文物陈列馆　《考古》　1963 年第 8 期

山西长治市捉马村元代壁画墓　长治市博物馆　王进先　《文物》　1985 年第 6 期

山西运城西里庄元代壁画墓　山西省考古研究所　《文物》　1988 年第 4 期

4. 内蒙古自治区

内蒙准格尔旗羊市塔区破坏壁画古墓一座（北魏）　汪宇平　《文物》　1957 年第 9 期

内蒙古自治区托克托县新发现的汉墓壁画　罗福颐　《文物》　1956 年第 9 期

和林格尔发现一座重要的东汉壁画墓　内蒙古文物工作队、内蒙古博物馆　《文物》　1974 年第 1 期

《和林格尔汉墓壁画》　内蒙古自治区博物馆文物工作队　文物出版社　1978 年

内蒙古首次发现北魏大型砖室壁画墓　王大方　《中国文物报》　1999 年 11 月 28 日

和林格尔汉墓壁画　《民族画报》1979 年 11 月号

阿鲁科尔沁旗水泉沟的辽代壁画墓　李逸友　《文物》　1958 年第 4 期

内蒙古赤峰宝山辽壁画墓发掘简报　内蒙古文物考古研究所、阿鲁科尔沁旗文物管理所　《文物》　1998 年第 1 期

内蒙古昭盟赤峰三眼井元代壁画墓　项春松、王建国　《文物》　1982 年第 1 期

内蒙古赤峰市元宝山元代壁画墓　项春松　《文物》　1983 年第 4 期

内蒙古赤峰沙子山元代壁画墓　刘冰　《文物》　1992 年第 2 期

《辽陈国公主墓》　内蒙古文物考古研究所等　文物出版社　1993 年

《库伦辽代壁画墓》　王建群等　文物出版社　1989 年

5. 辽宁省

辽阳三道壕两座壁画墓的清理简报　东北博物馆　《文物》　1955 年第 12 期
辽阳北园壁画古墓记略　李文信　《国立沈阳博物馆筹备委员会汇刊》(1947 年)第 1 集
辽阳发现三座壁画墓　辽阳市文物管理所　《考古》　1980 年第 1 期
辽阳发现的三座壁画古墓　李文信　《文物》　1955 年第 5 期
辽阳市北郊新发现两座壁画古墓　沈新　《文物》1955 年第 7 期
辽阳旧城东门里东汉壁画墓发掘报告　辽宁省博物馆:冯永廉、韩宝兴、刘忠诚　辽阳博物馆:邹宝库、柳川、肖世星　《文物》　1974 年第 1 期
辽宁辽阳县南雪梅村壁画墓及石墓　王增新　《考古》　1960 年第 1 期
辽阳市棒台子第二号壁画墓　王增新　《考古》　1960 年第 1 期
辽阳车骑壁画墓　金德宣　《辽宁日报》　1962 年 9 月 16 日
辽阳上王家村晋代壁画墓清理简报　李庆发　《文物》　1959 年第 7 期
朝阳袁台子东晋壁画墓　辽宁省博物馆文物工作队、朝阳地区博物馆文物队、朝阳县文化馆　《文物》　1984 年第 6 期
辽阳发现三座壁画墓　辽宁市文物管理所　《考古》　1980 年第 1 期
辽宁昭乌达地区发现的辽墓绘画资料　昭乌达盟文物工作站项春松　《文物》　1979 年第 6 期
辽宁朝阳金代壁画墓　辽宁省博物馆　《考古》　1962 年第 4 期
辽宁北票县西官营子北燕冯素弗墓　黎瑶渤　《文物》　1973 年第 3 期
辽阳三道壕两座壁画墓的清理简报　东北博物馆　《文物参考资料》　1955 年第 12 期
辽宁辽阳县南雪梅村壁画墓及石墓　李庆发　《考古》　1960 年第 1 期
辽宁朝阳发现北燕、北魏墓　朝阳地区博物馆、朝阳县文化馆　《考古》　1985 年第 10 期
朝阳县沟门子晋壁画墓　陈大为　《辽海文物学刊》　1990 年第 2 期
辽阳香港花园魏晋壁画墓　李新全　《中国考古年鉴(1996)》　文物出版社 1998 年
辽阳发现三座壁画墓　辽阳市文物管理所　《考古》　1980 年第 1 期
《辽代壁画选》　内蒙古自治区昭乌达盟文物工作站　上海人民美术出版社

1984 年

6. 吉林省

吉林集安的两座高句丽墓　吉林省博物馆文物工作队　《考古》　1977 年第 2 期

吉林辑安通沟第十二号高句丽壁画墓　王承礼、韩淑华　《考古》　1964 年第 2 期

吉林辑安麻线沟一号壁画墓　吉林省博物馆辑安考古队　《考古》　1964 年第 10 期

吉林辑安伍盔坟四号和五号墓清理略记　吉林省博物馆　《考古》　1964 年第 2 期

集安洞沟三座壁画墓　集安县文物保管所　李殿福　《考古》　1983 年

集安长川一号壁画墓　吉林省文物工作队、集安县文物保管所　《东北历史与考古》　1982 年第 1 期

吉林集安长川二号封土墓发掘纪要　吉林省文物工作队　《考古与文物》　1983 年第 1 期

吉林集安五盔坟四号墓　吉林省文物工作队　《考古学报》　1984 年第 1 期

集安两座高句丽封土墓　张雪岩　《博物馆研究》　1988 年第 1 期

吉林集安洞沟三室墓清理记　集安县文物保管所、吉林省文物工作队　《考古与文物》　1981 年第 3 期

吉林集安洞沟三室墓壁画著录补正　李殿福　《考古与文物》　1981 年第 3 期

“折天井”墓调查拾零　孙仁杰　《博物馆研究》　1988 年第 3 期

桓仁发现高句丽壁画大墓　武家昌、魏运亨　《中国文物报》　1993 年 3 月 8 日

集安长川一号壁画墓　吉林省文物工作队、集安县文管所　《东北考古与历史》第 1 辑　文物出版社　1982 年

辽宁桓仁高句丽壁画墓　武家昌　《中国文物报》1993 年 5 月 9 日

7. 江苏省

《南朝陵墓雕刻》(中国古代美术作品介绍)　林树中编著　人民美术出版社

1984 年 3 月

《六朝艺术》 姚迁、古兵 文物出版社 1981 年

徐州黄山陇发现汉代壁画墓 葛治功 《文物》 1961 年第 1 期

南京西善桥南朝墓及其砖刻壁画 南京博物院、南京市文物保管委员会 《文物》 1960 年第 8、9 期

南京油坊桥发现一座南朝画像砖墓 南京市博物馆 《考古》 1990 年第 10 期

南京油坊桥发现一座南朝画像砖墓 南京博物院华国荣、周裕兴 《考古》 1990 年第 10 期

南京六朝墓葬 李蔚然 《文物》 1959 年第 4 期

镇江东晋画像砖墓 镇江市博物馆 《文物》 1973 年第 4 期

南京六朝墓葬清理简报 南京市文物保管委员会 《考古》 1959 年第 5 期

江苏丹阳胡桥南朝大墓及砖刻壁画 南京博物院 《文物》 1974 年第 2 期

江苏丹阳县胡桥、建山两座南朝墓葬 南京博物院 《文物》 1980 年第 2 期

南京西善桥油坊村南朝大墓的发掘 罗宗真 《考古》 1963 年第 6 期

南京西善桥南朝墓 南京市博物馆 《文物》 1993 年第 11 期

江苏邗江发现两座南朝画像砖墓 扬州博物馆 《考古》 1983 年第 3 期

江苏常州南郊画像、花纹砖墓 常州市博物馆等 《考古》 1994 年第 12 期

常州南郊戚家村画像砖墓 常州市博物馆 《文物》 1990 年第 3 期

六合县樊集画像砖墓 王志高、蔡明义 《考古学年鉴(1995)》 文物出版社 1997 年

江苏宜兴晋墓发掘报告 罗宗真 《考古学报》 1957 年第 4 期

江苏淮安宋代壁画墓 江苏省文物管理委员会、南京博物院 《文物》1960 年第 8、9 期

8. 浙江省

浙江嘉善县发现宋墓及带壁画的明墓 朱伯谦 《文物》 1954 年第 10 期

浙江省余杭南朝画像砖墓清理简报 杭州市文物考古所 《东南文化》 1992 年 3/4

9. 福建省

福建闽侯南屿南朝墓　福建省博物馆　《考古》 1980 年第 1 期

福建尤溪发现宋代壁画墓　王维祥　《人民日报》 1987 年 3 月 6 日

福建尤溪宋代壁画墓　福建省博物馆　《文物》 1985 年第 6 期

福建尤溪麻洋宋壁画墓清理简报　福建省博物馆　《考古》 1989 年第 7 期

10. 江西省

江西乐平宋代壁画墓　江西省文物考古研究所、乐平县文物陈列室　《文物》 1990 年第 3 期

11. 山东省

山东济南青龙山汉画像石壁画墓　济南市文化局文物处　《考古》 1989 年第 11 期

山东寿光贾思伯墓　寿光县博物馆　《文物》 1992 年第 8 期

济南市马家庄北齐墓　济南市博物馆　《文物》 1985 年第 10 期

益都北齐石室墓线刻画像　山东省益都县博物馆　夏名采　《文物》 1985 年第 10 期

济南市东八里洼北朝壁画墓　山东省文物考古研究所　《文物》 1989 年第 4 期

临朐县海浮山北齐崔芬墓　吴文祺　《中国考古学年鉴》(1987 年)　文物出版社　1988 年

Wu Wengqi　Painted Murals of the Northern Qi Period in the Tomb of General CuiFen　Orientations, No. 6, 1998.

山东嘉祥英山一号隋墓清理简报——隋代墓室壁画的首次发现　山东省博物馆　《文物》 1981 年第 4 期

济南发现带壁画的宋墓　《文物》 1960 年第 2 期

山东高唐金代虞寅墓发掘简报　《文物》 1982 年第 1 期

金代虞寅墓室壁画　李文钰、龙室章　《文物》 1982 年第 1 期

济南近年发现的元代砖雕壁画墓　济南市文物局、章丘县博物馆　《文物》 1992 年第 2 期

济南柴油机厂元代砖雕壁画墓　济南市文化局文物处　《文物》　1992年第2期

12. 河南省

洛阳发现的带壁画古墓　河南省文物工作队《文物》　1958年第1期

《洛阳汉代彩画》　洛阳博物馆　河南美术出版社　1986年

《洛阳古墓博物馆》　朝花出版社　1987年

洛阳西汉卜千秋壁画墓发掘简报　洛阳博物馆　《文物》　1977年第7期

洛阳浅井头西汉壁画墓发掘简报　洛阳市第二文物工作队　《文物》　1993年第5期

洛阳机车工厂东汉壁画墓　洛阳市文物工作队　《文物》　1993年第3期

洛阳偃师县新莽壁画墓清理简报　洛阳市第二文物工作队　《文物》　1992年第12期

洛阳市朱村东汉壁画墓发掘简报　洛阳市第二文物工作队　《文物》1992年第12期

洛阳西汉壁画墓发掘报告　河南省文化局文物工作队　李京华　《考古学报》1964年第2期

登封王上壁画墓发掘简报　郑州市文物工作队　《文物》　1994年第10期

河南荥阳苌村汉代壁画墓调查　郑州市文物考古研究所、荥阳市文物保护管理所　《文物》　1996年第3期

河南偃师杏园东汉壁画墓　中国社会科学院考古研究所河南第二工作队　徐殿魁　《考古》　1985年第1期

洛阳孟津北陈村北魏壁画墓　洛阳市文物工作队　《文物》　1995年第8期

河南洛阳北魏元乂墓调查　洛阳博物馆　《文物》1974年第12期

河南安阳清理一座北齐墓　安阳县文教局　《考古》　1973年第2期

河南安阳北齐范粹墓发掘简报　河南省博物馆　《文物》　1972年第1期

《邓县彩色画像砖墓》　河南省文化局文物工作队　文物出版社　1958年

河南邓县发现北朝七色彩绘画像砖墓　陈大章《文物参考资料》　1958年第6期

《洛阳汉墓壁画》　洛阳市第二文物工作队等　文物出版社　1996年

《白沙宋墓》　宿白　文物出版社　1957年

13. 湖北省

安陆王子山唐吴妃杨氏墓　孝感地区博物馆、安陆县博物馆　《文物》　1985年第2期

湖北郧县唐李徽、阎婉墓发掘简报　湖北省博物馆、郧县博物馆　《文物》1987年第8期

唐嗣濮王李欣墓发掘简报　高仲达　《江汉考古》1980年第2期

随县唐镇发现带壁画宋墓及东汉石室墓　李元魁、毛在善　《文物》1960年第1期

14. 广东省

唐代张九龄墓发掘简报　广东省文物管理委员会　华南师范大学历史系　《文物》1961年第6期

15. 贵州省

我省发现六朝时期星象图壁画墓　熊水富　《贵州日报》1982年2月13日

16. 云南省

昭通发现晋霍君壁画墓　怨波　《文物》1963年第9期

云南省昭通后海子东晋壁画墓清理简报　云南省文物工作队　《文物》1963年第12期

昭通后海子发现东晋壁画墓　胡振东、马萌河　《学术研究》(社科版)　1963年第9期

丽江白沙村的明代壁画　宋伯胤　《文物》1957年第8期

17. 陕西省

东汉鹿纹画像砖　姬乃军　《文物》1982年第4期

西安交大发现二十八宿天文图壁画　《陕西日报》1988年1月22日

西安发现西汉壁画墓　《光明日报》1988年3月2日

西安交通大学西汉壁画墓　呼林贵　《中国考古学年鉴》1988年

西安交通大学西汉壁画墓发掘简报　呼林贵、钟万慢　《考古与文物》1990

年第 4 期

西安交通大学西汉墓壁画 呼林贵 《文物天地》 1990 年第 6 期

《西安交通大学西汉壁画墓》 陕西省考古研究所、西安交通大学 西安交通大学出版社 1991 年

咸阳市胡家沟西魏侯义墓清理简报 咸阳市文管会、咸阳市博物馆 《文物》 1987 年第 12 期

《中国北周珍贵文物——北周、初唐、中晚唐考古发掘报告系列之一》 负安志 陕西人民美术出版社 1993 年

咸阳市渭城区北周拓拔虎夫妇墓清理记 咸阳市渭城区文管会 《文物》 1993 年第 11 期

西安南郊唐墓发现壁画 陈有旺 《文物》 1956 年第 6 期

唐李寿墓发掘简报 陕西省博物馆、文管会 《文物》 1974 年第 9 期

唐昭陵长乐公主墓发掘简报 昭陵博物馆 《文博》 1983 年第 3 期

唐昭陵段简璧墓清理简报 昭陵博物馆 《文博》 1989 年第 6 期

唐墓壁画 贺梓城 《文物》 1959 年第 8 期

唐郑仁泰墓发掘简报 陕西省博物馆、礼泉县文教局唐墓发掘组 《文物》 1972 年第 7 期

西安羊头镇李爽墓的发掘 陕西省文物管理委员会 《文物》 1959 年第 3 期

陕西咸阳唐苏君墓发掘 陕西省社会科学院考古研究所 《文物》 1963 年第 9 期

唐房陵大长公主墓清理简报 安峥地 《文博》 1990 年第 1 期

唐李凤墓发掘简报 富平县文化馆、陕西省博物馆文物管理委员会 《考古》 1977 年第 5 期

唐阿史那忠墓发掘简报 陕西省文物管理委员会、礼泉县昭陵文管所 《考古》 1977 年第 2 期

唐薛元超墓的三幅壁画 乾陵博物馆 杨正兴 《考古与文物》 1983 年第 6 期

唐永泰公主墓发掘简报 陕西省文物管理委员会 《文物》 1964 年第 1 期

唐章怀太子墓发掘简报 陕西省博物馆、乾县文教局 唐墓发掘组 《文物》 1972 年第 7 期

唐懿德太子墓发掘简报　陕西省博物馆、乾县文教局　唐墓发掘组　《文物》1972年第7期

长安县南里王村韦洞墓发掘记　陕西省文物管理委员会　《文物》1959年第8期

唐安元寿夫妇墓发掘简报　昭陵博物馆　《文物》1988年第12期

西安东郊唐墓清理记　陕西省文物管理委员会　《考古通讯》1956年第6期

西安东郊唐苏思勖墓清理简报　陕西省考古所唐墓工作组　《考古》1960年第1期

西安韩森寨唐墓清理记　张正岭　《考古通讯》1957年第5期

西安王家坟唐代唐安公主墓　陈安利、马咏钟　《文物》1991年第9期

唐司马睿墓清理简报　员安志、王学礼　《考古与文物》1985年第1期

西安南郊唐韦君夫人等墓葬清理简报　王育龙　《考古与文物》1989年第5期

唐张仲晖墓发掘简报　陕西省考古所、泾阳县文管会　《考古与文物》1992年第1期

西安唐金乡县主墓清理简报　西安市文物管理委员会　《文物》1997年第1期

关中程咬金墓发掘出珍贵文物　《光明日报》1988年7月10日

陕西彬县五代冯晖墓彩绘砖雕　杨忠敏、阎可行　《文物》1994年第11期

陕西发掘修复长乐公主和韦贵妃墓，两座唐昭陵重要陪葬墓内大量壁画文物引人注目　吕延寿　《光明日报》1991年11月8日

《唐金乡县主墓彩绘陶俑》　西安市文管会　韩保全　陕西旅游出版社　1997年2月

陕西洛川土基镇发现北宋壁画墓　靳之林、左登正　《考古与文物》1988年第1期

18．甘肃省

《嘉峪关壁画墓发掘报告》　甘肃省文物队、甘肃省博物馆、嘉峪关市文物管理所编　文物出版社　1985年10月

《敦煌佛爷庙湾——西晋画像砖墓》　甘肃省文物考古研究所　戴春阳　文

物出版社　1998 年 3 月

《敦煌祁家湾西晋十六国墓发掘报告》　甘肃省文物考古研究所　文物出版社　1994 年

《酒泉十六国墓壁画》　甘肃省文物考古研究所　文物出版社　1989 年

《嘉峪关魏晋墓室壁画》(中国古代美术作品介绍)　张朋川、张宝玺编著　人民美术出版社　1985 年 2 月

酒泉、嘉峪关晋墓的发掘　甘肃省博物馆　《文物》　1979 年第 6 期

嘉峪关市汉画像砖墓　嘉峪关市文物清理小组　《文物》　1972 年第 12 期

甘肃高台骆驼城画像砖墓调查　张掖地区文物管理办公室、高台县博物馆　《文物》　1997 年第 12 期

嘉峪关新城十二、十三号画像砖墓发掘简报　嘉峪关市文物管理所

甘肃酒泉西沟村魏晋墓发掘报告　甘肃省文物考古研究所　《文物》　1996 年第 7 期

甘肃武威南郊魏晋墓　武威地区博物馆　《文物》　1987 年第 9 期

《酒泉十六国墓壁画》　甘肃省文物考古研究所　文物出版社　1989 年 8 月

《敦煌佛爷庙湾西晋画像砖墓》　甘肃省文物考古研究所　文物出版社　1998 年 3 月

《中国古代壁画精华丛书——甘肃丁家闸十六国墓壁画》　袁融等　重庆出版社　1999 年 12 月

《嘉峪关魏晋墓彩绘砖画浅识》　张军武等　甘肃人民出版社　1989 年 8 月

武威雷台汉墓　《考古学报》　1974 年第 2 期

19. 宁夏回族自治区

宁夏固原北魏墓清理简报　固原县文物工作队　《文物》　1984 年第 6 期

固原北周宇文猛墓发掘简报　许成主编《宁夏考古文集》　宁夏文物考古所固原工作队　宁夏人民出版社　1996 年

宁夏固原隋史勿射墓发掘简报　宁夏文物考古研究所、宁夏固原博物馆　《文物》　1992 年第 10 期

宁夏固原唐梁元珍墓　宁夏固原博物馆　《文物》　1993 年第 6 期

《固原南郊隋唐墓地》　罗丰　文物出版社　1996 年 8 月

20. 新疆维吾尔自治区

吐鲁番哈喇和卓古墓群发掘简报　新疆博物馆考古队　《文物》 1978 年第 6 期

吐鲁番阿斯塔那—哈拉和卓古墓群发掘简报(1963—1965)　新疆维吾尔自治区博物馆　《文物》 1973 年第 10 期

新疆阿斯塔那三座唐墓出土珍贵素绢画及文书等文物　李征　《文物》 1975 年第 10 期

唐代西州墓中的绢画　金维诺、卫边　《文物》 1975 年第 10 期

Sir. A. Stein: Innermost Asia, Vol. II, Chapter xix, The Ancient Cemeteries of Astana, Oxford, 1982.

《吐鲁番古墓葬出土艺术品》 赵华　中国新疆美术摄影出版社、新西兰霍兰德出版有限公司　1992 年 5 月

吐鲁番十六国时期的墓葬壁画和纸画略说　孟凡人

新疆吐鲁番唐墓壁画内容初探　常任侠　《常任侠艺术考古论文选集》 文物出版社　1984 年

21. 四川省

四川繁华一穴中——四川省三台妻江崖墓群发现彩绘壁画墓　钟治　《中国文物报》 2000 年 11 月 29 日

后 记

随着唐墓壁画越来越多地被发现，其内涵与价值也越来越多地受到人们的关注。由于揭取、加固、保护工作难度大、费用高，几十年来，它的资料的完整性、科学性、公开性一直受到很大的局限，影响了对其研究工作的正常开展。为了弥补这一缺陷，从 1997 年开始，我们着手对陕西省内唐墓壁画的保存现状进行调查，着手对中国古代墓葬壁画研究文献进行搜集，随后又考虑编写一本《唐墓壁画研究文集》，以期对唐墓壁画研究状况进行总结。在完成这一工作的过程中，我们得到了陕西省文物局、中国社会科学院考古研究所西安研究室、陕西省考古研究所、乾陵博物馆、昭陵博物馆、西安碑林博物馆、西安市考古保护研究所等单位的大力支持，得到了郑岩、杜晓帆、张建林、罗宏才、刘艽等几位先生以及傅江女士的鼎力相助，在此我们表示深深的谢意！由于时间仓促，水平有限，这本《文集》会有许多不足甚至错误之处，“中国古代墓葬壁画文献目录”也会有许多遗漏，我们诚恳地希望同行们给予批评和帮助。唐墓壁画的保护和研究任重道远，我们将一如既往继续努力，如果这本书能起到抛砖引玉的作用，我们将不胜感激。

编 者

图书在版编目(CIP)数据

唐墓壁画研究文集/周天游主编;陕西历史博物馆编.
西安:三秦出版社,2001.10
ISBN 7-80628-546-6

Ⅰ.唐… Ⅱ.①周…②陕… Ⅲ.唐墓—墓室壁画—研究—文集 Ⅳ.K879.41-53

中国版本图书馆CIP数据核字(2001)第067989号

唐墓壁画研究文集

陕西历史博物馆 编
周天游 主编

出版发行 三秦出版社
新华书店经销
社　址 西安市北大街131号
电　话 (029)7205106
邮政编码 710003
印　刷 西安永惠印务有限公司印刷
开　本 787mm×1092mm 1/16
印　张 29.5
插　页 16
字　数 520千字
版　次 2001年10月第1版
2006年1月第3次印刷
印　数 2001-4000
标准书号 ISBN 7-80628-546-6/K·224
定　价 68.00元